Perspektiven auf Berufsbildung, Arbeit und Technik

Herausgegeben von Axel Grimm, Volkmar Herkner und Reiner Schlausch

Band 6

PETER LANG

Arbeitsmarkt- und Berufsinformationen als Datenbasis für eine verbesserte Abstimmung zwischen Bildung und Beschäftigung

Maik Jepsen

Arbeitsmarkt- und Berufsinformationen als Datenbasis für eine verbesserte Abstimmung zwischen Bildung und Beschäftigung

Ein Verfahren zur Entwicklung beruflicher Curricula am Beispiel des Bereichs der Informations- und Kommunikationstechnologien

PETER LANG

Bibliografische Information der Deutschen Nationalbibliothek
Die Deutsche Nationalbibliothek verzeichnet diese Publikation in der Deutschen Nationalbibliografie; detaillierte bibliografische Daten sind im Internet über http://dnb.d-nb.de abrufbar.

Zugl.: Flensburg, Europa-Univ., Diss., 2021

Fl 3
ISSN 2698-8348
ISBN 978-3-631-87680-0 (Print)
E-ISBN 978-3-631-87683-1 (E-PDF)
E-ISBN 978-3-631-87684-8 (EPUB)
DOI 10.3726/b19636

Peter Lang – Berlin · Bern · Bruxelles · New York · Oxford · Warszawa · Wien

Diese Publikation wurde begutachtet.

www.peterlang.com

Vorwort des Promotionsbetreuers und Reihenmitherausgebers

Maik Jepsen setzt mit seiner Dissertation zum Thema „Arbeitsmarkt- und Berufsinformationen als Datenbasis für eine verbesserte Abstimmung zwischen Bildung und Beschäftigung – Ein Verfahren zur Entwicklung beruflicher Curricula am Beispiel des Bereichs der Informations- und Kommunikationstechnologie" berufswissenschaftlich neue Akzente. Um an die für eine arbeits- und geschäftsprozessorientierte Gestaltung von beruflichen Curricula so wichtigen beruflichen Arbeitsaufgaben zu gelangen, wird von ihm ein Verfahren entwickelt, mit dem aus vorhandenen Datensätzen zu Arbeitsmarkt- und Berufsinformationen eben diese abgeleitet werden können. Damit ergänzt er das Portfolio der berufswissenschaftlichen Forschungsmethoden.

In den 1980er-Jahren begann die arbeitsorientierte Wende in der Didaktik beruflicher Bildung. Mit der an Arbeits- und Geschäftsprozessen orientierten Strukturierung der Lehrinhalte ist der Versuch verbunden worden, die traditionellen curricularen Ansätze für die berufliche Bildung in ein prozessuales Modell der Curriculumentwicklung zu integrieren. Mit dem Lernfeldansatz der Kultusministerkonferenz wurde eine Antwort auf die Arbeitsorientierung in der Beruflichen Bildung gegeben. Der Lernfeldansatz wurde jedoch nicht aus Forschungsergebnissen abgeleitet. Er ist eher als eine normative Vorgabe einzuschätzen, bei der die Forschungsbasis zumindest nicht erkennbar ist und eher als eine Abstimmung der Sozialpartner über relevante Lernbereiche eingeschätzt werden darf. Es stellte sich daher bereits spätestens seit der Einführung des Lernfeldkonzeptes durch die KMK 1996 die relevante Frage innerhalb der Disziplin, auf welcher empirischen Grundlage die curricularen Entscheidungen in der beruflichen Bildung getroffen werden können, damit das Berufsbildungssystem und das Beschäftigungssystem möglichst gut aufeinander abgestimmt sind. Für die beruflichen Bildungsgänge außerhalb der dualen Berufsbildung bestehen bisher keine evidenzbasierten Verfahren der Curriculumentwicklung. Bisherige empirische Ansätze – die eher die duale Berufsausbildung fokussieren – verfolgen nahezu ausschließlich subjekttheoretische Zugänge, indem das Arbeitsprozesswissen, das Fachkräfte über Gegenstand und Ablauf ihrer beruflichen Arbeit in einem betrieblichen Handlungssystem erwerben und das in ihr Handeln inkorporiert ist, forschungsleitend ist und das nur durch aufwendige qualitative Erhebungen eher ausschnittsweise erhoben werden kann.

Das von Maik Jepsen entwickelte Verfahren ermöglicht auf der Grundlage von bereits vorhandenen Daten der Arbeitsmarkt- und Berufsinformationen relevante Inhalte zu extrahieren und diese für Bildungszwecke aufzubereiten. Die Aktualität und Bedeutung des Themas für die disziplinäre Weiterentwicklung und Diskussion ist daher als sehr hoch einzuschätzen. Mit dieser Arbeit ist ein Baustein entwickelt worden, um eine Curriculumentwicklung voranzubringen, die auf den tatsächlichen, beschäftigungsrelevanten Prozessen beruht.

A. Willi Petersen ist gedanklicher Vater dieses Forschungsvorhabens gewesen. Er hat Maik Jepsen als Lehramtsstudent ausgebildet und brachte ihn als pädagogischen und wissenschaftlichen Mitarbeiter an das Berufsbildungsinstitut Arbeit und Technik (biat) der Europa-Universität Flensburg. Die intensive Auseinandersetzung mit der Interdependenz zwischen beruflicher Arbeit und beruflicher Bildung kann als Petersens Lebenswerk angesehen werden. Dabei legte er immer größten Wert darauf, dass Berufswissenschaft und Berufsbildungswissenschaft voneinander abgegrenzt bleiben. Maik Jepsen – als sein „Schüler" – setzt dies konsequent in diesem berufswissenschaftlichen Forschungsvorhaben um und verbleibt an der Grenze zur berufsbildungswissenschaftlichen Transformation, die er andeutet aber nicht umsetzt.

Mir als Nachfolger von Willi Petersen auf dem Lehrstuhl „Berufliche Fachrichtungen Elektrotechnik und Informationstechnik und deren Didaktiken" kam nach seinem plötzlichen Ableben im Jahre 2018 die Ehre zuteil, dieses Promotionsvorhaben weiter begleiten zu dürfen und beratend an Maik Jepsens Seite zu stehen. Ich bin mir sehr sicher, dass Willi Petersen – trotz kritischer Auseinandersetzung in der Sache – Stolz auf diese Ausarbeitung wäre und die konsequente Weiterführung seiner berufswissenschaftlichen Ansätze sehr wertschätzen würde.

Ich erwarte nun einen kritischen Diskurs in der Disziplin, die dieses Verfahren auch auf andere Berufsbereiche adaptieren kann, und eine theoriegeleitete Weiterführung des Verfahrens hinsichtlich einer berufsbildungswissenschaftlichen Umsetzung, die es dann ermöglicht, arbeitsorientierte Curricula zu gestalten und dies unter Einbezug berufsbildungstheoretischer Ansätze.

Flensburg, im November 2021 Axel Grimm

Vorwort

Das vorliegende Buch wurde als Dissertation verfasst und durch den Promotionsausschuss der Europa-Universität Flensburg im September 2021 angenommen.

Die Arbeit entstand im Rahmen meiner Tätigkeiten am Berufsbildungsinstitut für Arbeit und Technik (biat) der Europa-Universität Flensburg. Dort erhielt ich die Möglichkeit, neue Ansätze zur Curriculumentwicklung beruflicher Bildungsangebote zu erforschen. Die Problematik ist mir aus der schulischen Praxis bekannt, insbesondere durch die Mitarbeit in Lehrplanausschüssen. Dies hat dazu beigetragen, mich für das Thema zu motivieren und wissenschaftliche Forschung mit deren Anwendung zu verzahnen.

Das Verfahren zur Entwicklung beruflicher Curricula habe ich am Beispiel der Informations- und Kommunikationstechnologien exemplarisch erprobt, ein Bereich, der mich in meiner eigenen Berufstätigkeit viele Jahre begleitet hat. Das Verfahren ist so angelegt, dass es sich auf weitere berufliche Bereiche übertragen lässt.

Ich bedanke mich bei allen Menschen, die zum Gelingen dieser Arbeit beigetragen haben. Mein Dank gebührt Prof. Dr. A. Willi Petersen, der mich zur Aufnahme der Arbeit bewegte und mir die langjährige Mitarbeit am biat ermöglichte. Er half mir dabei, einen übergeordneten Blick auf die Wechselwirkung zwischen Bildung und Beschäftigung einzunehmen. Zugleich motivierte er mich zur wissenschaftlichen Auseinandersetzung mit Arbeitsmarkt- und Berufsinformationen im Kontext der curricularen Abstimmungsproblematik.

Ganz besonders bedanke ich mich bei Prof. Dr. Axel Grimm, der nach dem Tod von Willi Petersen die Betreuung der Arbeit übernommen hat. Axel Grimm bestärkte mich darin, ein eigenes Profil zu entwickeln. Seine Rückmeldungen haben wesentlich zum Gelingen der Arbeit beigetragen.

Prof. Dr. Franz Kaiser danke ich für die freundliche Übernahme des Zweitgutachtens. Zudem hat er mich durch seine Einschätzung zur Datenbasis ermutigt, an meinem Forschungsansatz festzuhalten.

Ich bedanke mich bei Prof. Dr. Volkmar Herkner für die Gespräche und Rückmeldungen zur Dissertation sowie bei meinem Schulleiter Dr. Sven Mohr, der die Mitarbeit am biat durchgehend unterstützte.

Abschließend bedanke ich mich bei meiner Familie für ihren Zuspruch, den sie mir während der Erstellung der Arbeit zukommen ließ.

Flensburg, im November 2021 Maik Jepsen

Inhalt

1 Einleitung

1.1 Zur Notwendigkeit der Analyse beruflicher Arbeit

Eine dauerhafte Herausforderung jeder Arbeitsgesellschaft besteht darin, die Diskrepanz zwischen den benötigten Anforderungen in der beruflichen Arbeit und dem Arbeitsvermögen der Bewerber[1] zu verringern (vgl. Baethge & Teichler 1995, S. 207 f.; Brater 2010, S. 805). In der internationalen Literatur wird dieses Phänomen als „Skill Mismatch" bezeichnet, das verschiedene Passungsprobleme wie z. B. Überqualifizierung, Unterqualifizierung, Qualifikationsdefizite, Fachkräfteüberschuss sowie Fachkräftemangel zusammenfasst (vgl. Cedefop 2010a, S. 2; ILO 2014). Der Taxi fahrende Akademiker wird beispielsweise häufig herangezogen, um eine formale Überqualifikation – eine Person weist eine höhere Qualifikation auf, als die Arbeit es von ihr erfordert – zu beschreiben. Unterqualifikation besteht dann, wenn Personen zur Ausübung ihrer aktuellen Arbeit nicht den üblichen, notwendigen formalen Abschluss besitzen, z. B. Personen sind ohne berufliche Ausbildung als IT-Fachkraft tätig.

Skill Mismatch ist ein dauerhaftes und sich zugleich zuspitzendes Problem, das durch globale Faktoren beeinflusst wird. Hierzu gehören z. B. demographischer Wandel, technologische Innovationen, Klimawandel sowie der weltweit steigende Bildungsstand (vgl. ILO 2015, S. 2).

Das Europäische Zentrum für die Förderung der Berufsbildung (Cedefop) hat im Jahre 2014 mit dem „European skills and jobs survey (ESJS)" die bestehenden Skill-Mismatch-Problemfelder in den Ländern der Europäischen Union ermittelt (Cedefop 2015). Die Untersuchung kommt zum Ergebnis, dass die beruflichen Fähigkeiten von 44 % der Erwerbstätigen nicht ausreichen, um die volle Produktivität in ihrer Arbeit zu erreichen und ein nicht ausgeschöpftes Potential besteht (vgl. ebd., S. 43). Insbesondere besteht eine Unterqualifizierung für Personen, die älter als 40 Jahre sind (vgl. ebd., S. 37).

Insgesamt sind die Folgen der verschiedenen Arten von Skill Mismatch sowohl für die wirtschaftliche Entwicklung als auch für die Menschen relevant.

---

1 Aus Gründen der leichteren Lesbarkeit wird in der vorliegenden Arbeit die männliche Sprachform bei personenbezogenen Substantiven und Pronomen verwendet. Dies impliziert jedoch keine Benachteiligung jeglichen Geschlechts, sondern soll im Sinne der sprachlichen Vereinfachung als geschlechtsneutral zu verstehen sein. Ausnahmen hierzu gibt es im Rahmen von Zitaten oder Berufsbezeichnungen, die im Original sowohl die weibliche als auch männliche Form ausweisen.

Sie können insbesondere zu geringerer Produktivität, höheren Sozialkosten, geringerer Arbeitszufriedenheit und Diskriminierung führen (vgl. Cedefop 2010d, S. 51 ff.). Aus diesen Gründen wird die Reduzierung des Skill Mismatch als eine zentrale Herausforderung betrachtet. Sie steht auf der politischen Tagesordnung vieler Länder.

Der Berufsbildung wird eine Schlüsselrolle zuerkannt, Skill Mismatch zu reduzieren. Ihre Aufgabe besteht u. a. darin, allen Menschen Möglichkeiten zu bieten, ihre Fähigkeiten aus der Perspektive des lebensbegleitenden Lernens weiterzuentwickeln, um kontinuierlich verändernde Anforderungen und Bedingungen der Arbeitswelt zu bewältigen (vgl. Wilson et al. 2016, S. 5). Gegenwärtig bestehen beispielsweise hohe Erwartungen an die berufliche Weiterbildung, um den prognostizierten beruflichen Herausforderungen infolge der digitalisierten Arbeitswelt zu begegnen (vgl. Weber 2017, S. 372; Zika et al. 2019, S. 27).

Nicht oder nur unzureichend mit dem Arbeitsmarkt abgestimmte Berufsbildungssysteme können dagegen Skill Mismatch befördern, was zu einer geringeren Beschäftigungsfähigkeit der Menschen führen kann (vgl. Cedefop 2010c, S. 3; Wilson et al. 2016, S. 5). Berufliche Curricula bilden eine zentrale Instanz, um eine Verbindung zwischen Bildungsangeboten – dem Bildungssystem – und beruflichen Anforderungen – dem Beschäftigungssystem – herzustellen (siehe Abbildung 1–1; vgl. Klebl & Popescu-Willigmann 2015, S. 10).

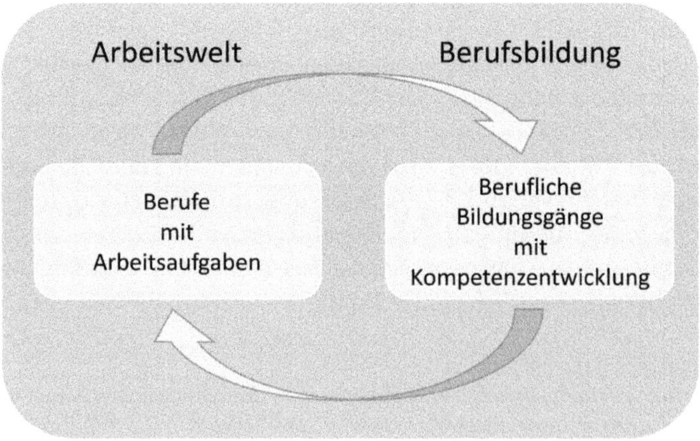

Abbildung 1–1: Wechselwirkungszusammenhang zwischen Arbeitswelt und Berufsbildung (in Anlehnung an Petersen 1996a, S. 214)

Mit den in den 1990er-Jahren eingeführten Curriculum Reformen zur Arbeitsorientierung in der beruflichen Bildung wurde beabsichtigt, eine bessere Abstimmung mit der Arbeitswelt zu erzielen. In einem grundlegenden Perspektivwechsel finden fortan die curricularen Inhalte in der beruflichen Arbeit ihre Begründung, anstatt isoliert von vermeintlich korrespondierenden Fachwissenschaften abgeleitet zu werden. Mit „Ein Fach ist eben kein Beruf" bringen Neuweg und Putz diese Problematik auf den Punkt (Neuweg & Putz 2018, S. 684). Darunter wird jedoch keine einfache Anpassung bzw. kein purer Funktionalismus der beruflichen Bildung an die Arbeit verstanden, sondern vielmehr der Anspruch, durch Mitgestaltung und Partizipation die Arbeitswelt und Berufsbildung weiterzuentwickeln (vgl. Petersen 1996a, S. 214). Das Ziel der beruflichen Bildung, berufliche Handlungsfähigkeit mit gesellschaftlichen Bildungsansprüchen zu vereinen, steht außer Frage. Es geht darum, junge Menschen zu befähigen, ihre berufliche Zukunft als auch ihre Zukunft in Familie und Gesellschaft verantwortlich zu gestalten (vgl. KMK 2017a, S. 13 f.). Es besteht die Notwendigkeit, auf den Arbeits-, Technik- und Demografie-Wandel der Erwerbstätigkeit zu reagieren und gleichzeitig diesen auch prospektiv mitzugestalten (vgl. Petersen 1996a, S. 214 ff.).

Zur Gestaltung arbeitsorientierter beruflicher Bildungsgänge ist es daher naheliegend und zugleich unerlässlich, eine fundierte Analyse der Arbeitswelt vorzunehmen, deren Merkmale zu identifizieren und sie curricular und didaktisch aufzubereiten. Auf diese grundlegende Problematik in der Curriculumentwicklung beruflicher Bildungsgänge machten u. a. Stratmann (vgl. Stratmann 1975) und Teichler (Teichler 1995, S. 502) aufmerksam. Sie sehen hierin eine entsprechende Forschung begründet. Deren Aufgabe formuliert Rauner dahin gehend, „[...] einen Zusammenhang [...] zwischen den in der Berufsarbeit inkorporierten Kompetenzen, der Entwicklung von Berufsbildern und die Begründung von Inhalten, Zielen und Strukturen beruflicher Bildung" herzustellen (vgl. Rauner 2004a, S. 10).

Situation der Curriculumentwicklung für schulische berufliche Bildungsgänge

Trotz mittlerweile etablierter berufswissenschaftlicher Forschungsansätze (Becker & Spöttl 2008) und Verankerung der Berufsbildungsforschung im Berufsbildungsgesetz (BBiG) (2019, § 84) fehlt deren Implementierung in Teilen der Berufsbildungspraxis. Insbesondere zeichnet sich ein anderes Bild ab, wenn es um die Entwicklung von schulischen Berufsbildungsangeboten geht, die außerhalb des Geltungsbereichs des BBiG und der Handwerksordnung

(HWO) liegen. Hierzu stehen gewöhnlich keine vergleichbaren, gesetzlich verankerten Verfahren und Forschungsmittel zur Verfügung, die eine Entwicklung von arbeitsmarktrelevanten beruflichen Bildungsangeboten unterstützen. Gewöhnlich übernehmen die Lehrkräfte beruflicher Schulen diese Aufgaben, ohne Einbindung von Sozialpartnern und ohne wissenschaftliche Begleitung.

In den Handreichungen der Kultusministerkonferenz (KMK) werden zwar normative Vorgaben – es sind Lernfelder zu entwickeln, die sich auf berufliche Handlungsfelder beziehen (vgl. KMK 2017a; KMK 2017b, S. 6) – definiert, jedoch wird nicht ersichtlich, wie dies im Falle für rein schulische berufliche Bildungsgänge geschehen kann (vgl. Pätzold & Rauner 2006a, S. 14). Rauner und Pätzold fassen dies treffend als „Dilemma schulischer Lehrplankommissionen" (ebd., S. 14) zusammen.

Die Problematik erfährt mit der Weiterentwicklung von beruflichen Schulen zu Dienstleistungsunternehmen – in Schleswig-Holstein Regionale Berufsbildungszentren (RBZ) – eine zunehmende Bedeutung. Die erweiterten Befugnisse gehen mit der Übertragung von Verantwortung einher, eigenständig ein verbessertes und mit der Wirtschaft abgestimmtes berufliches Bildungsangebot bereitzustellen (vgl. MBF 2007, S. 7). Euler und Severing unterstreichen die besondere Rolle der Berufsbildung im Zuge der gegenwärtigen Veränderungen in eine digitale Arbeitswelt (vgl. Euler & Severing 2020). Sie fordern u. a. von Fachschulen ein höheres Engagement, um curriculare Angebote zur Entwicklung von Digitalkompetenzen – die bundesweiten Standards genügen – in der beruflichen Weiterbildung zu etablieren (vgl. ebd., S. 24 ff.).

Es zeigt sich jedoch, dass curriculare Reformen aufgrund von Veränderungen in der Arbeitswelt nur begrenzt gelingen. Eine bundesweite Umfrage zur Arbeit in Lehrplankommissionen an Fachschulen für Technik im Jahre 2017 legt dar, dass die Fachschulcurricula meist veraltet und kaum eine Arbeits- und Kompetenzorientierung aufweisen (vgl. Jepsen 2021). Nur für knapp die Hälfte der Befragten spiegeln die Lehrpläne ein attraktives Bildungsangebot wider, das aktuellen beruflichen Anforderungen des Arbeitsmarktes gerecht wird. Für die überwiegende Anzahl der befragten Lehrkräfte leisten die derzeitigen Lehrpläne nur einen geringen Beitrag für die unterrichtliche Umsetzung (vgl. ebd.).

Hier bestätigt sich die bereits in den 1960er-Jahren von Grüner erhobene Sorge über die Aktualität curricularer Inhalte an beruflichen Schulen (vgl. Grüner 1975, S. 143). Zugleich können die von der KMK formulierten Modernisierungsansätze für eine zukunftsweisende Berufsbildung bekräftigt werden, die eine kompetenzorientierte Gestaltung, u. a. eine lernergebnisorientierte Grundstruktur von Ordnungsmitteln zu konstituieren, beabsichtigen (vgl. KMK 2010, S. 5 f.).

Ferner wird in der Praxis das als „Producer Capture" bekannte Phänomen ersichtlich. Es beschreibt die Gefahr, dass sich die Institutionen bei der curricularen Gestaltung mehr an dem orientieren, was ihre Lehrkräfte in der Lage sind zu leisten und weniger daran, was derzeit und zukünftig im Beschäftigungssystem relevant ist (vgl. Allais et al. 2009, S. 9). So gaben die befragten Lehrplanentwickler an, dass die Gestaltung zukünftiger Bildungsangebote hauptsächlich auf den eigenen Erfahrungen als Lehrkraft beruht. Diese basieren insgesamt auf keinen gesicherten Daten und sind somit nicht frei von Eigeninteressen und zufälligen Impulsen (vgl. Jepsen 2021).

Insgesamt bestätigt sich die von Pätzold und Rauner beschriebene Notwendigkeit berufswissenschaftlicher Begleitforschung (vgl. Pätzold & Rauner 2006b, S. 14). Sie hätte die Aufgabe, Entscheider in der Bildungsplanung sowie die Gruppe von Lehrplanentwicklern mit einer repräsentativen Datenbasis zu versorgen, die frei von interessenpolitischen Zielen ist. Die Informationen sollten über einen möglichen zukünftigen Bedarf an Fachkräften eines beruflichen Bereichs aufklären sowie (zukünftige) berufliche Aufgabenfelder und Anforderungen eines entsprechenden Niveaus beinhalten. Derartig abgesicherte Informationen können didaktisch bewertet in die Entwicklung kompetenzbasierter Curricula einfließen. Die auf dieser Basis bei ihrer Entwicklung begleiteten Bildungsgänge hätten dann das Potential, ausgehend von bedeutsamen beruflichen Kontexten, sinnstiftende Bildungsprozesse zu initiieren, um zur Persönlichkeitsentwicklung beizutragen und gleichzeitig ihren Absolventen realistische Chancen auf dem Arbeitsmarkt zu gewähren.

1.2 Untersuchungsgegenstand und Ziel der Untersuchung

In den letzten Jahrzehnten haben sich im Rahmen der Berufsbildungsforschung die methodischen Ansätze weiterentwickelt, um Gegenstände, Anforderungen und Zusammenhänge beruflicher Arbeit zu identifizieren und für die Gestaltung der Berufsbildung aufzubereiten.

Zu den Instrumentarien gehören u. a. empirisch-analytische Verfahren wie Arbeitsbeobachtungen, Expertengespräche, Fallstudien, Befragungen und Experten-Facharbeiter-Workshops (vgl. Rauner & Grollmann 2018, S. 721 ff.).

Eine Herausforderung dieser Verfahren besteht darin, dass die empirischen Ansätze der Datengewinnung einen hohen Aufwand erfordern können, um repräsentative Ergebnisse hervorzubringen (vgl. Fischer 2014, S. 19). Zudem weisen die Forschungsvorhaben meist eine geringe Kontinuität auf, da sie gewöhnlich anlassbezogen z. B. im Rahmen von Neuordnungsverfahren oder Evaluierungen dualer Ausbildungsberufe erfolgen (vgl. Petersen & Wehmeyer 2003; Schwarz et al. 2016).

Insgesamt besteht daher ein Bedarf an ökonomisch-orientierten Forschungsansätzen, mit deren Hilfe langfristig und kontinuierlich relevante Daten über berufliche Arbeit zur Verfügung stehen.

Arbeit und Berufe sind ferner ein Forschungsgegenstand am Institut für Arbeitsmarkt- und Berufsforschung (IAB), das eine eigenständige Abteilung der Bundesagentur für Arbeit (BA) in Nürnberg ist. Das IAB veröffentlicht seit Ende der 1960er-Jahre kontinuierlich wissenschaftliche Erkenntnisse über den Arbeitsmarkt und über Berufe (vgl. Blaschke et al. 1994, S. 15 ff.).

Die in Deutschland von der Bundesagentur für Arbeit zur Verfügung gestellten Arbeitsmarkt- und Berufsinformationen beinhalten u. a. die Klassifikation der Berufe (KldB) 2010 mit ihren diversen darauf basierenden Statistiken sowie das Berufsinformationssystem BERUFENET (https://berufenet.arbeitsagentur.de) (BA 2011a).

Das Interesse am zentralen Gegenstand „Beruf" verdeutlicht den Überschneidungsbereich zwischen Berufsforschung und Berufsbildungsforschung, den u. a. Pahl hervorhebt (vgl. Pahl 2018). In der Forschungspraxis zeigt sich jedoch, dass die hervorgebrachten Daten und Erkenntnisse der Arbeitsmarkt- und Berufsforschung nur wenig Eingang in die Berufsbildungsforschung finden.

Ausnahmen bilden die Beiträge von Petersen (u. a. 2014; 2015; 2018a) sowie Petersen und Wehmeyer (2004). Die Ansätze zeigen, wie Erwerbs- und Bildungsberufe mithilfe verschiedener Klassifikationen des Beschäftigungs- und Bildungssystems national und international systematisiert werden können und so zu mehr Transparenz führen.

Becker und Spöttl verweisen auf die Informationsquelle der Arbeitsmarkt- und Berufsforschung im Rahmen von Sektoranalysen (vgl. Becker & Spöttl 2008, S. 84 ff.). Der Nutzen beschränkt sich jedoch vorrangig darauf, eine Fallauswahl für tiefergehende empirische Untersuchungen mit direktem Zugang zu betrieblichen Arbeitsprozessen zu erhalten (vgl. Becker & Spöttl 2006, S. 10).

Demgegenüber erhebt die Internationale Labour Organization (ILO) seit vielen Jahrzehnten die Forderung, international Arbeitsmarkt- und Berufsinformationen der Arbeitsagenturen als Quelle für die Berufsbildungsplanung zu nutzen (vgl. Phan et al. 2001, S. 62; Richter 1989, S. 1; Řihová 2016). Die Bedeutung der Arbeitsagenturen als kontinuierlicher Lieferant derartiger Daten wird hierbei betont. In gemeinsamen Leitfäden untermauert die ILO gemeinsam mit der European Training Foundation (ETF) und dem Cedefop mithilfe internationaler Beispiele den Mehrwert der Informationen für die Berufsbildung (vgl. Andersen et al. 2015).

Petersen weist – im Zusammenhang mit seinen Analysen – auf das Potential des Materials hinsichtlich berufsdidaktischer Abstimmungsprobleme hin, formuliert aber gleichzeitig dringenden Klärungsbedarf (vgl. Petersen 2018a, S. 105). Weitergehende Analysen der Daten, insbesondere die Auswertung aus der Berufsbildungsperspektive, sind bisher nicht bekannt. Diese Einschätzung wird durch die Ergebnisse internationaler Studien durch die ILO/ETF/Cedefop gestützt. Vor allem sehen sie einen Bedarf an forschungsökonomisch-orientierten Methoden, um stetig Veränderungen der Arbeits- und Berufsanforderungen zu identifizieren (vgl. Wilson et al. 2016, S. 113).

Zusammengefasst lässt sich konstatieren, dass die Arbeitsmarkt- und Berufsinformationen der Bundesagentur für Arbeit in Deutschland bisher nur eine untergeordnete Rolle im Rahmen der Berufsbildungsforschung einnehmen. Zudem ist die aktuell zur Verfügung stehende Datenlage aus Sicht der Berufsbildung nur unzureichend erforscht. Folglich existieren nur wenige methodische Ansätze, die Daten im Rahmen der Berufsbildung zu nutzen.

Aus diesem Desiderat resultiert die leitende Fragestellung der Arbeit. Sie lautet:

Wie kann die Curriculumentwicklung beruflicher Bildungsgänge mithilfe von Arbeitsmarkt- und Berufsinformationen der Bundesagentur für Arbeit unterstützt werden?

Mit der Untersuchung wird das Ziel verfolgt, das mögliche Potential der Daten im Rahmen der Curriculumentwicklung beruflicher Bildungsgänge aufzuzeigen. Ein Schwerpunkt liegt darin, geeignete Methoden zu erproben und in einem Verfahren zu arrangieren, um ausgewählte, grundlegende curriculare Fragestellungen im Rahmen der Entwicklung beruflicher Bildungsgänge zu erschließen. Hierzu gehören für einen beruflichen Bereich u. a.

- Berufe in der Arbeitswelt und berufliche Bildungsgänge in ihrem Zusammenhang darzustellen,
- einen möglichen Qualifikationsbedarf abzuschätzen,
- berufliche Aufgabenfelder zu identifizieren,
- berufsübergreifende Aufgaben zu eruieren,
- Arbeitsaufgaben zu erkunden und einen Formulierungsansatz für berufliche Outcomes zu erproben,
- Arbeitsaufgaben hinsichtlich verschiedener Anforderungsebenen zu unterscheiden.

1.3 Gang der Untersuchung

Der Gegenstand der theoretischen Analysen umfasst insbesondere folgende Themenbereiche:

Grundsätzliche Anforderungen an berufliche Curricula

Ausgehend von der Interdependenz zwischen Bildungs- und Beschäftigungssystem richtet sich der Blick auf grundsätzliche Funktionen und Elemente von Curricula sowie auf die grundlegenden didaktischen Bezugspunkte in der beruflichen Bildung wie die seit Mitte der 1990er-Jahre eingeleitete Arbeitsorientierung und der Perspektivwechsel zur Kompetenzorientierung. Die Ergebnisse der theoretischen Betrachtung liefern den Begründungszusammenhang für die in dieser Arbeit aufgeworfenen Unterfragen. Die theoretischen Analysen umfassen zudem die Klärung zentraler Begriffe sowie strukturelle Elemente von Curricula in der Berufsbildung. Die grundsätzlichen Problembereiche und üblichen Phasen in der Curriculumentwicklung werden aufgezeigt. Sie dienen dazu, die in der Arbeit entwickelten Verfahrenselemente einordnen zu können.

Beruf als verbindendes Element zwischen Bildung und Beschäftigung

Die Klärung des Berufsbegriffs erfährt eine besondere Aufmerksamkeit, da er ein verbindendes Element zwischen Bildung und Beschäftigung einnimmt. Die Begriffsklärung konzentriert sich entsprechend auf diesen Zusammenhang und erläutert die für diese Arbeit notwendige Differenzierung. Eine historische Betrachtung gibt Aufschluss über die grundsätzliche Genese von Berufen sowie die veränderte Bedeutung im Rahmen der Erwerbstätigkeit.

Identifikation beruflicher Arbeitsaufgaben

Die in der Arbeit entwickelten Verfahrenselemente lassen sich zu einem großen Teil dem „Analyseproblem" im Rahmen der arbeitsorientierten Curriculumentwicklung zuordnen (vgl. Fischer 2014, S. 18). Es geht zunächst um die Analyse von Arbeit und Beruf im Beschäftigungssystem. Für den Problembereich werden gängige Forschungsansätze und Forschungsinstrumente dargestellt. Ferner werden die Grenzen und Probleme erläutert, die im Zusammenhang mit den Ansätzen in der Praxis wahrgenommen werden. Die Rolle von Arbeitsmarkt- und Berufsinformationen im Rahmen der Curriculumentwicklung erfährt hierbei eine besondere Beachtung, indem bisherige nationale Ansätze zur Einbindung der Daten aufgezeigt werden.

Im Hinblick auf die Forderung einer Kompetenzorientierung in beruflichen Curricula richtet sich der Blick auf Theorien und Umsetzungskonzepte im angelsächsischen Raum. Insbesondere zeigt die Analyse britischer Konzepte der 1980er und 1990er-Jahre, wie sich die berufliche Bildung von einer Input- hin zu einer Outcome-Orientierung wandelte. Die Konzepte haben maßgeblich dazu beigetragen, die Reformaktivitäten und Empfehlungen der Europäischen Union zu gestalten. Hierbei interessiert nicht die modularisierte Zertifizierungspraxis (NVQs), die dem deutschen Berufskonzept entgegensteht. Vielmehr geht es darum, die theoretischen Hintergründe – insbesondere das „Job Competence Model" – zu verstehen und in Bezug zu einer ganzheitlichen Sichtweise auf Berufe nach dem deutschen Berufskonzept zu setzen. Ferner wird die Funktion sogenannter „Occupational Standards" im europäischen Vergleich dargestellt. Für die Arbeit sind einerseits das Konzept sowie andererseits die Beschreibungselemente der britischen Konzepte für „berufliche Outcomes" von Bedeutung.

Arbeitsmarkt- und Berufsinformationen

In der Analyse geht es darum, Hintergründe und Theorien bezüglich der Arbeitsmarkt- und Berufsinformationen der Bundesagentur für Arbeit zu ermitteln. Hierbei richtet sich der Blick auf Methodenberichte und Hintergrundinformationen z. B. zur gegenwärtigen Klassifikation der Berufe 2010 (vgl. BA 2011a). Des Weiteren geht es darum, die verschiedenen von der Bundesagentur für Arbeit zur Verfügung gestellten Datensätze inhaltlich zu analysieren, ihre Zusammenhänge und Systematisierungsansätze zu klären und exemplarisch darzustellen. Die historische Analyse zielt darauf ab, über die Genese der Berufskunde bis zur gegenwärtigen Berufsforschung deren Gegenstände und Methoden zu bestimmen, um Aussagen über die Güte dieser Daten einschätzen zu können.

Verwendete Methoden

Das in der Arbeit entwickelte Verfahren gliedert sich in verschiedene Einzelanalysen, die ausgewählte Fragestellungen im Rahmen einer Curriculumentwicklung bearbeiten. Kennzeichnend für das Verfahren ist der Datenzugang in Form einer Sekundäranalyse. Arbeitsmarkt- und Berufsinformationen der Bundesagentur für Arbeit bilden die zentrale Datenbasis für diese Arbeit.

Das Methodenspektrum zur Analyse der Daten beinhaltet sowohl quantitative als auch qualitative Elemente, deren Anwendung einerseits von der Fragestellung sowie andererseits von der Art und Weise sowie der festgestellten Güte der zur Verfügung stehenden Daten abhängt. So werden beispielsweise Fragen nach dem möglichen Qualifikationsbedarf durch deskriptive Analysen diverser Arbeitsmarktstatistiken beantwortet. Hierzu werden verschiedene Indikatoren entwickelt, um u. a. die veränderte Bedeutung von Wirtschaftszweigen im Zusammenhang mit Berufen aufzuzeigen.

Die Identifizierung von beruflichen Aufgabenfeldern erfolgt hingegen durch qualitative Inhaltsanalysen in Anlehnung an KUCKARTZ und MAYRING (vgl. Kuckartz 2016; Mayring 2010). In der berufswissenschaftlichen Forschungsliteratur existieren diesbezüglich nur wenige Anwendungsbeispiele (siehe z. B. Kaiser 2015). Ein Schwerpunkt liegt daher darin, geeignete Varianten der qualitativen Inhaltsanalyse auszuwählen bzw. die Art der Kategorienbildung (induktiv/deduktiv) zu bestimmen und zu erproben. In dem Zusammenhang steht auch die Auseinandersetzung mit der verwendeten QDA-Software „MAXQDA" (vgl. Verbi 2007).

1.4 Abgrenzung der Untersuchung

In der Arbeit werden Abgrenzungen bzw. Einschränkungen vorgenommen. Die Entwicklung des Verfahrens erfolgt exemplarisch im berufsfachlichen Bereich der Informatik-, Informations- und Kommunikationstechnologie. Zur Definition des berufsfachlichen Bereichs dient die von der Bundesagentur für Arbeit im Rahmen der Klassifizierung der Berufe vorgenommene Gliederung, d. h., die Berufe der sogenannten Berufshauptgruppe „43 Informatik-, Informations- und Kommunikationstechnologieberufe"[2] stehen im Zentrum der Analysen (vgl. BA 2011b, S. 764 ff.).

Es erfolgt eine Einschränkung im Hinblick auf die behandelten Aspekte in dem Verfahren zur Curriculumentwicklung. Das Erkenntnisinteresse konzentriert sich auf das von FISCHER skizzierte „Analyseproblem" von beruflicher Arbeit im Rahmen der Curriculumentwicklung (vgl. Fischer 2014, S. 18). Dem Problembereich werden die Prognose von möglichen Bedarfen sowie die Identifizierung konkreter beruflicher Aufgaben und Anforderungen zugeordnet. Die Analysen bilden nur einen Teil im Rahmen eines umfassenderen Verfahrens zur Curriculumentwicklung. Weitere didaktische Bewertungen z. B. hinsichtlich eines Lern- und Entwicklungspotentials werden nicht betrachtet, obgleich sie für curriculare Entscheidungen insgesamt notwendig sind. Fragen

---

2 Diese Gruppe von Berufen wird unter dem Begriff „IKT-Berufe" zusammengefasst und gleichbedeutend verwendet (vgl. BA 2013d).

übergeordneter Bildungsziele sowie die Gestaltung von curricularen Elementen wie z. B. berufliche Handlungsfelder und Lernfelder liegen außerhalb dieser Arbeit.

Dennoch wird das Verfahren gedanklich von einer möglichen curricularen Zielgruppe begleitet. Sie liegt in den Bildungsgängen der Fachschulen für Technik, die Fachrichtungen der Informatik bzw. Informationstechnik vorsehen (vgl. KMK 2017b, S. 32). Die Begründung liegt an dem Arbeitsbereich des Verfassers, der als Lehrkraft sowohl in der Berufsschule für IT-Ausbildungsberufe als auch in der Fachschule für Technik tätig ist, die bisher jedoch über kein IT-spezifisches Angebot verfügt.

Weitere Limitierungen bestehen hinsichtlich der Evaluation der Ergebnisse des Verfahrens. Es beschränkt sich auf eine Gegenüberstellung der identifizierten beruflichen Aufgabenfelder mit vergleichbaren Kompetenzdimensionen des europäischen e-Competence Framework (e-CF), die sich ebenfalls auf berufliche Aufgaben der Informations- und Kommunikationstechnologie beziehen (vgl. CEN 2014c).

2 Theoretische Einbettung beruflicher Curriculumentwicklung

2.1 Anforderungen an berufliche Bildungsangebote

2.1.1 Zum Verhältnis von Bildung und Beschäftigung

Ziele beruflicher Bildung

Der beruflichen Bildung wird allgemein eine Schlüsselfunktion zur Sicherung der Wettbewerbsfähigkeit einer Volkswirtschaft zugewiesen. Die Wettbewerbsfähigkeit ist in erster Linie nicht mehr von Rohstoffverfügbarkeit oder billigen Arbeitskräften abhängig, sondern entscheidet sich an ihren geistigen Ressourcen, ihrem technologischen Vorsprung, am Niveau ihrer Forschungseinrichtungen und der Effizienz ihrer Bildungseinrichtungen (vgl. Severing & Stahl 2002, S. 2). Nachhaltiges Wachstum und Beschäftigung gelten als Voraussetzung, um wirtschaftliche, soziale und ökologische Ziele zu erreichen (vgl. EK 2004, S. 1). Internationale Bildungsstudien mahnen zu Investitionen in die Wissensgesellschaft und suchen zugleich Lösungen für eine größere Effizienz bei der Bildungsvermittlung, um der steigenden Bildungsnachfrage zu begegnen (vgl. OECD 2017, S. 3).

In Deutschland umfasst Berufsbildung einen Bildungsauftrag, dessen allgemeines Verständnis vom Deutschen Bildungsrat in den 1970er-Jahren definiert wurde.

> *„Das umfassende Ziel der Bildung ist die Fähigkeit des einzelnen zu individuellem und gesellschaftlichem Leben, verstanden als seine Fähigkeit, die Freiheit und die Freiheiten zu verwirklichen, die ihm die Verfassung gewährt und auferlegt."* (DBR 1973, S. 29)

Darauf basierend formuliert das Konsortium Bildungsberichterstattung die Ziele von Bildung auf allen Stufen des Bildungssystems, angefangen bei der frühkindlichen Erziehung über die allgemeine und berufliche Bildung, dem Hochschulstudium und der Weiterbildung, in den drei Dimensionen „individuelle Regulationsfähigkeit", „Humanressourcen" sowie „gesellschaftliche Teilhabe und Chancengleichheit" (vgl. Avenarius et al. 2006, S. 2).

- Der Erwerb von „individueller Regulationsfähigkeit" wird als Fähigkeit eines Menschen verstanden, sein Verhalten und sein Verhältnis zur Umwelt, die eigene Biographie und das Leben in der Gemeinschaft selbstständig zu planen und zu gestalten. Hierunter fällt insbesondere die Lernfähigkeit zu entfalten und zu erhalten.

- Die Ausbildung der „Humanressourcen" bezieht sich auf die Sicherstellung und Weiterentwicklung des qualitativ und quantitativ vorhandenen Arbeitskräftevolumens in ökonomischer Perspektive. Aus der Sicht des Menschen geht es um die Förderung von Kompetenzen[3], um eine seiner Neigungen und Fähigkeiten entsprechende Erwerbsarbeit zu ermöglichen.
- Die Förderung von „gesellschaftlicher Teilhabe und von Chancengerechtigkeit" ermöglicht die soziale Integration und die Aneignung von Kultur für alle. Eine systematische Benachteiligung aufgrund der sozialen Herkunft, der nationalen oder ethnischen Zugehörigkeit soll durch Bildung entgegengewirkt werden (vgl. Avenarius et al. 2006, S. 2).

Dieses Verständnis von Bildung genießt ein hohes Maß an Konsens in Politik und Wissenschaft (vgl. Baethge 2014, S. 41).

Der beruflichen Bildung geht es um mehr, als nur kurzfristig augenblickliche Arbeitsanforderungen zu erfüllen. Sie erhebt den Anspruch, einerseits die Menschen auf die Anforderungen des Arbeitsmarktes vorzubereiten sowie den Anforderungen der Gesellschaft zu entsprechen und andererseits Kompetenzen des Einzelnen aufzubauen, die zu seiner Persönlichkeitsentwicklung beitragen.

Wechselwirkung zwischen Bildungs- und Beschäftigungssystem[4]

Die zuvor dargestellten Ansprüche beruflicher Bildung spiegeln die komplexe Beziehung zwischen Bildungs- und Beschäftigungssystem wider. Die Beziehung steht im direkten Zusammenhang mit der Forderung und Daueraufgabe einer jeden Volkswirtschaft, eine bessere Abstimmung beider Systeme zu erzielen, um einen Mismatch zu minimieren. In der Vergangenheit hat dies immer wieder zu Diskussionen und verschiedenen Ansätzen geführt.

Eine der grundsätzlichen Fragen besteht darin, woran sich ein Bildungssystem orientieren sollte, welche Qualifikationsprofile[5] zur Ausübung einer

---

3 Zum Begriff der Kompetenz siehe Abschnitt 2.1.6.

4 "Bildungssystem" und "Beschäftigungssystem" werden synonym für Bildung und Arbeit als gesellschaftliche Institutionen verstanden. Dieser Sprachgebrauch ist eher metaphorisch als theoretisch zu verstehen und nicht mit Systemtheorien verbunden (vgl. Baethge & Teichler 1995, S. 209).

5 Der Qualifikationsbegriff wird unterschiedlich gedeutet. Einerseits werden darunter formale Ergebnisse einer Beurteilung oder Prüfung vor dem Hintergrund von Standards verstanden (vgl. Abschnitt 2.4.1). Andererseits werden mit Qualifikationen Anforderungen an einen Arbeitsplatz bezeichnet (vgl. Cedefop 2014, S. 203).

qualifizierten Tätigkeit auf dem Arbeitsmarkt benötigt werden, woran sie sich inhaltlich orientieren und wie sie methodisch aufgebaut sein sollten. Das Spannungsfeld besteht zwischen einer funktionalistischen Anpassung von Bildung an den Arbeitsmarkt und der davon komplett entkoppelten, sich an den Bedürfnissen des Individuums und deren Persönlichkeitsentwicklung orientierenden Bildung (vgl. Abbildung 1–1 auf Seite 5). In verschiedenen Forschungsdisziplinen wurden unterschiedliche Ansätze entwickelt, um diese vielfältigen Wechselbeziehungen mit Theorien zu erklären. Unter dem Begriff der „Bildungsökonomie“ wird beispielsweise eine Spezialisierung im Rahmen der Wirtschaftswissenschaften bezeichnet, die die Wechselwirkung von Bildung und Umwelt des gesamten gesellschaftlichen Lebens zum Gegenstand hat (vgl. Edding 1995, S. 439). Mit dem aus der Bildungsökonomie stammenden Humankapital-Ansatz werden volkswirtschaftliche Investitionen in Bildung mit Alternativen verglichen, um wirtschaftliches Wachstum und internationale Wettbewerbsfähigkeit zu erhalten (vgl. Böhret & Eynern 1973, S. 48).

Der Arbeitskräftebedarfsansatz (Manpower-Requirement-Approach) ist eine theoretische Weiterentwicklung, bei dem das Ziel die Ermittlung des Bildungsbedarfs als Resultat der zukünftigen Arbeitskraftnachfrage darstellt (vgl. Baethge & Teichler 1995, S. 209 ff.). Sie ist in möglichst feiner Gliederung nach Berufen, Ausbildungsgraden und anderen Merkmalen zu ermitteln (vgl. Mertens 1968b, S. 7). Hieraus sollten Ungleichgewichte zwischen Bildungs- und Beschäftigungssystem vermieden werden.

Im Kontrast wird mit dem „Ansatz der sozialen Nachfrage“ (Social Demand-Approach) das Ziel verfolgt, die Anzahl von Ausbildungsplätzen auf den verschiedenen Stufen des Bildungssystems zu ermitteln, die zur Befriedigung der Nachfrage der Gesellschaft benötigt werden. Der Ansatz basiert auf dem verfassungsrechtlich garantierten „Bürgerrecht auf Bildung“ und unterstellt zugleich eine hinreichende Elastizität des Beschäftigungssystems, das Angebot an Arbeitskräften aufzunehmen (vgl. Georg & Sattel 1995, S. 123).

Baethge und Teichler kommen zur Erkenntnis, dass zusammenfassend alle monokausalen Ansätze ungelöste methodische und theoretische Probleme aufweisen und somit ihre Aussagen begrenzt sind (vgl. Baethge & Teichler 1995, S. 215). Die Aktivitäten in den 1970er-Jahren waren enttäuschend und die Annahmen und Prognosen allenfalls zum Teil zutreffend. Ebenso zeigt sich, dass allein Marktmechanismen auch nicht in der Lage sind, einem Mismatch vorzubeugen (vgl. ETF 2000, S. 28). Im gleichen Tenor kritisieren Georg und Sattel die Eigenschaft des Manpower-Requirement-Approach, Veränderungen des Arbeitsmarktes und des Qualifikationspotentials außer Acht zu lassen und nur anhand der vorhandenen Berufsstrukturen den Bedarf an Bildungsabschlüssen abzuleiten (vgl. Georg & Sattel 1995). Lipsmeier schlussfolgert, dass „weder eine einlinige Abhängigkeit des Bildungs- vom Beschäftigungssystem — mit der Folge bloßer Anpassung des Menschen an die gesellschaftlichen Zwänge — hingenommen werden darf noch eine Abhängigkeit des Beschäftigungssystems vom Bildungssystem durch die völlige Isolierung beider Teilsysteme voneinander — mit der Folge ökonomischer und gesellschaftlicher Funktionsuntüchtigkeit des Menschen" (Lipsmeier 1978, S. 74).

Dennoch lassen sich aus den Grundideen der Ansätze wichtige Hinweise zur Entwicklung beruflicher Bildung ableiten, wenn man von ihrer Ausschließlichkeit absieht. Die European Training Foundation bekräftigt, dass die weiterentwickelten Prognoseansätze und Methoden (insbesondere kürzere Perioden) deutlich verbessert wurden und zu verbesserten Ergebnissen führen (vgl. ETF 2000, S. 28). Ebenfalls werden Ansätze in den gegenwärtigen Verfahren zur Arbeitskräfteprojektion des IAB berücksichtigt (Ulrich 2005). Auch wenn es noch weitere Kritik an Arbeitsmarktprognosen gibt, lassen sich die Daten als generelle Orientierungshilfen für eine aktive Arbeitsmarkt- und Bildungspolitik nutzen (vgl. ETF 2000, S. 30). Die Ziele der Arbeitsmarktanalysen beinhalten insbesondere:

- Auswirkungen beruflicher Trends hervorzuheben,
- die gegenwärtige Arbeitsmarktsituation sowie die Art möglicher Veränderungen in der Zukunft darstellen,
- mögliche Auswirkungen in der Arbeit zu beschreiben, die durch verschiedene Maßnahmen entstehen können (vgl. ETF 2000, S. 28 f.).

2.1.2 Funktion und Elemente von Curricula

Der Begriff des Curriculums wird in dieser Arbeit synonym mit dem Begriff des Lehrplans als Festlegung der Bildungsziele sowie Auswahl und Konzentration der Bildungsinhalte verwendet (vgl. Weniger 1975, S. 216). Traditionelle Lehrpläne beschränken sich meist auf die Formulierung von (Rahmen-)Themen (engl. Syllabus) (vgl. Dybowski 1998, S. 107; Hauptmeier et al. 1975, S. 910).

Der deutsche Bildungsrat fasste Anfang der 1970er-Jahre mit dem Curriculum folgende Fragenbereiche für Lernprozesse zusammen:

- Welche Kenntnisse, Fertigkeiten, Fähigkeiten, Einstellungen und Verhaltensweisen soll der Lernende erwerben?
- Mit welchen Gegenständen und Inhalten soll er konfrontiert werden?
- Was soll er lernen?
- Wann und wo soll er lernen?

- In welchen Lernschritten, in welcher Weise und anhand welcher Materialien soll er lernen?
- Wie soll das Erreichen der Lernziele festgestellt werden? (vgl. DBR 1973, S. 58)

Das Curriculum bildet somit einen bestimmenden Faktor für organisierte Lernprozesse. Es berücksichtigt die verschiedensten Anforderungen aus Gesellschaft, Arbeitsmarkt, wirtschaftlicher Lage, Struktur und Ressourcen des Bildungssystems (vgl. Dybowski 1998, S. 107).

Aus dem dargestellten Fragenbereich resultieren verschiedene Elemente, die in Curricula enthalten sein können. Hierzu gehören z. B.

- Zielqualifikation, Berufsbild,
- Zielgruppe,
- Prüfungsvorgaben,
- Zeitpläne,
- Fächer/Lernfelder,
- Lerninhalte,
- didaktische Grundsätze.

Die Existenz dieser Elemente variiert in der Praxis zwischen den Curricula verschiedener Bildungsgänge. Sie ist insbesondere abhängig von den rechtlichen Vorgaben. So beinhaltet z. B. die Meister-Qualifikation in ihrer Verordnung mit dem „Meisterprüfungsberufsbild" und den Prüfungsanforderungen ein Minimum an curricularen Vorgaben (vgl. InformationsTechMstrV 2002). Die Ordnungsmittel der beruflichen Erstausbildung dagegen weisen u. a. zeitliche Vorgaben und Lerninhalte im Ausbildungsrahmenplan auf (vgl. BMWi 2020, Anlage zu § 3 Abs. 1).

Unterschiedliche Ebenen der Curriculumentwicklung

Reetz und Seyd unterscheiden curriculare Strukturen hinsichtlich unterschiedlicher Umfänge und Zuständigkeiten auf verschiedenen Ebenen (vgl. Reetz & Seyd 1995, S. 206). In Anlehnung an Reetz und Seyd werden die Begriffe „Makroebene", „Mesoebene" und „Mikroebene" verwendet, um Lehrpläne überregional, institutionell und für den Unterricht zu unterscheiden. An die Ebenen sind unterschiedliche inhaltliche Dimensionierungen und Verbindlichkeiten gekoppelt.

Lipsmeier weist auf die verschiedenen Grade einer Partizipation, d. h. die Beteiligung der Praxis-Akteure bei der Curriculumentwicklung hin. Das Spannungsfeld reicht vom geschlossenen – „teacher-proof curriculum" – bis zum offenen Curriculum (vgl. Lipsmeier 2015, S. 301 ff.). Letztere werden vom

Deutschen Bildungsrat auch als „Rahmenrichtlinien“ bezeichnet und zielen darauf ab, den Lehrenden und Lernenden einen bewusst weiter ausgelegten Handlungsspielraum zu ermöglichen (vgl. DBR 1974, S. 25).

Am Beispiel der beruflichen Weiterbildung an Fachschulen können die involvierten curricularen Ebenen dargestellt werden (Tabelle 2–1).

Tabelle 2–1: Curriculare Ebenen am Beispiel schulischer Weiterbildung an Fachschulen in Schleswig-Holstein

Ebene	Curriculum
Makroebene	KMK-Rahmenvereinbarung über Fachschulen
	Schulgesetze der Länder z. B. in Schleswig-Holstein: Landesverordnung über die Fachschule (Fachschulverordnung - FSVO)
	Lehrplan für die Fachschule in verschiedenen Fachrichtungen
Mesoebene	Fachschule: Lehrplankonkretisierung, pädagogisches Konzept, schulinternes Curriculum
Mikroebene	Unterricht: Stundenentwurf, Wochenplan

Auf der Makroebene werden von der KMK curriculare Empfehlungen abgegeben. Sie erhalten durch die gemeinsame Abstimmung der Länder einen bindenden Charakter. Auf Landesebene werden die Vereinbarungen in Einzellehrpläne, wie z. B. für eine Fachrichtung Mechatronik an Fachschulen konkretisiert (vgl. MBWK 2017). In den Schulen werden die Vorgaben, in Form von Jahresplanungen oder im Rahmen von schul- und teamspezifischen Konzepten weiter ausgestaltet (vgl. FSTuG 2017). Die Mikroebene betrifft die Planungen zur Ausgestaltung von einzelnen Unterrichtsstunden oder zusammenhängenden Unterrichtseinheiten.

2.1.3 Didaktische Bezugspunkte in der Curriculumkonzeption

Die Frage nach „der Auswahl von Lerngegenständen ist so alt wie die pädagogische Theorie“ (Hauptmeier et al. 1975, S. 900) und stellt damit ein grundsätzliches Problem dar, seit Lernprozesse aus dem unmittelbaren Lebenszusammenhang in institutionell organisierte Prozesse überführt worden sind. Im historischen Kontext entstanden vielfältige didaktische Theorien und Modelle für einzelne Bildungsbereiche, die immer wieder zum Gegenstand wissenschaftlicher Auseinandersetzungen führten (vgl. Blankertz 1977, S. 118 ff.).

Aus heutiger Sicht stellt die Identifizierung der curricularen Inhalte nach wie vor eine zentrale Herausforderung dar, um den dynamischen Entwicklungen zu begegnen. In einem Curriculum erfolgt die Festlegung der Bildungsziele und die Auswahl von Lerninhalten. Das Curriculum stellt ein hoch komplexes System von Anforderungen und Prozessen dar, das neben gesellschaftlichen Bildungszielen wirtschaftlichen Bedingungen eines Landes, Machtverhältnissen unterschiedlicher Akteure, Wissenschaft, Arbeitsmarkterfordernisse sowie Strukturen und Bedingungen des Bildungssystems vereint (vgl. DBR 1973, S. 58; Dybowski 1998, S. 107; Pätzold & Rauner 2006b, S. 11; Sauter 2006, S. 61 ff.). Weniger hebt die Beeinflussung der unterschiedlichen Akteure hervor und konstatiert, dass dadurch im „Kampf um den Lehrplan", die begründete Auswahl von Inhalten und Methoden in den Hintergrund gerät und es sich vielmehr um den „Kampf geistiger Mächte" handelt (vgl. Weniger 1975, S. 216 ff.).

Die Curriculumentwicklung beruflicher Bildungsangebote ist dabei mit der Schwierigkeit konfrontiert, allgemeine und berufliche Bildung zu verbinden. Je nachdem, wie sehr sich ein Curriculum an beruflichen Inhalten orientiert, entsteht der „Generalverdacht einer materialen Didaktik bzw. des Utilitarismus" (Rauner 2008, S. 122). Um Lehrinhalte begründet auswählen zu können, müssen Ziele und Zweck eines bestimmten Unterrichts bzw. Bildungsgangs geklärt werden. Diese übergeordnete Referenz wird jedoch im Laufe der Zeit immer wieder zum Gegenstand didaktischer Diskussionen (vgl. Clement 2001, S. 9).

Didaktische Bezugspunkte in der beruflichen Bildung

Erste didaktische Bezugspunkte für die berufliche Bildung entstanden in den Fortbildungsschulen, als Vorgänger der Berufsschule im 19. und 20. Jahrhundert (vgl. Fischer & Gerds 2000, S. 89). In den damaligen Lehrplankonzepten sollte der „Beruf des Schülers und seine gewerbliche Tätigkeit zum Ausgangs-, Mittel-, und Endpunkt des Unterrichts" gemacht werden (vgl. Pukas 1988, S. 161). Diese Ansicht vertritt auch Grüner, der den Inhalt des berufstheoretischen Unterrichts als „Berufstheorie" bezeichnet, dessen Hauptaufgabe darin besteht, berufliches Handeln zu ermöglichen und als Mittel zur Lösung beruflicher Probleme dient (vgl. Grüner 1978, S. 13 f.). Um diese beruflichen Inhalte zu ermitteln und curricular zu verankern, erfolgte Anfang des 20. Jahrhunderts die Lehrplanentwicklung „unter tätiger Mitarbeit erfahrener Fachleute aus allen Berufen" (Gewerbliche Fortbildungsschule Köln 1914, S. 10). Der Lehrplan konnte z. B. eine „fachliche Seite" mit Berufskunde[6], Fachzeichnen

6 „Die Berufskunde macht den Schüler bekannt mit der Herkunft, Beschaffenheit, den Eigenschaften, dem Wert, der Aufbewahrung und Verwendung von Rohstoffen

und Fachrechnen sowie eine „kaufmännische Seite“ mit gewerblicher Buchführung, Kostenrechnung und gewerblichem Schriftverkehr beinhalten (vgl. Gewerbliche Fortbildungsschule Köln 1912, S. 10).

Reetz und Seyd unterscheiden drei Grundprinzipien, das Wissenschaftsprinzip, das Situationsprinzip und das Persönlichkeitsprinzip, nach denen eine curriculare Inhaltsentscheidung begründet werden kann (vgl. Reetz & Seyd 1995, S. 207 ff.). Seit Mitte der 1990er-Jahre bewegen sich die meisten beruflichen Lehrpläne in einem Spannungsfeld zwischen Wissenschafts- und Situationsprinzip. Das Persönlichkeitsprinzip kommt als Referenzkriterium meist implizit in den beiden anderen Konzepten zum Tragen (vgl. Riedl 2011, S. 148; Tramm 2003, S. 11).

Wissenschaftsprinzip

„Die Bedingungen des Lebens in der modernen Gesellschaft erfordern, dass die Lehr- und Lernprozesse wissenschaftsorientiert sind.“ (DBR 1973, S. 33) Dies bedeutet aber nicht, dass „die Schule unmittelbar die Wissenschaften vermitteln sollte“ (ebd., S. 33). Vielmehr sind „die Bildungsgegenstände, gleich ob sie dem Bereich der Natur, der Technik, der Sprache, der Politik, der Religion, der Kunst oder der Wirtschaft angehören, in ihrer Bedingtheit und Bestimmtheit durch die Wissenschaften erkannt und entsprechend“ (ebd., S. 33) zu vermitteln. Die Wissenschaftsorientiertheit von Lerngegenstand und Lernmethode gilt für den Unterricht auf jeder Altersstufe“ (ebd., S. 33). Diese in den 1970er-Jahren vom Deutschen Bildungsrat dargestellte Wissenschaftsbestimmtheit von Unterricht steht im Zusammenhang mit Entwicklungen in den USA, die durch den Sputnik-Schock in den 1960er-Jahren die curriculare Orientierung an Wissenschaften intensivierte (vgl. Robinsohn 1967, S. 32 f.). Das Ziel der amerikanischen Reform lag darin, die Kluft zwischen Schule und Universität zu überwinden. Das Erlernen von Modellen und der theoretischen Prinzipien der wichtigsten Wissenschaften sollte in den Mittelpunkt des Unterrichts gestellt werden. So wurden Lehrbücher, Kurse, Lern- und Unterrichtsmaterial in kürzester Zeit produziert, deren Inhalte unmittelbar aus den Fachwissenschaften abgeleitet wurden, ohne dass ihre Bildungsrelevanz überprüft wurde (vgl. ebd., S. 32 f.).

---

und Bedarfsteilen, mit der Einrichtung, der Wirkungsweise und den mechanischen Grundgesetzen von Werkzeugen, Geräten und Maschinen, mit dem Zweck der Arbeiten und der Arbeitsstücke und den sich daraus ergebenen Anforderungen.“ (Gewerbliche Fortbildungsschule Köln 1912, S. 10).

Eine so verstandene Wissenschaftsorientierung bestimmte ebenfalls die Lehrplangestaltung in der beruflichen Bildung ab den 1970er-Jahren. Petersen bemängelt vor allem die schulischen Lehrpläne der gewerblich-technischen dualen Ausbildungsberufe in den 1970er und 1980er-Jahren. Sie weisen eine „einseitige Orientierung an der Systematik der Technik- und Fachinhalte" (Petersen 1996a, S. 211) auf, woraus sich „nur traditionell isoliertes ‚Fachwissen' [...] nicht jedoch ‚fachbildendes Berufswissen', welches sich am Bildungsauftrag und den Handlungsanforderungen der Facharbeit orientiert" (ebd., S. 211 f.), bildet. Die Lernzielorientierung war in der Zeit verbreitet und folgte dieser Leitidee. Abstrakte Lernziele konzentrierten sich primär auf Fachwissen innerhalb von Begriffshierarchien. Dabei unterschieden sich die höheren Lernzielstufen nur in Form einer größeren Komplexion auf der Inhaltsebene. Bezüge zur beruflichen Praxis erschienen zufällig und waren ungeplant. Die Orientierung führte zu einer rigiden didaktischen Reduktion, einer Inhaltszerstückelung und größtenteils zu einseitigen, frontalen Unterrichtsformen (vgl. Reetz & Seyd 1995, S. 207 ff.).

Einflüsse der Lehrerausbildung

Die Herausbildung didaktischer Konzepte steht im Zusammenhang mit der Ausbildung von Berufsschullehrkräften (vgl. Riedl 2011, S. 16). So entwickelte sich in Folge der Gewerbelehrerausbildung an den berufspädagogischen Instituten zu Beginn des 20. Jahrhunderts beispielsweise die sogenannte Frankfurter Methodik[7] als eine eigenständige Berufsschuldidaktik, die sich im Spannungsfeld zwischen Berufspragmatik und Fachsystematik bewegte (vgl. Clement 2001, S. 56; Fischer & Gerds 2000, S. 91; Rauner 1993, S. 27). Die stärker wissenschaftlich ausgerichtete berufliche Fachdidaktik entstand erst später mit der Akademisierung der Gewerbelehrerausbildung Ende der 1960er-Jahre (vgl. Petersen & Rauner 1996, S. 45 f.; Riedl 2011, S. 16). Petersen und Rauner bemängeln die damaligen, „missverstandenen (fach)wissenschaftsorientierten, statt arbeits(welt)- und berufsbezogenen Unterrichtsansätze der 70er Jahre" (Petersen & Rauner 1996, S. 45). Die Ursachen liegen ihrer Ansicht nach im Studium der Berufsschullehrkräfte, das größtenteils als Anhängsel in bestehenden ingenieurwissenschaftlichen Studiengängen erfolgte (vgl. ebd., S. 46). Ähnlich

---

7 Die Unterteilung der Ausbildung in einen Ober- und Unterbau beschreibt die wesentliche Grundstruktur der Frankfurter Methodik (F.M.). Dabei folgt der Unterbau dem Prinzip einer berufsübergreifenden Inhaltsausrichtung, im Oberbau wird dann das Berufsspezifische thematisiert (vgl. Lipsmeier 2000, S. 56).

urteilt LIPSMEIER über die wenig optimalen Berufsschulstudiengänge, die sich „der jeweils vorfindlichen anderen Zwecken dienenden Hauptdisziplinen (z. B. Ingenieurwissenschaften bzw. Wirtschaftswissenschaften) beugen mußten" (Lipsmeier 1994, S. 93). PETERSEN kritisiert, dass der eigentliche Studienzweck gewerblich-technischer Fachrichtungen im Wesentlichen verfehlt wurde, da er nicht auf eine Ingenieurarbeit, sondern auf ein berufspädagogisches Handlungsfeld in seiner beruflichen und fachlichen Breite vorbereiten sollte (vgl. Petersen 1996b, S. 48). Das Kernproblem liegt seiner Ansicht nach darin, dass zu der von der KMK eingerichteten Studiengangstruktur nach „beruflichen Fachrichtungen" (KMK 1973), sich bisher noch keine eigenständigen Fachwissenschaften[8] etabliert hatten (vgl. Petersen 1996b, S. 47 ff.). Die Problematik ist heute noch nicht gelöst. In der überwiegenden Praxis werden an den Hochschulen Fachwissenschaften und Fachdidaktiken einer Ingenieurwissenschaft als Fach zugeordnet (vgl. Becker & Spöttl 2013, S. 16). Dies kann dazu führen, dass berufliches Wissen als „reduziertes akademisches Wissen" (Petersen & Rauner 1996, S. 10) verstanden wird.

Eine derartige Ausrichtung ist sicherlich nicht gänzlich falsch, da ein gemeinsames Berufswissen von Ingenieuren und Facharbeitern neben eigenständigen Wissensbereichen existiert (vgl. Grüner 1978, S. 79). RAUNER gibt aber zu bedenken, dass das bestimmende Merkmal berufsbezogenen Wissens auf dem nicht akademischen Wissen basiert und die Fachdidaktiken vor dem Problem stehen, das berufliche Wissen aus den etablierten, akademischen Fachwissenschaften zu entlehnen (vgl. Rauner 1993, S. 11). LIPSMEIER stellt dagegen fest, dass ein (nicht optimales) gewerblich-technisches Lehramtsstudium, bedingt durch das hohe wissenschaftliche Niveau der Ingenieursausbildung, auch ohne

---

8 Der Deutsche Bildungsrat stellte in den 1970er-Jahren dar, dass sich die Lehrerbildung, gleichgültig auf welcher Stufe, auf den Elementen Fachwissenschaft, Erziehungswissenschaft einschließlich Gesellschaftswissenschaft, Psychologie und der Praxis aufbaut. Im Zentrum steht dabei die Fachdidaktik, die mit dem Fach verwurzelt und von ihm aus zu entwickeln ist (vgl. DBR 1973, S. 18, 225). Da bislang im Wissenschaftssystem keine ausgewiesenen Fachwissenschaften für nicht akademische Berufe bzw. berufliche Fachrichtungen und damit ein Bezug zu einer Fachdidaktik existierten (vgl. Rauner 1993, S. 28), bildete sich ein uneinheitliches Lehramtsstudium (vgl. ebd., S. 12). Anfang der 1990er-Jahre war dies Anlass verschiedener Hochschulen, die Arbeitsgemeinschaft der Hochschulinstitute für gewerblich-technische Berufsbildung (HGTB) zu gründen (später Arbeitsgemeinschaft Gewerblich-Technische Wissenschaften und ihre Didaktiken), in denen die berufsförmig organisierte (Fach-) Arbeit Gegenstand in Forschung und Lehre wird (vgl. ebd., S. 19 f.).

unmittelbaren Facharbeitsbezug gute Voraussetzungen für einen flexiblen Einsatz im dynamischen beruflichen Bildungswesen schafft (vgl. Lipsmeier 2014, S. 451).

Betrachtet man allerdings die in der Neuzeit beschleunigte Differenzierung und Spezialisierung der wissenschaftlichen Erkenntnisbereiche (Verwissenschaftlichung[9]), so wird deutlich, dass die berufliche Arbeit aus einer zunehmend größeren Anzahl von Wissenschaftsdisziplinen beeinflusst wird.[10] Sicherlich gibt es nach wie vor eine besondere Nähe zwischen einer Gruppe von Berufen und einzelnen Bezugswissenschaften[11]. Diese sind jedoch bereits ebenso interdisziplinär aufgestellt. Für die Fachdidaktiken besteht daher die Herausforderung, die vielfältigen Bezugswissenschaften zu identifizieren und im Rahmen der Entwicklung ihrer jeweiligen Didaktik für entsprechende nicht akademische berufliche Bildungsgänge zu berücksichtigen.

Situationsprinzip

Nach Robinsohn besteht das „allgemeine Erziehungsziel" darin, „den einzelnen zur Bewältigung von Lebenssituationen auszustatten" (Robinsohn 1967, S. 79). Robinsohn fordert – ausgehend von seinem Modell zur Curriculumforschung und -entwicklung (vgl. ebd., S. 47 ff.) – Lebenssituationen als Ausgangspunkt für die Begründung und Gestaltung eines jeden Curriculums zu wählen (vgl. ebd., S. 80). Er stellt die Frage zur curricularen Relevanz eines Gegenstandes grundsätzlich vor der Frage, ob und wie eine unterrichtliche Umsetzung gelingen kann (vgl. ebd., S. 44, 81).

Fur die Berufsausbildung war und ist die Zieldefinition schon immer grundlegend. Das spätere reflektiert-mündige Handeln in beruflichen und

---

9 Boehm beschreibt den Begriff der Verwissenschaftlichung „als Einordnung eines Kenntnis- oder Wirklichkeitsbereiches in ein Lehrsystem bzw. Weltbild, das die ‚Gemeinschaft der Wissenschaftler' die **opinio communis** der jeweiligen Gegenwart, als wissenschaftlich qualifiziert; und im engeren, neuzeitlichen Sinne eben als Einordnung in ein System mit den Kriterien modern verstandener Wissenschaftslehre" (Boehm 1978, S. 10, Hervorh. im Orig.).

10 Hinweise über die Arbeitsgebiete der sich herausgebildeten Wissenschaften werden insbesondere in der österreichischen Systematik der Wissenschaftszweige (STAT 2012) in Anlehnung an die Fields of Science-Klassifizierung der OECD (2007) veröffentlicht. Insbesondere geben die stichwortartig erfassten Schlagworte Aufschluss über die in alle Berufsbereiche diffundierende Wissenschaftszweige (vgl. STAT 2015).

11 Bezugswissenschaften werden auch als Hintergrundwissenschaften bezeichnet (vgl. Grüner 1975, S. 145).

außerberuflichen Lebenssituationen ist als Referenz und Ziel einer Berufsausbildung elementar (vgl. Seyd 1980, S. 91 f.). Von daher ist es naheliegend, dass Arbeits- und Berufssituationen einen Ausgangspunkt für die Definition von beruflichen Qualifikationen bilden und sich Lerninhalte auf sie beziehen (vgl. Dedering & Schimming 1984, S. 70).

Seyd macht deutlich, dass eine Vernachlässigung oder Nichtbeachtung von betrieblichen Leistungsvollzügen und Qualifikationsanforderungen deshalb problematisch ist, weil sie für die Vermittelbarkeit auf dem Arbeitsmarkt und als Grundlage für die soziale Anerkennung der Beschäftigten notwendig ist (vgl. Seyd 1980, S. 92). Dennoch darf die Vorgehensweise nicht so verstanden werden, dass Bildungsinhalte linear aus beruflichen Arbeits- und Berufssituationen abgeleitet werden. Vielmehr bedarf es einem Entscheidungsmodell zur begründeten Auswahl geeigneter Situationen sowie pädagogischer und didaktischer Konzepte, um die Ergebnisse solcher Beschreibungen mit gesamtgesellschaftlichen Werten, Normen und Trends in curriculare Vorgaben begründet zu übersetzen (vgl. ebd., S. 95 ff.).

Persönlichkeitsprinzip

In Abgrenzung hierzu stehen nach dem Persönlichkeitsprinzip die Bedürfnisse des Individuums und insbesondere seiner Persönlichkeitsentwicklung im Fokus des Curriculums (vgl. Reetz & Seyd 1995, S. 211 ff.). Hierzu zählen u. a. die durch Mertens mit dem Begriff der Schlüsselqualifikationen bezeichneten Bildungsziele (vgl. Mertens 1974, S. 38). Dazu gehören u. a. die Kategorien

- Förderung der Fähigkeit zum lebenslangen Lernen,
- Kreativität,
- Verknüpfung von Theorie und Praxis,
- Fähigkeit zur Zusammenarbeit, zur Ausdauer, zur Mitverantwortung (vgl. Mertens 1974, S. 38).

Mertens begründet die Bedeutung der Schlüsselqualifikationen mit dem permanenten Anwachsen von Wissen, der Dynamik von Veränderungen der Arbeit und Gesellschaft und der Notwendigkeit, auch auf Unvorhersehbares richtig reagieren zu können. Sie erfordert eine geistige Beweglichkeit und Anpassungsfähigkeit über arbeitsmarktbezogene Anforderungen hinaus (vgl. Mertens 1974, S. 38 ff.).

Seit den 1990er-Jahren haben die zumeist formalen Bildungsaspekte als „Personal- und Selbstkompetenz" Eingang in die KMK-Handreichungen zur Erarbeitung beruflicher Curricula für den schulischen Unterricht gefunden (vgl. KMK 1996, S. 28). Darin wird der Bildungsauftrag der Berufsschule formuliert, der über die Förderung beruflicher Handlungskompetenz hinausgeht und beabsichtigt, die Auszubildenden zur Mitgestaltung der Arbeitswelt und der Gesellschaft in sozialer und ökologischer Verantwortung zu befähigen (vgl. KMK 2017a, S. 9). „Die betriebliche Praxis wird [dadurch] nicht nur als eine gegebene, sondern als kritik- und gestaltungsbedürftig begriffen." (Rauner 2004b, S. 182) Rauner betrachtet die aktuelle betriebliche Praxis als eine exemplarische, die im Prozess der beruflichen Ausbildung angeeignet wird und zusätzlich darauf abzielt, „Kompetenz für die Gestaltung des Wandels zu erwerben" (ebd., S. 182).

2.1.4 Arbeits- und Geschäftsprozessorientierung in der Gestaltung beruflicher Curricula

Im Zuge der sogenannten „arbeitsorientierten Wende" in der Curriculumgestaltung beabsichtigt die KMK seit den 1990er-Jahren, die einstige fachsystematische Inhaltsstrukturierung durch den Bezug zu Arbeits- und Geschäftsprozessen zu überwinden (vgl. KMK 1996). Die Entwicklung ist im Zusammenhang mit den Veränderungen in der Arbeit infolge zunehmender Technisierung und Vernetzung Anfang der 1980er-Jahre zu sehen, als Initiativen u. a. zur „Humanisierung der Arbeit", Mitbestimmung sowie der Gestaltung von Arbeit und Technik aufkamen (vgl. Deitmer 1987). Hinzu kommen veränderte Organisationsformen der Betriebe in den 1990er-Jahren, die sich von einer Aufbauorganisation hin zu marktorientierten Organisationsformen weiterentwickelten (vgl. Baethge 1999; Röben & Stuber 2005, S. 149). Dies führte u. a. zu Aufgabenerweiterungen und anspruchsvolleren Arbeitsmöglichkeiten für die Beschäftigten (vgl. Rauner & Heidegger 1997, S. 9).

Arbeitsprozesswissen

Kruse macht in dem Zusammenhang auf die Notwendigkeit zur Aneignung eines übergeordneten Handlungswissens aufmerksam, das über den eigenen Arbeitsplatz hinausgeht (Kruse 1986). Er betrachtet es als unabdingbar, das Zusammenwirken der einzelnen Beschäftigungsgruppen zum betrieblichen Gesamtprozess herzustellen, um qualifizierte Arbeitstätigkeiten in dem Bereich ausüben zu können. Kruse bezeichnet dieses vernetzte Zusammenhangswissen als „Arbeitsprozess-Wissen", das sich nicht mehr ohne weiteres aus der Arbeitserfahrung ergibt, sondern bewusst in Verbindung von praktischen Erfahrungen und theoretischem Lernen erworben werden muss (vgl. ebd., S. 189). Rauner charakterisiert diese Wissensdimension als Schnittmenge von subjektivem und objektivem Wissen (vgl. Rauner 2006, S. 62). Es ist handlungsleitend und wird daher im Arbeitsprozess unmittelbar benötigt (vgl. Böhle & Rose 1992, S. 120; Rauner 2006, S. 61). Sichtbar wird die Existenz der Wissenskategorie in der Berufsarbeit, wenn es z. B. darum geht, in einem Fehlerfall bei einer Anlage begründete Entscheidungen zu treffen. Ist z. B. die Reparatur oder der Austausch von Teilen zu erwägen? Können kurzfristige Alternativen geschaffen werden, damit – evtl. auch unter Leistungseinschränkungen – der Betrieb der Anlage wieder aufgenommen werden kann? Haase und Lacher verwenden hierzu die anschauliche Bezeichnung des „Baustellenwissens“, das im Gegensatz zum „Architektenwissen“ eine spezifische Qualität von Berufswissen ausmacht (Haase & Lacher 1993).

Fischer stellt dar, dass in derartigen beruflichen Arbeitssituationen ökonomische Faktoren zu berücksichtigen sind (vgl. Fischer 2014, S. 4). Ebenfalls kann die Bewältigung von kritischen Situationen weitere kommunikative und Problemlösefähigkeiten sowie ein theoretisches Verständnis von organisatorischen und sozialen Rahmenbedingungen erfordern. Daher sind die Dimensionen bei der Gestaltung beruflicher Curricula zu berücksichtigen (vgl. ebd., S. 6).

Sinngemäß unterstreicht Kruse, dass das Arbeitsprozesswissen nicht als zusätzlicher Wissensbestand missverstanden werden darf, sondern als eine Wissensdimension, über die alle Absolventen einer Berufsausbildung in gewissem Maße verfügen müssen. Daher muss es curricular berücksichtigt werden (vgl. Kruse 1986, S. 189 f.). Sowohl Fischer wie auch Rauner ergänzen, dass Arbeitsprozesswissen insbesondere aus der reflektierten Arbeitserfahrung entsteht (vgl. Fischer 2014, S. 4; Rauner 2006, S. 61 ff.).

Mit Einführung der IT-Ausbildungsberufe im Jahre 1997 wurde die Arbeits- und Geschäftsprozessorientierung erstmals curricular aufgenommen (vgl. KMK 1997). Lange war allerdings noch unklar, was betriebliche Arbeits- und Geschäftsprozesse sind (vgl. Brandt & Pahl 2005) und woran sich berufliche Ausbildung konkret auszurichten hat (vgl. Petersen 2005, S. 164). Die derzeitigen KMK-Handreichungen definieren nunmehr Arbeitsprozesse im weiteren Sinne als „die Abfolge von Produktions- und Dienstleistungstätigkeiten zum Erreichen bestimmter Zwecke“ (KMK 2017a, S. 28). Im engeren Sinne sind diese Arbeitsprozesse auf die Produktion materialer Güter gerichtet, die in Unternehmen mit kaufmännischen Tätigkeiten des Geschäftsprozesses korrespondieren (vgl. ebd., S. 28). Ein Geschäftsprozess wird durch zusammenhängende Ablaufschemata von Tätigkeiten, zur Erreichung einer unternehmerischen Zielsetzung (typischerweise Gewinn) beschrieben (vgl. ebd., S. 30). Mit dem von Petersen entwickelten GAHPA-Modell (vgl. Petersen 2005, S. 165) lassen sich Geschäftsprozesse modellieren (vgl. Abbildung 2–1).

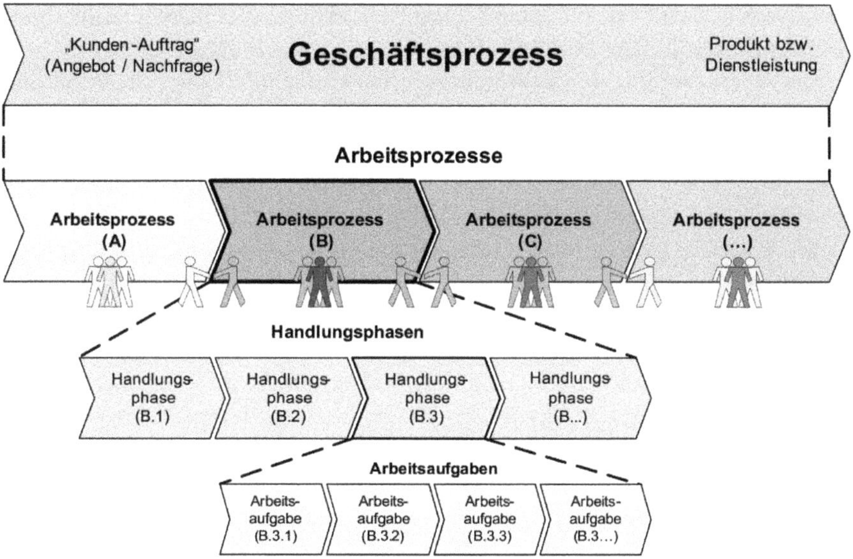

Abbildung 2-1: GAHPA-Modell: Geschäftsprozess in der Struktur von Arbeitsprozessen, Handlungsphasen und Arbeitsaufgaben einschließlich der beteiligten Personen (Petersen 2005, S. 165)

Das Modell ermöglicht, im Gegensatz zu einer Organisations- bzw. Leistungssicht, die Berufsarbeit der Fachkräfte prozessbezogen auf verschiedenen Ebenen zu strukturieren (vgl. Petersen 2005, S. 168). Dadurch lassen sich wesentliche Elemente, angefangen von der Auftragsbearbeitung bis zum Produkt bzw. Erbringung einer Dienstleistung, darstellen (vgl. ebd., S. 167).

2.1.5 Berufliche Aufgaben-, Handlungs- und Lernfelder

Aufgabenorientierte Lernfelder

Die von Petersen und Rauner Mitte der 1990er-Jahre erhobene Kritik an den schulischen Rahmenlehrplänen der damaligen industriellen Metall- und Elektro-Ausbildungsberufe (vgl. Petersen & Rauner 1996, S. 57 ff.) trug zu einem grundlegenden curricularen Paradigmenwechsel Ende der 1990er-Jahre bei. Dieser kennzeichnet die Abkehr von einer fachwissenschaftlich orientierten Systematik als Ausgangspunkt für curriculare Inhaltsentscheidungen hin zu einem an der beruflichen Arbeit orientierten Lernfeldkonzept. Tramm sieht diese Umstellung im Zusammenhang mit den Reformen der 1980er-Jahre, zu denen sich u. a. die Aspekte „Handlungsorientierung“, „Schlüsselqualifikation“ und „situiertes Lernen“ zuordnen lassen (vgl. Tramm 2003, S. 2).

Petersen und Rauner kommen in ihrem Gutachten[12] zur Evaluation und Weiterentwicklung der Rahmenlehrpläne des Landes Hessen für die Berufsfelder Metall- und Elektrotechnik zum Ergebnis, dass sich die schulischen Lehrpläne „an den veränderten Technikinhalten und den teils ‚alten‘ fachsystematischen Strukturen der jeweils korrespondierenden Fach- bzw. Ingenieurwissenschaft orientieren“ (Petersen & Rauner 1996, S. 60). Dies führt zu inhaltlichen Verkürzungen und Defiziten, die teils im Widerspruch zu den übergeordneten Ausbildungszielen und betrieblichen Rahmenvorgaben stehen (vgl. ebenda). Zudem kommen Petersen und Rauner zu der Erkenntnis, dass die „Abbild-Didaktik“ und „Addition fachsystematischer Fachkenntnisse“ (ebd., S. 38) zu einem abstrakten Lernen führt und den Transfer in berufsbezogene Praxisaufgaben erschwert. Dies führt zur Benachteiligung von vor allem leistungsschwächeren Schülern (vgl. ebd., S. 61).

Im Ergebnis empfehlen die Autoren der Evaluationsstudie einen neuen didaktischen Ansatz zur schulischen Curriculumgestaltung für die Metall- und Elektroberufe. Darin bilden „Lernfelder“ ein neues Strukturierungselement in den Lehrplänen und heben die bisherige, rigide Inhaltstrennung in Fächern auf (vgl. Petersen & Rauner 1996, S. 167). Lernfelder zeichnen sich dadurch aus, dass sie Bezüge zu den Dimensionen Technik, Arbeit, Gesellschaft und Subjekt aufweisen (vgl. Abbildung 2–2).

12 Das Gutachten im Auftrag des Hessischen Kultusministeriums zur Evaluation und Weiterentwicklung der Rahmenlehrpläne des Landes Hessen für die Berufsfelder Metall- und Elektrotechnik (Petersen & Rauner 1996) steht inhaltlich dem Abschlussbericht der zugehörigen Studie (Petersen 1994b) nahe, die durch Petersen verfasst wurde.

Abbildung 2–2: Dimensionen zur inhaltlichen Strukturierung von Lernfeldern (Petersen 1994b, S. 135)

Systeme, Anlagen, Produkte und Technologien bilden den Technikbezug der Gegenstände der Facharbeit. Die Dimension „Arbeit“ bezieht sich u. a. auf charakteristische Tätigkeiten, Werkzeuge, Arbeitsmethoden und Organisationsformen. Gesellschaftsbezug verkörpert die Erwartungen an den Gebrauchswert der Arbeit, ökonomische und ökologische Anforderungen sowie Anforderungen durch Normen und Gesetze. Subjektbezug beinhaltet u. a., Persönlichkeitsentwicklung, Handlungs- und Lernkompetenz sowie Bewertungs- und Kritikfähigkeit der Auszubildenden zu fördern.

Diese Dimensionen stehen in einem engen didaktischen Wirkungszusammenhang, um allgemeine wie berufliche Kompetenzen sowie die Entwicklung der Persönlichkeit der Auszubildenden zu fördern (vgl. Petersen 1994a, S. 264; Petersen & Rauner 1996, S. 171 ff.).

Bezüglich der unterrichtlichen Umsetzung schreiben Petersen und Rauner dem Konzept u. a. folgende Merkmale zu:

> *die berufsbezogenen Arbeits- und Lernaufgaben der Lernfelder stellen einen handlungsmotivierenden Lern- und Arbeitsbereich in den Unterrichtsmittelpunkt, eröffnen Freiräume zum selbständigen Lernen und unterstützen die Eigeninitiative der Lernenden; jedes Lernfeld definiert sich aus und in den auf die Berufsarbeit und die Arbeitsprozesse ganzheitlich bezogenen ‚Gesamtinhalten' und nimmt – mehr oder weniger – exemplarisch die Inhalte der Themenfelder didaktisch differenziert und strukturiert auf; jedes Lernfeld ist in der Struktur der Themenfelder und der gesamten Ausbildung didaktisch direkt oder indirekt mit mehreren Lernfeldern verknüpft, die inhaltlichen Verknüpfungen sind im Unterricht bewußt zu machen und selbst ein Inhaltsgegenstand der Lernfelder"* (Petersen & Rauner 1996, S. 167).

Insgesamt werden mit diesem neuen Konzept die alten Strukturen mit Lehrgängen, Lerngebieten und Unterrichtsfächern aufgegeben, um eine ganzheitliche berufliche Handlungsfähigkeit durch integratives und Sinn vermittelndes Lernen zu fördern (vgl. Petersen 1994a, S. 256).

Die Empfehlungen von Petersen und Rauner finden im Jahre 1996 erstmals Eingang in die „Handreichungen für die Erarbeitung von Rahmenlehrplänen der Kultusministerkonferenz (KMK) für den berufsbezogenen Unterricht in der Berufsschule und ihre Abstimmung mit Ausbildungsordnungen des Bundes für anerkannte Ausbildungsberufe" (KMK 1996).

In den aktuellen KMK-Handreichungen aus dem Jahre 2018 sind Lernfelder

> *„aus Handlungsfeldern des jeweiligen Berufes entwickelt und orientieren sich an berufsbezogenen Aufgaben- oder Problemstellungen innerhalb zusammengehöriger Arbeits- und Geschäftsprozesse. Sie verbinden ausbildungsrelevante berufliche, gesellschaftliche und individuelle Zusammenhänge unter dem Aspekt der Entwicklung von Handlungskompetenz"* (KMK 2018, S. 32).

Lernfelder bilden fortan das bestimmende curriculare Strukturmodell in den schulischen Lehrplänen von Ausbildungsberufen. Darüber hinaus gestalten viele Bundesländer weitere schulische berufliche Bildungsgänge z. B. die der Fachschulen auf Basis von Lernfeldern (vgl. HKM 2011).

Handlungsfelder

Die KMK formuliert in ihren Handlungsempfehlungen, dass Lernfelder durch didaktische Reflexion und Aufbereitung von Handlungsfeldern zu entwickeln sind (vgl. KMK 2018, S. 31).

> *„Handlungsfelder orientieren sich an berufsbezogenen Aufgaben und Problemstellungen innerhalb zusammengehöriger Arbeits- und Geschäftsprozesse. Handlungsfelder verknüpfen berufliche, gesellschaftliche und individuelle Anforderungen."* (KMK 2018, S. 31)

Berufliche „Handlungsfelder" bezeichnen „berufstypische Aufgabenbündel" und werden in den betrieblichen Ordnungsmitteln (Ausbildungsordnung und Ausbildungsrahmenplan) aufgeführt (vgl. HA 2014). Grundlage hierzu bildet der Katalog der Handlungsfelder aus dem Antragsgespräch der Sachverständigen des Bundes und der Länder in einem Neuordnungsverfahren (vgl. ebd.). In der Neufassung der BIBB-Arbeitshilfe zur Hauptausschuss-Empfehlung Nr. 160 aus dem Jahre 2016 wird der Begriff „Handlungsfeld" durch den Begriff „Berufsbildposition" ersetzt (vgl. HA 2016). Dadurch wird der direkte Zusammenhang zum Ausbildungsberufsbild als Teil der Ausbildungsordnung deutlich (vgl. BBiG 2019, § 5).

Aus den Empfehlungen des BIBB-Hauptausschusses geht hervor, dass berufliche Handlungsfelder bereits verschiedene didaktische und methodische Aspekte berücksichtigen wie z. B. Orientierung am Modell der vollständigen Handlung, festgelegter zeitlicher Umfang, Differenzierung zwischen berufstypischen und berufsübergreifenden Aufgaben sowie Berücksichtigung von zukünftigen Anforderungen in einem Beruf (vgl. HA 2014; 2016). Berufliche Handlungsfelder können daher bereits didaktische Überlegungen beinhalten.

Schlussfolgerungen

Seit den 1990er-Jahren verkörpern Lernfelder curriculare Strukturierungselemente zur Ausgestaltung einer arbeitsorientierten Berufsbildung in den berufsbildenden Schulen. Der Ursprung dieser curricularen Wende liegt in der dualen beruflichen Erstausbildung. Mit dem Lernfeldansatz wird beabsichtigt, die Diskrepanz zwischen arbeitsorientierten betrieblichen Ordnungsmitteln und den an Fachwissenschaften orientierten schulischen Curricula zu überwinden. Fischer und Gerds resümieren in ihren Analysen Anfang der 2000er-Jahre zu Recht, dass der Lernfeldansatz historische, didaktische Überlegungen und curriculare Konstruktionsprinzipien der gewerblich-technischen Berufsschule aufgreift, indem er die berufliche Arbeit wieder ins Zentrum stellt (Fischer & Gerds 2000). Zur Entwicklung der Lernfelder ist es schlüssig, dass sich die schulischen Lehrplanentwickler an beruflichen Handlungsfeldern orientieren, die berufstypische Aufgabenbündel, verknüpft mit gesellschaftlichen und persönlichen Anforderungen, beschreiben und in Summe einen Ausbildungsberuf charakterisieren. Die schulische Lehrplanentwicklung profitiert hierbei maßgeblich von den Vorgaben der Sozialpartner. Für andere, insbesondere rein schulische berufliche Bildungsgänge mangelt es an diesen charakteristischen beruflichen Handlungsfeldern. Hier besteht für die Lehrplanentwickler die Herausforderung, ohne Sozialpartnerbeteiligung Lernfelder für schulische

Curricula zu entwickeln, die den gleichen Ansprüchen einer Arbeitsorientierung genügen.

Im Rahmen dieser Untersuchung soll zu der aufgezeigten Problematik ein Beitrag geleistet werden. Dazu werden Handlungs- und Lernfelder begrifflich von beruflichen Aufgabenfeldern abgegrenzt. Die Begründung hierzu besteht darin, dass der Begriff des Handlungsfeldes – im Hinblick auf die Gesamtheit aller berufsbezogenen Aufgaben, gesellschaftlichen und individuellen Anforderungen – bereits eine bewertete Größe und ggf. eine Auswahl darstellen kann (vgl. die zuvor aufgeführten Definitionen). „Berufliche Aufgabenfelder" bündeln sinngemäß berufliche Aufgaben, sind im Beschäftigungssystem jedoch noch keiner entsprechenden Bewertung unterzogen. Abbildung 2–3 verdeutlicht diesen Zusammenhang. Darin können sich Handlungsfelder z. B. innerhalb von Ausbildungsordnungen auf eine beschränkte Auswahl von Aufgabenfeldern beziehen, die für ein Ausbildungsberufsbild sinnvoll sind.

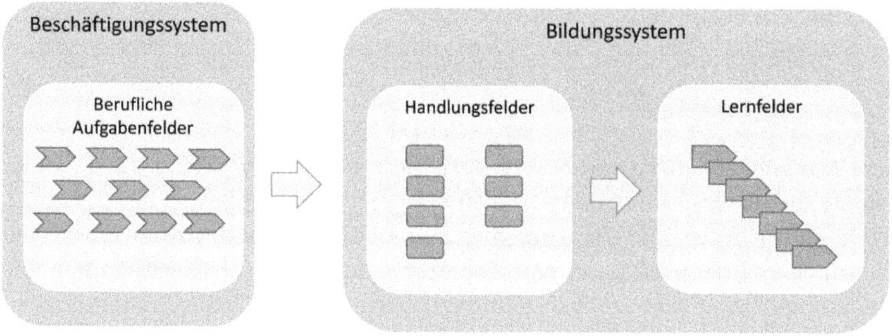

Abbildung 2–3: Aufgabenfelder, Handlungsfelder und Lernfelder (eigene Darstellung)

In diese Auswahl gehen sowohl profilgebende als auch profilübergreifende Felder ein, die einen bestimmten zeitlichen Umfang und ein bestimmtes Anforderungsniveau aufweisen. Im nächsten Schritt orientieren sich Lernfelder wiederum an diesen Handlungsfeldern und können zudem weitere gesellschaftliche und subjektive Bezüge berücksichtigen. Zudem kennzeichnen Lernfelder, dass sie didaktischen Konzepten folgen und z. B. eine spiralförmige Entwicklungslogik aufweisen.

2.1.6 Lernergebnisse und Kompetenzen in der Berufsbildung

„Competence Based Vocational Education and Training" (CBET)[13] stellt seit den 1990er-Jahren nahezu weltweit ein Leitprinzip dar, nach dem die Länder ihre Berufsbildungssysteme modernisieren (vgl. ETF 2014, S. 10; GIZ 2013, S. 11). Der Weg zu CBET führt insbesondere über lernergebnisorientierte Standards (vgl. Cedefop 2009a, S. 1).

Mit der Kompetenz- und Lernergebnisorientierung werden folgende Ziele verfolgt:

- verbesserte Beschäftigungsfähigkeit und Mobilität der Absolventen beruflicher Bildungsprogramme[14] (vgl. Cedefop 2008, S. 16)
- neue Wege des Lernens und Lehrens (vgl. Cedefop 2008, S. 18; Wesselink et al. 2006, S. 45)
- reformierte Validierung von Lernergebnissen, die sowohl aus formalen als auch nicht-formalen Lernwegen resultieren (vgl. Cedefop 2009b, S. 112 ff.)
- Unterstützung des Prozesses des lebenslangen Lernens (vgl. ETF 2014, S. 10)

Die Europäische Union (EU) unterstützt diese Entwicklung durch verschiedene Initiativen. Beispielsweise beruht der Europäische Qualifikationsrahmen (EQR)[15] auf diesem Konzept mit dem Ziel, die Koordination der unterschiedlichen Interessengruppen, wie Arbeitsmarkt, Personalentwickler, Schulen, Kammern und den bildungsinteressierten Menschen zu verbessern, um eine bessere Abstimmung zwischen Bildungssystem und Erwerbssystem zu erhalten (vgl. Cedefop 2009a, S. 21).

Ansatz der Lernergebnisorientierung

Der Ansatz der Lernergebnisorientierung beschreibt den Wechsel von einer Input- zu einer Output-Lernperspektive im Bildungssystem. Hierbei wird der

13 In der englischsprachigen Literatur existieren die Bezeichnungen „competence-based – VET" abgekürzt als CBET sowie ebenfalls verkürzt „Competency Based Training" (CBT) (GIZ 2013, S. 104).

14 In den Hochschulen, die in der Vergangenheit einen nicht unmittelbar auf Verwertung ausgelegten Bildungsanspruch vertraten (vgl. Teichler 2013, S. 25 ff.), wird durch die Bologna-Strukturreformen zwingend die Beschäftigungsfähigkeit zum zentralen Leitmotiv für Studiengänge erklärt (vgl. Schubarth & Speck 2014, S. 7; EK 1999, S. 2).

15 Der Europäische Qualifikationsrahmen bildet einen Referenzrahmen, um die verschiedenen Qualifikationssysteme und deren Niveaus zu vergleichen und zu übersetzen. Er gilt für die allgemeine, die berufliche und die Hochschulbildung (vgl. EP & Rat 2008, S. 2).

traditionelle lehrerzentrierte „Input" inklusive der curricularen Darstellung von Lerninhalten, Lernzielen und Lerndauer zugunsten eines lernerzentrierten „Outputs" – durch die zu erwartenden Lernergebnisse – abgelöst (vgl. Kennedy et al. 2007, S. 3). „Die Feststellung eines erwünschten Lernstandes" z. B. während einer Prüfung wird als „Output" bezeichnet (vgl. B-L-KS DQR 2013, S. 27; Ott 2015, S. 33).

Lernergebnisse werden als angestrebtes Ziel von Bildungsprozessen verstanden (vgl. Cedefop 2012, S. 35). Als so beabsichtigte Ziele sind sie Teil von Curricula. Ferner können Lernergebnisse im Rahmen des Lernprozesses jeweils den erreichten Zustand der Lernenden auf ihrem Weg beschreiben (vgl. Cedefop 2014, S. 164; 2017, S. 29 f.). Die Beschreibungen erfolgen aus der Perspektive der Lernenden und können so die Ziele und das bisher Erreichte transparent darstellen. Die Cedefop formuliert u. a. folgende Empfehlungen im Rahmen der Formulierung und Verwendung von Lernergebnissen (vgl. Cedefop 2017, S. 43 ff.):

- Rückkopplung zwischen erreichten und beabsichtigten Lernergebnissen ermöglichen,
- gewisse Offenheit von Lernergebnissen beibehalten,
- Lernergebnisse nicht isoliert, sondern in einem breiteren Kontext im Zusammenhang mit Inhalten darstellen.

In dem Ansatz bildet der Anwendungskontext – in der Arbeit, der Gesellschaft oder dem Privatleben – den Ausgangspunkt für die Inhaltsauswahl und dessen Strukturierung im Lernprozess (vgl., Gillen 2013, S. 5 sowie Abschnitt 2.1.3). In der Abbildung 2–4 wird der Einfluss von erwarteten Ergebnissen auf die didaktischen Überlegungen verdeutlicht.

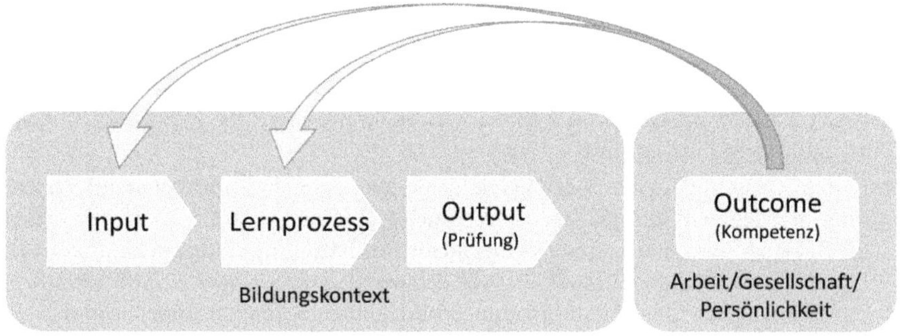

Abbildung 2–4: Outcome-orientierte Lernperspektive (in Anlehnung an Gillen 2013, S. 6)

In Europa wurden erste Anzeichen dieses Perspektivwechsels Mitte der 1980er-Jahre im englischen Sprachraum wahrgenommen. Sie gewannen in den 2000er-Jahren immer mehr an Bedeutung (vgl. Cedefop 2008, S. 16; 2010b). Sie basierten vermutlich aufgrund verschiedenster Einflüsse u. a. auf den Aktivitäten in den USA, die bereits in den 1970er-Jahren im Gesundheits- und Sozialwesen kompetenzbasierte Curricula entwickelten (vgl. Grant et al. 1979, S. IX). Grant definiert diese Form der Ausbildung wie folgt:

> *"Competence-based education is a form of education that derives a curriculum from a specification of a set of outcomes; that so clearly states both the outcomes – general and specific [...]"* (Grant 1979, S. 5 f.).

Rund 30 Jahre später definiert die Europäische Kommission „Lernergebnisse" in dem Europäischen Qualifikationsrahmen wie folgt:

> *"'learning outcomes' means statements of what a learner knows, understands and is able to do on completion of a learning process, which are defined in terms of knowledge, skills and competence"* (EP 2008, annex 1).

In Deutschland markiert die Einführung des Deutschen Qualifikationsrahmens (DQR) verstärkt die Kompetenz- und Lernergebnisorientierung in den Bildungsplänen (AK DQR 2011). Bei der Entwicklung neuer Curricula ist diese Ansatz zu berücksichtigen (BIBB 2014; B-L-KS DQR 2013, S. 26 f.).

In der beruflichen Bildung ist die Sichtweise nicht neu. Berufliche Bildungsprogramme, insbesondere die Ausbildung in anerkannten Ausbildungsberufen erhebt den Anspruch, eng mit dem Arbeitsmarkt und dessen Erwartungen verknüpft zu sein. Die curriculare Ausgestaltung nach dem Lernfeldkonzept unterstreicht diesen Bezug zu realen Arbeitsprozessen, geht jedoch über diesen Verwertungszusammenhang mit dem Bildungsauftrag der Berufsschule hinaus (vgl. KMK 2018, S. 10).

Die Ausgestaltung und Definition der Lernergebnisse hängen letztendlich von den jeweiligen beteiligten Akteuren und ihren Vorstellungen über den Zweck der Ausbildung ab. Werden z. B. Arbeitgeber stärker bei der Entwicklung involviert, orientieren sich die Lernergebnisse vermehrt an den realen Arbeitsmarktanforderungen. Akteure mit einer eher universitären Ausrichtung, betonen möglicherweise die Reflexion der Praxis (vgl. Cedefop 2011, S. 7).

Lernergebnisse und Kompetenzen – unscharfe Begriffsverwendung

Schon nach dieser kurzen Einführung wird deutlich, dass viele Begriffe wie Kompetenzen, Output und Outcome ineinandergreifen und es einer Klärung und Abgrenzung der Begriffe bedarf.

Eine Schwierigkeit besteht darin, dass in vielen Literaturquellen sowie der Praxis in verschiedenen Ländern die Lernergebnisorientierung begrifflich mit der Kompetenzorientierung des Lernens in Verbindung gebracht wird (vgl. Cedefop 2010b, S. 2; 2012, S. 28; Kennedy et al. 2007, S. 12). Im Rahmen der beruflichen Bildung wird zusätzlich mit dem Begriff der Kompetenzorientierung gleichzeitig beabsichtigt, eine Arbeitsorientierung auszudrücken (vgl. Le Deist & Winterton 2005, S. 28; Wesselink et al. 2006, S. 42). Das ist nachvollziehbar, da Lernergebnisse in der Berufsbildung einen unmittelbaren Bezug zur Arbeit aufweisen sollten. Hinzu kommt, dass der Begriff der Kompetenz im deutschen Sprachgebrauch mehrdeutig belegt ist.

Daher ist es notwendig, den Kompetenzbegriff näher abzugrenzen (siehe Abbildung 2–5). Anhand der jeweiligen englischen Begriffe nach Mansfield (2004) und Lester (2014) wird deutlich, dass allein der englische Begriff „competence" in seiner vielfältigen Verwendung weiterer Erläuterungen bedarf.

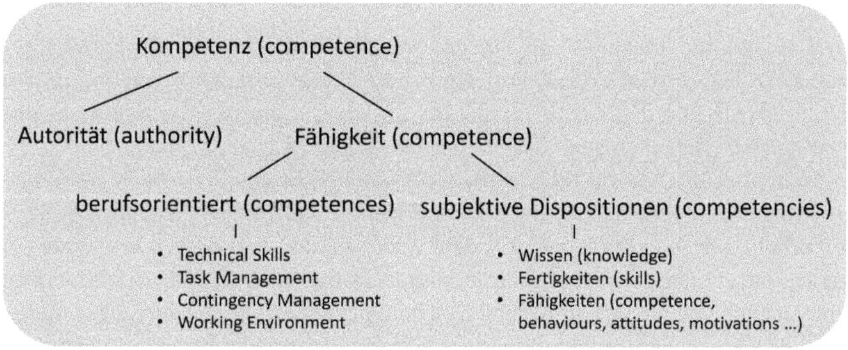

Abbildung 2–5: Begriffliche Vielfalt von „Kompetenzen" (eigene Darstellung, englische Begriffe nach Lester 2014; Mansfield 2004)

Neben einer Vielzahl von Interpretationen des Kompetenzbegriffs besonders im internationalen Gebrauch (Le Deist & Winterton 2005) hält Mulder fest, dass Kompetenz im Wesentlichen durch zwei Bedeutungen gekennzeichnet werden kann. Einerseits kann sie als Autorität – im Sinne von Befugnis, Verantwortung oder das Recht, über etwas zu entscheiden – verstanden werden. Andererseits bedeutet Kompetenz im Sinne von Fähigkeit, über Kenntnisse, Fertigkeiten und Erfahrungen zu verfügen und gewisse Leistungen zu erbringen (vgl. Mulder 2006; Abbildung 2–5).

Kompetenz als subjektive versus berufsorientierte Disposition

Kompetenz im Sinne von Fähigkeiten lässt sich weiter in berufsorientierte und subjektive Dispositionen unterteilen (vgl. Abbildung 2–5). In der Literatur wird Kompetenz (in erster Linie) Individuen zugeschrieben und mit subjektiven Dispositionen selbstorganisierten Handelns verbunden, um insbesondere Leistungen in Transferprozessen hervorzubringen (vgl. Büchter 2010, S. 23; Erpenbeck & Rosenstiel 2007, S. XVII ff.; 2007, S. XIX; Weinert 2001, S. 27 f.).

Lester grenzt hiervon Ansätze für eine „professional competence" ab, die eine soziale, externe, handlungsorientierte bzw. an beruflichen Arbeitsergebnissen orientierte Perspektive auf Kompetenz einnehmen. Darunter werden die Handlungen von Personen in einem Kontext (soziale Situationen, das Lernen oder allgemein die Arbeit) verstanden, um bestimmte, als kompetent betrachtete Ergebnisse hervorzubringen. Kompetenz in diesem Sinne beschreibt kompetente Handlungen und weniger die internen Attribute und Dispositionen von Individuen, die hierzu befähigen (vgl. Lester 2014, S. 2). Das von Mansfield und Mitchel entwickelte „Job Competence Model" kann dieser Perspektive auf Kompetenz zugeordnet werden (vgl. Mansfield & Mitchell 1996, S. 68). In dem Ansatz wird komplexe Berufsarbeit durch die Komponenten Technical Skills, Task Management, Contingency Management und Working Environment modelliert (siehe Abschnitt 2.4.4).

Lester weist darauf hin, dass beide Ansätze Vor- und Nachteile beinhalten und sich für bestimmte Anwendungen mehr oder weniger eignen. Während erstere Ansätze in einem breit angelegten Verständnis von Fähigkeiten sich nicht auf die kompetente Erbringung von Arbeit reduzieren, sondern weit darüber hinausgehen, wird ihnen insbesondere das Potential zugeschrieben, Menschen in ihrer Kompetenzentwicklung zu unterstützen. Der handlungsorientierte Ansatz bietet diesbezüglich weniger Unterstützung und reduziert sich lediglich auf das Ergebnis; ihm wird vorgeworfen, die komplexe Berufsarbeit nur ungenügend abzubilden (vgl. Lester 2014, S. 3).

Lester kommt zur Erkenntnis, dass sich aus einer anfänglich engen ergebnisorientierten Auslegung von Kompetenzstandard hybride Ansätze (von unterschiedlicher Qualität) entwickelt haben (vgl. Lester 2014, S. 4). Zu den hybriden Ansätzen lassen sich insbesondere die „Occupational Standards" zuordnen, die durch erwartete Verhaltensweisen und nötige Wissensdimensionen ergänzt werden (siehe Abschnitt. 2.4.5).

Gleichfalls spiegelt die kontextbasierte Sichtweise des Europäischen und Deutschen Qualifikationsrahmens (vgl. AK DQR 2013, S. 53 f.) sowie das Konzept der „beruflichen Handlungsfähigkeit" (BBiG 2019, § 1) im Sinne des BBiG den hybriden Ansatz wider.

Die Europäische Kommission definiert Kompetenzen zusammenfassend als

> *„nachgewiesene Fähigkeit, Kenntnisse, Fertigkeiten sowie persönliche, soziale und methodische Fähigkeiten in Arbeits- oder Lernsituationen und für die berufliche und/ oder persönliche Entwicklung zu nutzen. Im Europäischen Qualifikationsrahmen wird Kompetenz im Sinne der Übernahme von Verantwortung und Selbstständigkeit beschrieben“* (EP & Rat 2008, Anhang I).

Schwierigkeiten bei der Bewertung von Kompetenzen – Disposition und Performance

Die subjektive Sicht des Kompetenzbegriffs führt zu einem Konflikt im Zusammenhang mit der Bewertung von Kompetenzen. Die Validierung von Lernergebnissen im Rahmen von Prüfungen kann sich nur auf das beobachtbare Verhalten sowie die Leistung (Performanz) (vgl. Erpenbeck & Rosenstiel 2007, S. XVIII; Riedl 2011, S. 34) der Lernenden beziehen. Grimm unterstreicht in diesem Zusammenhang, dass eine individuelle Performanz durch Lernende bereits während des Unterrichtsprozesses gezeigt wird (vgl. Grimm 2011, S. 271 f.).

Auf die Kompetenz im Sinne subjektiver Dispositionen kann hingegen nur geschlossen werden. Entsprechend fragt Erpenbeck daher kritisch, wie Kompetenzen gemessen werden können, obwohl sie doch nicht beobachtbare, innere Voraussetzungen und Dispositionen des Handelns einer Person darstellen (vgl. Erpenbeck & Rosenstiel 2007, S. XVIII).

Die Qualität eines Lernstandes kann mithilfe eines Standards[16] als Bezugsgröße durch Beobachtung der Performanz (Diagnostik) festgestellt werden. Das eigentliche gewünschte kompetenzorientierte Ziel von Lehr-Lernprozessen bezieht sich allerdings auf ein „Learning Outcome“ (vgl. Abbildung 2–4). Es drückt die Fähigkeit oder Kompetenz der Absolventen aus, sich in einem späteren Anwendungskontext bzw. in der Arbeitspraxis zu bewähren (vgl. B-L-KS DQR 2013, S. 27; Cedefop 2009a, S. 29 f.; Ott 2015, S. 33; Petersen 2013, S. 9).

Das Dilemma liegt darin, dass zum Zeitpunkt der Prüfung keine Aussagen über den gewünschten Outcome – einer längerfristigen Lernwirkung – gemacht werden kann (vgl. Grimm 2011, S. 272). Mit Zeugnissen und Zertifikaten lassen

16 Dieser primär aus der Berufsbildung stammende Ansatz, Curricula an Lernergebnissen zu orientieren, vollzieht sich in allen Bildungsbereichen (vgl. Cedefop 2009b, S. 67). In Deutschland werden in der Allgemeinbildung entsprechend Erwartungen an fachliches Lernen im Kontext allgemeiner Bildungsziele spezifiziert und als „Bildungsstandards“ bezeichnet (vgl. Klieme 2004, S. 628).

sich lediglich Prognosen darstellen. In den Prüfungen werden hingegen Learning Outcomes in Learning Outputs mit der Absicht übersetzt, aus dem einmaligen Verhalten des Prüflings auf seine Kompetenz zu schließen (vgl. Riedl 2011, S. 35).

Dennoch wird der Ansatz als ein praktikabler Weg bewertet, der sich an „Messverfahren" anderer psychologischer Konstrukte (Begabung, Intelligenz etc.) anlehnt. Darin wird davon ausgegangen, dass von der beobachteten Verhaltensdimension auf die Disposition von Kompetenzen im Sinne von Weinert (vgl. Weinert 2001, S. 28) geschlossen werden kann (vgl. Erpenbeck & Rosenstiel 2007, S. XVIII f.). Ob jemand davon ausgehend auch tatsächlich später in der Praxis kompetent handelt, kann durch die Prüfung nicht erfasst werden (vgl. ebd., S. XIX).

Auf diesen Mangel weist ebenso Petersen hin. Es stellt fest, dass sich die neueren Qualitätsuntersuchungen fast ausschließlich auf die Lernorte beziehen (vgl. Petersen 2013, S. 8). Entsprechend empfiehlt Petersen, Projekte zu initiieren, die – in Anlehnung an den Europäischen Bezugsrahmen zur Qualitätssicherung in der beruflichen Aus- und Weiterbildung (EQUAVET)[17] – nach Absolvieren eines beruflichen Bildungsganges Outcomes überprüfen. Er mahnt an, dass kaum Projekte existieren, die das gemeinsame Ausbildungsergebnis im Sinne des Outcomes in den Blick nehmen, obgleich dies im Europäischen Qualitätsrahmenwerk explizit beabsichtigt ist (vgl. EP & Rat 2008, S. 7; Petersen 2013, S. 7 ff.).

2.1.7 Problembereiche der Curriculumentwicklung

Ausgehend von den dargestellten Forderungen, Ansprüchen und Konzepten zu einer arbeitsorientierten Curriculumentwicklung in der beruflichen Bildung ergeben sich verschiedene Problembereiche.

Fischer kommt zur Erkenntnis, dass die Herausforderungen sich grundsätzlich auf mindestens drei Bereiche verteilen (vgl. Fischer 2014, S. 17 f.). Sie betreffen „Analyse von Arbeit und Berufen", „Transformation in Curricula" sowie „Kompetenzentwicklung und -bewertung" (siehe Abbildung 2–6).

17 European Quality Assurance Reference Framework for Vocational Education and Training (EQUAVET)

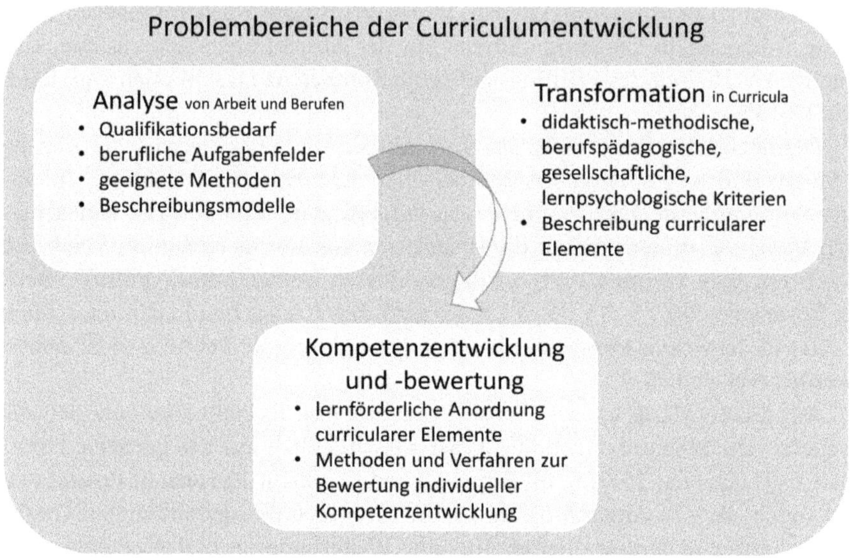

Abbildung 2–6: Problembereiche der arbeitsorientierten Curriculumentwicklung (in Anlehnung an Fischer 2014, S. 18)

1. Analyseproblem:
   Im Europäischen Bezugsrahmen für die Qualitätssicherung in der beruflichen Bildung fordert die Europäische Kommission, „Mechanismen und Verfahren zur Ermittlung der Bedürfnisse auf dem Gebiet der Berufsbildung" einzurichten (EK 2009). Dies spiegelt übergeordnet ein Analyseproblem wider, das u. a. die Curriculumentwicklung betrifft und verschiedene Facetten beinhaltet.
   Zunächst besteht die Frage, wie ein Bedarf an bestimmter, qualifizierter Berufsarbeit auch auf regionaler Ebene (Hilbert & Mytzek 2002) ermittelt werden kann. Der damalige Bundesausschuss für Berufsbildung ergänzt, dass dieser sowohl zeitlich unbegrenzt und einzelbetriebsunabhängig sein muss, um Bildungsangebote in der Aus- und Weiterbildung zu legitimieren (vgl. BIBB 1974; 1976).
   Fischer hebt die grundsätzliche Schwierigkeit hervor, Arbeits- und Geschäftsprozesse zum Zweck der Curriculumentwicklung zu analysieren. Es bedarf entsprechender methodischer Ansätze, Arbeitsaufgaben zu analysieren und mit geeigneten Konzepten und Kriterien zu modellieren. Insbesondere weist

er auf den gewaltigen Aufwand hin, der in der Entschlüsselung beruflichen Arbeitsprozesswissens liegt (vgl. Fischer 2014, S. 17 ff.).
Eine Schwierigkeit für die Akteure besteht darin, dass die Entscheidungen von der zukünftigen Entwicklung abhängen, die meist nur schwierig vorhersehbar sind. Zwischen Planung, Implementierung und ersten Absolventen eines Bildungsprogramms liegt meist ein längerer Zeitraum.Aus dieser Gemengelage wird deutlich, dass dauerhafte und möglichst vorausschauende Analysemechanismen gefragt sind, um nachhaltig die Qualität der Berufsbildung zu sichern.

2. Transformationsproblem:
   Zu diesem Problembereich gehört die Fragestellung, wie sich die Ergebnisse aus empirischen Analysen in geeignete Curricula für berufliche Bildungsangebote überführen lassen. Fischer merkt an, dass es nicht ausreicht, darzustellen, „was Menschen empirisch gelernt haben, sondern was sie lernen sollen“ (Fischer 2014, S. 19). Hierzu sind Erkenntnisse aus der Analyse beruflicher Arbeit mit gesellschaftlichen, pädagogischen und psychologischen Kriterien zu korrelieren und entsprechende Schlussfolgerungen abzuleiten, um Lerninhalte zu legitimieren (vgl. ebd., S. 19).
   Neben dieser „schwierigen Aufgabe“ (Petersen 2018b, S. 284) der inhaltlichen Ausgestaltung bedarf es Konzepten und Kriterien zur Benennung, der vertikalen und horizontalen Abgrenzung, des Umfangs sowie zur strukturellen Gestaltung curricularer Elemente (vgl. Reetz & Seyd 1995; Stratmann 1975).
   International wie national existieren hierzu diverse Anforderungen und Lösungsansätze (vgl. BIBB 1974; ETF 2000, S. 21; Jepsen 2017; UNESCO & ILO 2002, S. 26).
3. Kompetenzentwicklungs- und Bewertungsproblem
   Zu diesem Problembereich gehören die Fragen nach einer geeigneten Anordnung curricularer Elemente, um die Kompetenzentwicklung zu fördern. Hierzu bedarf es geeigneter Modelle zur Beschreibung kompetenzförderlicher Formen und Inhalte des Lehrens und Lernens sowie Methoden/Verfahren zur Feststellung der individuellen Kompetenzentwicklung (Fischer 2014, S. 17 ff.).
   Der Deutsche Bildungsrat weist in diesem Zusammenhang zu Recht darauf hin, dass sich die Forderung nach einer höheren Qualität des Curriculums auf eine verbesserte Didaktik, Methodik und Technik des Unterrichts auswirken muss und nicht mit einem erhöhten Leistungsdruck der Lernenden gleichgesetzt werden darf (vgl. DBR 1973, S. 67). Dies impliziert die Weiterentwicklung

einer beruflichen Fachdidaktik, die sich in einer sinnstiftenden und schüleraktivierenden Gestaltung von Lernprozessen entfaltet.

2.2 Beruf als Strukturierungsdimension für Arbeit und Ausbildung

2.2.1 Zum vielschichtigen Berufsbegriff

Wird eine beliebige Gruppe von Menschen befragt, was sie mit dem Begriff „Beruf" assoziiert, so erhält man eine Vielzahl von Antworten wie z. B. Ausbildung, Lebensunterhalt, Status, Karriere, Prestige, Sicherheit, Anforderung, Belohnung, Altersvorsorge, Geld, Mühsal, Leid, Zufriedenheit etc. Im Alltag sowie in der wissenschaftlichen Praxis gibt es daher vielfältige Verwendungen des Berufsbegriffs. Hobbensiefken weist darauf hin, dass diese untereinander zum Teil auch widersprüchlich sind wie z. B. Anpassung – Unabhängigkeit, Leid – Zufriedenheit (vgl. Hobbensiefken 1980, S. 33 f.). Der Begriff des Berufs ist sehr komplex und mit unterschiedlichen Bedeutungen, Vorstellungen und Verwendungen belegt. Hierzu gehören z. B. die Berufsbildung, die gesellschaftlichen Funktionen der Statuszuweisung, die Integration und das Sozialprestige, die ökonomische Bedeutung sowie die Relevanz für den Staat als überbetriebliches Ordnungsregulativ (vgl. Kraus 2007, S. 183 f.). Fenger stellte bereits im Jahre 1966 die vielfältigen Dimensionen des Phänomens „Beruf" als Bestandteil unterschiedlicher wissenschaftlicher Disziplinen dar, u. a in der Soziologie, Betriebswirtschaft, Psychologie, Pädagogik, Rechtswissenschaft, Medizin etc. (vgl. Fenger 1968, S. 326).

Die verschiedenen wissenschaftlichen Disziplinen haben zwar vor dem Hintergrund ihrer spezifischen Erkenntnisinteressen unterschiedliche Definitionen des Berufsbegriffs hervorgebracht, dennoch wird eine klare Bedeutung des Berufs vermisst. So beschreiben die Soziologen Beck, Brater und Daheim: „So selbstverständlich im Alltag vom Beruf die Rede ist und so deutlich und unübersehbar dort seine Spuren sind, so schwer tut sich die Wissenschaft, wenn sie das Berufsphänomen dingfest machen will" (Beck et al. 1980, S. 15). Hobbensiefken konstatiert im gleichen Sinne: „Das zu Erforschende wird zwar mit ‚Beruf' bezeichnet, aber was die Sache selbst ist, bleibt unbestimmt" (Hobbensiefken 1980, S. 13). Molle kommt zum Ergebnis, dass sich der begriffliche Inhalt des Berufsbegriffs gewandelt hat und sich vermutlich noch weiter verändern wird (vgl. Molle 1968a, S. 151). Er ist der Ansicht, infolge einer häufig zu engen Begriffsauslegung eine elastischere Definition des Begriffs zu verwenden (vgl. ebd., S. 148). Dostal stellt fest, dass „im IAB nie an einer umfassenden tragfähigen Definition des Terminus ‚Beruf' gearbeitet" wurde (vgl. Dostal 2005a, S. 39). So resümieren Jacob und Kupka im Jahre 2005 treffend, dass sich an diesem bedauerlichen Zustand in den letzten 25 Jahren wenig geändert hat und wir von einer Theorie des Berufs weit entfernt sind (vgl. Jacob & Kupka 2005, S. 20).

Die Aussagen machen deutlich, wie schwierig es offenbar ist, sich dem im Alltag sehr geläufigen Begriff wissenschaftlich zu nähern. Es ist daher nötig, den vielschichtigen Berufsbegriff aus einer spezifischen Richtung zu betrachten.

2.2.2 Gesellschaftliche Arbeitsteilung als Ausgangslage des Berufsphänomens

Erste Belege für „Berufe" als Fähigkeits- und Tätigkeitsformen lassen sich bereits in der Antike finden (vgl. Demszky von der Hagen & Voß 2010, S. 752). Grottker sieht in der bereits damaligen menschlichen Arbeitsteilung „jene Idee codiert, die wir heute mit dem Wort ‚Beruf' bezeichnen" (Grottker 2013, S. 51). Der Begriff des Berufs wurde zu der Zeit allerdings noch nicht verwendet. Vielmehr geht es um Interpretationen der verschiedenen geschichtlichen Analysen. Grottker deutet hierzu verschiedene Übersetzungen von Platons Schriften und kommt zum Schluss, dass die griechische Erwerbspflicht misot(e) ike („μισοτηικε" = Lohnarbeit) als Berufspflicht gedeutet und mit Berufstreue übersetzt werden kann (vgl. ebd., S. 53).

Ähnlich deuten Beck, Brater und Daheim die gesellschaftliche Arbeitsteilung der Menschen, um deren Lebensbedürfnisse zu befriedigen, als grundlegendes Element für eine „Verberuflichung" von menschlicher Arbeitskraft (vgl. Beck et al. 1980, S. 23 f.). In ihrer historisch-analytischen Theorieentwicklung zum Beruf sehen sie die Problematik zunächst einmal in der Verteilung der Arbeitsergebnisse, d. h. in unterschiedlichen Formen und Verfahrensweisen. Der meist spontanen Arbeitsteilung in Familien steht dabei die politisch fixierte und vertraglich festgelegte Aufgabenteilung im Feudalismus gegenüber (vgl. ebd., S. 27). Ein mit der Arbeit verbundenes Berufsverständnis teilt auch Weber: „Beruf soll jene Spezifizierung, Spezialisierung und Kombination, von Leistungen einer Person heißen, welche für sie Grundlage einer kontinuierlichen Versorgungs- oder Erwerbschance ist" (Weber 1999, S. 112).

Bauern, Handwerker, Marktleute, Bäcker etc. wurden im gesellschaftlichen Gliederungssystem als Stände bezeichnet. Vor allem die Städte trugen zu weiteren handwerklichen Arbeitsteilungen und Spezialisierungen bei. Für Beck, Brater und Daheim führt der Austausch von Arbeitskraft als Ware zu folgenreichen Veränderungen der sozialen Beziehungen (vgl. Beck et al. 1980, S. 33). Aus der Arbeitsteilung entwickeln sich Fähigkeitsschablonen, die von Individuen übernommen werden. Das Angebot von Fähigkeiten als Ware bezeichnen sie als Beruf (vgl. ebd., S. 37). Die fortschreitende Arbeitsteilung kann analog zur Entwicklung der heutigen Berufs- und Dienstleistungsgesellschaft gesehen werden (vgl. Grottker 2013, S. 54). Der Stand war damit als ein Ausdruck gewerbsmäßiger Arbeit zu verstehen, wurde aber noch nicht mit dem Begriff „Beruf" in Verbindung gebracht (vgl. Molle 1968a, S. 148). Es erfolgte lediglich eine Unterscheidung nach der Bezeichnung z. B. „des Handwerks der Drechsler" (Hofmann 1750). Dies hat sich bis heute bezüglich der handwerklichen Gewerbetätigkeiten nicht geändert. Nach wie vor führt die Handwerksordnung ein Verzeichnis der Gewerbe anstatt der Berufe (vgl. HwO 2015, S. 51).

Unabhängig davon, ob die Arbeitsbereiche durch Zusammenschlüsse in Handwerken organisiert wurden, stellten die Namen gewöhnlich die Tätigkeit oder das Produkt der Arbeitsteilung dar. Sie können als Ausgangsformen für die Bezeichnung von Berufen interpretiert werden. Eine frühe systematische Ordnung und Dokumentation von Berufen erfolgt durch Weigel (1698) in seinem Ständebuch. Darin illustriert er 204 „Ambts- und Berufsverrichtungen meist nach dem Leben gezeichnet" (Weigel 1698). Viele der damaligen Berufe wie z. B. Segelmacher, Segelbaum-Macher, Ingenieur, Cantor, Lehr- und Schulmeister, Dachdecker, Soldat, Beamte etc. verdeutlichen die Produkte bzw. Dienstleistungen sowie die zu der Zeit vorherrschende Arbeitsteilung. Einige Berufsbezeichnungen sind bis heute erhalten.

Abbildung 2-7: Weigels „Abbildung der Gemein-Nützlichen Haupt-Stände" (Weigel 1698, S. 29)

So hat Weigel beispielsweise die Arbeit und Werkzeuge des Ingenieurs illustriert (siehe Abbildung 2-7). In jener Zeit war der Ingenieur als Baumeister insbesondere für die Befestigung und Verteidigung der Städte verantwortlich (Weigel 1698, S. 29 ff.).

2.2.3 Merkmale von Berufen im Arbeitsmarkt

Seit den 1960er-Jahren befasst sich das Institut für Arbeitsmarkt- und Berufsforschung (IAB) aus seiner Sicht mit dem Berufsverständnis. Mit der sogenannten „Berufespinne" wurde ein Modell zur Veranschaulichung der unterschiedlichen Dimensionen des Berufs entwickelt und bis in die 1990er-Jahre mehrmals überarbeitet (vgl. Dostal 2005a, S. 38 ff.). Die „Berufespinne" zeigt, dass mit dem Beruf Wechselbeziehungen zwischen dem Arbeitsplatz und der Arbeitskraft einhergehen (siehe Abbildung 2-8; vgl. Dostal et al. 1998, S. 440).

Die Wechselbeziehungen zwischen Beruf, arbeitsplatzgebundenen Anforderungen und personenbezogenen Qualifikationen

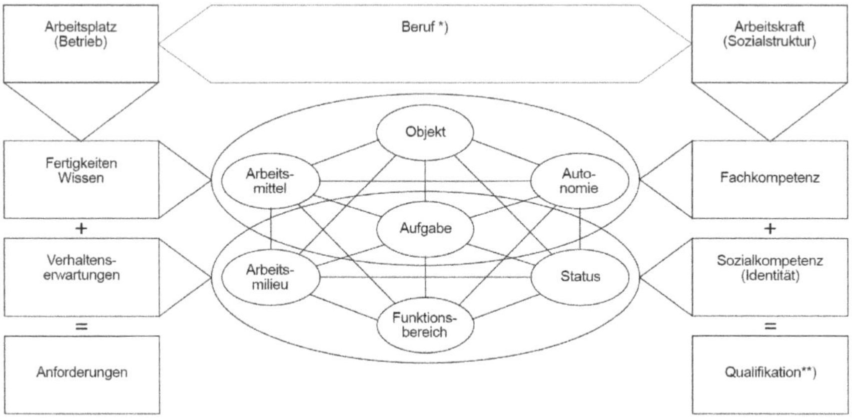

*) Beruf meint eine Merkmalkombination, die für eine vorgegebene Arbeitsaufgabe charakteristisch ist; sie entsteht und besteht im Spannungsfeld zwischen Arbeitsplatz- und Arbeitskraftseite.

**) Qualifikation im Sinne von personbezogenem Arbeitsvermögen findet ihre Entsprechung durch die (Arbeits-)Anforderungen. Sie weist zwei ineinandergreifende Aspekte auf, die Fachkompetenz und die Sozialkompetenz.

Abbildung 2–8: Die „Berufsspinne" des Instituts für Arbeitsmarkt und Berufsforschung (Dostal et al. 1998, S. 440)

Der „Beruf" wird einerseits als arbeitsplatzbezogenes Merkmal der Beschäftigten betrachtet, zu dessen Ausübung bestimmte Anforderungen in den Dimensionen Fertigkeiten, Wissen und Verhaltenserwartungen benötigt werden. Die Anforderungen finden andererseits ihre Entsprechung in dem personengebundenen Arbeitsvermögen, das hier durch Qualifikationen ausgedrückt wird.

In dem Modell wird der Beruf durch eine Kombination von Merkmalen charakterisiert, in dessen Zentrum der Aufgabenschwerpunkt steht. Der steht gleichzeitig in Verbindung mit weiteren Beschreibungsmerkmalen wie dem Objekt, dem Arbeitsmilieu, der Arbeitsmittel, dem Funktionsbereich, dem Status und dem Grad der Autonomie (vgl. Dostal et al. 1998, S. 440). Diese Merkmale basieren u. a. auf den Eigenschaften der Berufsbenennungen (siehe Tabelle 2–2; vgl. Stooß & Stothfang 1985, S. 21 f.).

Berufe werden gewöhnlich mit einem Namen bezeichnet, die Stooss und Saterdag als „Informationsbündel" (Stooß & Saterdag 1979, S. 43) interpretieren. Historisch haben sich verschiedene Merkmale von Berufsbenennungen herausgebildet, in denen ursprünglich ein erstelltes Produkt oder eine erbrachte Dienstleistung im Vordergrund standen (vgl. ebd., S. 43). Stooss und Saterdag analysierten in den 1970er-Jahren die gängigen Berufsbenennungen und systematisierten deren Eigenschaften. Insgesamt ermittelten sie neun verschiedene Merkmale (siehe Tabelle 2–2). Schierholz et al. greifen die Merkmale auf und ergänzen sie durch Beispiele aktueller Berufsbenennungen aus der Klassifizierung der Berufe 2010 (vgl. Schierholz et al. 2018, S. 12).

Tabelle 2–2: Verschiedene Merkmale von Berufsbenennungen mit Beispielen (Schierholz et al. 2018, S. 12; Stooß & Saterdag 1979, S. 44)

Merkmale von Berufsbenennungen	Beispielberuf
Werkstoff, Material, Produkt (Objekt der Tätigkeit)	Metallarbeiter
Arbeitsverfahren, -techniken (Aktivitätstyp, -kombination)	Melker
Arbeitsgerät, Maschinen, Werkzeuge (Instrumentierung)	Fräsmaschinenbediener
Betrieblicher Einsatzbereich (Funktionsbereich)	Innendienstleiter
Arbeitsmilieu, -ort, -platz („Allokation der Arbeitskraft")	Schleusenwärter
Wirtschaftszweig, Branche (wirtschaftsfachliche Zuordnung)	Versicherungskaufmann
Hierarchische Einordnung in den Betrieb (Stellung im Betrieb)	Technischer Assistent
Stellung im Beruf (Status)	Finanzbeamter
Üblicher Zugang, erforderliche Ausbildung (Qualifikation)	Jurist

Bereits Stooss bemängelt in den 1970er-Jahren, dass die Anschaulichkeit der Berufsbenennungen weiter abnimmt und „immer aussageärmer und damit letztlich immer unverständlicher werden" (Stooß 1977, S. 73). Das wird insbesondere bei den innerbetrieblichen Stellenbezeichnungen deutlich. Der Zustand hat sich bis heute nicht verändert. Schierholz et al. weisen in dem Zusammenhang auf die darauf basierenden Codierungsfehler hin, die bei der Erfassung des Berufs von Personen entstehen (Schierholz et al. 2018).

Im Rahmen der Aktivitäten des Instituts für Arbeitsmarkt- und Berufsforschung ist besonders das erwerbsberufliche Verständnis von Beruf bedeutend. Darin zeichnet sich ein Beruf durch ein Bündel von Tätigkeiten aus, die nicht personenbezogen sind und sich durch die zentralen Dimensionen der Berufsfachlichkeit und dem Anforderungsniveau konstituieren (vgl. Paulus et al. 2010; vertieft in Abschnitt 3.2).

Diese erwerbsberufliche Definition von „Beruf" ist ebenfalls im internationalen Kontext gebräuchlich. Bereits im Jahre 1923 weist die ILO auf die Bedeutung des Berufs als Beschreibung der „work performed" im Zusammenhang mit Statistiken hin. Sie fordert, Berufe, Wirtschaftszweige, ihre berufliche Stellung sowie Qualifikation differenziert zu betrachten (vgl. ILO 1923, S. 14, 53).

In der derzeit gültigen Fassung der internationalen Berufsklassifikation ISCO-08 definiert die ILO den Beruf wie folgt:

> *"A job is defined in ICO-08 as 'a set of tasks and duties performed, or meant to be performed, by one person, including for an employer or in self employment'.*
> *Occupation refers to the kind of work performed in a job. The concept of occupation is defined as a 'set of jobs whose main tasks and duties are characterized by a high degree of similarity'. A person may be associated with an occupation through the main job currently held, a second job, a future job or a job previously held."* (ILO 2012, S. 11)

In diesem Sinne werden „occupations" als Berufe verstanden, die eine hohe Ähnlichkeit beruflicher Arbeit in verschiedenen Arbeitsstellen (Jobs[18]) aufweisen.

Die beruflichen Anforderungen werden in der internationalen Berufsklassifikation als „Skills" bezeichnet, die durch vier „skill level" verschiedene Komplexitätsgrade und Reichweiten der beruflichen Aufgaben unterscheiden (vgl. ILO 2012, S. 11).

In der Klassifikation werden Berufe darüber hinaus durch ihre Fachlichkeit, der sogenannten „skill spezilization" systematisiert. Folgende Aspekte dienen hierbei zur Unterscheidung: „

- *the field of knowledge required;*
- *the tools and machinery used;*
- *the materials worked on or with; and*
- *the kinds of goods and services produced"* (ILO 2012, S. 11).

Für diese Arbeit ist die erwerbsberufliche Definition von Beruf zentral, die differenziert von Qualifikation und Wirtschaftszweigen betrachtet wird. Zur Verdeutlichung und begrifflichen Abgrenzung dient insbesondere der Begriff „Erwerbsberuf". Darunter werden typische Kombinationen von Arbeitsverrichtungen verstanden, die von Erwerbstätigen faktisch ausgeübt werden (vgl. BA 2011a, S. 24 ff.; Biersack & Parmentier 2002, S. 477 ff.; Dostal et al. 1999, S. 44; Dostal 2002; Pahl 2017, S. 246 ff.; Petersen 2011, S. 13). Neben dem „Erwerbsberuf" existieren die synonymen Begriffe „Erwachsenentätigkeiten", „Erwachsenenberufe" oder auch „Ausübungsberufe"[19].

---

18 Der Begriff „Job" wird auch als „Tätigkeit zum Geldverdienen" unter hoher Arbeitsteiligkeit und schnell zu erlernender Teilaufgabe charakterisiert (vgl. Dostal et al. 1998, S. 440).

19 Ausübungsberufe bezeichnen insbesondere Erwerbsberufe, zu denen keine spezifischen Ausbildungen angeboten werden (vgl. Dostal et al. 1998, S. 452). In Anlehnung an diesen Begriff wird insbesondere im Berufsinformationssystem BERUFENET der

2.2.4 Entstehung und Wandel von Berufen

Mit 162 neuen Berufen prognostiziert der Futurist und langjährige IBM-Ingenieur Thomas Frey im Jahre 2014 einen möglichen beruflichen Wandel in der Zukunft (vgl. Frey 2014). Die Kategorien reichen u. a. über Berufe im „Driveless Everything" (z. B. Automated Traffic Architects and Engineers und Driverless Operating System Engineers), der „Commercial Drone Industry", dem „Internet of Things", den „Crypto Currencies & Alternative Financial Systems" (z. B. Crypto Currency Bankers, Regulators and Lawyers) bis zu Berufen in „Micro Colleges". Letztere wären die Arbeitsorte für heutige Lehrkräfte, die dann z. B. als „School Designer", „Career Transitionists" oder „Student Relationship Manager" tätig sind.

In der Gesellschaft besteht ein beständiges Interesse an zukünftigen, neuen Berufen. Dostal argumentiert, dass mit neuen Berufen meist attraktive Beschäftigungserwartungen verbunden sind (vgl. Dostal 2006, S. 2). Aber auch die Berufsbildung sieht in neuen Berufen eine Herausforderung, darauf angemessen zu reagieren (vgl. ebd., S. 2).

Die Entstehung und der Wandel von Berufen sind kein neues Phänomen. Dostal kommt zur Erkenntnis, dass der Wandel durch verschiedene Arten von Innovationen (technisch, gesellschaftlich/organisatorisch und administrativ) ausgelöst wird (vgl. Dostal 2006, S. 21 f.). In dem Zusammenhang sieht Molle z. B. die Erfindung der Dampfmaschine, des Webstuhls, des Telefons und des Verbrennungsmotors als Auslöser für neue oder verschwindende Berufe (vgl. Molle 1968b, S. 15 f.).

Der Wandel von Berufen geht jedoch über das Entstehen und Verschwinden von Berufen hinaus. Im Rahmen der Arbeiten des Instituts für Arbeitsmarkt- und Berufsforschung kommt Dostal zur Erkenntnis, dass sich Berufe nach vier grundlegenden Mustern entwickeln (Dostal 2005b). Neben dem Entstehen völlig neuer Berufe gehören hierzu dessen Schwerpunktverschiebung, die Verbreiterung, die Integration, die Aufspaltung und die Verengung (vgl. Abbildung 2–9).

Bundesagentur für Arbeit der Begriff „Ausübungsform" verwendet (vgl. Abschnitt 3.3.2). Erwerbsberufe, für deren Aufnahme und Ausübung eine bestimmte Berufsqualifikation durch Rechts- oder Verwaltungsvorschriften vorgeschrieben ist, werden als „Reglementierte Berufe" bezeichnet (vgl. Wollnik 2012). Der DATSCH prägte seiner Zeit den Terminus „Facharbeiter-Grundberuf", der in seiner Ausübung ebenfalls als Erwerbsberuf aufgefasst werden kann (vgl. o. V. 1937).

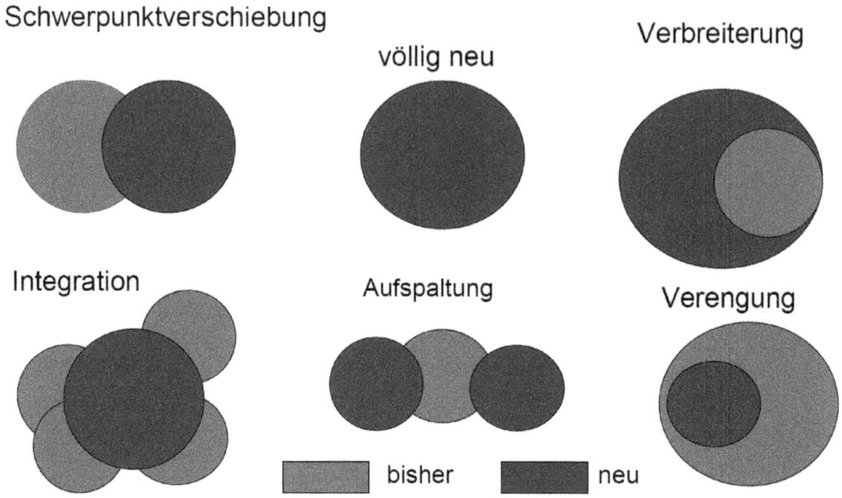

Abbildung 2–9: Typen der Berufsgenese nach Dostal (2005b)

Molle stellt fest, dass z. B. eine berufliche Aufspaltung in Form von Spezialisierungen schon im 14. Jahrhundert vorherrschte. So bestand das Schmiedehandwerk z. B. in Frankfurt a. M. aus 23 Sonderberufen (Kettenschmied, Hufschmid, Wagenschmied, Waffenschmied usw.). Die Industrialisierung im 19. Jahrhundert führte zu einer weiteren vertikalen Aufspaltung der Berufe in größerem Umfang (vgl. Molle 1968b, S. 17).

Das Modell verdeutlicht eine Dynamik, die mit der Betrachtung des Berufsphänomens einhergeht. Der beständige Wandel von Berufen in der Arbeits- und Erwerbswelt bedingt eine ebenso notwendige Anpassung im Bildungswesen. Die Entwicklung beruflicher Bildungsprogramme kann daher ebenfalls in diesem Modell verortet werden. Dabei ist zunächst noch nicht geklärt bzw. ist es auch nicht zwingend nötig, dass der Typus einer Berufsgenese im Erwerbsbereich zu der gleichen Art im Bildungswesen respektive umgekehrt führt. Der vielfältigen durch den Markt regulierten Berufsgenese in der Arbeits- und Erwerbswelt stehen didaktische, gesetzliche und politische Einflüsse bei der Genese von Qualifizierungsberufen gegenüber.

Prozess der Berufsgenese

Parallel zu den inhaltlichen Veränderungen von Berufen hat Dostal die Wahrnehmung von neuen Berufsbezeichnungen zu unterschiedlichen Zeitpunkten in verschiedenen Zusammenhängen ermittelt (vgl. Dostal 2005c, S. 17). In dem zeitlichen Prozess (vgl. Abbildung 2–10) befindet sich die Wurzel einer neuen Berufsbezeichnung danach im innerbetrieblichen Sprachgebrauch (Dostal 2006). Hier entstehen aufgrund von neuen Techniken, veränderten Abläufen etc. erste Bezeichnungen für neue Tätigkeiten.

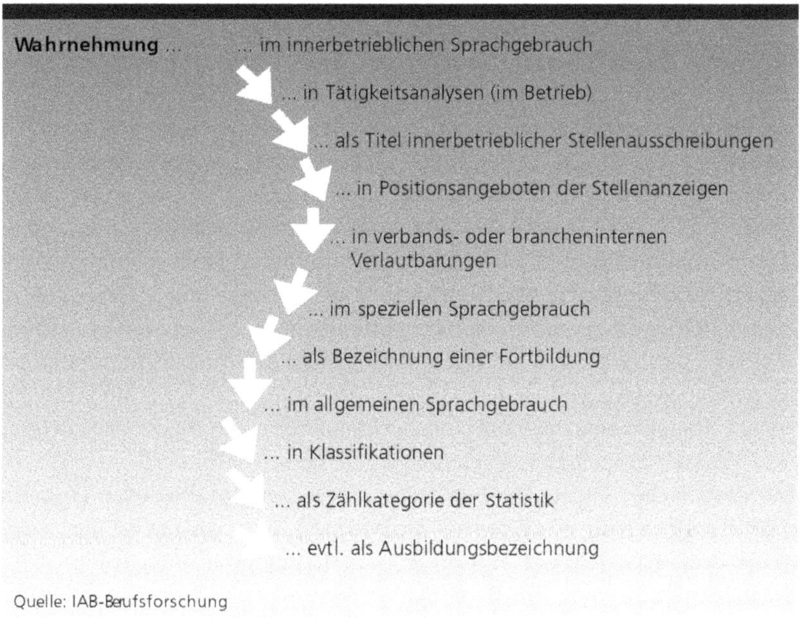

Abbildung 2–10: Wahrnehmung neuer Berufsbezeichnungen (Dostal 2005c, S. 17)

Begrifflich wird in dieser Phase eher von einer Arbeitsplatz- oder Positionsbezeichnung anstelle von einem Beruf gesprochen. Erst nachdem die Bezeichnungen in Stellenausschreibungen durch verschiedene Betriebe Verwendung finden, werden Fortbildungen danach benannt. Der Weg in Klassifikationen als Zählkategorie der Berufsstatistik im Sinne eines Erwerbsberufs erfolgt, nachdem eine Berufsbezeichnung in den allgemeinen Sprachgebrauch eingeflossen ist. Die Verwendung der Berufsbezeichnung für einen formalen Ausbildungsberuf sieht Dostal am Ende des Prozesses.

Dostal führt für die Gruppe der „Computerberufe“ umfangreiche Analysen zu dessen Berufsgenese Mitte der 2000er-Jahren durch. Als relativ neue

Gruppe sind diese Berufe ab den 1950er-Jahren im Arbeitsprozess mit der Verbreitung von Computern entstanden, deren Aufgaben zu Beginn durch benachbarte Berufe und insbesondere durch Quereinsteiger übernommen wurden (vgl. Dostal 2006, S. 258 ff.).

Dostal belegt, dass die Computerberufe weitestgehend den dargestellten, verallgemeinerten Geneseprozess durchlaufen (siehe Abbildung 2–10). So traten sie u. a. als Spezialisten für bestimmte Softwareprodukte wie z. B. „SAP" innerbetrieblich erstmals auf. Neue Berufsbezeichnungen wie z. B. „Billingexperte" entstanden und sind z. T. nur im innerbetrieblichen Sprachgebrauch verständlich. In Stellenanzeigen orientieren sich die Berufsbeschreibungen meist an der Hard- oder Softwareumgebung, die im Zusammenhang mit den Aufgaben stehen (vgl. Dostal 2006, S. 269 f.) Der ständig wachsende Bestand an Computerkernberufen untermauert die Verberuflichung in diesem Aufgabenfeld (vgl. ebd., S. 265). Dostal beklagt, dass die oft Marketing getriebenen Studiengangbezeichnungen der Informatikausbildung an Hochschulen hingegen bisher nicht förderlich für eine Berufsgenese waren (vgl. ebd., S. 154 f., 272). Die Ende der 1990er-Jahre unter der Bezeichnung „Neue IT-Berufe" eingeführten dualen Ausbildungsgänge bestätigen den Einfluss des Ausbildungssystems auf die Berufsgenese (vgl. ebd., S. 144). Insgesamt resümiert Dostal im Jahre 2006, dass der Geneseprozess der Computerberufe[20] noch nicht abgeschlossen ist und weitere Veränderungen zu erwarten sind (vgl. ebd., S. 276).

Der dargestellte Ansatz zur Berufsgenese verdeutlicht die vielen Dimensionen des Berufsbegriffs. Zu jedem Zeitpunkt und unter dem jeweiligen Aspekt der Verwendung besteht ggf. eine andere Vorstellung, was unter einem „Beruf" zu verstehen ist. Ein neuer z. B. gesuchter Beruf in einer Stellenausschreibung kann zu einer Berufswahrnehmung in einem bestimmten Kontext führen. In Ausbildungsabschlussbezeichnungen wird gleichfalls der „Beruf" als Teil der Bezeichnung aufgenommen. Dadurch ist kein neuer Beruf entstanden, vielmehr wird mit der Ausbildung beabsichtigt, auf die im Arbeitsmarkt bereits bekannten Aufgaben in einer beruflichen Struktur angemessen vorzubereiten. Dies kann zu einer Orientierungslosigkeit führen, deren Hauptgrund Dostal in der „Inflation der Berufsbezeichnungen, ihrer mangelnden Konkretisierung und einer Öffentlichkeit, die nicht zwischen den unterschiedlichen Begrifflichkeiten von Ausbildungscurricula, Arbeitsmarktinformationen und spezialisierten Arbeitsplatzbeschreibungen zu unterscheiden weiß" (Dostal 2005c,

---

20 Hinweise auf eine mögliche Berufsgenese der Computerberufe auf Basis historischer Berufsklassifikationen erfolgt im Anhang A 4.

S. 18) liegt. Insgesamt ist es daher unumgänglich, den Berufsbegriff differenzierter zu verwenden.

2.2.5 Berufe als Bezugselement für Ausbildungen

Neben einem Berufsverständnis, das sich an Erwerbstätigkeiten orientiert, wird mit dem Beruf oft eine Qualifikationsfunktion verbunden. Dostal schildert den Zusammenhang wie folgt: „Je nach Ausbildungsebene wird mit dem Zertifikat über den Abschluss einer beruflichen Ausbildung eine ‚Ausbildungsabschlussbezeichnung' vergeben, die Fachrichtung und Ebene deutlich machen soll. Diese Ausbildungsabschlussbezeichnung hat nahezu immer den Charakter einer Berufsbezeichnung und wird von den Absolventen oft auch so verwendet." (Dostal 2013, S. 14) Vorstellungen von Beruf werden in Deutschland insbesondere durch die geordneten Ausbildungsberufe geprägt. Sie repräsentieren nicht akademische berufliche Bildungsprogramme zur Ausübung qualifizierter Erwerbstätigkeiten. Petersen unterstreicht die enge Kopplung von beruflichen Ausbildungen mit der Arbeit in den Betrieben (vgl. Petersen 2002, S. 141). Arbeits- und Technologiewandel bilden gewöhnlich Ausgangspunkte für veränderte Strukturen von Ausbildungsgängen (vgl. ebd.). Zugleich besteht der Anspruch, mit beruflichen Bildungsprogrammen prospektiv auf zukünftige Veränderungen der Arbeit zu wirken (vgl. Petersen 2014, S. 85).

Die an der Beruflichkeit orientierte Ausbildungsform wird gewöhnlich als „Berufsprinzip" oder auch als „Berufskonzept" charakterisiert (Deißinger 1998). Darunter lassen sich heute folgende Merkmale subsumieren:

- systematische Vermittlung der notwendigen beruflichen Fertigkeiten, Kenntnisse und Fähigkeiten (berufliche Handlungsfähigkeit), die zur Ausübung einer qualifizierten beruflichen Tätigkeit befähigen,
- „genormte" Durchführung der Ausbildung in einem geordneten Ausbildungsgang,
- Betrieblicher oder überbetrieblicher Erwerb der erforderlichen Berufserfahrung,
- betriebsunabhängige Ausrichtung der Berufsausbildung,
- umfassend ausgelegte Qualifizierung in einem breit angelegten Ausbildungsgang für ein Bündel von Berufstätigkeiten,
- hohe Berufsidentität durch das Lernen im betrieblichen Arbeitskontext,
- prospektive Entwicklung eines Kompetenzprofils, mit dessen Hilfe selbstständig aktuelle und zukünftige Entwicklungen bewältigt werden können,
- enge Kopplung der Berufsausbildung an die Konstitution und Organisation des Arbeits- und Beschäftigungssystems,

- gesellschaftliche Anerkennung und Absicherung des sozialen Status (vgl. BBiG 2019, § 1 (3); Euler 2013, S. 265; Frank et al. 2010, S. 120).

Historisch lässt sich diese an Berufen orientierte Nachwuchsqualifizierung auf die Praxis der mittelalterlichen Zünfte[21] zurückführen. In dem ständischen Sozialisationsmodell erfolgte eine ganzheitliche Ausbildung, in der neben Kenntnissen und Fertigkeiten für ein geschlossenes Aufgabengebiet auch berufsspezifische Verhaltensweisen und Einstellungen durch die Ausbilder (im Handwerk der Meister) vermittelt wurden (vgl. Greinert 2005, S. 24 ff.). In Folge der Industrialisierung Anfang des 20. Jahrhunderts waren die zunächst aus dem Handwerk rekrutierten Arbeitskräfte nicht mehr geeignet, um den speziellen Anforderungen der Industrie zu genügen (vgl. Gericke 1935, S. 13). Zu Beginn des 20. Jahrhunderts entwickelte der Deutsche Ausschuß für Technisches Schulwesen (DATSCH[22]) in Anlehnung an das im Handwerk etablierte Ausbildungskonzept, eine standardisierte Berufsausbildung für die industriellen Bedürfnisse (vgl. Herkner 2003, S. 50; Hoffmann 1962, S. 36).

Aufgrund der vielfältigen, naturwüchsig im Wirtschaftsleben auftretenden Berufe verfolgte der DATSCH das Ziel, die Berufe zunächst zu ordnen (vgl. Herkner 2003, S. 200). Die Initiative für diesen Prozess erfolgte durch die Wirtschaftsverbände der 1920er-Jahre. Heilandt beschreibt im Jahre 1933 ausführlich die Problematik zwischen „Industriellen Erwachsenenberufen" und „Lehrberufen" in der damaligen DATSCH-Zeitschrift „Technische Erziehung" (Heilandt 1936). Insbesondere weist er auf die vielfältigen z. T. willkürlichen Berufsbezeichnungen hin, die Vergleiche und Abgrenzungen erschwerten (vgl. ebd., S. 130). Im Rahmen der Ordnungsaktivitäten differenziert Heilandt „Facharbeiterberufe", „Spezialarbeiterberufe" und „Hilfsarbeiterberufe" als Ausprägungen von „Erwachsenenberufen", die sich in Niveau und Breite eines Tätigkeitsgebiets unterscheiden (vgl. ebd., S. 130 ff.). Für die oft unklaren Berufsbenennungen werden einheitliche Bezeichnungen vorgeschlagen und in Berufsverzeichnissen dokumentiert (vgl. ebd., S. 132). Nach dem Entwicklungsprinzip werden vielfältige, sich ähnelnde Erwachsenberufe als Facharbeiter-Grundberufe zusammengefasst (siehe Abbildung 2–11).

---

21 Zünfte organisierten die mittelalterliche Lebens- und Berufsordnung, die u. a. auf die „Verteidigung von Arbeitsmarkt- und Beschäftigungschancen der Arbeitenden" (Beck et al. 1980, S. 42) zurückzuführen ist.

22 Die Spitzenorganisationen der Wirtschaft errichteten 1908 den DATSCH, der sich mit Fragen der Nachwuchsqualifizierung, zunächst in der Metallindustrie, auseinandersetzte (vgl. Benner 1977, S. 17, 53; Gericke 1935, S. 13).

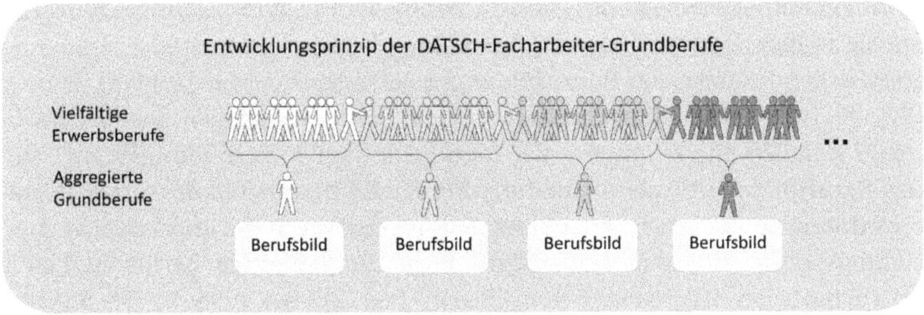

Abbildung 2-11: Entwicklungsprinzip der DATSCH-Facharbeiter-Grundberufe (eigene Darstellung)

Die Beschreibung der aggregierten Berufe erfolgt mithilfe eines Berufsbildes, das den Beruf quasi als Spiegelbild der empirisch erfassten Realität abbildet (vgl. Herkner 2003, S. 200). Gericke präzisiert die Aufgabe des Berufsbildes so: „Seine Aufgabe ist, eine bestimmte Berufstätigkeit durch Aufzählung der in ihrem Rahmen jeweils auftretenden Arbeiten und Fertigkeiten inhaltlich erschöpfend zu umreißen, ein anschauliches Bild der an den erwachsenen Berufstätigen gestellten fachlichen Anforderungen zu entwerfen und damit zugleich eine klare Zielsetzung für die berufliche Ausbildung zu geben“ (Gericke 1935, S. 13). Hierdurch gelang es reichsweit, einheitliche Bezeichnungen für gleiche berufliche Tätigkeiten einzuführen und sie ebenfalls eindeutiger der Facharbeiterniveaustufe zuzuordnen (vgl. Herkner 2003, S. 106). Für die so „genormten“ Erwachsenenberufe wurde anschließend geklärt, ob und in welchem Lehrberuf sie zu erlernen waren. Als „Lehrberufe“ wurden Ausbildungsgänge bezeichnet, die zur Ausübung in Facharbeiterberufen befähigten. Als „Facharbeiter-Grundberufe“ wurden diejenigen Berufe bezeichnet, für die eine „ordnungsgemäße Lehre vorgesehen ist“ (Heilandt 1926, S. 5).

Im Rahmen der DATSCH-Ordnungsaktivitäten wurden im Jahre 1926 erstmals 53 Facharbeiter-Grundberufe mit einem Berufsbild charakterisiert und veröffentlicht (vgl. Benner 1982, S. 17). Dabei ging der DATSCH von ca. 3.000 industriellen Erwachsenenberufen aus (vgl. Benner 1977, S. 62). Bis 1939 hatte man mit 240 Lehrberufen und 137 Anlernberufen etwa 99 % der industriellen Lehrberufe ausgearbeitet. Benner geht davon aus: Hätte man die Gestaltung der Berufsausbildung dem Einzelbetrieb überlassen, wären ca. 2000–3000 Ausbildungsberufe verblieben (vgl. ebd., S. 62).

Weiter betont Benner, dass sich die Arbeiten des DATSCH als grundlegend für die weitere Entwicklung von Ausbildungsberufen im heutigen Sinne und gesetzlichen Rahmen des Berufsbildungsgesetzes erwiesen haben (vgl. Benner 1977, S. 18). Facharbeiter-Grundberuf und Lehrberuf gingen gemeinsam in einem staatlich anerkannten – wie man heute sagt –„Ausbildungsberuf" auf. Das Berufsbild wurde als Ausbildungsberufsbild Bestandteil des durch Rechtverordnung erlassenen Curriculums. Somit verkörpern die anerkannten Ausbildungsberufe eine Ausbildungsgrundlage für vielfältige Berufstätigkeiten auf Facharbeiter-/Fachangestellten-Ebene[23] (vgl. Benner 1996, S. 35). Benner bezeichnet daher den Begriff des Ausbildungsberufs als „ein Konstrukt, das auf traditionsreichen Entwicklungen basiert, pädagogische Postulate und bildungspolitische Ziele zu realisieren hat und durch ein Qualifikationsbündel charakterisiert wird, das durch technische und wirtschaftliche und gesellschaftliche Anforderungen und Erwartungen bestimmt ist" (Benner 1977, S. 52).

Die Erwerbsberufe des Beschäftigungssystems einerseits stehen Ausbildungs- und Studiengängen im Bildungssystem andererseits gegenüber (siehe Abbildung 2–12). Die Bundesagentur für Arbeit hat zu Beginn des Jahres 2020 insgesamt 27.893 Erwerbsberufsbenennungen in Deutschland ermittelt (BA 2020c). Im Vermittlungssystem der BA werden zudem aggregierte Erwerbsberufe sowie verschiedene Ausbildungen (duale, vollschulische, akademische etc.) unterschieden (vgl. Abschnitt 3.3.2). Im August 2020 ermittelte die Bundesagentur 4.128 Erwerbsberufe, denen insgesamt 11.161 Ausbildungen gegenüberstehen (BA 2020a).

23 Fortbildungsberufe können analog zu diesem Konzept aufgefasst werden. Qualifikationsstandards beschreiben berufliche Weiterbildungsangebote, die der Anpassung oder Erweiterung der beruflichen Handlungsfähigkeit bzw. dem beruflichen Aufstieg dienen. Der inhaltliche Umfang der zugehörigen Curricula kann jedoch von Ausbildungsordnungen abweichen. So beinhalten beispielsweise Fortbildungsordnungen ausschließlich das Ziel, den Inhalt und die Gliederung der Prüfung (vgl. Prakopchyk et al. 2015, S. 3).

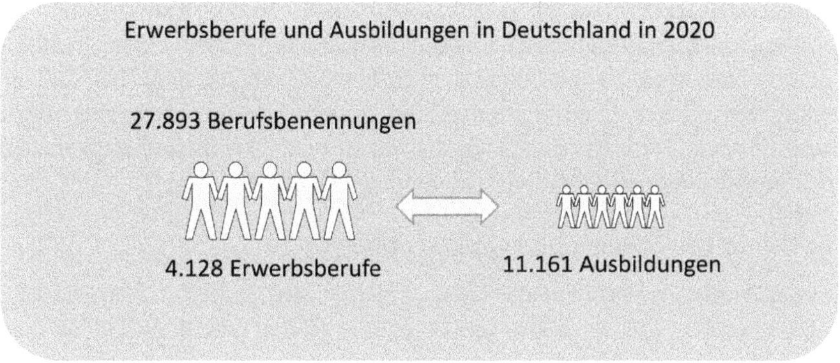

Abbildung 2–12: Erwerbsberufe und Ausbildungen in Deutschland im Jahre 2020 (Datenquelle: BA 2020a; 2020c, eigene Darstellung). Filter für Erwerbsberufe: Zustand: E, berufskundlicher Typ: t; Filter für Ausbildungen: Zustand: E, berufskundlicher Typ: a

Die Einordnung von Berufen und Ausbildungen erfolgt auf vier verschiedenen Anforderungsniveaus (vgl. Tabelle 3–6). Es stehen eine unterschiedliche Anzahl von Erwerbsberufen und Ausbildungen auf den verschiedenen Niveaustufen gegenüber (siehe Tabelle 2–3). Es überrascht, dass die Anzahl von Ausbildungen auf der Experten- und Spezialistenebene jeweils ein Vielfaches der Erwerbsberufe beträgt.

Tabelle 2–3: Gegenüberstellung von Erwerbsberufen und Ausbildungen in Deutschland im Jahre 2020 (Datenquelle: BA 2018a)

Anforderungsebene	Anzahl der Erwerbsberufe	Anzahl der Ausbildungen
Experten	1.003	6.570
Spezialisten	1.303	3.858
Fachkräfte	1.725	726
Hilfskräfte	97	7

Das abweichende Verhältnis resultiert aus den differenzierten Hochschulausbildungen im Rahmen der Ausbildungsdatensätze. Die vielfältigen Hochschulabschlussbezeichnungen werden durch die Bundesagentur für Arbeit ermittelt und als unterscheidbare Ausbildungen geführt. Inwieweit sich die Hochschulausbildungen inhaltlich tatsächlich unterscheiden, wird hier nicht deutlich. Vermutlich handelt es sich – wie bereits Dostal konstatierte – um eine Flut von Marketingbezeichnungen, die große inhaltliche Überschneidungen aufweisen (vgl. Dostal 2006, S. 154). Benner erklärt, dass die Namensgebung beruflicher Qualifikationsprofile gewöhnlich mit dem Ziel, ihnen Attraktivität zu vermitteln, erfolgt, die tatsächliche berufliche Tätigkeit wird im Namen häufig nicht deutlich (vgl. Benner 1977, S. 86)

Flexibilität von Berufen und Qualifikationen

Auf der Anforderungsebene der Fachkräfte (vgl. Abschnitt 3.2.2) stehen 1.725 Erwerbsberufen 726 Ausbildungen gegenüber (siehe Tabelle 2–3). Hier wird ersichtlich, dass Ausbildungsgänge eine Flexibilität bezüglich der erwerbsberuflichen Tätigkeiten aufweisen bzw. auch aufweisen sollten.

Bereits aus den Ordnungsaktivitäten des DATSCH geht hervor, dass neben der 1:1- Zuordnung zwischen einem Lehrberuf und einem Facharbeiterberuf es auch üblich war, Facharbeiterberufe in einer Gruppe zusammenzufassen und nur einem Lehrberuf zuzuordnen (vgl. Heilandt 1936, S. 132). Zum Beispiel zählen u. a. die Berufe Pumpenbauer, Turbinenmonteure, Motorenschlosser und Lokomotivbauer zu einer Gruppe gleichartiger Berufe, zu denen der Lehrberuf „Maschinenschlosser“ führt (vgl. ebd., S. 132).

Beck, Brater und Daheim begründen diesen Wandel durch die industriellen Arbeitsbedingungen (vgl. Beck et al. 1980, S. 16). Im Gegensatz zur klassischen Handwerksproduktion löst sich die Übereinstimmung von Arbeitsvermögen, Produktionsmittel, Produktionsprozess und Produkt unter industriellen Bedingungen auf. „Was jemand kann, legt nicht eindeutig fest, was er arbeiten wird, und ein und dieselbe Tätigkeit ist u. U., wenn dies technisch möglich ist, von einer Vielzahl von verschiedenen Ausbildungen her zugänglich“ (vgl. ebd., S. 16).

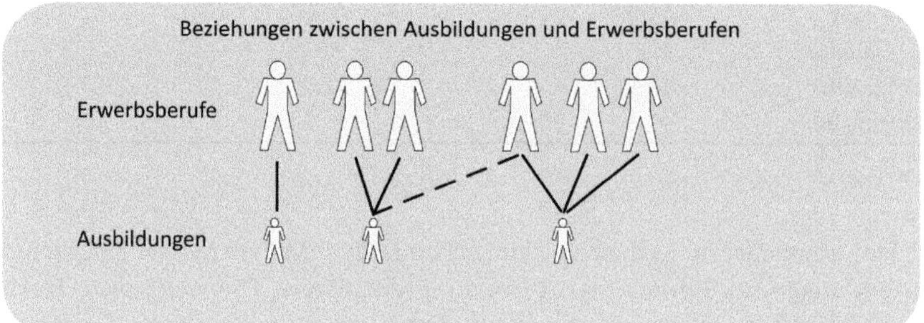

Abbildung 2–13: Beziehungen zwischen Ausbildungen und Erwerbsberufen (eigene Darstellung)

So kann es unterschiedliche Beziehungen zwischen Ausbildungen und Erwerbsberufen im Beschäftigungssystem geben (siehe Abbildung 2–13[24]). Es gehört zur Normalität, dass sich die berufliche Arbeit und ihr Zuschnitt kontinuierlich ändern. Der inhaltliche Ausgabenzuschnitt beruflicher Arbeit korreliert allerdings meist nicht im Verhältnis 1:1 mit dem in einem z. B. Ausbildungsberuf angenommenen und im Berufsbild definierten Umfang. Vielmehr kann von einem flexiblen 1: n-Verhältnis zwischen Ausbildungen und Erwerbsberufen ausgegangen werden. Die Flexibilität gründet ebenfalls auf der „Unschärfe von Berufen", die auch im Zusammenhang mit der Berufsgenese steht (vgl. Dostal 2006, S. 14).

Ausbildungen können auch zur Ausübung von Erwerbsberufen führen, die nicht unmittelbar im Zusammenhang stehen (siehe gestrichelte Linie in Abbildung 2–13). Der „Berufswechsel" gilt jedoch nicht als Regelfall, wie empirische Studien belegen. So ermittelten Nisic und Trübswetter für den Zeitraum zwischen 1994 und 2008 rund drei Prozent der Beschäftigten in Deutschland, die ihren Beruf pro Jahr wechselten (vgl. Nisic & Trübswetter 2012, S. 1). Seibert betrachtet den gesamten Zeitraum zwischen 1977 und 2004 und kommt in seinen Analysen zum Ergebnis, dass im Schnitt ein Fünftel der Absolventen einer nicht akademischen Berufsausbildung ihren erlernten Beruf wechselten (vgl. Seibert 2007, S. 1). In den Analysen wird der Berufswechsel als Erwerbsberufswechsel verstanden, der einen grundsätzlichen inhaltlichen Tätigkeitswechsel[25] mit sich bringt (vgl. Nisic & Trübswetter 2012, S. 4).

Die generelle Einsicht und Erkenntnis, dass vielfältige Austauschprozesse offenbar auch ohne ein perfekt aufeinander abgestimmtes Bildungs- und Beschäftigungssystem erfolgen können, ist in den 1960er-Jahren gereift. Mertens beschreibt diesen Prozess mit dem Begriff der „Mobilität[26]" (vgl.

---

24 In der Abbildung wird nur die horizontale Mobilität zwischen Ausbildungs- und Beschäftigungskategorien verdeutlicht. Nicht dargestellt ist das mögliche Ausweichen auf vertikale Alternativen (vgl. Mertens 1973, S. 320), sowie die Austauschprozesse zwischen Erwerbsberufen (vgl. ebd., S. 316).

25 Nisics und Trübswetters Berufsgrenzen basieren auf der Zweisteller-Ebene der ISCO-88 Berufsklassifikation (vgl. Nisic & Trübswetter 2012, S. 4).

26 (Berufliche) „'Mobilität' kann als die Eigenschaft von Arbeitskräften und Arbeitsplätzen bezeichnet werden, welche es ermöglicht, daß Marktpartner auf andere Märkte ausweichen, wenn sie auf ihrem primären Markt nicht zum Zuge kommen" (Mertens 1973, S. 315). Zum anderen beschreiben Substitution und Polyvalenz die Eigenschaften von Ausbildungsgängen. Während die berufliche Substitution von einem bestimmten Arbeitsplatz ausgeht und Möglichkeiten der Besetzung durch Absolventen alternativer Ausbildungsgänge sucht (vgl. Mertens 1968a, S. 337 ff.),

Mertens 1968a, S. 315). Die berufliche Mobilität – als Abgrenzung zu sozialer oder räumlicher Mobilität – begründet die Existenz vieler beruflicher Bereiche, obgleich es für diese keine spezifischen Ausbildungsangebote gibt (vgl. Dostal et al. 1998, S. 452; Mertens 1973, S. 316 f.). Ausgehend von diesem, als positiv gewerteten Phänomen entstand die Flexibilitätsforschung in den 1970er-Jahren. Deren Forscher ergründeten Zusammenhänge, um Maßnahmen zur Förderung der (beruflichen) Mobilität zu empfehlen, die in die Reformen von Bildungsgängen einfließen können (vgl. Mertens 1973, S. 316 ff.). In der Konsequenz spricht MERTENS den Schlüsselqualifikationen eine bedeutende Rolle zu, die (berufliche) Mobilität zu fördern und so zur Bewältigung einer flexiblen und variantenreichen Arbeitswelt beizutragen (vgl. Mertens 1974, S. 40). Außerdem empfiehlt er polyvalente, hochflexible Ausbildungen zu konstruieren und die Erkenntnisse der Flexibilitätsforschung in der Gestaltung von Weiterbildungsgängen einfließen zu lassen (vgl. Mertens 1973, S. 322).

Da in einer zunehmend dynamischen Arbeitswelt eher extrafunktionale Fähigkeiten als funktionale in den Mittelpunkt rücken, gerät der traditionelle Berufsbegriff in die Kritik. „Er sei nicht mehr sinnvoll, zu starr, um im schnellen Wandel zu bestehen, zu eng für das heutige umfassende Aufgaben- und Tätigkeitsverständnis und zu überlastet, um auch offene Erwerbsstrukturen begleiten zu können." (Dostal 2002, S. 463) DOSTAL prognostiziert, dass in Zukunft „Erwerbsarbeit eine derart hohe Flexibilität erhalten müsse, dass Festschreibungen im Rahmen von Berufen das System unzulässig erstarren ließen und die Konkurrenzfähigkeit eher zerstören" (ebd., S. 467).

2.2.6 Wandel der Beruflichkeit

Auflösungstendenzen von Beruf

Bereits im Jahre 1950 stellte SPRANGER fest, dass der Dauerberuf, wie er in der traditionellen Vorstellung der ständisch gegliederten Gesellschaft bestand, zunehmend „amerikanischen Verhältnissen" weiche. Er schildert die „traurige Entwicklung", wie ein Schlossermeister den Hausmeister einer Klinik „spielen" muss und nur mit dem Gedanken glücklich wurde: „Die Hauptsache ist, dass ich Geld verdiene; wie und wo ist ganz gleichgültig" (vgl. Spranger 1965,

---

beschreibt Polyvalenz die vielfältigen beruflichen Verwendungsmöglichkeiten aus der Sicht eines Ausbildungsprofils (vgl. Benner 1977, S. 129).

S. 48 f.). SPRANGER bezeichnet die ausgeübten Tätigkeiten, „mangels eines besseren Ausdrucks“, als „reine Erwerbsberufe“ (ebd., S. 47).

Seine Wahrnehmung verdeutlicht, dass die dem Beruf in seiner bisherigen Vorstellung zugeschriebene Funktion, einer mit der Ausbildung gekoppelten, stabilen, lebenslangen Beschäftigung zunehmend nicht mehr eingelöst wird. Daneben wird der mögliche Verlust der identitätsstiftenden Funktion des Berufs sichtbar, sodass Kritiker zum Ergebnis gelangen, dass vor allem im industriellen Bereich die Berufsrealität mit dem klassischen Begriff nicht mehr übereinstimmt (vgl. Baethge & Baethge-Kinsky 1998, S. 461 f.; Beck et al. 1980, S. 15). DOSTAL verortet in diesem Zusammenhang den Begriff des „Jobs“, der im Spektrum der Erwerbstätigkeiten den gegensätzlichen Pol zum Beruf darstellt (vgl. Dostal 2002, S. 465 f.). Der „Job“ umschreibt „eine „Tätigkeit zum Geldverdienen“, die in einer Arbeitsgesellschaft höchster Arbeitsteiligkeit als voraussetzungslose, schnell zu lernende Teilaufgabe definiert ist und die eher kurzfristig wechselnd abgeleistet wird, ohne daß auf dieser Basis eine stabile Identifikation mit der Aufgabe entsteht“ (Dostal et al. 1998, S. 440).

Als Begründung werden häufig wirtschaftliche und arbeitsmarkspezifische Veränderungen der 1990er-Jahre genannt, die den Beruf als Ordnungsmedium betrieblicher Arbeitsteilung sowie als Bezugskategorie des Berufsbildungssystems zunehmend infrage stellen (vgl. Baethge & Baethge-Kinsky 1998; Dostal et al. 1998, S. 453 ff.; Georg 2001, S. 202; Rosendahl & Wahle 2015, S. 5).

ROSENDAHL und WAHLE unterscheiden hierzu drei übergeordnete Aspekte, auf die sich die Erosionsargumente beziehen: „

- *Sektoraler Wandel von der Industrie zur Dienstleistungs- und Wissensgesellschaft,*
- *Wandel von einer fordistischen zu einer post-fordistischen Arbeitsorganisation,*
- *Wandel von kollektiven Berufsqualifikationen hin zu Individualberufen*“

(Rosendahl & Wahle 2015, S. 5).

Die in den 1980er-Jahren aufkommende Informationsarbeit kennzeichnet den sektoralen Wandel in die Wissens- und Dienstleistungsgesellschaft (vgl. Dostal 1995, S. 529; Heidemann 2012, S. 4). Für diesen Bereich bestand zunächst Unsicherheit, inwieweit sich berufliche Strukturen entwickeln (vgl. Baethge & Baethge-Kinsky 1998, S. 469; Dostal 1995, S. 531 ff.; Dostal et al. 1998, S. 454). Ein erster Ansatz zur Unterscheidung dieser aufkommenden Gruppe von Berufen lag in der Messung der Informatisierung d. h. dem Grad von Informationen und ihrer Verarbeitung in technischen Informationssystemen[27] (vgl. Dostal 2006, S. 71 f.). In den 1980er-Jahren entwickelte sich daraus ein Modell, das Computerkern-, Rand- und Mischberufe unterschied (vgl. ebd., S. 75 ff.). Dostal et al. kommen Ende der 1990er-Jahre zur Erkenntnis, dass insbesondere diese neu aufkommenden Berufe vom tradierten Berufsprinzip abweichen (vgl. Dostal et al. 1998, S. 454). Sie begründen dies durch die internationale Beeinflussung, der Art und Weise der Wissensaneignung und Wissensvermittlung und der breiten Gestaltbarkeit und Flexibilität der Arbeit (vgl. ebd., S. 454).

Ähnlich wird die aufkommende Dienstleistungsarbeit bewertet, deren Beschäftigungsbereiche sich nicht auf ein traditionelles Berufsverständnis stützen konnte (vgl. Dostal et al. 1998, S. 455). Die Auflösung von Beruf wird dort thematisiert, wo die Innovationsintensität besonders hoch ist und neue Aufgaben, die noch nicht spezifischen beruflichen Strukturen zugeordnet sind, durch besonders offene und flexible Personen gelöst werden, die auch in Zukunft unvorhersehbare Herausforderungen begegnen müssen (vgl. Dostal 2002, S. 466 f.).

Derartige Veränderungen werden z B. durch die Digitalisierung sichtbar, die uns mittlerweile in allen Lebens- und Arbeitsbereichen begleitet. Unter dem Stichwort „Industrie 4.0“ werden die Auswirkungen im Bereich der industriellen Produktion zusammengefasst. Darin besteht eine vernetzte Produktion über Unternehmensgrenzen hinweg. Als sogenannte vierte industrielle Revolution werden ihr herausragende Wachstumschancen zugeschrieben (vgl. BITKOM 2014, S. 18 ff.). Neue Produkte und Dienstleistungen entstehen, wobei sich traditionelle Wertschöpfungsketten auflösen. Gebhardt und Grimm diskutieren die möglichen Auswirkungen der Industrie 4.0 auf die Anforderungen zukünftiger Arbeit (vgl. Gebhardt & Grimm 2016). Sie prognostizieren neue Arbeitsmodelle in der Beschäftigung, in denen ehemalige Strukturen in der Fachlichkeit zugunsten der industriellen Anforderungen geschuldeten Interdisziplinarität verschmelzen (vgl. ebd., S. 6).

Grimm weist auf die neuen Formen und Möglichkeiten der Wissensgenerierung im Zeitalter der Digitalisierung hin (vgl. Grimm 2019). Berufliches Expertenwissen wird nicht mehr ausschließlich den einschlägigen Berufsinhabern zugewiesen, sondern entsteht in der sozialen Gemeinschaft in kollaborativen

27 Aus dieser immer leistungsfähiger werdenden Informationstechnik und ihren Systemen hat sich das Kürzel „IT“ für „Information-Technology“ herausgebildet (vgl. Dostal 2006, S. 71).

Wissensräumen. Diese werden zunehmend genutzt, um berufliche Arbeitsaufgaben zu bewältigen (vgl. ebd., S. 93).

Neben den sektoralen Auswirkungen verliert der Beruf als Kategorie betrieblicher Organisationen an Bedeutung (vgl. Dostal et al. 1998, S. 456; Rosendahl & Wahle 2015, S. 6). Auslöser waren u. a. neue Unternehmenskulturen in Form von flachen Hierarchien, für die berufsfunktional gegliederte Organisationsformen nicht geeignet erschienen (vgl. Georg 2001, S. 204 ff.). Betriebe sehen berufliche Muster eher als „Fesseln" an, die der innerbetrieblichen Flexibilisierung entgegenstehen (vgl. Dostal et al. 1998, S. 456). Der Mensch, als Träger von Qualifikationen rückt stärker in den Mittelpunkt. Die Gestaltung von persönlichkeitsförderlichen Arbeitsplätzen bedingen Individualisierung und lassen sich kaum noch standardisiert beschreiben (vgl. Dostal 2004, S. 127). Eine Berufszuordnung wird – wenn überhaupt – nur nach außen im Rahmen der Rekrutierung oder für unternehmensübergreifende Kontakte nötig (vgl. Dostal et al. 1998, S. 457). Die Wertschöpfungsprozesse bestimmen dagegen zunehmend betriebliche Arbeitseinheiten, um die Effizienz und internationale Wettbewerbsfähigkeit zu steigern. (vgl. Rosendahl & Wahle 2015, S. 7).

Neue Beruflichkeit

Diesen Auflösungstendenzen des Berufs stehen Argumente entgegen, die für die Beibehaltung dieser Kategorie sprechen. Dostal bemängelt, dass in dieser Diskussion um den Beruf häufig nur spezifische Dimensionen betrachtet werden und eine umfängliche Bewertung unterbleibt. Dadurch besteht die Gefahr, dass zu vorschnell Aussagen über die Eignung der Beruflichkeit in einer nachindustriellen Gesellschaft getroffen werden (vgl. Dostal et al. 1998, S. 453 ff.; Rosendahl & Wahle 2015, S. 3). Daher fordern Rosendahl und Wahle differenzierte Diagnosen, die auf den funktionalen Wandel des Berufs rekurrieren (vgl. Rosendahl & Wahle 2015, S. 3). Dostal kommt zum Schluss, dass der Beruf aufgrund seiner Mehrdimensionalität in der Lage ist, sich an komplexe Realitäten anzupassen. Berufe übernehmen weiterhin die Aufgabe als soziales Gliederungs-, Struktur-, und Schichtungsprinzip und gelten weiterhin als Orientierungsgröße für die Gestaltung von Ausbildungsprofilen (vgl. Dostal et al. 1998, S. 458). Die Vorzüge der autonomen Arbeitsgestaltung, persönlichkeitsfördernder Arbeitsstrukturen, identitätsbildender Maßnahmen (auch außerhalb der Arbeit) sind erwiesen, um Höchstleistung in der Erwerbstätigkeit zu erreichen. Die innovativen Unternehmen haben erkannt, dass die traditionellen Aspekte von Beruf wie Kompetenz, Verantwortungsfähigkeit und Identifikation eher wichtig werden, um optimale Leistung zu erreichen (vgl. Dostal

2002, S. 468). Abnehmende Stabilität von Beschäftigung, hohe Anforderungen an Mobilität sowie geringere identitätsstiftende Erwerbsarbeit kann der Beruf als Allokationsprinzip kompensieren und ist ebenso in der nachindustriellen Gesellschaft mit offenen Arbeitsformen sinnvoll und nützlich (vgl. Dostal et al. 1998, S. 458; Kaiser & Brötz 2015, S. 226, 231). Dostal stützt sich in seiner Argumentation auf die gewachsenen Gestaltungsspielräume und neue Varianten von Arbeit, die z. B. bei Freiberuflern eine große Bedeutung erfahren (vgl. Dostal et al. 1998, S. 458).

Diese Veränderungen können sich u. a. in dem von Grimm dargestellten Crowdsourcing-Prinzip widerspiegeln. Diese neue Organisationsform von Arbeit führt verschiedene Menschen über das Internet zusammen, um dann gemeinsam Aufgaben und Projekte für Unternehmen zu bearbeiten (vgl. Grimm 2016, S. 2). Möglicherweise zeigt sich mit dem Crowdworker bereits eine neuartige Berufsform.

Berufsbildung im Wandel der Beruflichkeit

Rosendahl und Wahle resümieren, dass im Rahmen dieser Auflösungsdiskussion die Funktionalität des Berufs und des beruflichen Bildungssystems für Individuen und Gesellschaft keineswegs i gestellt wurde (vgl. Rosendahl & Wahle 2015, S. 8). Vielmehr beruht der außerhalb der Berufs- und Wirtschaftspädagogik initiierte Krisendiskurs auf unterschiedlichen Verwendungskonzepten zum Beruf. Die dort aufgedeckten Berufsdysfunktionalitäten finden jedoch durch zahlreiche Reformkonzepte in der beruflichen Bildung Berücksichtigung (vgl. ebd., S. 2). Eine Orientierung an Arbeits- und Geschäftsprozessen (vgl. Abschnitt 2.1.4) sowie die Weiterentwicklung hin zu offenen, dynamischen beruflichen Bildungsprofilen[28] (vgl. Rauner 2004b; Rauner & Heidegger 1997, S. 20) bzw. Berufsfamilien (vgl. Brötz et al. 2008) sind Beispiele dafür.

In Folge der Krisendiskussionen um den Beruf und den gleichzeitigen Bestrebungen, den „Beruf" zu modernisieren, prägt Kutscha 1992 den Begriff der „neuen Beruflichkeit" (vgl. Kutscha 1992). Kutscha geht es darum, mit der „Beruflichkeit" sich vom traditionsbehafteten Berufsbegriff zu unterscheiden und so neue Denk- und Handlungsspielräume für die Modernisierung

28 Heidegger und Rauner schlagen hierzu das Konzept der offenen, dynamischen Kernberufsbilder vor, die eine zeitliche und inhaltliche Stabilität aufweisen, entwicklungs- und anwendungsoffenen gestaltet sind und mit der Weiterbildung zu verzahnen sind (vgl. Rauner 2004b), ursprünglich (vgl. Rauner & Heidegger 1997, S. 20 ff.).

unterschiedlicher Varianten beruflicher Bildungsangebote im „Modus der Beruflichkeit“ zu ermöglichen (vgl. ebd.; Kutscha 2008, S. 7). Aus dieser Sichtweise beurteilt auch Kraus die Forderung nach Employability (vgl. Kraus 2007). Employability wird seit Beginn des 21. Jahrhunderts zur neuen europäischen Leitkategorie für zukunftsfähige Arbeitskräfte. Das Konzept beinhaltet Anknüpfungspunkte zu dem an übergeordneten Standards orientierten deutschen Berufsverständnis. Es handelt sich um eine überfachliche Fähigkeitszuschreibung im Sinne individualisierter Qualifikations- und Kompetenzziele, die in der Verantwortung jedes Einzelnen erworben und den veränderten Anforderungen des Arbeitsmarktes kontinuierlich angepasst werden müssen. Es unterscheidet sich von dem Konzept standardisierter Berufe. Employability zielt auf den Individualberuf ab, der als Bezugspunkt jeglicher Berufsbildung und als Orientierungsmuster dienen soll (vgl. Rosendahl & Wahle 2015, S. 11). Für Kraus bedeutet Employability nicht das Ende des Berufs, sondern repräsentiert die fortschreitende Weiterentwicklung des Berufsprinzips und ist somit Ausdruck einer gewandelten Beruflichkeit (vgl. Kraus 2007, S. 267 f.).

2.2.7 Zusammenfassung

Der Begriff des Berufs unterliegt im Alltag und in der Wissenschaft vielfältigen Bedeutungen. So kann der Beruf z. B. als Tätigkeit zum Geldverdienen verstanden werden, als Indikator für den sozialen Status oder als Qualifikationsnachweis dienen. Der Wissenschaft fällt es schwer, eine umfassende Definition für das komplexe Berufsverständnis zu erstellen.

Berufe dienen traditionell dazu, eine Strukturierung der Arbeit im Rahmen der gesellschaftlichen Arbeitsteilung vorzunehmen. Ausgehend von ihrer Benennung lassen sich Berufe durch verschiedene Merkmale, wie z. B. Arbeitsmittel, Milieu, Produkt oder Dienstleistung charakterisieren.

Berufe wandeln sich. Insbesondere Entwicklungen und technische Innovationen haben immer wieder dazu geführt, dass neue Berufe entstehen bzw. sich aus bestehenden Berufen abspalten und andere ebenso verschwinden. Die Berufsforschung beschreibt die Berufsgenese in einem Prozess. Darin bilden gewöhnlich Veränderungen in der Arbeit den Ausgangspunkt für die Wahrnehmung neuer Berufe. Diese erfolgt in den Betrieben, in Stellenanzeigen sowie im Rahmen von Aus- und Weiterbildungen.

Berufe im Beschäftigungssystem stellen Bezugselemente für Ausbildungen dar. Insbesondere in der beruflichen Bildung besteht eine enge Kopplung zu Berufen im Arbeitsmarkt. Dies basiert auf der Absicht, zukünftige Arbeitskräfte über einen Bildungsanspruch hinaus zu befähigen, Arbeitsaufgaben in der Wirtschaft und Gesellschaft zu bewältigen. Die Berufsgeneseforschung unterstreicht die Bedeutung von Ausbildungsgängen bezüglich der Berufsgenese. Mit einer existierenden Ausbildung kann sich die Entwicklung von neuen Berufen im Beschäftigungssystem stabilisieren.

Im deutschsprachigen Raum haben sich Bezeichnungen von Ausbildungen mit dem Zusatz Beruf etabliert, wie z. B. Lehrberuf und später Ausbildungsberuf. Damit wird beabsichtigt, das Ziel einer Ausbildung auszudrücken und in einem entsprechenden Erwerbsberuf zu arbeiten. Diese begriffliche Verwendung ist jedoch ebenso Ausgangspunkt für viele Missverständnisse, z. B. wenn Berufe im Sinne von strukturierten Tätigkeitsmustern im Beschäftigungssystem mit Ausbildungen gleichgesetzt werden. Die Unterscheidung zwischen Berufen im Beschäftigungssystem (Erwerbsberufe) und darauf vorbereitende Ausbildungen im Bildungssystem (Ausbildungs- und Studienberufe) ist daher unerlässlich. Dass ein direkter Schluss von der Ausbildung auf die Berufstätigkeit und umgekehrt nicht möglich ist, bekräftigen bereits die Akteure der Arbeitsmarkt-, Berufs- und Bildungsforschung in den 1970er-Jahren. Sie empfehlen, unterschiedliche Benennungen für z. B. Ausbildungsberufe und Tätigkeiten zu wählen (vgl. Löns et al. 1974, S. 169 f.).

Die Entwicklung im Zuge der Industrialisierung leitete einen Paradigmenwechsel in der Beziehung zwischen Erwerbs- und (besonders) Ausbildungsberufen ein. Das mittelalterliche Berufsausbildungsprinzip der Gewerke, in denen jeweils eine „Lehre" zur Arbeit in einem Gewerk führte, wird durch Ausbildungen erweitert, die sich auf eine Vielzahl ähnlicher Erwerbsberufe beziehen. Die stetig steigende Anzahl von Erwerbsberufen untermauert diese Entwicklung, die u. a. auf immer weiteren Spezialisierungen gründet. Ein historischer Ansatz im Berufsbildungssystem liegt darin, Ausbildungsgänge zu entwickeln, die auf ein breites berufliches Feld abzielen. Es reift die Erkenntnis und der Anspruch, berufliche Ausbildungen so zu konstruieren, dass sie eine hohe Flexibilität in Hinblick auf die erwerbsberufliche Beschäftigung ermöglichen.

Aufgrund veränderter Arbeitsorganisationen in z. B. flachen Hierarchien oder der rasanten technologischen Entwicklungen wurde ein Ende des Berufsprinzips postuliert. Es zeigt sich jedoch, dass Berufe im Beschäftigungssystem weiterhin Bestand haben, auch wenn Inhalte und Zuordnungen beruflicher Tätigkeiten zu einzelnen Berufen sehr dynamisch verlaufen. Ferner wird im deutschsprachigen Raum an dem berufsorientierten Ausbildungsmodell festgehalten. Dem Berufsprinzip wird eine Anpassungsfähigkeit zugeschrieben. Dies ermöglicht auch zukünftig den Menschen, von den Vorzügen beruflicher Allokationen z. B. als identitätsstiftende Anker in immer offeneren Arbeitsformen zu profitieren.

Es überrascht, dass im Rahmen der curricularen Weiterentwicklung beruflicher Bildungsgänge die erwerbsberuflichen Kategorien des Arbeitsmarktes nahezu bedeutungslos (geworden) sind (vgl. Abschnitt. 2.3.4). Im Zuge einer curricularen Entwicklungsarbeit für berufliche Bildungsgänge erscheint es daher unerlässlich, die Berufe im Erwerbssystem zu analysieren und unter den Aspekten einer sich wandelnden Beruflichkeit mit Aus- und Weiterbildungen in Beziehung zu setzen.

2.3 Stand der Qualifikationsforschung

2.3.1 Berufliche Arbeit als Gegenstand wissenschaftlicher Forschungsdisziplinen

Der Beruf und das berufliche Tätigsein sind Gegenstand von vielfältigen Forschungsbereichen u. a. in der

- Soziologie,
- Betriebswirtschaft,
- Rechtswissenschaft,
- Psychologie,
- Pädagogik,
- Medizin

in unterschiedlichen Gewichtungen und Erkenntnisinteressen (vgl. Fenger 1968, S. 326; Hegelheimer et al. 1975, S. 9; Molle 1968b, S. 9, 302; Rauner 2002, S. 531; Teichler 1995, S. 501 f.). Molle bezeichnet den seit Mitte der 1920er-Jahre bestehenden Wissens- und Forschungsbereich rund um den Beruf als „allgemeine Berufskunde", zu der auch die grundsätzlichen Fragen der Berufsbildungen gehören (vgl. Molle 1968b, S. 35). In den 1960er-Jahren regt Molle an, die vielfältigen, teils empirisch pragmatischen Arbeiten „in den Rang wissenschaftlicher Forschung und Gründlichkeit zu erheben" (ebd., S. 10), sodass aus einer Berufskunde eine „moderne, vielverzweigte Berufswissenschaft[29]" (ebd., S. 10) wird (vgl. Abschnitt 3.1.2).

29 Die Verwendung des Begriffs der „Berufswissenschaft" erfolgt in der Literatur vielfältig und ist Diskussionsgegenstand (vgl. Becker & Spöttl 2008; Lipsmeier 2014; Petersen 2018b; Pahl 2017). In der vorliegenden Arbeit wird Berufswissenschaft im Sinne von Molle als übergeordnete Wissenschaft verstanden, die Berufsforschung als eine interdisziplinäre wissenschaftliche Aufgabe versteht (vgl. Molle 1968b, S. 9, 303).

Fenger umreißt die berufliche Bildung als ein Teilgebiet der Bildungsforschung, die sich u. a. mit Bildungszielen, Bildungsinhalten, Vermittlungsmethoden, Ordnungsmitteln und Bildungsvergleichen befasst (vgl. Fenger 1968, S. 328 ff.). Anfang der 1990er-Jahre skizziert die Deutsche Forschungsgemeinschaft (DFG) das Aufgabengebiet der universitären Berufsbildungsforschung in ihrer viel zitierten Denkschrift wie folgt: „Berufsbildungsforschung untersucht die Bedingungen, Abläufe und Folgen des Erwerbs fachlicher Qualifikationen sowie personaler und sozialer Einstellungen und Orientierungen, die für den Vollzug beruflich organisierter Arbeitsprozesse bedeutsam erscheinen" (DFG 1990, S. 1).

Neben dieser recht allgemein gehaltenen Definition wird Berufsbildungsforschung gesetzlich im Berufsbildungsgesetz verankert und damit ihre gesamtgesellschaftliche Bedeutung untermauert. Im BBiG werden der Berufsbildungsforschung folgende Aufgaben zugeschrieben: „

1. *Grundlagen der Berufsbildung klären,*
2. *inländische, europäische und internationale Entwicklungen in der Berufsbildung beobachten,*
3. *Anforderungen an Inhalte und Ziele der Berufsbildung ermitteln,*
4. *Weiterentwicklungen der Berufsbildung in Hinblick auf gewandelte wirtschaftliche, gesellschaftliche und technische Erfordernisse vorbereiten,*
5. *Instrumente und Verfahren der Vermittlung von Berufsbildung sowie den Wissens- und Technologietransfer fördern" (BBiG 2019, § 84).*

Die Klärung von Grundlagen der Berufsbildung, die Ermittlung von Anforderungen, Inhalten und Zielen sowie Instrumente und Verfahren der Vermittlung kann als Anspruch an die Berufsbildungsforschung aufgefasst werden Beiträge zu liefern, um insbesondere die Entwicklung von Curricula für berufliche Bildungsgänge zu unterstützen.

Teichler subsumiert die Analyse von Arbeit und ihre Verbindung zu Inhalten und Prozessen des Lernens als Aufgabe der Qualifikationsforschung. Deren besonderer Anspruch und Aufgabe dieses Themenkomplexes besteht darin,

„in ihrer Analyse eine Verbindung zwischen

- *Arbeit,*
- *daraus geschlossenen Anforderungen an die Berufstätigkeiten, berufsrelevanten Persönlichkeitsmerkmalen sowie schließlich*
- *Inhalten und Prozessen des Lernens herzustellen"* (Teichler 1995, S. 502).

Becker und Spöttl bemängeln konzeptionelle Schwächen der Qualifikationsforschung, die in der Vergangenheit berufliche Ausbildungsgänge zu einseitig orientiert an Technik, Fachsystematik oder Verrichtung entwickelte (vgl. Becker & Spöttl 2006, S. 2). Ausgehend von den von Teichler dargestellten Aufgaben der Qualifikationsforschung heben Becker und Spöttl den eigenständigen Charakter dieser Forschung hervor. Sie betonen ebenso wie Teichler die Bedeutung der tatsächlichen Arbeitsvollzüge, dem Wissen und Können der Facharbeiter sowie die Bedingungen und Strukturen zur Kompetenzentwicklung und Bildung des Individuums als zentrale Forschungsgegenstände einer sogenannten „Berufswissenschaftlichen Qualifikationsforschung" (vgl. ebd., S. 7).

> „*Die berufswissenschaftlich ausgerichtete Qualifikationsforschung verfolgt das Ziel, die für einen Beruf charakteristischen Arbeitsaufgaben und die in diesen inkorporierten Qualifikationsanforderungen zu identifizieren und zu untersuchen, welchen didaktischen Stellenwert diese Aufgaben für die Kompetenzentwicklung haben.*" (Becker & Spöttl 2006, S. 4)

Es besteht Einigkeit darüber, dass die Curriculumentwicklung beruflicher Bildungsgänge einer unterstützenden Qualifikationsforschung bedarf, deren Ausgangspunkt in der Analyse beruflicher Arbeit liegt.

Institutionell ist die Erforschung berufsförmiger Arbeit insbesondere am Institut für Arbeitsmarkt- und Berufsforschung sowie dem Bundesinstitut für Berufsbildung verortet. Die Arbeitsmarkt- und Berufsforschung ermittelt u. a. die Arbeitskräftenachfrage und klärt, ob ein Angebot entsprechender Qualifikationen nach Menge und Art gegenüberstehen. Dagegen liegt das Erkenntnisinteresse der Berufsbildungsforschung in der Klärung, inwieweit das Berufsbildungssystem der Nachfrageentwicklung entspricht und seine Absolventen für die Anforderungen in der Arbeit adäquat ausgestattet werden (vgl. Fenger 1968, S. 329).

Das BIBB, das im Rahmen der gesetzlichen Vorgaben des BBiG aus dem Bundesinstitut für Berufsbildungsforschung (BBF) im Jahre 1976 entstand, führt hierzu innerhalb seines gesetzlichen Handlungsrahmens unterschiedliche Forschungsschwerpunkte aus (vgl. Weiß 2014, S. 4). Weiss betont die anwendungsorientierte Forschung, zu der u. a. die Ausgestaltung und Optimierung konkreter Prozesse und Maßnahmen für die Qualifikationsforschung im Rahmen von Ordnungsverfahren zählen (vgl. ebd., S. 4).

Die Forschungsaktivitäten des BIBB konzentrieren sich insbesondere auf die berufliche Erstausbildung im Rahmen des Dualen Systems sowie die bundesweit geregelten Fortbildungsprogramme. Die Entwicklung und Modernisierung beruflicher Bildungsprogramme an Schulen fällt dagegen nicht in den primären Arbeitsbereich des BIBB. Schulische Bildungsprogramme unterliegen aufgrund des Föderalismus in Deutschland der Hoheit der Bundesländer. In diesen haben sich jedoch keine vergleichbaren Forschungsinstitute zur Berufsbildung etabliert. Die Deutsche Forschungsgesellschaft merkt Ende der 1980er-Jahre an, dass der Bedarf an schulspezifischer Forschung durch die in den 1970er-Jahren gegründeten staatlichen Institute für Schulpädagogik (o. ä.) versucht wurde zu kompensieren (vgl. DFG 1990, S. 17). Aus dem gesetzlich umrissenen Aufgabengebiet geht jedoch hervor, dass diese Institute gewöhnlich keine Forschungsaufgaben übernehmen wie beispielsweise am Institut für Qualitätsentwicklung für Schulen in Schleswig-Holstein (IQSH) (vgl. SchulG SH 2007, § 134). Als Alternative wird eine enge Zusammenarbeit mit den Hochschulen gefordert, die in verschiedener Intensität Berufsbildungsforschung betreiben (vgl. ebenda). Die Praxis zeigt allerdings, dass insbesondere für die curriculare Weiterentwicklung beruflicher Bildungsangebote an Schulen die universitäre Berufsbildungsforschung nicht zum Regelfall gehört (vgl. Jepsen 2021). Allenfalls erfolgen einzelne, z. T. im Rahmen von EU-Projekten geförderte Studien und Modellversuche (vgl. Hartmann 2009; Petersen et al. 2008; Schernus et al. 2015).

2.3.2 Forschungsinstrumente und Methoden der Qualifikationsforschung

Die in der Praxis vorzufindenden Ansätze der Qualifikationsforschung bedienen sich, je nach Fragestellung und Zielsetzung der Untersuchung, eines vielfältigen Instrumentariums. Es verfügt gewöhnlich über quantitative und qualitative Erhebungsmethoden. Deren Ansätze basieren auf der naheliegenden Annahme, dass Qualifikationsanforderungen im Arbeitsprozess selbst entstehen und auch dort identifiziert und erforscht werden müssen (vgl. Abicht et al. 2007b, S. 15; Benner 1982, S. 74 ff.).

Es gibt eine ganze Reihe gängiger Forschungsinstrumente, die methodischen Beispielen der Berufswissenschaftlichen Qualifikationsforschung zugeordnet werden können (siehe Tabelle 2–4). Die Übersicht basiert auf den Zusammenfassungen von Becker und Spöttl (vgl. Becker & Spöttl 2008, S. 69 ff.), den verwendeten Verfahren im Rahmen der BIBB Voruntersuchung „IT-Berufe" (vgl. BIBB 2015; Schwarz et al. 2015, S. 2 ff.; Schwarz et al. 2016, S. 9 ff.) sowie dem Methodenbericht der BMBF Früherkennungsinitiative „FreQuenZ" (vgl. Abicht et al. 2007a).

Tabelle 2–4: Phasen, Forschungsinstrumente und Methoden der berufswissenschaftlichen Qualifikationsforschung (in Anlehnung an vgl. Abicht et al. 2007a; Becker & Spöttl 2008, S. 69 ff.; BIBB 2015; Schwarz et al. 2016, S. 9 ff.)

Phase	Instrument	Methode
Vorbereitung	Sektoranalysen / Branchenscanning	• Auswertung von statistischen Daten • Dokumentenanalysen (Stellenanzeigen, Inserentenbefragungen etc.) • Netzrecherchen • Metaanalysen von Studien • Semistrukturierte Interviews
Erhebung	Fallstudien	• Aufgabeninventare • Auftrags- und Rechnungsanalysen • Analyse betrieblicher Abläufe und Kennzahlen • leitfadengestützte Interviews (face-to-face, telefonisch)
		• Online-Befragungen
	Arbeitsprozessstudien	• Geschäftsprozessanalyse • Arbeitsbeobachtung • handlungsorientierte Fachinterviews und Expertengespräche
Auswertung Validierung	Experten-Facharbeiter-Workshops	• Brainstorming • Metaplantechniken • Fachdiskussionen
	Steuerkreise	• Workshops mit Fachexperten, Gewerkschaften, Verbänden, Ministerien, Wissenschaft • Beiratssitzungen, Workshops
Veröffentlichung		• Tagungen, Internet, Broschüren, Beratungen etc.

Der Ablauf berufswissenschaftlicher Qualifikationsforschungsvorhaben gliedert sich in die allgemeinen Phasen Vorbereitung, Erhebung, Auswertung, Validierung und Veröffentlichung. In den einzelnen Phasen können unterschiedliche Instrumente aus einer Mischung verschiedener Methoden eingesetzt werden (vgl. Abicht et al. 2007a; Becker & Spöttl 2008; IGM et al. 2017, S. 21). So können z. B. im Rahmen von Experten-Facharbeiter-Workshops Kreativtechniken wie Brainstorming und Metaplan-Techniken genutzt oder Fachdiskussionen geführt werden. Die Bearbeitung der einzelnen Phasen kann unter Beteiligung verschiedener Akteure erfolgen. Zum Beispiel können in der Auswertungsphase in Steuerkreisen, Vertreter aus Wissenschaft, Ministerien und Verbänden in Beiratssitzungen zusammentreffen. Dagegen erfolgen Arbeitsbeobachtungen und Fachinterviews durch die forschende Person und/ oder einen berufsfachlichen Experten (vgl. Becker & Spöttl 2008, S. 107 ff.; Galiäer 2007, S. 56).

Die einzelnen Phasen sind übergeordnet linear strukturiert, d. h., die Ergebnisse einer Phase bilden die Grundlage einer nächsten Phase bzw. werden mehrstufig durchgeführt. So können z. B. explorative Vorstudien bzw. Sektoranalysen u. a. folgenden Zielen dienen:

- Ein- und Abgrenzung sowie Charakterisierung des Untersuchungsfeldes,
- Entwicklung von Arbeitshypothesen,
- Auswahl von Fällen für die Durchführung von Fallstudien,
- Identifizierung von für die Berufsbildung relevanten Innovationsfeldern und diesbezüglichen Entwicklungen (vgl. Becker & Spöttl 2008, S. 75, 127; Zinke et al. 2014, S. 12).

Innerhalb der linearen Struktur finden gewöhnlich Validierungen z. B. in Form von Facharbeiter-Experten-Workshops statt, deren Ergebnisse zu Rückkopplungen in vorherige Phasen führen können.

2.3.3 Herausforderungen bisheriger Forschungsansätze

Kontinuität der Forschungsaktivitäten

„Die berufliche Forschung [..] gehört zu den Wissenschaftsgebieten, bei denen es auf die lange Sicht ankommt" (Blankertz et al. 1966, S. 84). Dieser Leitgedanke der Gutachterkommission zur Gründung eines zentralen Forschungsinstituts für die Berufsbildung (heute BIBB) in den 1960er-Jahren fußt insbesondere auf den folgenden Aspekten. Ausgehend von einem andauernden beruflichen Wandel (vgl. Abschnitt 2.2.4) besteht einerseits die Daueraufgabe, berufliche Bildungsgänge fortlaufend zu überprüfen, anzupassen, neu zu entwickeln oder einzustellen. Andererseits besteht Konsens darüber, dass berufliche Bildungsgänge für einen längeren Zeitraum angelegt werden. Dabei besteht die Herausforderung, neben konstanten beruflichen und gesellschaftlichen Anforderungen, ebenfalls mögliche Veränderungen in der Zukunft zu antizipieren und curricular zu berücksichtigen (vgl. ILO 2015).

Deutschland hat mit dem Bundesinstitut für Berufsbildung eine zentrale, staatlich beauftragte Einrichtung zur Berufsbildungsforschung, in der verschiedenste Forschungsaktivitäten erfolgen (vgl. BIBB 2020). Dennoch wird ersichtlich, dass Initiativen und Ansätze zur kontinuierlichen Qualifikationsforschung z. T. nur in einem zeitlich begrenzten Rahmen in Form von Programmen,

Projekten oder Modellversuchen stattfinden. So wurde die erfolgreiche BMBF-Initiative (Steeger 2007) zur Früherkennung von Qualifikationen (FreQuenZ) nach rund zehn Jahren wieder beendet. Das FreQueNz-Projekt zeichnete aus, empirisch gesicherte Informationen zu neuen Qualifikationserfordernissen aus verschiedenen Einzelprojekten zusammenzuführen und aufzubereiten (vgl. Abicht & Bärald 2000, S. 46; Bullinger & Tombeil 2000, S. 15 ff.). Dem Forschungsnetz gehörten elf Institutionen und Organisationen an (vgl. Schmidt & Steeger 2005). Den Kern des Vernetzungsprojekts bildete eine im Internet zur Verfügung gestellte Informations- und Kommunikationsplattform. Die darauf eingestellten Beiträge der Qualifikationsforschung wurden kontinuierlich angepasst und konnten als Entscheidungsgrundlage für weiteres bildungspolitisches Handeln dienen (vgl. Bullinger & Tombeil 2000, S. 16). Bullinger und Tombeil weisen auf die Vorteile und Notwendigkeit von Zusammenarbeit hin: „Will man neue Beschäftigungspotentiale erschließen und die Qualität von Aus- und Weiterbildung sichern, muss man sich zusätzlicher, anderer, differenzierterer Instrumente und Methoden zur Früherkennung von Qualifikationserfordernissen bedienen. Ziel muss eine synergetische Ergänzung und Versöhnung von quantitativer und qualitativer Qualifikations-, Arbeits- und Berufsforschung sein“ (ebd., S. 17).

Die Initiative hatte (leider) nur Projektcharakter. So wurde – trotz Verlängerung – das FreQueNz-Netzwerk Anfang der 2010er-Jahre wieder beendet. Aufwendig entwickelte und bereits erprobte Untersuchungskonzepte im Rahmen dieser Initiative wurden eingestellt, wie z. B. das gemeinsam vom Fraunhofer-Institut für Arbeitswirtschaft und Organisation (FhIAO) und TNS Infratest Sozialforschung (TNS Infratest) durchgeführte Projekt „Arbeitsnahe Dauerbeobachtung der Qualifikationsentwicklung mit dem Ziel der Früherkennung von Veränderungen in der Arbeit und in den Betrieben“ (ADeBar) (Gidion et al. 2000). Dies ist bedauerlich, da das FreQueNz-Netzwerk als robustes und längerfristig nutzbares Instrument mit einem kombinierten Längs- und Querschnittsdesign konzipiert wurde (vgl. ebd., S. 34). Mit der Einstellung dieses Informationssystems ist seitdem in Deutschland keine vergleichbare Plattform mehr entstanden.[30]

30 Das FreQueNz-Netzwerk diente als Good-Practice-Beispiel beim Aufbau des europäischen Früherkennungsnetzes „Skillsnet“, das beim Cedefop angesiedelt ist (vgl. Steeger 2007, S. 8). Das „Skillsnet“ hat eine entsprechende Zielvorstellung und ermöglicht zudem eine grenzüberschreitende Perspektive (vgl. Cedefop 2018).

Andere, wiederkehrende Erhebungsinstrumente können nur begrenzte Beiträge leisten. So dienen z. B. die Erhebungsformate Referenzbetriebssystem (RBS), BIBB-/BauA- Erwerbstätigenbefragung, Expertenmonitor, Bewerberbefragung und Weiterbildungsmonitor hauptsächlich dazu, Strukturdaten und Einflussfaktoren auf der Makroebene, z. B. Fragen zur betrieblichen Ausbildung, zu Schwerpunkten, zu Anforderungen und Belastungen von Tätigkeiten zu bestimmen (vgl. Helmrich & Tiemann 2015; Weiß 2014, S. 10).

Zudem wird beklagt, dass berufsspezifische Daten z. T. nicht verallgemeinerbar sind. So konstatiert z. B. ZINKE, dass der Versuch die Daten der BIBB-/BauA-Erwerbstätigenbefragung in die Berufsfeldanalyse der industriellen Elektroberufe zu integrieren aufgrund der zu geringen Fallzahlen scheiterte (vgl. Zinke et al. 2014, S. 11).

Auf die Notwendigkeit eines regelmäßigen Monitorings von Bildungsprogrammen wird jedoch – auch außerhalb der Wissenschaft – immer wieder hingewiesen bzw. im Rahmen der Qualitätssicherung wird dieses eingefordert (vgl. IGM et al. 2017, S. 15). Im Jahr 1999 hatte die Arbeitsgruppe des Bündnisses für Arbeit die Einrichtung von sogenannten Berufsfachgruppen beschlossen, die auf den in der DDR erfolgreich verankerten Berufsfachkommissionen aufbauen sollten (vgl. Brötz et al. 2015).

> „*Zum regelmäßigen Erfahrungsaustausch über die Entwicklung des Qualifikationsbedarfs richten die Sozialpartner, soweit sie es für zweckdienlich halten, mit Unterstützung des Bundesinstituts für Berufsbildung Berufsfachgruppen mit Praktikern aus den jeweiligen Berufsgruppen ein.*" (BPA 2000, S. 51)

PÜTZ unterstreicht die Notwendigkeit einer derartigen, dauerhaft angelegten Fachgruppe, um die Modernisierungsaktivitäten von Aus- und Weiterbildungsverordnungen wirkungsvoll zu unterstützen (vgl. Pütz 2000). Gleichzeitig resümiert er, dass die Sozialpartner den Beschluss zur Einrichtung der Berufsfachgruppen nicht nachgekommen sind (vgl. ebd., S. 3).

Wie wirkungsvoll so eine Berufsfachgruppe sein kann, stellen BRÖTZ et al. am Beispiel des Expertenteams Versicherungswirtschaft dar, in dem Vertreter des Berufsbildungswerks der Deutschen Versicherungswirtschaft (BWV), der Gewerkschaft ver.di, des Bundesministeriums für Wirtschaft, des Bundesministeriums für Bildung und Forschung, des Deutschen Industrie- und Handelskammertages und der KMK seit vielen Jahren erfolgreich zusammenarbeiten (vgl. Brötz et al. 2015, S. 35 f.).

Leider bleibt es bei diesen Einzelfällen und so wundert es nicht, wenn BÜCHTER darauf hinweist, dass die bisherigen Bemühungen der Qualifikationsforschung „nur eine begrenzte prognostische Ergiebigkeit aufweisen" (Büchter

2010, S. 14). In projektförmigen Forschungsvorhaben lassen sich diese Qualifikationsbedarfe nicht oder nur schwer identifizieren. Aus wissenschaftlicher Sicht ist hierzu eine kontinuierliche empirische Analyse der berufsförmigen Arbeit, die zukünftige Veränderungen im Blick hat, nötig.

Forschungsökonomie

Viele der bereits benannten berufswissenschaftlichen Erhebungsinstrumente erfordern einen hohen empirischen Aufwand (siehe Tabelle 2–4). Darüber hinaus bestehen besondere Anforderungen an das Forschungspersonal, die über sozialwissenschaftliche Expertise, Kenntnisse im Bereich der beruflichen Bildung bis zu Kenntnissen und Erfahrungen in der qualitativen Sozialforschung reichen (vgl. Schwarz et al. 2015, S. 6).

Umfragen erzeugen Kosten insbesondere bei einem Intervieweinsatz. So wurden im Rahmen des ADeBar-Projekts durchschnittlich 45-minütige Interviews mit 410 Betrieben im Bereich Logistik und Facility-Management persönlich-mündlich durchgeführt (vgl. Infratest 2002, S. 11). Die Durchführung von betrieblichen Fallstudien ist noch aufwendiger. Zunächst muss ein Zugang zu den relevanten Betrieben und Personen hergestellt werden, der Offenheit und Vertrauen gegenüber Betriebsfremden erfordert. Kallis et al. stellen dar, wie aufwändig sich diese Einzelfallabstimmung in der Praxis gestalten kann (vgl. Kallis et al. 2014, S. 12). Andere Forscher beklagen, dass eine grundsätzliche Offenheit gegenüber dem Anliegen zwar häufig vorhanden ist, die konkrete Zusage aber oftmals erst nach langwierigen, internen Absprachen durch Vorgesetzte und Unternehmensleitung erfolgt (vgl. Gidion et al. 2000, S. 43 f.). Die Fallstudien selbst binden zudem erhebliche Ressourcen. Im ADeBar-Projekt wurden z. B. zweitägige Intensiv-Fallstudien mit ca. sieben Gesprächspartnern (u. a. Geschäftsleitung, Vorgesetzte, Fachkräfte) pro Unternehmen durchgeführt (vgl. Gensicke et al. 2004, S. 92; Zeller et al. 2004, S. 48 f.). Die effektive Durchführung und Auswertung von Fallstudien und Fachinterviews erfordern darüber hinaus ein hohes Maß an Sachverstand und beruflicher Erfahrung im Arbeitsbereich des Interviewten (vgl. Becker & Spöttl 2008, S. 94; Gidion et al. 2000, S. 200 f.).

In Anbetracht der Forschungsökonomie (Lienert & Raatz 1998, S. 12) sind daher Verfahren mit einem unkomplizierten Datenzugang wie z. B. Sekundäranalysen, Stellenanzeigenanalysen oder qualitative Analysen des Weiterbildungsangebots für einen ersten Zugang zum Forschungsfeld sinnvoll (vgl. Abicht et al. 2007b, S. 16; Dostal et al. 1999, S. 51).

Repräsentative Stichproben

Neben der Durchführung von Erkundungsstudien z. B. im Rahmen neuartiger Phänomene oder Fragestellungen wird mit Stichprobenuntersuchungen beabsichtigt, verbindliche Aussagen über eine Grundgesamtheit[31] zu erhalten. Dies ist nötig, da die Untersuchung einer gesamten Population in der Regel nicht möglich ist.

Um repräsentative Ergebnisse einer Untersuchung zu erzielen, erhält die Stichprobe eine große Bedeutung, auf die sich die Erhebung beschränkt. Die Qualität einer Untersuchung hängt insbesondere davon ab, wie gut die zu einer Stichprobe zusammengefassten Untersuchungsobjekte eine Grundgesamtheit repräsentieren (vgl. Bortz & Döring 2006, S. 395; Wellenreuther 2000, S. 104). Bortz und Döring betonen, dass die Prinzipien der Stichprobentheorie zur Vermeidung einer Vollerhebung nur dann sinnvoll angewendet werden können, wenn es gelingt, eine repräsentative Stichprobe passend zum Untersuchungsziel zusammenzustellen (vgl. Bortz & Döring 2006, S. 395). Die Erhöhung der Stichprobenanzahl hilft dabei nicht, den Fehler einer verzerrten Auswahl zu beheben, er wiederholt sich nur in einem großen Stil (vgl. ebd., S. 398). Ferner gilt nur für repräsentative Stichproben die Annahme, dass mit steigendem Stichprobenumfang die Genauigkeit der Erhebung zunimmt.

Untersuchungen, die nicht auf einer begründeten Stichprobenauswahl basieren und keinen ausreichenden Umfang aufweisen, können daher nur Ausschnitte liefern und zur Hypothesenbildung, jedoch im Allgemeinen nicht zur Hypothesenüberprüfung beitragen.

In dem Projekt „ADeBar" wird der hohe Aufwand eines berufswissenschaftlichen Forschungsvorhabens deutlich, wenn der Anspruch besteht, repräsentative Ergebnisse hervorzubringen (vgl. Gensicke et al. 2007; Gidion et al. 2000). In dem zweistufigen Verfahren wurden zunächst durch das Frauenhofer-Institut für Arbeitswirtschaft und Organisation qualitative Erhebungen durchgeführt, um geeignete Instrumente zu erstellen und zu erproben. Zu dieser Pilotphase gehörten 23 Fallstudien mit u. a. explorativen Beobachtungsinterviews, Arbeitsaufgaben- und Geschäftsprozessanalysen sowie zweitägigen

31 „Unter einer Population (Grundgesamtheit) versteht man die Gesamtmenge aller N Beobachtungseinheiten, über die Aussagen getroffen werden sollen. [...] Werden alle Objekte einer Population untersucht, so spricht man von einer Vollerhebung (Anzahl der untersuchten Objekte: N). Wird nur ein Ausschnitt der Population untersucht, so handelt es sich um eine Stichprobenerhebung (Anzahl der untersuchten Objekte: n)." (Bortz & Döring 2006, S. 394).

Intensivworkshops mit Expertengesprächen. Ziel war es, aus den qualitativen Erhebungen Thesen über neue Entwicklungen in der Arbeit abzuleiten (vgl. Gidion et al. 2000, S. 28 ff.). Um die Aussagen dieser Einzelfallanalysen auf breiterer Basis zu validieren, erfolgte durch das TNS-Infratest in Phase 2 eine quantifizierbare Erhebung. Darin wurde eine „echte" Zufallsstichprobe auf der Basis des von TNS-Infratest entwickelten „Arbeitsstätten-Master-Sample" (AMS) erstellt[32] (vgl. ebd., S. 155). Aus den ca. 160.000 Arbeitsstätten wurden im Rahmen der Hauptstudie insgesamt 410 Betriebe ausgewählt und Interviews von jeweils 45 Minuten realisiert (vgl. Infratest 2001, S. 8).

Im Vergleich hierzu beschränkt sich das Untersuchungskonzept von Becker und Spöttl im Rahmen der Studie zur Industrie 4.0 und ihre Auswirkungen auf die Aus- und Weiterbildung in der M+E Industrie auf insgesamt sechs Fallstudien, 16 Expertengespräche und drei Expertenworkshops (vgl. bayme & VBM 2016, S. 22). Eine weitere, quantifizierbare Untersuchung wurde nicht durchgeführt. Von daher stellt sich die Frage, inwieweit diese Ergebnisse als repräsentativ erachtet werden können und Schlussfolgerungen hinsichtlich curricularer Anpassungen im Kontext der Industrie 4.0 Arbeit zulassen.

Andere Evaluations- und Voruntersuchungen im Rahmen der Ordnungsarbeit verdeutlichen die Schwierigkeit, einen objektiven Feldzugang zum Arbeits- und Berufsgeschehen zu erhalten. So wurden z. B. im Rahmen der Berufsfeldanalyse zu den industriellen Elektroberufen durchweg Ausbildungsbetriebe analysiert (vgl. Kallis et al. 2014, S. 10). Zudem nahmen an den 13 Fallstudien und Expertenworkshops vor allem Ausbildungsverantwortliche teil (vgl. Zinke et al. 2014, S. 11). Eine derartige Stichprobenzusammensetzung kann zu Verzerrungen (Oversampling[33]) führen und möglicherweise die Ergebnisse verkürzen. In diesem Zusammenhang weisen Rauner et al. (vgl. 2001, S. 26) sowie Windelband (vgl. 2006, S. 50) auf die Gefahr hin, dass langjährige Tätigkeiten des Bildungspersonals zu einer Entfremdung von der betrieblichen Realität und damit der Facharbeit führen kann.

Die dargestellten Beispiele zeigen die Schwierigkeit der empirischen Qualifikationsforschung. Qualitative Stichprobenuntersuchungen haben gewöhnlich

32 Das AMS umfasst ca. 160.000 Arbeitsstätten, die auch Neugründungen enthalten mit Informationen u.a. über Betriebsgrößen und Branchen (vgl. Gidion et al. 2000, S. 155).

33 Wenn die Stichprobe in ihrer Zusammensetzung hinsichtlich bestimmter Merkmale nicht der Populationszusammensetzung entspricht, kommt es zum Oversampling (bestimmte Objekte werden überrepräsentiert) bzw. Undersampling (bestimmte Objekte kommen zu wenig vor) (vgl. Bortz & Döring 2006, S. 398).

Pilotcharakter und ermöglichen daher nur begrenzt verallgemeinerbare Aussagen. Unter dem Anspruch, valide[34] Anforderungen in den erwerbsberuflichen Tätigkeiten zu ermitteln, ist daher eine entsprechend zusammengesetzte Stichprobe aus dieser Grundgesamtheit notwendig.

Schließlich wird aus den Beispielen deutlich, dass der Anspruch an repräsentative Ergebnisse im Rahmen der berufswissenschaftlichen Forschung mit einem hohen empirischen Aufwand verbunden ist und den Bedarf an ökonomisch-orientierten Forschungsmethoden untermauert.

Vernetzung und Kooperation

In Deutschland werden Fragen auf dem Gebiet der beruflichen Entwicklung sowie der beruflichen Bildung durch eine Vielzahl von öffentlichen und privaten Trägern sowie Institutionen wahrgenommen. Blankertz, Claessen und Edding identifizieren in ihrem Gutachten bereits über 30 Dienststellen, Institutionen und Organisationen, die sich in Deutschland mit berufsanalytischen und berufspädagogischen Problemen befassen (vgl. Blankertz et al. 1966, Anhang S. 41 ff.).

Insbesondere bestehen Überschneidungen zwischen der Berufsbildungsforschung und der Arbeitsmarkt- und Berufsforschung (vgl. Dostal 2004; 2005a, S. VI; Fenger 1968). Für beide Forschungsbereiche liegt ein Erkenntnisinteresse in der Analyse beruflicher Arbeit (vgl. Abschnitt 2.3.1). Die Berufsforschung klärt hauptsächlich die Struktur und Entwicklung der Erwerbstätigkeiten nach Aufgaben, Tätigkeiten und beruflichen Allokationen (vgl. Dostal 2013, S. 22). Hingegen liegt das Ziel der Berufsbildungsforschung darin, nach der „Entstehungsseite beruflicher Qualifikationen" (Dostal 2004, S. 132) zu fragen und zu prüfen, ob die Absolventen des Bildungssystems für die Bewährung im Erwerbsleben adäquat ausgestattet werden (vgl. Fenger 1968, S. 329).

Vor dem Hintergrund des zuvor dargestellten Forschungsaufwandes wird immer wieder darauf hingewiesen und eindringlich gefordert, diese Forschungsbereiche insgesamt stärker zu vernetzen und zur Klärung von Teilfragen auch Ergebnisse der jeweils anderen Disziplin zu nutzen (vgl. Becker & Spöttl 2008, S. 37; DFG 1990, S. 19; Hackel et al. 2014, S. 33 ff.; Molle 1968b, S. 301; WR 2011, S. 7).

---

34 Die Validität (Gültigkeit) ist das wichtigste Testgütekriterium. Sie gibt an, ob ein Test das misst, was er messen soll bzw. was er zu messen vorgibt (d. h., ein Intelligenztest sollte tatsächlich Intelligenz messen und nicht z. B. Testangst) (vgl. Bortz & Döring 2006, S. 200).

Blankertz, Claessen und Edding empfehlen, hierzu eine „Arbeitsgemeinschaft der Berufsforschungsinstitute“ zu errichten (vgl. Blankertz et al. 1966, S. 93). In dem Zusammenhang stehen ferner die Impulse der Deutschen Forschungsgemeinschaft (vgl. DFG 1990, S. 104 ff.) zur Gründung der „Arbeitsgemeinschaft Berufsbildungsforschungsnetz“ (AG BFN), die sich den Austausch von Daten, Dokumentationen und Forschungsergebnissen zum Ziel setzte (vgl. Czycholl 1993; Dostal 2005a, S. 155). Die Durchführung von Foren und Expertenworkshops zählen zweifellos zu den Erfolgen dieses Netzwerkes, das heute noch besteht (vgl. Tramm & Eckert 2004, S. 72).

Eckert und Tramm bemängeln allerdings, dass weder eine koordinierte bzw. kooperative Forschungsprogrammatik noch eine gezielte Forschungsförderung aus dieser Arbeitsgemeinschaft entstanden sind (vgl. Tramm & Eckert 2004, S. 72). Ähnlich resümiert Dostal Mitte der 2000er-Jahre die 35-jährige Zusammenarbeit der arbeitsmarktbezogenen Berufs- und Qualifikationsforschung mit der Berufsbildungsforschung, die zwar „manche Gemeinsamkeiten offenlegt, [...] aber keine klare Zuweisung von Forschungsfeldern und nur Ansätze zur Arbeitsteiligkeit in der empirischen Analyse“ (Dostal 2004, S. 123) liefert.

Unabhängig von der Kritik sind insbesondere zwischen den Institutionen IAB und BIBB diverse gemeinsame Projekte entstanden. Hervorzuheben sind die zwischen 1979 bis 1999 durchgeführten BIBB-/IAB-Erhebungen (vgl. Parmentier & Dostal 2002), die ab dem Jahre 2006 als BIBB-/BAuA-Erwerbstätigenbefragung in Kooperation mit der Bundesanstalt für Arbeitsschutz und Arbeitsmedizin (BAuA) alle sechs Jahre durchgeführt werden (vgl. BIBB & BAuA 2012). Diese Repräsentativbefragung von Erwerbstätigen zeigt ein gelungenes Beispiel von interdisziplinärer Forschung, die zugleich langfristig angelegt ist. Die Erhebungen lassen sich zwischen Großzählungen wie z. B. dem Mikrozensus und qualitativen Fallstudien verorten. Mit den Analysen wird beabsichtigt, den Wandel von Arbeit und Beruf sowie den damit verbundenen Qualifikationsanforderungen in Deutschland abzubilden (vgl. Rohrbach-Schmidt & Hall 2020, S. 6). Hierzu gehören folgende Themenbereiche:

- *„die Informatisierung der Arbeitswelt,*
- *den Lernort Arbeitsplatz,*
- *den Veränderungen im Betrieb und ihren Auswirkungen auf die persönliche Arbeitssituation,*
- *der beruflichen Mobilität und Wechselprozessen,*

- *Arbeitsbedingungen, Arbeitsbelastungen und Veränderungen auf betrieblicher Ebene,*
- *der beruflichen Zufriedenheit […]" (Parmentier & Dostal 2002, S. 34).*

Im Jahr 2018 umfasst ein Datensatz der Erwerbstätigenbefragung rund 700 Variablen. Beispielsweise werden darin Fragen zur ausgeübten Tätigkeit mithilfe von 19 Indikatoren erfasst (vgl. BIBB & BAuA 2020, S. 18 ff.). Die Erhebung zeichnet sich darin aus, dass die berufliche Zuordnung sowohl für den erlernten als auch den ausgeübten Beruf mittlerweile in der Systematik der Berufsklassifikation KldB 2010 (vgl. Abschnitt 3.2) erfolgt. Dadurch lassen sich das Anforderungsniveau des erlernten Berufs und auch der ausgeübten Tätigkeit unterscheiden (vgl. Rohrbach-Schmidt & Hall 2020, S. 6).

Die Ergebnisse aus diesem kooperativen Forschungsansatz können wichtige Hinweise zur besseren Abstimmung von beruflichen Bildungsangeboten mit der Arbeit liefern (vgl. Helmrich & Tiemann 2015). Dennoch wird ersichtlich, dass die Daten, die meist auf geschlossenen Fragen einer höheren Abstraktionsebene basieren, nur einen begrenzten Beitrag für curriculare Entwicklungen in der Berufsbildung leisten können. Konkretere fachliche und auch soziale Befähigungen werden nur unzureichend charakterisiert, geordnet, abgegrenzt oder sogar abgestuft. Zudem können die Fallzahlen für einzelne Berufsgruppen sehr gering ausfallen, wie Zinke et al. für die Daten aus dem Jahre 2012 ermittelten (vgl. Zinke et al. 2014, S. 11).

Ein weiteres Beispiel für eine längerfristig angelegte Forschungskooperation stellen die Qualifikations- und Berufsprojektionen (QuBe-Projekt) dar. Unter der gemeinsamen Leitung des BIBB und des IAB werden in Zusammenarbeit mit der Gesellschaft für wirtschaftliche Strukturforschung (GWS) mbH seit dem Jahre 2010 die voraussichtliche Entwicklung des deutschen Arbeitsmarktes bis zum Jahre 2035 projiziert. Auch hier stellt der Mikrozensus die wesentliche Datenbasis neben weiterer Datenquellen dar (vgl. Maier et al. 2018). Für die Vorausberechnungen wird das Angebot von Erwerbspersonen sowie der Bedarf auf dem Arbeitsmarkt berufsspezifisch gegenübergestellt. Seit Ende des Jahres 2017 steht ein interaktives QuBe-Datenportal im Internet zur Verfügung (www.QuBe-Data.de), in dem die Ergebnisse der Qualifikations- und Berufsprojektionen z. T. bis auf die Ebene von KldB-Berufsgruppen (vgl. Abschnitt 3.2.2) reichen.

Aktuellere Forderungen für eine kooperative Zusammenarbeit gehen von den Sozialpartnern aus. Mit dem sogenannten „agilen Verfahren" wird beabsichtigt, die erforderlichen Kernthemen insbesondere im Rahmen der Qualifizierung für Industrie 4.0 zu erarbeiten (vgl. IGM et al. 2017). In der ersten

Stufe dieses Verfahrens ist vorgesehen, Qualifikationsanforderungen aus wissenschaftlichen Beiträgen sowie aus Initiativen/Stellungnahmen von Unternehmen, Verbänden und Gewerkschaften zusammenzuführen. Im weiteren Prozess erfolgt die Bewertung und Erarbeitung von Vorschlägen und Handlungsempfehlungen zur Aktualisierung der Qualifizierungsangebote. Mit dem „agilen Verfahren“ wird beabsichtigt, die Expertise und Erfahrungen aus dem wissenschaftlichen Bereich, den Unternehmen, Gewerkschaften und Verbänden sowie dem berufsschulischen Bereich zusammenzuführen (vgl. ebd., S. 20 f.).

2.3.4 Arbeitsmarkt- und Berufsinformationen im Rahmen der Qualifikationsforschung

Es besteht Konsens darüber, dass die Arbeitsorientierung eine bedeutende Bestimmungsgröße im Rahmen der beruflichen Bildung darstellt. Ebenso unbestritten ist, dass weitere Aspekte für eine funktionierende berufliche Bildung zu berücksichtigen sind, wie die Wirtschaft als Ganzes, das Bildungssystem, die Gesellschaft und nicht zuletzt die individuellen Bedürfnisse der Menschen (vgl. ETF 1998, S. 3). Um die Arbeit als eine der zentralen Bestimmungsgrößen zu berücksichtigen, sind die Akteure in der beruflichen Bildung auf solide Arbeitsmarkt- und Berufsinformationen angewiesen. Darauf aufbauend können sie begründete Entscheidungen treffen und insbesondere die Entwicklung von Curricula durchführen (vgl. Andersen et al. 2015, S. 27 f.; ETF 2000, S. 27 ff.; Hoeckel & Schwartz 2010, S. 27 f.; Lankard Brown 2003).

Arbeitsmarkt- und Berufsinformationen werden im angloamerikanischen Sprachgebrauch als „Labour Market Information“ (LMI) bezeichnet. Eine breite Definition für diesen Begriff geht auf Jones zurück, die im Rahmen seiner Arbeit bei der ILO in den 1970er-Jahren entstand. Danach sind unter „Labour Market Information“

> *“[...]any information concerning the size and composition of the labour market or any part of the labour market; the way it or any part of it functions, its problems, the opportunities which may be available to it, and the employment-related intentions or aspirations of those who are part of it”* (Jones 1979, S. 37), zu verstehen.

Arbeitsmarkt- und Berufsinformationen umfassen demnach ein großes Spektrum an Daten und Quellen, das Jones in statistische Informationen (quantitative) und nicht-statistische (qualitative) Informationen unterteilt (vgl. Jones 1979, S. 38 ff.). Zu den ersteren gehören z. B. regelmäßige Statistiken über Beschäftigungszahlen, Berufe, Entwicklungen im Bildungssystem und Fachkräfteengpässe, die u. a. durch offizielle Stellen erhoben und veröffentlicht werden. Zu den qualitativen

Informationen zählen z. B. Beschreibungen von Berufen, Anforderungen oder Hintergrundprobleme, die zur Auswertung und Integration statistischer Befunde beitragen können.

Arbeitsagenturen als zentrale Informationsquelle für LMI

Den Dienstleistungen von Arbeitsagenturen und Jobcentern wird eine Schlüsselfunktion für einen funktionierenden Arbeitsmarkt zugeschrieben. Dieser stellt eine wesentliche Voraussetzung für die wirtschaftliche Entwicklung und nicht zuletzt den Wohlstand einer Gesellschaft dar. Die Arbeitsagenturen liefern – gewöhnlich im Rahmen eines gesetzlichen Auftrags – hierzu umfassende Informationen über die Lage und Entwicklung auf dem Arbeitsmarkt auch unter Berücksichtigung regionaler Unterschiede für verschiedenste Nutzergruppen (vgl. SGB III 1997, § 280). Zur Wahrnehmung der Aufgaben, z. B. Beratung und Arbeitsvermittlung, sind Arbeitsagenturen selbst auf zuverlässige Informationen über den Arbeitsmarkt und über Berufe angewiesen. Dazu organisieren sie eine kontinuierliche Datenerhebung, -verarbeitung, und -verbreitung (vgl. Phan et al. 2001, S. 25). Zu dem Umfang gehören verschiedenste Statistiken über z. B. Erwerbstätige, Erwerbslose sowie weitergehende Analysen. Diese vielfältigen Arbeitsmarkt- und Berufsinformationen werden aufbereitet und unterschiedlichen Zielgruppen zur Verfügung gestellt (vgl. ebd., S. 58, siehe auch Abschnitt 3.1.2).[35] Die Veröffentlichung dieser Informationen erfolgt seit einigen Jahren durch datenbankbasierte Arbeitsmarkt- und Berufsinformationssysteme[36] im Internet. Im Allgemeinen werden diesen Informationssystemen folgende Funktionen zugeschrieben:

- *„to improve job placement and matching*
- *to provide information on professions and training*
- *to help people to develop a job profile and to develop skills for searching and applying for jobs*
- *to collect and evaluate information necessary for governments to be able to formulate labor market policy and to identify focus groups*“ (GIZ 2012, S. 13).

35 Die dargestellten Aufgabenbereiche sind nicht immer exklusiv bei den Arbeitsagenturen angesiedelt. Zuständigkeiten können sich in einzelnen Ländern unterscheiden (vgl. Phan et al. 2001, S. 58).

36 In der angloamerikanischen Literatur werden diese als Labour Market Information Systems (LMIS) bezeichnet (vgl. GIZ 2012).

Arbeitsmarkt- und Berufsinformationssysteme werden als ein wesentliches Instrument im Rahmen der aktiven Arbeitsmarktpolitik mit wachsender Bedeutung angesehen (vgl. GIZ 2012, S. 8). Österreich[37], Kanada, Schweden und die Vereinigten Staaten[38] verfügen z. B. über umfassende Online-Arbeitsmarktinformationssysteme, in denen u. a. nachgefragte Berufsprofile respektive ihrer Arbeitsanforderungen zur Verfügung gestellt werden (vgl. Andersen et al. 2015, S. 27 f.; Hilbert 2007, S. 207; Markowitsch et al. 2007; Markowitsch & Plaimauer 2009, S. 817 f.; Tippins & Hilton 2010). In Deutschland betreibt die Bundesagentur für Arbeit mit dem BERUFENET ein vergleichbares Informationssystem (vgl. Abschnitt 3).

Aufgrund der Rolle von Arbeitsagenturen wird ihnen länderübergreifend eine große Bedeutung als Informationsquelle für Arbeitsmarkt- und Berufsinformationen beigemessen, um die Akteure der Berufsbildungsplanung und Qualifikationsforschung in ihrer Arbeit zu unterstützen (vgl. Andersen et al. 2015, S. 27 ff.; Phan et al. 2001, S. 62; Řihová 2016, S. 6).

Die Einschätzung von ILO, ETF und Cedefop schließt sich an diverse historische Empfehlungen aus der Berufsforschung in Deutschland an (vgl. Fenger 1968, S. 331; Kosta et al. 1970; Molle 1968b, S. 34). Ab Mitte der 1970er-Jahre fanden gemeinsame Workshops von IAB und dem damaligen Bundesinstitut für Berufsbildungsforschung (BBF) statt, um theoretische Ansätze, Methoden und Forschungsinstrumentarien auszutauschen, zu entwickeln und so zu einer verbesserten gegenseitigen Nutzung von Forschungsvorhaben und -ergebnissen zu gelangen (vgl. Löns et al. 1974).

Trotz der bemerkenswerten Ansätze gab es in der Vergangenheit wiederholt Kritik insbesondere an der Qualität der Klassifikationsdaten (vgl. Benner 1982, S. 39; Dostal 2002; 2004; Paulus et al. 2010, S. 4). Die Forderungen aus den 1970er-Jahren konnten durch die nachfolgenden Klassifikationen leider nicht eingelöst werden. Dostal kritisiert die überkommenen Klassifikationen in ihrem Grundproblem der Eindimensionalität, mit der sich Berufe nicht ausreichend beschreiben lassen (vgl. Dostal 2004). Paulus, Schweizer und Wiemer fassen die Probleme bisheriger in Deutschland verwendeter Berufsklassifikationen Mitte der 2000er-Jahre zusammen (vgl. Paulus et al. 2010, S. 4):

37 Das AMS-Berufsinformationssystem aus Österreich steht im Internet unter http://www.ams.at zur Verfügung (vgl. AMS 2017).

38 Das O*NET Resource Center steht im Internet unter https://www.onetcenter.org/ zur Verfügung.

- fehlende Aktualität der abgebildeten Berufsstruktur,
- fehlende Einheitlichkeit der Differenzierung,
- fehlende Eindeutigkeit der Zuordnung von Berufen,
- häufige Vermischung der strukturierenden Dimensionen Tätigkeit, Position und Qualifikation,
- parallele Verwendung verschiedener nationaler Klassifikationen.

Diese Kritikpunkte bildeten den Anlass, eine neue Berufsklassifikation KldB 2010 zu entwickeln, die Mitte des Jahres 2010 eingeführt wurde. Sie hat den Anspruch, die gegenwärtige nationale Berufsstruktur mehrdimensional abzubilden (vgl. Paulus & Matthes 2013).

In der gegenwärtigen Literatur existieren nur wenige Belege hinsichtlich einer kritischen Auseinandersetzung mit der neuen Berufsklassifikation KldB 2010 aus der Berufsbildungsperspektive. So bemängelt z. B. Becker die Qualität der KldB 2010, die nach seiner Ansicht in der Gruppe der Fahrzeugberufe verschiedene Unstimmigkeiten aufweist (vgl. Becker 2013, S. 623). Tärre hingegen beanstandet, dass die Inhalte von IT-Ausbildungsberufen mit ihren vielfältigen Aufgaben- und Tätigkeitsbereichen in der Berufsklassifikation nur unzureichend verortet werden können (vgl. Tärre 2013, S. 650).

Konkrete Umsetzungsbeispiele zur Verwendung von LMI im Rahmen der Curriculumentwicklung existieren u. a. in den USA und dem Vereinigten Königreich. So besteht z. B. für Curriculumentwickler im US-Bundesstaat Delaware die Aufgabe, mögliche Karrierewege (Career Pathways) und mögliche Erwerbsberufsgruppen (Career Clusters) für neue berufliche Bildungsprogramme zu spezifizieren (vgl. DDOE 2017). Im Vereinigten Königreich enthält der Leitfaden „Using Labour Market Intelligence in a College Context“ (AOC & UKCES 2015) neben der Auflistung relevanter LMI-Quellen und Werkzeuge Schlüsselfragen, mit deren Hilfe die verantwortlichen Schulvertreter LMI in der strategischen Curriculumentwicklung nutzen können (vgl. ebd., S. 8 ff.).

Auf europäischer Ebene werden derzeit Arbeitsmarkt- und Berufsinformationen verschiedener Systeme zusammengeführt. Ausgehend von der Initiative „New Skills for New Jobs“ (EC 2008) der Europäischen Union wurde mit dem Aufbau einer „European Classification of Skills, Competences, Qualifications and Occupations“ (ESCO) begonnen (vgl. EC 2013). Diese mehrsprachige Klassifikation verbindet bereits existierende nationale Bildungs- und Arbeitsmarktdaten, um einerseits für Transparenz zu sorgen und andererseits Bildungsinstitutionen bei der Curriculumentwicklung ihrer Angebote zu unterstützen (vgl. EK 2017, S. 6 ff.).

Im Bereich der universitären Qualifikationsforschung verweisen Becker und Spöttl auf Arbeitsmarkt- und Berufsinformationen, die eine Informationsquelle innerhalb von Sektoranalysen bilden (vgl. Becker & Spöttl 2008, S. 75 ff.). Ein Ziel der Sektoranalysen besteht darin, mithilfe der Daten (z. B. Arbeitsmarktstatistiken und Klassifikationen) einen Sektor abzugrenzen und vor dem Hintergrund der Forschungsfrage zu charakterisieren (vgl. ebd., S. 86 f.). Auf Basis der Informationen werden Sektordaten vor allem genutzt, um eine möglichst repräsentative Stichprobenauswahl für nachgelagerte Fallstudien zu ermitteln (vgl. ebd., S. 86).

Petersen und Wehmeyer zeigen Anfang der 2000er-Jahre in dem Projekt „European Qualification Strategies in Information and Communications Technology (ICT)", wie internationale Klassifikationen für Berufe (ISCO) und Bildungsprogramme (ISCED) zu erheblich mehr Transparenz zwischen Angebot und Nachfrage in dem beruflichen Feld beitragen können (vgl. Petersen & Wehmeyer 2004). Auf Grundlage der Klassifikationen wurden relevante ICT-Berufsgruppen im Beschäftigungssystem identifiziert und entsprechenden Bildungsgängen zugeordnet (vgl. ebd., S. 14). Die Struktur bildete die Basis zur Verortung der umfangreichen empirischen Analysen in diesem europäischen Projekt.

Petersen schlägt wiederholt vor, insbesondere die neue Berufsklassifizierung KldB 2010 als alleinige Referenzgrundlage für zukünftige Vorfeld- und Evaluationsvorhaben sowie als Gruppierungsstruktur für Ausbildungsberufe zu nutzen (vgl. Petersen 2014, S. 92; 2015, S. 142; 2018a, S. 106). Ähnliche Überlegungen verfolgte das BIBB im Rahmen der Berufsgruppendiskussion. Hier bestand die Absicht, die KldB 2010 systematisch bei der Entwicklung von Berufsgruppen einzubeziehen (vgl. Bretschneider et al. 2010, S. 11). Allerdings blieb es bislang nur bei einem Diskussionsansatz.

Zudem empfiehlt Petersen, auch die qualitativen Berufsbeschreibungen in der Klassifikation KldB 2010 als Orientierung und Evaluationsgrundlage für die Elektro- oder IT-Ausbildungsberufe zu verwenden (vgl. Petersen 2014, S. 92). Eine inhaltliche Auseinandersetzung mit den Beschreibungstexten der KldB 2010 unternimmt Tärre, indem er gängige Aus- und Fortbildungsgänge in der Informationstechnik in der Systematik der Berufsklassifikation KldB 2010 verortet. In seinem Ansatz analysiert er die Inhalte der beruflichen Beschreibungen aus der Klassifikation mit den Vorgaben der Ordnungsmittel verschiedener Ausbildungen im IT-Bereich (vgl. Tärre 2013).

Insgesamt ist jedoch die Bilanz bezüglich der Nutzung von existierenden Arbeitsmarkt- und Berufsinformationen im Rahmen der Qualifikationsforschung ernüchternd. Verschiedene Länderstudien der ILO und ETF kommen zum Ergebnis, dass zwar eine erhebliche Zunahme von Daten – wie in vielen anderen Bereichen auch – zu beobachten ist, es aber an der Fähigkeit mangelt, diese Daten zu verstehen und in verwertbare Informationen zu transformieren (vgl. ETF 1998, S. 9 ff.; Mangozho 2003, S. 58 ff.; Richter 1989, S. 14). Zu den möglichen Gründen und Barrieren zählen u. a.

- begrenzte Kapazitäten, um regelmäßig zuverlässige Arbeitsmarktdaten zu identifizieren, zu verarbeiten und zu verbreiten,
- mangelndes Expertenwissen bezüglich der Interaktion von Arbeitsmarkt und beruflicher Bildung,
- fehlende Analysemethoden, um Daten verschiedener Quellen zu verbinden,
- erhebliche Schwierigkeiten, qualitative Aspekte von Berufen mit Berufsbildungsrelevanz zu definieren,
- fehlende finanzielle Mittel, um Analysen durchzuführen (vgl. ETF 1998, S. 10; Mangozho 2003, S. 58).

Diese Aspekte werden in der Praxis bei curricularen Entwicklungsvorhaben für berufliche Bildungsgänge an Schulen sichtbar. Schulische Lehrplankommissionen verfügen gewöhnlich nicht über die Mittel und die Expertise, um relevante Arbeitsmarkt- und Berufsinformationen für die curricularen Arbeiten aufzubereiten (vgl. Jepsen 2021). Andere Studien – im Vorfeld von Bildungsplanentwicklungen für schulische Berufsbildungsangebote – binden derartige Daten nicht ein (vgl. Hägele & Knutzen 2001; Hartmann 2009; Schernus et al. 2015)

Vor dem Hintergrund lässt sich die gemeinsame Initiative der „European Training Foundation“ (ETF), des „European Centre for the Development of Vocational Training“ (Cedefop) und der „International Labour Office“ (ILO) zur Entwicklung eines sechsbändigen Leitfadens über Methoden zur Antizipation des Kompetenzbedarfs und Abstimmung zwischen Angebot und Nachfrage einordnen (vgl. Řihová 2016, S. 6). Der erste Band „Using Labour Market Information“ gibt eine Einführung in verschiedene Arbeitsmarktinformationen und bietet Unterstützung und Empfehlungen, wie die Daten für eine bessere Abstimmung genutzt werden können (vgl. ebd.). „The Role of Employment Service Providers“ wird im vierten Band thematisiert und untermauert die Bedeutung dieser Institutionen als Datenquelle für LMI (vgl. Andersen et al. 2015, S. 27).

2.3.5 Zusammenfassung

Die Analyse von Arbeit und den damit zusammenhängenden Anforderungen zählt zu dem Erkenntnisinteresse der berufswissenschaftlichen

Qualifikationsforschung. Mit den Erkenntnissen wird beabsichtigt, die Entwicklung und Modernisierung beruflicher Bildungsangebote zu unterstützen und vor deren Hintergrund die Angebote der beruflichen Bildung mit dem Arbeitsmarkt besser abzustimmen.

In diesem Kontext wurden verschiedene berufswissenschaftliche Forschungsinstrumentarien entwickelt und erprobt. Die Instrumente reichen z. B. von Fallstudien über Expertenbefragungen und Workshops, die unmittelbar in den Arbeitszusammenhängen durchgeführt werden. Die Verfahren sind mit einem erheblichen empirischen Aufwand verbunden, um valide Ergebnisse zu erzielen.

In der Praxis ist zu beobachten, dass empirische Studien häufig nur einen exemplarischen Charakter aufweisen und dadurch nur begrenzte Aussagen hinsichtlich ihrer Repräsentativität liefern können. Aussagen über berufliche Anforderungen eines gesamten Arbeitsmarktes lassen sich nur mit Unsicherheiten bestimmen. Dieses betrifft insbesondere die Prognosefunktion. Welche beruflichen Anforderungen in Zukunft relevant sein werden, ist nicht mit Gewissheit ermittelbar. Doch auch das Eruieren gegenwärtiger beruflicher Anforderungen ist aus vielerlei forschungsmethodologischen Gründen schwierig. Es liegt nahe, dass eine Ursache in den zur Verfügung stehenden Mitteln liegt, an denen es häufig mangelt. Beispielsweise ist für die Modernisierung und Entwicklung beruflicher Bildungsgänge an Schulen gewöhnlich keine wissenschaftliche Begleitforschung vorgesehen. Andere, repräsentative Untersuchungen haben die Schwäche, dass sie z. T. nur auf der Makroebene angesiedelt sind und für curriculare Entscheidungen – um z. B. Aussagen für eine bestimmte Gruppe von Berufen zu erhalten – nur wenige Beiträge liefern können.

Eine weitere Schwierigkeit liegt darin, ein dauerhaftes Monitoring des Arbeitsmarktes und des beruflichen Wandels zu etablieren. Längerfristig angelegte Initiativen zur dauerhaften Einrichtung von z. B. Berufsfachgruppen bleiben, bis auf Einzelfälle, nur bei Absichtserklärungen.

Das unterstreicht die Notwendigkeit, ökonomisch-orientierte Forschungsansätze für die Mikroebene zu erschließen, die sich für eine Dauerbeobachtung eignen.

Da Arbeit und Beruf im Erkenntnisinteresse vielfältiger Forschungstraditionen liegen, wird wiederholt die interdisziplinäre Zusammenarbeit bzw. die Nutzung der jeweiligen Ergebnisse über den Forschungsbereich hinaus gefordert. Seit vielen Jahren wird international die Empfehlung an die Berufsbildungsforschung gerichtet, Daten und Erkenntnisse der öffentlichen Arbeitsämter zu nutzen. Die Einrichtungen betreiben – wie z. B. in Deutschland gemeinsam mit dem Institut für Arbeitsmarkt- und Berufsforschung – eigene Analysen, um die ihnen übertragenen Aufgaben z. B. in der Arbeitsvermittlung nachzukommen. Darüber hinaus bestehen z. T. gesetzlich verankerte Aufgaben, verschiedene Statistiken im Rahmen der Arbeitsmarktberichterstattung regelmäßig zu erstellen und zu veröffentlichen. Umfangreiche Informationsplattformen über Berufe und Ausbildungsmöglichkeiten im Internet richten sich zudem an Berufseinsteiger sowie Berufswechsler im Rahmen der Beratung.

Die – von den öffentlichen Arbeitsagenturen zur Verfügung gestellten – Arbeitsmarkt- und Berufsinformationen werden durch internationale Institutionen als bedeutsame Quelle für die Berufsbildung bewertet. Forschungsinitiativen der Europäischen Union unterstreichen den Mehrwert der Daten und veröffentlichen praxisorientierte Leitfäden zu deren Nutzung. Allerdings fließen in Deutschland die Daten bislang nur wenig in konkrete Forschungsvorhaben ein. In vereinzelten Studien werden z. B. die Vorteile von Klassifikationen sichtbar, die für mehr Transparenz zwischen Bildungsangeboten und den Berufen des Beschäftigungssystems führen können. In anderen Ansätzen wird auf statistische Daten verwiesen, um einen ersten Zugang zu einem beruflichen Sektor zu erhalten.

Die wenigen Ergebnisse bestätigen die im internationalen Kontext ermittelten Hemmnisse zur Nutzung der Arbeitsmarkt- und Berufsinformationen und legen zugleich ein Forschungsdesiderat dar. Es besteht vor allem Aufklärungsbedarf über Art, der im Umfang zunehmenden Arbeitsmarkt- und Berufsdaten der Arbeitsagenturen. Darüber hinaus mangelt es an geeigneten Analysemethoden und Ansätzen, um die Daten im Rahmen der Berufsbildungsforschung und der Curriculumentwicklung zu nutzen.

2.4 Europäische Konzepte zur Entwicklung beruflicher Bildungsangebote

2.4.1 Standards in der Berufsbildung

Standards beschreiben allgemeinhin vereinbarte Vorgehensweisen für unterschiedlichste Probleme, die als Normen oder Spezifikationen festgeschrieben werden. Sie dienen u. a. dazu, eine festgelegte Qualität für Produkte oder Dienstleistungen sicherzustellen. Im industriellen Umfeld ermöglichen z. B. Standards, bestimmte Produkte international zu vermarkten oder auf Ressourcen zu vertrauen. Seit Beginn der 2000er-Jahre nimmt dieser Begriff ebenso Einzug in den Bildungsbereich. Die Kultusministerkonferenz beabsichtigt mithilfe von sogenannten Bildungsstandards, die Entwicklung und Vergleichbarkeit von Qualität schulischer Bildung zu untersuchen bzw. zu steuern (vgl.

KMK 2004). Die von der KMK vorgelegten Bildungsstandards beschreiben „erwartete Leistungen im Rahmen von Anforderungsbereichen" und geben vor, damit den Paradigmenwechsel zur „Outcome-Orientierung" in der Bildungspolitik einzuleiten (vgl. ebd., S. 6).

Auf Standards – im Sinne festgelegter Normen – bezieht sich ebenfalls die international gebräuchliche Definition von „Qualifikation" (vgl. AK DQR 2013, S. 72; UNESCO 2012, S. 82). Die Europäische Kommission definiert entsprechend „Qualifikation" als „das formale Ergebnis eines Beurteilungs- und Validierungsprozesses, bei dem eine dafür zuständige Stelle festgestellt hat, dass die Lernergebnisse einer Person vorgegebenen Standards entsprechen" (EP & Rat 2008, Anhang I). Sinngemäß gelten Qualifikationsstandards als Normen und Spezifikationen, die die Verleihung von Abschlüssen, Diplomen und Zertifikaten regulieren (vgl. Cedefop 2009a, S. 1). Im Bereich der beruflichen Bildung übernehmen z. B. in Deutschland die Ordnungsmittel dualer Ausbildungsberufe die Funktion der Standards.

In der Europäischen Union werden Standards in der beruflichen Bildung eine vermittelnde Funktion zugeschrieben, um grundsätzlich vereinbarten Prinzipien nachzukommen. Hierzu zählen

- die Orientierung der Berufsbildung an den Erfordernissen des Arbeitsmarktes,
- der Bedarf sowohl an persönlichkeitsbildender als auch beruflicher Entwicklung,
- die Integration von praktischen Erfahrungen in beruflichen Bildungsprogrammen,
- die Kooperation zwischen dem Staat und den Sozialpartnern bei der Entwicklung beruflicher Bildungsprogramme (vgl. Laur-Ernst et al. 2000, S. 3).

Neben der Unterstützung von Reformbemühungen in den einzelnen Mitgliedsstaaten können Standards im Rahmen der europäischen Bildungspolitik z. B. die berufliche und räumliche Mobilität befördern und die gegenseitige Anerkennung von Qualifikationen erleichtern (vgl. Cedefop 2009a, S. 21). Das Europäische Zentrum für die Förderung der Berufsbildung, und die Europäische Stiftung für Berufsbildung bilden diesbezüglich relevante Akteure, die meist – ausgehend von internationalen Vergleichsstudien – gelungene Beispiele aufzeigen und Umsetzungsempfehlungen veröffentlichen. Insbesondere führten die Studien aus der Gründungszeit der ETF ab den 1990er-Jahren zu einer Reihe von Leitfäden, um u. a. berufliche Qualifikationsstandards zu entwickeln (vgl. ETF 2000; Fretwell et al. 2001; Kunzmann et al. 1999; Laur-Ernst et al. 2000).

Die ETF empfiehlt, dass Standards für berufliche Bildungsprogramme mindestens die folgenden Aspekte beinhalten:

- Beschäftigungserfordernisse,
- Lernerfordernisse,
- Prüfungserfordernisse (vgl. ETF 2014, S. 11).

Ausgehend von diesen Erfordernissen unterscheidet das Cedefop folgende Standards:

Berufsstandards – Occupational Standards

> *"... may specify 'the main jobs that people do', describing the professional tasks and activities as well as the competences typical of an occupation. Occupational standards answer the question 'What does the student need to be able to do in employment?'"* (Cedefop 2009a, S. 11)

Bildungsstandards – Educational Standards

> *"... may define the expected outcomes of the learning process, leading to the award of a qualification, the study programme in terms of content, learning objectives and timetable, as well as teaching methods and learning settings, such as in-company or school-based learning. Educational standards answer the question 'What does the student need to learn to be effective in employment?'"* (Cedefop 2009a, S. 11)

Zu diesen am Arbeitsmarkt orientierten Lernergebnissen zählen ferner Bildungsaspekte, die auf breit angelegte, persönlichkeitsbildende sowie soziale Kompetenzen abzielen. Bildungsstandards beziehen sich ebenfalls auf die Frage:

> *"what does the learner need to learn to become an active citizen, supporting basic human and democratic values?"* (Cedefop 2017, S. 19)

Prüfungsstandards – Assessment Standards

> *"... may specify the object of assessment, performance criteria, assessment methods, and the composition of the jury entitled to award the qualification. Assessment standards answer the question 'How will we know what the student has learned and is able to do in employment?'"* (Cedefop 2009a, S. 11)

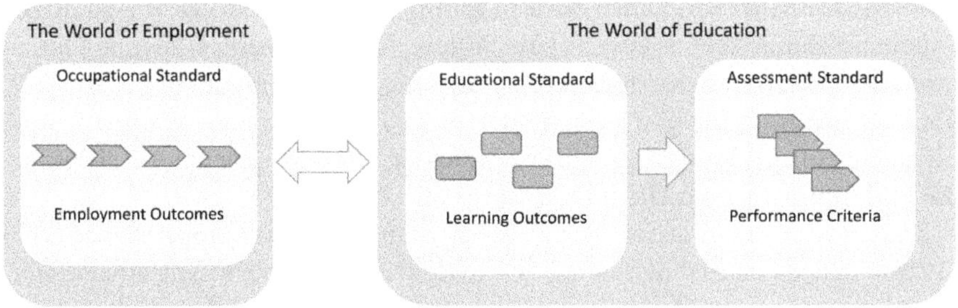

Abbildung 2–14: Standards in der Berufsbildung (in Anlehnung an Cedefop 2009a, S. 15; Fretwell et al. 2001, S. 32)

Die Standards können eine Koordinierungsfunktion im Rahmen der Wechselwirkung zwischen der Beschäftigungs- und Bildungswelt übernehmen (siehe Abbildung 2–14; vgl. Fretwell et al. 2001, S. 1). Während Sozialpartner und Berufsverbände die Beschäftigungswelt repräsentieren, werden u. a. Lehrkräfte, Schuladministration, Bildungsministerien und Zertifizierungsstellen der Bildungswelt zugeordnet (vgl. Cedefop 2009a, S. 15). Berufsstandards beschreiben systematisch die Arbeitswelt in ihrer Logik. Dazu zählt, was die Menschen im Beschäftigungssystem arbeiten, wie sie es machen und wie gut sie es tun. Es ist hervorzuheben, dass Berufsstandards in dieser Sichtweise allein aus der Arbeitswelt stammen und keinen pädagogischen Konzepten bzw. Bildungsidealen folgen. Mansfield und Schmidt charakterisieren diese Spezifikation der Erwerbsarbeit entsprechend als „Employment Outcomes" (vgl. Mansfield & Schmidt 1999 zit. nach Fretwell et al. 2001, S. 31 f.).

Entsprechend sind „Learning Outcomes" angestrebte Ergebnisse von Bildungsprozessen, die sich einerseits auf „Employment Outcomes" in den Berufsstandards beziehen bzw. von diesen abgeleitet werden, jedoch pädagogischen Gesichtspunkten folgen (vgl. Mansfield & Schmidt 2001). Andererseits rekurrieren „Learning Outcomes" gleichzeitig auf gesellschaftliche, soziale und persönlichkeitsbildende Ziele und sollten nicht auf ökonomische Verwertbarkeit reduziert werden (vgl. Cedefop 2012, S. 61; 2017, S. 19 ff.).[39] Berufliche

---

39 Im Rahmen der Einführung des Europäischen sowie Nationalen Qualifikationsrahmens befürchteten Dehnbostel und Lindemann, dass das Gleichgewicht zwischen Input-, Prozess- und Outcome-Orientierung bestehender Berufsbildungsstandards im deutschsprachigen Raum zugunsten einseitiger, modularisierter und gestufter outcome-orientierter Ansätze unter Druck geraten könnte (vgl. Dehnbostel & Lindemann 2007, S. 191 ff.).

Bildungsstandards beinhalten ferner Lerninhalte und Lernwege, die zu diesen Outcomes führen (vgl. Fretwell et al. 2001, S. 31 f.). Das heißt Learning Outcomes allein ersetzen keinesfalls die Überlegungen über Inhalte und Lernwege, die zu ihnen führen (vgl. Cedefop 2011, S. 7). Darüber hinaus können weitere Elemente einen Bildungsstandard beeinflussen wie z. B. gesetzliche Vorgaben, die Bildungsinstitution, die Infrastruktur etc.

Darauf aufbauend lassen sich Prüfungsstandards mit kompetenzbasierten „Performance Criteria" definieren. Sie konkretisieren den Umfang einer erwarteten Leistung, deren Maßstab aus den Anforderungen der Arbeitswelt stammt, und sich nicht isoliert auf fachsystematische Strukturen reduziert. Eine derartige Zertifizierung bezogen auf berufliche Standards ermöglicht u. a., den Forderungen des lebenslangen Lernens nachzukommen, sodass auch außerhalb formaler Bildungswege erworbene Kompetenzen dokumentiert und anerkannt werden können (vgl. Cedefop 2017, S. 23 f.; Fretwell et al. 2001, S. 27 f.).

Insgesamt werden mithilfe dieser Standards folgende Absichten verbunden:

- verbesserte Transparenz für die Nutzer (Lernende, Arbeitgeber, Lehrer),
- erweiterte Unterstützung beim Trend zur Kompetenzorientierung in der beruflichen Bildung,
- verbesserte Darstellung fundierter Informationen über Berufe und deren Anforderungen, um geeignete berufliche Bildungsprogramme zu entwickeln,
- einfachere Kommunikation zwischen den beteiligten Akteuren (Sozialpartner, Bildungspersonal, Lernende, Eltern und andere Interessenten),
- Flexibilisierung des Qualifikationssystems, um den sich ändernden Ansprüchen zu begegnen (vgl. Cedefop 2009a, S. 14).

2.4.2 Grundformen von Berufsstandards

Neben unterschiedlichen Formen von beruflichen Qualifikationsstandards identifiziert das Cedefop in seinen Ländervergleichsstudien verschiedene Verfahren, wie sich diese mit der kontinuierlich ändernden Arbeitswelt abstimmen lassen. Die Bandbreite von „Feedback-Modellen" erstreckt sich von liberalen bis zu koordinierten Verfahren mit staatlicher Regulierung (vgl. Cedefop 2013, S. 10, 45).

Eine Schlüsselfunktion wird den Berufsstandards (Occupational Standards) zuerkannt, da sie einerseits den Bezug zur realen Arbeitswelt herstellen und andererseits daraus Erwartungen an das Bildungssystem formulieren (vgl. Cedefop 2011, S. 21). Ein weiterer Vorteil wird darin gesehen, dass Berufsstandards unabhängig von Bildungsprogrammen kontinuierlich an die sich ändernden Erfordernisse, z. B. durch Sozialpartner, angepasst werden können (vgl. ebd., S. 20). Eine grundlegende Eigenschaft von Berufsstandards besteht darin, dass diese separat von Ausbildungsstandards betrachtet werden und somit keine spezifischen Lernwege definieren. Die Ergebnisse einer durch das Cedefop durchgeführten europäischen Vergleichsstudie Ende der 2000er-Jahre zeigen, dass ca. zwei Drittel der untersuchten 32 Länder bereits Berufsstandards entwickelt haben bzw. sich auf dem Weg dorthin befinden (vgl. Cedefop 2009a, S. 7).

Die Form und Charakteristik der Berufsstandards variieren zwischen den einzelnen Ländern. Je nach Entwicklungsgrad kommen sie in unterschiedlichen Ausprägungen ihrer Brückenfunktion zwischen Beschäftigungs- und Bildungssystem nach. Ausgehend von den Länderanalysen hat das Cedefop drei verschiedene Berufsstandard-Typen in Europa klassifiziert (vgl. Cedefop 2009a, S. 21, Abbildung 2–15).

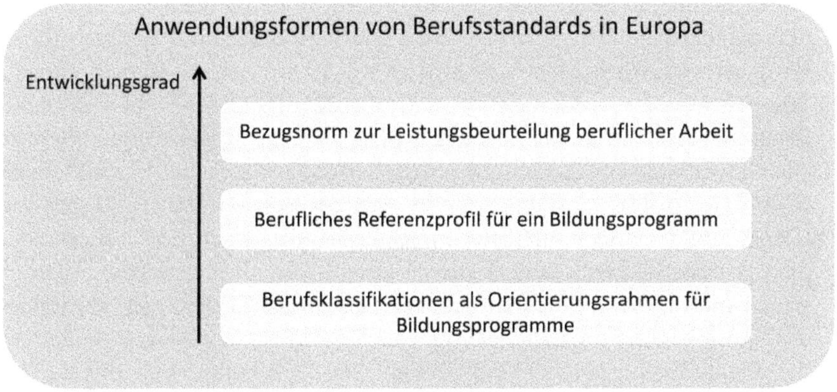

Abbildung 2–15: Anwendungsformen von Berufsstandards in Europa (eigene Darstellung)

1. Berufsklassifikationssysteme wie z. B. ISCO-08 (ILO 2012) können als Berufsstandards aufgefasst werden. Ihre Besonderheit liegt darin, dass sie umfassend Erwerbsberufe eines Landes beinhalten, gruppieren und auf dieser Basis quantitative Bewertungen des Arbeitsmarktes ermöglichen. Berufsklassifikationen beinhalten teilweise Kompetenzanforderungen, Arbeitsbedingungen sowie benötigte Qualifikationsanforderungen (vgl.

Cedefop 2009a, S. 21). Die Informationen der Klassifikationen können folglich als Orientierungsrahmen für die Entwicklung beruflicher Bildungsprogramme genutzt werden. Frankreich gehört zu dieser Gruppe von Ländern, die mit „ROME“ (Répertoire Opérationnel des Métiers et des Emplois) über ein Klassifikationssystem verfügen, in dem u. a. Kompetenzanforderungen enthalten sind (vgl. Pôle emploi 2019). Berufsklassifikationen haben gleichfalls in Ländern eine Bedeutung, die über Berufsstandards in den nachfolgend beschriebenen Formen verfügen. Die Berufsstandards werden den klassifizierten Erwerbsberufen zugeordnet, was zu einer höheren Transparenz führen kann (vgl. Cedefop 2009a, S. 22).

2. In einer zweiten Gruppe von Ländern übernehmen Berufsstandards die Funktion von Referenzberufen, auf die sich Qualifikationsprofile unmittelbar beziehen. Derartige Berufsstandards werden gewöhnlich in einem integrierten Prozess mit den zugehörigen Ausbildungs- und Prüfungsstandards entwickelt. Ferner wird ein Berufsstandard den möglichen Erwerbsberufen in der nationalen Berufsklassifikation zugeordnet, um die berufliche Mobilität aufzuzeigen. Österreich, Spanien und Frankreich sind Beispiele dieser Gruppe (vgl. Cedefop 2009a, S. 23).
3. Eine dritte Gruppe von Ländern verfügt über Berufsstandards, die anerkannte Bezugsnormen repräsentieren, um beruflich erbrachte Leistungen (berufliche Performanz) zu verorten. Derartige Berufsstandards dienen als Maßstab sowohl im Ausbildungskontext als auch in der Beschäftigung und sind verglichen mit den anderen Formen am weitesten entwickelt. Der Anspruch an die Berufsstandards besteht darin, ausgehend von allen Erwerbsberufen im Arbeitsmarkt, die in ihnen enthaltenen Leistungsanforderungen abzubilden und „messbar“ zu formulieren (vgl. Cedefop 2009a, S. 22). Auch außerhalb der Qualifikationsentwicklung ermöglichen Berufsstandards dieses Typs vielfältige Anwendungsbereiche, wie Mansfield und Mitchel (1996, S. 258) in ihrer Auflistung von „Seventy-eight uses of occupational standards“ darlegen. Berufsstandards können u. a. die Personal- und Organisationsentwicklung unterstützen, als Maßstab für Stellenausschreibungen oder im Rahmen von Personalbeurteilungen dienen (vgl. Caple Melbourne Limited 2001; CDI 2015; Mansfield & Mitchell 1996, S. 257 ff.). Belgien, Lettland, Malta sowie das Vereinigte Königreich verfügen über diese Form von Berufsstandards.

Großbritannien nimmt in dem Zusammenhang eine besondere Rolle ein. Die in den 1980er-Jahren begonnenen Reformen zur beruflichen Bildung führten zu sogenannten National Occupational Standards (NOS) (siehe Abschnitt 2.4.4 und Abschnitt 2.4.5). Das Konzept dieser ergebnisorientierten Standards erhielt eine weitverbreitete Anerkennung und prägte die Kompetenzdefinition des Europäischen Qualifikationsrahmens (EQF) (vgl. UKCES 2011, S. 5).

Ausgehend von der Definition über Berufsstandards „Classifications and definitions of the main jobs that people do" (Cedefop 2009a, S. 21) kommt das Cedefop zum Ergebnis, dass ca. ein Drittel der untersuchten Länder in Europa über keine expliziten Berufsstandards – als unabhängige Dokumente im Sinne der aufgestellten Definition – verfügen, auf die sich berufliche Qualifikationen beziehen. Hierzu gehören insbesondere Deutschland, Norwegen, Dänemark, Schweden usw. (vgl. ebd., S. 22 f.)

Der Umstand wird darin begründet, dass in den Ländern der Bezug zu den Berufen im Beschäftigungssystem implizit mithilfe der Qualifikationsstandards erfolgt, die über Beschreibungen erwarteter beruflicher Kompetenz verfügen. So beinhalten z. B. Ausbildungsordnungen in Deutschland ein Berufsbild, das ähnlich wie ein Berufsstandard interpretiert werden kann (vgl. Cedefop 2009a, S. 23). Da die aufgeführten Kenntnisse, Fertigkeiten und Fähigkeiten jedoch Mindestinhalte der Ausbildung beschreiben und zudem sachlich und zeitlich gegliedert sind, stellen sie keinen Berufsstandard im Sinne der Cedefop-Definition dar. Außerdem beinhalten die Ordnungsmittel Prüfungsvorgaben, sodass sie insgesamt als nationale Qualifikationsstandards aufgefasst werden können, die Beschäftigungs-, Lern- und Prüfungserfordernisse beinhalten. Andere Qualifikationsstandards in der Weiterbildung wie z. B. das „Meisterprüfungsberufsbild" reduzieren sich auf die zu überprüfenden „Tätigkeiten, Kenntnisse und Fertigkeiten" (vgl. InformationsTechMstrV 2002, § 2) und können daher als Performanz-Standard im Sinne der internationalen Systematik aufgefasst werden.

Die Einschätzung der Cedefop, dass es in den Ländern gar keine Berufsstandards – im Sinne der aufgeführten Typen – gäbe (vgl. Cedefop 2009a, S. 23), wird nicht geteilt. Amtliche Berufsklassifikationen existieren in allen Ländern, wie z. B. in Deutschland die KldB 2010, die umfassend Erwerbsberufe aufführt und klassifiziert (vgl. Abschnitt 3.2). In Deutschland werden ebenso sämtliche Ausbildungsgänge in dieser Berufssystematik klassifiziert (vgl. Abschnitt 3.3.2). Darüber hinaus können die 14 Spezialistenprofile des deutschen IT-Weiterbildungssystems als sektorale Berufsstandards aufgefasst werden, obgleich sie im Rahmen der IT-Fortbildungsverordnung einem Qualifikationsstandard angehören (vgl. IT-FortbV 2014, Anlage 5). Die Profilbeschreibungen beinhalten jeweils Aufgabengebiete, profiltypische Arbeitsprozesse sowie übergeordnete Befähigungen, die als Referenz für eine Zertifizierung und als Leitfaden in der Weiterbildung dienen (vgl. Ehrke 2010a, S. 5).

Die Cedefop-Studie bestätigt jedoch die zuvor dargestellte Praxis, dass in Deutschland bisher keine Informationen aus Berufsklassifikationen – als eine

Form von Berufsstandard – im Rahmen von curricularen Entwicklungen einfließen (vgl. Cedefop 2009a, S. 23).

2.4.3 European e-Competence Framework – ein europäischer Rahmen für IKT-Berufsstandards

Die vom Europäischen Komitee für Normung (CEN)[40] veröffentlichten „ICT Professional Role Profiles" sind ein Beispiel für gemeinsam abgestimmte Berufsstandards in der Informations- und Kommunikationstechnologie (IKT)[41] in Europa. Mit 30 generischen Berufsprofilen wird eine europäische Referenz für die vielfältigen beruflichen Rollen einzelner Organisationen gebildet. Hinter der Initiative besteht die Absicht, vielfältige Anwendungen mithilfe der Standards zu unterstützen wie z. B. Personalplanung, Einstellung, digitale Transformation, individuelle Karriereplanung und die berufliche Bildung (vgl. CEN 2018d, S. 5).

Generische IKT-Berufsprofile können vor dem Hintergrund übergeordneter IKT-Geschäftsprozesse „PLAN – BUILD – RUN – ENABLE – MANAGE" gesehen werden (siehe Abbildung 2–16). Das Modell wurde auf Basis von verschiedenen, IKT-spezifischen Prozesskonzepten entwickelt und hat den Anspruch, als Referenz zur Identifizierung von Kompetenzanforderungen verschiedenster IKT-Arbeit zu dienen (vgl. CEN 2014a, S. 8 f.). Mit den fünf Hauptprozessen wird beabsichtigt, einen IKT-Geschäftsprozess von der allgemeinen Perspektive zu beschreiben (vgl. Ehrke 2010b, S. 18). PLAN, BUILD und RUN konzentrieren sich darin auf technologische IKT-Kernbereiche, ENABLE und MANAGE bilden Querschnittsprozesse, die mit dem Kernbereich im Zusammenhang stehen (vgl. ebenda). Das Modell ermöglicht, IKT-Arbeitsaufgaben aus verschiedenen Perspektiven zu beschreiben wie z. B. individuelle oder Teamarbeitsprozesse, Abteilungs- oder Unternehmensgeschäftsprozesse (vgl. CEN 2014a, S. 8).

Die meisten Profile liegen innerhalb der Geschäftsprozesse wie z. B. der Account Manager und der Digital Educator im Bereich ENABLE. Sofern sich die mit den Profilen typischerweise verbundenen Anforderungen nicht eindeutig

---

40 Das European Committee for Standardization (CEN) ist eine von der EU anerkannte gemeinnützige Vereinigung von nationalen Standardisierungsorganisationen aus 34 europäischen Ländern. CEN entwickelt freiwillige Standards in einem breiten Anwendungsbereich, um u. a. Wachstum im europäischen Wirtschaftsraum zu unterstützen (vgl. https://www.cen.eu/)

41 Die Begriffskürzel IT, ITK, IKT und ICT sind gängige Abkürzungen für „Informationstechnologie", „Informations- und Telekommunikationstechnologie", „Informations- und Kommunikationstechnologie" und „Information and Communication Technology". Sie werden synonym verwendet.

den Prozessen zuordnen lassen, gibt es Überschneidungen. So werden z. B. die Aufgaben des Data Scientists den Geschäftsprozessen MANAGE, PLAN und BUILD zugeschrieben (siehe Abbildung 2–16). Eine weitere Aggregation von verwandten beruflichen Profilen erfolgt durch sieben sogenannte „Familien“ (Business, Technical, Design, Development, Service & Operation Support und Process Improvement). Sie bilden die erste Generation in dem europäischen IKT-Profile-Stammbaum (vgl. CEN 2018c, S. 21). Darunter sind jeweils Berufsprofile angesiedelt. Sie können zukünftig erweitert werden bzw. als Orientierung für unternehmensspezifische Berufsrollen dienen (vgl. ebd., S. 21 f.). Die Bezeichnungen der 30 Berufsprofile erheben den Anspruch, dass sie die in Europa über 1000 vorzufindenden IKT-Berufsbezeichnungen repräsentieren, leicht zu verstehen und generisch sind und einen ähnlichen Detaillierungsgrad aufweisen (vgl. ebd., S. 5). Jedes Profil wird zudem durch einheitliche Merkmale wie z. B. Bezeichnung, Zusammenfassung des Kernziels, typische Aufgaben, benötigte Kompetenzen sowie überprüfbare Leistungsindikatoren beschrieben (vgl. ebd., S. 16). Dadurch können die Profile verschiedene Unternehmensprozesse unterstützen wie z. B. Stellenbesetzung, interne Weiterbildung und Karriereplanung (vgl. CEN 2018d, S. 25).

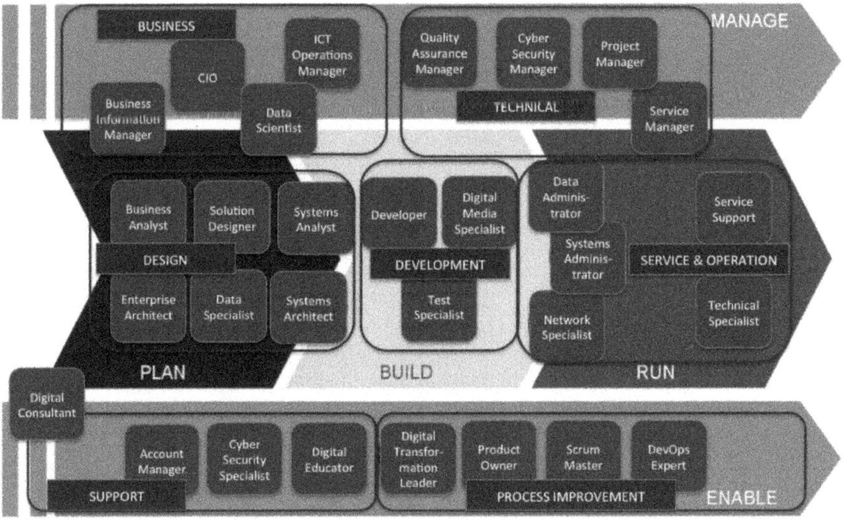

Abbildung 2–16: 30 Europäische IKT Professional Profile gegliedert in sieben Familien und den IKT Geschäftsprozessen zugeordnet (CEN 2018d, S. 17)

Die Entwicklung dieser Berufsstandards erfolgt durch Interessenvertreter der IKT-Branche im Rahmen der Normungsinitiative „CEN Workshop on ICT Skills“, die sich Mitte der 2000er-Jahre konstituierte (vgl. McLaughlin et al. 2012, S. 61). In dem Netzwerk von ca. 100 Experten aus IKT-Industrie, Sozialpartnern, Forschungsinstitutionen, Verbänden und Institutionen der beruflichen Bildung wird die Weiterentwicklung der Berufe in der Informations- und Kommunikationstechnologie vorangetrieben, da für die Berufe bislang ein uneinheitliches Verständnis vorherrschte (vgl. ebd., S. 13 f.). Übergeordnet stellt es einen Beitrag zu den Bemühungen der Europäischen Kommission „IKT Kompetenzen für das 21. Jahrhundert: Wettbewerbsfähigkeit, Wachstum und Beschäftigung fördern“ (EK 2007) dar.

Die dargestellten Berufsprofile basieren auf dem „European e-Competence Framework“ (e-CF), ein Referenzrahmen für IKT-Kompetenzen, der sich an Arbeitsergebnissen orientiert. „Kompetenz ist die erwiesene Fähigkeit, Wissen, Fertigkeiten und Verhaltensweisen so anzuwenden, dass beobachtbare Ergebnisse erzielt werden.“ (CEN 2014b, S. 5) Der durch vier Dimensionen strukturierte Rahmen beinhaltet 40 sogenannte „e-competences“. Sie sind gleichfalls – in der ersten Dimension – den generischen IKT-Geschäftsprozessen zugeordnet (vgl. Abbildung 2–17).

Dimension 1 5 e-CF areas (A – E)	Dimension 2 40 e-Competences identified	Dimension 3 e-Competence proficiency levels e-1 to e-5, related to EQF levels 3 – 8				
		e-1	e-2	e-3	e-4	e-5
A. PLAN	A.1. IS and Business Strategy Alignment				■	■
	A.2. Service Level Management			■	■	
	A.3. Business Plan Development			■	■	■
	A.4. Product/Service Planning		■	■	■	
	A.5. Architecture Design			■	■	■
	A.6. Application Design	■	■	■		
	A.7. Technology Trend Monitoring				■	■
	A.8. Sustainable Development			■	■	
	A.9. Innovating				■	■
B. BUILD	B.1. Application Development	■	■	■		
	B.2. Component Integration		■	■	■	
	B.3. Testing	■	■	■	■	
	B.4. Solution Deployment	■	■	■		
	B.5. Documentation Production	■	■	■		
	B.6. Systems Engineering			■	■	
C. RUN	C.1. User Support	■	■	■		
	C.2. Change Support		■	■		
	C.3. Service Delivery	■	■	■		
	C.4. Problem Management		■	■	■	
D. ENABLE	D.1. Information Security Strategy Development				■	■
	D.2. ICT Quality Strategy Development				■	■
	D.3. Education and Training Provision		■	■		
	D.4. Purchasing		■	■	■	
	D.5. Sales Proposal Development		■	■		
	D.6. Channel Management			■	■	
	D.7. Sales Management			■	■	■
	D.8. Contract Management		■	■	■	
	D.9. Personnel Development		■	■	■	
	D.10. Information and Knowledge Management			■	■	■
	D.11. Needs Identification			■	■	■
	D.12. Digital Marketing		■	■	■	
E. MANAGE	E.1. Forecast Development			■	■	
	E.2. Project and Portfolio Management		■	■	■	■
	E.3. Risk Management		■	■	■	
	E.4. Relationship Management			■	■	
	E.5. Process Improvement			■	■	
	E.6. ICT Quality Management		■	■	■	
	E.7. Business Change Management			■	■	■
	E.8. Information Security Management		■	■	■	
	E.9. IS Governance				■	■

Abbildung 2–17: European e-Competence Framework (e-CF) 3.0 Überblick (CEN 2018d, S. 9)

Darin sind beispielsweise dem Kompetenzbereich „C. RUN“ die Kompetenzen „C.1. User Support“, „C.2. Change Support“, „C.3. Service Delivery“ und „C.4. Problem Management“ zugeordnet. Diese Kompetenzen lassen sich gleichfalls anderen Prozessmodellen wie z. B. dem DASA-Modell für DevOps[42] zuordnen (vgl. CEN 2018d, S. 10). In der dritten Dimension erfolgt eine levelspezifische Zuordnung der Kompetenzen zum Europäischen Qualifikationsrahmen (vgl. ebd., S. 32). Die einzelnen Kompetenzen decken jeweils mindestens zwei Anforderungsebenen ab (siehe Abbildung 2–17). Die Kompetenzen werden auf diesen Stufen anhand von Beispielen für Wissens- und Fähigkeitsdimensionen operationalisiert (vgl. CEN 2014c, S. 12 ff.).

Der Ansatz zeigt, dass einerseits eine gesamtberufliche Sichtweise in Form von Berufsstandards für die verschiedenen Akteure von Bedeutung ist. Berufliche Rollen sind international nach wie vor relevant und zeigen sich u. a. in Form von Stellenbezeichnungen. Andererseits erlauben die kontextualisierten IKT-Kompetenzdefinitionen in dem Rahmenwerk eine flexible Anwendung. Die curriculare Gestaltung beruflicher Bildungsprogramme kann sich auf diese Kompetenzen beziehen und so zu mehr Transparenz der nationalen beruflichen Bildungsgänge in Europa beitragen (Ehrke 2010a).

Das Europäische e-Competence Framework sowie die sich darauf beziehenden beruflichen Referenzprofile lassen sich daher dem zweiten und dritten Typus von Berufsstandards zuordnen (vgl. Abbildung 2–15). Sie beschreiben die erwarteten Kompetenzen in der IKT-Arbeit über nationale Grenzen hinaus im europäischen Wirtschaftsraum. Die Referenzberufsprofile in Verbindung mit dem Kompetenzrahmenwerk sind elaborierte Standards mit vielfältigen Anwendungsmöglichkeiten. Zudem findet eine Zuordnung der beruflichen Profile zur internationalen Berufsklassifikation ISCO-08 indirekt über die ESCO-Klassifikation (EC 2013) statt (vgl. CEN 2018d, S. 37 ff.).

Ähnlich wie im Vereinigten Königreich erfolgt die Bearbeitung dieser Standards kontinuierlich durch ein breites Expertengremium. Durch das Engagement der europäischen IKT-Branche wurde der Rahmen als Europäische Norm im Jahre 2018 in der dritten Version veröffentlicht. Gegenwärtig wird an der Version 4 gearbeitet (vgl. CEN 2018a, S. 1). In Abgrenzung zu den britischen Verfahren sind die Standards jedoch nicht rechtlich bindend. Sie bieten vielmehr eine Chance, dass sich die individuellen nationalen beruflichen

42 DevOps beschreibt eine Philosophie, mit der Entwicklung und Betrieb von IT-Systemen zusammengebracht werden. Die DevOps Agile Skills Association (DASA) unterstützt diesen Ansatz mit einem Kompetenzrahmenwerk (vgl. Söllner 2018).

Bildungssysteme mit ihren eigenen Angeboten auf gemeinsam formulierte Ergebniserwartungen beziehen. Das sichert einerseits die Qualität der beruflichen Bildungsangebote und erleichtert zudem die Mobilität ihrer Teilnehmer.

Die Ergebnisse des e-CF ermöglichen verschiedene Bezüge zu dem in dieser Arbeit entwickelten Verfahren zur Curriculumentwicklung. Einerseits wird geprüft, inwieweit sich das Prozessmodell zur Strukturierung von IKT-Geschäftsprozessen eignet, die in dieser Arbeit identifizierten IKT-Aufgabenfelder zu verorten (vgl. Abschnitt 5.3.3). Ferner bietet es eine direkte Vergleichsmöglichkeit, die auf Basis der Arbeitsmarkt- und Berufsinformationen identifizierten IKT-Aufgabenfelder mit den e-Kompetenzen des e-CF zu vergleichen (vgl. Abschnitt 5.3.4).

2.4.4 Zum „Job Competence Model“

In den 1980er-Jahren starteten verschiedene Reforminitiativen zur beruflichen Bildung im Vereinigten Königreich. Insbesondere initiierte die Regierung unter Margaret Thatcher mit „A New Training Initiative: A Programe for Action“ (NTI) umfangreiche Maßnahmen für eine verbesserte berufliche Bildung (vgl. DE 1981). Dies wurde als nötig erachtet, da das bisherige System der beruflichen Bildung nicht mehr den Veränderungen einer modernen Wirtschaft und den daraus resultierenden Anforderungen an die Arbeitskräfte gerecht werden konnte (vgl. ebd.). Mit dem sogenannten „New Youth Training Scheme“ wurde versucht, dem Problem der Jugendarbeitslosigkeit – mit einer „Occupation relevant education and training, both on and off the job“ (ebd., S. 7) – zu begegnen.

Ein Schlüsselelement dieser Reformen bilden anerkannte Standards, mit denen die individuellen Kompetenzen nachgewiesen werden sollen und zwar unabhängig von der Form und Dauer einer durchgeführten Ausbildung (vgl. DE 1981, S. 11). Es bestand der Anspruch, dass die Standards jedoch mehr beinhalten als traditionelle Ausbildungsansätze, die sich hauptsächlich auf Routinetätigkeiten, Geschwindigkeit und gute Arbeitsdisziplin konzentrierten. Aufgrund der sich fundamental geänderten Arbeitswelt war die Erkenntnis gereift, dass unter beruflicher Kompetenz weitaus mehr zu berücksichtigen ist wie z. B. Kommunikationsfähigkeiten, Kreativität, Problemlösekompetenz und Entscheidungsfähigkeit. Diese Anforderungen stehen im Einklang mit organisatorischen Veränderungen, die zu einer Mitverantwortung der Beschäftigten in Qualität, Gestaltung von Prozessen und schließlich der Unternehmensergebnisse insgesamt führen.

Der Wechsel „from skilled to competent“ führte zu grundsätzlich neuen Ansätzen in der beruflichen Bildung. Die curricularen Ansätze des „Youth

Training Scheme“ (YTS) orientierten sich erstmals an Lernergebnissen mit dem Ziel: „

- competence in a job and/or a range of occupational skills;
- competence in a range of transferable core skills;
- ability to transfer skills and knowledge to new situations;
- personal effectiveness“ (Mansfield & Mitchell 1996, S. 30).

Mit diesem Anspruch waren erhebliche Herausforderungen verbunden. Was bedeutet berufliche Kompetenz heute und auch in Zukunft? Welche sind die relevanten transferierbaren Kernfähigkeiten, und wie können zukünftige berufliche Anforderungen beschrieben werden? Diese und weitere Fragen waren Anlass für Projekte und Untersuchungen, um zu einem Wechsel von einem Input zu einem elaborierten Outcome Curriculum Design zu gelangen (vgl. Mansfield & Mitchell 1996, S. 31).

Die Arbeit des vom Europäischen Sozialfonds (ESF) geförderten „Core Skills Project“ der 1980er-Jahre steht im Zusammenhang mit den Reformansprüchen des NTI und YTS. Darin sind insbesondere Mansfield und Mathews der Frage nach neuen Methoden zur ganzheitlichen Beschreibung beruflicher Kompetenz nachgegangen (vgl. Mansfield & Mitchell 1996, S. 49). Ihre Analysen bringen hervor, dass es u. a. an einheitlichen sprachlichen Vereinbarungen mangelt, Kompetenzanforderungen für alle Beteiligten (Sozialpartner und VET-Experten) verständlich zu beschreiben (vgl. Mansfield 2003, S. 14). Mansfield hebt hervor, dass z. B. Begriffe im Zusammenhang mit Core Skills wie Kommunikation oder Teamworking nur sehr generalisierend dargestellt werden und daher nur einen geringen Beitrag für curriculare Entwicklung leisten (vgl. ebd., S. 14). Hinzu kommen diverse Ansätze zur Modellierung beruflicher Kompetenz wie z. B. Input-orientierte Bildungsmodelle, psychologische Modelle bzw. an der Arbeit orientierte hierarchische Modelle, die insgesamt zu Verwirrung führten (vgl. Mansfield & Mitchell 1996, S. 43 ff.).

Das neu entwickelte „Job Competence Model“ ist ein wesentliches Ergebnis aus dem „Core Skills Project“. Es folgt der Logik, dass sich eine ergebnisorientierte Curriculumentwicklung auf gleichfalls ergebnisorientierte Beschreibungen beruflicher Kompetenz bezieht. Das Modell grenzt sich von bisherigen Ansätzen ab, indem es sich auf die Beschreibung von zu erwartbaren

Ergebnissen durch Individuen in einer beruflichen Arbeitsrolle konzentriert. Dieser Ansatz steht im Gegensatz zu Input-Beschreibungen über notwendiges Wissen, Fähigkeiten, Fertigkeiten und weitere Attributen von Menschen (vgl. Mansfield & Mitchell 1996, S. 49).

In dem Konzept werden mithilfe von vier Schlüsselkategorien die Erwartungen an eine bestimmte „Work Role“ (Arbeitsrolle) charakterisiert (vgl. Mansfield & Mitchell 1996, S. 67). Die Kategorien bestehen aus:

"1. ***Technical expectations*** – *achieving the expactations of the work role which characterise the occupation (eg producing manufactured items, processing information, promoting health, treating illness).*
2. ***Managing contingencies*** – *recognising and resolving potential and actual breakdowns in process and procedures (this may include coping with emergencies).*
3. ***Managing different work activities*** – *achieving balance and co-ordinating a number of different and potentially conflicting activities to lead to the successful conclusion of aims and goals.*
4. ***Managing the interface with the work environment*** – *achieving the expectation which arise from natural constrains, the quality measures which are applied, the nature of work organization and the nature of working relationships*" (Mansfield & Mitchell 1996, S. 50).

Diese vier Schlüsselkategorien stehen in einer Wechselbeziehung zueinander und konstituieren das „Job Competence Model“ (vgl. Abbildung 2-18). Arbeitsrollen und ihre damit verbundenen Erwartungen werden als Ergebnis von Aushandlungsprozessen verschiedener gesellschaftlicher Gruppen aufgefasst. So wird z. B. die Rolle eines Arztes mit bestimmten Erwartungen an die Arbeit verknüpft wie u. a. Diagnose, Heilungsmethoden, Diskretion und Patientenrespekt. Das „Job Competence Model“ ist konsequent ganzheitlich orientiert und erhebt den Anspruch, durch die verschiedenen Komponenten allen Arbeitsrollen zu genügen, wenngleich in verschiedener Ausprägung (vgl. Mansfield & Mitchell 1996, S. 49). Das Modell findet seinen Ursprung in den Sozialwissenschaften bzw. der Soziologie. Der ganzheitlich aufgefasste Begriff der Arbeitsrolle beschreibt Eigenschaften, die ebenfalls dem Berufsbegriff, insbesondere dem Erwerbsberuf zugeschrieben werden können.

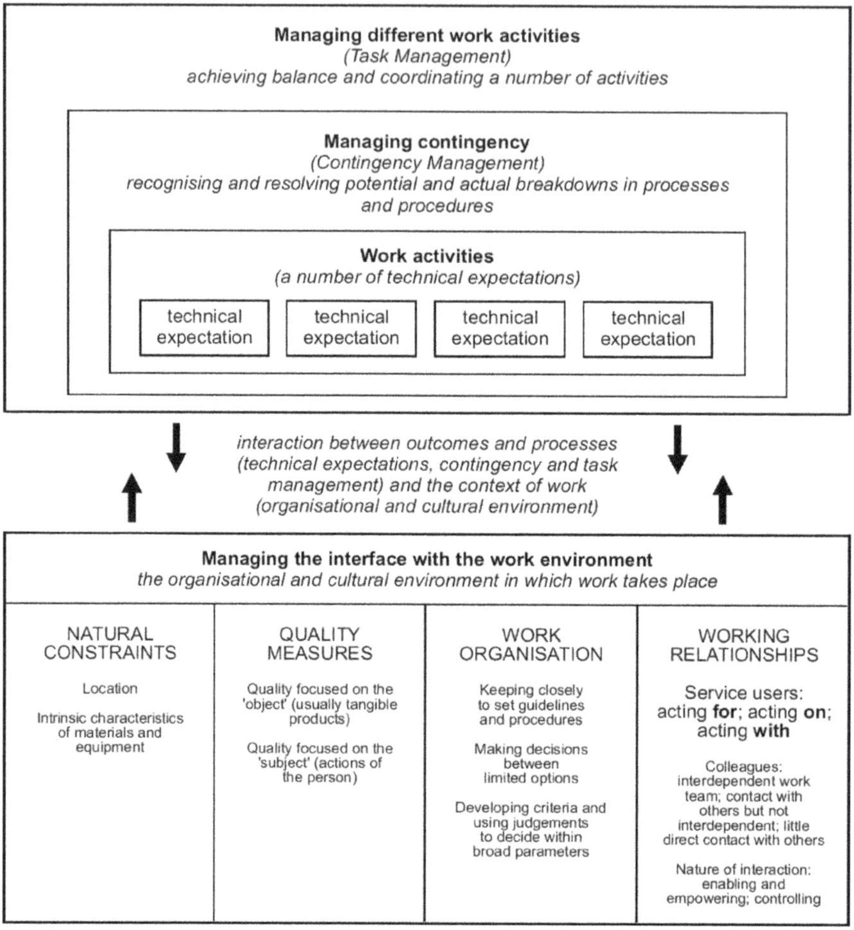

Abbildung 2-18: "The Job Competence Model" (Mansfield & Mitchell 1996, S. 68)

In dem Modell repräsentieren eine Reihe von „technical expectations" die zentralen mit einem Beruf verbundenen Arbeitsergebnisse, die greifbare Produkte, aber auch nicht greifbare Dinge wie z. B. Dienstleistungen, hervorbringen.

Der Umgang mit unvorhergesehenen Situationen und Problemen wird durch „Contingency Management" charakterisiert und spiegelt die Erwartung an Fachkräfte wider, die Funktionalität fehlerhafter Systeme eigenständig wiederherzustellen. Hierzu können Planungsaufgaben, Fehlerdiagnose, Entscheidungsfindung, Evaluierung von Lösungen und ggf. Eskalationsmaßnahmen nötig sein. Je nach Beruf kann es vorkommen, dass diese Aufgabenkategorie ein zentrales berufliches Ergebnis darstellt (z. B. Berufe im technischen Support) und mit den „technical expectations" zusammenfällt.

Mit Aufgabenmanagement wird die Erwartung an kompetente Arbeitskräfte ausgedrückt, eine unterschiedliche Anzahl von Einzeltätigkeiten, sprich: die eigene Arbeit, zu organisieren. Hierzu zählen insbesondere die Priorisierung von Einzelaufgaben, das Überwachen des Fortschritts sowie eine zeitliche Planung. Mansfield und Mitchel heben hervor, dass die Bedeutung des Aufgabenmanagements mit der Übernahme von Verantwortung wächst (vgl. Mansfield & Mitchell 1996, S. 54). Im Zuge der sich verändernden Organisationsformen hin zu immer flacheren Hierarchien verlieren Kontrollen und detaillierte Arbeitsanweisungen an Bedeutung. Das impliziert, dass die Fachkräfte entsprechend befähigt werden, um diese veränderten Rollen erfolgreich ausüben zu können (vgl. ebenda).

Zwischen den dargestellten Prozessen und Ergebnissen der Kategorien besteht ein gegenseitiges Wechselverhältnis, das zusätzlich durch das organisatorische und kulturelle Umfeld der Arbeit beeinflusst wird. Hierzu werden im Modell weitere vier Unterkategorien unterschieden (siehe Abbildung 2–18). Der erste Aspekt „Natural Constraints" bezieht sich auf die Arbeitsumgebung wie z. B. Arbeitsort in Büroräumen, im Freien oder an verschiedenen Einsatzorten, aber auch auf das Material und die Werkzeuge. Davon können z. T. Gefahren ausgehen, sodass die durch die Arbeit bestimmten Regeln in deren Umgang, Verfahren und Notfallprozeduren eingehalten werden müssen.

Zum zweiten Aspekt gehören Qualitätsmaßstäbe, die in den beruflichen Arbeitszusammenhang fallen. Unterschieden werden erstellte, greifbare Produkte, die bestimmten Qualitätskriterien z. B. Maßgenauigkeit, Leistungsfähigkeit genügen und sich messtechnisch ermitteln lassen. Die Anforderungen bezüglich der Genauigkeit können sich in verschiedenen Wirtschaftszweigen deutlich unterscheiden. So sind Genauigkeitsanforderungen in der Luftfahrtindustrie kritischer als z. B die Einhaltung von Größenspezifikationen bei Kleidungsstücken. Nicht greifbare Ergebnisse wie z. B. Dienstleistungen folgen dagegen subjektiven Bewertungen, bei denen es z. B. auf den Prozess einer Beratung oder Serviceerbringung ankommt.

Der dritte Aspekt verweist auf die Bedingungen in der Arbeitsorganisation. Diese können die Entscheidungsfreiheit der Menschen sowie die Übernahme von Verantwortung für ihre eigenen Aufgaben beeinflussen. Das können auferlegte Grenzen sein, die aus der Umgebung herrühren und so bestimmte

Einschränkungen in der Arbeitsverrichtung bedingen, um die körperliche Unversehrtheit zu gewährleisten. In anderen Fällen ist der Entscheidungsgrad eine Funktion der Arbeitskultur. Sie kann zwischen engen Vorgaben – Entscheidung zwischen wenigen bekannten Optionen – und breiter Entscheidungsmöglichkeit differenziert werden. Zum Beispiel verfügen kreative oder designorientierte Berufe gewöhnlich über einen großen Entscheidungsspielraum, während hingegen bürokratische Aufgaben meist engen Vorgaben folgen. Mansfield und Mitchel folgern, dass daher Konzepte wie Initiative, Kreativität, Verantwortungsbewusstsein und individuelle Wirksamkeit je nach Umgebung zu einer unterschiedlichen Bedeutung führen (vgl. Mansfield & Mitchell 1996, S. 62).

Der vierte Aspekt „Working Relations“ beleuchtet die Art und Weise der Zusammenarbeit, mit denen Erwartungen an berufliche Rollen beeinflusst werden. Mansfield und Mitchel unterscheiden Arbeitsbeziehungen im Rahmen von Dienstleistungen und jene zwischen Kollegen. In beiden Unterkategorien können verschiedene Abhängigkeiten und Konfliktsituationen in beruflichen Rollen bestehen. So unterscheiden sich z. B. Kommunikationsbeziehungen im Verkauf und Handel von Dienstleistungen im Gesundheitsbereich oder Gerichtsvollzug. Die zunehmend an Bedeutung gewonnene Teamarbeit weist ebenso diverse Facetten auf, die von enger Abhängigkeit in z. B. interdisziplinären Teams bis zu nahezu individueller Arbeit reichen (z. B. in der Landwirtschaft) können. Daher bedarf es klarer Formulierungen über die Art der erwarteten Teamarbeit in einem jeweiligen Kontext.

Das „Job Competence Model“ weist Bezüge zum Strukturmodell der drei Arbeits- und Lerndimensionen auf, das ebenfalls von sich beansprucht, die grundlegend strukturierenden Dimensionen von Facharbeit darzustellen (vgl. Petersen & Rauner 1996, S. 133 ff.). In Abgrenzung geht es jedoch differenzierter auf die zu erwartenden Ergebnisse kompetenter Berufsarbeit ein. Der ergebnisorientierte Ansatz stellt hierbei die berufliche Rolle ins Zentrum einer ganzheitlichen Betrachtung. Generalisierende berufliche Kompetenzen lassen sich mithilfe der dargestellten Kategorien aus einer Beschäftigungsperspektive operationalisieren. Sie können als Orientierung zur curricularen Gestaltung beruflicher Bildungsprogramme beitragen. Im Rahmen dieser Arbeit dient das Modell als theoretischer Bezugspunkt zur Analyse von IKT-Aufgaben (vgl. Abschnitt 5.3.6).

2.4.5 Zur Entwicklung ergebnisorientierter Berufsstandards

Nationale Berufsstandards (National Occupational Standards – NOS) bilden ein zentrales Element in den marktorientierten Reformen zur Berufsbildung in Großbritannien (vgl. UKCES 2011). Berufsstandards beschreiben, was in der beruflichen Arbeit geschieht. Dabei spezifizieren sie erwartete Ergebnisse (Outcomes), die durch Menschen in bestimmten Arbeitsrollen (Berufen) erzielt werden (vgl. Mansfield & Mitchell 1996, S. 93). MANSFIELD und MITCHEL vergleichen Berufsstandards mit Produktspezifikationen, die als Maßstab für Qualitätsvergleiche dienen können. Die Beschreibungen geben jedoch keine Auskunft darüber, wie Produkte hergestellt bzw. hinsichtlich ihrer Eigenschaften überprüft werden (vgl. ebd., S. 87). Analog können Berufsstandards als Maßstab zur Beurteilung beruflicher Arbeitsergebnisse dienen, die sich jedoch von Bildungs- und Prüfungsstandards abgrenzen (vgl. Abschnitt 2.4.1).

Die Entwicklung der nationalen Berufsstandards erfolgt durch sogenannte „Sector Skill Councils (SSC)", sie repräsentieren die Sozialpartner in einem Sektor (vgl. SQA 2006, S. 5). Die Veröffentlichung der ca. 23.000 National Occupational Standards erfolgt über die Internetseite https://www.ukstandards.org.uk/.

Der Anspruch an Berufsstandards besteht darin, gegenwärtige und zukünftig zu erwartende berufliche Aufgaben und Anforderungen zu formulieren, die ebenfalls menschliches Verhalten einschließen wie z. B. Führungsfähigkeit und Kreativität (vgl. Mansfield & Mitchell 1996, S. 87 f.). Die Standards charakterisieren jedoch weder Eigenschaften und Fähigkeiten individueller Menschen noch geben sie mögliche Lerninhalte und Lernwege vor (vgl. ebd., S. 88 f.).

Funktionsanalyse – eine Methode zur Identifizierung und Beschreibung beruflicher Outcomes

Ursprünglich unter dem Namen „Work Role Analysis" entwickelten MANSFIELD und HORTEN in den 1980er-Jahren im Rahmen des „Core Skills Projekts" einen neuen berufswissenschaftlichen Analyseansatz, der später als „Functional Analysis" bezeichnet wurde (vgl. Mansfield & Mitchell 1996, S. 101). Der Ansatz geht – im Gegensatz zu Tätigkeitsanalysen – von einem ganzheitlichen Berufsverständnis (Work Roles) aus mit dem Ziel, die zuvor beschriebenen Berufsstandards zu entwickeln. Die Elemente des „Job Competence Models" bilden hierbei den theoretischen Rahmen wie u. a. Interaktionen im Arbeitsteam, dem Aufgabenmanagement oder den Umgang mit unvorhersehbaren Situationen (vgl. Abschnitt 2.4.4). „Outcomes" sind als Ergebnis von Aktivitäten zu verstehen, nicht jedoch die Aktivitäten selbst (vgl. ebd., S. 93).

Die Funktionsanalyse besteht aus einem mehrstufigen, deduktiven Verfahren (vgl. Abbildung 2–19). Das Verfahren beginnt mit der Identifizierung eines abstrahierten Hauptzweckes (Key purpose) in einem beruflichen Sektor (Occupational Sector).[43]

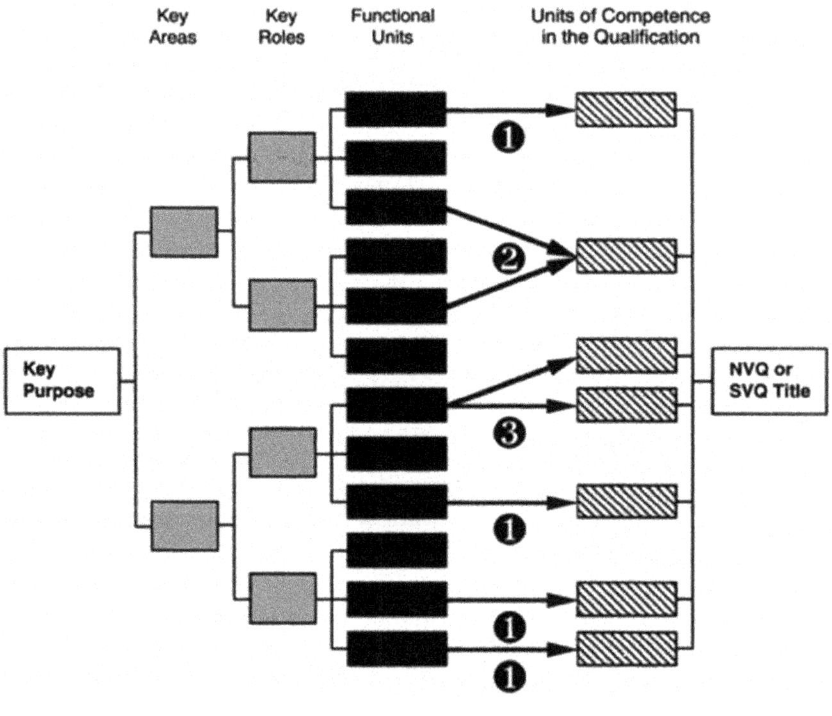

Abbildung 2–19: Entwicklung von Berufsstandards mittels Funktionsanalyse (Mansfield & Mitchell 1996, S. 133)

Hiervon ausgehend erfolgt eine weitere Disaggregation in Schlüsselbereiche (Key Areas), die sich aus beruflichen Schlüsselrollen (Key Roles) konstituieren. Diese bestehen nicht nur aus operativen oder technischen Rollen, sondern

43 Es besteht keine Beschränkung hinsichtlich des Startpunkts der Analysen. Das Verfahren ist ebenso für Sektor übergreifende Berufe bzw. einzelne Berufe oder Teilgruppen von Berufen geeignet (vgl. Mansfield & Mitchell 1996, S. 111).

können ebenfalls strategische Aufgaben und Management Funktionen auskleiden (vgl. Mansfield & Mitchell 1996, S. 109 f.). Mansfield und Mitchel identifizieren auf dieser Ebene folgende Muster: „

- *operational/technical,*
- *strategic,*
- *creative/innovatory,*
- *management (operational and organisational),*
- *the value base*“ (Mansfield & Mitchell 1996, S. 109 f.).

„The value base“ beschreibt in diesem Zusammenhang keine bestimmte berufliche Rolle, sondern berücksichtigt menschliche Interaktionen im Sinne von Werten und Normen, die in allen Berufen wesentlich sind. Die Autoren heben dieses Merkmal der Funktionsanalyse hervor, da es sich von vorausgegangenen Berufsanalyseverfahren abgrenzt. Deren Schwäche lag darin, dass sie berufliche Rollen erzeugten, die abstrakt und von menschlichen Verhaltensweisen abgetrennt waren (vgl. Mansfield & Mitchell 1996, S. 109).

Die Aufgaben in den verschiedenen Schlüsselrollen werden durch weitere Disaggregation in sogenannte Funktionseinheiten (Functional Units) aufgelöst, die ein verwertbares Arbeitsergebnis hervorbringen. Dieser Prozess erfolgt in iterativer Form und endet, sobald die Arbeitsergebnisse (Outcomes) einen Detaillierungsgrad aufweisen, dass sie durch einzelne Personen bewerkstelligt werden können (vgl. Mansfield & Mitchell 1996, S. 114 ff.). Funktionseinheiten grenzen sich daher von Aufgaben ab, die ganzen Abteilungen bzw. Organisationen zugeordnet sind (vgl. ebd., S. 132).

Die „Disaggregation Rules“ – nach denen Schlüsselbereiche, Schlüsselrollen und Funktionseinheiten gebildet werden – können verschiedenen Mustern folgen. Dies kann z. B. ein linearer Prozess sein (z. B. Planung, Design, Fertigung), zyklisch verlaufen (z. B. Entwicklung, Implementierung, Evaluation) oder nach erzeugten Produkten separieren (z. B. Überprüfung mechanischer und Überprüfung elektrischer Komponenten) (vgl. Carroll & Boutall 2011, S. 34 ff.; Mansfield & Mitchell 1996, S. 114 ff.). Die Abbildung 2–19 ist als vereinfachtes Modell zu verstehen. In der Praxis können die Anzahl der Rollen und Funktionseinheiten unterschiedlich ausfallen. Die Visualisierung einer gesamten Funktionsanalyse erfolgt als sogenannte „Functional Map“[44].

---

44 Für konkrete Umsetzungsbeispiele wird verwiesen auf Carroll & Boutall 2011, S. 79 ff. sowie Mansfield & Mitchell 1996, S. 147 ff..

Qualifikationen auf Basis der Funktionsanalyse

Grundsätzlich sind nach diesem Ansatz Funktionseinheiten nicht mit Qualifikationseinheiten gleichzusetzen (vgl. Abschnitt 2.4.1). Die Pfeile in Abbildung 2–19 symbolisieren den möglichen Zusammenhang zwischen den ermittelten Funktionseinheiten und Qualifikationsbündeln, den sogenannten „Unit of Competences". Es ist üblich, dass sich Funktionseinheiten in einer 1:1-Beziehung mit entsprechenden „Units of Competence" befinden (Pfeilkennzeichnung „1"). Andererseits ist es möglich, dass sich eine „Unit of Competence" aus mehreren Funktionseinheiten konstituiert (Pfeilkennzeichnung „2"). Darüber hinaus können didaktische Gründe dazu führen, dass sich eine Funktionseinheit auf mehrere „Units of Competence" aufteilt (Pfeilkennzeichnung „3"). Ebenfalls ist es nicht zwingend notwendig, dass alle Funktionseinheiten in Qualifikationen münden, sie beziehen sich lediglich auf eine Auswahl von Berufsstandards (vgl. Mansfield & Mitchell 1996, S. 132). Die Zusammenstellung mehrerer Competence Units führen zu „National Vocational Qualifications - NVQ" bzw. „Scottish Vocational Qualification - SVQ" (vgl. ebd., S. 131 ff.).

Beschreibungsempfehlungen für Berufsstandards

Im vorherigen Abschnitt wurde insbesondere auf die Notwendigkeit einer einheitlichen und verständlichen Sprache zur Beschreibung beruflicher Kompetenzen hingewiesen (vgl. Abschnitt 2.4.4). Mansfield und Mitchel empfehlen diesbezüglich, eine einheitliche sprachliche und grammatikalische Struktur für Beschreibungen bereits in allen Stufen der Funktionsanalyse sowie bei der Formulierung von Berufsstandards zu folgen. Sie empfehlen, dass generell die Beschreibungen

- ein oder mehrere aktive Verben, die das Ergebnis einer Aktivität ausdrücken – was passiert,
- ein Objekt, das sich auf die Aktivität bezieht – an was oder wen sich die Aktivität richtet,
- die Bedingung unter der die Aktivität stattfindet – der Kontext, beinhalten (vgl. Mansfield & Mitchell 1996, S. 106).

Die Struktur und die konstituierenden Elemente der Berufsstandards werden ebenfalls vereinheitlicht. Die folgende Abbildung 2–20 stellt beispielhaft Auszüge aus dem nationalen Berufsstandard (NOS) „IT Disaster Recovery" dar (vgl. SDS 2009).

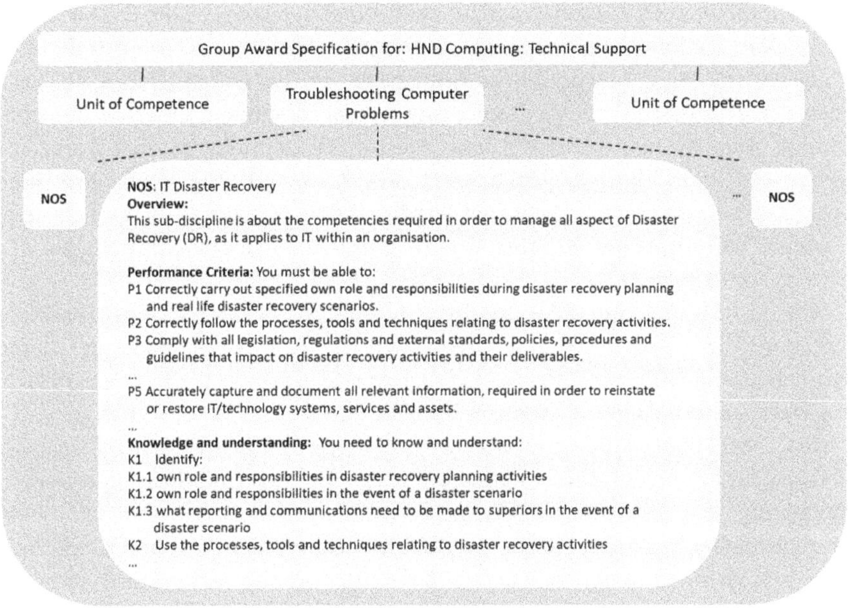

Abbildung 2–20: Struktur und Inhalte von Berufsstandards sowie ihre Beziehung zu Qualifikationen (SDS 2009; SQA 2017, eigene Darstellung)

Neben dem Titel enthält jeder NOS eine Kurzbeschreibung und daran anschließend sogenannte „Performance Criteria". Sie beschreiben – eingeleitet durch „You must be able to:" – die erwarteten Ergebnisse einer Arbeitsaufgabe. Mansfield und Mitchel unterscheiden in Anlehnung an das „Job Competence Model" fünf Muster, die sich in den Performanzkriterien zeigen. Ergebnisse von Arbeitsaufgaben können danach

1. physische Produkte,
2. interaktive Prozesse,
3. geplante Handlungen,
4. kritische Phasen oder übergreifende Anforderungen eines Prozesses,
5. Eventualergebnisse, die nur unter bestimmten Bedingungen auftreten (vgl. Mansfield & Mitchell 1996, S. 171) darstellen.

So können „Outcomes" einerseits greifbare Produkte, aber andererseits Prozesse darstellen wie z. B. eine Entscheidung, eine Diagnose oder eine Präsentation. Das Beispiel „IT Disaster Recovery" spiegelt hingegen den Umgang mit unvorhergesehenen Ereignissen, dem Notfallmanagement, wider. Die Kriterien „P2 Correctly follow the processes, tools and techniques relating to disaster recovery activities“ beschreibt die Beachtung von kritischen Phasen im Rahmen von Prozessen. „P5 Accurately capture and document all relevant information, required in order to reinstate or restore IT/technology systems, services and assets“ kann hingegen geplanten Handlungen vor dem Hintergrund eines Aufgabenmanagements zugeordnet werden. Die Bedingung für die Informationsbeschaffung – der Kontext – wird durch das wiederherzustellende IT-System spezifiziert.

Die Aufzählung von „IT/technology systems, services and assets“ markiert darüber hinaus den Umfang, auf den sich die Aufgabe beziehen kann. Dieser wird als „Range Indicator“ bezeichnet (vgl. Mansfield & Mitchell 1996, S. 197 ff.). Im Rahmen einer Qualifikationsbeschreibung können hieraus „Range Statements“ abgeleitet werden und einen Kontext verbindlich einschränken (vgl. ebd., S. 210 ff.). Entsprechend können in einer Qualifikation durch das „Range Statement“ nur bestimmte IT-Systeme oder Services spezifiziert sein. Den „Range Statements“ wird darüber hinaus eine strategische Funktion zuerkannt. Mit ihrer Auswahl lassen sich neben derzeitiger „good practice“ auch zukünftige Trends in Qualifikationen berücksichtigen (vgl. ebd., S. 201).

Mit evaluierenden Elementen innerhalb der Performanzbeschreibungen wird beabsichtigt, Bewertungsmaßstäbe zu operationalisieren. Der Zusatz „… all relevant information, required in order to reinstate or restore IT/technology systems, services and assets“ gibt z. B. Auskunft über die Art der zu dokumentierenden Informationen und beschreibt gleichzeitig den Erwartungshorizont (vgl. Mansfield & Mitchell 1996, S. 181 ff.). Diese Informationen sind insbesondere zur Entwicklung von Assessmentstandards von Bedeutung. In diesem Zusammenhang weisen jedoch Carroll und Boutall auf die Problematik von Adjektiven und Adverbien hin, die zu subjektiven Interpretationen führen können und nur mit Vorsicht einzusetzen sind (vgl. Carroll & Boutall 2011, S. 65).

„Knowledge and understanding“ bilden ein weiteres Element der Berufsstandards. Sie beinhalten die als wesentlich erachteten Wissens- und Verständnisaspekte, die im Zusammenhang mit einer Arbeitsaufgabe stehen. Im Gegensatz zu Qualifikationsbeschreibungen wird auf aktive Verben mit Taxonomiebezug im Rahmen der Berufsstandards verzichtet, wie z. B. nennen, beschreiben und begründen (vgl. Carroll & Boutall 2011, S. 68). Stattdessen wird der Abschnitt durch „You need to know and understand“ eingeleitet (siehe Abbildung 2–20).

Die Abbildung 2–20 verdeutlich ferner den Zusammenhang zwischen zertifizierbaren Qualifikationen (Unit of Competence) und den Berufsstandards.

„IT Disaster Recovery“ bildet einen von insgesamt 14 Berufsstandards, auf den sich die zertifizierbare Qualifikation „Troubleshooting Computer Problems“ bezieht (vgl. SQA 2017, S. 19 f.). Diese ist wiederum Teil eines Higher National Group Award „HND Computing: Technical Support“ (vgl. ebd.).

2.4.6 Zusammenfassung

In vielen Ländern existieren seit den 1980er-Jahren Reformaktivitäten in der beruflichen Bildung hin zu einer verstärkten Arbeitsorientierung. Aus europäischen Vergleichsstudien geht hervor, dass insbesondere einheitliche Standards an Bedeutung gewinnen. Danach werden unterschieden

- Berufsstandards – typische Aufgaben und Anforderungen in der Beschäftigung,
- Bildungsstandards – Lerninhalte und Lernprozesse,
- Prüfungsstandards – Kriterien und Methoden zur Überprüfung von Lernergebnissen.

Die Entwicklung dieser Standards wird durch Empfehlungen der Europäischen Kommission unterstützt, um berufliche Qualifikationen anzuerkennen mit dem Ziel, einem gemeinsamen europäischen Arbeitsmarkt und Bildungsraum näherzukommen. Den Berufsstandards wird hierbei eine besondere Bedeutung zuerkannt, da sie eine Brückenfunktion zwischen dem Beschäftigungssystem und dem Bildungssystem einnehmen.

- Berufsstandards bilden eine objektive Basis, auf die sich Bildungsgänge beziehen können.
- Berufsstandards können die Kompetenzorientierung in Curricula durch „Learning Outcomes“ unterstützen.
- Mithilfe der Berufsstandards kann die Transparenz zwischen Qualifikationen und dem Arbeitsmarkt verbessert werden.

Ein Beispiel für derartige Berufsstandards bildet das e-Competence Framework. Es beinhaltet berufliche Anforderungen der Informations- und Telekommunikationstechnologie-Berufe in Europa und wird durch ein breites europäisches Expertengremium fortlaufend weiterentwickelt. Im Rahmen dieser Arbeit werden Modellierungsansätze und Ergebnisse des e-CF genutzt, um die Befunde dieser Arbeit in einem ersten Ansatz zu überprüfen (vgl. Abschnitt 5.3.3 sowie Abschnitt 5.3.4).

Die europäischen Reformen und Unterstützungsaktivitäten zur beruflichen Bildung werden durch Großbritannien beeinflusst. In den markorientierten

Reformen Großbritanniens wird die Outcome-Orientierung forciert und findet z. B. Einzug in den Europäischen Qualifikationsrahmen.

Die britischen Reformaktivitäten in den 1980er-Jahren haben des Weiteren mit dem „Job Competence Model" einen neuen Ansatz hervorgebracht, um berufliche Kompetenzen ganzheitlich zu beschreiben. Dies ermöglicht, subjektive Dimensionen in der beruflich strukturierten Arbeit offenzulegen und für die curriculare Gestaltung beruflicher Bildungsgänge aufzubereiten. Ausgehend von dem Modell ist ein berufswissenschaftlicher Analyseansatz – die „Functional Analysis" – entstanden, in dem ausgehend von Berufen erwartete Ergebnisse in der Arbeit identifiziert werden. Der britische Ansatz begegnet insbesondere dem Problem, eine einheitliche und verständliche Sprache zur Beschreibung beruflicher Kompetenz zu finden. Im Ergebnis stehen nationale Berufsstandards mit einheitlichen Elementen, die erwartete Kompetenz in der beruflichen Arbeit ausdrücken.

Die im Rahmen der britischen Reformen identifizierten Herausforderungen in der beruflichen Bildung lassen sich in bestimmten Bereichen ebenfalls auf Deutschland übertragen. Insbesondere besteht ein gemeinsamer Wunsch, berufliche Kompetenz in einer sprachlich verständlichen und ganzheitlich strukturierten Weise darzustellen (vgl. Jepsen 2021; Abschnitt 2.1.7).

Im angelsächsischen Raum hat sich diesbezüglich eine differenzierte Darstellung von Berufs-, Bildungs-, und Prüfungsstandards etabliert. Abweichend werden in Deutschland in den Ordnungsmitteln für z. B. Ausbildungsberufe die Elemente in einem Standard zusammengefasst. So lässt sich z. B. in der Ausbildungsordnung mit dem „Berufsbild" die Funktion von Berufsstandards interpretieren. Die Beschreibungen sind jedoch allgemeiner gefasst als in den britischen Berufsstandards. Die aufgeführten Kenntnisse, Fertigkeiten und Fähigkeiten im Ausbildungsrahmenplan sowie der schulische Rahmenlehrplan sind hingegen Elemente im Sinne eines Bildungsstandards. Die Prüfungsvorgaben in der Ausbildungsordnung beziehen sich auf Prüfungsstandards. Daher wird die begriffliche Gleichsetzung von Berufsstandard mit einer Ausbildungsordnung, wie sie teilweise in der Literatur vorzufinden ist (vgl. Klaffke 2015, S. 24), nicht geteilt.

„Competence Units" sind in ihrer Funktion mit Berufsbildpositionen bzw. „beruflichen Handlungsfeldern" im Sinne der deutschen Begriffsverwendung vergleichbar. Ein zentraler Unterschied zum deutschen Berufsbildungssystem besteht darin, dass britische „Unit of Competences" auch einzeln zertifiziert werden können (vgl. Mansfield & Mitchell 1996, S. 127).

In Deutschland existiert eine Berufsklassifikation (KldB 2010, siehe Abschnitt 3.2), die im Sinne der Cedefop-Analysen als (einfacher) Berufsstandard aufgefasst werden kann. Deren Funktion – insbesondere als Brücke zum Bildungssystem – hat die Berufsklassifikation in Deutschland bisher nicht eingenommen bzw. wurde noch nicht dahin gehend betrachtet (vgl. Abschnitt 2.3.4). Vor dem Hintergrund der internationalen Empfehlungen zur Nutzung von Arbeitsmarkt- und Berufsinformationen besteht daher die Frage, inwieweit die Berufsklassifikation als Berufsstandard ebenfalls die Entwicklung der rein schulischen Berufsbildungsangebote in Deutschland unterstützen kann. Aufgrund der dargestellten Herausforderungen in der Curriculumentwicklung sowie der aufgezeigten Möglichkeiten beruflicher Standards werden im Rahmen dieser Arbeit Konzepte aus den britischen Reformbemühungen zur beruflichen Bildung erprobt. Hierzu fließen in die Analysen der deutschen Arbeitsmarkt- und Berufsinformationen Elemente der britischen „Funktionsanalyse" – eine berufswissenschaftliche Forschungsmethode – ein. Ein Interesse besteht darin, die Outcome-orientierte Darstellung beruflicher Kompetenzanforderungen zu erproben (vgl. Abschnitt 5.3.6). Des Weiteren wird geprüft, inwieweit eine Verortung der beruflichen Kompetenzen im „Job Competence Model" erfolgen kann. Die Ergebnisse des e-Competence Frameworks – Berufsstandards nach dem internationalen Verständnis – werden herangezogen, um die im Rahmen dieser Arbeit ermittelten beruflichen Aufgabenfelder zu spiegeln (vgl. Abschnitt 5.3.4).

3 Arbeitsmarkt- und Berufsinformationen in Deutschland

3.1 Historische Entwicklungslinien der Berufsforschung

3.1.1 Interesse an beruflichen Informationen

Das Bedürfnis, Informationen über Berufe zu sammeln, wird bereits im 16. und 17. Jahrhundert durch Weigels Ständebeschreibung sichtbar (vgl. Abschnitt 2.2.2). In eigener Systematik durch sogenannte Abteilungen, beginnend mit Berufen des Staats- und Rechtswesens bis zum Totengräber, ermöglicht die Zusammenstellung heute noch Einblicke in die hierarchische Gliederung der mittelalterlichen Gesellschaft (vgl. Weigel 1698).

Amtliche Berufsstatistiken

Weitere historische Belege für das Interesse am Beruf werden im Rahmen von Volkszählungen (Zensen) ersichtlich. Infolge internationaler Absprachen nach dem Ersten Weltkrieg wurde entschieden, den ausgeübten Beruf mit zu erfassen (vgl. Stooß & Saterdag 1979, S. 45). Pappi begründet dies dadurch, dass der Beruf als ein wichtiges Kriterium zur sozialen Einordnung der Menschen angesehen wurde (vgl. Pappi 1979, S. 35). Es entstanden Berufssystematiken zur Ordnung der Berufe. Die Systematiken, sogenannte Berufsklassifikationen[45], dienen bis heute als Referenz, um einen Berufsbezug in diversen amtlichen Statistiken herzustellen (z. B. Berufsberatungsstatistik, Berufsausbildungsstatistik, Statistiken der Arbeit-, Medizin und Unfallstatistik) (vgl. Molle 1968b, S. 87). Darüber hinaus sind sie für die Rechtsprechung der Sozialgerichte von Bedeutung (vgl. Stooß & Stothfang 1985, S. 12).

3.1.2 Berufskunde als Grundlage für Arbeitsvermittlung und Berufsberatung

Ein steigender Bedarf an Wissen über Berufe resultierte ferner aus der Anfang des 20. Jahrhunderts gegründeten institutionellen Arbeitsvermittlung und

---

45 Stooss bezeichnet Berufsklassifikationen daher als „amtliche[s] Messtischblatt der Berufelandschaft" (Stooß & Stothfang 1985, S. 27). „Ein Messtischblatt ist eine in Deutschland mittlerweile veraltete Bezeichnung für eine topografische Karte" (https://de.wikipedia.org/wiki/Messtischblatt)

Berufsberatung (vgl. Molle 1967, S. 151). Diese Institutionen benötigen eine klare Vorstellung zu verschiedenen Dimensionen von Berufen, um ihre Aufgaben wahrnehmen zu können. Aus diesen rein praktischen Gründen, Wissen über Berufe zu generieren, entstand im deutschsprachigen Raum in den 1920er-Jahren ein Forschungsbereich, den MOLLE als „allgemeine Berufskunde" bezeichnet[46] (vgl. Molle 1968b, S. 19 ff.). Eine der zentralen Aufgaben der Berufskunde liegt in der Entwicklung von systematischen Verzeichnissen über Berufe (Berufssystematiken) (vgl. ebd., S. 79). Mit Berufssystematiken wird beabsichtigt, Berufe in „ein möglichst allgemein gültiges, auf Art, Eigenheit, Inhalt und Verwandtschaft der beruflichen Aufgaben, Tätigkeiten und Anforderungen bezogenes, von diesen abgeleitetes und ihren Wesenskern treffendes System zu bringen" (ebd., S. 79). In den anfänglichen amtlichen Statistiken Ende des 19. Jahrhunderts waren die Berufssystematiken allerdings meist nur alphabetisch geordnete Kataloge über Berufsbenennungen. Eine Ordnung, soweit man davon sprechen konnte, wurde von Wirtschaftszweigen und nicht von den Berufen her bestimmt (vgl. ebd., S. 72). Die Problematik ist naheliegend, wenn man bedenkt, dass die vorindustriellen Handwerke zugleich auch Wirtschaftszweige waren.

In dieser Zeit beeinflussen auch internationale Erkenntnisse die deutsche Berufskunde. Insbesondere in den Arbeiten der International Labour Organization (ILO)[47] wurde früh darauf hingewiesen, dass Arbeitsmarktstatistiken zur Beurteilung nationaler Wirtschaftsleistung im internationalen Vergleich sich sowohl auf Berufe als auch auf Wirtschaftszweige getrennt voneinander zu beziehen haben (vgl. ILO 1923, S. 11 ff.). Die Tatsache, dass sich Berufe auf

---

46 MOLLE regte Ende der 1960er-Jahre an, diese vielfältigen, historisch gewachsenen Arbeiten, die sich teils empirisch-pragmatisch mit dem Beruf beschäftigen, „in den Rang wissenschaftlicher Forschung und Gründlichkeit zu erheben" (Molle 1968b, S. 10), sodass aus einer Berufskunde eine „moderne, viel verzweigte Berufswissenschaft wird" (ebd., S. 10). KIRDEMIER bewertet kritisch die Aspekte einer Berufswissenschaft in Abgrenzung der Berufskunde vor dem Hintergrund von Molles Arbeiten (vgl. Kirdemier 2014).

47 Die International Labour Organization wurde im Jahre 1919 im Rahmen des Versailler Vertrags gegründet und bildet seit 1946 eine eigenständige Agentur der Vereinten Nationen. Die ILO bringt erstmals Regierungs-, Arbeitnehmer- und Arbeitgebervertreter von mittlerweile 187 Mitgliedsstaaten zusammen, um weltweit gültige Arbeits- und Sozialnormen durchzusetzen. Das Internationale Arbeitsamt (International Labour Office) – eines von drei Organen der ILO mit seinem Hauptsitz in Genf – übernimmt die Aufgabe des ständigen Sekretariats der Organisation (vgl. ILO 2020).

die Individuen beziehen und Wirtschaftszweige von den Unternehmen abhängen, impliziert, dass Berufe in verschiedenen Wirtschaftszweigen existieren und nicht umgekehrt (vgl. ebd., S. 14). Die ILO definiert daher als Basis für eine Berufssystematik „the material worked in or handled, or the process performed" (ebd., S. 51). Dennoch besteht die Notwendigkeit, den Wirtschaftszweig zu erfassen, da die Ausübung eines Berufs in verschiedenen Industrien durchaus inhaltlich unterschiedlich sein kann (vgl. ebd., S. 52). Ein weiterer Meilenstein wird durch die ILO im Rahmen der „Employment Service Convention No. 88" von 1948 gelegt (vgl. ILO 1948a). Danach verpflichten sich die nationalen Arbeitsverwaltungen „alle verfügbaren Unterlagen über die Lage und voraussichtliche Entwicklung des Arbeitsmarktes für das ganze Land und für die verschiedenen Wirtschaftszweige, Berufe und Gebiete, gegebenenfalls in Zusammenarbeit mit anderen Behörden sowie mit den Arbeitgebern und den Gewerkschaften, zu sammeln und auszuwerten und diese Unterlagen den Behörden, den beteiligten Verbänden der Arbeitgeber und der Arbeitnehmer und der Öffentlichkeit planmäßig und rasch zur Verfügung zu stellen" (ILO 1948b, Artikel 6).

Systematisierung und Beschreibung von Berufen

In Deutschland wurde eine derartige, funktionelle Einteilung von Berufen erstmals im „Handbuch der Berufe" (HdB) Ende der 1920er-Jahre angewandt (vgl. Molle 1968b, S. 73 f.). Auf Initiative des Landesarbeitsamts Sachsen-Anhalt entstand dieses erstmals gemeinsame Inventar über Berufe für die Berufsberatung sowie Arbeitsvermittlung. Durch eine ausführliche und durchaus wissenschaftliche Form von Berufskunde hat Fritz Molle[48] mit dem Handbuch der Berufe grundlegende Standards gesetzt, während er dies in den Jahren von 1923 bis 1936 hauptamtlich im Landesarbeitsamt Sachsen-Anhalt (Magdeburg) und später in der Reichsanstalt für Arbeitsvermittlung und Arbeitslosenversicherung (Berlin) bearbeitete (vgl. ebd., S. 26; Stooß & Stothfang 1985, S. 12). Im HdB wurden alle in Deutschland vorkommenden Berufe nach „Berufsbildern" abgefasst (vgl. Molle 1968b, S. 24). Dazu gehören jeweils rund 20 Seiten

48 Molle äußerte sich zu dieser Aufgabe im Handbuch der Berufskunde: „Dem Verfasser fiel die Ehre und Freude zu, von da ab (1923 anm.) bis zum Jahre 1936 hauptamtlich damit beschäftigt zu sein" (Molle 1968b, S. 26). Molle war ab 1950 im Bundesministerium für Arbeit- und Sozialordnung, ab 1963 als freier wissenschaftlicher Mitarbeiter der Arbeitsstelle für Betriebliche Berufsausbildung (ABB) in Bonn tätig (vgl. Westdeutscher Verlag 1967, S. 390).

ausführliche Informationen in verschiedenen Kategorien (vgl. LAAST 1927, Tabelle 3–1).

Aufgrund der Dynamik der sich ändernden Berufe und Berufsinhalte wurden ab 1956 diese berufskundlichen Informationen als sogenannte „Blätter zur Berufskunde" in Form eines „Loseblatt-Hefter-Systems" von der damaligen Bundesanstalt für Arbeitsvermittlung und Arbeitslosenversicherung (AVAV) herausgegeben (vgl. Dostal et al. 1998, S. 446; Molle 1968b, S. 26). Ab 1978 entstand das „Grundwerk ausbildungs- und berufskundlicher Informationen (gabi)", das jedoch nur als internes Arbeitsmittel für die Berufsberatung zur Verfügung stand (vgl. Stooß & Stothfang 1985, S. 55). In „gabi" wurde die getrennte Betrachtung von Ausbildungen und Erwerbstätigkeiten deutlicher hervorgehoben und zusätzlich eine gemeinsame Ordnungsbasis über die Systematik der Berufsklassifikation hergestellt (vgl. ebd., S. 88). Diese Zuordnungspraxis hat heute noch Bestand (vgl. Abschnitt 3.3.2).

Tabelle 3–1: Gliederungsstruktur für Berufsbeschreibungen der Berufskunde (Dostal et al. 1998, S. 446)

„Handbuch der Berufe"* 1927–1936	**„Blätter zur Berufskunde"* ab 1956**	**„Grundwerk ausbildungs- und berufskundlicher Informationen (gabi)** ab 1978**
1. Wesen des Berufs	1. Aufgaben und Tätigkeiten	A. Berufsausbildung
1.1 Entwicklung und	1.1 Aufgaben	A 1 Zugang zur Berufsausbildung
Bedeutung	1.2 Tätigkeiten	A 2 Ausbildungssituation und
1.2 Arbeitsbeschreibung	1.21 Allgemeine	Umgebungseinflüsse
2. Körperliche	Tätigkeitsmerkmale	A 3 Psychische und physische
und seelische	1.22 Ausübungs- und	Merkmale(Berufsausbildung)
Anforderungen	Aufstiegsformen	A 4 Ausbildungsspezifische
2.1 Erforderlich	1.3 Katalog der Ausübungs- und	Konditionen
2.2 Besonders fördernd	Aufstiegsformen	A 5 Ausbildungsgang und -inhalt
2.3 Ausschließlich oder	2. Ausbildung und	A 6 Ausbildungsalternativen
hindernd	Weiterbildung	B. Berufstätigkeit
2.4 Nicht ausschließlich	2.1 Ausbildungsvoraussetzungen	B 0 Berufsbenennungen,
3. Ausbildung	2.11 Bildungsvoraussetzungen	Tätigkeit, Ansatz
3.1 Schulbildung	2.12 Praktische Tätigkeiten	(Kerntätigkeit)
3.2 Ausbildungsgang	2.13 Sonstige Voraussetzungen	B 1 Zugang zur Kerntätigkeit
3.3 Fortbildung	2.2 Ausbildung	B 2 Arbeitssituation und
3.4 Kosten	2.21 Dauer	Umgebungseinflüsse
4. Wirtschaftliche soziale	2.22 Inhalt	(Kerntätigkeit)
Verhältnisse	2.23 Nachweise und Prüfungen	B 3 Psychische und physische
4.1 Arbeitsbedingungen	2.24 Ausbildungseinrichtungen	Merkmale (Kerntätigkeit)
4.2 Berufswege	2.25 Kosten	B 4 Berufsspezifische
4.3 Arbeitsmarkt	2.3 Weiterbildung	Konditionen
4.4 Organisation	3. Entwicklung und Situation	B 5 Weiterbildung
4.5 Tarife und sonstige	3.1 Berufslage	(Kerntätigkeit)
Regelungen	3.11 Entwicklung des Berufs	B 6 Spezialisierungen

Tabelle 3-1: Fortsetzung

„Handbuch der Berufe"* 1927–1936	„Blätter zur Berufskunde"* ab 1956	„Grundwerk ausbildungs- und berufskundlicher Informationen (gabi)** ab 1978
4.6 Behörden und Amtsstellen für Auskunftserteilung	3.12 Berufsaussichten 3.2 Einkommensverhältnisse	B 7 Aufstiegsberufe im Betrieb und bei Betriebswechsel B 8 Beschäftigungsalternativen C. Übergreifende Informationen C 1 Erläuterung von Fachbegriffen C 2 Eckdaten C 3 Wichtige Quellen und Adressen

* Wiedergegeben werden die (in den genannten Nachschlagewerken) verwendeten Gliederungen. In einem zusätzlichen Abschnitt wird jeweils einschlägige Literatur nachgewiesen, die geeignet erscheint, ergänzende berufskundliche Informationen zu vermitteln.
** nur Hauptgliederungspunkte des für die Fachkräfte der Arbeits- und Berufsberatung bestimmten Arbeitsmittels

Der Vergleich der früheren beruflichen Nachschlagewerke in Deutschland zeigt, dass alle Ausführungen einerseits Erwerbsberufe hinsichtlich ihrer Arbeitsaufgaben, Anforderungen, Arbeitsbedingungen, ihrer Situation auf dem Arbeitsmarkt sowie Entwicklungsmöglichkeiten beschreiben. Andererseits werden jeweils die Voraussetzungen zur Ausübung des Berufs durch verschiedene Ausbildungsaspekte gegenübergestellt (siehe Tabelle 3-1). Es lässt sich feststellen, dass der Umfang der Informationen mit der Entwicklung der Nachschlagewerke zunimmt.

Klassifizierung der Berufe

Eine Berufssystematik mit der Bezeichnung „Klassifizierung der Berufe" (KldB) erscheint in Deutschland erstmals im Jahre 1961. Sie war das Ergebnis der gemeinschaftlichen Arbeit des Statistischen Bundesamtes, des Bundesministeriums für Arbeit und Sozialordnung, der Bundesanstalt für Arbeitsvermittlung und Arbeitslosenversicherung sowie von Berufsanalyse-Sachverständigen (vgl. BMA et al. 1966; Molle 1968b, S. 83 f.).

Molle bewertet die Klassifikation aus dem Jahre 1961 insgesamt als „Vorstufe zu einer wirklichen Klassifizierung entsprechend der Internationalen Standard Classification of Occupations (ISCO)" (Molle 1968b, S. 84). Er fordert exakte, wissenschaftlich-berufsanalytische Text-Definitionen hinzuzufügen, um Berufsbenennungen besser einordnen zu können (vgl. ebd., S. 84). Im Jahre

1966 erschien diesbezüglich ein beschreibender Band zur KldB 1961, der die Forderung einzulösen vermochte (vgl. BMA et al. 1966; StBa 1970, S. 8). Molle nimmt hierzu Stellung: Die Beschreibungen „reichen jedoch bei der notgedrungen noch summarischen, allgemeinen und knappen, nur das »Was« und nicht das »Wie und Warum« der beruflichen Aufgaben und Tätigkeiten berücksichtigenden Textformulierung zur Identifizierung der Berufsbenennung auch noch nicht aus, bilden aber für die künftig weit detaillierter notwendige, berufswissenschaftlich fundierte deskriptive Ausgestaltung der Klassifizierung der Berufe bereits eine wertvolle Grundlage" (Molle 1968b, S. 84).

Auf die Notwendigkeit, neben der reinen Berufsbenennung die tatsächlichen Berufs- und Arbeitsinhalte zu erfassen, wurde in der Vergangenheit wiederholt hingewiesen (vgl. Chaberny et al. 1972, S. 231; Kosta et al. 1970, S. 4 ff.; Luxem 1972; Molle 1965, S. 37). Die Begründung liegt an den zunehmenden Unschärfen der Berufsbezeichnungen, die teilweise nur formale „Worthülsen" darstellen und wenig Auskunft über die Strukturwandlung der Berufe in der Arbeitswelt geben (beispielsweise Manager, Berater, Art Director) (vgl. Chaberny et al. 1972, S. 231; Dostal et al. 1998, S. 444; Dostal 2013, S. 14). Kosta et al. sehen diesen zunehmenden Informationsverlust von Berufsbenennungen insbesondere dort, wo intensive Entwicklungsprozesse mit größerem Tempo eingesetzt haben oder einsetzen (vgl. Kosta et al. 1970, S. 9). Ihr „Gutachten über notwendige Grundlagenforschungen und Möglichkeiten für pragmatische Verbesserungen der ‚Berufe'-Klassifikation" bildet einen umfassenden Literaturbeleg, der die Qualitätsbemühungen jener Zeit widerspiegelt (vgl. ebd.). In den nachfolgenden Berufsklassifikationen der 1970er bis 1990er-Jahre[49] fehlt jedoch die beschreibende Kategorie (vgl. Dostal et al. 1998, S. 445; Schierholz et al. 2018, S. 23). Sie erscheint erstmals wieder im Rahmen der Neuentwicklung der KldB 2010 (vgl. Abschnitt 3.2).

3.1.3 Methodische Ansätze der Berufsanalyse

Die ersten methodischen Ansätze der Berufskunde stellt insbesondere Molle in dem „Leitfaden der Berufsanalyse" Mitte der 1960er-Jahre dar (vgl. Molle 1965). Die Initiative für die Arbeit resultiert aus einem Auftrag der OECD Anfang der 1960er-Jahre, aufgrund von Molles international anerkannten Expertise in dem Forschungsfeld (vgl. Molle 1965, S. 7). In dem umfassenden

---

49 Anhang A 4 enthält Auszüge aus den Berufsklassifikationen von 1961 bis 1992 für die Informatikberufe.

Leitfaden stellt Molle seine gesammelten Erkenntnisse berufsforschender Arbeiten u. a. aus der Entwicklung des Handbuchs der Berufe zusammen. Für die internationale Berufsforschung wurde der Leitfaden, der heute als Methodenbericht zu bezeichnen wäre, zugleich in englischer und französischer Sprache abgefasst.

Als Quellen „berufsanalytischen Grundlagen-Materials" führt Molle u. a. Arbeitsplatzanalysen, Arbeitsplatzbeschreibungen, Berufsbeschreibungen in der Literatur sowie Bild- und Filmaufnahmen von Berufstätigen auf. Molle betont die besondere Eignung von Arbeitsplatzanalysen, um Tätigkeiten, Aufgaben, Anforderungen und Beanspruchungen für Berufe valide zu ermitteln (vgl. Molle 1965, S. 39). Zu den konkreten Methoden gehören hierbei Beobachtung und Befragung der Arbeitenden durch Interviews und mittels Fragebögen. Dabei geht es neben dem „Was", „Wie" und „Warum" in der Arbeit, ebenso um die „Denkbarkeit" der Arbeitskräfte, unter der Molle Überlegungen, Entscheidungen, Beurteilungen und Gedankenverbindungen subsumierte (vgl. Molle 1965, S. 42 ff.). Für überwiegend geistige Berufe beschreibt Molle mithilfe der „Aufsatz-Methode" einen Weg, bei dem verschiedene, namhafte oder besonders anerkannte Experten eines Berufs Essays über ihre eigenen beruflichen Aufgaben, Tätigkeiten und Anforderungen erstellen (vgl. Molle 1965, S. 47).

Iterativer Ansatz unter Expertenbeteiligung

Die weitere Auswertung der Daten beinhaltet eine kritische Durchsicht und gliedernde Zusammenfassung. Molle verfolgt hierzu einen iterativen Ansatz, indem „Vor-Entwürfe" von Berufstätigkeitsbeschreibungen in Kombination mit weiteren Arbeitsanalysen geprüft, ggf. geändert und erweitert werden, um so zu einem „Norm-Reinentwurf" zu gelangen (vgl. Molle 1965, S. 47 f.). Molle sieht vor, die hierzu notwendige Expertenbeteiligung in Form eines beratenden Sachverständigengremiums (Beirat, Expertenausschuss, Berufskundlicher Ausschuss usw.) zu organisieren. Darin sollten Vertreter aus Arbeitgeber- und Arbeitnehmerorganisationen der gewerblichen Wirtschaft sowie sonstigen mit Berufsfragen befassten Einrichtungen vertreten sein. Er begründet es mit dem gemeinsamen Interesse an berufskundlichen Informationen und den Vorteilen einer umfänglichen Zusammenarbeit. Insbesondere lässt sich der Zugang zu geeigneten Betrieben durch ein derartiges Gremium erleichtern. Molle unterstreicht, dass in einem solchen Berater-Gremium „wirklich" nur Fachexperten aus der Praxis vertreten sein sollen, um tatsächliche berufsstrukturelle Neuerungen und Wandlungen laufend zu erfassen (vgl. Molle 1965, S. 33).

Institut für Arbeitsmarkt- und Berufsforschung (IAB)

Die Gründung des Instituts für Arbeitsmarkt- und Berufsforschung Ende der 1960er-Jahre, heute als selbstständige Einheit der Bundesagentur für Arbeit, unterstreicht den Bedarf an einem wissenschaftlich fundierten Erkenntnisgewinn über Berufe. Die Schaffung eines derartigen Instituts stand im Zusammenhang mit dem Strukturwandel der Erwerbsarbeit in den 1960er-Jahren, der aus der zunehmenden Automatisierung in den Produktionsstätten befürchtet wurde (vgl. Dostal 2005a, S. 2). Das unabhängig arbeitende Institut sollte u. a. ökonomische und soziologische Fragen sowie Fragen der Bildung und Berufswahl durch eine interdisziplinäre Sicht auf die Erwerbsarbeit analysieren (vgl. ebd., S. 2 f.). Zu den Aufgaben des IAB, als einer der Hauptakteure außeruniversitärer Berufsforschung, zählen neben den Arbeitsmarktanalysen u. a. „Untersuchungen des Wandels der Berufe in den Tätigkeits- und Anforderungsstrukturen, der Entwicklung des Nachwuchsbedarfs, der Möglichkeiten und Formen der Berufsanpassung" (ebd., S. 5). Der Auftrag zur Arbeitsmarkt- und Berufsforschung ist gesetzlich insbesondere im dritten Sozialgesetzbuch (SGB III) geregelt (SGB III 1997, § 280). Bei der IAB-Berufsforschung handelt es sich primär um eine anwendungsorientierte Forschung mit dem Ziel, „Entscheidungshilfen zu arbeitsmarkt- und beschäftigungsrelevanten Fragen den politischen Akteuren sowie den Fach- und Führungskräften der Bundesanstalt für Arbeit an die Hand zu geben" (Biersack & Parmentier 2002, S. 475).

Die sich unter wissenschaftlichen Ansprüchen entwickelnde Berufsforschung hat dazu beigetragen, die zum Teil als minderwertig betrachtete Berufskunde[50] (vgl. Dostal 2005a, S. 33) methodisch und theoretisch zu verbessern (vgl. Stooß & Stothfang 1985, S. 12). Hierzu zählen u. a. die „IAB-Berufsspinne" als ein Ansatz zur Veranschaulichung des mehrdimensionalen Berufsbegriffs (vgl. Dostal et al. 1998, S. 440) sowie diverse Konzepte im Rahmen der quantitativen Berufsforschung (vgl. Biersack & Parmentier 2002). Eine Übersicht über die verschiedenen Methoden und Datenquellen, zu denen eigene Erhebungen in Form repräsentativer Stichproben gehören, findet sich bei PARMENTIER et al. (vgl. Parmentier et al. 1994, S. 136 ff.). DOSTAL verweist auf die Bedeutung der Berufskunde, deren Ergebnisse einerseits für die grundlegenden Aufgaben der Arbeitsagentur essentiell sind und auf die andererseits die Berufsforschung nicht verzichten kann (vgl. Dostal 2005a, S. 33). Das wird in den gegenwärtigen

---

50 DOSTAL kommt zur Erkenntnis, dass die bisher geleisteten Arbeiten der Berufskunde in ihrer Qualität durchaus wissenschaftlicher Kritik standhalten (vgl. Dostal 2005a, S. 4).

Veröffentlichungen des IAB sichtbar, in denen berufskundliche Informationen als Datenbasis für verschiedene Forschungsarbeiten dienen. So gründen z. B. die Arbeiten zu Substituierbarkeitspotentialen von Berufen (vgl. Dengler & Matthes 2015, S. 10) auf den Datensätzen des Berufsinformationssystems BERUFENET (vgl. Abschnitt 3.3).

Organisatorisch ist die Berufskunde nicht in das IAB gewandert, sondern als eine operative Aufgabe in der Arbeitsverwaltung verblieben, obgleich es immer wieder gemeinsame Arbeiten gab (vgl. Dostal 2005a, S. 28). Seit den 2000er-Jahren sind externe Dienstleister in diese Aufgaben involviert (vgl. ebd., S. 31). Die Verwissenschaftlichung der pragmatischen, berufskundlichen Ansätze wird heute im Rahmen der Studiengänge der Hochschule der Bundesagentur für Arbeit deutlich. Zwischenzeitlich als „Angewandte Berufswissenschaften" (LAP-gehD-BAV 2001, § 17) bezeichnet, ist heute die Entwicklung und Erfassung von Berufen sowie berufsförmig organisierter Arbeit im Studienmodul „Berufs- und Arbeitswissenschaft" verankert (vgl. HdBA 2020, S. 12).

3.2 Klassifikation der Berufe 2010

3.2.1 Funktion und Verwendung der Klassifikation der Berufe

Nach rund vierjähriger Entwicklungszeit löst seit dem Jahre 2011 in Deutschland die neue „Klassifikation der Berufe 2010" (KldB 2010) die bisherigen Berufsklassifikationen älterer Fassungen ab, die zum Teil in verschiedenen Versionen parallel genutzt wurden und noch auf den Berufsstrukturen der 1960er-Jahre basierten (vgl. BA 2011a, S. 14; Paulus et al. 2010, S. 5 ff.). Dadurch bestanden u. a. Defizite in der Aktualität der Berufsstruktur, die fehlende Einheitlichkeit der Differenzierung, der fehlenden Eindeutigkeit der Zuordnung von Berufen sowie eine Vermischung der Dimensionen Tätigkeit, Position und Qualifikation (vgl. Paulus et al. 2010, S. 4). An die neue Klassifikation wurden entsprechend Anforderungen gestellt, die Mängel zu beheben.

Grundsätzlich besteht mit der Klassifikation der Anspruch, die berufliche Arbeitsmarktrealität in Deutschland abzubilden (vgl. BA 2011a, S. 22 ff.). Die Klassifikation der Berufe 2010 ist die amtliche Berufssystematik in Deutschland mit diversen Anwendungsfeldern. Sie dient u.a. der Verschlüsselung von Bewerber- und Stellenangeboten im Bereich der Bundesagentur für Arbeit, für Berichte der Arbeitsmarkt- bzw. Ausbildungsmarktstatistik und in der Arbeitsmarktforschung, wie z. B. der Datenerhebung für den Mikrozensus. Darüber hinaus nutzen nationale Institutionen in der Wissenschaft, Politik, Presse und Verwaltung Statistiken auf Basis der KldB 2010, um die Arbeitsmarktsituation zu beschreiben, zu analysieren oder um entsprechende politische Entscheidungen zu treffen (vgl. Paulus et al. 2010, S. 4 f.). Die KldB 2010 bildet hierbei insbesondere die Grundlage zur Erstellung von Beschäftigungsstatistiken aller sozialversicherungspflichtigen Arbeitnehmer. Im Rahmen der Meldepflicht zur Sozialversicherung (vgl. SGB IV 2017, § 28a) werden insbesondere Daten über die ausgeübte berufliche Tätigkeit sowie des höchsten beruflichen Ausbildungsabschlusses erhoben und mithilfe der nummerischen KldB 2010-Verschlüsselung codiert[51] (vgl. BA 2011c, S. 10; BA 2018n, S. 10 ff.).

Der „Produktkatalog Beschäftigungsstatistik" der Bundesagentur für Arbeit enthält eine Übersicht über die verschiedenen veröffentlichten Beschäftigungsstatistiken mit einer jeweils kompakten Beschreibung (vgl. BA 2016a). Die nachstehende Tabelle 3–2 zeigt hieraus Beschäftigungsstatistiken mit einem direkten Bezug zur KldB 2010:

Tabelle 3–2: Arbeitsmarktstatistiken auf Basis der KldB 2010

Titel	Inhalt	Periodizität	Quelle
Arbeitsmarkt nach Berufen	Arbeitsmarktdaten nach Zielberufen: Arbeitslose, Arbeitsuchende und gemeldete Arbeitsstellen	monatlich	(BA 2013a)
Beschäftigte nach Berufen (KldB 2010) (Quartalszahlen)	Sozialversicherungspflichtig und geringfügig Beschäftigte nach ausgewählten Merkmalen u. a. Arbeitszeit, ausgeübte Tätigkeit, Anforderungsniveau, Schul- und Berufsabschluss	vierteljährlich	(BA 2018e)
Beschäftigte nach Berufen (KldB 2010) (Zeitreihe Quartalszahlen) Deutschland	Sozialversicherungspflichtig und geringfügig Beschäftigte sowie Auszubildende nach Berufshauptgruppen (2-Steller) der KldB 2010	vierteljährlich	(BA 2018g)
Sozialversicherungspflichtig und geringfügig Beschäftigte nach Wirtschaftszweigen der WZ 2008 und ausgewählten Merkmalen	Sozialversicherungspflichtig Beschäftigte nach Wirtschaftszweigen der WZ 2008 und ausgewählten Merkmalen u. a. Anforderungsniveau aus der KldB2010, Berufsabschluss	vierteljährlich	(BA 2015)

51 Die Statistik-Abteilung der Bundesagentur für Arbeit stellt hierzu u. a. im Internet unter https://bns-ts.arbeitsagentur.de den Service „Tätigkeitsschlüssel-Online" zur Verfügung, mit dessen Hilfe Beschäftigte ihren Tätigkeitsschlüssel ermitteln können.

Monatlich bis vierteljährlich erscheinen Statistiken über den Arbeitsmarkt, die Beschäftigung und über Wirtschaftszweige jeweils nach Berufen oder beruflichen Merkmalen wie z. B. das berufliche Anforderungsniveau oder der Berufsabschluss. Darüber hinaus veröffentlicht die Bundesagentur für Arbeit tiefergreifende Arbeitsmarktinformationen und Auswertungen für verschiedene Berufsgruppen in der Systematik der Klassifikation. „Der Arbeitsmarkt für IT-Fachleute in Deutschland" fasst u. a. die Entwicklung der Beschäftigungszahlen, die Nachfrage nach Fachleuten, Engpässe in der Stellenbesetzung und Arbeitslosenzahlen von IT-Fachleuten zusammen (vgl. BA 2016b).

An die KldB 2010 wird der Anspruch erhoben, anschlussfähig an die internationale Berufsklassifikation ISCO-08 (ILO 2012) zu sein. Ferner soll sie anpassungs- und ausbaufähig sein, um auch zukünftige Veränderungen der Berufslandschaft aufzuzeigen. Das ist mit Herausforderungen verbunden, da Klassifikationen grundsätzlich eine Strukturstabilität benötigen, um langfristige Veränderungen in Zeitreihen zu erfassen (vgl. BA 2011a, S. 22 ff.).

3.2.2 Struktur der Klassifikation der Berufe 2010

Berufsverständnis

Um den verschiedenen Anforderungen an die Berufsklassifikation gerecht zu werden, wurde versucht, eine zielgruppenneutrale Berufsdefinition zu entwickeln (vgl. BA 2011a, S. 26). Die folgenden drei zentralen Eigenschaften kennzeichnen das Berufsverständnis in der KldB 2010:

- *„Der Berufsbegriff ist tätigkeits- und nicht personenbezogen.*
- *‚Beruf' zeichnet sich durch ein Bündel von Tätigkeiten aus.*
- *‚Beruf' wird durch zwei zentrale Dimensionen konstituiert: Berufsfachlichkeit und Anforderungsniveau" (vgl.* BA 2011a, *S. 26).*

Das Verständnis von Beruf basiert somit in der neuen KldB 2010 auf den ausgeübten Tätigkeiten, wie es auch schon in früheren Klassifikationen und Systematisierungsansätzen der Fall war (vgl. Chaberny et al. 1972, S. 257; Luxem 1972; StBa 1975, S. 7). Weitere berufliche Merkmale, wie z. B. überfachliche Kompetenzen, Arbeitsorte oder Branchen werden im Rahmen der Berufsklassifikation nicht berücksichtigt (vgl. BA 2011a, S. 32).

Bei der KldB 2010 handelt es sich um eine Klassifikation zur Erfassung von Erwerbsberufen. Qualifikationen, wie Ausbildungs-, Studien- und Weiterbildungsprogramme werden in der KldB 2010 Dokumentation nicht gesondert aufgeführt[52]. Die Klassifikation der Berufe 2010 wird in zwei Bänden publiziert. Der Band 1 (BA 2011a) beinhaltet ein systematisches sowie alphabetisches Verzeichnis der ca. 24.000 Berufsbenennungen samt Umsteigeschlüssel zu der bisherigen KldB 88 und 92 sowie zur internationalen Berufsklassifikation (ISCO-08). Band 2 der KldB 2010 (BA 2011b) enthält ausführliche Beschreibungen der einzelnen Klassifikationseinheiten aller Gliederungsebenen. Sie umfassen Aufgaben, Tätigkeiten, Kenntnisse und Fertigkeiten und repräsentative Berufsbenennungen, die den Kern der jeweiligen Einheit ausmachen (vgl. BA 2011a, S. 15).

Beispiel aus Band 2 der KldB 2010

Nachfolgende Abbildung 3–1 beinhaltet beispielhaft die beruflichen Beschreibungen aus dem Datensatz der „Berufe in der IT-Systemadministration" aus dem Band 2 der KldB 2010.

4334 BERUFE IN DER IT-SYSTEMADMINISTRATION

Inhalt:
Angehörige dieser Berufe konfigurieren und pflegen vernetzte IT-Systeme und -Netze. Sie organisieren den Betrieb von Hard- und Software einschließlich automatischer Updates und Backups. Darüber hinaus passen sie bestehende Systeme an neue Anforderungen an und sind dabei für das Mitführen der Daten und den Benutzersupport verantwortlich.

Aufgaben, Tätigkeiten, Kenntnisse und Fertigkeiten, üblicherweise:
- Bedarf an Soft- und Hardware analysieren und bewerten, Betriebskonzepte erstellen, Beschaffungen planen, Software, Systeme und Komponenten installieren und konfigurieren
- Changemanagement von IT-Systemen betreiben, Änderungsbedarf aus technischer Sicht prüfen
- informationstechnische Hardware vorbereiten und in Betrieb nehmen, Betriebssysteme und Software sowie Übertragungsmedien, Schnittstellen und Serverdienste installieren
- Fault-, Performance- und Securitymanagement durchführen, z.B. Sicherheitskonzepte umsetzen, kontinuierliche Überwachungen, Messungen und Kontrollen durchführen
- Datensicherungen und Backups regelmäßig durchführen bzw. deren Durchführung überwachen
- Organisations- und Beratungsaufgaben wahrnehmen, z.B. Nutzer/innen und Rechte verwalten, Verzeichnisdienste betreiben
- das Mitführen vorhandener Datenbestände (Migration) in neue Systeme planen, durchführen und verantworten
- von Fehlern in IT-Systemen betroffene Personen und Stellen informieren

Die Systematikposition umfasst folgende Unterpositionen:
43343 Berufe in der IT-Systemadministration – komplexe Spezialistentätigkeiten

Nicht einzubeziehende Positionen:
2631 Berufe in der Informations- und Telekommunikationstechnik
4312 Berufe in der technischen Informatik

Abbildung 3–1: Berufe in der IT-Systemadministration; Beschreibung der Arbeitsaufgaben (BA 2011b, S. 795)

52 Die nummerische Systematik dient dagegen ebenso als Bezugs- und Codierungsgrundlage für Ausbildungen in den Datenbanken der Bundesagentur für Arbeit (vgl. Abschnitt 3.3.2).

Berufsfachlichkeit als horizontale Abgrenzungsdimension

Die Gliederungsstruktur der KldB 2010 konstituiert sich aus den beiden zentralen Berufsdimensionen „Berufsfachlichkeit“ und „Anforderungsniveau“. Die primäre Differenzierung erfolgt horizontal aufgrund der „Berufsfachlichkeit“ (vgl. BA 2011a, S. 26). Auf der obersten Ebene der Klassifikation werden die folgenden zehn Berufsbereiche unterschieden und einem nummerischen Schlüssel zugeordnet (siehe Tabelle 3–3).

Tabelle 3–3: Berufsbereiche der KldB 2010 (BA 2011a, S. 17)

Schlüssel KldB 2010	Berufsbereich
1	Land-, Forst- und Tierwirtschaft und Gartenbau
2	Rohstoffgewinnung, Produktion und Fertigung
3	Bau, Architektur, Vermessung und Gebäudetechnik
4	Naturwissenschaft, Geografie und Informatik
5	Verkehr, Logistik, Schutz und Sicherheit
6	Kaufmännische Dienstleistungen, Warenhandel, Vertrieb, Hotel und Tourismus
7	Unternehmensorganisation, Buchhaltung, Recht und Verwaltung
8	Gesundheit, Soziales, Lehre und Erziehung
9	Sprach-, Literatur-, Geistes-, Gesellschafts- und Wirtschaftswissenschaften, Medien, Kunst, Kultur und Gestaltung
0	Militär

Die Berufsbereiche reichen von landwirtschaftlichen Produktionsberufen über Fertigungsberufe bis zu Dienstleistungsberufen. Für Militärberufe existiert ein eigener Berufsbereich. In vier weiteren Gliederungsebenen der hierarchischen Klassifikation erfolgt eine zusätzliche Differenzierung. Dabei wächst die Ähnlichkeit zwischen Berufen – die spezifischen Kenntnisse und Fertigkeiten wie z. B. Tätigkeits- Verfahrens- und Produktkompetenzen zur Berufsausübung – mit der Tiefe der Ebene (vgl. BA 2011a, S. 17). Die Bezeichnung der Gliederungsebenen durch „-Bereich“, „-Hauptgruppe“, „-Gruppe“, „-Untergruppe“ und „-Gattung“ spiegelt die hierarchische Struktur wider; gleichzeitig erhöht sich die Anzahl der Stellen des nummerischen Schlüssels (siehe Tabelle 3–4). Auf der differenziertesten Ebene existieren insgesamt 1.286 Berufsgattungen.

Tabelle 3–4: Gliederungsebenen der KldB 2010 (BA 2011a, S. 16)

Gliederungsebene	Anzahl und Bezeichnung
1. Ebene (1-Steller)	10 Berufsbereiche
2. Ebene (2-Steller)	37 Berufshauptgruppen
3. Ebene (3-Steller)	144 Berufsgruppen
4. Ebene (4-Steller)	700 Berufsuntergruppen
5. Ebene (5-Steller)	1.286 Berufsgattungen

Eine besondere Funktion beinhaltet die vierte Stelle des nummerischen Schlüssels in den Berufsuntergruppen (siehe Tabelle 3–5). Eine „0" an vierter Stelle signalisiert, dass ausschließlich Berufe ohne weitere Spezialisierung in der Berufsgruppe (3-Steller) enthalten sind. Eine „8" an vierter Stelle bedeutet „sonstige spezifische Tätigkeiten", für die aus Gründen der Arbeitsmarktrelevanz noch keine Ausdifferenzierung erfolgt, zukünftig aber durchaus erfolgen kann (vgl. BA 2011a, S. 17). Die Systematik der Klassifikation ermöglicht hierdurch Veränderungen der Berufe im Beschäftigungssystem im zeitlichen Ablauf abzubilden. Die „9" als vierte Stelle kennzeichnet ausschließlich Aufsichts- und Führungskräfte, wobei letztere einem höheren Anforderungsniveau zugeordnet werden (vgl. Paulus & Matthes 2013, S. 22).

Tabelle 3–5: Systematik bei der Zuordnung von Berufsuntergruppen in der KldB 2010 (vgl. Paulus & Matthes 2013, S. 21 f.)

Schlüssel der KldB	Funktion/Bezeichnung
xxx0x	„Keine weitere Spezialisierung"
xxx8x	„Sonstige spezifische Tätigkeiten"
xxx93	Aufsichtskräfte
xxx94	Führungskräfte

Anforderungsniveau als vertikale Dimension

Mit dem Anforderungsniveau wird ein zweites zentrales Merkmal eines Berufs beschrieben. Es bezieht sich auf die Komplexität der auszuübenden Tätigkeiten, die verschiedene Kenntnisse und Fertigkeitsniveaus erfordern (vgl. BA 2011a, S. 26). Die KldB 2010 unterscheidet vier verschiedene Anforderungsniveaus (vgl. Tabelle 3–6). Helfer- und Anlerntätigkeiten kennzeichnen das niedrigste Niveau; darüber liegen Fachkräfte, Spezialisten und Experten.

Tabelle 3–6: Anforderungsniveaus der KldB 2010 (vgl. BA 2011a, S. 26 ff.)

Anforderungsniveau 4: Hoch komplexe Tätigkeiten „Experte"	Die Tätigkeiten der Berufe weisen den höchsten Komplexitätsgrad auf, wie z. B. Entwicklungs-, Forschungs- und Diagnosetätigkeiten, Wissensvermittlung sowie Leitungs- und Führungsaufgaben innerhalb eines (großen) Unternehmens. Typischerweise werden Hochschulabschlüsse, für einige Tätigkeiten auch eine Promotion bzw. Habilitation gefordert.
Anforderungsniveau 3: Komplexe Spezialistentätigkeiten „Spezialist"	Die Berufe sind gegenüber dem Niveau 2 deutlich komplexer und mit Spezialkenntnissen und -fertigkeiten verbunden. Die Befähigung, gehobene Fach- und Führungsaufgaben zu bewältigen, wird durch Fort- oder Weiterbildung wie z. B. Meister oder Technikerausbildung bzw. ein gleichwertiger Hochschulabschluss erreicht. Häufig kann auch eine entsprechende Berufserfahrung ausreichend für die Ausübung des Berufs sein.
Anforderungsniveau 2: Fachlich ausgerichtete Tätigkeiten „Fachkraft"	Die Berufe sind stärker fachlich ausgerichtet. Fundierte Fachkenntnisse und Fertigkeiten werden üblicherweise durch eine zwei- bis dreijährige Berufsausbildung erreicht. Alle Berufe, die hinsichtlich ihres Komplexitätsgrades einer Fachkraft entsprechen, werden auf dieser Stufe verortet.
Anforderungsniveau 1: Helfer- und Anlerntätigkeiten „Helfer"	Berufe umfassen meist einfach, wenig komplexe (Routine-) Tätigkeiten, für deren Ausübung keine oder nur geringe spezifische Fachkenntnisse erforderlich sind. In der Regel wird kein formaler bzw. lediglich eine einjährige Berufsausbildung vorausgesetzt.

Obgleich der formale berufliche Bildungsabschluss mit dem Anforderungsniveau vieler Berufe zusammenhängt, wird in der KldB ausdrücklich das berufstypische Anforderungsniveau dargestellt. Es gilt unabhängig von der formalen Qualifikation einer Person, die den Beruf ausübt (vgl. BA 2011a, S. 26 f.).

Beispiel zur Gliederungsstruktur der KldB 2010

Die folgende Abbildung 3–2 verdeutlicht am Beispiel des Berufsbereichs „4 Naturwissenschaft, Geografie und Informatik" die Strukturelemente der KldB 2010. Die Berufshauptgruppe „43 Informatik-, Informations- und Kommunikationstechnologieberufe" ist eine von insgesamt drei Berufshauptgruppen dieses Berufsbereichs.

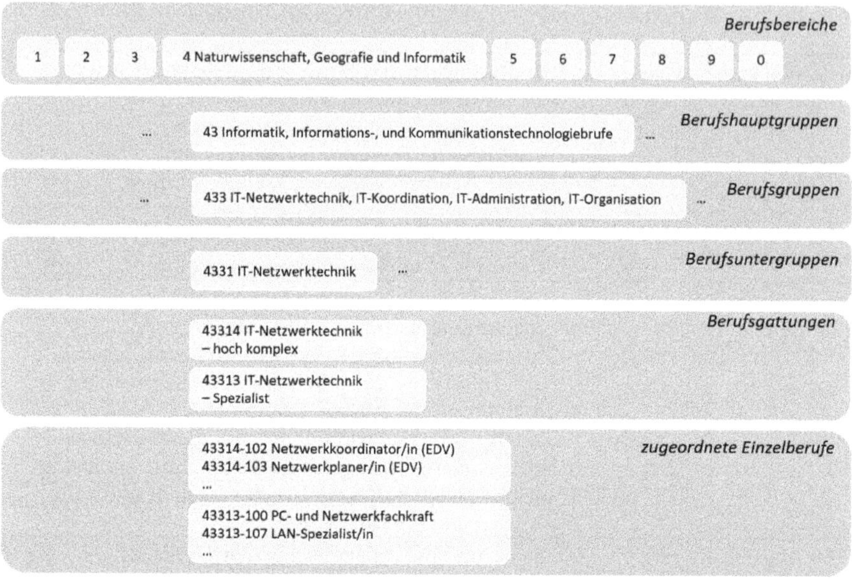

Abbildung 3–2: Gliederungsebenen der KldB 2010 am Beispiel des Berufsbereichs „Naturwissenschaft, Geografie und Informatik" (vgl. BA 2011b, S. 765 ff., eigene Darstellung)

Die Ebene der Berufsgattungen unterscheidet in der IT-Netzwerktechnik Berufe auf dem Experten- und Spezialistenniveau. Netzwerkkoordinator/in sowie Netzwerkplaner/in sind ähnliche Einzelberufe, die dem Expertenniveau der Berufsgattung IT-Netzwerktechnik zugeordnet sind.

3.2.3 Datenbasis und Entwicklung der Klassifikation der Berufe 2010

Datenbasis der KldB 2010

Als zentrale Datenbasis zur Entwicklung der KldB 2010 dienten 3.881 Berufe[53] sowie ca. 5.865 den Berufen zugeordnete Kompetenzpositionen aus der Datenbank der Dokumentationskennziffern (DKZ) der Bundesagentur für Arbeit (siehe Abbildung 3–3; vgl. BA 2011a, S. 32 f.).

53 Diese (Erwerbs-) Berufe bilden „gültige Endpunkte" für das Vermittlungs- und Informationssystem der BA. Sie können mit dem Zustand „E" aus der Datei im Downloadportal „Gesamtberufsliste_der_BA.xlsx" identifiziert werden.

Abbildung 3–3: Datenbasis zur Entwicklung der KldB 2010 (vgl. BA 2011a, S. 32 f., eigene Darstellung)

Die, aus dem operativen Geschäft der Bundesagentur für Arbeit stammende, permanent aktualisierte Datenbank enthält eine umfassende Sammlung aller in Deutschland verwendeten Berufs- und Ausbildungsbezeichnungen, erweitert mit diversen Metadaten vieler Informationssysteme der Bundesagentur (vgl. Paulus & Matthes 2013, S. 17). Die Berufe und insbesondere die ihnen zugeordneten „Kompetenzen" bilden eine Grundlage für das Matching von Stellen- und Bewerberangeboten im Vermittlungssystem der Bundesagentur für Arbeit[54].

Obgleich die Kompetenzpositionen der Bundesagentur für Arbeit nicht zum Zwecke der wissenschaftlichen Analyse erstellt worden sind (vgl. Paulus & Matthes 2013, S. 8), haben sich die KldB-Entwickler für ihre Nutzung entschieden, da sie „die einzig verfügbare umfassende, systematische Sammlung von

54 Die Öffentlichkeit kann auf diese Daten durch das im Internet zugängliche Informationssystem BERUFENET (http://berufenet.arbeitsagentur.de/berufe/) sowie in Form diverser Tabellen aus der DKZ-Datenbank im Download-Portal der Bundesagentur zugreifen (vgl. Abschnitt 3.3.6).

fachbezogenen Anforderungen, Tätigkeiten und Kompetenzen für die aktuellen und früheren Berufe in Deutschland“ (BA 2011a, S. 31) bilden.

Als Quellen zur Erstellung der Aufgaben- und Tätigkeitsbeschreibungen für den zweiten Band der KldB dienten in erster Linie das BERUFENET sowie die beruflichen Beschreibungen der „International Standard Classification of Occupations 2008“ (ISCO-08) (vgl. BA 2011b, S. 8).

Das „Alphabetische Verzeichnis der Berufsbenennungen“ (Band 1 der KldB) (BA 2011a, S. 324 ff.) basiert hauptsächlich auf den in der BERUFENET-Datenbank geführten Berufsbezeichnungen. Zusätzlich wurden weitere arbeitsmarktrelevante Berufslisten zusammengeführt und miteinander abgeglichen, die z. B. von Arbeitgeber- und Berufsverbänden stammen oder als Berufsbezeichnungen im deutschen Ausland sowie in deutschen Stellenbörsen verwendet werden (vgl. ebd., S. 49 f.).

Methode

Die Entwicklung der KldB 2010 erfolgte mithilfe empirischer Analysen zur Ähnlichkeit von Berufen (vgl. Paulus & Matthes 2013, S. 32). Auf Basis des Berufsverständnis der KldB 2010 (siehe Abschnitt 3.2.2) wurden fachlich ähnliche Berufe mittels einer Clusteranalyse gruppiert und mithilfe einer Ähnlichkeitsmatrix zueinander in Beziehung gesetzt (vgl. BA 2011a, S. 33 ff.). Das Ward-Linkage-Verfahren (vgl. Stein & Vollnhals 2011, S. 37) ermöglichte es hierbei, homogene Berufscluster zu ermitteln, bei denen die zusammengefassten Einzelberufe die Streuung der Gruppe von Berufen am wenigsten erhöht (vgl. BA 2011a, S. 34 ff.). Für die so ermittelten 700 Berufscluster erfolgte eine weitere Ausdifferenzierung, um die unterschiedlichen Anforderungsniveaus der Berufe in dem 4-stufigen Modell einzuordnen (siehe Tabelle 3–4), (vgl. ebd., S. 39 ff.). Die weiteren Aggregationsstufen wie Berufsuntergruppen, Berufsgruppen, Berufshauptgruppen und Berufsbereiche (siehe Abbildung 3–2) wurden durch die Berufsfelddefinitionen des BIBB (vgl. Tiemann et al. 2008) sowie die Berufssystematik des BERUFENET der Bundesagentur für Arbeit beeinflusst (vgl. BA 2011a, S. 41 f.).

Die neue KldB wurde durch eine Arbeitsgruppe bestehend aus den BA-Bereichen Vermittlung/Beratung, Statistik und Forschung (IAB) entwickelt und dabei u. a. durch verschiedene Bundesministerien sowie berufsfachkundliche Experten unterstützt (vgl. Paulus et al. 2010, S. 5). Im Rahmen der Qualitätssicherung wirkte das BIBB mit, in dem es durch eine nachträgliche, qualitative Prüfung der Ergebnisse mögliche Fehlzuordnungen identifizierte (vgl. BA 2011a, S. 37 f.; Schapfel-Kaiser et al. 2010; Schapfel-Kaiser 2010, S. 2).

Weiterentwicklung und Revision

Der beständige Wandel von Berufen erfordert es, sowohl die Gültigkeit der Systematik als auch die Berufsverzeichnisse der KldB in Abständen zu überprüfen. Die Bundesagentur für Arbeit unterscheidet hierzu zwei Arten von Aktualisierungen (vgl. BA 2014a):

1. Aktualisierung der Einzelberufe
   Hierzu gehören die Umbenennung und die Neuaufnahme von Berufsbezeichnungen. Sie erfolgen tagesaktuell und werden im Downloadportal der Bundesagentur im Dokument „Gesamtberufsliste der Bundesagentur für Arbeit" veröffentlicht (vgl. Abschnitt 3.3.6). Die Korrektur von fehlerhaften Zuordnungen zu einer Berufsgattung (5-Steller) kann sofern nötig ca. einmal im Jahr erfolgen.
2. Aktualisierung der KldB-Systematik
   Die Revision bzw. ein Update der KldB-Systematik ist jeweils nach einem Zeitraum von 5-10 Jahren vorgesehen.

Sämtliche Änderungen in der Systematik (Neuaufnahme, Umbenennung, Ebenenänderung, Zustandsänderung etc.) werden im Dokument „DKZ_Aenderungsdokumentation" festgehalten und tagesaktuell veröffentlicht (vgl. BA 2013c).

3.3 Berufsinformationssystem BERUFENET

3.3.1 Zugang zum BERUFENET

Das im Internet seit dem Jahre 2001 zur Verfügung stehende Informationssystem BERUFENET (http://berufenet.arbeitsagentur.de) bildet heute eine öffentliche Schnittstelle zu den internen Datensätzen der Bundesagentur für Arbeit. Im BERUFENET werden kontinuierlich Berufsstrukturdaten für alle in Deutschland bekannten Berufe zur Verfügung gestellt (vgl. Biersack & Parmentier 2002, S. 484; Dengler et al. 2014, S. 11). Die BERUFENET-Datenbank ist eine digitale Weiterentwicklung der früheren „Blätter zur Berufskunde" sowie dem internen – nur den Mitarbeitern der BA zugänglichen – „Grundwerk ausbildungs- und berufskundlicher Informationen (gabi)" (vgl. Dostal 2005a, S. 31). Das BERUFENET dient vor allem der Berufsberatung und Arbeitsvermittlung. Die beruflichen Informationen werden ebenso kooperierenden Arbeitgebern und Stellenbörsen über Netzwerkschnittstellen zur Verfügung gestellt (vgl. BA 2014c).

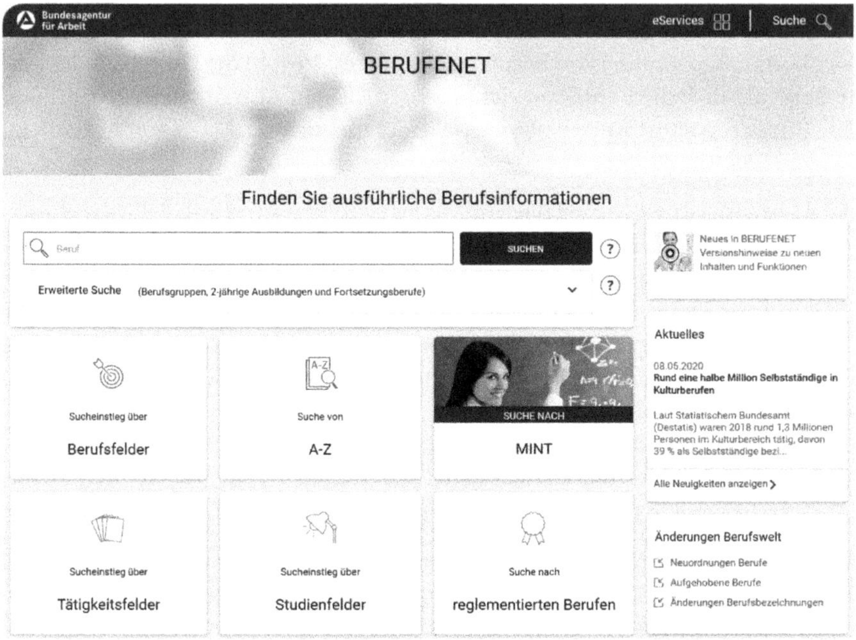

Abbildung 3–4: Berufsinformationssystem BERUFENET der Bundesagentur für Arbeit (https://berufenet.arbeitsagentur.de, Stand 10.05.2020)

Durch verschiedene Suchfunktionen im BERUFENET können Datensätze eingegrenzt und ermittelt werden. Die Abbildung 3–4 zeigt die Startseite des Informationssystems mit diversen Sucheinstiegen (u. a. Berufsfelder, Tätigkeitsfelder, Berufskundliche Gruppen, Studienfelder, reglementierte Berufe). Dadurch eröffnen sich Wege, um interessengeleitet Informationen zu Ausbildungen/Weiterbildungen/Studiengängen etc. und andererseits beruflichen Tätigkeiten (Erwerbsberufen) zu erhalten. Die verwendeten Begriffe haben folgende Bedeutung bzw. führen zu folgenden Ergebnissen: Der Sucheinstieg über „Berufsfelder" bietet eine Auswahl berufsfachlicher Themenbereiche wie z. B. Landwirtshaft, Natur, Umwelt, Elektro, IT, Computer. Die Suche über diesen Weg führt zu Datensätzen, die einerseits Ausbildungen (z. B. Duale Ausbildung, Weiterbildung, Studienfach) beschreiben und andererseits tätigkeitsbezogene Kategorien beinhalten (vgl. Abschnitt 3.3.3). Die Bezeichnung der Ausbildung und der Tätigkeit sind hierbei identisch. Der Sucheinstieg über „Tätigkeitsfelder" bietet eine gleichartige Auswahl berufsfachlicher Themeninhalte, führt jedoch nur zu Datensätzen, die ausschließlich Erwerbsberufe beschreiben. Dies sind neben den Erwerbsberufen, für die gleichnamig bezeichnete Ausbildungen existieren, ebenfalls Berufe, die keine spezifische Ausbildung aufweisen. Insgesamt wird der Begriff „Beruf" auf den Portalseiten nicht weiter differenziert verwendet, er steht für Tätigkeiten, Ausbildungen und Studienfächer.

Das BERUFENET lässt sich international im Kontext des Labour Market Information Systems (LMIS) einordnen (vgl. Abschnitt 2.3.4.). Vergleichbare Portale existieren bspw. in Österreich mit dem AMS-Berufsinformationssystem (http://www.ams.at/bis/bis/index.php) (AMS 2017) sowie dem O-Net (https://www.onetonline.org/) in den USA (USDOL/ETA 2018).

3.3.2 Struktur und Systematik des BERUFENET

Differenzierung zwischen Ausbildungen und Tätigkeiten

Die im BERUFENET veröffentlichten Datensätze unterscheiden sich nach den zwei wesentlichen Typen „Ausbildungen" und „Tätigkeiten". Diese Struktur folgt im Wesentlichen der grundsätzlich vorgenommenen Differenzierung des Berufsbegriffs in Ausbildung und Tätigkeit im historischen Kontext der Berufsforschung (vgl. Abschnitt 3.1). Eine weitere Differenzierung erfolgt anhand sogenannter berufskundlicher Gruppen, die Ausbildung oder Tätigkeiten näher spezifizieren. Die folgende Tabelle 3–7 stellt die 38 unterschiedenen Typen von Ausbildungen dar (Stand März 2020). Dem Begriff „Ausbildung" werden akademische als auch nicht akademische berufliche Bildungsprogramme zugeordnet. Hierzu gehören u. a. duale Ausbildungen, verschiedene Weiterbildungsformen, Studiengänge und Beamtenausbildungen. Die differenzierten berufskundlichen Gruppen werden in berufskundliche Obergruppen zusammengefasst[55].

55 Im BERUFENET wird begrifflich nur der Terminus „Berufskundliche Gruppe" verwendet, der jedoch inhaltlich die Bezeichnungen der „Berufskundlichen Obergruppe" repräsentiert.

Tabelle 3–7: Berufskundliche Gruppen zur Ausbildung (BA 2020b, Filter: Typ: a, Stand: 25.03.2020)

ID	Berufskundliche Gruppe	Berufskundliche Obergruppe
1110	A Dual Mono (ohne Fachrichtungen/	Duale Ausbildungen
	Schwerpunkte)	Duale Ausbildungen
1120	A Dual (mit Fachrichtungen)	Duale Ausbildungen
1130	A Dual (mit Schwerpunkten)	Duale Ausbildungen
1140	A Dual (mit Doppelqualifikation)	Duale Ausbildungen
1150	A Duale Ausbildung + FH-Studium	Berufsfachschulausbildungen
1210	A BFS bundesrechtlich geregelt	Berufsfachschulausbildungen
1220	A BFS länderrechtlich geregelt	Reha-Ausbildungen
1310	A Reha-Ausbildungen	Sonstige Ausbildungen
1410	A Sonstige Ausbildungen	Meister
2110	A Handwerksmeister	Meister
2120	A Industriemeister	Meister
2130	A Sonstige Meister	Techniker
2210	A Techniker	Kaufmännische Weiterbildungen
2310	A Betriebswirte (Fachschule)	Kaufmännische Weiterbildungen
2320	A Fachwirte	Kaufmännische Weiterbildungen
2330	A Fachkaufleute	Kaufmännische Weiterbildungen
2340	A Sonstige kaufmännische Weiterbildungen	Andere Weiterbildungen
2410	A Gestalter	Andere Weiterbildungen
2420	A Restauratoren im Handwerk	Andere Weiterbildungen
2430	A Wirtschafter	Andere Weiterbildungen
2440	A Fachpfleger	Andere Weiterbildungen
2450	A IT-Aufstiegsfortbildungen (zertifiziert)	Andere Weiterbildungen
2460	A Fachagrarwirte	Andere Weiterbildungen
2470	A Handwerker für Restaurierungsarbeiten	Andere Weiterbildungen
2480	A Sonstige Weiterbildungen	Studienfächer/-gänge
3110	A Berufsakademie Ausbildung	Studienfächer/-gänge
3120	A Grundständige Studienfächer/-gänge	Studienfächer/-gänge
3130	A Weiterführende Studienfächer/-gänge	Weiterbildungen (bedingen
3210	A Facharztweiterbildungen	Hochschulstudium)
3220	A Sonstige (Aufstiegs-)Weiterbildungen für	Weiterbildungen (bedingen
	Hochschulabsolventen	Hochschulstudium)
5110	A Beamte einfacher Dienst	Beamtenausbildungen
5120	A Beamte mittlerer Dienst	Beamtenausbildungen
5130	A Beamte gehobener Dienst	Beamtenausbildungen
5140	A Beamte höherer Dienst	Beamtenausbildungen
6110	A Mannschaften	Soldatenausbildungen
6120	A Fachunteroffiziere	Soldatenausbildungen
6130	A Feldwebel	Soldatenausbildungen
6140	A Offiziere	Soldatenausbildungen

Daneben existieren 17 berufskundliche Gruppen für Tätigkeiten (vgl. Tabelle 3–8). Die darin zugeordneten Datensätze bilden die Erwerbsberufe des Beschäftigungssystems. Analog zur Gruppierung der Ausbildungen fassen berufskundliche Obergruppen die differenzierten Tätigkeiten zusammen. Die Obergruppen beziehen sich auf zuvor durchlaufene Ausbildungsformen (Ausbildung, Weiterbildung, Studium, Beamten-, Soldatenausbildung) bzw. beschreiben allgemeine Ausübungsformen und Helfer-/Anlerntätigkeiten. Auf eine weitere Differenzierung z. B. nach Aus- und Weiterbildungsform wird verzichtet.

Tabelle 3–8: Berufskundliche Gruppen zu Tätigkeiten (BA 2020b, Filter: Typ: t, Stand: 25.03.2020)

ID	Berufskundliche Gruppe	Berufskundliche Obergruppe
1910	B Fachkräfte	Tätigkeiten nach Ausbildung
2910	B Meister	Tätigkeiten nach Weiterbildung
2920	B Techniker	Tätigkeiten nach Weiterbildung
2930	B Kaufmännische Weiterbildungen	Tätigkeiten nach Weiterbildung
2940	B Andere Weiterbildungsberufe	Tätigkeiten nach Weiterbildung
3910	B Studienberufe	Tätigkeiten nach Studium
3920	B Studienberufe (nach Weiterbildung)	Tätigkeiten nach Studium
4910	B Ausübungsformen	Ausübungsformen
5910	B Beamte einfacher Dienst	Tätigkeiten nach Beamtenausbildung
5920	B Beamte mittlerer Dienst	Tätigkeiten nach Beamtenausbildung
5930	B Beamte gehobener Dienst	Tätigkeiten nach Beamtenausbildung
5940	B Beamte höherer Dienst	Tätigkeiten nach Beamtenausbildung
6910	B Mannschaften	Tätigkeiten nach Soldatenausbildung
6920	B Fachunteroffiziere	Tätigkeiten nach Soldatenausbildung
6930	B Feldwebel	Tätigkeiten nach Soldatenausbildung
6940	B Offiziere	Tätigkeiten nach Soldatenausbildung
7910	B Helfer-/Anlerntätigkeiten	Helfer-/Anlerntätigkeiten

Zwar unterscheidet die Bundesagentur für Arbeit ihre Datensätze zwischen Ausbildungen und Tätigkeiten, doch deren Abgrenzung sowie deren Zusammenhang können durch die Form der Darstellung im Portal zu Verwirrungen führen. So existieren Datensätze, die ausbildungsbeschreibende Kategorien zusammen mit tätigkeitsbezogenen Kategorien gemeinsam darstellen. Dies trifft bei Erwerbsberufen und Ausbildungen mit gleicher Bezeichnung zu. Andere Datensätze stellen nur ausbildungsspezifische Kategorien (insbesondere Studiengänge) und andere nur tätigkeitsbezogene Kategorien (insbesondere „Ausübungsformen“) dar. Es irritiert, dass für Ausbildungen und Erwerbsberufe mit gleicher Bezeichnung die gewählte Suchstrategie den Ausschlag gibt, ob die Datensätze nach ausbildungs- und tätigkeitsbezogenen Kategorien getrennt oder gemeinsam ausgegeben werden.

Codierung der Datensätze in KldB 2010- Systematik

Die Kennzeichnung aller Datensätze im BERUFENET folgt der numerischen KldB 2010-Systematik. Das heißt neben Erwerbsberufen ordnet die Bundesagentur für Arbeit sowohl akademische als auch nicht akademische Ausbildungen gemäß ihrer Berufsfachlichkeit sowie ihres Anforderungsniveaus in die KldB 2010 Systematik ein. Den einzelnen Datensätzen wird hierzu eine 8-stellige Berufskennziffer[56] „B xxxxx-yyy“ zugeordnet. Diese besteht aus dem jeweils relevanten KldB 5-Steller „xxxxx“ ergänzt um drei Stellen „yyy“. Anhand dieser letzten Stellen werden Einzelberufe sowie Ausbildungs-, Weiterbildungs- und Studiengänge differenziert. Dabei kennzeichnen Datensätze mit den Codierungen B xxxxx-**1**yy bzw. B xxxxx-**2**yy Tätigkeiten und Codierungen B xxxxx-**8**yy bzw. B xxxxx-**9**yy Ausbildungen (vgl. Paulus & Matthes 2013, S. 17).

Im folgenden Beispiel werden die Codierungen des Fachinformatikers aufgeführt, die sich so bei gleicher Bezeichnung zwischen Ausbildung und Tätigkeit in den letzten drei Stellen der Systematiknummer unterscheiden lassen.

Tabelle 3–9: Systematikinformationen im BERUFENET zum Fachinformatiker/in – Systemintegration (BA 2018d)

Erwerbsberuf	**Ausbildung**
Fachinformatiker/in – Systemintegration Berufs-ID: 7817 Systematiknummer: 43102–102	Fachinformatiker/in – Systemintegration Berufs-ID: 7847 Systematiknummer: 43102-906

56 Für die achtstelligen Berufskennziffern werden in den BA-Publikationen synonym die Begriffe „Systematiknummer“, „Codenummer Beruf“ verwendet. Die darin enthaltenen ersten fünf Stellen bezeichnen den „KldB 5-Steller“, der gleichfalls dem „Tätigkeitsschlüssel“ im Rahmen der Meldung zur Sozialversicherung von Beschäftigten entspricht.

Die aufgeführte Berufs-ID ist eine weitere, eindeutige Identifikationsnummer eines Datensatzes, die in der BA-Datenbank der Dokumentationskennzahlen (DKZ) unter der Bezeichnung „DKZ-ID Beruf" verwendet wird (vgl. Tabelle 3–14).

Die ersten fünf Stellen der im BERUFENET veröffentlichten Systematiknummer (KldB 5-Steller) übernimmt u. a. das BIBB in das Verzeichnis der anerkannten Ausbildungsberufe (BIBB 2017), (vgl. Hagen 2018). Diese Vorgehensweise, Ausbildungen einer erwerbsberuflichen Systematik zuzuordnen, ist insbesondere für duale Ausbildungsgänge nicht unüblich, da sie in einem Beschäftigungsverhältnis stehen. So führt die International Labour Organization an: „In ISCO-08 apprentices and trainees are classified according to the occupation they are training for, if they are employed in the capacity of apprentice or trainee" (ILO 2012, S. 40).

3.3.3 Kategorien der beruflichen Datensätze

Die Datensätze im BERUFENET enthalten vereinheitlichte Kategorien zur Charakterisierung der Berufe. Diese sind über verschiedene Rubriken in dem Informationssystem auswählbar. Die folgende Tabelle 3–10 stellt die Kategorien sowie die zusammenfassenden Rubriken für Erwerbsberufe dar.

Tabelle 3–10: Kategorien von Erwerbsberufen im BERUFENET (Stand: 14.08.2018, Version 4.64.22044, vgl. BA 2018b)

Rubrik	Kategorien
Kurzbeschreibung	• Die Tätigkeit im Überblick • Typische Branchen • Systematikinformationen zum Beruf ◦ Tätigkeit

Zugangsvoraussetzungen	• Fachliche Anforderungen
	  ◦ Zugang zur Tätigkeit
	• Persönliche Anforderungen
	  ◦ Gesundheitliche Aspekte
	  ◦ Interessen
	  ◦ Arbeits-/Sozialverhalten
	  ◦ Fähigkeiten

Tätigkeit	• Berufsbeschreibung
	  ◦ Tätigkeitsinhalte
	  ◦ Verdienstmöglichkeiten
	  ◦ Berufsbezeichnungen
	  ◦ Kompetenzen
	• Rahmenbedingungen
	  ◦ Arbeitsbedingungen
	  ◦ Arbeitsgegenstände
	  ◦ Typische Branchen
	• Medien

(fortgeführt)

Tabelle 3–10: Fortsetzung

Rubrik	Kategorien

Perspektiven	• Weiterbildung
	  ◦ Anpassungsweiterbildung
	  ◦ Aufstiegsweiterbildung
	• Alternativen
	  ◦ Berufliche Einsatzmöglichkeiten
	  ◦ Ähnliche Berufe
	  ◦ Existenzgründung
	• Arbeitsmarkt
	  ◦ Stellenangebote
	  ◦ Andere Stellenbörsen
	• Statistische Daten
	  ◦ Chancen am Arbeitsmarkt
	  ◦ Beschäftigungsdaten
	  ◦ Tätigkeitsschlüssel

Weiteres zum Beruf	• Aktuelles zum Beruf • Trends • Informationsquellen

Darin werden z. B. in der Rubrik „Zugangsvoraussetzungen" wiederum übergeordnete Kategorien wie „Fachliche Anforderungen" und „Persönliche Anforderungen" unterschieden. Erstere verweisen z. B. unter „Zugang zur Tätigkeit" auf entsprechende Ausbildungen oder Weiterbildungen, die zur Ausübung des Berufs führen bzw. ggf. auch vorausgesetzt werden. In der Rubrik „Tätigkeit" werden unter „Rahmenbedingungen" in allen Erwerbsberufsdatensätzen u. a. „Arbeitsgegenstände" aufgeführt. Darin sind Arbeitsmittel wie z. B. Computertechnik und Software, aber auch Werkzeuge, Prüfgeräte und Unterlagen wie z. B. Installationspläne und Handbücher aufgeführt.

Der zur Verfügung gestellte Umfang der Daten ist unterschiedlich. So weisen nicht alle Datensätze die in Tabelle 3–10 aufgeführten Aspekte auf. Insbesondere weichen die zur Verfügung stehenden Informationen bei Erwerbsberufen von denen bei Ausbildungen ab. Innerhalb einer berufskundlichen Gruppe ist die Anzahl der aufgeführten Kategorien jedoch weitestgehend homogen. Es ist zu beobachten, dass an dem Informationssystem fortlaufend Änderungen vorgenommen werden, sodass der hier dargestellte Stand möglicherweise bereits veraltet ist. Besonders die Rubrik Medien visualisiert zunehmend anhand von Bildergalerien oder Filmen die beruflichen Arbeitsaufgaben.

Das folgende Beispiel stellt für den Erwerbsberuf „ERP-Systembetreuer/in" die zur Verfügung gestellten Tätigkeitsmerkmale dar. Dieser Beruf wird als sogenannte „Berufliche Einsatzmöglichkeit" klassifiziert, für die keine unmittelbar hinführende Ausbildung existiert.

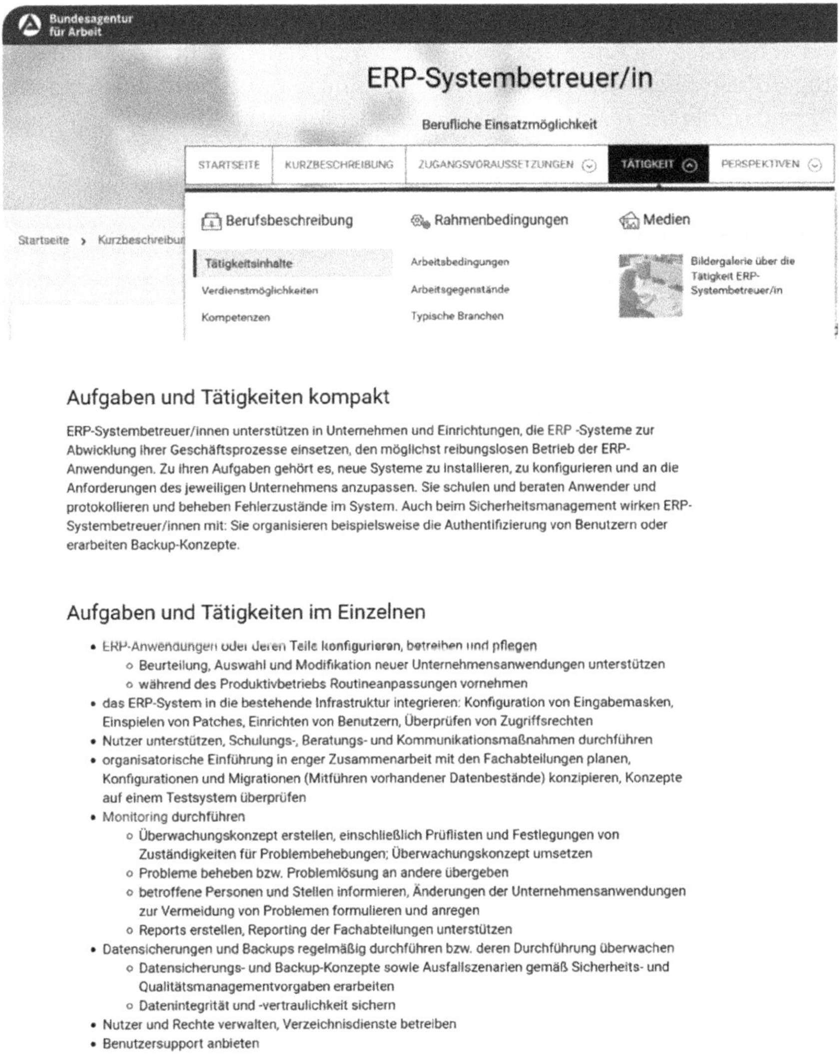

Aufgaben und Tätigkeiten kompakt

ERP-Systembetreuer/innen unterstützen in Unternehmen und Einrichtungen, die ERP -Systeme zur Abwicklung ihrer Geschäftsprozesse einsetzen, den möglichst reibungslosen Betrieb der ERP-Anwendungen. Zu ihren Aufgaben gehört es, neue Systeme zu installieren, zu konfigurieren und an die Anforderungen des jeweiligen Unternehmens anzupassen. Sie schulen und beraten Anwender und protokollieren und beheben Fehlerzustände im System. Auch beim Sicherheitsmanagement wirken ERP-Systembetreuer/innen mit: Sie organisieren beispielsweise die Authentifizierung von Benutzern oder erarbeiten Backup-Konzepte.

Aufgaben und Tätigkeiten im Einzelnen

- ERP-Anwendungen oder deren Teile konfigurieren, betreiben und pflegen
    - Beurteilung, Auswahl und Modifikation neuer Unternehmensanwendungen unterstützen
    - während des Produktivbetriebs Routineanpassungen vornehmen
- das ERP-System in die bestehende Infrastruktur integrieren: Konfiguration von Eingabemasken, Einspielen von Patches, Einrichten von Benutzern, Überprüfen von Zugriffsrechten
- Nutzer unterstützen, Schulungs-, Beratungs- und Kommunikationsmaßnahmen durchführen
- organisatorische Einführung in enger Zusammenarbeit mit den Fachabteilungen planen, Konfigurationen und Migrationen (Mitführen vorhandener Datenbestände) konzipieren, Konzepte auf einem Testsystem überprüfen
- Monitoring durchführen
    - Überwachungskonzept erstellen, einschließlich Prüflisten und Festlegungen von Zuständigkeiten für Problembehebungen; Überwachungskonzept umsetzen
    - Probleme beheben bzw. Problemlösung an andere übergeben
    - betroffene Personen und Stellen informieren, Änderungen der Unternehmensanwendungen zur Vermeidung von Problemen formulieren und anregen
    - Reports erstellen, Reporting der Fachabteilungen unterstützen
- Datensicherungen und Backups regelmäßig durchführen bzw. deren Durchführung überwachen
    - Datensicherungs- und Backup-Konzepte sowie Ausfallszenarien gemäß Sicherheits- und Qualitätsmanagementvorgaben erarbeiten
    - Datenintegrität und -vertraulichkeit sichern
- Nutzer und Rechte verwalten, Verzeichnisdienste betreiben
- Benutzersupport anbieten

Abbildung 3–5: Aufgaben und Tätigkeiten des ERP-Systembetreuer/in (BA 2018c)

In der Kurzbeschreibung wird in maximal zwei Sätzen die Tätigkeit im Überblick zusammengefasst. Die Abbildung 3–5 verdeutlicht die Menüstruktur des BERUFENET, in der eine ausführlichere Berufsbeschreibung der Tätigkeitsinhalte weiter in „Aufgaben und Tätigkeiten kompakt" sowie „Aufgaben und Tätigkeiten im Einzelnen" gegliedert wird. Letztere stellt meist stichwortartig Arbeitsaufgaben mit diversen Unterpunkten auf einer differenzierten Ebene dar. Die im Text hervorgehobenen Fachbegriffe stellen Verknüpfungen dar, die beim Anklicken eine entsprechende Erklärung liefern.

Abweichend von den ausschließlich berufsfachlichen Informationen in dem beschreibenden Band der Berufsklassifikation (vgl. Abschnitt 3.2) enthalten einige Datensätzen des BERUFENET Kategorien, die benötigte Verhaltensdimensionen und personengebundene Fähigkeiten aufführen. Diese „Zugangsvoraussetzungen" existieren, wenn für die berufliche Tätigkeit eine Ausbildungsform existiert. Darin werden persönliche und soziale Fähigkeiten auf den Beruf bezogen und entsprechend operationalisiert. Für den Beruf „Fachinformatiker/in – Systemintegration" werden beispielsweise folgende Merkmale aufgeführt:"

Arbeits-/Sozialverhalten

Einige Merkmale des Arbeits- und Sozialverhaltens sind gleichermaßen für alle Berufe relevant und werden deshalb nicht gesondert erwähnt. Hierzu gehören: Zuverlässigkeit, Pünktlichkeit, Ehrlichkeit, Kritikfähigkeit sowie angemessene Umgangsformen. Zusätzlich werden die nachfolgend genannten berufsspezifischen Merkmale benötigt, um diesen Beruf ausüben zu können.

- Leistungs- und Einsatzbereitschaft (z.B. Bereitschaft zum zeitlich und örtlich flexiblen Arbeitseinsatz bei Installationsarbeiten in Kundenbetrieben)
- Durchhaltevermögen / Zielstrebigkeit (z.B. Durchführen von langwierigen und immer wieder erfolglosen Fehlersuchen)
- Sorgfalt (z.B. genaues, fehlerfreies Installieren von komplexen (vernetzten und unvernetzten) Systemen)
- Selbstständige Arbeitsweise (z.B. eigenständiges Planen, Durchführen und Kontrollieren der Arbeitsabläufe bei der Projektierung und Realisierung von kundenspezifischen IT-Lösungen)
- Flexibilität (z.B. rasches Einstellen auf unterschiedliche örtliche Voraussetzungen beim Installieren von Netzwerken beim Kunden)
- Kreativität (z.B. Entwickeln und Umsetzen von neuartigen IT-Lösungen durch Integration von Hard- und Softwarekomponenten zu einem komplexen System)
- Lernbereitschaft (z.B. kontinuierliches Aneignen von Kenntnissen über neue technische Entwicklungen in der IT-Branche)
- Psychische Belastbarkeit (z.B. leistungsfähig bleiben bei Arbeiten mit hohem Arbeitstempo, etwa beim Beheben von Störungen)
- Kunden- und Serviceorientierung (z.B. Eingehen auf die individuellen Bedürfnisse und Wünsche der Kunden bezüglich der zu installierenden oder zu betreibenden IT-Infrastruktur)

Abbildung 3–6: Arbeits- und Sozialverhalten der Fachinformatiker/in – Systemintegration (BA 2018d)

Kategorien von Ausbildungen

Die Datensätze der berufskundlichen Gruppen von Ausbildungen beinhalten Kategorien, die in folgender Tabelle 3–11 aufgeführt sind. Hierzu gehören u. a. Zugangsvoraussetzungen und Ausbildungs- und Studieninhalte.

Tabelle 3–11: Mögliche Kategorien und Merkmale von Ausbildungen im BERUFENET (Stand: 14.08.2018, Version 4.64.22044, vgl. BA 2018b)

Rubrik	Kategorie
Kurzbeschreibung	• Aus-/Weiterbildung/Studium im Überblick • Studiengangbezeichnung • Systematikinformationen zum Beruf/Studienfach ◦ Ausbildung

Zugangsvoraussetzungen	• Fachliche Anforderungen
	  ◦ Zugang zur Aus-/Weiterbildung
	  ◦ Zugang zum Studium
	  ◦ Schulische/Berufliche Vorkenntnisse
	  ◦ Anerkennung ausländischer Qualifikationen

Ausbildung	• Aus-/Weiterbildungsbeschreibung
	  ◦ Weiterbildungsinhalte
	  ◦ Weiterbildungsaufbau
	  ◦ Finanzielle Aspekte
	  ◦ Aus-/Weiterbildungsdauer/-abschluss
	• Studienfachbeschreibung
	  ◦ Studiengangbezeichnung
	  ◦ Studieninhalte
	  ◦ Fächerkombinationen
	  ◦ Spezialisierung
	  ◦ Finanzielle Aspekte
	  ◦ Studiendauer/-abschluss
	• Alternativen
	  ◦ Ähnliche Aus-/Weiterbildungen
	  ◦ Ähnliche Studienfächer
	  ◦ Alternativen zum Studienabbruch
	• Rahmenbedingungen
	  ◦ Aus-/Weiterbildungssituation
	  ◦ Aus-/Weiterbildungsorte
	  ◦ Studiensituation
	  ◦ Studium im Ausland

Weiteres zum Beruf/ Studium	• Entwicklung • Rechtliche Regelung

(*fortgeführt*)

Tabelle 3–11: Fortsetzung

Rubrik	Kategorie
Perspektiven	• Weiterbildung ◦ Anpassungsweiterbildung ◦ Aufstiegsweiterbildung • Alternativen ◦ Möglichkeiten nach der Aus-/Weiterbildung ◦ Berufliche Einsatzmöglichkeiten ◦ Ähnliche Berufe ◦ Existenzgründung • Möglichkeiten nach dem Studium ◦ Tätigkeitsfelder ◦ Weiterführende Studienfächer • Arbeitsmarkt ◦ Weiterbildungsangebote ◦ Stellenangebote ◦ Andere Stellenbörsen • Statistische Daten ◦ Chancen am Arbeitsmarkt ◦ Beschäftigungsdaten • Angebote ◦ Studienangebote ◦ Stellenangebote

Neben der Beschreibung von Ausbildungs- und Studieninhalten können in der Rubrik „Perspektiven" entsprechende Erwerbsberufe ermittelt werden, in denen nach Durchlaufen der Ausbildung/Weiterbildung/Studium gearbeitet werden kann. Das Portal ermöglicht ebenfalls auf die formalen, rechtlichen Regelungen wie z. B. Ausbildungsordnungen, Rahmenlehrpläne, Fachschulverordnungen oder Hochschulgesetze unmittelbar zuzugreifen.

3.3.4 Zusammenhang zwischen Ausbildungen und Erwerbsberufen

Aus den BERUFENET-Datensätzen lassen sich mögliche Beziehungen zwischen Ausbildungen und Erwerbsberufen ermitteln. Unter der Rubrik „Zugangsvoraussetzungen/Zugang zur Tätigkeit" werden mögliche Ausbildungsgänge für einen Erwerbsberuf aufgezeigt. Die folgende Abbildung 3–7 zeigt dies beispielhaft für den Erwerbsberuf „ERP-Systembetreuer".

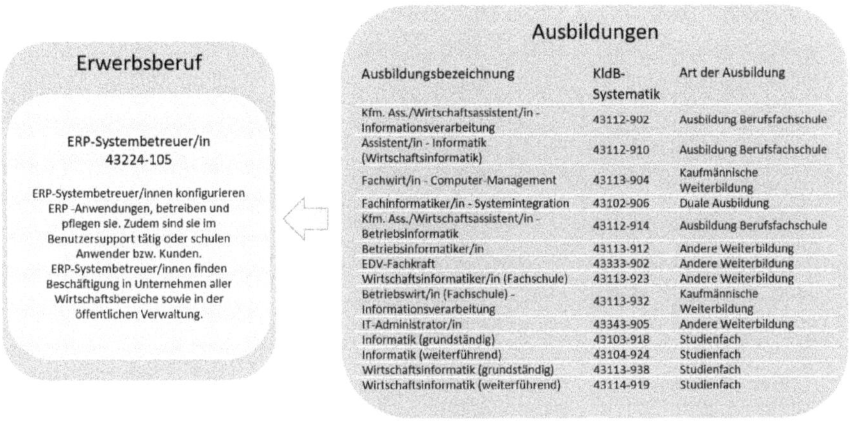

Abbildung 3-7: Mögliche Ausbildungen zur Ausübung des Erwerbsberufs ERP-Systembetreuer (vgl. BA 2018c, eigene Darstellung)

Eine Besonderheit besteht darin, dass für diesen Erwerbsberuf keine spezifische Ausbildung existiert. Stattdessen bestehen vielfältige substituierbare[57] Ausbildungen diverser berufsfachlicher Bereiche, die zur Ausübung der beruflichen Tätigkeit qualifizieren. Neben der horizontalen Bandbreite reicht der vertikale Umfang der Qualifikationen von der Berufsfachschulausbildung bis zum Studienfach.

Aus der umgekehrten Sicht lassen sich aus den BERUFENET-Datensätzen von Ausbildungen, berufliche Einsatzmöglichkeiten aus der Rubrik „Perspektiven" entnehmen. Aus der Rubrik „Perspektiven" zum dualen Ausbildungsberuf „*Fachinformatiker/in der Fachrichtung Systemintegration*" stammen beispielhaft die in Abbildung 3-7 aufgeführten beruflichen Tätigkeitsfelder (vgl. BA 2018d).

57 Substituierbare Ausbildungen für einen Beruf dürfen hier nicht mit der Substituierbarkeit von Berufen durch die Digitalisierung verwechselt werden, zu denen es in den letzten Jahren vermehrte Untersuchungen gibt (vgl. Dengler & Matthes 2015).

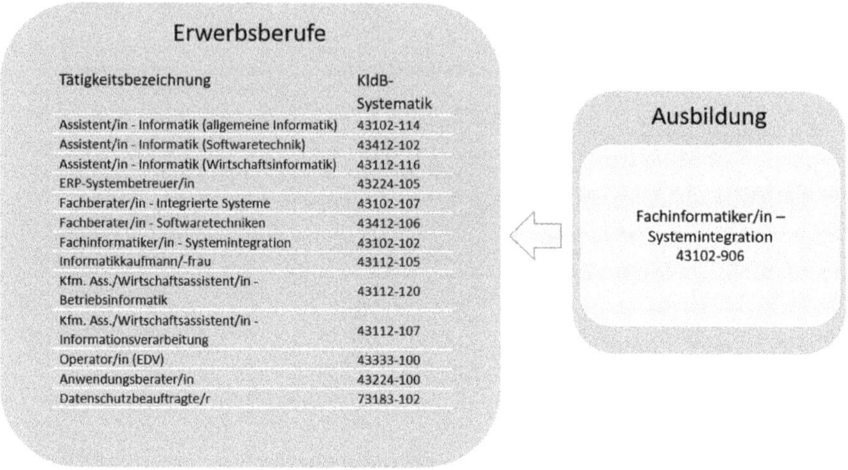

Abbildung 3–8: Berufliche Einsatzmöglichkeiten nach der Ausbildung zum Fachinformatiker/in – Systemintegration (vgl. BA 2018d, eigene Darstellung)

Die Ergebnisse verdeutlichen die Flexibilität dieses Ausbildungsberufs, die sich über verschiedene Berufsgruppen innerhalb der IKT-Berufe und auch außerhalb (Datenschutzbeauftragte/r) erstreckt. Die Niveaustufen der möglichen Erwerbsberufe reichen über das Anforderungsniveau 2 (fachlich ausgerichtete Tätigkeiten) bis zum Niveau 4 (hoch komplexe Tätigkeiten).

3.3.5 „Kompetenzen" im BERUFENET

Im Rahmen der Rubrik Tätigkeiten werden u. a. erforderliche „Kompetenzen" aufgeführt, die zur Ausübung dieses Berufs notwendig erscheinen. Die Liste der Kompetenzen gliedert sich in:

1. Kernkompetenzen, die in diesem Beruf grundsätzlich erforderlich sind,
2. weitere Kompetenzen, die für die Ausübung dieses Berufs bedeutsam sein können,
3. weitere relevante Fertigkeiten und Kenntnisse (vgl. BA 2018c).

Nachfolgend werden beispielhaft die Kompetenzen der „ERP-Systembetreuer/in" dargestellt (vgl. BA 2018c).

Kompetenzen

Kernkompetenzen, die in diesem Beruf grundsätzlich erforderlich sind:

- Anwenderberatung, Anwender-Support (IT)
- Enterprise Resource Planning (ERP)
- Systembetreuung, Systemadministration, Systemverwaltung
- Systemintegration

Weitere Kompetenzen, die für die Ausübung dieses Berufs bedeutsam sein können:

- Ablauforganisation
- Betriebswirtschaftslehre
- Client-Servertechnik
- Cloud Computing
- Datenbankadministration, -management, -organisation
- Datenschutz
- EDV-Anwender-Training
- Enterprise-Resource-Planning(ERP)-Programm Baan
- Hardwareinstallation, Softwareinstallation
- Informationstechnik, Computertechnik
- Internet-, Intranettechnik
- Kundenberatung, -betreuung
- Programmieren
- Qualitätsmanagement
- Release Management
- SAP ERP
- Sicherheitssysteme (IT), Datensicherheit
- Softwaretechnik, Software-Engineering
- Systemsoftware (Entwicklung, Programmierung, Analyse)
- Wirtschaftsinformatik

Weitere relevante Fertigkeiten und Kenntnisse:

- Kompetenzgruppe "Betriebssysteme"
- Kompetenzgruppe "Datenbanken, Datenverwaltungssysteme"
- Kompetenzgruppe "Netzprotokolle"
- Kompetenzgruppe "Netzwerktechnik"
- Kompetenzgruppe "Netzwerkzertifizierungen"
- Kompetenzgruppe "Programmiersprachen, Programmbibl., Entwicklungsumgebungen"

Abbildung 3-9: Kompetenzen der ERP-Systembetreuer/in (BA 2018c)

Darüber hinaus werden weitere relevante Fertigkeiten und Kenntnisse in Form ganzer Kompetenzgruppen aufgelistet. Diese beinhalten eine unterschiedliche Anzahl von feststehenden Einzelkompetenzen. Für die ERP-Systembetreuer sind dies insgesamt 435 Einzelkompetenzen wie beispielsweise:

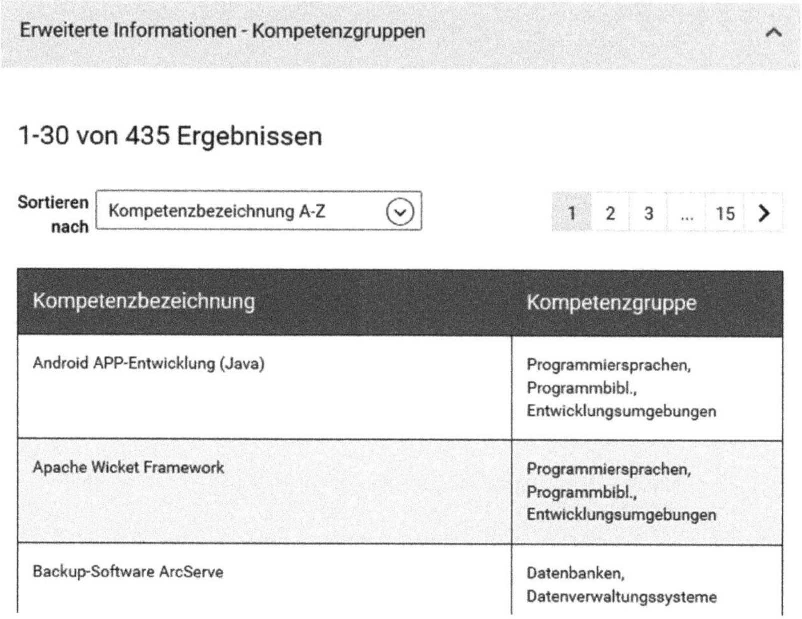

Erweiterte Informationen - Kompetenzgruppen

1-30 von 435 Ergebnissen

Sortieren nach Kompetenzbezeichnung A-Z

1 2 3 ... 15

Kompetenzbezeichnung	Kompetenzgruppe
Android APP-Entwicklung (Java)	Programmiersprachen, Programmbibl., Entwicklungsumgebungen
Apache Wicket Framework	Programmiersprachen, Programmbibl., Entwicklungsumgebungen
Backup-Software ArcServe	Datenbanken, Datenverwaltungssysteme

Abbildung 3–10: Kompetenzen und Kompetenzgruppen der ERP-Systembetreuer/in (Auszug, BA 2018c)

Bedeutung der „Kompetenzen“

Die Auflistung aller, aktuell in der BA verwendeten „Kompetenzen“ kann aus dem Download-Portal der BA bezogen werden (vgl. BA 2018i). In der folgenden Tabelle 3–12 werden die 17 unterschiedenen Kompetenzarten aufgeführt.

Tabelle 3–12: Kompetenzarten im BERUFENET (vgl. BA 2018i)

Identifikation	Bezeichnung
K00	Land-, Forstwirtschaft, Gartenbau
K01	Produktion, Verarbeitung, Technik
K02	Bau, Architektur
K03	Wirtschaft, Verwaltung
K04	Transport, Verkehr
K05	Hotel, Gaststätten, Tourismus
K06	Dienstleistungen
K07	IT, DV, Computer
K08	Wissenschaft, Forschung, Entwicklung
K09	Soziales, Erziehung, Gesundheit, Sport
K10	Medien, Kunst, Gestaltung
K11	Sprachkenntnisse
K12	Arbeits-, Einsatzformen
K13	Waren- und Produktkenntnisse
K14	Lizenzen, Berechtigungen, Führerscheine
K15	Soft Skills
K16	Arbeitsorte
K17	Branchen

Diesen Kompetenzarten sind ca. 8.300 Einzelkompetenzen zugeordnet (vgl. BA 2018i). Zusätzlich werden die Einzelkompetenzen in Gruppen zusammengefasst und diese wiederum, teilweise in mehreren Stufen, aggregiert.

Die BA verwendet den Begriff der „Kompetenz" vielfältig. Beispielsweise werden Tätigkeiten, Funktionen, Technologien, Verfahren, Fach-/ Rechtsgebiete, Produkte, Zertifizierungen, Protokolle, Wissenschaften und Sprachen als Kompetenzen bezeichnet. Die Aufnahme einer Kompetenz in die Datenbank der BA wird durch die Arbeitsmarktrelevanz, d. h. ob eine Kompetenz tatsächlich nachgefragt oder in Form von Aus- oder Weiterbildungen angeboten wird, bestimmt (vgl. BA 2011a, S. 30). Nachfolgende Beispiele vermitteln einen Eindruck über die begriffliche Verwendungsvielfalt.

DENGLER weist darauf hin, dass der hier verwendete Kompetenzbegriff nicht mit der in der Wissenschaft üblichen, subjektiven Verhaltensdimension verstanden werden kann, sondern verortet die hier aufgeführten Aspekte im Sinne von Arbeitsanforderungen (vgl. Dengler et al. 2014, S. 12).

Tabelle 3–13: Systematik der BA Kompetenzen (Auszug, vgl. BA 2018i)

ID	Ebene 1	Ebene 2	Ebene 3	Ebene 4
K02	Bau, Architektur	Straßenbau, Gleisbau	- Pflastern - Randbefestigungen herstellen	
K07	IT, DV, Computer	EDV-Dienstleistungen	- Netzwerkmonitoring - Backupkonzepte (IT) - Benchmark-Test - First-Level-Support - Konfigurieren - Release Management - EDV-Anwender-Training	
		Software – technische Anwendungsgebiete	CAD-/CAM-Anwendungen	- CAD-Anwendung AutoCAD - CAD-Anwendung SolidWorks
		Datenbanken, Datenverwaltungssysteme	- Datenbanken, Content-Management-System (CMS) IBM DB2 - Backup-Software ArcServe	
		Netzwerkzertifizierungen	- Netzwerkzertifizierung CCNA - Netzwerkzertifizierung MCSA	
		Netzprotokolle	- Netzprotokolle SSH - Netzprotokolle FTP	
		Spezielle Informatikgebiete	- Bauinformatik - Technische Informatik	
K12	Arbeits-, Einsatzformen		- Auslandstätigkeit - Montagetätigkeit - Offshore	
K13	Waren- und Produktkenntnisse	Waren- und Produktkenntnisse-Elektro-u. Komm. tech., IT-Hardware	Kommunikations- und informationstechnische Produkte	- Microsoft SharePoint Server - Brandmeldetechnik - Richtfunkanlagen

3.3.6 Datenbasis und Aktualisierung des BERUFENET

Eine Datenbasis für das BERUFENET bildet die zentrale DKZ-Datenbank der BA. In diese Datenbank „werden alle Ausbildungs-, Berufs- und Tätigkeitsbezeichnungen innerhalb Deutschlands aufgenommen, die fachlich geprüft, inhaltlich definiert und vergleichbar sind" (Matthes et al. 2008, S. 14). Die Berufsforschung hat hierzu verschiedene Methoden zur empirischen Erhebung sowie Konzepte zur Darstellung berufsspezifischer Informationen entwickelt (vgl. Biersack & Parmentier 2002). Über die Aufnahme einer beruflichen Tätigkeit in die Datenbank, zu der sich keine Ausbildung zuordnen lässt, entscheidet z. B. die Arbeitsmarktrelevanz. Sie ergibt sich z. B. aus Hinweisen in Tarifverträgen, in denen die Berufsbezeichnung auftritt, oder dass es allgemein verbindliche Weiterbildungsangebote für diese Tätigkeit gibt (vgl. Matthes et al. 2008, S. 14). Die weitere Zuordnung von beruflich beschreibenden Kategorien erfolgt ebenfalls durch Experten, sodass Dengler et. al das BERUFENET als „Expertendatenbank" bezeichnen (vgl. Dengler et al. 2014, S. 11 f.). Seit Anfang der 2000er-Jahre werden diese berufskundlichen Arbeiten durch einen externen Dienstleister durchgeführt[58] (vgl. ebd., S. 12; Dostal 2005a, S. 31).

Neben dem BERUFENET greifen auch weitere berufskundliche Informationsmedien der BA wie z. B. die JOBBÖRSE, KURSNET oder planet-beruf.de auf die DKZ-Systematik zurück (vgl. Vicari 2014, S. 8).

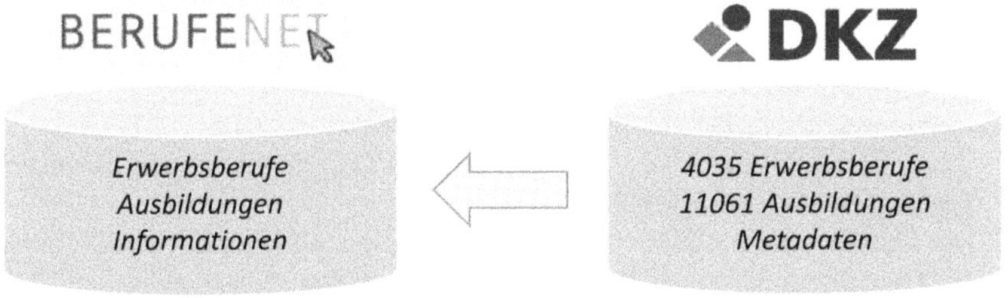

Abbildung 3-11: Datenbasis für das Berufsinformationssystem BERUFENET (Datenquelle: BA 2018a, eigene Darstellung)

Das BERUFENET veröffentlicht berufliche Informationen für die meisten der rund 4.000 Erwerbsberufe, die in der zentralen DKZ-Datenbank der BA

58 Derzeit ist der Verlag „BW Bildung und Wissen Verlag und Software GmbH" beauftragt, das BERUFENET zu aktualisieren (vgl. BW Verlag 2020).

aufgenommen sind (siehe Abbildung 3–11). Von den rund 11.000 Ausbildungs-, Weiterbildungs- und Studiengängen erscheinen nur teils exemplarische Bildungsgänge als Datensatz. Das gilt insbesondere für Studiengänge. Insgesamt bildet diese Datenbank die einzig verfügbare, umfassende und systematische Sammlung von fachbezogenen Anforderungen, Tätigkeiten und Kompetenzen für aktuelle oder frühere Berufe in Deutschland (vgl. BA 2011a, S. 31).

Download-Portal

Über das BA-Download-Portal (http://download-portal.arbeitsagentur.de) besteht eine unmittelbare Schnittstelle zur DKZ-Datenbank. Berufliche Informationen werden darin in Form einzelner Dokumente tagesaktuell zur Verfügung gestellt. Insbesondere beinhalten die folgenden Dateien relevante berufliche Informationen:

Dateiname: Gesamtberufsliste_der_BA.xlsx

Titel: Gesamtberufsliste der Bundesagentur für Arbeit (BA 2018k)

Diese Datei enthält alle am Arbeitsmarkt gängigen Berufsbezeichnungen. Jeder Eintrag ist mit einer entsprechenden KldB 2010-Codierung versehen. Über die Zustandsvariable können folgende Anwendungsfälle unterschieden werden: Berufe im Zustand „E“ bilden gültige Endpunkte für die Vermittlungs- und Informationssysteme der BA. Das heißt für die Berufsbezeichnungen existieren größtenteils weiterführende Informationen im BERUFENET. Berufe im Zustand „T“ bilden nur Tätigkeitsbezeichnungen, die insbesondere zur Codierung von Tätigkeiten im Rahmen des Meldeverfahrens zur Sozialversicherung (vgl. 3.2.1) verwendet werden.

Dateiname: DKZ_Berufe_Zuordnung_Berufsgattung.xlsx

Titel: „Berufe aus der DKZ (Ausbildungen und Tätigkeiten) mit zugeordneten Berufsgattungen der KldB 2010“ (BA 2018a)

Die Datei beinhaltet alle rund 4.000 relevanten Ausbildungen und Tätigkeiten (Berufe im Zustand „E“) mit zugeordneten Berufsgattungen der KldB 2010 im Vermittlungssystem der BA. In dem Dokument wird der Zusammenhang zwischen weiteren verwendeten Identifikationen beruflicher Datensätze ersichtlich:

Tabelle 3–14: Identifikationsnummern für Berufe in der BA-Datenbank DKZ (vgl. BA 2018a)

Identifikation	Bedeutung/Verwendung
DKZ-ID Beruf	Technisch generierte Identifikationsnummer eines Datensatzes in der DKZ-Datenbank.
Codenr. Beruf	8-stellige Berufskennziffer im Format B xxxxx-yyy. Die ersten fünf Ziffern stellen die Zuordnung zur Berufsgattung der KldB 2010 dar, die weiteren drei Stellen differenzieren den Einzelberuf aus.
Bezeichnung n/k Beruf	Neutrale Kurzform der Berufsbezeichnung.
Kurzbezeichnung BKGR Beruf	Die Bezeichnung formuliert die Zuordnung einer Berufsposition zu einer berufskundlichen Feingruppe aus (z. B. 2 = "B – Fachkräfte"), das Kürzel B kennzeichnet eine Tätigkeit, das Kürzel A kennzeichnet eine Ausbildung.
Codenr. ISCO 2008	4-Steller im Format BE xxxx. Die vier Ziffern stellen die Zuordnung zur untersten Ebene der ISCO 2008 dar.

Die Datei DKZ_Kompetenzen_gueltig.xml (BA 2018i) beinhaltet die gültige Kompetenzen-Hierarchie inkl. aller in den jeweiligen Kompetenzgruppen enthaltenen Kompetenzen (vgl. Abschnitt 3.3.5).

Aktualisierung

Die Dateien aus der DKZ-Datenbank werden täglich aktualisiert im Download-Portal der BA zur Verfügung gestellt. Die Datensätze im BERUFENET werden zum Teil monatlich aktualisiert. Die Veränderungen resultieren u. a. aus der Auswertung von Stellenanzeigen, neuen Anforderungen durch Arbeitgeber bei der Arbeitskräftesuche und im Rahmen des BA-Kundenreaktionsmanagements (vgl. Dengler et al. 2014, S. 12). Die Plattform selbst unterliegt ebenfalls einer ständigen Weiterentwicklung, die zu Verbesserungen führten. Seit dem Jahre 2015 entwickelte sie sich von der Version 1.9.5 bis zur Version 4.64.22044 im Jahre 2018 fortlaufend weiter (vgl. BA 2018l). So wurde z. B. ab der Version 4.52 (ab 16.03.2018) die berufskundliche Gruppe „Tätigkeiten nach dem Studium" eingeführt (vgl. ebd.).

3.4 Zusammenfassung

Zusammenfassend lässt sich feststellen, dass in Deutschland eine lange Tradition besteht, Berufs- und Arbeitsmarkinformationen zu erfassen und darzustellen. Arbeitsagenturen, die zu Beginn des letzten Jahrhunderts entstanden, ergriffen die Initiative zur Ermittlung beruflicher Daten. Sie benötigen die Informationen, um ihren grundsätzlichen Aufgaben zur Arbeitsvermittlung und Berufsberatung nachzukommen. Das Bedürfnis besteht dauerhaft und begründet eine Notwendigkeit zur fortlaufend angelegten Arbeitsmarkt- und Berufsforschung.

Die historische Analyse zeigt, dass die entwickelten Kategorien zur Beschreibung von Berufen in den 1920er-Jahren bis heute verwendet werden. Hierzu gehört die strukturelle Trennung zwischen Erwerbsberufen des Beschäftigungssystems und Ausbildungen, die darauf vorbereiten. Darüber hinaus wurden vielfältige Methoden zur Durchführung der Berufsanalyse entwickelt und dokumentiert.

In Deutschland wurden Berufsanalysen der sogenannten Berufskunde zugeschrieben. Mit der Gründung des IAB Ende der 1960er-Jahre haben sich Methoden und Theorien der Berufsforschung sowie der mit dieser verwobenen Berufskunde weiterentwickelt und professionalisiert.

Berufsklassifikationen und Berufsinformationssysteme bilden die wichtigsten öffentlichen Schnittstellen der Berufsforschung. Die KldB 2010 ist gegenwärtig die aktuelle Version, mit der alle in Deutschland relevanten Berufe erfasst und systematisch einem hierarchischen Gliederungssystem zugeordnet werden. Auf Basis der Berufssystematik veröffentlicht die Bundesagentur für Arbeit regelmäßig verschiedene Statistiken, insbesondere über Beschäftigungszahlen nach Berufen und Wirtschaftszweigen in Deutschland.

Im Vergleich mit früheren Berufsklassifikationen wurde mit der KldB 2010 eine neue Struktur geschaffen. Darin werden Berufe zunächst nach ihrer Fachlichkeit unterschieden und danach in eine von vier verschiedenen Anforderungsebenen eingeordnet. Ferner besteht ein Band 2 der KldB 2010, in dem die Klassifikationseinheiten erstmals seit den 1960er-Jahren wieder beschrieben werden. Die Texte geben Auskunft über berufliche Aufgaben, Tätigkeiten und Anforderungen sowie einer Gruppe von Berufen exemplarisch zugeordnete Berufsbenennungen.

Berufsklassifikationen wurde in der Vergangenheit unzureichende Qualität vorgehalten u. a. (vgl. Becker 2013, S. 625; Dostal 2013, S. 19 f.; Paulus & Matthes 2013, S. 8). Sie waren nicht in der Lage, die Entwicklungen des Arbeitsmarktes abzubilden (vgl. Paulus et al. 2010, S. 4). Die Neuentwicklung der Klassifikation KldB 2010 verspricht nunmehr, die Probleme früherer Versionen nachhaltig zu beheben.

Das BERUFENET repräsentiert ein Informationssystem über Erwerbsberufe und Ausbildungen in Deutschland. Die Plattform ist im Internet frei zugänglich und bildet die öffentliche Schnittstelle der Berufsdatenbank, die die Bundesagentur für Arbeit zur Erledigung ihrer Aufgaben verwendet. Hierzu gehören insbesondere Information, Beratung und Vermittlung. Das Angebot richtet sich bspw. an Schüler, um sie bei der Ausbildungs- und Studienwahl zu unterstützen.

Das BERUFENET enthält fachlich geprüfte und inhaltlich definierte Berufsbezeichnungen einschließlich diverser beruflicher Merkmale wie z. B. Aufgaben, Tätigkeiten, Anforderungen, Zugangsmöglichkeiten und Perspektiven. Im Vergleich zur Berufsklassifikation werden die beruflichen Daten im BERUFENET zum Teil tagesaktuell durch Experten aktualisiert.

Dostal merkt jedoch an, dass die berufskundlichen Informationen in der Vergangenheit gewöhnlich nicht bezüglich Objektivität, Praxisrelevanz oder Vollständigkeit bewertet wurden (vgl. Dostal 2005a, S. 31). Die Ergebnisse der Berufskunde dienten vor allem dem Zwecke der Berufsberatung u. a. in Ratgeberschriften (vgl. Stooß & Stothfang 1985, S. 103 ff.) und waren nicht für die Berufsforschung optimiert (vgl. Dostal 2005a, S. 31).

Insgesamt weisen die Reformen und Beiträge aus Forschungsaktivitäten des IAB auf eine verbesserte Datenlage der beruflichen Informationen im Vergleich zu früheren Jahren hin und sprechen dafür, die Daten in dem in dieser Arbeit entwickelten Verfahren zu nutzen.

4 Verfahren zur Curriculumentwicklung – Methodologie und Forschungsdesign

4.1 Kernelemente des Forschungsansatzes und Präzisierung der Fragestellungen

Das in dieser Arbeit entwickelte Verfahren greift die wesentlichen Anforderungen und Erwartungen auf, die im Zusammenhang mit der Entwicklung beruflicher Bildungsangebote stehen. Es fokussiert sich auf den didaktischen Anspruch einer Arbeitsorientierung in einem ganzheitlichen Berufsverständnis (vgl. Abschnitt 2.1 sowie Abschnitt 2.2.5). Die Kernelemente in dem Forschungsansatz begegnen vor allem Herausforderungen, die im Zusammenhang mit der Curriculumentwicklung beruflicher Bildungsangebote an beruflichen Schulen stehen. Das sind u. a. die Identifizierung relevanter beruflicher Arbeitsaufgaben und deren Anforderungen für einen beruflichen Bereich, die auf einer breiten Datenbasis beruhen. Zudem bietet es einen Ansatz, die erwartete Outcome-Orientierung in der beruflichen Bildung zu gestalten (vgl. Abschnitt 2.1.6). Das Verfahren kann als Vorstufe für eine mögliche Neuentwicklung bzw. zur Evaluierung bestehender Bildungsangebote durchgeführt werden. Die Ergebnisse können die Verantwortlichen in der Berufsbildungsplanung sowie unmittelbar die Lehrplankommissionen in ihrer Arbeit unterstützen.

Die von der Bundesagentur für Arbeit zur Verfügung gestellten Arbeitsmarkt- und Berufsinformationen bilden die verwendete Datenbasis und damit ein zentrales Merkmal in diesem Forschungsansatz. Der Bezug auf die Daten adressiert ein Desiderat in der berufswissenschaftlichen Forschung (vgl. Abschnitt 2.3.4). Ein Ziel der Arbeit liegt daher darin, geeignete Methoden zu entwickeln, um diese international geschätzte Datenbasis zu erschließen.

Der Forschungsprozess beginnt mit der Festlegung eines zu untersuchenden Berufs bzw. beruflichen Bereichs (siehe Abbildung 4–1). Der Beruf ist hier als Erwerbsberuf im Beschäftigungssystem und nicht als Ausbildung zu verstehen (vgl. Abschnitt 2.2.5). Dabei erfolgt die Verortung in der Gliederungsstruktur der Berufsklassifikation KldB 2010 (vgl. Abschnitt 3.2.2).

In dieser Untersuchung werden exemplarisch Berufe im Bereich der Informatik-/Informations- und Kommunikationstechnologie betrachtet. Das Verfahren ist jedoch so angelegt, dass es sich ebenso auf andere berufliche Bereiche übertragen lässt.

Anschließend entfaltet sich der Forschungsansatz in die drei wesentlichen Kernelemente „Strukturanalyse", „Qualifikationsbedarfsanalyse" sowie „Berufliche Aufgabenanalyse" (siehe Abbildung 4–1). Die Elemente bilden das Gerüst für das in dieser Arbeit entwickelte Verfahren zur Entwicklung beruflicher Curricula.

Die Kernelemente enthalten neben der Zielformulierung konkretisierende Unterfragen.

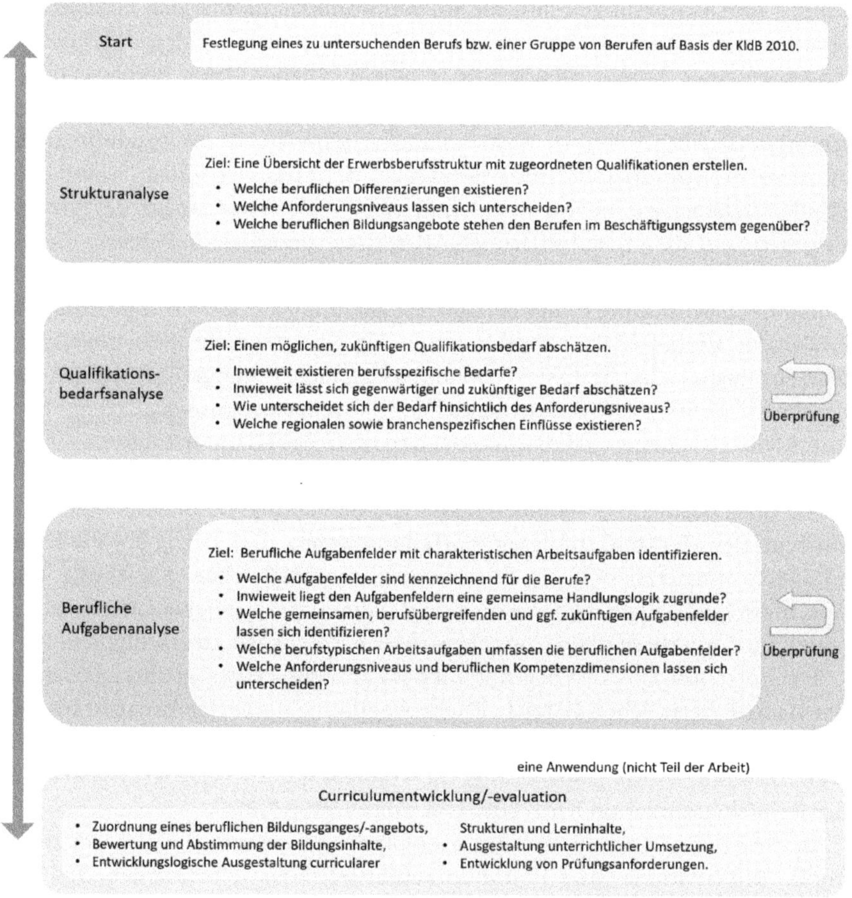

Abbildung 4–1: Kernelemente, Fragen, Ziele und Ablauf des Forschungsansatzes

Das Kernelement „Strukturanalyse“ beinhaltet eine erste explorative Untersuchung mit dem Ziel,

- die bestehende Erwerbsberufsstruktur sowie das zugeordnete Qualifikationsangebot in einer Übersicht darzustellen.

Hierzu werden folgende Forschungsunterfragen formuliert:

1.1 Welche beruflichen Differenzierungen existieren?
1.2 Welche Anforderungsniveaus lassen sich unterscheiden?
1.3 Welche beruflichen Bildungsangebote stehen den Berufen im Beschäftigungssystem gegenüber?

Mit den Ergebnissen wird beabsichtigt, eine erste Übersicht über den zu analysierenden beruflichen Bereich zu erhalten. Ferner lässt sich z. B. ein neu zu entwickelndes oder ein zu evaluierendes Bildungsangebot im derzeitigen Beschäftigungs- und Bildungssystem transparent verorten.

In dem sich anschließenden Kernelement „Qualifikationsbedarfsanalyse“ besteht das Ziel darin,

- einen möglichen Qualifikationsbedarf für den beruflichen Bereich abzuschätzen.

Es ist naheliegend, dass die Nachfrage von Qualifikationen eine grundsätzliche Voraussetzung zur Legitimierung eines entsprechenden beruflichen Bildungsangebotes darstellt. Konkretisiert wird das Ziel mit den Unterfragen:

2.1 Inwieweit existieren berufsspezifische Bedarfe?
2.2 Inwieweit lässt sich gegenwärtiger und zukünftiger Bedarf abschätzen?
2.3 Wie unterscheidet sich der Bedarf hinsichtlich des Anforderungsniveaus?
2.4 Welche regionalen sowie branchenspezifischen Einflüsse existieren?

Eine Zwischenüberprüfung der Ergebnisse kann erfolgen, sofern entsprechende Qualifikationsbedarfsanalysen in der Literatur verfügbar sind (siehe Abbildung 4–1).

Mit dem Kernelement „Berufliche Aufgabenanalyse“ besteht das Ziel,

- berufliche Aufgabenfelder mit charakteristischen Arbeitsaufgaben zu identifizieren.

Hierzu bestehen folgende Unterfragen:

3.1 Welche Aufgabenfelder sind kennzeichnend für die Berufe?
3.2 Inwieweit liegt den Aufgabenfeldern eine gemeinsame Handlungslogik zugrunde?
3.3 Welche gemeinsamen, berufsübergreifenden und ggf. zukünftigen Aufgabenfelder lassen sich identifizieren?
3.4 Welche berufstypischen Arbeitsaufgaben existieren in den beruflichen Aufgabenfeldern?
3.5 Welche Anforderungsniveaus und beruflichen Kompetenzdimensionen lassen sich unterscheiden?

Auf der Grundlage von bereits bestehenden europäischen bzw. internationalen Ergebnissen im Bezugsfeld lässt sich eine Reflexion der eigenen Ergebnisse vornehmen (siehe Abbildung 4–1).

Obgleich die hier vorgestellten Kernelemente einem Prozess folgen, ist eine lineare Bearbeitung nicht zwingend erforderlich. Nach der Festlegung der zu untersuchenden Gruppe von Berufen lassen sich die Analysen in den Kernelementen unabhängig voneinander bearbeiten.

Die weitere Nutzung der Ergebnisse aus dem in dieser Arbeit entwickelten Verfahrens kann im Rahmen einer Curriculumentwicklung oder Evaluation erfolgen (siehe Abbildung 4–1). Sie ist jedoch nicht Bestandteil dieser Arbeit. Das entwickelte und empirisch geprüfte Verfahren erfüllt somit nur einen Teilbereich einer umfänglich angelegten Curriculumentwicklung.

4.2 Datenquellen, Fallauswahl und Eingrenzung der Analyse

Der Ansatz dieser Arbeit liegt darin, die öffentlich zur Verfügung gestellten Arbeitsmarkt- und Berufsinformationen der Bundesagentur für Arbeit bzw. des Instituts für Arbeitsmarkt- und Berufsforschung als zentrale Datenquelle zu nutzen. Dabei handelt es sich u. a. um Rohdaten der internen BA-Datenbanken, die durch verschiedene Datensätze regelmäßig veröffentlicht werden (vgl. Abschnitt 3.3.6).

Hierzu gehören:

- Berufsklassifikation KldB 2010 (Band 1 und Band 2)
- Berufsinformationssystem BERUFENET
- Datensätze aus dem Downloadportal der Bundesagentur für Arbeit
- Arbeitsmarktstatistiken nach Berufen.

Der gewählte Datenzugang begründet sich durch diverse Beiträge der Literatur insbesondere der internationalen Empfehlungen zur Nutzung von Arbeitsmarkt- und Berufsinformationen im Rahmen der Qualifikationsforschung. Die von Arbeitsagenturen kontinuierlich zur Verfügung gestellten Daten werden international als bedeutende Quelle für berufliche Informationen bewertet (vgl. Abschnitt 2.3.4.).

Zudem stellt die sekundäre Auswertung der bereits ermittelten Daten einen ökonomisch-orientierten Feldzugang dar. Dieser Vorteil ist vor dem Hintergrund bisheriger Ansätze in der Qualifikationsforschung bedeutsam (vgl. Abschnitt 2.3.3).

Eine weitere Begründung zur Nutzung der Datenquelle liegt in der strukturellen Trennung beruflicher Informationen nach Erwerbstätigkeiten und Ausbildungen, wie sie die Berufsforschung vornimmt. Das hier entwickelte Verfahren setzt in seinem Ansatz voraus, allein die beruflichen Beschreibungen von Erwerbstätigkeiten und nicht die von Ausbildungsgängen (Studienfächern, Ausbildungen, Weiterbildungen) zu betrachten, um berufliche Aufgabenfelder zu identifizieren.

Die Aktualität und Ausführlichkeit der beruflichen Datensätze im BERUFENET bilden weitere Argumente zur Nutzung der Daten. Im Vergleich zu früheren Ergebnissen der Berufskunde, die berufliche Informationen z. B. als „Blätter zur Berufskunde" veröffentlichte, lassen sich heute durch das Internet zum Teil tagesaktuelle Berufsdaten abrufen. Die berechtigte Kritik von Dostal über die unflexibel und schnell veraltenden Daten (vgl. Dostal 2013, S. 18) hält den neuen Informationskanälen nicht mehr Stand. Paulus und Matthes weisen zwar ebenfalls auf Schwächen der BERUFENET-Daten – insbesondere der Kompetenztabellen – hin (vgl. Paulus & Matthes 2013, S. 8), nutzen diese aber gemeinsam mit Dengler im Rahmen ihrer Forschung u. a. zu beruflichen Tasks (vgl. Dengler et al. 2014, S. 10 f.). Auf diesen Ansätzen aufbauend zeigen Dengler und Matthes, wie mithilfe der BERUFENET-Datensätze Substituierbarkeitspotentiale von Berufen in Folge der Digitalisierung abgeschätzt werden können (vgl. Dengler & Matthes 2015). Paulus, Schweitzer und Wiemer unterstreichen, dass trotz aller Kritik, der Kompetenzkatalog im BERUFENET die einzige verfügbare, umfassende und systematische Sammlung von fachbezogenen Anforderungen und Kompetenzen aktueller und früherer Berufe in Deutschland bildet (vgl. Paulus et al. 2010, S. 12 f.).

Auswertungszeitraum

Für die Querschnittsanalysen werden Daten aus dem Jahre 2018 betrachtet. Mit der Einführung der neuen Berufsklassifikation KldB 2010 beginnt eine neue Zeitrechnung für Längsschnittstudien. Erste, verwertbare Beschäftigungszahlen sind seit dem Jahre 2012 vorhanden. Daher basieren die Daten der Längsschnittanalysen in dieser Untersuchung auf dem Zeitraum 2012–2018.

Eingrenzung der Arbeit

Die Bearbeitung der dargestellten Kernelemente erfolgt exemplarisch vor dem Hintergrund der Curriculumentwicklung eines Bildungsangebotes an beruflichen Schulen. Insbesondere bildet die Fachschule für Technik in der Fachrichtung Informationstechnik den gedanklichen Bezugspunkt für ein mögliches Weiterbildungsangebot. Daraus resultiert die Fallauswahl der Arbeitsmarkt- und Berufsinformationen. Das Verfahren startet mit der Festlegung des zu untersuchenden beruflichen Bereichs in der Systematik der Berufsklassifikation KldB 2010 (vgl. Abbildung 4–1). In diesem Fall wird die Berufshauptgruppe „43 Informatik-, Informations- und Kommunikationstechnologieberufe" betrachtet (BA 2011a, S. 112 ff.). In dem Kernbereich der beruflichen Aufgabenanalyse wird die tiefergehende Analyse eingeschränkt. Das heißt die Darstellung von relevanten Arbeitsaufgaben und deren weiterführende Analyse erfolgt nur beispielhaft in ausgewählten Aufgabenfeldern. Die weitere curriculare Entwicklungsarbeit (Modul/Lernfeldentwicklung, Prüfungsentwicklung) sowie den Abgleich mit bestehenden Ordnungsmitteln ist nicht Teil dieser Arbeit bzw. wird nur im Ansatz angedacht (vgl. Abbildung 4–1).

4.3 Quantitative Analysen der Arbeitsmarkt- und Berufsinformationen

Der Ansatz, vielfältige Arbeitsmarkt- und Berufsdaten als eine Basis zur Curriculumentwicklung beruflicher Bildungsprogramme heranzuziehen, basiert auf diversen Einschätzungen und Empfehlungen, um eine verbesserte Abstimmung zwischen Arbeitsmarkt und dem Bildungssystem zu erlangen (vgl. Abschnitt 2.3, insbesondere Abschnitt. 2.3.4). Nach der Festlegung des zu untersuchenden beruflichen Bereichs beginnt der Forschungsprozess mit einer Struktur- sowie Qualifikationsbedarfsanalyse (vgl. Abbildung 4–1). Die hierzu formulierten Forschungsunterfragen (vgl. Abschnitt 4.1) werden durch deskriptive Analysen der vielfältigen Arbeitsmarkt- und Berufsdaten beantwortet (siehe Abbildung 4–2). Das Ziel der in dem Verfahren zuerst durchgeführten Strukturanalyse liegt darin, eine Übersicht der Erwerbsberufsstruktur mit zugeordneten Qualifikationen zu erhalten und einen möglichen Qualifikationsbedarf für diesen Bereich abzuschätzen (vgl. Abbildung 4–1).

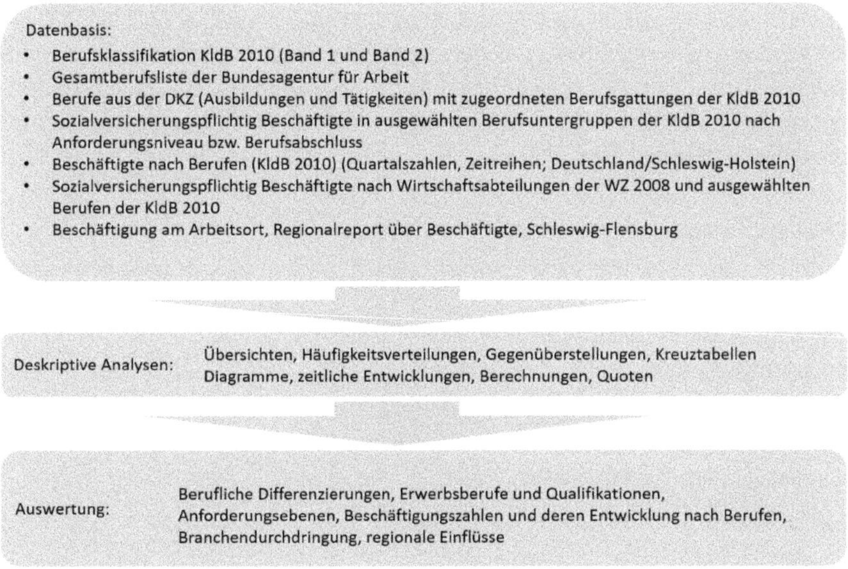

Abbildung 4–2: Deskriptive Analysen von Arbeitsmarkt- und Berufsinformationen

Die Daten der Berufsklassifikation KldB 2010 im Band 1 (BA 2011a) und im Band 2 (BA 2011b) beziehen sich auf ihren Veröffentlichungszeitpunkt im Jahre 2011. Die weiteren Datensätze beziehen sich überwiegend auf das Jahr 2018. Die Veränderung der Beschäftigtenanzahlen erfolgt in einer Längsschnittanalyse in dem Zeitraum der Jahre 2012–2018. Andere Berechnungen beziehen sich auf die Jahre 2012 und 2018. Die Analysen werden exemplarisch für die betrachtete Gruppe der IKT-Berufe angewendet.

Im Folgenden werden die in dieser Arbeit verwendeten Untersuchungsindikatoren für die einzelnen Kernelemente (vgl. Abbildung 4–1) des Verfahrens dargestellt. Ihre Auswahl findet u. a. in Anlehnung an die Empfehlungen der European Training Foundation (vgl. ETF 2000, S. 33) statt.

Kernelement: Strukturanalyse

Zentrale Strukturindikatoren und Ergänzungsgrößen (siehe Tabelle 4–1) tragen dazu bei, die Forschungsunterfragen 1.1 – 1.3 dieses Kernelements zu beantworten. Die Indikatoren verbinden das übergeordnete Ziel: „Eine Übersicht der Erwerbsberufsstruktur mit zugeordneten Qualifikationen zu erstellen." Hierbei wird die berufsfachliche Gliederungsstruktur der Berufsklassifikation als Referenz betrachtet. Die vorhandenen Berufsbenennungen im Beschäftigungssystem sowie die der Klassifikation zugeordneten Ausbildungen sind ergänzende Größen (siehe Tabelle 4–1).

Tabelle 4–1: Untersuchungsindikatoren zum Kernelement „ Strukturanalyse"

A. Zentrale Strukturindikatoren
• Berufe und Aggregationen in der Systematik der KldB 2010
B. Ergänzungsgrößen Arbeitsmarkt
• Bestand an Berufsbenennungen
• Anforderungsniveau der Berufe
C. Ergänzungsgrößen Bildungsangebote
• Qualifikationsangebote nach Qualifikationsformen
• Qualifikationsangebote nach zugeordneten Berufen
• Qualifikationsangebote nach beruflichem Anforderungsniveau

Kernelement: Qualifikationsbedarfsanalyse

Die Aussagen über einen möglichen Qualifikationsbedarf werden primär durch die Anzahl von sozialversicherungspflichtigen Beschäftigungsverhältnissen bestimmt. Hierzu dienen die im Rahmen des Meldeverfahrens zur Sozialversicherung regelmäßig erhobenen Angaben zur Tätigkeit (vgl. Abschnitt 3.2.1). Ausgehend von dieser quantitativen Herangehensweise „von oben" (vgl. Hilbert & Mytzek 2002, S. 5) werden für eine Gesamtbeurteilung ergänzend weitere Indikatoren vorgeschlagen (vgl. ebd., S. 3 ff.). Die nachfolgende Tabelle gibt einen Überblick über die verwendeten Kriterien, deren Aussagekraft nachfolgend erörtert wird.

Tabelle 4–2: Untersuchungsindikatoren zum Kernelement „Qualifikationsbedarfsanalyse“

A. Zentrale Bedarfsindikatoren
• Entwicklung der Beschäftigungszahlen nach Berufen
• Entwicklung der Auszubildendenzahlen
B. Ergänzungsgrößen zur Beschäftigung
• Anforderungsniveau der Beschäftigten
• Qualifikation der Beschäftigten
• Beschäftige nach Wirtschaftszweigen
• regionale Einflüsse

A. Zentrale Bedarfsindikatoren

Die absoluten Beschäftigungszahlen der betrachteten Gruppe von Berufen sowie deren Quote, d. h. die Anzahl der IKT-Beschäftigten bezogen auf alle Beschäftigten in Deutschland, geben Aufschluss über die übergeordneten Quantitäten. Insbesondere ermöglicht der Vergleich mit anderen Gruppen von Berufen, die Relevanz der betrachteten Berufshauptgruppe zu beurteilen. Die Häufigkeitsverteilung der Beschäftigten hinsichtlich ihrer Berufe bzw. Berufsgruppen ermöglicht zudem, Schwerpunkte zu identifizieren. Grundsätzlich wird davon ausgegangen, dass Beschäftigungszahlen als ein Indikator für den Qualifikationsbedarf herangezogen werden können. Argumente hierzu liefern z. B. Kupka und Biersack. Die Berufsforscher kommen zur Erkenntnis, dass langfristige Arbeitsmarktanalysen „vorsichtige Prognosen“ im Zusammenhang mit der Frage nach der Entwicklung des Qualifikationsbedarfs eröffnen (vgl. Kupka & Biersack 2006, S. 148). Diese Einschätzung wird zudem durch Erfahrungen aus internationalen Studien der ETF geteilt. Die ETF bewertet Arbeitsmarktanalysen als am besten geeignet, um einen zukünftigen Qualifikationsbedarf zu ermitteln und kommt dabei zur Erkenntnis, dass zugleich einfache methodische Verfahren hinreichende Ergebnisse liefern können (vgl. ETF 2000, S. 30).

Als weiterer Indikator werden die Auszubildendenzahlen/-quoten und deren Veränderung in der betrachteten Berufsgruppe herangezogen. Die Anzahl der Auszubildenden spiegelt den nicht akademischen Nachwuchs wider und kann daher als Indikator für potenzielle Teilnehmer einer nicht akademischen Aufstiegsfortbildung in diesem Berufsbereich dienen.

B. Ergänzungsgrößen zur Beschäftigung

Das in der Beschäftigung vorherrschende Anforderungsniveau kann weitere Hinweise für einen möglichen Qualifikationsbedarf liefern. So wird beispielsweise davon ausgegangen, dass eine hohe Beschäftigtenquote auf Spezialisten-Niveau einen entsprechenden Bedarf an Bildungsangeboten dieser Stufe impliziert. Die Beschäftigungsquote auf Facharbeiterebene in einer beruflichen Gruppe kann Hinweise darüber liefern, inwieweit die Beschäftigungserfordernisse akademisch bzw. nicht akademisch geprägt sind. Für eine berufliche Aufstiegsfortbildung wären diese Beschäftigten potenzielle Teilnehmer.

Die tatsächliche Qualifikation der Beschäftigten dient als weitere Ergänzungsgröße. Das Merkmal wird ebenfalls im Rahmen der Meldung zur Sozialversicherung erhoben und zwar unabhängig von dem Anforderungsniveau der tatsächlich ausgeübten Tätigkeit (vgl. BA 2018n, S. 14 f.). Die Größe kann als valide angesehen werden, da sie sich eindeutig bestimmen lässt. Die Informationen über Qualifikationsabschlüsse der Beschäftigten (z. B. Anteil von Beschäftigten auf Spezialisten-Ebene mit nicht akademischen Qualifikationen) können zudem Hinweise über Beschäftigungschancen von Weiterbildungsabsolventen liefern.

Um regionale Einflüsse zu ermitteln (Forschungsunterfrage 2.4), werden die Beschäftigungszahlen in Deutschland, Schleswig-Holstein und Flensburg dargestellt und auf Zusammenhänge hin überprüft. Die Bedeutung regionaler Einflüsse wird insbesondere durch die regionale Wirtschaftsförderung hervorgehoben, die eine effektivere Abstimmung zwischen regionalen Qualifikationsbedarfen und entsprechenden Bildungsangeboten fordert (vgl. Hilbert & Mytzek 2002; WB BMWi 2015). Die berufsbildenden Schulen – vor allem in der Organisationsform als Regionale Berufsbildungszentren – sind gefordert, entsprechend abgestimmte Bildungsangebote bereitzustellen (vgl. MBF 2007, S. 7).

Der Zusammenhang zwischen Berufen und Wirtschaftszweigen[59] wird als weiterer Aspekt im Rahmen der Forschungsunterfrage 2.4 thematisiert. Es stellt sich die Frage, inwieweit die betrachteten Berufe – in diesem Fall die IKT-Berufe – verschiedene Wirtschaftszweige durchdringen. Dadurch lassen sich im Zusammenhang mit der regionalen Wirtschaft mögliche Qualifikationsbedarfe gezielter abstimmen. Es besteht die naheliegende Annahme,

---

59 Die Codierung der Wirtschaftszweige erfolgt anhand der Klassifikation der Wirtschaftszweige WZ 2008 (StBa 2008). Dabei beschränkt sich die Analyse auf die Gliederungsebene „1 Buchstabe“ (Abschnitte) und „2-Steller“ (Abteilungen) (vgl. ebd., S. 17 f.)

dass Berufe, die in vielen Wirtschaftszweigen ausgeübt werden, einen größeren und nachhaltigen Qualifikationsbedarf nach sich ziehen, als Berufe, die z. B. nur in einem Wirtschaftszweig relevant sind. Aus der Kreuztabelle über Beschäftigte nach Berufen und Wirtschaftszweigen geht hervor, dass neben der absoluten Belegung von Berufen in Wirtschaftszweigen die Quantitäten unterschiedlich verlaufen (vgl. BA 2018p). Das heißt manche Berufe werden zwar in fast allen Wirtschaftszeigen ausgeübt, die Häufigkeitsverteilung ist jedoch sehr inhomogen. Darüber hinaus sind die absoluten Häufigkeiten zwischen den Berufen sehr unterschiedlich. Zur Abschätzung eines zukünftigen Qualifikationsbedarfs können allerdings Berufe relevant sein, die in möglichst vielen Wirtschaftszweigen in nennenswerten Quantitäten ausgeübt werden.

Zur Identifizierung diesbezüglich relevanter Berufe wird der folgende Indikator definiert, der die geschilderten Rahmenbedingungen berücksichtigt.

„Beruf in Wirtschaftsabteilungen (BiWa)“

Der Indikator dient zur Charakterisierung der Branchendurchdringung einzelner Berufe bzw. unterschiedlicher Berufsaggregationen. Der Indikator bestimmt die Anzahl der am stärksten besetzten Wirtschaftsabteilungen (2-Steller), in denen ein definierter Anteil (n-%) aller beschäftigten Berufsinhaber tätig ist.

Die Berechnung des BiWa erfolgt auf Basis der Beschäftigungsstatistik nach Wirtschaftsabteilungen (BA 2018p). Hierzu werden zunächst die Summe der Beschäftigten für eine zu untersuchende Berufsgruppe (z. B. KldB 4-Steller) ermittelt und die Wirtschaftsabteilungen nach absteigenden Beschäftigungszahlen sortiert. Daran anschließend werden die Beschäftigtenanzahlen in der Reihenfolge der am stärksten besetzten Wirtschaftsabteilungen kumuliert. Der BiWa repräsentiert die Anzahl von verschiedenen Wirtschaftsabteilungen, in denen ein festgelegter Anteil aller Beschäftigten (n – %) in einem Beruf bzw. einer Berufsgruppe tätig ist.

BiWa = Anzahl der Wirtschaftsabteilungen, in denen.
n-% der SVB eines Berufs ihre Arbeit ausüben[60]

60 In Microsoft Excel erfolgt die Berechnung des BiWa durch die Funktion

$$BiWa = ZÄHLENWENN\left(\begin{array}{l} kumulierte\ Beschäftigungszahlen; \\ \leq \frac{n}{100} * Summe der SVB in einem Beruf \end{array}\right).$$

Der Indikator erfasst dadurch einerseits die Anzahl der Branchen, in denen ein Beruf ausgeübt wird und berücksichtigt andererseits die unterschiedliche Besetzung einzelner Branchen. Die Analyse eines definierten Anteils (n – %) aller beschäftigten Berufsinhaber führt dazu, dass eine Abgrenzung zwischen branchenspezifischen und branchenunspezifischen Berufen deutlicher hervortritt. Ein hoher prozentualer Anteil „n" der Beschäftigten führt zwangsläufig zu einer höheren Branchendurchdringung. Die Analyse der IKT-Berufe hat gezeigt, dass ein Wert von n = 80 % zielführend ist, um Unterschiede zu identifizieren.

4.4 Qualitative Analysen der Berufsinformationen

Die „Berufliche Aufgabenanalyse" bildet das dritte Kernelement im Forschungsprozess (siehe Abbildung 4–1). Das Erkenntnisinteresse besteht darin, kennzeichnende berufliche Aufgabenfelder mit berufstypischen Arbeitsaufgaben in ihrer zugrunde liegenden Handlungslogik zu identifizieren (Forschungsfragen 3.1, 3.2 und 3.4). Ferner geht es um die Beantwortung der Frage, inwieweit berufsübergreifende Arbeitsaufgaben in der Gruppe der betrachteten Berufe existieren (Forschungsfrage 3.3). Ein weiteres Erkenntnisinteresse besteht in der Unterscheidung verschiedener Anforderungsniveaus und Kompetenzdimensionen (Forschungsfrage 3.5).

Der methodische Ansatz zur Beantwortung dieser Fragen beginnt mit einer systematischen Inhaltsanalyse von beruflichen Beschreibungen, extrahiert aus den Dokumenten der Berufsklassifikation KldB 2010 sowie dem Informationssystem BERUFENET der Bundesagentur für Arbeit. Die Datensätze aus dem BERUFENET werden für diese Betrachtung vorgezogen, da sie im Vergleich zu den KldB-Beschreibungen aktueller sind und einen größeren Informationsgehalt aufweisen (vgl. 3.3.6).

Die Reduktion und Strukturierung dieses umfangreichen Textmaterials erfolgt in Anlehnung an die Techniken der qualitativen Inhaltsanalyse nach Mayring (vgl. Mayring 2010) und Kuckartz (vgl. Kuckartz 2016, S. 41). Kennzeichnend für diesen Ansatz ist die Überprüfbarkeit durch systematisierte Analyseschritte und Analyseregeln. Zur weiteren Auswertung und Interpretation der Ergebnisse kommen ebenso quantitative Analysen zum Einsatz.

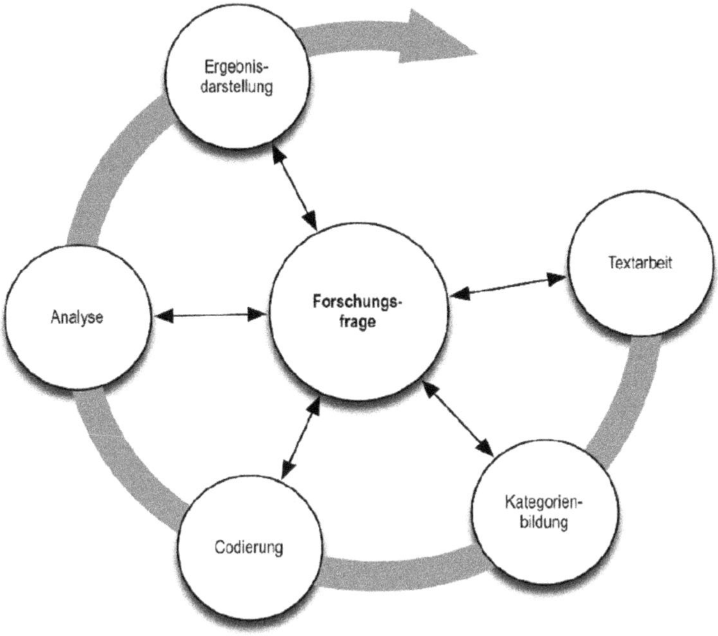

Abbildung 4-3: Ablaufschema einer qualitativen Inhaltsanalyse (Kuckartz 2016, S. 45)

Ein mögliches Ablaufschema zur qualitativen Inhaltsanalyse beschreibt KUCKARTZ durch fünf wesentliche Elemente (siehe Abbildung 4-3). Der Forschungsprozess lehnt sich grundsätzlich an die Vorgehensweise in der empirischen Forschung an, bei der ausgehend von einer Forschungsfrage Daten generiert, analysiert und Ergebnisse dargestellt werden. Die „Textarbeit" beinhaltet einen ersten Planungsschritt. Dazu gehört es festzulegen, welches Material - ggf. als Stichprobe aus einer Grundgesamtheit - analysiert werden soll. Dieses Material wird als „Auswahleinheit (Sampling Unit)" bezeichnet (vgl. Kuckartz 2016, S. 30). Innerhalb eines Datensatzes kann weiter eine sogenannte „Analyseeinheit (Unit of Analysis, auch Recording Unit)" spezifiziert werden (vgl. ebd., S. 30). Diese findet Anwendung, wenn nicht der gesamte Datensatz, sondern nur ein oder mehrere Abschnitte Eingang in die Analyse finden. Ein Datensatz kann mehrere Analyseeinheiten beinhalten. Ferner wird beschrieben, wie das Material entstanden ist und welche formale Charakteristik es aufweist.

Die Kategorienbildung steht im Zentrum der Analyse. Kategorien (Codes) sind das Ergebnis der Klassifizierung von Einheiten (vgl. Kuckartz 2016, S. 31). Kategorien lassen sich durch verschiedene Arten unterscheiden wie u. a. Fakten-Kategorien (z. B. berufliche Kompetenzanforderungen), thematische Kategorien (z. B. Aufgabenfelder, Kompetenzdimensionen), evaluative Kategorien (z. B. Anforderungsebene) (vgl. ebd., S. 34). Dabei ist es möglich, dass Haupt- bzw. Oberkategorien durch Sub- bzw. Unterkategorien in einem hierarchischen Kategoriensystem ausdifferenziert werden können. Das gesamte Kategoriensystem (auch Codesystem oder Codebaum) wird im Englischen auch als Coding Frame bezeichnet (vgl. ebd., S. 38).

Eine wesentliche Anforderung besteht darin, Kategorien eindeutig und trennscharf voneinander zu definieren (vgl. Kuckartz 2016, S. 67). Die Kategoriendefinition erfolgt gleichzeitig mit der Entwicklung des Kategoriensystems. Die Definitionen dokumentieren einerseits das regelgeleitete Verfahren der qualitativen Inhaltsanalyse. Andererseits sind die Kategoriendefinitionen („Kategorienhandbuch" oder auf Englisch „Codebook") Teil des sogenannten Codierleitfadens, der als eine Handlungsanweisung für die Codierenden beschrieben werden kann.

Die Besonderheit der qualitativen Inhaltsanalyse besteht darin, dass der hier dargestellte sequenzielle Prozess durch Feedbackschritte iterative Elemente aufweist. Kuckartz spricht in diesem Falle von Methodenbereichen, die nicht strikt voneinander zu trennen sind und sich gegenseitig beeinflussen können (vgl. Kuckartz 2016, S. 46). Insbesondere führt die induktive Kategorienbildung dazu, dass die Kategorien erst nach mehreren Codierungsdurchläufen einer gewissen Materialmenge eine Sättigung erfahren.

Die Codierung bezeichnet hierbei aus einer induktiven Perspektive zum einen den Vorgang der Kategorienbildung, die ggf. durch einen neuen Begriff beschrieben wird und als verdichtete Beschreibung eines Phänomens aus den empirischen Daten hervorgeht (vgl. Rädiker & Kuckartz 2019, S. 69). Zum anderen wird das Codieren als Prozess der Zuordnung von einschlägigen Textstellen zu bestehenden Kategorien verstanden (vgl. ebd., S. 69). Hierbei wird mit der Codiereinheit (Unit of Coding) die kleinste Textstelle (z. B. Wort, Satz, Abschnitt) festgelegt, die unter eine Kategorie fallen kann, d. h. die Zuordnung zu einer Kategorie auslöst (vgl. Kuckartz 2016, S. 41; Mayring 2010, S. 59). Als Codierer werden die Personen bezeichnet, die diesen Vorgang ausführen. Die zugeordneten Textstellen werden als codiertes Segment bzw. Codiereinheit bezeichnet. In der Regel werden Sinneinheiten als Codiereinheiten gewählt. Die Größe der Texteinheit, die im Rahmen einer Codierung einem Code zugeordnet werden darf, wird als Kontexteinheit (Context Unit) definiert. Sie ist gewöhnlich nicht größer als die Analyseeinheit (vgl. Kuckartz 2016, S. 44). Es ist durchaus möglich, dass sich codierte Segmente überlappen oder ineinander verschachtelt sind (vgl. ebd., S. 43).

Hinsichtlich der Art der Analyse fasst KUKARTZ drei grundlegende Basismethoden zusammen:

1. Inhaltlich strukturierende qualitative Inhaltsanalyse. Mittels Kategorien und Subkategorien wird eine Strukturierung der Daten erzeugt. Themen und Subthemen werden als Auswertungskategorien verwendet, die sich aus der Forschungsfrage ableiten (vgl. Kuckartz 2016, S. 101). Die Ausdifferenzierung von Subkategorien erfolgt nach dem ersten vollständigen Codierprozess am Material der Hauptkategorien und wiederholten Codierungen (vgl. ebd., S. 106). Verschiedene Auswertungen (Kreuztabellen, Visualisierungen etc.) sind entlang der Kategorien möglich.
2. Evaluative qualitative Inhaltsanalyse. Dabei geht es um die Einschätzung, Klassifizierung und Bewertung von Inhalten wie z. B. die Anforderungsebene einer beruflichen Arbeitsaufgabe. Kategorien werden gebildet, deren Ausprägungen meist ordinaler Art sind (vgl. Kuckartz 2016, S. 123). MAYRING bezeichnet diese Art der Analyse als „skalierende Strukturierung“ (vgl. Mayring 2010, S. 101 ff.).
3. Typbildende qualitative Inhaltsanalyse. Diese Analyse zielt darauf ab, mehrdimensionale Muster zu identifizieren, die das Verständnis eines komplexen Gegenstandsbereichs oder eines Handlungsfeldes ermöglichen. Als Vorbereitung zu einer typbildenden Analyse dienen die inhaltlich strukturierende oder evaluierende Codierung des Materials (vgl. Kuckartz 2016, S. 143 ff.). Ein Typ oder mehrere Typen bestehen immer aus Einzelfällen, die Ähnlichkeiten zueinander aufweisen (vgl. ebd., S. 146).

In Abgrenzung zur klassischen Inhaltsanalyse ist es bei der qualitativen Inhaltsanalyse ebenfalls möglich, dass zugrunde liegende Datenmaterial – hier berufliche Beschreibungstexte – während des Forschungsprozesses noch zu erweitern (vgl. Kuckartz 2016, S. 46). Hierbei wird die Skalierbarkeit des gesamten Verfahrens sichtbar, d. h. es lassen sich auch noch später Daten über berufliche Aufgabenbeschreibungen hinzufügen und durch das feste Regelwerk auswerten.

Ansatz zur Identifizierung beruflicher Aufgabenfelder

Die Identifizierung von beruflichen Aufgabenfeldern der IKT-Arbeit erfolgt in Anlehnung an die Methodik der inhaltlich strukturierenden Inhaltsanalyse nach KUCKARTZ (vgl. Kuckartz 2016, S. 101). Die Methodik zielt insbesondere darauf ab, große Datenmengen zu reduzieren. Die folgende Abbildung 4–4 stellt den grundsätzlichen Ablauf der Analyse im Überblick dar.

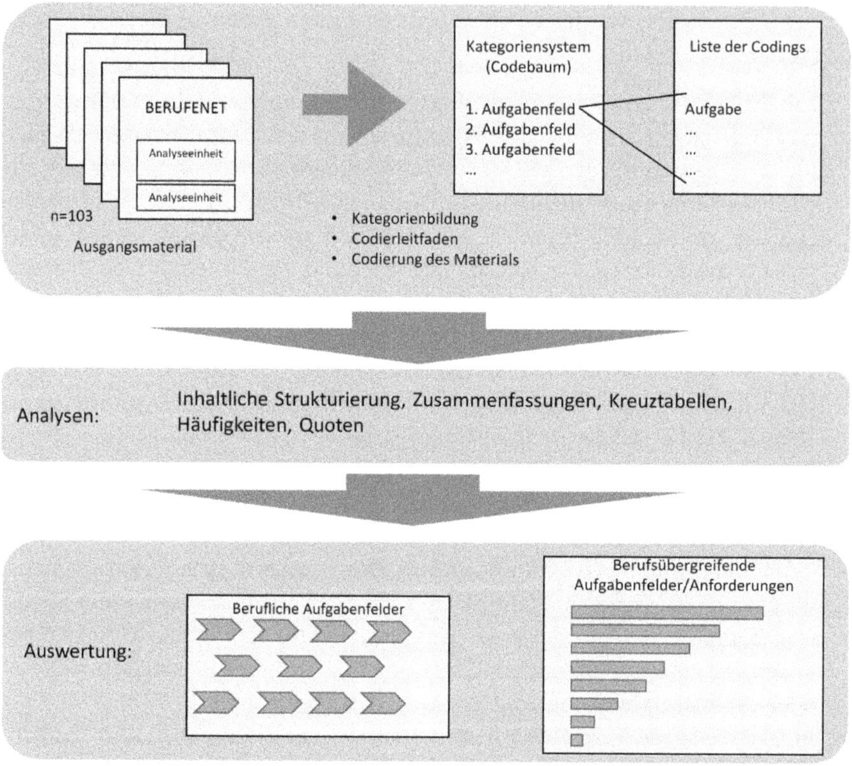

Abbildung 4–4: Übersicht des methodischen Ansatzes zur Identifizierung beruflicher Aufgabenfelder

Datenzugang und Eingrenzung der relevanten Dokumente

Die in dieser Inhaltsanalyse verwendeten Daten stammen größtenteils aus dem Informationssystem BERUFENET der Bundesagentur für Arbeit. Zur *Auswahleinheit* (vgl. Kuckartz 2016, S. 30) gehören insbesondere die in dem Informationssystem zur Verfügung stehenden Berufsbeschreibungen von Erwerbsberufen, die in der „IKT-Berufshauptgruppe" in der KldB 2010-Systematik klassifiziert sind. Die Identifizierung der relevanten

Berufsbezeichnungen erfolgt mithilfe entsprechender Filter über die Datenbankdatei „Berufe aus der DKZ (Ausbildungen und Tätigkeiten) mit zugeordneten Berufsgattungen der KldB 2010“ (BA 2018a), die tagesaktuell im Downloadportal der Bundesagentur für Arbeit abgerufen werden kann (vgl. Abschnitt 3.3.6). Mithilfe der relevanten Berufsbezeichnungen werden jeweils einzelne Datensätze mit den extrahierten beruflichen Beschreibungen aus dem Informationssystem erstellt (siehe Tabelle 4–3). Eine Ausnahme stellen Daten für Führungskräfte in den Berufsuntergruppen 431, 432 und 434 dar. Da für diese Positionen keine BERUFENET-Beschreibungen existieren, werden stattdessen KldB-Beschreibungen verwendet. Die Einbeziehung der Datensätze aller Niveaustufen und aller Berufsgruppen resultiert aus den Ergebnissen der ersten Analysephase im Rahmen dieser Arbeit, in denen Unschärfen in den zugeordneten Anforderungsniveaus sowie der Berufsgruppen festgestellt wurden (vgl. Abschnitt 5.1.4). Durch die Einbeziehung der Datensätze aller Berufsgruppen und aller Niveaustufen wird ein möglicher Informationsverlust vermieden.

Zum Auswertungszeitpunkt wurde mit insgesamt 103 Datensätzen eine Grundgesamtheit aller erwerbsberuflichen Beschreibungen der IKT-Arbeit identifiziert und systematisch analysiert. Alle Datensätze bestehen aus einer separaten Datei, um sie einer QDA-Software (Qualitative Datenanalyse-Software) zur Verfügung zu stellen. In dieser Arbeit wird die Software MAXQDA 2007 der Firma VERBI genutzt (http://www.maxqda.de).

Tabelle 4–3: Verteilung der analysierten Berufsdatensätze (Datenquelle: BA 2018a, Filter: Codenummer Beruf: B 43xxx-xxx, Zustand: E, berufskundlicher Typ: T)

Berufsgruppe	**Berufsuntergruppe**	**Datensätze n**	**Anteil**
431 Informatik	4310 Informatik (ohne Spezialisierung)	6	41,7 %
	4311 Wirtschaftsinformatik	17	
	4312 technischen Informatik	8	
	4313 Bio- und Medizininformatik	2	
	4314 Geoinformatik	1	
	4315 Medieninformatik	8	
	4319 Führungskräfte (KldB-Datensatz)	1	
432 IT-Systemanalyse, IT-Anwendungsberatung und IT-Vertrieb	4321 IT-Systemanalyse	3	14,5 %
	4322 IT-Anwendungsberatung	6	
	4323 im IT-Vertrieb	5	
	4329 Führungskräfte (KldB-Datensatz)	1	

(fortgeführt)

Tabelle 4–3: Fortsetzung

Berufsgruppe	Berufsuntergruppe	Datensätze	
		n	Anteil
433 IT-Netzwerktechnik,	4331 IT-Netzwerktechnik	3	25,2 %
IT-Koordination, IT-	4332 IT-Koordination	6	
Administration und IT-	4333 IT-Organisation	2	
Organisation	4334 IT-Systemadministration	4	
	4335 Datenbankentwicklung und -	4	
	administration	1	
	4336 Webadministration	3	
	4338 sonstige spezifische Tätigkeiten	3	
	4339 Führungskräfte		
434 Softwareentwicklung	4341 Softwareentwicklung	14	18,4 %
und Programmierung	4342 Programmierung	4	
	4349 Führungskräfte (KldB-Datensatz)	1	
Gesamt		103	

Aus der Tabelle wird ersichtlich, dass sich die Datensätze nicht gleichmäßig auf die Berufsgruppen bzw. auch Berufsuntergruppen verteilen. In der Berufsgruppe der Wirtschaftsinformatik existieren mit 17 Datensätzen die meisten Berufsbeschreibungen gefolgt von der Berufsuntergruppe Softwareentwicklung mit 14 Datensätzen. Alle übrigen Berufsuntergruppen verfügen zwischen einem und acht Datensätzen. Diese heterogene Verteilung der Datensätze auf die Berufsuntergruppen ist bei der späteren, quantitativen Auswertung zu berücksichtigen, um Verzerrungen zu vermeiden.

Analyseeinheit

Im Rahmen der Inhaltsanalyse werden die auszuwertenden Daten durch die Analyseeinheit weiter eingegrenzt (vgl. Kuckartz 2016, S. 30). Im Falle dieser Untersuchung umfasst die Analyseeinheit folgende Abschnitte aus den strukturierten BERUFENET-Datensätzen (vgl. Tabelle 3–10):

1. „Tätigkeitsinhalte", insbesondere „Aufgaben und Tätigkeiten im Einzelnen" sowie
2. „Kompetenzen" mit allen Unterabschnitten.

Die Beschränkung der Analyse auf diese Unterabschnitte wird mit dem hohen Detaillierungsgrad bzw. Informationsgehalt begründet.

Kategorienbildung

Die Bildung der Kategorien erfolgt in Anlehnung an die „inhaltlich strukturierende Basismethode" (vgl. Kuckartz 2016, S. 101). Das Ziel besteht darin, die „Tätigkeitsinhalte" in den Datensätzen mithilfe des Kategoriensystems abzubilden. Hierzu werden Kategorien in einer Mischform (induktiv/deduktiv) gebildet (vgl. ebd., S. 63 ff.). Die Durchsicht des Datenmaterials erfolgt dabei in mehreren Phasen, um inhaltstragende Textstellen zu identifizieren. An die Texte wird dabei folgende Frage gestellt:

Welche Arbeitsaufgabe wird beschrieben?

Die Bezeichnung einer Kategorie erfolgt durch Paraphrasierung der Aufgabe. Während die Datensätze analysiert werden, erfolgt gleichzeitig die Überarbeitung der Kategorien. Wiederholte Codierungsdurchläufe einer gewissen Anzahl von Datensätzen sind notwendig, bis eine Sättigung des Kategoriensystems eintritt. Im Anschluss an diese Phase – auch im Sinne eines Pretests zu verstehen – werden alle übrigen Datensätze analysiert. Die Vorgehensweise trägt dazu bei, die Zuverlässigkeit[61] des Erhebungsinstruments zu erhöhen. Dabei entstehen zunächst breite Hauptkategorien, die sich in weiteren Durchläufen durch Subkategorien differenzieren lassen.

Nach den ersten Analysedurchgängen fanden sich z. B. folgende IKT-Aufgabenbereiche als thematische Hauptkategorien:

- Entwickeln
- Bereitstellen (Installieren, Konfigurieren)
- Betreiben und Support leisten

Sie bildeten die ersten übergeordneten Kategorien. Die folgende Abbildung 4–5 zeigt einen Ausschnitt aus dem entwickelten Kategoriensystem zur Identifizierung beruflicher IKT-Aufgabenfelder auf Basis der Analyseeinheit „Aufgaben und Tätigkeiten im Einzelnen". Der vollständige Codebaum befindet sich im Anhang 7. Im Ergebnis stellt das Kategoriensystem ein Abbild der wesentlichen IKT-Aufgaben auf verschiedenen Abstraktionsebenen dar und hilft die Forschungsfrage 3.1 zu beantworten.

Die Darstellung des Kategoriensystems in Abbildung 4–5 entstammt der verwendeten Analysesoftware MAXQDA (vgl. Verbi 2007). Kategorien werden

61 Die Zuverlässigkeit eines Erhebungsinstruments wird auch als Reliabilität bezeichnet und ist eines der drei etablierten Gütekriterien zur Qualitätsbeurteilung in der empirischen Forschung (vgl. Bortz & Döring 2006, S. 195 f.).

unter MAXQDA als Codes bezeichnet. Die „Liste der Codes" beinhaltet das Codesystem, was dem Kategoriensystem entspricht. Zur besseren Übersicht sind die Kategorien farblich unterschiedlich entsprechend eines Bereiches gekennzeichnet. Als Codierungen werden die einer Kategorie zugewiesenen Textabschnitte verstanden. In der Abbildung 4–5 sind in der rechten Spalte die Anzahl der Codierungen für die jeweiligen Kategorien dargestellt. So wurden z. B. in den 103 Datensätzen insgesamt 60 Textstellen codiert, in denen Aufgaben zu „Marketing und Kundenbetreuung" beschrieben werden. Insgesamt wurden rund 2.500 Codierungen auf der Grundlage von ca. 55 Kategorien vorgenommen.

Codesystem	**5384**
1 betriebswirtschaftliche Aufgaben wahrnehmen	0
1.1 Unternehmen strategisch am Markt ausrichten	32
1.2 Marketing, Kundenbetreuung	60
1.3 Kosten kalkulieren, Angebote erstellen, abrechnen, Budget	48
1.4 Verhandlungen durchführen, Verträge abschließen, verkaufen	19
1.5 Produkte und Dienstleistungen beschaffen	31
2 Informatik/IKT-Lösungen planen und entwickeln	0
2.1 Systeme analysieren und Anforderungen ermitteln	148
2.2 Informatik/IKT-Lösungen (allg.) entwickeln	142
2.3 Software entwickeln und programmieren	273
2.4 IT-Sicherheitsmaßnahmen entwickeln	59
2.5 Multimediale Anwendungen entwickeln	22
2.6 wissenschaftlich forschen und entwickeln	36
2.7 Prozesse mit IT-Lösungen steuern und verbessern	88
2.8 Kunden beraten, Lösungsansätze präsentieren, abstimmen	108
2.9 Lösungen testen, Dokumentation erstellen	72
2.10 Technologie- und Trendentwicklung verfolgen	9
3 Informatik/IKT-Lösungen bereitstellen	0
3.1 IT-Lösungen installieren, konfigurieren, integrieren	0
3.1.1 Informatik/ITK-Lösungen (allg.)	72
3.1.2 IT-Hardware (allg.)	20
3.1.3 IT-Netzwerktechnik	31
3.1.4 Industrielle IT-Systeme, Steuerungen	7
3.1.5 IT-Sicherheitsmaßnahmen	34
3.1.6 Informationssysteme und Datenbanken	44
3.1.7 Betriebssysteme, Serverdienste, Anwendungssoftware allg.	45
3.2 Implementierte Lösungen testen, dokumentieren und übergeben	81
4 Informatik/IKT-Systeme betreiben und Support leisten	0
4.1 Informatik/IKT-Systeme betreiben, Support leisten (allg.)	115

Abbildung 4–5: Ausschnitt aus dem Kategoriensystem Aufgabenfelder der IKT-Berufe (vgl. Anhang 7)

Grundsätzlich besteht die Anforderung, dass Kategoriensysteme u. a. plausibel, erschöpfend und zugleich trennscharf sind (vgl. Kuckartz 2016, S. 83 ff.). Letzteres kann durch die Formulierung von allgemeinen/unspezifischen Unterkategorien erfolgen. So beinhaltet die Unterkategorie „2.2 IT-Systeme (allg.) entwickeln“ sämtliche Planungs- und Entwicklungsaufgaben für IT-Systeme, die nicht in den anderen Entwicklungskategorien aufgeführt bzw. nur unspezifisch formuliert sind.

Eine Herausforderung liegt darin, einen geeigneten Differenzierungsgrad für Kategorien und Subkategorien zu wählen. Kuckartz empfiehlt Sparsamkeit und Überschaubarkeit hinsichtlich der Anzahl von Kategorien. Sie sollten so einfach wie möglich und so differenziert wie nötig sein. Mit steigender Anzahl von Kategorien werden entsprechend präzisere Definitionen nötig, die jedoch anfällig gegenüber Falschcodierungen sind (vgl. Kuckartz 2016, S. 108). Als Anhaltspunkt wurde exemplarisch ein Abstraktionsniveau der Kategorien auf unterster Ebene in Anlehnung einer „Functional Unit“ angestrebt (vgl. Abschnitt 2.4.5). Darin wird der Detaillierungsgrad einer Aufgabe erreicht, wenn die Aufgabe gewöhnlich durch eine einzelne Person bearbeitet werden kann (vgl. Mansfield & Mitchell 1996, S. 127 ff.).

BA-Kompetenzen

Für die zweite Analyseeinheit „Kompetenzen“ der BERUFENET-Datensätze wird eine separate Oberkategorie „BA-Kompetenzen“ erstellt. Die „BA-Kompetenzen“ beschreiben berufliche Anforderungen, die innerhalb der Tätigkeitsbeschreibung eines BERUFENET-Datensatzes aufgeführt sind (vgl. Abbildung 3–5, Abbildung 3–9). Die Kompetenzbegriffe stammen aus einer übergeordneten Kompetenzliste (vgl. BA 2018i), die insgesamt ca. 8.300 Einzelkompetenzen aller beruflichen Datensätze des BERUFENET beinhaltet (vgl. Abschnitt 3.3.5). Aufgrund der eindeutigen Begriffszuordnung werden die Kompetenzbegriffe jeweils als eigenständige Sub-Kategorie aufgenommen, jedoch in Anlehnung an das entwickelte Kategoriensystem der Aufgabenfelder (Abbildung 4–5) systematisiert. Zur Unterscheidung der Analyseeinheit wird den übernommenen Unterkategorien die Bezeichnung „BA“ vorangestellt (siehe Abbildung 4–6).

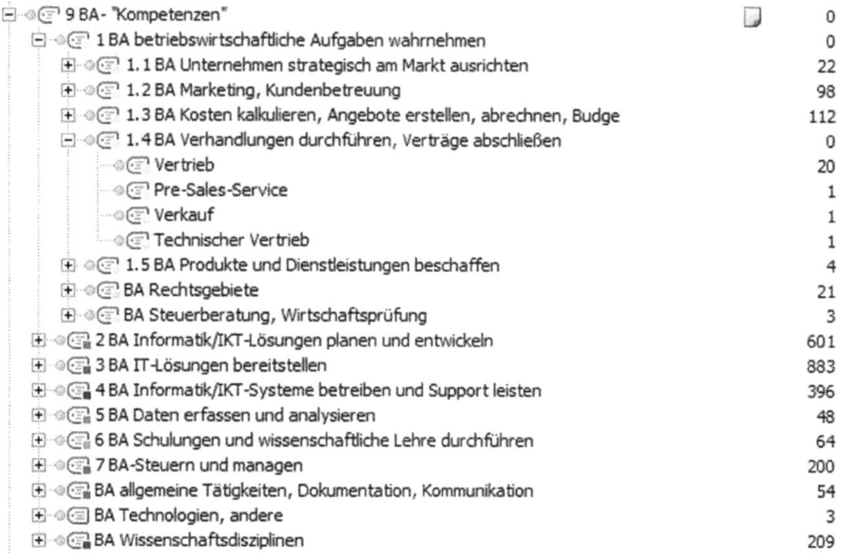

Abbildung 4-6: Auszug aus der Oberkategorie "BA-Kompetenzen", (vgl. Anhang 7)

Die Unterkategorie „1.4 BA Verhandlungen durchführen, Verträge abschließen“ beinhaltet z. B. die BA-Kompetenzen „Vertrieb“, „Pre-Sales-Service“, „Verkauf“ und „Technischer Vertrieb“. Für BA-Kompetenzen, die nicht in das bestehende Kategoriensystem passen, wurden eigene Oberkategorien gebildet, wie z. B. „BA-Wissenschaftsdisziplinen“. Im Ergebnis zählt das Kategoriensystem weitere 323 Kategorien mit rund 2.700 codierten Textstellen. Das vollständige Kategoriensystem der „BA-Kompetenzen“ befindet sich im Anhang 7. Da die „BA-Kompetenzen“ als „Faktenkategorien“ (vgl. Kuckartz 2016, S. 34) eindeutig den einzelnen Datensätzen zugeordnet sind, ergibt sich eine hohe Objektivität[62] hinsichtlich der Codierung und der späteren Auswertung.

Codierleitfaden

Um die Entscheidungen im Codierprozess insbesondere für die Kategorien der Aufgabenfelder nachvollziehbar zu gestalten, werden die Kategoriendefinitionen

62 „Die Objektivität eines Tests gibt an, in welchem Ausmaß die Testergebnisse vom Testanwender unabhängig sind.“ (Bortz & Döring 2006, S. 195)

sowie mögliche Abgrenzungen in Form eines Codierleitfadens dokumentiert. Diese Qualität des Codierleitfadens wirkt sich unmittelbar auf die Reliabilität d. h. die Zuverlässigkeit des Messverfahrens aus. Im Rahmen der genutzten Software MAXQDA werden diese Codierregeln in sogenannten „Memos" beschrieben und jeweils den Kategorien zugeordnet.

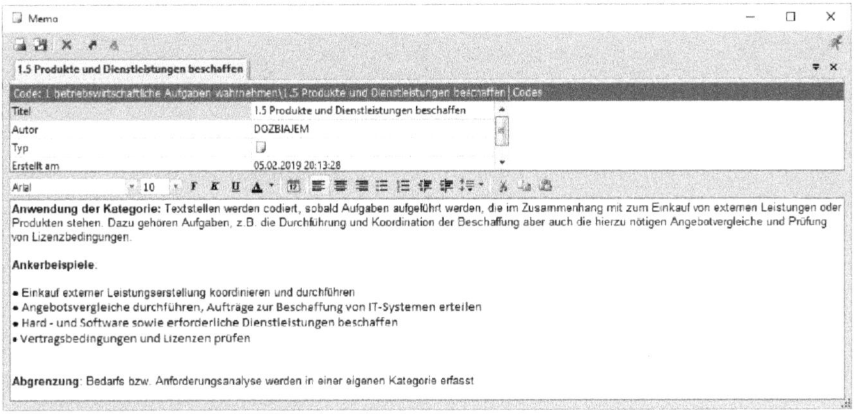

Abbildung 4-7: Codierleitfaden zu „1.5 Produkte und Dienstleistungen beschaffen"

Ein beispielhaftes Memo zur Kategorie „1.5 Produkte und Dienstleistungen beschaffen" enthält eine inhaltliche Beschreibung der Kategorie und deren Anwendung (siehe Abbildung 4-7). Ankerbeispiele – codierte Textsegmente aus den Datensätzen – verdeutlichen die Anwendung. Ggf. werden Abgrenzungen aufgezeigt, wann die Kategorie nicht codiert wird und welche stattdessen relevant ist. Der vollständige Codierleitfaden befindet sich im Anhang 5. Des Weiteren werden folgende Codierregeln festgelegt:

- Überschriften von Unterabschnitten werden wie normaler Text behandelt.
- Wiederholte Inhalte werden nicht erneut codiert, es sei denn, ein neuer Aspekt kommt hinzu. Die relevante Textstelle kann mit mehreren Kategorien codiert werden.
- Nicht sinntragende Textstellen, die nicht für die Forschungsfragen relevant sind, werden nicht codiert.
- Wenn ein Kontext vorhanden ist, wird dieser mitcodiert.
- Die Codiereinheit reicht über einzelne Begriffe bis hin zu vollständigen Sätzen.

Für die Codierung der „BA-Kompetenzen“ entfallen diese Codierregeln, da sämtliche „BA-Kompetenzen“ als eigenständige Kategorien erstellt werden und – wie in der klassischen quantitativen Inhaltsanalyse – sich eindeutig zuordnen lassen.

Die Codierung der Textstellen erzeugt eine farbliche Kennzeichnung der entsprechenden Zeilen im Datensatz. Die jeweilige Kategorienbezeichnung wird in der zugeordneten Farbe im Codierstreifen dargestellt (siehe Abbildung 4–8).

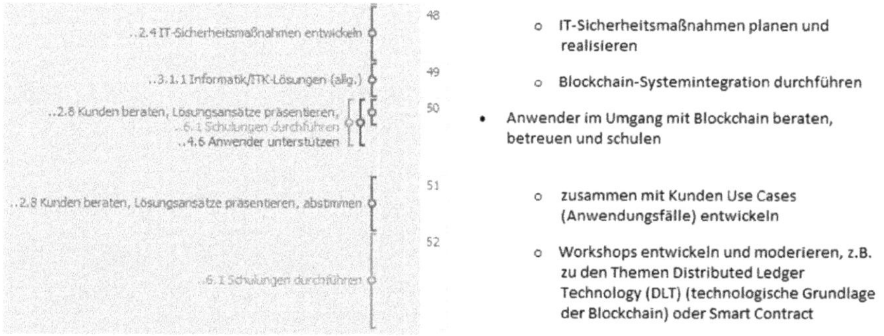

Abbildung 4–8: Codierungsbeispiel aus dem Berufsdatensatz der Blockchain-Entwickler/in (43414–125). Alle analysierten BERUFENET-Datensätze sind auf dem beigefügten Datenträger im Anhang zu finden.

Neben der Kategoriendefinition werden „Memos“ genutzt, um bestimmte Aspekte, die während der Codierphase auftreten, festzuhalten. Dies können z. B. Kurzzusammenfassungen, Widersprüche, Begriffsbeschreibungen, Hinweise auf Best Practice Beispiele etc. sein, die den Dokumenten als Ganzes oder auch innerhalb eines Dokuments bestimmten Textstellen zugeordnet werden.

Berufliche Aufgabenfelder mit charakteristischen Arbeitsaufgaben (Forschungsfrage 3.1)

Die Identifizierung der beruflichen Aufgabenfelder erfolgt unmittelbar aus dem am Material entwickelten Kategoriensystem (vgl. Abbildung 4–5). Die Kategorien selbst repräsentieren Aufgabenfelder auf verschiedenen Abstraktionsebenen. Kurze inhaltliche Beschreibungen der Aufgabenfelder ergänzt durch exemplarische Ankerbeispiele lassen sich aus dem Codierleitfaden entnehmen (siehe Anhang 5). Weitere charakteristische Arbeitsaufgaben lassen sich aus der „Liste der Codings“ für einzelne Aufgabenfelder entnehmen. Das kann durch eine explizite Aktivierung von Dokumenten (berufliche Datensätze) und Codes spezifisch erfolgen. Dadurch sind Auswertungen im Zusammenhang mit der Forschungsfrage 3.4 möglich, z. B. die Identifizierung von Aufgabenfeldern eines Berufs oder einer Gruppe von bestimmten Berufen.

Aufgabenfelder im Modell des e-Competence Framework (Forschungsfrage 3.2)

Die Identifizierung einer möglichen Handlungslogik der IKT-Aufgabenfelder erfolgt mithilfe des European e-Competence Framework (vgl. Abschnitt 2.4.3). Das Rahmenwerk beinhaltet ein übergeordnetes Modell zur Strukturierung von Geschäftsprozessen durch die Elemente „PLAN – BUILD – RUN – ENABLE – MANAGE“ (vgl. CEN 2018c, S. 20). Es wird geprüft, inwieweit sich das Modell eignet, die in dieser Arbeit ermittelten IKT-Aufgabenfelder zu verorten. Durch die Verortung der Aufgabenfelder in dem europäischen Rahmenwerk erfolgt gleichzeitig eine erste Zwischenüberprüfung (vgl. Abbildung 4–1). So lassen sich Übereinstimmungen sowie mögliche Abweichungen zwischen den nationalen Aufgabenfeldern und dem europäischen Rahmen ermitteln.

Identifikation gemeinsamer Aufgabenfelder der IKT-Berufe (Forschungsfrage 3.3)

Auf Basis der ermittelten Codierungen wird mithilfe von quantitativen Analysen der Forschungsfrage nach gemeinsamen Arbeitsaufgaben von informationstechnischen Berufen nachgegangen. Die Erkenntnis über typische IT-Aufgabenfelder, die in vielen Berufen von Bedeutung sind, ist für die curriculare Gestaltung grundlegend (vgl. Abschnitt 2.1.3 sowie Abschnitt 2.1.5). Um typische Aufgabenfelder zu identifizieren, werden die relativen Codehäufigkeiten betrachtet, d. h. die Anzahl der mit einer Kategorie codierten Datensätze bezogen auf die Summe aller betrachteten Datensätze (siehe Tabelle 4–4).

Tabelle 4–4: Überprüfungsindikatoren zur Identifizierung berufsübergreifender Aufgabenfelder

A. Zentraler Indikator „Aufgabenfelder“

$$\text{Durchdringungsgrad "Aufgabenfelder"} = \frac{\text{Anzahl codierter Datensätze eines Aufgabenfeldes}}{\text{Gesamtanzahl der Datensätze}}$$

B. Ergänzungsgröße „BA-Kompetenzen“

$$\text{Durchdringungsgrad "BA-Kompetenzen"} = \frac{\text{Anzahl codierter Datensätze einer BA-Kompetenz}}{\text{Gesamtanzahl der Datensätze}}$$

Die relative Häufigkeit der Aufgabenfelder basiert auf der quantitativen Auswertung der zuvor codierten Berufsbeschreibungen. Die Häufigkeiten lassen sich mithilfe der generierbaren Kreuztabellen im Programm MAXQDA bestimmen. Die Kreuztabellen ermitteln die Anzahl von codierten Textstellen für ausgewählte Kategorien und Dokumente (Datensätze). Um den Einfluss von Mehrfachcodierungen in einzelnen Datensätzen auszuschließen, werden Codierungen pro Dokument nur einfach gezählt. Die weitere Berechnung der relativen Häufigkeiten erfolgt nach dem Export der Daten in Microsoft Excel. Die nicht gleichmäßige Anzahl von beruflichen Datensätzen bezogen auf die Berufsuntergruppen (vgl. Tabelle 4–3) wird bei den Berechnungen nicht weiter berücksichtigt.

Die ermittelten Verhältnisse stellen ein Maß für die Durchdringung von Aufgabenfeldern der IKT-Berufe dar. Je nach Durchdringungsgrad lassen sich so berufsübergreifende Aufgaben identifizieren. Ein Durchdringungsgrad von 100 % würde bedeuten, dass ein Aufgabenfeld in jedem Erwerbsberuf zum Tragen käme. Als Ergänzungsgröße dienen die ebenfalls codierten „BA-Kompetenzen" (vgl. Abbildung 4–6). Die im Sinne von Arbeitsanforderungen verstandenen Begriffe werden berufsübergreifend in der Datenbank der Bundesagentur für Arbeit geführt und den einzelnen Berufsdatensätzen zugeordnet (vgl. Abschnitt 3.3.5). Beispielsweise kann der Durchdringungsgrad der BA-Kompetenz „Vertrieb" die Bedeutung von betriebswirtschaftlichen Aufgabenfeldern begründen.

4.5 Ansatz zur Kompetenzbeschreibung von beruflichen Arbeitsaufgaben

Die bisherigen Analysen haben dazu geführt, übergeordnete Aufgabenfelder in der betrachteten Gruppe von Berufen zu identifizieren. Das jeweils codierte Datenmaterial (Liste der Codings) trägt daher unmittelbar dazu bei, die Forschungsfrage 3.4 zu beantworten. Die Daten sind bisher jedoch ungeordnet und teilweise mehrfach aufgeführt. Das Ziel der weiteren Analyse liegt darin, die beruflichen Arbeitsaufgaben in einer geeigneten Weise darzustellen, die verschiedene Anforderungsniveaus operationalisiert und die Typisierung beruflicher Kompetenzdimensionen ermöglicht (Forschungsfrage 3.5). Die folgende Abbildung 4–9 zeigt den hierzu gewählten Verfahrensansatz.

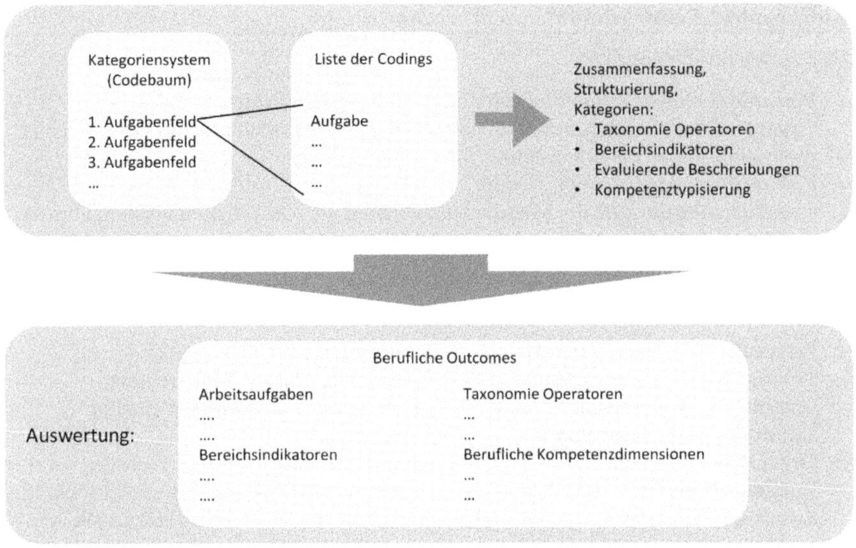

Abbildung 4–9: Ansatz zur Beschreibung und Typisierung beruflicher Arbeitsaufgaben

Ausgehend von den in einem Aufgabenfeld codierten Textsegmenten (Liste der Codings) erfolgt in einem ersten Schritt eine Zusammenfassung und Strukturierung. Die Orientierung an Arbeitsprozessen bildet bei der Ordnung der Arbeitsaufgaben ein leitendes Moment.

Die codierten Textsegmente (vgl. Abbildung 4–8) lassen sich mithilfe der Software MAXQDA kategorienspezifisch anzeigen und zur weiteren Aufbereitung in ein Textverarbeitungsprogramm exportieren. Die folgende Abbildung 4–10 zeigt an einem Beispiel die gewählte Struktur zur Darstellung beruflicher Arbeitsaufgaben in einem Aufgabenfeld. Im Anschluss an die Bezeichnung des Aufgabenfeldes werden einzelne Aufgaben ergebnisorientiert durch „IKT-Arbeitskräfte können…“ eingeleitet.

Aufgabenfeld: Leitungsfunktionen übernehmen
IKT-Arbeitskräfte können… • **Personal** gemäß den quantitativen und qualitativen Zielvorgaben im **Organisationsbereich** *auswählen, führen, anleiten, instruieren, leiten, betreuen, motivieren, verantwortlich leiten,* • Zielvereinbarungsgespräche *führen,* • Qualifizierungsbedarfe der Mitarbeiter *feststellen*, ggf. Qualifizierungsmaßnahmen *vorbereiten, einleiten und unterstützen,* • …
Bereiche: 1. Personal: Mitarbeiter, Vertriebs- bzw. Supportteams, Entwicklungs- bzw. Programmierungsteams, technisches Personal in der Anwenderbetreuung, unternehmensinterne oder externer Redakteure und Multimediaentwickler, kaufmännische Mitarbeiter. 2. Organisationsbereich: IT-Projekt, IT-Abteilung, Softwareabteilung, Vertrieb, Kundenbetreuung, Kundenberatung, Netzwerkadministration, Systementwicklung, E-Business, IT-Bereich, Unternehmensbereich Informatik, Rechenzentrum; System- und Softwarehäuser.

Abbildung 4–10: Beispiel zur Darstellung von Arbeitsaufgaben in einem Aufgabenfeld

Operationalisierung verschiedener Anforderungsebenen

Zur Operationalisierung verschiedener Anforderungsebenen (vgl. Forschungsfrage 3.5) werden alle ermittelten Verben im Zusammenhang mit einer Arbeitsaufgabe aufgelistet (siehe kursive Darstellung in Abbildung 4–10). Im Sinne einer qualitativen Inhaltsanalyse stellen diese Operatoren „evaluierende“ Kategorien dar (vgl. Kuckartz 2016, S. 34). Diese können im Zusammenhang mit dem Kontext der Aufgabe Hinweise zur Bewertung einer Anforderungsebene liefern. So kann beispielsweise mit der Aufgabe „Personal verantwortlich leiten“ eine höhere Anforderung verbunden sein, als mit der Aufgabe „Personal anleiten“.

Bereiche (Range Indikator)

Im Abschnitt „Bereich“ der Abbildung 4–10 sind die in den darüber liegenden Aufgabenbeschreibungen fett gedruckten Begriffe erneut aufgeführt. In Anlehnung an das Konzept der angelsächsischen Berufsstandards werden diese Begriffe als „Bereichsindikatoren“ (Range Indikator) verstanden, die den Kontext von Arbeitsaufgaben beschreiben (vgl. Abschnitt 2.4.5). Die Bezeichnung eines Bereichs repräsentiert stellvertretend unterschiedliche Kontexte, in denen die beschriebenen Aufgaben stehen.

Zur Verdeutlichung wird dies am dargestellten Aufgabenfeld „Leitungsfunktionen übernehmen" erläutert (vgl. Abbildung 4–10). „Personal" und „Organisationsbereich" bilden darin zwei Bereichsindikatoren. „Personal" bildet im Rahmen der Aufgabenbeschreibung eine Variable, der die konkreten Begriffe aus den Datensätzen zugeordnet sind wie z. B. Mitarbeiter, Vertriebs- bzw. Supportteams etc. Ein „Organisationsbereich" kann entsprechend ein „IT-Projekt", eine „IT-Abteilung", ein „Rechenzentrum" etc. repräsentieren.

Das Konzept ermöglicht es, Arbeitsaufgaben zu abstrahieren und übersichtlich darzustellen. Gleichzeitig gelingt es, die unterschiedlichen Kontexte, in denen die Aufgaben erfüllt werden, aufzuzeigen. Die „Bereichsindikatoren" können ordinal skaliert sein und in Kombination mit den verwendeten Verben zudem Hinweise auf das Anforderungsniveau der Aufgabe geben. Dies wird z. B. an dem Umfang des Organisationsbereichs deutlich, in dem Personalführung stattfindet. Zum Beispiel wird die verantwortliche Leitung eines Unternehmensbereichs voraussichtlich ein breiteres konzeptionelles Wissen – im Sinne der Taxonomiedimensionen[63] von ANDERSON et al. (2014) – erfordern, als die zeitlich befristete Personalverantwortung in einem IT-Projekt.

Evaluierende Beschreibung (Evaluative Phrase)

Als weiterer Indikator zur Beurteilung von Anforderungsebenen können sogenannte „evaluierende Beschreibungen" dienen. Hierunter sind Textsegmente gemeint, die die Qualität des Ergebnisses einer Arbeitsaufgabe näher bestimmen (vgl. Abschnitt 2.4.5). In dem in Abbildung 4–10 dargestellten Beispiel repräsentieren die „quantitativen und qualitativen Zielvorgaben" eine evaluierende Beschreibung. Die Aufgabe, Personal zu führen, ist an entsprechende Zielvorgaben gekoppelt.

63 Ein umfassenderes Taxonomiemodell beschreiben ANDERSON et al. (2014) in ihrer Revision zum Handbuch „The Taxonomie of Educational Objectives" von BLOOM (1956). Darin können Verben Hinweise auf die kognitive Prozessdimension und die Objekte Hinweise auf die Wissensdimensionen in einem zweidimensionalen Taxonomiemodell liefern (vgl. Anderson et al. 2014, S. 27 ff.).

Ansatz zur Charakterisierung von beruflichen Kompetenzen (Forschungsfrage 3.5)

Die Charakterisierung von beruflichen Kompetenzen erfolgt in einem ergebnisorientierten Ansatz in Anlehnung an das von Mansfield und Mitchel entwickelte „Job Competence Model" (vgl. Abschnitt 2.4.4). Die in dem Modell enthaltenen Dimensionen beruflicher Kompetenz dienen als A-priori- Kategorien[64], um Arbeitsaufgaben zu klassifizieren (siehe Abbildung 4–11).

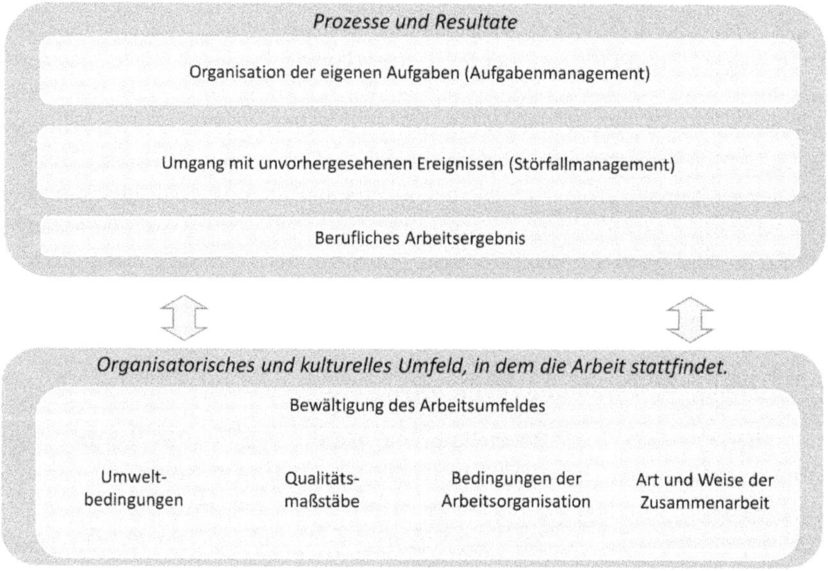

Abbildung 4–11: Dimensionen zur Charakterisierung beruflicher Kompetenz (in Anlehnung an Mansfield & Mitchell 1996, S. 68)

Berufliches Arbeitsergebnis

Das berufstypische Arbeitsergebnis kann ein greifbares Ergebnis, wie z. B. ein installierter Server oder eine entwickelte Software sein. Es können

64 Mit A-priori-Kategorienbildung bezeichnet Kuckartz die Festlegung von Kategorien unabhängig vom Material auf Basis einer bereits vorhandenen inhaltlichen Systematisierung (vgl. Kuckartz 2016, S. 64).

auch Arbeitsergebnisse von immaterieller Gestalt sein, wie z. B. eine durchgeführte Schulung, ein instandgesetztes IT-System oder eine abgeschlossene Vertragsverhandlung.

Umgang mit unvorhergesehenen Ereignissen (Störfallmanagement)

Arbeitsaufgaben werden dieser Kategorie zugeordnet, sofern sie potenzielle und eingetretene Störungen und Ausfälle abwenden bzw. dazu beitragen, die Problemsituationen wieder zu beheben.

Organisation der eigenen Aufgaben (Aufgabenmanagement)

Zugeordnete Aufgaben implizieren, dass Planungsschritte notwendig sind. Hierzu gehören Prioritäten verschiedener Teilaufgaben zu beurteilen und ebenso parallele Arbeiten zu koordinieren.

Die beschriebenen Kategorien der Prozesse und Resultate stehen in einem Wechselverhältnis zu dem organisatorischen und kulturellen Umfeld, in dem die Arbeit stattfindet. Die Aspekte aus dem Arbeitsumfeld können die Erwartung an berufliche Kompetenz erheblich beeinflussen.

Die Bewältigung des Arbeitsumfeldes wird durch Unterkategorien näher spezifiziert:

Umweltbedingungen

Zugeordnete Aufgaben weisen auf Einschränkungen hin, die mit dem verwendeten Material, der Werkzeuge, der Arbeitsumgebung, des Arbeitsortes etc. zusammenhängen.

Qualitätsmaßstäbe

Die zugeordneten Aufgaben zeigen typische Qualitätsmaßstäbe an das Arbeitsergebnis auf. Die Bestimmung der Qualität von beruflicher Arbeit hängt von der Art des Ergebnisses ab. Zum Beispiel können erstellte Produkte hinsichtlich ihrer Spezifikation „nachgemessen" werden. Steht das Subjekt im Zentrum z. B. einer Dienstleistung, so können andere Maßstäbe die Qualität beurteilen (z. B. Kundenzufriedenheit).

Bedingungen der Arbeitsorganisation

Arbeitsaufgaben geben Hinweise auf organisatorische Bedingungen, die eingehalten werden müssen. Dies können spezifische Vorgaben sein, unter denen die Aufgaben zu erledigen sind. Zum Beispiel können der individuelle

Verantwortungsbereich und die Gestaltungsmöglichkeit aufgrund von engen Vorgaben eingeschränkt sein und sich folglich auf das Arbeitsergebnis auswirken.

Art und Weise der Zusammenarbeit

Die zugeordneten Aufgaben beschreiben interaktive Prozesse. Hierbei sind Beziehungen zu Kunden und Mitarbeitern zu unterscheiden. Die Fraktionen lassen sich weiter z. B. nach Größe oder Ebene in der Organisationshierarchie differenzieren (vgl. Mansfield & Mitchell 1996, S. 62 ff.).

5 Exemplarische Ergebnisse des Verfahrens zur Curriculumentwicklung

5.1 Analyse der beruflichen Struktur sowie Qualifikationen im IKT-Bereich

5.1.1 Berufliche Differenzierungen in der IKT-Arbeit

Dieser Abschnitt beinhaltet Ergebnisse aus dem Kernelement „Strukturanalyse“ des entwickelten Verfahrens zur Curriculumentwicklung (vgl. Abbildung 4–1). Für eine festgelegte Gruppe von Berufen – in diesem exemplarisch betrachteten Fall sind dies die Berufe in der IKT-Arbeit – wird eine Übersicht der bestehenden berufsfachlichen Differenzierungen aufgezeigt.

In der Struktur der Berufsklassifikation KldB 2010 markiert die Berufshauptgruppe „43- Informatik-, Informations- und Kommunikationstechnologieberufe“ den festgelegten Umfang der zu untersuchenden Berufe. Diese ist Teil des Berufsbereichs „4- Naturwissenschaft, Geografie und Informatik“ und ist auf der obersten Gliederungsebene der Klassifikation verortet (vgl. Abschnitt 3.2.2). Die Gesamtstruktur der Berufshauptgruppe „43“ beinhaltet mit den darunterliegenden Elementen vier Berufsgruppen (3-Steller), die eine Differenzierung der IKT-Arbeit vornehmen (siehe Tabelle 5–1). Die Bezeichnung der Berufsgruppen erfolgt jeweils durch einen Oberbegriff wie z. B. „431 Informatik“ oder durch Aufzählung mehrerer Tätigkeitsbereiche z. B. „432 IT-Systemanalyse, IT-Anwendungsberatung und IT-Vertrieb“ (siehe Tabelle 5–1). Eine jede Berufsgruppe gliedert sich in weitere Berufsuntergruppen (4–Steller).

Die insgesamt 22 Berufsuntergruppen verteilen sich unterschiedlich auf die Berufsgruppen (siehe Tabelle 5–1). Am stärksten wird demnach die Berufsgruppe „433 Berufe in der IT-Netzwerktechnik, IT-Koordination, IT-Administration und IT-Organisation“ mit 8 Untergruppen weiter ausdifferenziert. Die Berufsgruppe „434 Softwareentwicklung und Programmierung“ weist mit drei Untergruppen die geringste Anzahl auf.

Die Inhalte einer Berufsgruppe werden im beschreibenden Teil der KldB mit jeweils ein bis zwei Sätzen zusammengefasst und vermitteln einen ersten Eindruck über die darunterliegenden Aufgaben (vgl. BA 2011b).

Tabelle 5–1: Übersicht der „Informatik-, Informations- und Kommunikationstechnologieberufe“ (Datenquelle: BA 2011b, S. 764 ff., eigene Darstellung)

Berufsbereich **4 Naturwissenschaft, Geografie und Informatik** *Berufshauptgruppe* **43 Informatik-, Informations- und Kommunikationstechnologieberufe**			
***Berufsgruppe* 431** **Informatik**	***Berufsgruppe* 432** **IT-Systemanalyse, IT-Anwendungsberatung und IT-Vertrieb**	***Berufsgruppe* 433** **IT-Netzwerktechnik, IT-Koordination, IT-Administration und IT-Organisation**	***Berufsgruppe* 434** **Softwareentwicklung und Programmierung**
Inhalt: Angehörige dieser Berufe konzipieren, erstellen, installieren und betreuen Hard- und Software-Lösungen sowie komplexe IT-Systeme für verschiedene Anwendungsgebiete, z. B. Medizin, Molekularbiologie, Geologie, Geodäsie, Medien sowie betriebliche Prozesse. Sie analysieren Problemstellungen, finden Modelle und Algorithmen und forschen auf dem Gebiet der Informatik.	**Inhalt:** Angehörige dieser Berufe sind in der System- und Geschäftsprozessanalyse sowie im Vertrieb von IT-Produkten und -Lösungen tätig. Sie beraten, betreuen und unterstützen Kunden/innen bzw. Anwender/innen von IT-Systemen und Softwareprodukten.	**Inhalt:** Angehörige dieser Berufe übernehmen Aufgaben in der IT-Netzwerktechnik, IT-Koordination, IT-Organisation, IT-System- und Webadministration sowie in der Datenbankentwicklung und -administration.	**Inhalt:** Angehörige dieser Berufe entwickeln Software und sind mit der Programmierung von Systemkomponenten und Anwendungen befasst.
Berufsuntergruppen: 4310 Informatik (ohne Spezialisierung) 4311 Wirtschaftsinformatik 4312 Technische Informatik 4313 Bio- und Medizininformatik 4314 Geoinformatik 4315 Medieninformatik 4319 Führungskräfte	**Berufsuntergruppen:** 4321 IT-Systemanalyse 4322 IT-Anwendungsberatung 4323 IT-Vertrieb 4329 Führungskräfte	**Berufsuntergruppen:** 4331 IT-Netzwerktechnik 4332 IT-Koordination 4333 IT-Organisation 4334 IT-Systemadministration 4335 Datenbankentwicklung und -administration 4336 Webadministration 4338 sonstige spezifische Tätigkeiten 4339 Führungskräfte	**Berufsuntergruppen:** 4341 Softwareentwicklung 4342 Programmierung 4349 Führungskräfte

Bemerkung: Die Systematik, Bezeichnung und Nummerierung der Berufsaggregate entspricht der Klassifizierung der Berufe (KldB 2010).

Differenzierungsmuster zwischen und innerhalb der Berufsgruppen

Aus der Benennung der Berufsgruppen geht eine unterschiedliche Systematik hervor. Die Bezeichnungen der Berufsgruppe „431 Informatik" lehnen sich z. B. an die Wissenschaftsdisziplin und ihre Teilgebiete bzw. interdisziplinäre Wissenschaften an (z. B. Technische Informatik, Wirtschaftsinformatik oder Geoinformatik). Im Gegensatz hierzu benennt die Berufsgruppe „432" verschiedene berufliche Funktionen wie Systemanalyse, Vertrieb und Anwendungsberatung. Die Berufsgruppe „433" benennt dagegen technologische (IT-Netzwerktechnik) als auch organisatorische Merkmale (IT-Koordination, IT-Administration, IT-Organisation). Insgesamt beziehen sich die Aufgaben in dieser Gruppe hauptsächlich auf die Implementierung von IKT-Infrastruktur sowie deren Betriebsführung und Wartung.

Die Berufsgruppe 434 stellt das entwickelte Produkt, in diesem Fall Software, in den Mittelpunkt.

Überschneidungen zwischen und innerhalb von IKT-Berufsgruppen

Aus den Beschreibungen der KldB geht hervor, dass sich die Berufsgruppe „431 Informatik" inhaltlich mit anderen Berufsgruppen überschneidet. „...konzipieren, erstellen, installieren und betreuen Hard- und Software-Lösungen sowie komplexe IT-Systeme für verschiedene Anwendungsgebiete..." stellen generalisierte Aufgaben dar, die in differenzierter Form ebenfalls anderen Berufen zugeordnet sind. So ist z. B. das Konzipieren und Erstellen von Softwarelösungen gleichbedeutend mit Softwareentwicklung und Programmierung. Die Betreuung von Hard- und Software-Lösungen sowie komplexe IT-Systeme beschreiben zudem allgemein Aufgaben von Administratoren, die der Berufsgruppe „433" zugeordnet sind.

Darüber hinaus geht aus der Struktur hervor, dass in jeder Berufsgruppe eine Untergruppe mit Führungskräften existiert. Die Berufsgruppe „431 Informatik" beinhaltet eine allgemeine Untergruppe für Berufe „ohne Spezialisierung". In der Berufsgruppe „433 IT-Netzwerktechnik, IT-Koordination, IT-Administration und IT-Organisation" weist die Untergruppe „sonstige, spezifische Tätigkeiten" auf ein in Zukunft mögliches relevantes Aufgabenfeld hin, für das bisher noch keine Ausdifferenzierung erfolgte (vgl. Abschnitt 3.2.2).

5.1.2 Berufsbenennungen und Anforderungsniveaus in der IKT-Arbeit

Alle auf dem Arbeitsmarkt relevanten Berufsbenennungen werden durch die Bundesagentur für Arbeit einer sogenannten Berufsgattung entsprechend der Klassifikationsregeln zugeordnet und in der Gesamtberufsliste (BA 2018k) geführt (vgl. Abschnitt 3.2.2). Auf dieser Ebene der Klassifikation wird das Anforderungsniveau auf den vier Stufen Helfer, Fachkraft, Spezialist und Experte unterschieden (siehe Tabelle 3–6). Der IKT-Berufshauptgruppe sind insgesamt 405[65] Berufsbenennungen zugeordnet (Stand August 2018, siehe Anhang 1). Aus den Daten ergibt sich eine Verteilung von Berufsbenennungen nach Berufsuntergruppen, die in der folgenden Abbildung 5–1 visualisiert wird.

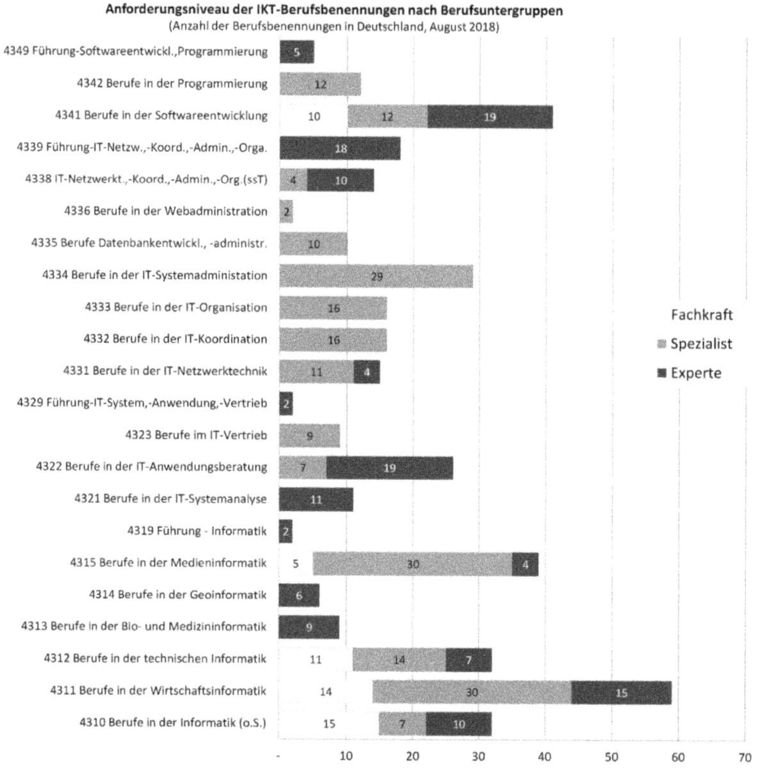

Abbildung 5–1: IKT-Berufsbenennungen nach Anforderungsniveau und Berufsuntergruppe (Datenquelle: BA 2018k, eigene Darstellung)

65 Die Berufsbenennungen stammen aus der „Gesamtberufeliste" (BA 2018k) unter Berücksichtigung folgender Filter: Zustand = E – gültiger Endpunkt für die Vermittlungs- und Informationssysteme der BA, T- Berufsbezeichnung aus der KldB 2010, die nicht in den Vermittlungs- und Informationssystemen der BA, aber für den Tätigkeitsschlüssel (TS 2010) zur Verfügung steht.

Die Quantifizierung der Berufsuntergruppen stellt einen weiteren Aspekt zur Beantwortung der Forschungsfrage 1.1 dar. Sie kann dazu beitragen, eine weitere Vielfalt innerhalb der beruflichen Differenzierungen zu erkennen. So wird ungeachtet der Niveaustufen deutlich, dass die Vielfalt an Berufsbezeichnungen in der Wirtschaftsinformatik am größten ist, gefolgt von den Berufen in der Softwareentwicklung und in der Medieninformatik. Die geringste Bezeichnungsvielfalt besteht hingegen bei Führungskräften in der Informatik sowie bei der IT-Systemanalyse, der IT-Anwendungsberatung, dem IT-Vertrieb und bei Berufen in der Webadministration.

Ferner tragen die Niveauzuordnungen in der Abbildung 5–1 dazu bei, die Anforderungsstruktur innerhalb und zwischen den beruflichen Differenzierungen zu ermitteln (Forschungsfrage 1.2). Aus den Daten geht hervor, dass die Verteilung der Niveaustufen über Berufsuntergruppen inhomogen verläuft. Nur die Berufe in den Untergruppen Softwareentwicklung, Medieninformatik, Technische Informatik, Wirtschaftsinformatik und Informatik ohne Spezialisierung weisen Berufe mit drei Anforderungsniveaus auf. Berufsuntergruppen in der IT-Organisation und IT-Koordination, IT-Systemadministration, Programmierung sowie Datenbankentwicklung/Administration beinhalten ausschließlich Berufe auf dem Spezialisten-Niveau.

In den Berufsuntergruppen der Aufsichts- und Führungskräfte existieren ausschließlich Führungskräfte (Stufe 4), wobei die höchste Anzahl auf Berufsuntergruppe „4339 Führungskräfte IT-Netzwerktechnik, -Koordination, -Administration und -Organisation“ fällt. Ausgehend von den zugeordneten Berufsbenennungen gibt es keine Aufsichtskräfte[66] im IT-Bereich.

Eine Zusammenfassung der beruflichen Anforderungsstruktur geht aus folgender Abbildung 5–2 hervor:

66 In der Systematik wird zwischen Aufsichtskraft (Stufe 3) und Führungskraft (Stufe 4) unterschieden (vgl. Abschnitt 3.2.2).

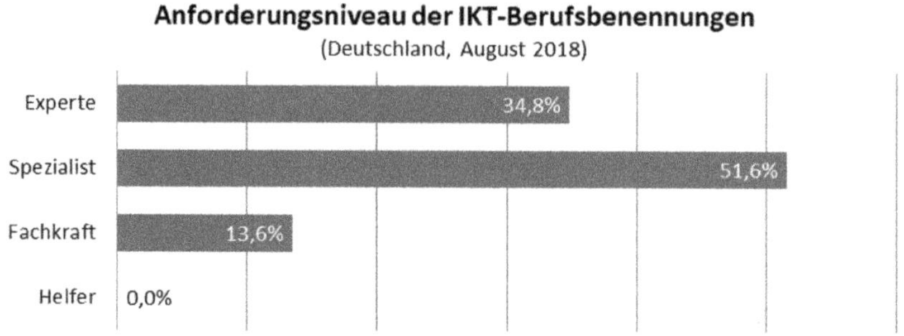

Abbildung 5-2: IKT-Berufsbenennungen nach Anforderungsniveau (Datenquelle: BA 2018k, eigene Darstellung)

Danach sind die meisten (52 %) der Berufsbenennungen dem Spezialisten-Niveau zugeordnet. 35 % der Berufsbenennungen haben Experten-Niveau, 14 % der Benennungen entsprechen dem Niveau einer Fachkraft. Auf Basis der Daten existieren in der IKT-Arbeit keine Berufe auf der niedrigsten Stufe „Helfertätigkeiten".

5.1.3 IKT-Qualifikationsangebote

Die Bundesagentur für Arbeit identifizierte im August 2018 insgesamt 527 Qualifikationsangebote, die sich thematisch auf die Berufshauptgruppe „43-Informatik und andere IKT-Berufe" beziehen (vgl. BA 2018a)[67]. Diese Bildungsgänge sind in der KldB 2010-Systematik verortet und stehen dadurch den Berufen im Beschäftigungssystemen unmittelbar gegenüber (vgl. Abschnitt 3.2.2). Dieser Teil der Strukturanalyse nimmt Bezug auf die Forschungsfrage 1.3 (vgl. Abschnitt 4.1).

Aus den Datensätzen der BA geht hervor, dass im August 2018 insgesamt 480 (91 %) akademische Bildungsangebote, 30 Weiterbildungen (6 %) und 17 Erstausbildungen (3 %) für diese Berufshauptgruppe existieren (siehe Abbildung 5-3).

67 Die Daten werden mit folgenden Filtern extrahiert: Codenr. Beruf = B 43, Zustand = E, berufskundlicher Typ = a; zusätzlich für Erstausbildung: BKGR = 1110, 1120, 1140, 1220; Weiterbildung: BKGR =2210, 2310, 2320, 2450, 2480, 5130; Studium: BKGR = 1150, 3110, 3120, 3130 (vgl. Tabelle 3-7).

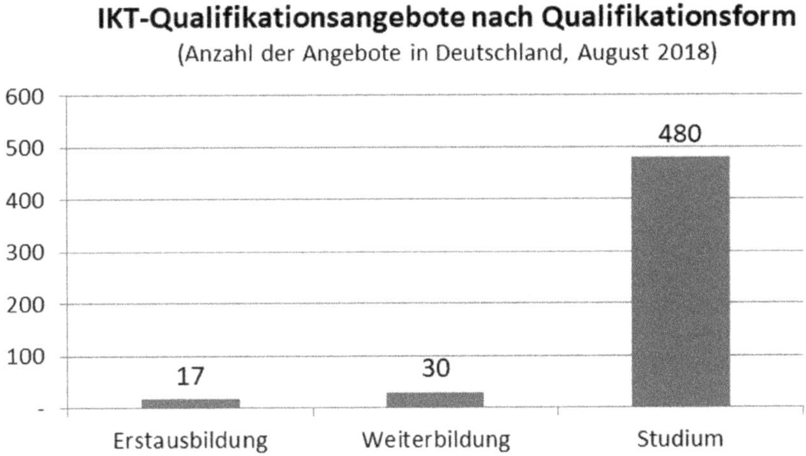

Abbildung 5–3: Anzahl der IKT-Qualifikationsangebote nach Qualifikationsformen (Datenquelle: BA 2018a, eigene Darstellung)

Aus dem Vergleich dieser Daten mit dem Jahr 2013 ergibt sich, dass sich die Anzahl der Erstausbildungen (18) und Weiterbildungen (29) im Jahr 2018 nicht nennenswert verändert hat. Die Anzahl der Studienangebote ist jedoch von 416 Angeboten im Jahre 2013 auf 480 Angebote im Jahr 2018 gestiegen (vgl. BA 2013b)[68].

IKT-Bildungsangebote bestehen hauptsächlich und mit nahezu gleichen Anteilen auf der Spezialisten- und Expertenstufe (vgl. Abbildung 5–4). Die Anzahl der Qualifikationsangebote auf Fachkräfteniveau bildet einen Anteil von 3 %.

Abbildung 5–4: Anforderungsniveau der IKT-Qualifikationen (Datenquelle: BA 2018a, eigene Darstellung)

68 Filter: Codenr. Beruf = B 43, Zustand = E, Erstausbildung: BKGR =100, 110, 315, 330; Weiterbildung: BKGR =320, 322, 323, 324; Studium: BKGR =130, 331, 400, 430, 440, 610

Die Verteilung der auf dem Markt existierenden beruflichen Bildungsangebote verteilt sich ungleichmäßig auf die Berufsuntergruppen (siehe Abbildung 5–5).

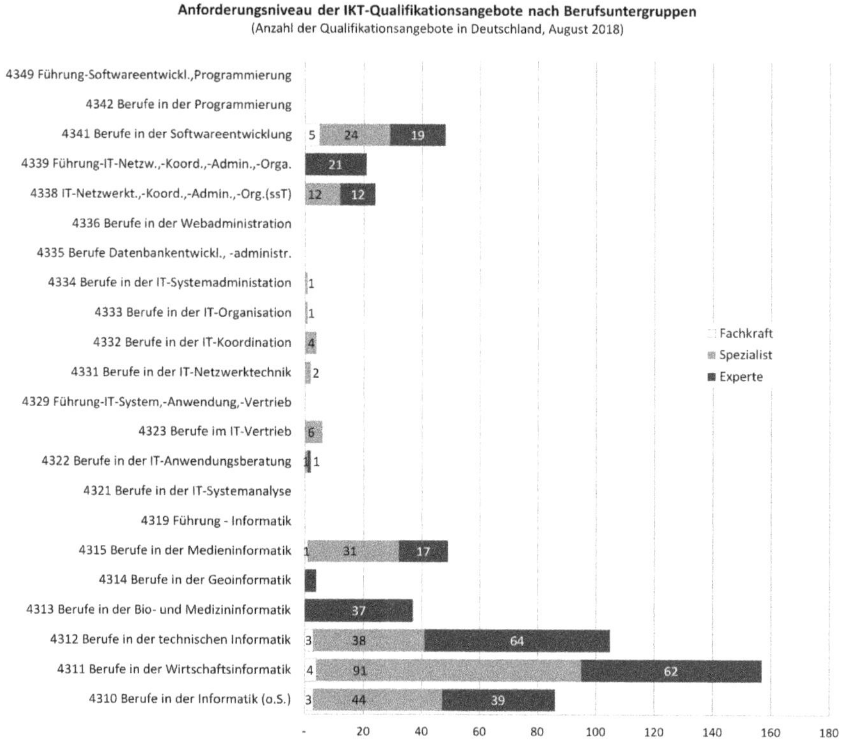

Abbildung 5–5: Der Berufshauptgruppe „43- IKT-Berufe“ zugeordnete Qualifikationsangebote (Datenquelle: BA 2018a, eigene Darstellung)

Auf die Informatik-Berufsuntergruppe entfallen die meisten Qualifikationsangebote, wobei die Wirtschaftsinformatik mit insgesamt 153 Angeboten am stärksten vertreten ist. Darüber hinaus existieren 47 Qualifikationsangebote im Bereich der Softwareentwicklung. Auf die Berufsuntergruppe „433 IT-Netzwerk, Koordination, Administration“ entfallen die einzigen Qualifikationsangebote innerhalb der Berufshauptgruppe, die sich auf die Arbeit von Aufsichts- und Führungskräften beziehen. Diese 21 Bildungsangebote werden ausschließlich der obersten Niveaustufe (Niveau 4) zugeordnet (siehe

Abbildung 5–5). Den Teamleitertätigkeiten sind keine Angebote zugeordnet. Des Weiteren entfallen auf die „Spezialuntergruppe 43383xxx " (vgl. Abschnitt 3.2.2) 24 Qualifikationsangebote meist in Form von Studiengängen im Bereich der IT-Security.

In der Berufsgruppe der Bioinformatik werden Bachelor- und Masterstudiengänge gleichermaßen dem höchsten Anforderungsniveau zugeordnet (vgl. Anhang 2).

5.1.4 Reflexion der beruflichen Strukturanalyse

Die Ergebnisse zeigen, wie sich mithilfe der neuen Berufsklassifikation KldB 2010 sowohl die beruflichen Strukturen im Beschäftigungssystem als auch die zugehörigen Bildungsangebote transparent darstellen lassen. Das Verfahren zeigt auf, wie auf dem Arbeitsmarkt relevante Erwerbsberufsbenennungen in der Klassifikation verortet, berufsfachlich zusammengefasst und nach dem Anforderungsniveau vertikal unterschieden werden können (vgl. Abschnitt 3.2.2). Die berufliche Strukturanalyse ist ein Beitrag zur Beantwortung der übergeorteten Fragestellung dieser Arbeit (vgl. Abschnitt 1.2). Insbesondere beantwortet es die Forschungsunterfragen 1.1 bis 1.3 (vgl. Abschnitt 4.1).

Die exemplarisch durchgeführte Strukturanalyse legt dar, wie sich die zugeordneten beruflichen Bildungsgänge in der Klassifikationssystematik identifizieren lassen. Es wird gezeigt, wie eine transparente Gegenüberstellung von Bildungs- und Beschäftigungssystem als Ganzes ermöglicht werden kann. Hierdurch steht ein Instrument zur Verfügung, das diversen Forderungen aus der Vergangenheit nachkommt (vgl. Benner 1977, S. 87; Kosta et al. 1970, S. 3; Mertens 1973, S. 322; Rauner & Heidegger 1997, S. 20).

Darüber hinaus eröffnet die Strukturanalyse Möglichkeiten einer quantitativen Auswertung, um weitergehende Fragen der Bildungsplanung zu beantworten, wie z. B. das Verhältnis von akademischen und nicht akademischen beruflichen Bildungsangeboten auf unterschiedlichen Niveaus (vgl. Abbildung 5–10).

Bezüge zur angelsächsischen Funktionsanalyse

Aus der Strukturanalyse geht hervor, dass die Berufsklassifikation KldB 2010 Bezüge zu den Ergebnissen der angelsächsischen Funktionsanalyse aufweist. Die in der Übersicht der betrachteten Gruppe von Berufen (Tabelle 5–1) ersichtliche Systematik der Berufsklassifikation kann im Sinne einer „Functional Map" interpretiert werden (vgl. Abbildung 2–19). Den Ausgangspunkt bildet ein festgelegter Bereich von Berufen mit einem „Key Purpose" (vgl. Mansfield

& Mitchell 1996, S. 105 ff.). In diesem Fall entspricht das dem übergeordneten Ziel der betrachteten Berufshauptgruppe. Der Bereich beinhaltet weitere, in diesem Fall Berufsgruppen, die im Sinne der Funktionsanalyse als „Key Area" interpretiert werden können. Der Zweck der Berufsgruppen wird durch die dargestellten Inhaltsbeschreibungen verdeutlicht. Die weitere Differenzierung in Berufsuntergruppen charakterisiert zugehörige „Key Roles" im Sinne der angelsächsischen Funktionsanalyse (vgl. Abschnitt 2.4.5).

Allerdings weisen die Daten in der untersuchten Berufshauptgruppe auch Schwächen auf. Neben aussagekräftigen „Key Purpose"-Beschreibungen finden sich ebenso inhaltsleere Aussagen wie z. B. in der Berufsgruppe 433: „Angehörige dieser Berufe übernehmen Aufgaben in der Netzwerktechnik, IT-Koordination, IT-Organisation, IT-System- und Webadministration sowie in der Datenbankentwicklung und -administration" (BA 2011b, S. 790). Eine einheitliche sprachliche sowie grammatikalische Struktur mit aussagekräftigen Verben, Objekten und einem Kontext, wie sie Mansfield und Mitchel empfehlen (vgl. Mansfield & Mitchell 1996, S. 106), ist hier nicht zu erkennen.

In dem KldB-Strukturkonzept sind wie bei der Funktionsanalyse Aggregations- bzw. Disaggregationskriterien vorgesehen (vgl. BA 2011a, S. 59; Mansfield & Mitchell 1996, S. 114 ff.). Ein Unterschied besteht darin, dass die KldB 2010 induktiv aus einer Aggregation von Einzelberufen bzw. Tätigkeiten erstellt wurde und nicht durch Disaggregation, wie es die Funktionsanalyse vorsieht (vgl. Mansfield & Mitchell 1996, S. 114 ff.). Die empirischen Ergebnisse zeigen in den KldB-Berufsgruppen uneinheitliche Disaggregationsmuster, was zu Widersprüchen führt. Besonders weicht hier die Berufsgruppe „433 Informatik" in ihrer Struktur nach Wissenschaftsdisziplinen der Informatik von den anderen, überwiegend an Aufgaben orientierten Berufsgruppen ab.

Insgesamt bestätigt sich in dem ersten Kernelement des entwickelten Verfahrens, dass die Auswertung der bereits zur Verfügung gestellten Daten zu einem ökonomischen Forschungsprozess führen. Es erweist sich als Vorteil, dass die Datenbasis bereits vorhanden ist und unmittelbare Analysen erlaubt, um curriculare Entwicklungsprozesse zu unterstützen. Die Durchführung der Strukturanalyse ist frei von subjektiven Einflüssen.

Unsicherheiten in den Daten werden durch die Strukturanalyse sichtbar

Die berufliche Strukturanalyse trägt dazu bei, Unsicherheiten im Datenmaterial zu identifizieren. In dem exemplarisch betrachteten Material der IKT-Berufe werden unklare Zuordnungs- und Abgrenzungsphänomene ersichtlich. Das kann insgesamt die Aussagen der Strukturanalyse begrenzen.

Beispielsweise wirft die vorgenommene Berufe-Zuordnung in Niveaustufen Fragen auf. Es überrascht das insgesamt hohe Anforderungsniveau. Nur 14 % der Berufe sind dem Fachkräfte-Niveau zugeordnet, Helfer-Tätigkeiten existieren überhaupt nicht im IKT-Bereich (vgl. Abbildung 5–2). Dagegen sprechen Berufsbenennungen wie z. B. „43313-100 PC- und Netzwerkfachkraft", „43343-114 EDV-Betreuer" und „43343-125 Rechenzentrumssachbearbeiter/in", die unmittelbar ein Fachkräfte-Niveau suggerieren. Stattdessen sind diese Berufe dem Spezialisten-Niveau zugeordnet sind (siehe Anhang A 1). Möglicherweise handelt es sich hier um eine Fehlzuordnung, die ebenfalls aus der auffallend inhomogenen Verteilung der Fachkräfte über die Berufsuntergruppen gefolgert werden kann (vgl. Abbildung 5–1). Lediglich fünf der insgesamt 22 Berufsuntergruppen verfügen über Berufe auf dem Fachkräfte-Anforderungsniveau. Vor dem Hintergrund von Tätigkeitsbeschreibungen einiger KldB-Berufsgruppen ist diese geringe Ausprägung von Fachkräften fraglich. „Anwenderfragen zum Software- oder Hardware-Betrieb beantworten, um Probleme lösen zu können" zählen z. B. in der KldB-Berufsuntergruppe „43223 Berufe in der IT-Anwendungsberatung" zu den komplexen Spezialisten-Tätigkeiten (vgl. BA 2011b, S. 785). Jedoch handelt es sich hierbei um klassische Helpdesk-Tätigkeiten, denen u. a. die Berufe „43223-114 Helpdesk-Administrator/in", „43223-102 IT-Kundenbetreuer/in" und „43223-109 PC-Berater/in" zugeordnet wurden (vgl. BA 2018k). Augenscheinlich handelt es sich hier um ein Fachkräfte-Anforderungsniveau, für das jedoch keine eigene Berufsuntergruppe existiert.

Unscharfe Abgrenzungen zwischen den Berufsgruppen werden insbesondere bei der Berufsgruppe „431 Informatik" deutlich. Deren allgemeine Inhaltsformulierung „Angehörige dieser Berufe konzipieren, erstellen, installieren und betreuen Hard- und Software-Lösungen sowie komplexe IT-Systeme für verschiedene Anwendungsgebiete ..." (vgl. BA 2011b, S. 764 ff.) schließt die Aufgabengebiete der anderen Berufsgruppen ein und macht sie dadurch obsolet. Der Blick auf die zugeordneten Einzelberufe zeigt zudem, dass viele Berufsbenennungen auf dem Arbeitsmarkt, Bezeichnungen der Wissenschaftsdisziplinen bzw. den Abschlüssen von Studiengängen und Ausbildungen aufweisen (vgl. Anhang A 1). Es ist fraglich, ob die Erwerbsberufe tatsächlich keine Tätigkeitsschwerpunkte beinhalten bzw. sich nicht den übrigen Aufgabengebieten zuordnen lassen. Es deutet vielmehr darauf hin, dass Ausbildungen bzw. Studiengänge die Berufsuntergruppe begründen und eine breite „Sammelgruppe" entsteht. Die Strukturierung der Berufsklassifizierung nach wissenschaftlichen Studiengängen kann dazu führen, dass im Rahmen der Meldung zur Sozialversicherung Zuordnungsfehler entstehen, indem die Arbeitgeber ihre Mitarbeiter nach Ausbildungs-/Studienabschlüssen in die KldB-Systematik melden (vgl.

Abschnitt 3.2.1). Diese Problematik deckt sich mit den Erfahrungen früherer Untersuchungen zu Berufsklassifikationen, in denen u. a. der Einfluss des Bildungssystems auf das Beschäftigungssystem festgestellt wurde (vgl. Bertrand & Maréchal 1981, S. 57).

Empfehlung zur Revision der KldB

Für den betrachteten Klassifikationsbereich der Kldb 2010 wird empfohlen, abgrenzende Tätigkeitsfelder zu identifizieren und zu verorten. Die beschriebenen Aufgaben der Berufsgruppe 431 Informatik „... konzipieren, erstellen, installieren und betreuen von Hard- und Softwarelösungen [...] für verschiedene Anwendungsgebiete ..." (BA 2011b, S. 765) ist beispielsweise bereits in der Berufsgruppe „434 Softwareentwicklung und Programmierung" verankert und sollte daher hier nicht noch einmal aufgeführt werden (vgl. ebd., S. 804 ff.). Wissenschaftsnahe Aufgaben wie z. B. Forschung und die Entwicklung von Algorithmen könnten ebenfalls dieser Software-Gruppe auf einem entsprechend hohen Niveau zugeordnet werden. Von Berufsgruppen und Untergruppen ohne Spezialisierung könnte abgesehen werden. Ihre Breite steht im Widerspruch zu den Tätigkeitsschwerpunkten der übrigen Berufsgruppen. Vielmehr erscheint es sinnvoll, die Untergruppen „sonstige, spezifische Tätigkeiten" zu nutzen (vgl. Abschnitt 3.3.2). Mit dem Instrument ließen sich neue Tätigkeitsfelder verorten, die sich meist von bisherigen Tätigkeitsfeldern bzw. Berufen abspalten und in die Revision der KldB einfließen (vgl. BA 2011a, S. 17).

Ungenaue Zuordnung von Ausbildungen in die KldB-Systematik

Aus der Strukturanalyse geht hervor, dass die Vorgehensweise bei der Zuordnung von Ausbildungen in die KldB-Systematik zu einer ungenauen Darstellung des Zusammenhangs zwischen Erwerbsberufen und Bildungsangeboten führen kann. Gegenwärtig stehen den Berufsgattungen (vgl. Tabelle 3–4) Bildungsangebote unterschiedlichster Breite gegenüber. Die derzeitige Zuordnungspraxis zeigt, dass alle Bildungsgänge auf der differenziertesten Ebene (5-Steller) der KldB-Systematik verortet werden. Dies führt unausweichlich zu einem Widerspruch insbesondere bei Bildungsgängen, die einen weiten Kopplungsgrad mit dem Beschäftigungssystem aufweisen bzw. aufweisen sollten (vgl. Mertens 1973, S. 322). Zum Beispiel können Absolventen des Ausbildungsberufs Fachinformatiker der Fachrichtung Systemintegration auf dem Arbeitsmarkt in vielfältigen Erwerbsberufen tätig werden (vgl. Abschnitt 3.3.4). Diese bereits von Benner in den 1970er-Jahren hingewiesene Problematik besteht daher nach wie vor und kann insbesondere bei Mobilitäts- und

Berufswechseluntersuchungen zu einem falschen Bild führen (vgl. Benner 1977, S. 135).

Zudem wird sichtbar, dass die Einordnung von Ausbildungen auf der differenzierten 5-Steller-Ebene vielfach nicht gelingt und stattdessen ein unspezifischer Tätigkeitsschwerpunkt gewählt wird. Das kann erklären, warum die meisten IT-Bildungsangebote in die nach ihnen geprägte (breite) Berufsgruppe „433 Informatik" fallen. Dagegen sind anderen Berufsgattungen keine Bildungsprogramme zugeordnet, obgleich sie typische Arbeitsbereiche von Ausbildungen darstellen. Berufe in der Webadministration werden z. B. von Absolventen in IT-Ausbildungsberufen ausgeübt. Um die Flexibilität von beruflichen Bildungsprogrammen darzustellen, behilft sich dagegen das BERUFENET durch die Darstellung von „Perspektiven nach der Ausbildung" in den Datensätzen der Ausbildungen (vgl. Abschnitt 3.3.4).

Um die Widersprüche aufzulösen, wird empfohlen, die derzeitige Zuordnungspraxis beruflicher Bildungsgänge flexibler zu gestalten. Ein Vorschlag besteht darin, die Zuordnung von Bildungsgängen – je nach Kopplungsgrad – auch auf einer höheren Aggregationsebene in der KldB zu ermöglichen. Dadurch ließe sich der Zusammenhang von Bildungsangeboten und der erwerbsberuflichen Klassifizierung widerspruchsfreier und transparenter darstellen.

5.2 Analyse der Qualifikationsbedarfe in der IKT-Arbeit

5.2.1 Beschäftigungszahlen in der IKT-Berufshauptgruppe

Das zweite Kernelement in dem entwickelten Verfahren zielt darauf ab, Aussagen über einen möglichen Qualifikationsbedarf in dem untersuchten Berufsbereich zu erhalten. Die formulierten Forschungsfragen verdeutlichen, dass hierbei ein differenziertes Erkenntnisinteresse vorliegt. Neben der Frage nach berufsspezifischen Bedarfen – gegenwärtig und in Zukunft – ist ein mögliches Anforderungsniveau zu bestimmen (vgl. Forschungsfrage 2.1, 2.2, 2.3).

Ein zentraler Indikator zur Einschätzung des Bedarfs liegt in den Beschäftigungszahlen und deren Entwicklung (vgl. Abschnitt 4.3). Die exemplarische Auswertung der Beschäftigtenstatistiken ergab, dass im Jahre 2018 in Deutschland 793.540 sozialversicherungspflichtig Beschäftigte (SvB) ihre Tätigkeit in einem IKT-Beruf ausübten (vgl. BA 2018e). Dies entspricht einer Beschäftigungsquote, also einem Anteil von IKT-Beschäftigten an allen sozialversicherungspflichtig Beschäftigten, von 2,4 %.

Tabelle 5–2: Anzahl und Veränderung der IKT-Beschäftigen in 2012/2018 in Deutschland (Datenquelle: BA 2018g; 2018o, eigene Berechnung)

Beschäftigungszahlen und -Quoten	Jahr 2012	Jahr 2018	Veränderung
Anzahl aller SvB in Deutschland	29.527.929	32.660.492	+10,6 %
Anzahl der IKT SvB in Deutschland	627.285	793.540	+26,5 %
IKT-Beschäftigungsquote	2,1 %	2,4 %	+0,3 %
IKT-Auszubildende	33.722	39.336	+1,7 %
IKT-Auszubildendenquote	5,4 %	5,0 %	-0,4 %

Die Entwicklung der IKT-Beschäftigungsquote im Zeitraum 2012 bis 2018 verzeichnet einen leichten Anstieg um 0,4 Prozentpunkte (siehe Tabelle 5–2). Betrachtet man zugleich die Veränderung der Beschäftigtenanzahlen in dieser Berufshauptgruppe im selben Intervall, so zeigt sich ein Zuwachs von +26,5 %. Im Vergleich hierzu stiegen die Beschäftigungszahlen insgesamt in Deutschland im Mittel um +10,6 % (vgl. Tabelle 5–2).

Die Auszubildendenquote, d. h. der Anteil von IKT-Auszubildenden an allen SvB der IKT-Berufshauptgruppe verringerte sich leicht von 5,4 % (2012) auf 5,0 % (2018), wobei die absolute Anzahl von beschäftigten IT-Auszubildenden um +1,6 % anstieg.

Der Vergleich der Beschäftigungszahlen aus dem Jahre 2012 und 2018 zeigt – gemessen an der Entwicklung aller Beschäftigten – einen überdurchschnittlichen Zuwachs. Darüber hinaus wächst die Zahl dieser Berufsinhaber auch relativ zu allen anderen Beschäftigten.

Beschäftigungsreiche Berufsuntergruppen

Eine berufsdifferenzierte Betrachtung der bundesweiten Beschäftigungszahlen auf der Ebene der KldB-Berufsuntergruppen zeigt vier überdurchschnittlich hoch besetzte Berufsuntergruppen. Dies sind die Berufe in der

- Softwareentwicklung (23 %; 182.446),
- Informatik ohne Spezialisierung (23 %; 182.315),
- IT-Anwendungsberatung (15,3 %; 121.319) sowie
- IT-Systemadministration (9,5 %; 75.492) (vgl. Abbildung 5–6).

In den Klammern werden der relative Anteil in Prozent sowie die absolute Beschäftigtenanzahl dargestellt. Die vollständige Liste der absoluten Beschäftigtenanzahlen aller IKT-Berufsuntergruppen der Jahre 2012 und 2018 befindet sich im Anhang A 5.1.

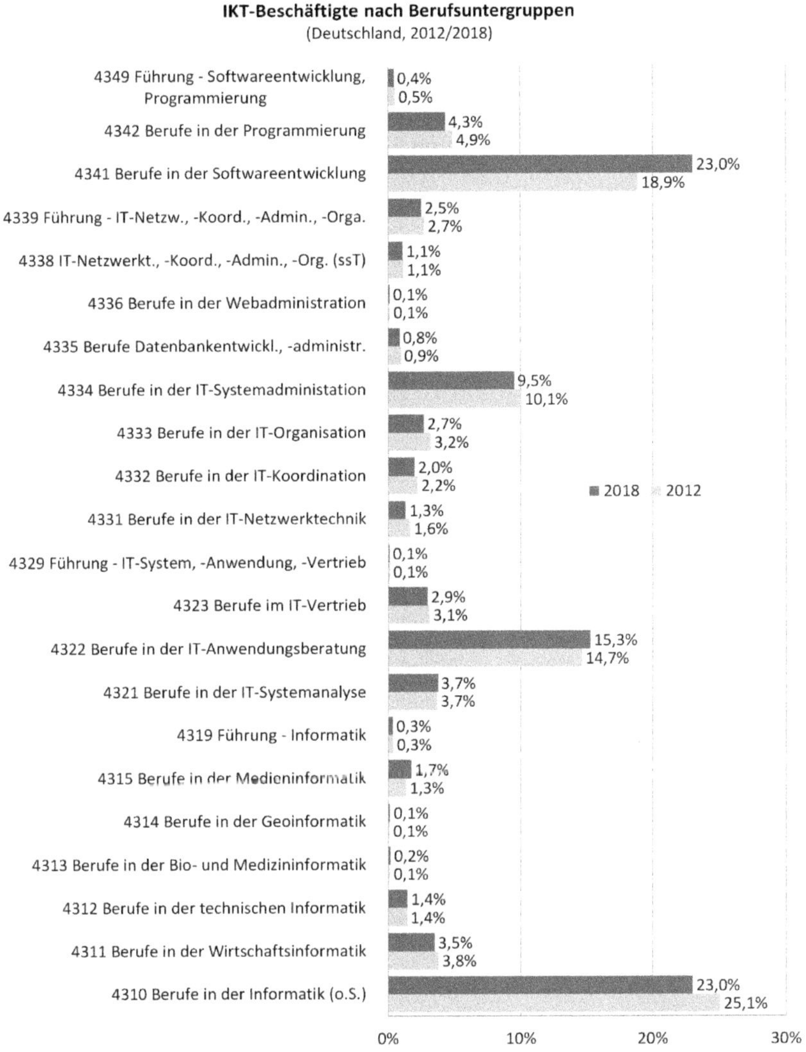

Abbildung 5-6: Verteilung der IKT-Beschäftigten nach Berufsuntergruppen der Jahre 2012/2018 (Datenquelle: BA 2018g; 2018o, eigene Berechnung)

Der relative Anteil der Beschäftigungszahlen liegt in den anderen Berufsuntergruppen unter 5 %. In den für Führungskräfte vorgesehenen Untergruppen ist der Beschäftigungsanteil in der Berufsgruppe „433 IT-Netzwerktechnik, -Koordination, -Administration, -Organisation" mit 2,5 % im Jahre 2018 überdurchschnittlich hoch (vgl. Abbildung 5–6).

Entwicklung

Die Längsschnittanalyse der Beschäftigtenanzahlen für den Zeitraum 2012–2018 für Deutschland ergibt, dass auf die am stärksten besetzten Berufsuntergruppen ebenso die zahlenmäßig größten Zuwächse entfallen (vgl. Abbildung 5–7). Das höchste relative Wachstum dieser Berufsuntergruppen entfällt auf die Berufe in der Softwareentwicklung mit +54 % im Betrachtungszeitraum gefolgt von Berufen in der IT-Anwendungsberatung (+31,9 %), IT-Systemadministration (+19,7 %) und Informatik ohne Spezialisierung (+15,9 %) (siehe Abbildung 5–7).

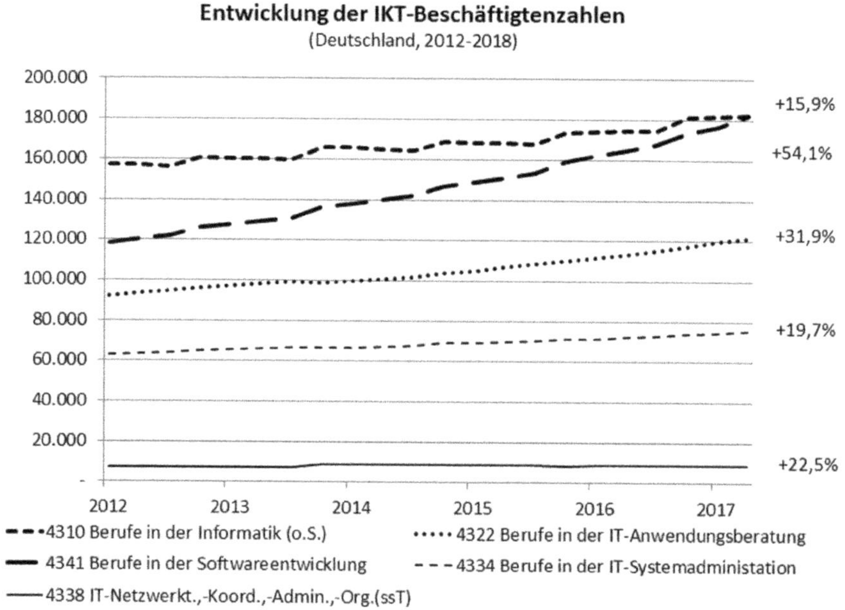

Abbildung 5–7: Entwicklung der Beschäftigtenanzahlen in den am stärksten besetzen Berufsuntergruppen (Datenquelle: BA 2018o, eigene Berechnung)

Auch die anderen Berufsuntergruppen verzeichnen fast ausnahmslos Beschäftigungszuwächse im zweistelligen Bereich. Hervorzuheben sind die Berufe in der Geoinformatik (+68,7 %), Berufe in der Medieninformatik (+ 64 %), Berufe in der Bio- und Medizininformatik (+53,5 %) sowie die Berufe der IT-Netzwerktechnik, IT-Koordination, IT-Administration, IT-Organisation (sonstige spezifische Tätigkeitsangabe) (+22,5 %) (vgl. Anhang A 5.1).

5.2.2 Anforderungsniveaus der IKT-Beschäftigten

Aus den Beschäftigungsstatistiken der BA geht hervor, dass für die gesamte Gruppe der IKT-Berufe hauptsächlich die Anforderungsebene der Spezialisten (48,2 %) und Experten (34,8 %) besetzt wird. Der Anteil des Fachkraftniveaus liegt bei 17 % und Helfertätigkeiten werden nicht gemeldet (siehe Abbildung 5–8).

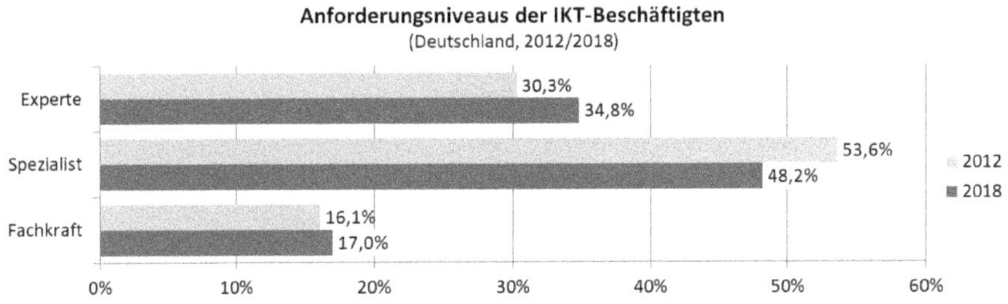

Abbildung 5–8: Anforderungsniveau der IKT-Beschäftigten der Jahre 2012 und 2018 (Datenquelle: BA 2018e, eigene Berechnung)

Es zeigt sich, dass sich im Vergleich der Jahre 2012 und 2018 die strukturellen Unterschiede im Anforderungsniveau leicht zugunsten der Experten änderten (+4,5 Prozentpunkte). Während Spezialistenprofile dagegen weniger nachgefragt sind (-5,4 Prozentpunkte), bleibt das Fachkräfteniveau nahezu unverändert (+0,9 Prozentpunkte) (siehe Abbildung 5–8).

Die Verteilung der Beschäftigtenanzahlen nach Berufen und Anforderungsniveau verläuft ungleichmäßig (siehe Abbildung 5–9).

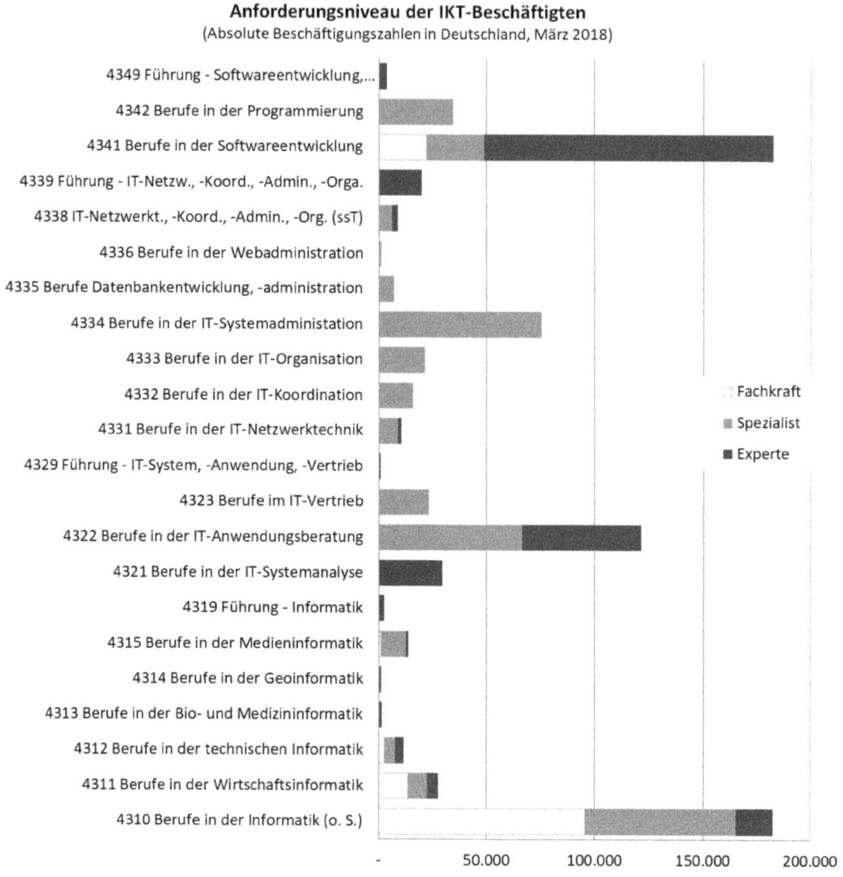

Abbildung 5–9: Anforderungsniveau der IKT-Beschäftigten nach Berufsuntergruppe (Datenquelle: BA 2018e, eigene Darstellung)

Während Spezialisten in nahezu allen Berufsuntergruppen arbeiten, besetzen Fachkräfte vier der insgesamt 22 Berufsuntergruppen. Ihr größter Anteil liegt in den „Informatikberufen ohne Spezialisierung". Ein Expertenniveau wird insbesondere den Führungskräften, den Beschäftigten in der Softwareentwicklung, der IT-Anwenderberatung sowie der IT-Systemanalyse zugeschrieben. Die Beschäftigten in der IT-Systemadministration sind ausschließlich auf dem Spezialistenniveau tätig und mit rund 75.000 Beschäftigten die am stärksten vertretene Spezialistenberufsuntergruppe (siehe Anhang A 5.2).

5.2.3 Qualifikationsniveau der IKT-Beschäftigten

Die Identifizierung der Qualifikation der Beschäftigten, d. h. der formale Berufsabschluss[69], ist ein weiterer Indikator im Rahmen der Qualifikationsbedarfsanalyse. Das Qualifikationsspektrum aller IKT-Beschäftigten erstreckt sich über alle Stufen. Dabei entfallen sowohl auf akademische (46 %) und nicht akademische Ausbildungsabschlüsse (38,5 %) die meisten Anteile. 7,7 % der Beschäftigten sind ohne jeglichen beruflichen Ausbildungsabschluss in diesen Berufen tätig (vgl. BA 2018e). Die Entwicklung in den letzten sechs Jahren zeigt einen anhaltenden Trend zu akademischen Abschlüssen. Während es im Jahre 2012 noch einen leicht höheren Anteil von Beschäftigten mit nicht akademischen Abschlüssen gab (40,8 % akademisch, 39,5 % nicht akademisch), dominieren heute die akademischen Ausbildungsabschlüsse (46 % akademisch, 38,5 % nicht akademisch).

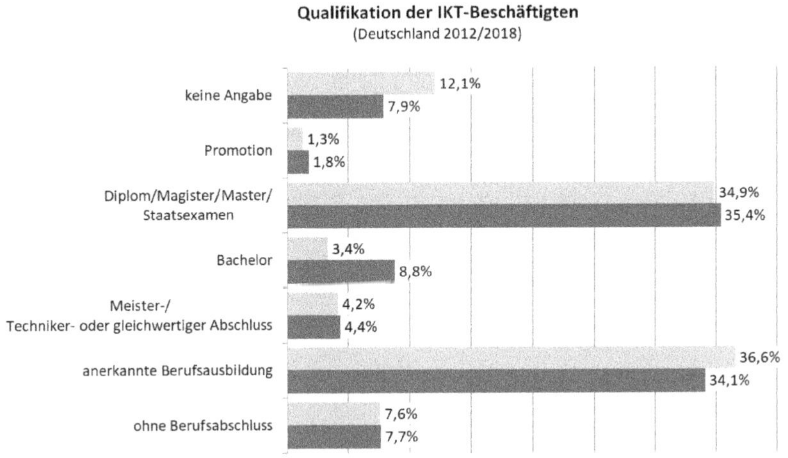

Abbildung 5–10: Qualifikationen von IKT-Beschäftigten 2012/2018, (Datenquelle: BA 2018o, eigene Berechnung)

---

69 In den amtlichen Statistiken wird für Qualifikation der Begriff Berufsabschluss verwendet. Darin beinhalten die Meldungen „mit anerkanntem Berufsabschluss“ die Summe aus “mit anerkanntem Berufsausbildung” und “Meister-/Techniker-/gleichwertiger Fachschulabschluss”. Entsprechend bestehen Meldungen “mit akademischem Abschluss” aus der Summe “Bachelor”, “Diplom/Magister/Master/Staatsexamen” und “Promotion” (vgl. BA 2018e).

Die differenzierte Betrachtung verdeutlicht, dass ein anerkannter Berufsausbildungsabschluss die zweithäufigste Qualifikationsform darstellt (34,1 %), während Diplom/Master-Abschlüsse bei den akademischen Abschlüssen dominieren (siehe Abbildung 5–10). 4,4 % der Beschäftigten verfügen über einen nicht akademischen beruflichen Weiterbildungsabschluss (Meister-/Techniker- oder gleichwertiger Abschluss). Der Anteil von Bachelor-Absolventen ist dagegen doppelt so hoch.

Aus der zeitlichen Perspektive geht hervor, dass die Bachelorabsolventen die größten Veränderungen, von 3,4 % im Jahre 2012 auf 8,8 % im Jahre 2018 aufweisen (vgl. Abbildung 5–10). Daneben steigt der Anteil der Meister/Techniker marginal an.

Differenzierte Betrachtung der Qualifikationen nach Berufen

Der formale Berufsabschluss der Beschäftigten lässt sich darüber hinaus berufsspezifisch bestimmen. Die in Abbildung 5–11 dargestellte Verteilung beinhaltet die Anzahl der sozialversicherungspflichtig beschäftigten Personen nach Berufsuntergruppen unter der Angabe ihrer Qualifikation. Aus der Verteilung geht hervor, dass im März 2018 in allen IT-Berufsuntergruppen Beschäftigte mit sämtlichen beruflichen Ausbildungsabschlüssen bzw. auch ohne jeglichen beruflichen Ausbildungsabschluss tätig sind. Der Anteil von Personen ohne beruflichen Ausbildungsabschluss ist in der Wirtschaftsinformatik (16,4 %), Medieninformatik (10,1 %) und dem IT-Vertrieb (11,5 %) am höchsten (siehe Anhang A 5.3).

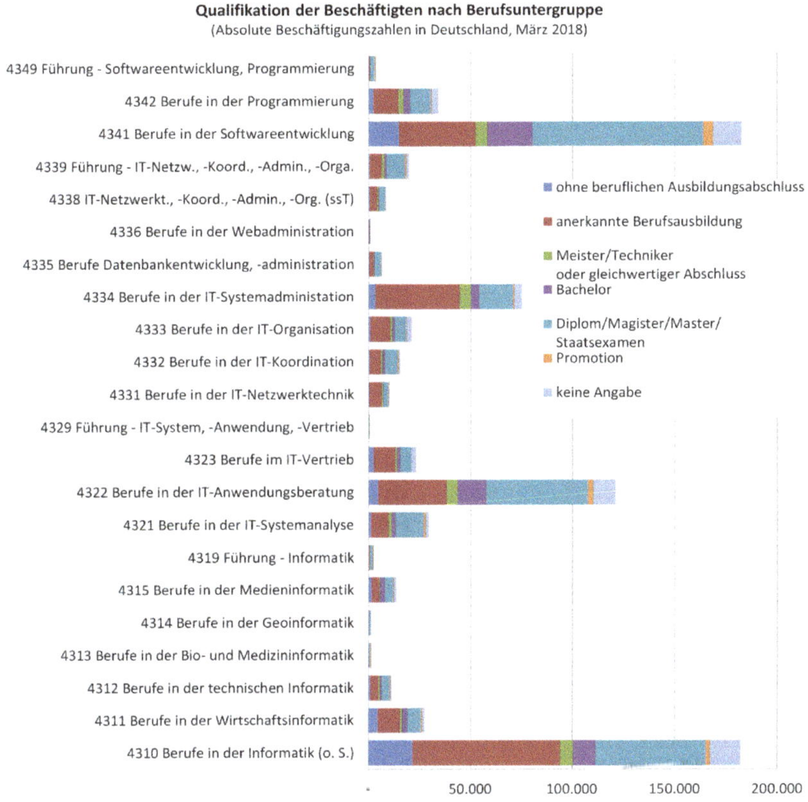

Abbildung 5-11: Qualifikation der IKT-Beschäftigten (Datenquelle: BA 2018o, eigene Darstellung)

Beschäftigte mit anerkannter Berufsausbildung[70] dominieren dagegen in der

- Informatik ohne Spezialisierung (39,9 %),
- Wirtschaftsinformatik (40,4 %),
- technischen Informatik (35,9 %),
- IT-Vertrieb (44,8 %),

70 Zu dieser Gruppe zählen betriebliche oder außerbetriebliche Ausbildungen nach dem BBiG, der HWO oder auch eine Berufsausbildung an einer vollqualifizierenden Berufsfachschule (z. B. Altenpflege, Assistenten in unterschiedlichen Bereichen) bzw. an entsprechenden Berufskollegs (vgl. BA 2018n, S. 15).

- IT-Netzwerktechnik (57,7 %),
- IT-Organisation (45,7 %),
- IT-Systemadministration (54,5 %),
- IT-Netzwerkt., -Koord., -Admin., -Org. (ssT) (19,5 %) und
- Programmierung (35,7 %).

Beschäftigte mit Meister/Techniker-Qualifikation[71] sind besonders ausgeprägt in der

- technischen Informatik (6,2 %),
- IT-Netzwerktechnik (6,5 %),
- IT-Systemadministration (7,7 %) und
- Programmierung (7,1 %).

Die nicht akademischen Meister/Techniker-Qualifikationen sind im direkten Vergleich mit den Bachelorabschlüssen quantitativ stärker in der IT-Netzwerktechnik, der IT-Systemadministration sowie in Führungspositionen der Softwareentwicklung/Programmierung vertreten (vgl. Anhang A 5.3).

Die IT-Arbeitsbereiche mit den meisten nicht akademisch qualifizierten Beschäftigten sind demnach insgesamt:

- Berufe in der Informatik ohne Spezialisierung (43,3 %),
- Wirtschaftsinformatik (43,4 %),
- IT-Vertrieb (48,5 %),
- IT-Netzwerktechnik (64,2 %),
- IT-Organisation (50,4 %),
- IT-Systemadministration (62,4 %),
- IT-Netzwerktechnik, -Koordination, -Administration, -Organisation (ssT) (50,5 %),
- Berufe in der Programmierung (42,8 %).

5.2.4 Wirtschaftszweige der IKT-Beschäftigten

In diesem Abschnitt werden die branchenspezifischen Einflüsse auf die Beschäftigung dargestellt (Ergänzungsgröße zur Beschäftigung). Zunächst werden die

71 Zu dieser Gruppe zählen Abschlüsse durch Meisterprüfung vor einer Kammer; an einer Fach-/Technikerschule (Staatlich geprüfter Techniker in unterschiedlichen Bereichen) sowie sonstige Abschlüsse in nicht akademischen Fortbildungsberufen, die auf einer Erstausbildung aufbauen, z. B. Fachwirt, Fachkaufmann, Betriebswirt IHK/HWK oder Abschlüsse an den Fachschulen der ehemaligen DDR (vgl. BA 2018n, S. 15).

Wirtschaftszweige ermittelt, in denen IKT-Berufe generell ausgeübt werden. Darüber hinaus besteht das Erkenntnisinteresse darin, mögliche Schwerpunktbranchen zu identifizieren. Die Beantwortung dieser Fragen erfolgt durch Auswertung der Beschäftigtenstatistik nach Berufen gekreuzt mit Wirtschaftsabteilungen der Klassifikation WZ 2008 (BA 2018p). Wirtschaftsabteilungen bezeichnen eine von fünf Gliederungsebenen der Klassifikation der Wirtschaftszweige WZ 2008 (vgl. StBa 2008). Mit der ersten Ebene beginnend gliedert die WZ 2008 „Abschnitte" in „Abteilungen", „Gruppen", „Klassen" und „Unterklassen" (vgl. ebd., S. 17 f.). Die folgende Abbildung 5–12 zeigt die Häufigkeitsverteilung der sozialversicherungspflichtig Beschäftigten in IKT-Berufen nach Wirtschaftsabschnitten. Die Abbildung verdeutlicht, dass die Beschäftigten in dieser Berufshauptgruppe in allen Wirtschaftsabschnitten tätig sind.

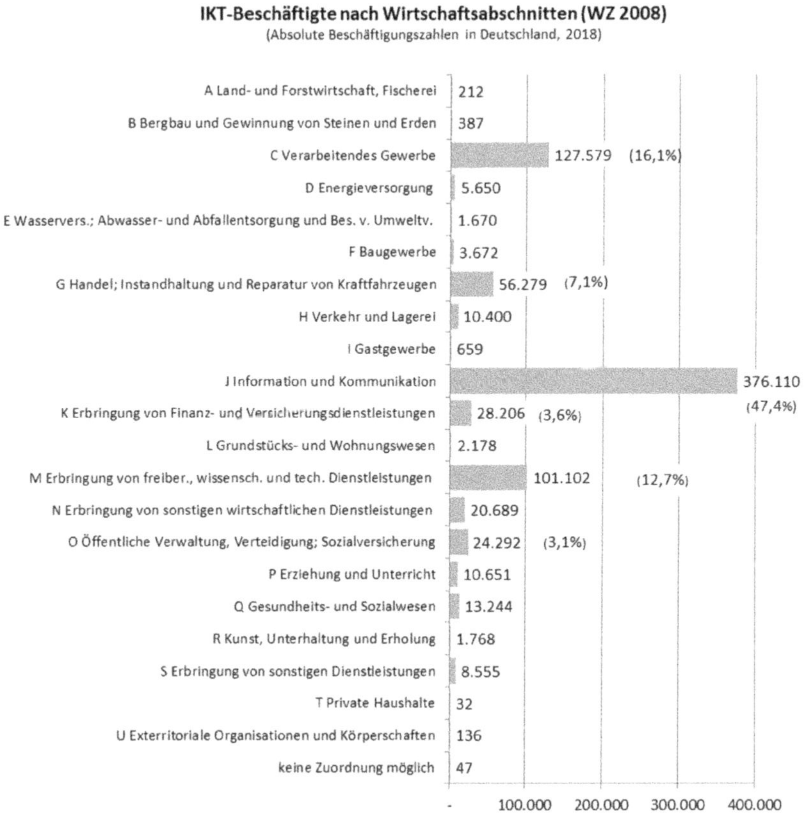

Abbildung 5–12: SvB der IKT-Berufshauptgruppe nach Wirtschaftsabschnitten (WZ 2008) im März 2018 (Datenquelle: BA 2018p, eigene Berechnung)

Auf den Wirtschaftsabschnitt „J- Information und Kommunikation“ entfällt mit 47,4 % der größte Anteil der insgesamt 793.540 Beschäftigten im betrachteten Monat März 2018. Im Wirtschaftsabschnitt „C Verarbeitendes Gewerbe“ (16,1 %) sowie „M Erbringung von freiberuflichen, wissenschaftlichen und technischen Dienstleistungen“ (12,7 %) sind IKT-Berufe ebenfalls mit zweistelligen Prozentsätzen vertreten (siehe ausführlich im Anhang A 5.4).

Der durch IKT-Beschäftigte am stärksten besetzte Wirtschaftsabschnitt „J Information und Kommunikation“ lässt sich in der Gliederungssystematik der Wirtschaftszweigklassifikation näher bestimmen. Die folgende Tabelle 5–3 verdeutlicht dies am Beispiel der Abteilung „62 Erbringung von Dienstleistungen der Informationstechnologie“, die sich u. a. in die dargestellten Gruppen, Klassen und Unterklassen gliedert (vgl. StBa 2008, S. 443). Die Abteilung 62 ist im Rahmen des gesamten Wirtschaftsabschnitts „J Information und Kommunikation“ quantitativ am relevantesten. Von insgesamt rund 693.000 Beschäftigten in diesem Abschnitt sind knapp die Hälfte in einem Beruf der IKT tätig (vgl. BA 2018p).

Tabelle 5–3: Strukturierung der Wirtschaftsabteilung „62 Erbringung von Dienstleistungen der Informationstechnologie“ (vgl. StBa 2008, S. 440 ff.)

WZ 2008 Code	WZ 2008 Bezeichnung	Gliederungsebene
J	Information und Kommunikation	Abschnitt
62	Erbringung von Dienstleistungen der Informationstechnologie	Abteilung
62.0	Erbringung von Dienstleistungen der Informationstechnologie	Gruppe
62.01	Programmierungstätigkeiten	Klasse
62.01.1	Entwicklung und Programmierung von Internetpräsentationen Diese Unterklasse umfasst die Entwicklung, die Anpassung, das Testen und die Pflege von Software für Internetpräsentationen sowie das Verfassen der Software-Dokumentation. Diese Unterklasse umfasst: – Design der Struktur und des Inhalts von Web-Seiten und/oder Durchführung der notwendigen Programmierarbeiten zur Entwicklung und Implementierung von Web-Seiten – Anpassung von Web-Seiten an Kundenanforderungen, d. h. Änderung oder Konfigurierung bestehender Anwendungen, damit sie in der Systemumgebung des Kunden betriebsfähig werden	Unterklasse
62.01.9	Sonstige Softwareentwicklung	Unterklasse
62.02	Erbringung von Beratungsleistungen auf dem Gebiet der Informationstechnologie	Klasse
62.03	Betrieb von Datenverarbeitungseinrichtungen für Dritte	Klasse
62.09	Erbringung von sonstigen Dienstleistungen der Informationstechnologie	Klasse

Das Beispiel zeigt, dass Softwareentwicklung besonders für Internetpräsentationen eine relevante Unterklasse darstellt. Tabelle 5–3 beinhaltet exemplarisch die detaillierte Beschreibung der Unterklasse 62.01.1 aus der WZ 2008[72] (vgl. StBa 2008, S. 440 ff.). Neben der Softwareentwicklung erbringen die Beschäftigten Beratungsdienstleistungen auf dem Gebiet der Informationstechnologie (Klasse 62.02) und stellen den Betrieb von Datenverarbeitungseinrichtungen für Dritte sicher (Klasse 62.03).

Innerhalb des am zweithäufigst besetzten Wirtschaftsabschnitts „C Verarbeitendes Gewerbe" ist die Abteilung „26 Herstellung von Datenverarbeitungsgeräten, elektronischen und optischen Erzeugnissen" mit 26.362 IKT-Beschäftigten quantitativ relevant (vgl. Anhang A 5.4). Aus den Untergruppen dieses Abschnitts geht hervor, dass hier die Herstellung von Geräten und Peripherie der Informations- und Telekommunikationstechnik im Vordergrund steht (vgl. StBa 2008, S. 93 f.).

Veränderungen *zwischen 2012 und 2018*

Ein Vergleich der IKT-Beschäftigtenanzahlen in den Wirtschaftszweigen der Jahre 2012 und 2018 verzeichnet in 14 von 21 Abschnitten der WZ 2008 Beschäftigungszuwächse im zweistelligen Prozentbereich (vgl. Anhang A 5.4). Dies gilt ebenfalls für Wirtschaftsabteilungen, die bereits eine hohe IKT-Beschäftigtenzahl aufweisen. Die Abteilung „62 Erbringung von Dienstleistungen der Informationstechnologie" hat beispielsweise einen Zuwachs von + 31,75 %, die Abteilung „63 Informationsdienstleistungen" einen Zuwachs von +64,25 % sowie im verarbeitenden Gewerbe die Abteilung „28 Maschinenbau" einen Zuwachs von +24,83 % zu verzeichnen. Hingegen verringern sich die Beschäftigtenanzahlen in der Wirtschaftsabteilung „61 Telekommunikation" um ca. 43 %.

Branchenspezifische/-unspezifische Berufe

Eine weitere branchenspezifische Untersuchung im Rahmen der Qualifikationsbedarfsanalyse erfolgt aus der Berufsperspektive. Darin wird die Frage geklärt, in welchem Ausmaß spezifische Erwerbsberufe bzw. deren Zusammenfassungen in einer einzelnen Branche oder in breiten Sparten als sogenannte Querschnittsberufe ausgeübt werden. Hierzu wurde der Indikator „BiWa" entwickelt, der die am stärksten besetzten Wirtschaftsabteilungen (2-Steller) zählt,

72 Zur weiteren Ausdifferenzierung der Klassen siehe StBa 2008, S. 440 ff.

in denen IKT-Berufe ausgeübt werden (vgl. Abschnitt 4.3). In Deutschland existieren auf dieser Gliederungsstufe der WZ 2008 insgesamt 88 Wirtschaftsabteilungen (2-Steller) (StBa 2008, S. 2). Die Berechnung des BiWa erfolgt über den Beschäftigtenanteil n = 80 %[73] und führt zu folgenden Ergebnissen:

Tabelle 5–4: Branchenindikator "Beruf in Wirtschaftsabteilungen (BiWa)" (Datenquelle: BA 2018p, eigene Berechnung)

Berufshauptgruppe,- gruppe, -untergruppe	**Beruf in Wirtschaftsabteilungen (BiWa)**
43 Informatik- und andere IKT-Berufe	15
431 Informatik	15
4311 Berufe in der Wirtschaftsinformatik	21
432 IT-Systemanalyse, Anwenderberatung, IT-Vertrieb	7
433 IT-Netzwerkt., -Koord., -Administr., -Orga.	21
4334 Berufe in der IT-Systemadministration	22
4339 Führung – IT-Netzw., -Koord., -Admin., -Orga.	24
434 Softwareentwicklung und Programmierung	9

Die Tabelle 5–4 zeigt die IKT-Berufsgruppierungen, die eine hohe Branchenvielfalt aufweisen. Danach entfällt auf die Führungskräfte in der Berufsuntergruppe „4339 Führung -IT-Netzw., -Koord., -Admin., -Orga." der höchste Wert des BiWa-Indikators. Die Tabelle liest sich wie folgt: In Deutschland waren im Jahre 2018 80 % der sozialversicherungspflichtig beschäftigten Führungskräfte in der IT-Netzwerktechnik, IT-Koordination, IT-Administration und IT-Organisation in 24 verschiedenen Wirtschaftsabteilungen tätig. Die zweithöchste Branchendurchdringung entfällt auf die Berufsuntergruppe „4334 Berufe in der IT-Systemadministration" mit einem BiWa von 22. Eine ähnlich hohe Branchendurchdringung besteht für die Berufsuntergruppe „4311 Berufe in der Wirtschaftsinformatik" mit einem BiWa von 21. Die geringste

73 Bei der Berechnung des BiWa werden nur 80 % der Beschäftigten eines Berufs betrachtet, um eine bessere Unterscheidung zwischen verschiedenen Berufsprofilen zu erhalten (vgl. Abschnitt 4.3).

Branchendurchdringung besteht in „4314 Berufe in der Geoinformatik" mit einem BiWa von drei (vgl. Anhang A 5.5).

Die Tabelle im Anhang A 5.6 enthält exemplarisch die Beschäftigtenanzahlen der Berufsuntergruppe „4334 Berufe in der IT-Systemadministration" nach Wirtschaftsabteilungen der WZ 2008 in absteigender Form. Die fünf am häufigsten frequentierten Wirtschaftsabteilungen dieser Berufe entfallen auf:

- 62 Erbringung von Dienstleistungen der Informationstechnologie,
- 84 Öffentliche Verwaltung, Verteidigung, Sozialversicherung,
- 70 Verwaltung und Führung von Unternehmen und Betrieben, Unternehmensberatung,
- 46 Großhandel (ohne Handel mit Kraftfahrzeugen),
- 28 Maschinenbau,
- 86 Gesundheitswesen (vgl. Anhang A 5.6).

5.2.5 Regionale Betrachtung der Beschäftigungssituation

Der Vergleich der regionalen Beschäftigtenanzahlen des Jahres 2012 mit dem Jahr 2018 zeigt einen Zuwachs für Schleswig-Holstein. Dieser beträgt im Durchschnitt für alle Berufe in Schleswig-Holstein (+11,4 %), dem Kreis Schleswig-Flensburg inkl. der Stadt Flensburg (+12,5 %) (vgl. Tabelle 5–5). Diese Veränderung ist mit der bundesweiten Entwicklung (+10,6 %) vergleichbar (vgl. Tabelle 5–2). Ebenfalls ist der Zuwachs an IKT-Beschäftigten mit rund +26 % in Schleswig-Holstein und dem Bundesdurchschnitt nahezu identisch. Für das Kreisgebiet inklusive der Stadt Flensburg fällt der Zuwachs mit +30,5 % höher aus. Die Beschäftigungsquote der IKT-Berufe beträgt im Jahr 2018 in Schleswig-Holstein 1,7 % und in der Region Flensburg 1,3 %. Damit liegt sie unter dem bundesweiten Durchschnitt von 2,4 %, wobei die Veränderung der Quote im betrachteten Zeitraum um +0,3 Prozentpunkte in Schleswig-Holstein und +0,2 Prozentpunkte in der Region Flensburg nahezu identisch verläuft (vgl. Tabelle 5–2).

Tabelle 5–5: Anzahl und Veränderung der IKT-Beschäftigen in 2012/2018 in Schleswig-Holstein (Datenquelle: BA 2014b; 2018h; 2018m, eigene Berechnung)

Regionale Beschäftigungszahlen und -Quoten	Jahr 2012	Jahr 2018	Veränderung
Anzahl aller SvB in Schleswig-Holstein	876044	975621	+11,4 %
Anzahl der IKT-SvB in Schleswig-Holstein	11838	14899	+25,9 %
IKT-Beschäftigungsquote in Schleswig-Holstein	1,4 %	1,7 %	+0,3 %
IKT-Auszubildendenquote in Schleswig-Holstein	7.0 %	7,0 %	0 %
Anzahl aller SvB im Kreis Schleswig-Flensburg und Stadt Flensburg	87718	98701	+12,5 %
Anzahl der IKT-SvB im Kreis Schleswig-Flensburg und der Stadt Flensburg	960	1253	+30,5 %
IKT-Beschäftigungsquote im Kreis Schleswig-Flensburg und der Stadt Flensburg	1,1 %	1,3 %	+0,2 %

Die IKT-Auszubildendenquote beträgt an beiden Betrachtungszeitpunkten in Schleswig-Holstein 7 % und liegt damit um ca. zwei Prozentpunkte höher als in Gesamtdeutschland (vgl. Tabelle 5–5 und Tabelle 5–2).

Die Auswertung der Anforderungsniveaus in Schleswig-Holstein ergibt geringe Unterschiede verglichen mit dem bundesdeutschen Mittel (vgl. Abbildung 5–13). In Schleswig-Holstein besteht ein um jeweils ca. zwei Prozentpunkte höherer Anteil an Experten und Fachkräften. Der Anteil von Spezialisten fällt in Schleswig-Holstein mit 43,7 % um rund vier Prozentpunkte geringer aus als in Gesamtdeutschland.

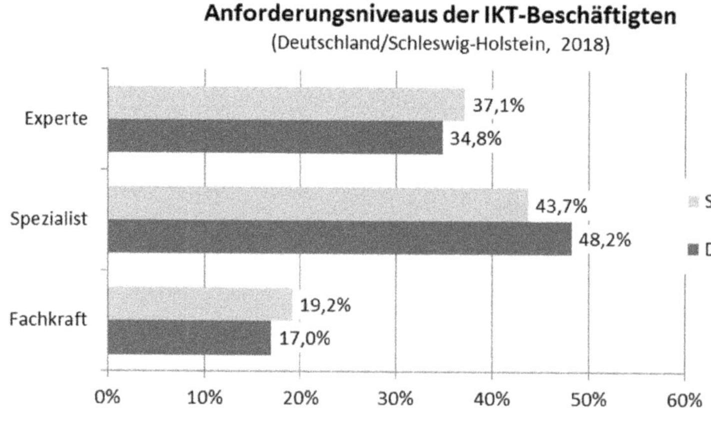

Abbildung 5–13: Anforderungsniveau der IKT-Beschäftigten in Deutschland/ Schleswig-Holstein (Datenquelle: BA 2018 f; 2018e, eigene Berechnung)

Die Qualifikationen der IKT-Beschäftigten weisen in der Regionalbetrachtung Unterschiede auf. Zwar verfügen die Beschäftigten in Schleswig-Holstein wie im Bundesdurchschnitt größtenteils über akademische und nicht akademische Berufsabschlüsse, die Verteilung erfolgt jedoch gegenläufig (vgl. Abbildung 5–14). Während in Schleswig-Holstein die nicht akademischen Berufsabschlüsse (ca. 45 %) vor den akademischen Berufsabschlüssen (ca. 36 %) dominieren, sind die bundesweiten Verhältnisse nahezu umgekehrt. Der Anteil an Beschäftigten ohne jeglichen beruflichen Ausbildungsabschluss liegt mit 9,2 % höher als im Bundesdurchschnitt, der einen Anteil von 7,7 % aufweist.

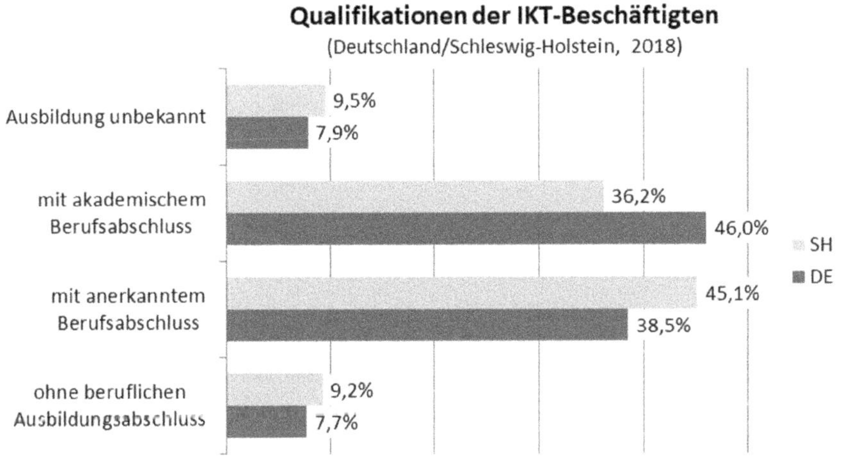

Abbildung 5–14: Qualifikationen der IKT-Beschäftigten in Deutschland/Schleswig-Holstein (Datenquelle: BA 2018 f; 2018e, eigene Berechnung)

Die folgende Abbildung 5–15 zeigt die relative Verteilung der IKT-Beschäftigungszahlen für Schleswig-Holstein und Gesamtdeutschland im Jahr 2018. Auf der Klassifikationsebene der Berufsgruppen zeigt sich, dass die regionale Verteilung der Beschäftigungszahlen weitestgehend mit der bundesweiten Verteilung übereinstimmt.

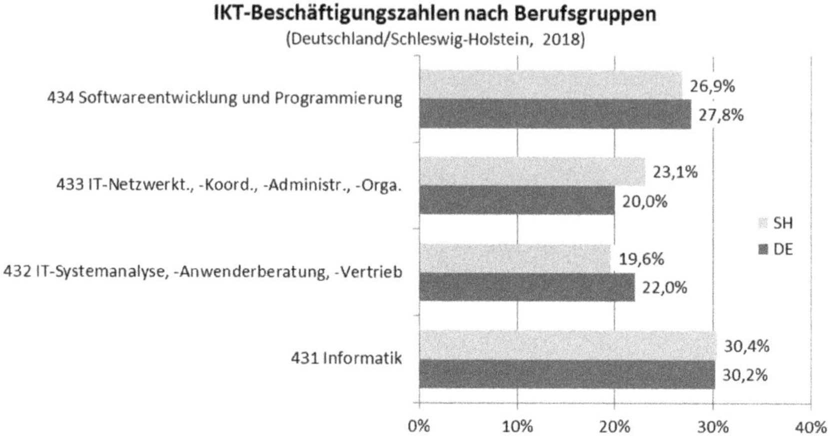

Abbildung 5-15: IKT-Beschäftigungszahlen nach Berufsgruppen in Deutschland/ Schleswig-Holstein (Datenquelle: BA 2018 f; 2018e, eigene Berechnung)

Unterschiede zwischen Schleswig-Holstein und der gesamten Bundesrepublik bestehen in der Berufsgruppe „433 IT-Netzwerktechnik, -Koordination, -Administration, -Organisation", in der der Anteil der Beschäftigten in Schleswig-Holstein um ca. drei Prozentpunkte über dem Bundesdurchschnitt liegt. Die Berufe in der IT-Systemanalyse, -Anwenderberatung und -Vertrieb sind anteilig um knapp 2,5 Prozentpunkte geringer besetzt als in Gesamtdeutschland.

5.2.6 Reflexion der Qualifikationsbedarfsanalyse

Aus den durchgeführten Analysen des zweiten Kernelements des Verfahrens zur Curriculumentwicklung geht hervor, wie mithilfe verschiedener Indikatoren aus Berufs- und Arbeitsmarktdaten der BA, ein möglicher Qualifikationsbedarf in einem beruflichen Bereich ermittelt werden kann. Dieses Kernelement ist ein weiterer Beitrag zur Beantwortung der übergeordneten Fragestellung (vgl. Abschnitt 1.2).

Die zur Verfügung stehenden Beschäftigungszahlen ergänzen die in der Strukturanalyse gewonnene Kenntnis der beruflichen Abgrenzungen mit belegbaren Zahlen. Da die Beschäftigungszahlen im Rahmen der Meldung zur Sozialversicherung erfasst werden, repräsentieren sie eine Vollerhebung und spiegeln die quantitative Berufsverteilung aller sozialversicherungspflichtig Beschäftigten in Deutschland wider. Im Hinblick auf einen möglichen

Qualifikationsbedarf können sie dazu beitragen, die Relevanz eines beruflichen Bereichs zu verdeutlichen.

Die exemplarisch durchgeführte Längsschnittbetrachtung verdeutlicht die Entwicklung von nachgefragten Berufen und kann zusammen mit den Querschnittsanalysen eine (vorsichtige) Bedarfsabschätzung für die Zukunft ermöglichen. Der in diesem Verfahren abgeschätzte zukünftige Bedarf wird durch die Ergebnisse der Engpassanalysen der Bundesagentur für Arbeit (BA 2018j) sowie der Qualifikations- und Berufsprojektionen (QuBe-Projekt) (vgl. Maier et al. 2016, S. 11) gestützt. So ermittelte die BA im Jahre 2018 Engpässe in den Berufsgruppen „432 IT-Systemanalyse, Anwenderberatung, IT-Vertrieb (Experten)“ sowie „434 Softwareentwicklung, Programmierung (Spezialisten und Experten)“ (vgl. BA 2018j, S. 9 f.). Im Vergleich der Methoden wird deutlich, dass der in diesem Verfahren gewählte pragmatische Ansatz zu ebenso zielführenden Aussagen führt wie die wesentlich umfangreicheren Untersuchungen, in denen u. a. Vakanzzeiten, Arbeitsstellen und Arbeitslosenzahlen einfließen (vgl. Hartmann & Reimer 2011).

Der entwickelte Indikator zur Identifizierung von Brancheneinflüssen auf die Berufsausübung kann dazu beitragen, Aussagen über die Branchendurchdringung einzelner Berufe oder Gruppen von Berufen zu erhalten. Die Berechnung des Indikators lässt sich automatisieren und eignet sich als forschungsökonomisches Dauerbeobachtungsinstrument.

Die von der BA zur Verfügung gestellten Arbeitsmarkt- und Berufsdaten ermöglichen neben der gesamtdeutschen Sicht eine differenzierte Betrachtung bis auf Kreisebene. Die durchgeführten regionalen Betrachtungen hinsichtlich der Beschäftigungszahlen sind daher nur exemplarisch zu betrachten und lassen sich auf weitere Datensätze ausdehnen.

Die neue Klassifikationsstruktur ermöglicht es, den Fachkräftebedarf differenzierter nach unterschiedlichen Anforderungsniveaus zu formulieren. Hierzu können zusätzlich die erhobenen Daten des Berufsabschlusses der Beschäftigten beitragen, die verschiedene akademische und nicht akademische Ausbildungen differenzieren. Diese Daten können eindeutig erhoben und damit als zuverlässig eingestuft werden.

Unsicherheiten in den Daten

Gleichzeitig lässt sich die bereits in Abschnitt 5.1.4 dargestellte Kritik an der KldB-Berufsgruppendefinition durch die Ergebnisse dieses Abschnitts untermauern. Die hohe Beschäftigtenzahl in der Berufsuntergruppe „4310 Berufe in der Informatik (o. S.)“ (vgl. Abbildung 5–6) wirft Fragen auf. Einerseits könnte diese überdurchschnittlich hohe Beschäftigungsanzahl darauf hindeuten, dass die KldB-Berufsgruppenstruktur insgesamt nicht schlüssig ist und diese Berufsgruppe als „Sammelgruppe" verwendet wird. Andererseits sind Zuordnungsfehler naheliegend, da diese Berufsgruppe zum größten Teil Berufsbenennungen beinhaltet, die sich an den Wissenschaftsbereichen der Informatik anlehnen und mit Studiengangabschlussbezeichnungen und weiteren Ausbildungsbezeichnungen identisch sind (vgl. Abschnitt 5.1.4). Auf eine Fehlzuordnung in diesem Zusammenhang weist Rhode (2012) hin. Seine Stichprobenanalyse kommt zum Ergebnis, dass die berufsfachliche Zuordnung im Rahmen der Meldung zur Sozialversicherung ausschließlich von Personen durchgeführt wird, die nicht mit den beruflichen Tätigkeiten vertraut sind wie z. B. Personen in der Steuerberatung (vgl. ebd., S. 58 f.). Vielfach ist den Betrieben die Bedeutung dieser Meldung nicht klar und es kommt zu Verfälschungen (vgl. ebd., S. 60 ff.). Dabei könnte möglicherweise die Qualifikationsbezeichnung als passenderes Zuordnungskriterium gewählt werden, wenn es an qualitativen Informationen über die tatsächlich ausgeübten Tätigkeiten mangelt.

Jedoch können die Befunde auf die dynamischen Verhältnisse im Bereich der IKT-Berufe hindeuten, deren Berufsgeneseprozess[74] sich noch nicht konsolidiert hat (vgl. Abschnitt 2.2.1).

Meldeverfahren zur Sozialversicherung

Die gemeldeten Beschäftigungszahlen der IKT-Berufsinhaber werfen weitere Fragen auf. Beispielsweise überrascht, dass keine Meldungen über „fachlich ausgerichtete Tätigkeiten" (2. Anforderungsstufe) im Bereich der Anwendungsberatung existieren, der u. a. Helpdesktätigkeiten zugeordnet sind (vgl. Abbildung 5–9 sowie Abschnitt 5.1.4). Außerdem zeigen die ermittelten Qualifikationsniveaus der Beschäftigten in der Gruppe „4334 Berufe der IT-Systemadministration", dass 54 % über eine berufliche Facharbeitsqualifikation verfügen (vgl. Abbildung 5–11). Vor diesem Hintergrund erscheint das ausschließliche Spezialisten-Anforderungsniveau (3. Anforderungsstufe) in dieser Berufsuntergruppe als zweifelhaft.

Eine mögliche Begründung für diesen Widerspruch lässt sich aus Meldeverfahren zur Sozialversicherung ableiten. Für meldende Betriebe ist es nur möglich, ihre Beschäftigten anhand der vorgegebenen Berufsbenennungen zu codieren, die im Schlüsselverzeichnis der BA (2018n) bzw. dem Onlinetool (BA

---

74 Die Genese der IKT-Berufe aus den Daten vorausgegangener Berufsklassifikationen wird im Anhang A 4 dargestellt.

2018q) aufgeführt sind. Die gelisteten Berufe sind einem festen Anforderungsniveau zugeordnet, das sich im Rahmen der Meldung nicht anpassen lässt (vgl. Anhang A 1). Daher erscheinen in den Beschäftigtenstatistiken nur die bereits vorgegebenen Anforderungsniveaus, die für den Fall der IKT-Berufe keine bzw. nur wenige fachlich ausgerichtete Tätigkeiten ausweisen (vgl. ebenda). Aufgrund der offenbar zweifelhaften Niveauzuordnung der betrachteten Erwerbsberufe sind die Aussagen über Anforderungsniveaus von IKT-Berufen mit Unsicherheiten behaftet. Es wird empfohlen, einerseits die Niveauzuordnung der Berufsbenennungen zu überarbeiten bzw. im Rahmen des Meldeverfahrens die Niveauzuordnung offen zu gestalten und durch die Beschäftigten selbst vornehmen zu lassen.

Die dargestellten Unsicherheiten im Datenbestand beschränken sich auf die exemplarisch betrachtete Gruppe von IKT-Berufen und sind nicht in dem hier entwickelten Verfahren begründet. Die Übertragung des Verfahrens auf andere Gruppe von Berufen mit einem validen Datenbestand führt entsprechend zu validen Aussagen.

Die dargestellten Unsicherheiten der exemplarisch analysierten Datenlage im Bereich der IKT-Berufe führen zu methodischen Konsequenzen in der nachfolgenden beruflichen Aufgabenanalyse. Die Datenbasis für die weiteren qualitativen Untersuchungen wird angepasst. Sie umfasst berufliche Datensätze der gesamten Berufshauptgruppe aller Anforderungsniveaus. Dadurch wird der Einfluss zweifelhafter Niveauzuordnungen von beruflichen Datensätzen ausgeschlossen.

5.3 Analyse der beruflichen Arbeitsaufgaben im IKT-Bereich

5.3.1 Berufliche Aufgabenfelder in der IKT-Arbeit

Die berufliche Aufgabenanalyse stellt das dritte Kernelement im Rahmen des entwickelten Verfahrens zur Curriculumentwicklung dar (vgl. Abbildung 4–1). Ein zentrales Erkenntnisinteresse besteht darin, die beruflichen Aufgabenfelder exemplarisch in der IKT-Arbeit zu bestimmen (vgl. Forschungsfrage 3.1). Dies erfolgt mithilfe einer qualitativen Inhaltsanalyse von Aufgabenbeschreibungen der insgesamt 103 zur Verfügung stehenden IKT-Berufsprofile (vgl. Abschnitt 4.4). Die beruflichen Aufgabenfelder werden durch das Kategoriensystem repräsentiert, das sich im Rahmen der Inhaltsanalyse in einem iterativen Prozess bildet. Das vollständige Kategoriensystem mit der jeweils zugeordneten Anzahl von Codierungen ist im Anhang A 7.1 abgebildet. Die ermittelten Aufgabenfelder sind in den sieben übergeordneten Kategorien

1. Betriebswirtschaftliche Aufgaben wahrnehmen,
2. IT-Systeme planen und entwickeln,
3. IT-Systeme bereitstellen,
4. IT-Systeme betreiben und Support leisten,
5. Daten erfassen und analysieren,
6. Schulungen und wissenschaftliche Lehre durchführen sowie
7. Steuern und managen

gruppiert (siehe Abbildung 5–16).

Der Umfang der beruflichen Aufgabenfelder innerhalb dieser Oberkategorien fällt in der Anzahl unterschiedlich aus und reicht von zwei bis zu zehn Kategorien. Die inhaltliche Beschreibung, Abgrenzung und „Ankerbeispiele“, die im Rahmen der Codierung verwendet wurde, ist im Codierleitfaden dokumentiert (vgl. Anhang A 6). Die Identifizierung der beruflichen Aufgabenfelder basiert auf der Analyseeinheit „Aufgaben und Tätigkeiten im Einzelnen“ (vgl. Abschnitt 4.4). Ausgehend von diesen Daten wurden im Prozess der qualitativen Inhaltsanalyse insgesamt 2.555 Codierungen vorgenommen. Die Anzahl der jeweils codierten Aufgabenfelder wird in der rechten Spalte des Codesystems dargestellt (vgl. Anhang A 7.1).

Für die zweite Analyseeinheit „Kompetenzen“ wurde ein weiteres Codesystem entwickelt, das sich an den zuvor identifizierten beruflichen Aufgabenfeldern orientiert (vgl. Abschnitt 3.3.5). Die Auswertung der Datensätze beträgt für diese Kategorien insgesamt 2.741 Codierungen, deren individuelle Zuordnung im Anhang A 7.2 vollständig dargestellt wird. Zur exemplarischen Visualisierung dienen Code-Häufigkeiten der BA-Kompetenzen in der Darstellung von „Codewolken[75]“.

Im Folgenden werden ausgehend von der Struktur des Kategoriensystems die ermittelten beruflichen Aufgabenfelder inhaltlich zusammengefasst.

75 Die „Codewolke“ ist eine Visualisierung der Codenamen aus der Liste von aktivierten Codes als sogenannte Wortwolke. Darin wird die Häufigkeit von Wörtern – in diesem Fall die Anzahl der Codierungen – verdeutlicht.

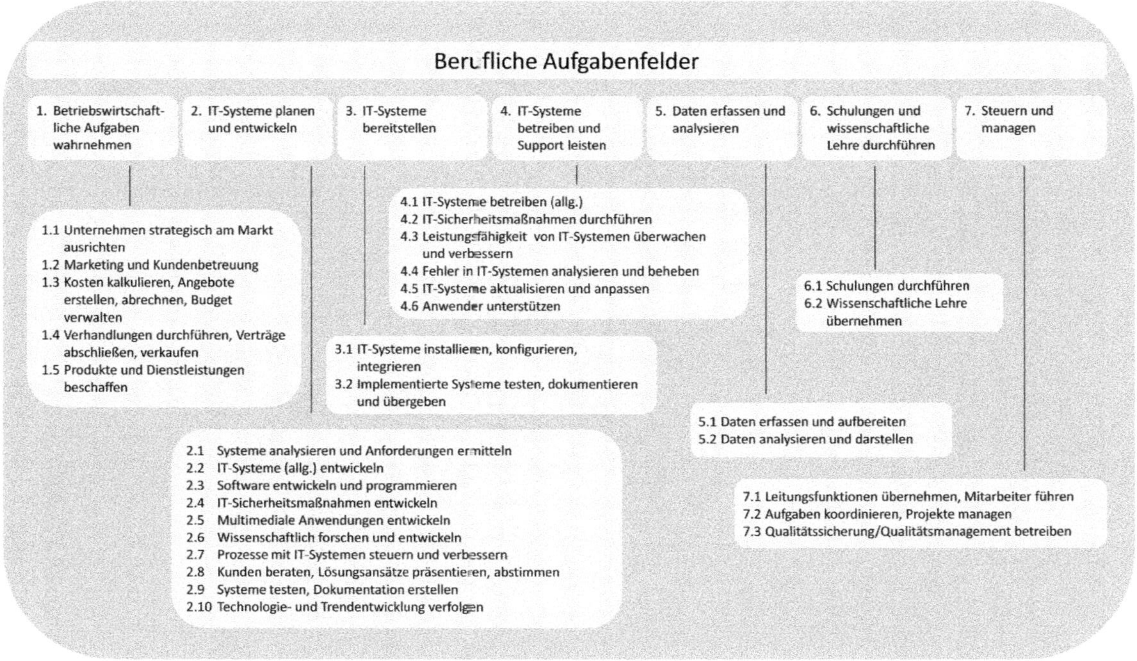

Abbildung 5–16: Berufliche Aufgabenfelder der IKT-Arbeit (Datenbasis: Berufsdatensätze gemäß Tabelle 4–3)

Kategorie: „1. Betriebswirtschaftliche Aufgaben wahrnehmen"
Dem Bereich „Betriebswirtschaftliche Aufgaben wahrnehmen" sind vielfältige Teilbereiche zugeordnet, die in einer Interpretation als betriebswirtschaftliche Aufgaben verstanden werden können. Hierzu gehören u. a. Aufgaben zum strategischen Management, um das Unternehmen bzw. die Organisation strategisch am Markt auszurichten, z. B. „Ideen und Strategien für geschäftliche Unternehmensentwicklung ausarbeiten" (43103-104: 30–30)[76]. Diese können z. B. „strategische Partnerschaften mit Unternehmen des Marktes für Technologie- und Entwicklungsprozesse" (43103-104: 32–32) sein. Zu weiteren Marketing-Aufgaben gehören Produkte am Markt zu platzieren, Unternehmen auf Messen zu vertreten und bei Schulungen oder in sozialen Medien zu präsentieren (vgl. 43123-101: 275–276).

Abbildung 5-17: Codewolke der BA-Kompetenzen „1. BA Betriebswirtschaftliche Aufgaben wahrnehmen"

76 Diese und folgende Belege verweisen auf die auf die codierten Berufsdatensätze. Die Angabe ist wie folgt zu lesen: 43103-104 bezeichnet den Dokumentennamen des Berufsdatensatzes (dies ist gleichzeitig der KldB 8-Steller des darin beschriebenen Berufs), wie er in MAXQDA importiert wurde. 30–30 verweist auf den Absatz bzw. Absatzbereich, aus dem das codierte Textsegment stammt.

Die BA-Kompetenz „E-Commerce, E-Business“ wird diesbezüglich am häufigsten innerhalb des Aufgabenfeldes genannt und spiegelt bedeutende Vertriebskanäle wider (vgl. Abbildung 5–17). Der Aufbau einer nachhaltigen Kundenbindung sowie die Beratung und ggf. Auftragsannahme werden ebenfalls dem Aufgabenfeld „1.2 Marketing und Kundenbetreuung“ zugeordnet (siehe Abbildung 5–16). Die Relevanz der „Kundenberatung und -betreuung“ wird in der Codewolke deutlich (siehe Abbildung 5–17). Diesbezüglich existieren Überlappungen zu den Beratungsaufgaben im Rahmen einer Lösungsentwicklung (vgl. Kategorie 2). Im Ansatz wird hier davon ausgegangen, dass sich Beratungsaufgaben zum Zweck einer langfristigen Kundenbindung von den Beratungsaufgaben im Rahmen einer konkreten Produktentwicklung unterscheiden können. Entgegen dieser getrennten Sichtweise steht das Customer-Relationship-Management (CRM), das als BA-Kompetenz aufgeführt ist (vgl. Abbildung 5–17). Es steht für ein ganzheitliches Konzept zur langfristigen Kundenbindung, bei dem sämtliche Geschäftsprozesse und Produktentwicklungen betrachtet und auf den Kunden ausgerichtet werden (vgl. Schmidt 2003, S. 1).

Kaufmännisch verwaltende Aufgaben bilden einen weiteren Bereich wie z. B. „bei der Erstellung von Angeboten und Angebotspräsentationen mitwirken“ (43104-132: 68–68), dass „Preise und Kosten kalkulieren“ (43113-107: 101–101) einschließt bzw. voraussetzt. Die BA-Kompetenzen „Kalkulation“, „Kosten- und Leistungsrechnung“ sowie „Controlling“ werden diesbezüglich am häufigsten aufgeführt (vgl. Abbildung 5–17). Dem schließen sich Vertragsverhandlungen an, die mit Kunden bzw. Lieferanten geführt und zum Abschluss gebracht werden können. Sofern dies erfolgreich ist, resultieren hieraus Beschaffungsaufgaben z. B. „Angebotsvergleiche durchführen, Aufträge zur Beschaffung von IT-Systemen erteilen“ (43112-105: 170–170). Der Einkauf kann sich auch auf eine externe Leistungserstellung beziehen, die vertriebsseitig zu koordinieren und zu überwachen ist (43233-104: 120–120). „Kosten- und Leistungsberechnung“ werden als häufige Kompetenzanforderungen genannt (vgl. Abbildung 5–17). Darüber machen die zugeordneten Rechtsgebiete wie IT-Recht, Verwaltungsrecht, Onlinerecht, Handelsrecht, Steuerrecht, Haftungs- und Gewährleistungsrecht, Medienrecht sowie Arbeits- und Vertragsrecht die Vielfalt rechtlicher Anforderungen im Rahmen der dargestellten Aufgaben deutlich (vgl. Anhang A 7.2).

Kategorie: „2. IT-Systeme planen und entwickeln“

Die Kategorie „IT-Systeme planen und entwickeln“ (vgl. Abbildung 5–16) beinhaltet Aufgabenfelder, die während Planungs- und Entwicklungsprozessen für vielfältige IT-Systeme[77] ausgeführt werden können. Diese beginnen gewöhnlich mit einer Analysephase, in der u. a. Anforderungen sowie Ist- und Sollzustände ermittelt werden. Beispielsweise gehört zu den Aufgaben von IT-Systemadministratoren, „Anforderungen analysieren, Änderungsbedarf aus technischer Sicht prüfen, Evaluierungen und Variantenvergleiche sowie Wirtschaftlichkeitsbetrachtungen durchführen" (43343-103: 172–333). „Schnittstellen und Datenflüsse klären" (43413-102: 46–46) zählen ebenfalls zu den typischen Aufgaben dieser Kategorie. Für die eigentliche Lösungsentwicklung bestehen verschiedene Unterkategorien, die sich auf verschiedene Arten von IT-Systemen beziehen. So werden auf einer hohen Abstraktionsebene die Entwicklung von Software (2.3), die Entwicklung von IT-Sicherheitsmaßnahmen (2.4), die Entwicklung von Multimediaanwendungen (2.5) sowie die Entwicklung von IT-Systemen zur Steuerung und Verbesserung von Prozessen (2.7) unterschieden (vgl. Abbildung 5–16). Die Art der Prozesse in der letztgenannten Unterkategorie „2.7 Prozesse mit IT-Systemen steuern und verbessern" können z. B. Geschäfts-, Labor- und Fertigungsprozesse in Industrie, Banken, Handel oder in Krankenhäusern darstellen (vgl. 43112-105: 161-163). Neben ihrer Analyse liegt das Ziel andererseits in der Verbesserung der Prozesse im Geschäftsalltag sowie ebenfalls darin neue Prozessmodelle in vorhandene IT-Systeme zu implementieren (vgl. 43113-101: 20–23). Die Kategorie „2.2 IT-Systeme (allg.) entwickeln" dient als Auffangkategorie. Darin werden Textstellen zugeordnet, die keine Zuordnung in den übrigen Kategorien finden, wie z. B. „wirtschaftliche und bedarfsgerechte EDV-Anwendungen auswählen" (43112-120: 108–109).

Die Kategorie „2.6 wissenschaftlich forschen und entwickeln" weist auf das Feld der wissenschaftlichen Forschung hin. Darüber hinaus zeigen die BA-Kompetenzen vielfältige Wissenschaftsdisziplinen, die als Anforderungen formuliert werden (vgl. Abbildung 5–18).

77 Beispiele zur näheren Unterscheidung verschiedener IT-Systeme sowie die Verortung von IT-Lösungen, IT-Produkten, IT-Dienstleistungen usw. werden im Abschnitt 5.3.2 vorgestellt.

Abbildung 5-18: Codewolke der BA-Kompetenzen „BA Wissenschaftsdisziplinen"

Es werden sowohl Schwerpunkte wie z. B. in der Angewandten Informatik, Wirtschaftsinformatik und Technischen Informatik als auch Nebendisziplinen wie z. B. Umweltinformatik und Geoinformatik sichtbar (siehe Abbildung 5-18). „Entwicklungs- und Forschungsaufgaben mit Bezug zur Datenanalyse in wissenschaftlichen und öffentlichen Institutionen planen und durchführen, ggf. auch interdisziplinär und in Kooperation mit Forschungsinstitutionen" spezifiziert beispielhaft das Aufgabenspektrum des Data Scientists (43104-132: 77–77). „Forschungsberichte verfassen" stellt eine der am häufigsten spezifizierten Aufgaben dar.

Die Kategorie „2.8 Kunden beraten, Lösungsansätze präsentieren, abstimmen" verdeutlicht die Kundenbindung im Rahmen des Entwicklungsprozesses, die unabhängig von der Art des IT-Produkts erfolgt. Präsentationen und Abstimmungen über mögliche funktionale Änderungen und Erweiterungen basieren hier auf einer eher technisch/funktionalen Sichtweise und lassen von den kaufmännisch/betriebswirtschaftlich geprägten Beratungsaufgaben sowie Anwender- und Benutzersupport abgrenzen.

Ebenfalls unabhängig von der Art der IT-Entwicklung gehören „Tests und Dokumentationserstellung" zu den wesentlichen Entwicklungsaufgaben. „Software-, System- und Akzeptanztest" beinhalten gewöhnlich die Phasen Testerstellung, Testdurchführung, Dokumentation, ggf. Fehlersuche und Fehlerbeseitigung. Die Dokumentation kann sich z. B. auf Software und Benutzerhandbücher beziehen (vgl. 43112-116: 146–146, 43114-112: 49–49).

Das Aufgabenfeld „2.10 Technologie- und Trendentwicklung verfolgen" (vgl. Abbildung 5–16) weist auf die Notwendigkeit einer Markt- bzw. Technologie- und Trendidentifizierung im Sinne einer Dauerbeobachtung hin. Die Beschreibungen haben meist einen allgemeinen Charakter wie z. B. „... sich über die Entwicklungen im IT-Bereich auf dem Laufenden halten" (43394-105: 92–92).

Kategorie: „3. IT-Systeme bereitstellen"
Diese Oberkategorie vereint alle Aufgaben, die der Bereitstellung von IT-Systemen dienen. Hierzu gehören Installationsaufgaben wie z. B. „Firmennetzwerke und -server aufbauen" (43124-108: 52–52). Neben dem Aufbau von physikalischen Systemen gehört dazu auch die Installation von Software. Damit sind gewöhnlich Konfigurationsaufgaben verbunden, bei denen bestimmte Anpassungen von Parametern vorgenommen werden z. B. „Netze einrichten" (43233-112: 116–116). Häufig bestehen schon IT-Systeme, in die neue oder geänderte Systeme zu integrieren sind. Die BA-Kompetenz „Systemintegration" untermauert mit 63 Codierungen diese Bedeutung (vgl. Anhang A 7.2). Eine weitere Aufgabe im Rahmen der Implementierung neuer oder geänderter Systeme besteht in der Datenübernahme bzw. Datenmigration insbesondere bei Datenbanken (vgl. 43102-114: 110–110). Implementierungsphasen von IT-Systemen werden gewöhnlich durch Tests (auch in gestufter Form) und ggf. Fehlerbehebungen begleitet. Die Dokumentation von Systemeinstellungen sowie Testergebnisse sind obligatorisch. „Unit-Tests durchführen unter Einbeziehung von Nutzern zur Sicherstellung der Funktionalität und Ergonomie, Testergebnisse festhalten" (43153-105: 1699–1831). Die Aufgaben dienen als Vorbereitung zur Übergabe der IT-Systeme an den Kunden, die durch einen gemeinsamen Abnahmetest begleitet werden kann (vgl. 43153-113: 132–132).

Kategorie: „4. IT-Systeme betreiben und Support leisten"
Die in der Kategorie „IT-Systeme betreiben und Support leisten" zugeordneten Aufgaben dienen insgesamt dazu, den Betrieb von IT-Systemen sicherzustellen und Anwender bei der Benutzung der Systeme zu unterstützen. In 116 Textstellen werden diesbezüglich Aufgaben auf einer hohen Abstraktionsebene beschrieben wie z. B. „Rechenzentrums-/Netzwerkbetrieb durchführen" (43102-107: 186–186) und „bestehende Systeme betreuen und pflegen" (43112-116: 138–138). Darüber hinaus lassen sich spezifische Aufgabenfelder identifizieren, die dem Betrieb und Support von IT-Systemen zugeordnet werden können. Aus den Daten lässt sich der Aufgabenbereich zur Durchführung von IT-Sicherheitsmaßnahmen und Datenschutz identifizieren. Hierzu gehören u. a. „Datensicherungen und Backups regelmäßig durchführen bzw. deren Durchführung überwachen" (43224-105: 46–46) oder „Systeme

zur IT-Sicherheit, z. B. gegen Viren, Trojaner oder andere Malware, installieren und laufend Updates einspielen" (43112-120: 117–117). Aus den Aufgabenbeschreibungen des Berufs „Fraud-Analyst/in" wird die notwendige Kontinuität von IT-Sicherheitsaufgaben deutlich: „Netzwerkdaten in Echtzeit analysieren und auswerten" (43384-100: 44–44). Die Durchführung von IT-Sicherheitsmaßnahmen kann dem IT-Sicherheitsmanagement zugeordnet werden. Die BA-Kompetenzen „Datensicherheit" und „Datenschutz" werden diesbezüglich häufig genannt (vgl. Abbildung 5–19). Hierzu zählen die gesamten Aufgaben, die neben dem Betrieb auch die Planung, Entwicklung, Implementierung und Koordination von Datensicherheitslösungen beinhalten.

Ein weiterer Bereich besteht in der Überwachung und Sicherstellung der Leistungsfähigkeit von IT-Systemen. Durch permanentes Monitoring geht es einerseits darum, durch Schwellwertüberschreitungen Störungen wahrzunehmen, deren Risikopotential zu analysieren und ggf. weitere Maßnahmen einzuleiten (vgl. 43353-103: 1031–1182).

Abbildung 5–19: Codewolke der BA-Kompetenzen „4. BA IKT-Systeme betreiben und Support leisten"

Daneben besteht die Aufgabe, bereits implementierte Systeme zu optimieren. Dies schließt sämtliche IT-Systeme und Anwendungen ein, insbesondere Netzwerke und Datenbanken (vgl. Abbildung 5–19). Analog zum IT-Sicherheitsmanagement kann dieser Aufgabenbereich dem Performancemanagement zugeschrieben werden (vgl. Tiemeyer & Beims 2016, S. 27). Die Identifizierung einer sinkenden Leistungsfähigkeit bis hin zu Unterbrechungen und Systemabstürzen ist meist zugleich der Ausgangspunkt für Fehleranalysen. Durch eine gezielte Analyse gilt es, die Störungsursache zu identifizieren, Problemlösungen zu erarbeiten, ggf. Handlungsalternativen zu vergleichen und schließlich den Fehler durch geeignete Maßnahmen zu beheben. Dabei besteht in Abhängigkeit von der Fehlerart ein unterschiedliches Risikopotential, das abgeschätzt werden muss und ggf. in einem Notfallmanagement resultiert (vgl. 43223-102: 117–119). Dabei kann es nötig sein, „betroffene Personen und Stellen zu informieren“ (43343-102: 1952–1995) sowie ggf. die Problembehebung mit anderen zu koordinieren (vgl. 43343-102: 1861–1888).

„IT-Systeme aktualisieren“ und dabei „Softwarestände auf den neusten Stand bringen“ gehören zu einer weiteren Daueraufgabe dieser Kategorie. Die Aufgaben hängen unmittelbar mit den bereits vorgestellten Teilaufgabenbereichen der Betriebsführung zusammen. Aktualisierungen sind vor allem nötig, um Sicherheitslücken zu schließen, die Leistungsfähigkeit zu steigern, zu beheben oder neue Funktionalitäten einzuführen. Eine weitere, häufig genannte Ursache liegt in der Energieeffizienz bestehender IT-Systeme. Diese gilt es zu bewerten und in der Regel umweltfreundlichere Geräte einzusetzen (vgl. 43113-112: 61–61). Insgesamt können diese Aufgaben dem sogenannten Changemanagement zugeordnet werden. Dieses zielt darauf ab, Veränderungen von IT-Systemen kontrolliert und störungsfrei in den Betrieb zu überführen (vgl. Kleiner 2013, S. 167). Für einige Berufe gehört das Changemanagement zu den Hauptaufgaben. Der BERUFENET-Datensatz „Anwendungssystemadministrator/in“ (43343-102) kann als ein „Best Practice Beispiel“ herangezogen werden. Darin sind die zugehörigen Teilaufgaben des Changemanagements zusammenhängend dargestellt (vgl. 43343-102: 402–1413).

Die Unterstützung und Betreuung von Anwendern beschreibt ein weiteres Aufgabenfeld im Rahmen dieser übergeordneten 4. Kategorie (vgl. Abbildung 5–16). Der Benutzerservice ist zu organisieren (43116-116: 49–49). Organisatorisch bestehen hierzu meist Supportabteilungen, die sogenannte „Helpdesks“ zur Verfügung stellen. Deren Mitarbeiter sind gewöhnlich die direkten Ansprechpartner bei Problemen und Fragen von Anwendern, die während des Betriebs auftreten. Gleichzeitig können Störungen aufgenommen werden, die u. U. durch Mitarbeiter des „2nd Level Supports“ bearbeitet werden (vgl. 43353-103: 2211–2302). Dieses Aufgabenfeld ist ebenfalls ein Teil des bereits beschriebenen Customer Relationship Managements CMR. Die Codewolke der BA-Kompetenzen verdeutlicht die Relevanz der „Anwenderberatung“ und des „Anwender-Support (IT)“, verweist aber ebenfalls auf „First- und Second-Level Support“ (vgl. Abbildung 5–19).

Kategorie: „5. Daten erfassen und analysieren“

Die Aufgaben der Kategorie „5. Daten erfassen und analysieren“ beziehen sich auf Textstellen, die die Erfassung von Daten mit z. B. Sensoren beschreiben, diese mit Werkzeugen weiterverarbeiten, analysieren und zur Auswertung darstellen (vgl. Abbildung 5–16). Die Nutzung der Daten erfolgt dabei in verschiedenen Anwendungsgebieten u. a. Medizin, Biologie, Geologie, Umwelt sowie in der Wirtschaft. Dementsprechend existieren unterschiedliche Interessen, Fragestellungen und Nutzergruppen, die mit der Datenauswertung einhergehen. In Unternehmen werden beispielsweise Daten auf Fachabteilungs-, Management-, bzw. Geschäftsführungsebene zur Geschäftsanalyse und Entscheidungsgrundlage eingesetzt (vgl. 43353-101:42). Folglich kann dieses Aufgabenfeld als Dienstleistung zur Unterstützung verschiedenster Aufgaben aufgefasst werden. Diese Bezüge werden bereits in den identifizierten IT-Aufgabenfeldern sichtbar. So profitieren u. a. die Aufgabenfelder „2.7 Prozesse mit IT-Systemen steuern und verbessern“, „7.3 Qualitätssicherung/Qualitätsmanagement betreiben“ und „4.2 IT-Sicherheitsmaßnahmen durchführen“ von den Datenanalysen (vgl. 43353-101:51–53). Bei der Optimierung von Webseiten (SEO) (vgl. Abbildung 5–17) geht es z. B. darum, zusätzliche Informationsbedürfnisse über User-Gruppen sowie deren Navigationsverhalten festzustellen, um für den Webauftritt Optimierungsvorschläge im Einklang mit dem Marketing zu unterbreiten (vgl. 43153-104: 1817–2379, 2050–2685). Bei ökonomischen und ökologischen Problemstellungen werden z. B. umweltrelevante Daten erfasst, aufbereitet und durch Umweltinformationssysteme zur Verfügung gestellt, um das Management beim Umweltcontrolling zu unterstützen (vgl. 43114,112: 51–51). Zur Qualitätssicherung von Datennetzen dienen insbesondere die Parameter „Datendurchsatz“ und „Fehlerrate“. Ihre dauerhafte Analyse kann Engpässe und Störungen unmittelbar feststellen, aber ebenfalls Prognosen über die Entwicklung des Netzwerkverkehrs erstellen (vgl. 43343-104: 2497–2617).

Zur Realisierung dieser Aufgaben sind gewöhnlich folgende Schritte notwendig: Ausgehend von einem Informationsbedürfnis Problem oder einer Fragestellung gilt es, geeignete Sensoren zu implementieren bzw. vorhandene Datenquellen zu identifizieren, um diverse Rohdaten zu erfassen. Hierzu können auch gefilterte Informationen aus bestehenden Datenbanken und weiteren IKT-Systemen kommen, die dann in zentralen Datenlagern (Data Warehouse) importiert, bereinigt, verdichtet und aufbereitet werden (vgl. 43353-101: 45–46). Teilweise werden Verfahren zur Mustererkennung, Modellierung, Identifizierung von Zusammenhängen und Prognosen noch entwickelt (vgl. 43144-106: 47–47, 43134–114: 47–47). Dies erfolgt durch das sogenannte „Data-Mining“, das sich statistisch-mathematischer Methoden bedient (43353-101:49–49). Darüber hinaus werden Algorithmen für das maschinelle Lernen entwickelt und angewendet (vgl. 43104-132: 61–61).

Je nach Anwendungsbereich durchsuchen „Business-Intelligence-Lösungen“ die Datenmassen nach relevanten Informationen und stellen ausgewählte Kenngrößen in „Reports“ den Fachabteilungen zur Verfügung (vgl. 43353-101: 48–48). Die Schnittstelle zu den Nutzern bilden hierbei häufig Informationssysteme, die für die unterschiedlichsten Anwendungsbereiche existieren.

Die BERUFENET-Datensätze zum/zur „Data-Warehouse-Analyst/in“ (43353-101) sowie zum/zur „Data Scientist/in“ (43104-132) können als „Best Practice Beispiele“ herangezogen werden. Darin sind die zugehörigen Teilaufgaben der Datenanalyse umfassend dargestellt.

Aus den Daten wird ebenfalls ersichtlich, dass besonders die Bereiche der Bio- und Geoinformatik umfassende Datenanalysen betreiben und diesbezüglich weit entwickelt sind. Das Berufsprofil des Bioinformatikers zeigt beispielsweise die Bandbreite moderner Verfahren und Technologien, wie etwa die Auswertung von Sensordaten mittels Künstlicher Intelligenz, Simulationen sowie Steuerungen von Prozessen durch Robotik (vgl. 43134-114:49–55).

Kategorie: „6. Schulungen und wissenschaftliche Lehre durchführen“

Die Aufgaben der Kategorie „6. Schulungen und wissenschaftliche Lehre durchführen“ gliedern sich in die Bereiche allgemeine Schulungen (6.1) und wissenschaftliche Lehre (6.2)(vgl. Abbildung 5–16). Auf die Durchführung allgemeiner Schulungen entfallen mit 95 Codierungen die meisten Textstellen (vgl. Anhang A 7.1). Dagegen wurden 16 Textstellen identifiziert, die sich der wissenschaftlichen Lehre zuordnen lassen. Zu deren Teilaufgaben gehören Lehrveranstaltungen (Vorlesungen, Seminare, Übungen, Praktika) zu konzipieren, vorzubereiten, durchzuführen und nachzubereiten. Darüber hinaus sind ggf. Prüfungen abzunehmen (vgl. 43114-110: 72–72). Schulungen außerhalb der wissenschaftlichen Lehre beziehen sich dagegen hauptsächlich auf Kunden und Mitarbeiter, die IT-Systeme anwenden. Hierzu gehören Schulungen, die vor allem im Rahmen der Einführung von neuen oder geänderten IT-Systemen durchgeführt werden (vgl. 43353-103: 624–676). Ziele bestehen darin, Anwender zur Nutzung der Systeme zu befähigen und dabei die Akzeptanz neuer Systeme zu erhöhen (vgl. 43353-103: 1417–1526). Schulungsaufgaben finden darüber hinaus im Kontext der Bereitstellung von qualifizierten Schulungsdienstleistungen sowie im Rahmen von Ausbildungen statt (vgl. 43124-107: 52–52, 43113-107: 118–118). Zu den Teilaufgaben im Rahmen von Schulungen gehören die Konzepterstellung, die Organisation, die Durchführung sowie die Erstellung von entsprechendem Schulungsmaterial (vgl. 43104-132: 71–71, 43102-102: 43:43). Aus den Daten geht hervor, dass die letztgenannte Aufgabe auch als Zuarbeit bzw. Unterstützung von IT-Trainern erfolgt (vgl. 43353-102: 1232–1335). Für diesen Erwerbsberuf existiert ebenfalls ein BERUFENET-Datensatz (84444-108), der unterhalb der Berufshauptgruppe „84 Lehrende und ausbildende Berufe“ zugeordnet ist und daher im Rahmen der Qualitativen Inhaltsanalyse nicht berücksichtigt wurde (vgl. BA 2011b, S. 1405 f.). Für weitere, inhaltliche Bestimmungen von Anforderungen im Rahmen von Schulungsaufgaben insbesondere im Hinblick auf die Entwicklung geeigneter Curricula, kann dieser Datensatz einen Beitrag leisten.

Kategorie: „7. Steuern und managen“

Innerhalb des Aufgabenbereichs „7. Steuern und managen“ werden drei berufliche Aufgabenfelder unterschieden (vgl. Abbildung 5–16). Die Übernahme von Leitungsfunktionen inklusive Mitarbeiterführung bildet hierbei einen Teil. Aus den Daten wird ersichtlich, dass Leitungs- und Führungsaufgaben in unterschiedlich großen Organisationsbereichen wahrgenommen werden. Die Spanne reicht von Projektteams (auch international), Abteilungen, Rechenzentren, Unternehmensbereichen, Systemhäusern bis hin zu ganzen Unternehmen der DV-Industrie (vgl. 43104-121: 62–62). Innerhalb dieser Organisationseinheiten bestehen Führungsaufgaben z. B. darin, effiziente Arbeits- und Systemabläufe, Serviceeinsätze oder Entwicklungsarbeiten zu organisieren (vgl. 4349: 5–5). Dabei sind Kosten und Terminplanungen zu überwachen, sowie die Einhaltung von verschiedenen Vorschriften wie z. B. Sicherheit, Gesundheit und Umwelt durchzusetzen (vgl. 43313-103: 258–262). Aus unternehmerischer Sicht sind Planungen für z. B. die Anschaffung von neuen, wettbewerbsfähigen IKT-Technologien vorzubereiten und Entscheidungen zu treffen (vgl. 43113-128: 2777–2964). Ein weiteres Aufgabenfeld beinhaltet das Personalmanagement. Hierzu gehören Aufgaben aus der Personalführung (Mitarbeiter motivieren, Zielvereinbarungsgespräche führen, Kommunikationsprozesse gestalten etc.), der Personalplanung (an Stellenbesetzungen und laufenden Beurteilungen mitwirken) sowie der Personalentwicklung (Qualifizierungsbedarfe feststellen, ggf. Qualifizierungsmaßnahmen einleiten und unterstützen).

Ein berufliches Aufgabengebiet innerhalb der „Steuern und Management-Kategorie“ beinhaltet Koordinierungs- und Projektmanagementaufgaben (vgl. Abbildung 5–16). IT-Koordinierungsaufgaben bestehen vor allem zwischen Fachabteilungen und der IT-Organisation, zu der ggf. auch externe Dienstleister zählen. Das Ziel besteht übergeordnet darin, den Einsatz von IT-Systemen besser mit den Prozessen der Fachabteilungen zu verzahnen (vgl. 43224-102: 2350–2486). Daher besteht ein enger Bezug zum beruflichen Aufgabenfeld „2.7 Prozesse mit IT-Systemen steuern und verbessern“) (vgl. Abbildung 5–16). Koordinierungsaufgaben bestehen in verschiedenen Bereichen wie

z. B. Entwicklung, Test, Leistungserstellung, Einkauf externer Leistungen und im Changemanagement (vgl. 43114-113: 63–63). Die BA-Kompetenzen „IT-Koordination“ sowie „IT-Organisation[78]“ sind die am häufigsten genannten Anforderungen, die dem IT-Management zuzuordnen sind (vgl. Resch 2019; Anhang A 7.2).

Daneben sind die vielfältigen Aufgaben des Projektmanagements diesem Teilbereich zugeordnet. Hierzu gehören u. a. die Projektzeit- und Personalplanung sowie Projektleitung, mit entsprechender Erfahrung auch die Leitung von IT-Abteilungen (43114-112: 60–60).

Abbildung 5–20: Codewolke der BA-Kompetenzen „7. BA Steuern und managen“

Aus den Daten geht mit dem Qualitätsmanagement ein weiteres Aufgabenfeld hervor. Ob an Projekten angesiedelt oder im Rahmen von Produktentwicklungsprozessen sind qualitätssichernde Maßnahmen für den IT-Bereich obligatorisch (vgl. 43223-104: 144–144).

78 „Unter IT-Organisation werden die Strukturen der Aufbau- und Ablauforganisation der betrieblichen IT-und Organisationsleistungen (ORG/IT-Leistungen) verstanden.“ (Saat et al. 2019, S. 1).

5.3.2 Der Gegenstandsbereich von IT-Lösungen

Die im vorherigen Abschnitt dargestellten Aufgabenfelder der IKT-Arbeit sind an unterschiedliche IT-Produkte gekoppelt bzw. können selbst als IT-Produkte aufgefasst werden. Auf einer abstrahierten Ebene können sie als „IT-Lösungen" gleichbedeutend bezeichnet werden. „IT-Lösung" lassen sich weiter aufschlüsseln und mithilfe von Unterkategorien beschreiben. In der nachfolgenden Abbildung 5–21 wird der Gegenstandsbereich[79] der IT-Lösungen aufgezeigt, der aus den zur Verfügung stehenden Berufsinformationen hervorgeht (vgl. BA 2018i).

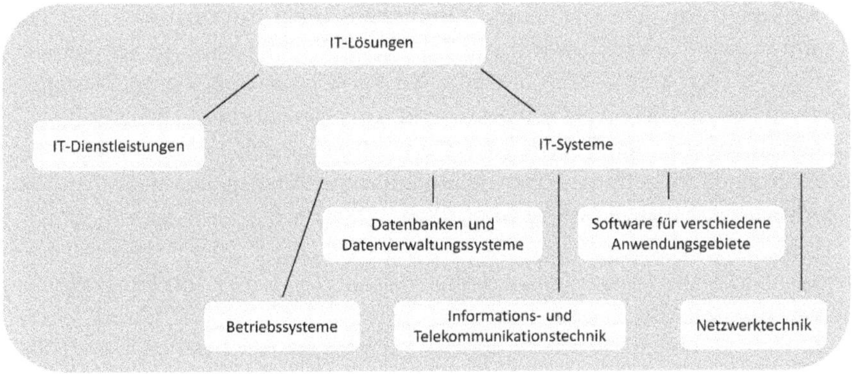

Abbildung 5–21: Der Umfang von IT-Lösungen (Datenquelle: BA 2018i, eigene Darstellung)

IT-Lösungen lassen sich übergeordnet in IT-Dienstleistungen und IT-Systeme untergliedern. IT-Dienstleistungen zielen darauf ab, unter der Verwendung von IKT-Systemen u. a. Geschäftsprozesse in Unternehmen zu unterstützen. Zu den Dienstleistungen gehören die Bereitstellung von Rechen- oder Kommunikationsressourcen wie z. B. Hardware- und Softwareinstallation, IT-Umzüge, Systemintegration und EDV-Anwender-Training (vgl. BA 2018i). Viele der im Rahmen der qualitativen Inhaltsanalyse identifizierten Aufgabenfelder lassen sich dieser Dienstleistungskategorie zuordnen. Cloud-Dienstleistungen können darin als eine Gruppe identifiziert werden. Diese umfassen eine

79 Der Gegenstandsbereich folgt dem methodischen Konzept der „Range Indicator" (vgl. Abschnitt 2.4.5).

On-Demand-IT-Infrastruktur, d. h. Rechnerressourcen, Betriebssysteme, Anwendungen und Speicherplatz stehen online zur Verfügung und können an betriebliche Erfordernisse angepasst werden (vgl. 43102-102:23). Die lexikalische Suche nach dem Begriff „Cloud“ ergibt 136 Fundstellen in 69 der insgesamt 103 Berufsdatensätze (vgl. Tabelle 4–3). In der BA-Kompetenzliste werden diese innerhalb der Kategorie „EDV-Dienstleistungen“ konkretisiert (vgl. BA 2018i). Neben allgemeinen Bereitstellungsmodellen wie z. B. „Hybrid Cloud Architektur“ werden u. a. Produkte führender Hersteller wie „AWS Amazon Web Services – VPC (Virtual Private Cloud)“, „Google Cloud Platform“ und „Microsoft Office 365“ aufgeführt (vgl. ebd.).

In Abgrenzung zu den Dienstleistungen bilden „IT-Systeme“ einen Gegenstandsbereich, zu dem Geräte und Komponenten der Informations- und Telekommunikationstechnik wie z. B. Einzelplatzrechner und Server gehören. Geräte der Netzwerktechnik bilden einen Bereich mit z. B. Firewallsystemen, Bussystemen und WLAN (Wireless Local Area Network) (vgl. BA 2018i).

Die Kategorie der „Betriebssysteme“ repräsentiert Systemsoftware, um grundlegende Funktionen bzw. die Interaktion mit den Benutzern und der Hardware zu realisieren (siehe Abbildung 5–21).

Eine weitere Kategorie bilden „Datenbanken und Datenverwaltungssysteme“. Diese Plattformen nutzen die Ressourcen der IT-Infrastruktur und stellen ebenfalls Dienste für vielfältige Anwendungen zur Verfügung. Hierzu gehören z. B. verschiedenste „Content-Management-Systeme“ (vgl. BA 2018i). Software in Form von Anwendungsprogrammen existieren für vielfältige Anwendungsbereiche. Die Kompetenzliste der Bundesagentur für Arbeit differenziert die folgenden Anwendungsgebiete:

- Software – kaufmännische Anwendungsgebiete

- Bauabwicklungssoftware (Ausschreibung, Vergabe),
- Betriebswirtschafts-, Finanz- und Controllingsoftware,
- Bürokommunikation, MS-Office,
- Gesundheitsverwaltungs- und Praxissoftware,
- Immobilienmanagement-Software,
- Kanzlei-, Justizverwaltungssoftware,
- Personalverwaltungs- und Abrechnungssoftware,
- Reiseinformations-, Reservierungs- und Gastronomiesysteme.

- Software – technische Anwendungsgebiete

- CAD-/CAM-Anwendungen,
- CNC-, NC-Programme,

- Engineering- und Entwicklungssysteme,
- Geoinformationssysteme, Kartografie-, Vermessungssoftware,
- Grafik-, Bildbearbeitungs-, DTP-, Multimediasoftware,
- HTML-Editoren, Webdesign- und Webcontentsoftware, Browser,
- Speicherprogrammierbare Steuerungen (SPS-Software),
- Statistik-, Mathematiksoftware,
- Sonstige Software – technische Anwendungsgebiete (vgl. BA 2018i).

Die Kompetenzliste der BA differenziert im August 2018 insgesamt 348 Arten von Software in kaufmännischen Anwendungsgebieten und 439 verschiedene Softwareanwendungen in technischen Gebieten (vgl. BA 2018i).

5.3.3 Struktur der beruflichen IKT-Aufgabenfelder

Im Rahmen der beruflichen Aufgabenanalyse besteht ein weiteres Erkenntnisinteresse darin, eine mögliche Handlungslogik zu identifizieren, die den beruflichen Aufgabenfeldern zugrunde liegt. Aus dem Kategoriensystem der beruflichen Aufgabenfelder (Anhang A 7.1) kann unmittelbar eine Struktur abgeleitet werden. Die übergeordneten Kategorien

- IT-Systeme planen und entwickeln,
- IT-Systeme bereitstellen und
- IT-Systeme betreiben und Support leisten

folgen einem prozesshaften Ablauf, der dem klassischen „Plan-Build-Run"-Modell des Informationsmanagements (vgl. Moll 1994, S. 3 ff.; Zarnekow 2007, S. 26 f.) zugeordnet werden kann. Des Weiteren werden Bezüge zum GAHPA-Modell zur Strukturierung von Arbeit in industriellen Geschäftsfeldern deutlich (vgl. Petersen 2005, S. 164).

Da neben den Kernaufgaben weitere Unterstützungselemente bestehen, wird nachfolgend das generische IKT-Geschäftsprozessmodell[80] des europäischen Standardisierungsgremium CEN verwendet (vgl. CEN 2014a, S. 8 ff.). Der IKT-Geschäftsprozess[81] besteht aus den zusammengeführten Elementen

80 Zur Vereinheitlichung wird – abweichend von der deutschen Übersetzung des Rahmenwerkes – Informations- und Kommunikationstechnologie mit IKT abgekürzt (vgl. CEN 2014b).

81 Der IKT-Geschäftsprozess folgt einem heuristischen Modell und erhebt nicht den Anspruch, sämtliche Geschäftsprozesse von Unternehmen streng abzubilden (vgl. CEN 2014a, S. 5).

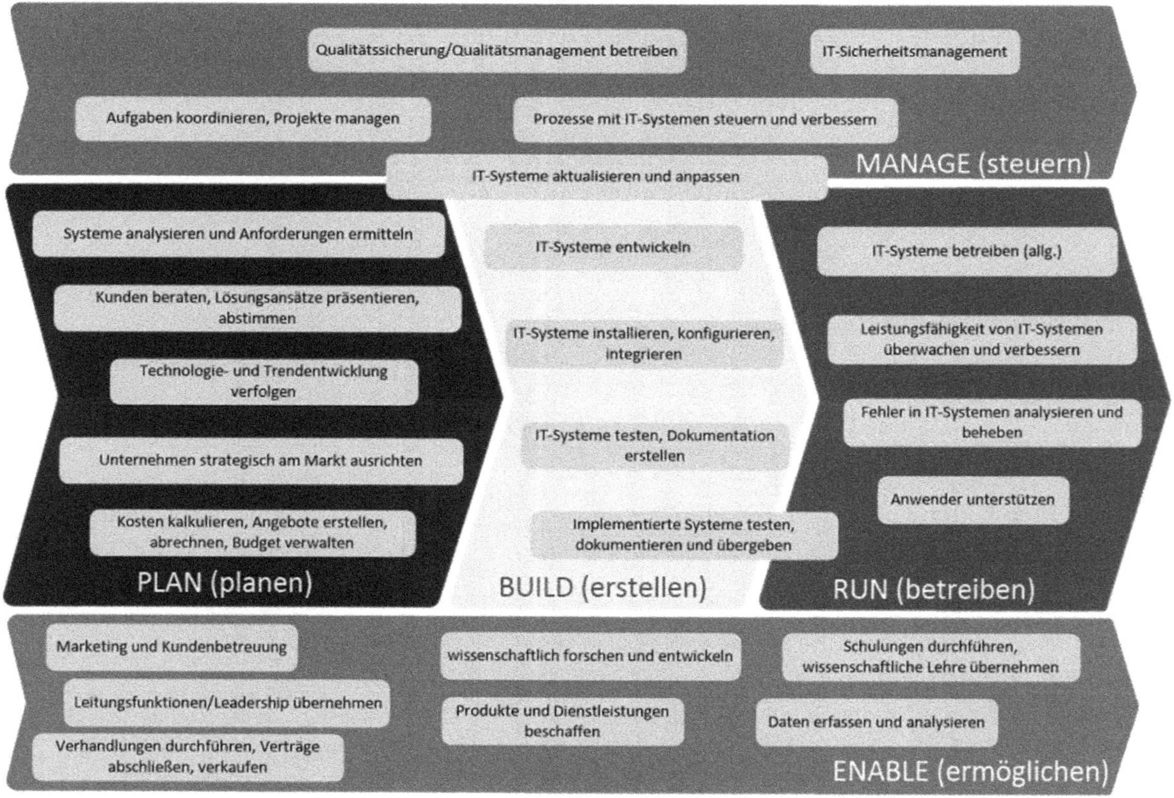

Abbildung 5–22: Zuordnung der beruflichen Aufgabenfelder zum europäischen IKT-Geschäftsprozess (Darstellung in Anlehnung an CEN 2018c, S. 20)

„PLAN – BUILD – RUN – ENABLE – MANAGE" (planen-erstellen-betreiben-ermöglichen-steuern) und wird im European e-Competence Framework (e-CF) genutzt. Dieses Rahmenwerk ist ein europäischer Ansatz, um Arbeitsanforderungen von Fach- und Führungskräften im IT-Bereich zu beschreiben (vgl. CEN 2014b). Der generische IKT-Geschäftsprozess dient in der folgenden Abbildung 5–22 als Grundlage, um die identifizierten IKT-Aufgabenfelder zu strukturieren.

Die ermittelten Aufgabenfelder konkretisieren alle fünf Elemente des IKT-Geschäftsprozesses (siehe Abbildung 5–22). Im Vergleich zur sequentiellen Darstellung im Kategoriensystem (vgl. Abbildung 5–16; Anhang A 7.1) wird in diesem Modell der IT-Kernprozess „PLAN-BUILD-RUN" durch die Unterstützungsbereiche ENABLE und MANAGE umrahmt. Beispielsweise gehören Marketing und Kundenbetreuungsaufgaben, Einkauf/Verkauf sowie die Übernahme von Leitungsfunktionen/Leadership zum Bereich ENABLE. Zu den Steuerungsaufgaben (MANAGE) zählen hingegen Qualitäts- und Sicherheitsmanagement, IT-Koordination, Projektmanagement sowie das Aufgabenfeld „Prozesse mit IT-Systemen steuern und verbessern". Die Anordnung verdeutlicht, dass es sich um Querschnittsaufgaben handelt, die sich auf sämtliche Phasen des IT-Kernprozesses beziehen können. Im Bereich Planung (PLAN) werden neue IT-Lösungen (IT-Systeme und Dienstleistungen) (vgl. Abschnitt 5.3.2) entworfen, Kosten kalkuliert sowie das Unternehmen strategisch am Markt ausgerichtet. Zu diesen strategischen Aufgaben gehört ebenso, fortlaufend Trend- und Technologieentwicklungen zu verfolgen.

Die Systementwicklung sowie deren Installation und Inbetriebnahme wird dem „BUILD"-Bereich zugeschrieben. Hier liegt ein Unterschied zur Kategorienabgrenzung, die sich aus der qualitativen Inhaltsanalyse ergab. Darin werden Planung und Entwicklung zusammengefasst und die Bereitstellung von Systemen als ein eigener Bereich angesehen. Daher werden Test- und Dokumentationsaufgaben, die sowohl im Entwicklungsprozess als auch bei der Implementierung und insbesondere der Übergabe an den Kunden separat codiert wurden, in diesem Modell im Bereich „BUILD" zusammengefasst. Dieser fließende Übergang in den Betrieb wird durch die überlappende Darstellung beider Bereiche signalisiert. Zum Betrieb der IT-Systeme gehören die Fehlersuche und -behebung, die Überwachung der Leistungsfähigkeit sowie die Anwenderunterstützung.

In dem Model beziehen sich die Aufgaben auf IT-Systeme, die u. a Software, Rechnersysteme, Netzwerktechnik etc. repräsentieren bzw. als Teil einer übergeordneten IT-Lösung aufgefasst werden können (vgl. Abschnitt 5.3.2).

5.3.4 IKT-Aufgabenfelder in Bezug zum European e-Competence Framework

Im Rahmen des Verfahrens zur Curriculumentwicklung ist eine erste Überprüfung der identifizierten beruflichen Aufgaben vorgesehen (vgl. Abschnitt 4.1). Diese erfolgt mithilfe des „European e-Competence Framework" (e-CF), in dem sogenannte „e-Kompetenzen" als demonstrier- und beobachtbare Arbeitsergebnisse im Rahmen von IKT-Geschäftsprozessen beschrieben werden (vgl. CEN 2014a, S. 13). Es erfolgt eine Gegenüberstellung der identifizierten Aufgabenfelder mit den e-Kompetenzen[82] des europäischen Rahmenwerks in Form einer Matrix, um dessen Beziehung darzustellen. Die analysierten Kompetenzen basieren auf dem europäischen Standard EN 16234-1:2018 in seiner im Jahre 2018 überarbeiteten, vorläufigen Version (vgl. CEN 2018b).

82 Der e-CF definiert Kompetenz im IKT-Umfeld als „... erwiesene Fähigkeit, Wissen, Fertigkeiten und Verhaltensweisen so anzuwenden, dass beobachtbare Ergebnisse erzielt werden" (CEN 2014b, S. 5).

e-CF Kompetenzen \ berufliche Aufgabenfelder		1.1 Unternehmen strategisch am Markt ausrichten	1.2 Marketing und Kundenbetreuung	1.3 Kosten kalkulieren, Angebote erstellen, abrechnen, Budget verwalten	1.4 Verhandlungen durchführen, Verträge abschließen, verkaufen	1.5 Produkte und Dienstleistungen beschaffen	2.1 Systeme analysieren und Anforderungen ermitteln	2.2 IT-Systeme (allg.) entwickeln	2.3 Software entwickeln und programmieren	2.4 IT-Sicherheitsmaßnahmen entwickeln	2.5 Multimediale Anwendungen entwickeln	2.6 wissenschaftlich forschen und entwickeln	2.7 Prozesse mit IT-Systemen steuern und verbessern	2.8 Kunden beraten, Lösungsansätze präsentieren, abstimmen	2.9 Systeme testen, Dokumentation erstellen	2.10 Technologie- und Trendentwicklung verfolgen	3.1 IT-Systeme installieren, konfigurieren, integrieren	3.2 Implementierte Systeme testen, dokumentieren und übergeben	4.1 IT-Systeme betreiben (allg.)	4.2 IT-Sicherheitsmaßnahmen durchführen	4.3 Leistungsfähigkeit überwachen und verbessern	4.4 Fehler in IT-Systemen analysieren und beheben	4.5 IT-Systeme aktualisieren und anpassen	4.6 Anwender unterstützen	5.1 Daten erfassen und aufbereiten	5.2 Daten analysieren und darstellen	6.1 Schulungen durchführen	6.2 Wissenschaftliche Lehre übernehmen	7.1 Leitungsfunktionen übernehmen, Mitarbeiter führen	7.2 Aufgaben koordinieren, Projekte managen	7.3 Qualitätssicherung/Qualitätsmanagement betreiben
A. PLAN	A.1. IS and Business Strategy Alignment	x																													
A. PLAN	A.2. Service Level Management			x																											
A. PLAN	A.3. Business Plan Development	x																													
A. PLAN	A.4. Product/ Service Planning	x																													
A. PLAN	A.5. Architecture Design (solution and Service)						x	x	x	x	x		x										x								
A. PLAN	A.6. Application Design (Anwendung)						x	x	x		x																				
A. PLAN	A.7. Technology Trend Monitoring															x															
A. PLAN	A.8. Sustainable Development																														
A. PLAN	A. 9. Innovating																														
A. PLAN	A.10. User Experience																														
B. BUILD	B.1. Application Development							x																							
B. BUILD	B.2. Component Integration							x							x		x	x													
B. BUILD	B.3. Testing													x				x													
B. BUILD	B.4. Solution Deployment																x	x													
B. BUILD	B.5. Documentation Production																	x													
B. BUILD	B.6. Systems Engineering																x														
C. RUN	C.1. UserSupport																							x							
C. RUN	C.2. ChangeSupport																						x								
C. RUN	C.3. Service Delivery																				x										
C. RUN	C.4. Problem Management																					x									
C. RUN	C.5. Systems Operations Management																		x	x	x										
D. ENABLE	D.1. Information Security Strategy Development									x																					
D. ENABLE	D.2. ICT Quality Strategy Development																														x
D. ENABLE	D.3. Education and Training Provision																										x				
D. ENABLE	D.4. Purchasing					x																									
D. ENABLE	D.5. Sales Development		x		x																										
D. ENABLE	D.6. Digital Marketing		x																												
D. ENABLE	D.7. Data Scienceand Analytics																								x	x					
D. ENABLE	D.8. Contract Management				x																										
D. ENABLE	D.9. Personnel Development																												x		
D. ENABLE	D.10. Information and Knowledge Management																														
D. ENABLE	D.11. Needs Identification						x							x																	
E. MANAGE	E.1. Forecast Development	x																													
E. MANAGE	E.2. Project and Portfolio Management												x																	x	
E. MANAGE	E.3. Risk Management																		x	x	x	x								x	
E. MANAGE	E.4. Relationship Management		x																												
E. MANAGE	E.5. Process Improvement												x																		
E. MANAGE	E.6. ICT Quality Management																														x
E. MANAGE	E.7. Business Change Management												x																		
E. MANAGE	E.8. Information Security Management									x										x											
E. MANAGE	E.9. IS Governance																												x		

Abbildung 5–23: Berufliche Aufgabenfelder der IKT-Arbeit in Bezug zu den Kompetenzen des European e-Competence Framework

In der Matrix werden die 41 im Standard definierten e-Kompetenzen in der senkrechten Spalte dargestellt (siehe Abbildung 5–23). Dem gegenüber stehen in der waagerechten Zeile die 30 identifizierten beruflichen Aufgabenfelder (vgl. Abschnitt 5.3.1). In der Matrix sind Kreuzungsstellen markiert, die auf eine inhaltliche Vergleichbarkeit zwischen beiden Einheiten hindeuten. So lässt sich z. B. die e-Kompetenz „A.3. Business Plan Development“ inhaltlich dem beruflichen Aufgabenfeld „1.1 Unternehmen strategisch am Markt ausrichten“ zuordnen.

Sofern keine eindeutigen Entsprechungen bestehen, können Mehrfachzuweisungen erfolgen. So sind der e-Kompetenz „B.2. Component Integration“ die beruflichen Aufgabenfelder „2.2 IT-Systeme (allg.) entwickeln“, „2.9 Systeme testen, Dokumentation erstellen“, „3.1 IT-Systeme installieren, konfigurieren, integrieren“ sowie „3.2 Implementierte Systeme testen, dokumentieren und übergeben“ zugeordnet (vgl. Abbildung 5–23).

Aus der anderen Perspektive ist ein ähnlicher Zusammenhang zu beobachten. Beispielsweise sind dem beruflichen Aufgabenfeld „1.1 Unternehmen strategisch am Markt ausrichten“ die vier e-Kompetenzen „A1 IS und Business Strategy Alingnment“, „A.4. Business Plan Development“, „A.5. Product/ Service Planning“ und „E.1. Forecast Development“ zugeordnet. Für die e-Kompetenzen „A.8. Sustainable Management“, „A.9. Innovating“, „A.10. User Experience“ und „D.10. Information and Knowledge Management“ existieren keine Zuordnungen zu beruflichen IKT-Aufgabenfeldern. Aus der anderen Perspektive geht hervor, dass zu den Aufgabenfeldern „2.6 wissenschaftlich forschen und entwickeln“ sowie „6.2 wissenschaftliche Lehre übernehmen“ keine entsprechende e-Kompetenz existieren (siehe Abbildung 5–23).

5.3.5 Gemeinsame Aufgaben der IKT-Berufe

In diesem Abschnitt werden die Ergebnisse bezüglich der Frage nach gemeinsamen, berufsübergreifenden IKT-Aufgaben präsentiert (Forschungsfrage 3.3). Das Erkenntnisinteresse, gemeinsame Aufgabenfelder in einer Gruppe von Berufen zu identifizieren, resultiert aus den Anforderungen an berufliche Bildungsangebote, ihren Absolventinnen und Absolventen eine möglichst große Flexibilität auf dem Arbeitsmarkt zu ermöglichen (vgl. Abschnitt 2.2.5).

Die Häufigkeit einzelner Aufgabenbereiche lässt sich für die betrachtete Berufsgruppe mithilfe einer quantitativen Auswertung der codierten Datensätze bestimmen (vgl. Abschnitt 4.4). Der Durchdringungsgrad der „Aufgabenfelder“ wird diesbezüglich als ein zentraler Indikator betrachtet (vgl. Tabelle 4–4). Die Abbildung 5–24 zeigt diese relative Größe auf der obersten Aggregationsebene für berufliche Aufgaben (vgl. Abbildung 5–16) nach ihrer Größe sortiert. Danach gehören „2. IT-Systeme planen und entwickeln“ in 100 von 103 Berufsdatensätzen (97 %) zum Aufgabenspektrum der IKT-Berufe.

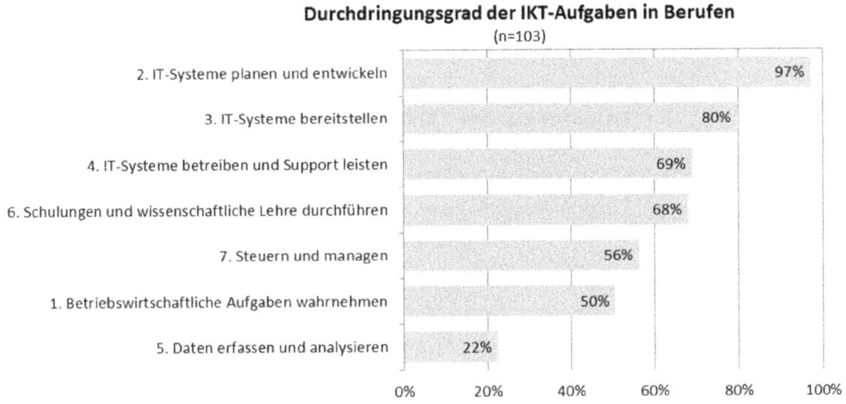

Abbildung 5–24: Durchdringungsgrad der IKT-Aufgaben in den Erwerbsberufen (Datenbasis: Berufsdatensätze gemäß Tabelle 4–3)

Es folgen „3. IT-Systeme bereitstellen" (80 %) sowie „4. IT-Systeme betreiben und Support leisten" (69 %). Dies zeigt, dass die Aufgaben des IT-Kernprozesses (planen, entwickeln, bereitstellen, betreiben) am häufigsten bei allen IT-Erwerbsberufen vertreten sind.

In der Rangliste an der vierten Stelle folgt der Bereich „6. Schulungen und wissenschaftliche Lehre durchführen" (68 %) (vgl. Abbildung 5–24). Aus den Berechnungen der spezifischen Aufgabenfelder wird ersichtlich, dass die Durchdringung des Aufgabenfeldes „6.2 wissenschaftliche Lehre durchführen" mit rund 13 % wesentlich geringer ausfällt als die Kategorie „6.1 Schulungen durchführen", die mit 66 % den dominierenden Beitrag liefert. Die vollständige Tabelle aller Aufgabenfelder befindet sich im Anhang A 8.

Gemeinsamkeiten auf Basis der BA-Kompetenzen

In Abgrenzung zu den induktiv gewonnenen Aufgabenfeldern, wird die Auswertung der „BA-Kompetenzen" als Ergänzungsgröße betrachtet, Gemeinsamkeiten und bedeutende Anforderungen zu identifizieren (vgl. Tabelle 4–4). Die „BA-Kompetenzen" sind Teil der beruflichen Datensätze und im Rahmen der Qualitativen Inhaltsanalyse als Analyseeinheit definiert (vgl. Abschnitt 4.4). Zu den „BA-Kompetenzen" zählen unterschiedliche Aspekte wie Tätigkeiten, Technologien, Zertifizierungen etc.; sie sind im Sinne allgemeiner Anforderungen zu interpretieren (vgl. Abschnitt 3.3.5).

Insgesamt werden 282 verschiedene „BA-Kompetenzen" in den Beschreibungen der untersuchten IKT-Berufe-Datensätzen verortet. In der nachfolgenden Abbildung 5–25 werden hiervon die 30 am häufigsten genannten „BA-Kompetenzen" dargestellt.

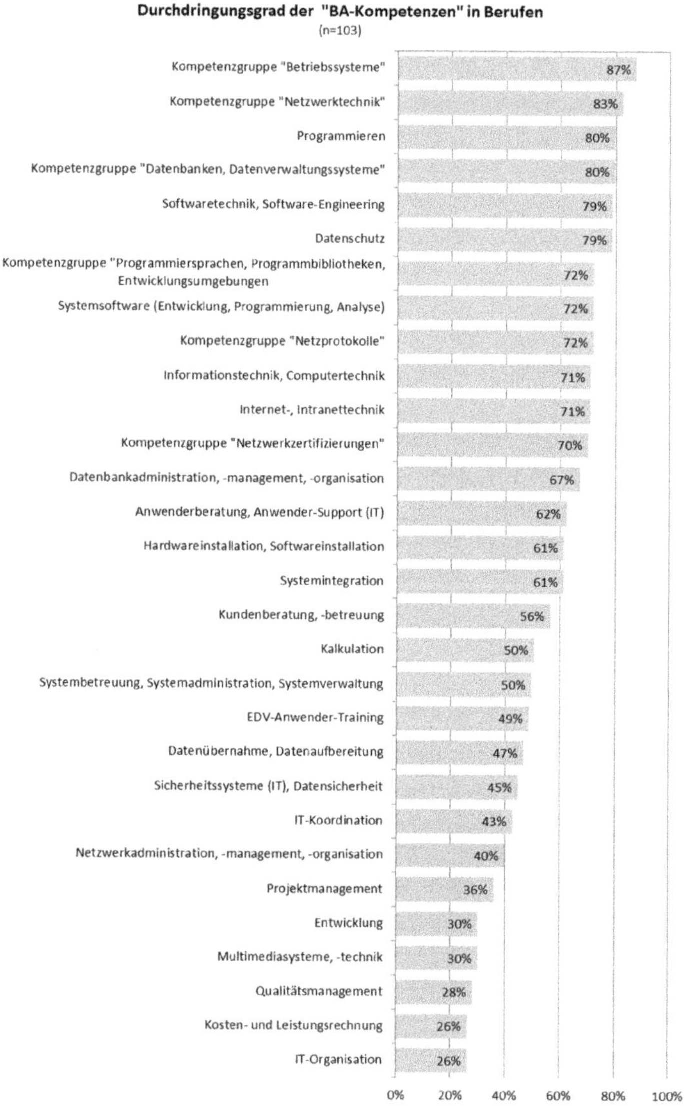

Abbildung 5–25: Durchdringungsgrad der häufigsten 30 „BA-Kompetenzen" in den IKT-Berufen (Datenbasis: Berufsdatensätze gemäß Tabelle 4–3)

Die Kompetenzgruppe „Betriebssysteme“ führt die Liste der Anforderungen an, sie ist für 87 % der Berufe definiert. Es folgen Anforderungen aus dem Bereich der Netzwerktechnik, die durch die Kompetenzgruppen „Netzwerktechnik“ (83 %), „Netzprotokolle“ (72 %), „Netzwerkzertifizierungen“ (70 %) sowie „Netzwerkadministration, -management, -organisation“ (40 %) repräsentiert werden. Anforderungen rund um den Bereich der Softwareentwicklung werden u. a. durch „Programmieren“ (80 %), „Softwaretechnik, Software-Engineering“ (79 %), „Programmiersprachen, Programmbibliotheken, Entwicklungsumgebungen“ (72 %), „Systemsoftware (Entwicklung, Programmierung, Analyse)“ (72 %) beschrieben. Das Thema Datenbanken gehört ebenfalls zu den häufig genannten Anforderungen, konkretisiert durch die Kompetenzgruppe „Datenbanken, Datenverwaltungssysteme“ (80 %) sowie „Datenbankadministration, -management, -organisation“ (67 %). Eine ähnlich hohe Verbreitung erfährt die Anforderung „Datenschutz“ (79 %). Die Unterstützung von Anwendern ist für knapp zwei Drittel aller Berufe ein relevantes Aufgabengebiet „Anwenderberatung, Anwender-Support (IT)“ (62 %), wobei Schulungen mit einer eigenen Kategorie „EDV-Anwender-Training“ bei jedem zweiten Beruf nachgefragt werden.

5.3.6 Berufliche „Outcomes“ in der IKT-Arbeit

Dieser Abschnitt beinhaltet weitere Ergebnisse aus dem Kernelement der beruflichen Aufgabenanalyse. Das Interesse liegt vor allem darin, konkretisierte Beschreibungen beruflicher Aufgabenfelder zu erhalten, die ebenso Hinweise bezüglich der Anforderungsebene und der Kompetenzdimension beinhalten (Forschungsfragen 3.4 und 3.5). Aus den insgesamt 30 identifizierten beruflichen IKT-Aufgabenfeldern werden hierzu exemplarisch zwei Beispiele betrachtet: Das Aufgabenfeld „4.4 Fehler in IT-Systemen analysieren und beheben“ sowie „5. Daten erfassen und analysieren“, das die darunterliegenden Aufgabenfelder 5.1 und 5.2 zusammenfasst (vgl. Abbildung 5–16). Diese repräsentieren exemplarische Antworten auf die Forschungsfrage 3.4.

Die folgende Abbildung 5–26 beinhaltet zusammengefasste Aufgabenbeschreibungen, die im Rahmen der qualitativen Inhaltsanalyse der Kategorie „4.4 Fehler in IT-Systemen analysieren und beheben“ aus den beruflichen Datensätzen zugeordnet wurden (vgl. Abschnitt 4.5).

Die einzelnen Elemente formulieren erwartete Arbeitsaufgaben der IKT-Fachkräfte wie z. B. „IT-Systeme überprüfen und Störungen feststellen“ (vgl. Abbildung 5–26). Die hervorgehobenen Begriffe in den Aufgabenbeschreibungen bilden sogenannte Bereichsindikatoren (vgl. Abschnitt 4.5). Sie repräsentieren stellvertretend unterschiedliche Kontexte, in denen die Aufgaben ausgeübt werden können. Die Ausprägungen der Bereichsindikatoren werden im unteren Teil der Abbildung 5–26 dargestellt. Zum Beispiel werden „Probleme" durch diverse Problemarten konkretisiert, die es im Zusammenhang mit IT-Systemen zu lösen gibt. Hierzu gehören „Systemabstürze, Engpässe, Kundenanfragen etc." (vgl. Abbildung 5–26). Der Bereichsindikator „IT-System" konkretisiert auf Basis der analysierten Daten den Gegenstandsbereich von IT-Systemen (vgl. Abschnitt 5.3.2).

Aufgabenfeld: 4.4 Fehler in IT-Systemen analysieren und beheben

IKT-Arbeitskräfte können

- **Probleme** sachgerecht und wirtschaftlich vertretbar, auch in schwierigen Gesprächssituationen aufnehmen, abklären,
- **IT-Systeme** überprüfen und Störungen feststellen,
- **Fehlerart** durch **Diagnose** systematisch abgrenzen, eingrenzen, isolieren,
- Problemursachen suchen, finden, ermitteln, lokalisieren, analysieren,
- Risikopotential analysieren, Ergebnisse hinsichtlich ihrer Relevanz auswerten,
- ggf. reaktive Sofortlösungen entwickeln,
- Problemlösungen planen,
- Parameter für Ressourcenplanungen spezifizieren,
- Handlungsalternativen vergleichen und auswählen,
- Problembeseitigung planen und koordinieren,
- Problemlösung an andere übergeben, veranlassen,
- **Probleme** beseitigen, beheben, abstellen,
- Wiederanlauf- und Wiederherstellungsverfahren den Richtlinien entsprechend einleiten,
- erfolgte Änderungen testen,
- betroffene Personen und Stellen informieren, melden,
- Lösungswege zur Beseitigung auftretender Fehler in die Wissensdatenbank des Unternehmens einpflegen.

Bereiche:

- **Problemart**: Systemstörungen, Engpässe, Abstürze, Unterbrechungen, sonstige Fehlfunktionen, Fehlermeldungen, fehlerhafte Zustände, Kundenanfragen, Kundenreklamationen, Mängel, Probleme
- **Art des IT-Systems**: PC-Systeme, Netzwerke, Datenbanken, Informationssysteme, Sensoren, Lastkreise, etc.
- **Diagnoseverfahren**: Einsatz moderner Experten- und Diagnosesysteme; Speicherauszüge, Umwandlungslisten, Test- und Ablaufprotokolle auswerten
- **Fehlerart**: Hardware, Software, Subsystem, Konfiguration, Anwendung, Bedienung

Abbildung 5–26 : Berufliche Aufgaben im Aufgabenfeld „4.4 Fehler in IT-Systemen analysieren und beheben" (Datenbasis: Berufsdatensätze gemäß Tabelle 4–3)

Die Aufgabenbeschreibungen beinhalten ein oder mehrere Operatoren (aktive Verben), die eine Handlung oder ein Verhalten ausdrücken, was zu einem gewünschten Ergebnis führt. Die Operatoren drücken somit aus, was passiert. Die Objekte geben darüber Auskunft, auf was sich die beschriebenen Handlungen richteten. Dabei existieren z. T. unterschiedliche Verben, die gleichartige Handlungen ggf. auf unterschiedlichen Anforderungsebenen formulieren wie z. B. „Problemlösungen suchen, finden, ermitteln, lokalisieren, analysieren" (vgl. Abbildung 5–26). Ebenso werden zusammenhängende Handlungsabfolgen sichtbar z. B. „Handlungsalternativen vergleichen und auswählen". Zudem werden auch inhaltlich abgrenzbare Handlungen dargestellt, z. B. „Problembeseitigung planen und koordinieren".

Das Element „Fehlerart durch Diagnose systematisch eingrenzen, isolieren" verweist auf verschiedene Werkzeuge – in diesem Fall zur Diagnose –, mit deren Hilfe die Fehlerart eingegrenzt werden kann.

Die Beschreibung „Wiederanlauf- und Wiederherstellungsverfahren den Richtlinien entsprechend einleiten" verdeutlicht, dass an die Arbeitsaufgabe bestimmte Anforderungen geknüpft sind. In dem Beispiel wird die Erwartung ausgedrückt, ein gestörtes IKT-System im Einklang mit entsprechenden Richtlinien wieder anlaufen zu lassen bzw. wiederherzustellen.

Im zweiten Beispiel sind die Arbeitsaufgaben des Querschnittsfeldes „5. Daten erfassen und analysieren" aufbereitet (vgl. Abbildung 5–27). Abweichend zum ersten Beispiel wurden weitere Unterkategorien erstellt, die Aufgaben zusammenfassen. Eingeleitet wird das Aufgabenfeld durch die Formulierung einer Problemstellung, der eigentlichen Motivation der Datenanalyse. Dies kann z. B. die Feststellung eines Änderungs- oder Optimierungsbedarfs von technischen Infrastrukturen oder die Feststellung zusätzlicher Informationsbedürfnisse von User-Gruppen sein. Letztere können z. B. über das Navigationsverhalten auf Webseiten identifiziert werden (vgl. Abbildung 5–27).

„Daten erfassen und speichern" bildet den nächsten Aufgabenkomplex. Die codierten Textstellen aus der Inhaltsanalyse verweisen diesbezüglich z. B. auf die Aufgabe, Prognosen über die Entwicklung der Datenmengen zu erstellen. Die Befunde enthalten ebenfalls Informationen über die Art und Weise, wie Daten erfasst werden können z. B. durch „automatisierte Systeme zur Datengewinnung" (vgl. Abbildung 5–27). Die Aufbereitung der Daten zeigt einen weiteren Aufgabenbereich. Dies kann z. B. durch eine Bildbearbeitung geschehen.

Aus den codierten Textstellen der beruflichen Beschreibungen dieses Aufgabenfeldes gehen vielfältige Arten von Daten hervor u. a. Geodaten, Prozessdaten, Sensordaten und E-Logistik-Daten. Diese sind unter dem eigenen Bereichsindikator „Daten" aufgeführt (vgl. Abbildung 5–27).

Aufgabenfeld: 5. Daten erfassen und analysieren

Informatik-/IKT-Arbeitskräfte können

Problemstellung formulieren

- technische Infrastrukturen analysieren, bewerten und Änderungs- bzw. Optimierungsbedarf feststellen,
- Daten- und sonstige Informationsstrukturen im Unternehmen analysieren, Konzepte zu deren Optimierung erarbeiten, die Umsetzung überwachen,
- Optionen zum Aufbau einer Business-Intelligence- und Big-Data-Architektur prüfen,
- zusätzliche Informationsbedürfnisse über User-Gruppen feststellen,
- Nutzerverhalten (u. a. Navigationsverhalten) untersuchen, um genaue Informationen über die Besucher der Unternehmens-Website zu erhalten,

Daten erfassen und speichern

- Daten sichten, filtern, beschaffen, digital erfassen, bewerten, pflegen, z. B. Recherchen in Datenbanken oder im Internet durchführen und in zentrale Datenlager (Data-Warehouse) importieren,
- Daten nachvollziehbar speichern, sodass Anwender jederzeit problemlos Zugriff auf die Daten haben,
- Prognosen über die Entwicklung der Datenmengen erstellen,
- große Datenmengen administrieren,
- automatisierte Systeme zur Datengewinnung entwickeln und anwenden,
- Datenbankanwendungen und Datenintegration erarbeiten und einsetzen,
- funktionales Datenmanagement konzipieren und durchführen, z. B. Datenflüsse, -speicher, -systeme ordnen, strukturieren, koordinieren,
- regionale und globale Dateninfrastrukturen aufbauen,

Daten aufbereiten

- Daten (informationstechnisch) übersichtlich aufbereiten, bereinigen, verdichten, organisieren,
- Bildverarbeitung und Visualisierung durchführen,

Daten analysieren

- Auswertungskonzepte festlegen,
- vorliegende Daten für unterschiedliche Verwendungszwecke strukturieren, analysieren, modellieren, simulieren, bewerten, interpretieren, Vorhersagen treffen,
- Data-Mining -Lösungen mithilfe von analytischen Tools und Big-Data-Technologien anwenden,
- komplexe Analysemethoden/Analyseprogramme entwickeln und anwenden,
- neuronale Netze modellieren, simulieren und einsetzen, deren Funktionsweise auf der Simulation der analysierten Mechanismen basiert,
- Algorithmen für das maschinelle Lernen sowie für Data-Mining-Verfahren entwickeln und anwenden,
- angemessene Modelle und Verfahren auswählen, vorhandene Modellierungsstandards und Reportings weiterentwickeln,
- Abfragen und Auswertungen programmieren,
- durch „Data-Mining" mit Anwendung statistisch-mathematischer Methoden bestimmte Muster oder Strukturen im Datenbestand erkennen und dadurch neue Informationen erhalten,

Ergebnisse präsentieren

- Auswertungen, Daten, Informationen bedarfsgerecht bereitstellen, darstellen, präsentieren (auch grafisch),
- digitale Karten erstellen,
- aggregierten und qualitätsgesicherten Datenbestand zur Geschäftsanalyse und Entscheidungsunterstützung bereitstellen,
- Informationen z. B. zur Unterstützung und Beratung des Managements im Bereich Umweltcontrolling,
- Reports zur Site- und Servernutzung bereitstellen, Reporting der Fachabteilungen unterstützen,
- Optimierungsvorschläge ausarbeiten und diese den Vorgesetzten sowie den relevanten Ansprechpartnern im Unternehmen unterbreiten,

Entscheidungen treffen

- über Wichtigkeit und Nutzen der gesammelten Daten entscheiden,
- Prozesse steuern,
- Online-Strategien und Websites ständig optimieren und an die jeweiligen aktuellen Gegebenheiten anpassen.

Bereich:

Daten: Geodaten im Gelände, Geobasis- und Fachdaten, Luft-, Infrarot-, Satelliten- und Radarbilder, umweltrelevante Daten, biologische Prozesse und Daten (Gen, Organismus, Ökosystem), feldbusgeführte Prozessdaten, Sensor- oder optische Daten, unternehmensbezogene Informationen aller Art, Informationen aus Datenbanken und IT-Systemen (Monitoring-Daten), Datenbankzugriffe, Reaktions- und Stoffdatenbanken, E-Logistik-Daten, Informationen über User-Gruppen (Online Marktforschung).

Abbildung 5–27: Aufgabenfeld „Daten erfassen und analysieren (Datenbasis: Berufsdatensätze gemäß Tabelle 4–3)

Nach der Aufbereitung von Daten (Bereinigung, Verdichtung etc.) erfolgt deren Analyse. Hierzu werden existierende Verfahren wie z. B. Big-Data Technologien eingesetzt als auch neue Algorithmen für z. B. das maschinelle Lernen entwickelt und angewendet. Zu den Verben im Zusammenhang mit Datenanalysen gehören z. B. strukturieren, analysieren, modellieren, simulieren, bewerten und interpretieren (vgl. Abbildung 5–27).

Die Ergebnisdarstellung und -präsentation kann verschiedene Anforderungsebenen adressieren. Es reicht über die bloße Bereitstellung von aggregierten Daten bis zur Ausbreitung von Optimierungsvorschlägen. Das Aufgabenfeld schließt mit der Entscheidungsfindung, in der die Erkenntnisse aus den Daten in das Ausgangsproblem zurückfließen und ggf. in der Steuerung und Anpassung von Prozessen münden.

Berufliche Kompetenzdimensionen

In der folgenden Abbildung 5–28 werden die identifizierten Arbeitsaufgaben den von Mansfield entwickelten Dimensionen beruflicher Kompetenz zugeordnet (vgl. Abschnitt 2.4.4 sowie Abschnitt 4.5). Der Titel des exemplarisch betrachteten Aufgabenfeldes „4.4 Fehler in IKT-Systemen analysieren und beheben" wird als berufliches Arbeitsergebnis betrachtet. Es beschreibt eine IKT-Dienstleistung (vgl. Abbildung 5–21), die im Ergebnis zu einem instand gesetzten IKT-System führt.

Dieses Aufgabenfeld charakterisiert aus sich heraus die Dimension „Störfallmanagement" in Anlehnung an das „Job Competence Model" (vgl. Abschnitt 2.4.4). Dies hat zur Folge, dass in diesem Beispiel die zugeordneten Aufgaben zum „Störfallmanagement" gleichzeitig in die Kategorie „Aufgabenmanagement" fallen. Die aufgezeigten Teilaufgaben wie z. B. IKT-Systeme überprüfen, Problemursachen finden, Probleme beseitigen etc. müssen einerseits durch eine entsprechende Arbeitsplanung koordiniert werden. Andererseits spiegeln sie die berufliche Kompetenz wider, mit unvorhergesehenen Ereignissen und Problemen im Rahmen eines Störfalls umzugehen bzw. diese zu lösen (vgl. Abbildung 5–28).

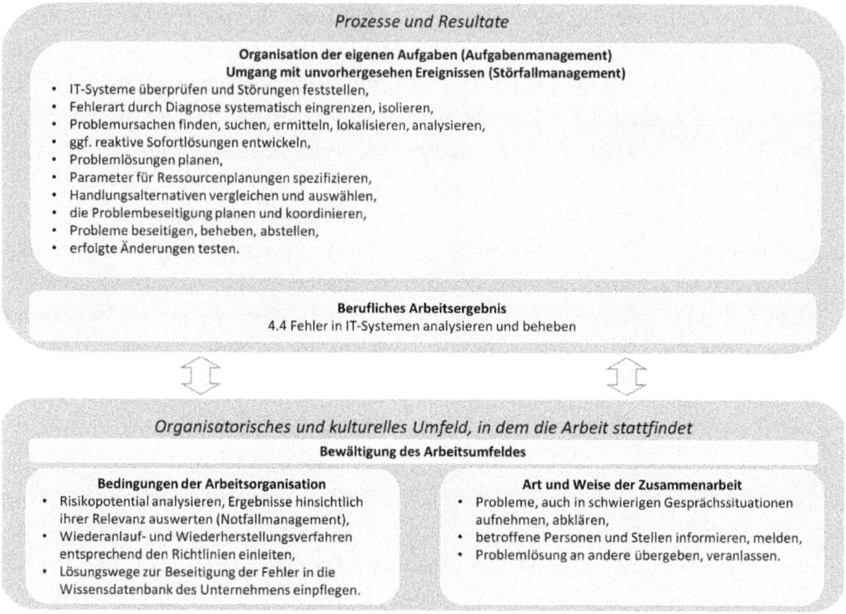

Abbildung 5–28: Berufliche Kompetenzdimensionen des Aufgabenfeldes „4.4 Fehler in IT-Systemen analysieren und beheben"

Ferner wird deutlich, dass Bedingungen in der Arbeitsorganisation eingehalten werden müssen z. B. ein betrieblich festgelegtes „Notfallmanagement" oder bestimmte „Richtlinien zum Wiederanlauf". Zur Bewältigung des Arbeitsumfeldes gehören ebenso Interaktionen mit anderen Personen. Hier werden verschiedene Rollen sichtbar (vgl. Abschnitt 2.4.4), z. B. als Dienstleister die Probleme des Kunden aufzunehmen sowie als Vorgesetzter Problemlösungen zu veranlassen.

5.3.7 Reflexion der beruflichen Aufgabenanalyse

Die vorgestellten Ergebnisse zeigen auf, dass mit der hier dargestellten beruflichen Aufgabenanalyse im Rahmen der Curriculumentwicklung beruflicher Bildungsgänge die Frage nach den beruflichen Aufgabenfeldern beantwortet werden kann (Forschungsfrage 3.1). Deren Kenntnis ist eine Voraussetzung, um nach einer entsprechenden didaktischen Bewertung diese Informationen in Curricula, z. B. zur Ausgestaltung von Lernfeldern, einfließen zu lassen. Das in dieser Arbeit entwickelte Verfahren zur Identifizierung der beruflichen Aufgabenfelder basiert größtenteils auf qualitativen Analysen von Arbeitsmarkt- und Berufsinformationen der Bundesagentur für Arbeit. Das Erkenntnisinteresse wurde auf die berufliche IKT-Arbeit exemplarisch beschränkt. Im Ergebnis wurden 30 Aufgabenfelder identifiziert, die die IKT-Arbeit in Deutschland repräsentieren.

Zwischenstand im Prozess der Inhaltsanalyse

Das Verfahren der inhaltlich strukturierenden qualitativen Inhaltsanalyse bildet die Grundlage zur Beantwortung der Forschungsfragen des Kernelements „Berufliche Aufgabenanalyse" (vgl. Abbildung 4–1). Diese Methode erweist sich als geeignet, um aus einer großen Anzahl beruflicher Beschreibungen gemeinsame Kategorien zu identifizieren. Der Analyseprozess lässt sich noch weiter fortführen bzw. stellt nur einen Zwischenstand dar. Erkennbar ist dies an dem unterschiedlichen Detaillierungsgrad der ermittelten Kategorien im Codebaum. So weist z. B. die Kategorie „1.3 Kosten kalkulieren, Angebote erstellen, abrechnen, Budget" bereits in ihrer Benennung auf eine große inhaltliche Breite hin, die über vielfältige Kostenkalkulationsaufgaben, Angebotserstellungen, Controlling etc. reichen (vgl. Abbildung 5–16, Abbildung 5–17). In Abgrenzung hierzu beinhaltet die Codegruppe „4. IT-Systeme betreiben und Support leisten" wesentlich differenziertere Unterkategorien:

4.2 IT-Sicherheitsmaßnahmen durchführen,
4.3 Leistungsfähigkeit von IT-Systemen überwachen und verbessern,
4.4 Fehler in IT-Systemen analysieren und beheben,
4.5 IT-Systeme aktualisieren und anpassen,
4.6 Anwender unterstützen (vgl. Abbildung 5–16).

Dies liegt an der erweiterten Analyse, die in diesem Aufgabenbereich durchgeführt wurde, und begründet ebenso die höhere Anzahl von Codierungen in den Aufgabenfeldern (vgl. Anhang A 7.1). In der Durchführung hat sich ein iterativer und gleichzeitig gestufter Analyseprozess als praktikabel erwiesen. Die Abbildung 5–29 verdeutlicht diese Vorgehensweise, in der – ausgehend von den Datensätzen – im 1. Analyseschritt breite Oberkategorien gebildet werden, um darin alle Aufgabenbeschreibungen vollständig zuzuordnen (vgl. Abschnitt 4.4). In weiteren Analyseschritten werden einzelne Oberkategorien erneut analysiert, um so zu differenzierteren Aufgabenfeldern zu gelangen (siehe Abbildung 5–29).

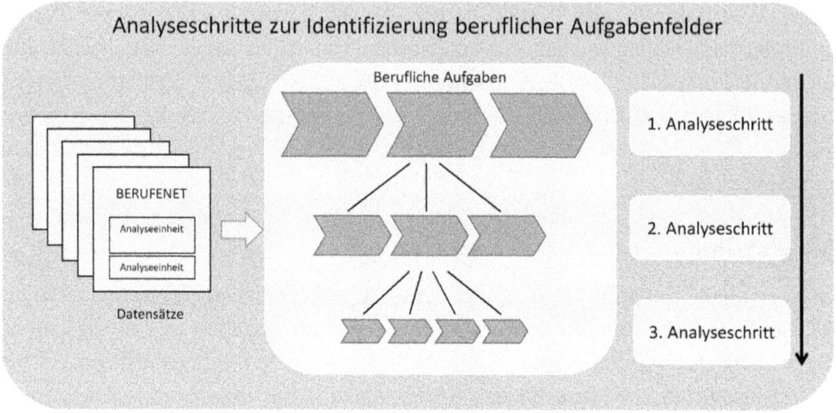

Abbildung 5-29: Analyseschritte zur Identifizierung beruflicher Aufgabenfelder

Es kann bestätigt werden, dass eine Sättigung des Kategoriensystems erst nach einigen Datensätzen und mehreren Durchläufen erreicht wird (vgl. Abschnitt 4.4).

Des Weiteren wird deutlich, dass mit steigendem Differenzierungsgrad ein zunehmender Analyseaufwand einhergeht. Hier muss ein Kompromiss zwischen Praktikabilität des Verfahrens insgesamt und nötiger Trennschärfe gefunden werden. Im Kern wurde der Empfehlung von KUCKARTZ gefolgt, insgesamt breite Kategorien zu bilden, damit das Verfahren noch praktikabel bleibt (vgl. Kuckartz 2016, S. 108). Dies schließt nicht aus, dass bei Bedarf in interessierenden Bereichen vertiefte Analysen nach dem dargestellten Muster möglich sind (vgl. Abbildung 5-29). Dieses Verfahren hat zur Folge, dass die Anzahl der Codierungen im Kategoriensystem (Anhang A 7.1) nur eine begrenzte Aussagekraft aufweisen.

Die Durchführung der qualitativen Inhaltsanalyse auf Basis von Berufsbeschreibungen erfordert eine entsprechende Fachkompetenz der auswertenden Person in den jeweiligen Aufgabenbereichen bzw. ist von dieser abhängig (vgl. Kuckartz 2016, S. 206). Ohne diese fällt es schwer, Fachbegriffe, Vorgänge etc. inhaltlich zu interpretieren und entsprechend einzuordnen. Für zukünftige Analysen wird daher ggf. die Bildung von Auswertungsteams bzw. Evaluierungen durch Fachexperten empfohlen, um möglichst valide Kategorien sowie Codierungen zu erhalten.

Gewählte Analyseeinheit

Das Ergebnis der durchgeführten qualitativen Inhaltsanalyse verdeutlicht, dass sich auf Basis der gewählten Analyseeinheit „Aufgaben und Tätigkeiten im Einzelnen" berufliche Aufgabenfelder identifizieren lassen. Es bleibt jedoch unklar, inwieweit die Auswertung des gesamten BERUFENET-Datensatzes zu abweichenden Ergebnissen führen würde. Ebenfalls wäre denkbar, dass bereits die zusammenfassenden Tätigkeitsbeschreibungen in den Datensätzen ausreichen könnten, um hinreichend trennscharfe Kategorien zu identifizieren. Ferner eröffnen die identifizierten „Good Practice"-Datensätze die Möglichkeit, Teilaufgaben in einem ganzheitlichen Zusammenhang zu erfassen. Hier ergibt sich Potential für weiterführende Untersuchungen und eine Vereinfachung des Verfahrens. Die Klärung dieser Zusammenhänge ist daher zu empfehlen, um möglicherweise die Validität und Durchführungsökonomie des Verfahrens zu optimieren.

Es zeigt sich, dass die analysierten „BA-Kompetenzen" nur indirekt zur Identifizierung beruflicher Aufgabenfelder beitragen. Es fällt teilweise schwer, die Begriffe den zuvor identifizierten beruflichen Aufgabenfeldern zuzuordnen. Der Beitrag der „BA-Kompetenzen" kann darin liegen, Hinweise über mögliche Lerninhalte und Zertifizierungen z. B. im Bereich der Netzwerktechnologien zu erhalten.

Aktualität der Datenbasis

Die Analyse der „BA-Kompetenzen" kann dazu beitragen, die Aktualität der Ergebnisse insgesamt zu verbessern. Die Aktualisierungsintervalle der untersuchten Berufsinformationen unterscheiden sich wie folgt:

- KldB (Evaluierung angedacht alle 10 Jahre),
- BERUFENET (fortlaufend, ca. 3–4 Monate),
- BA-Kompetenzlisten (täglich) (vgl. Abschnitt 3.3.6).

Daraus wird ersichtlich, dass insbesondere die fortlaufende Analyse der „BA-Kompetenzliste" neuere berufliche Anforderungen hervorbringen kann. Gleichzeitig können die Daten zur Verbesserung der inhaltlichen Validität der beruflichen Aufgabenbeschreibungen beitragen.

Unterschiedliche Abstraktionsgrade, Sprache und Begriffsverwendung

Unterschiedliche Abstraktionsgrade in den Aufgabenbeschreibungen führen zu Schwierigkeiten, Textstellen trennscharf den Kategorien zuzuordnen. Die zwei folgenden Beispiele verdeutlichen dies:

1. *„EDV (Hard- und Software) betreuen“ (43113-104)*
2. „Störungen wahrnehmen, Schwellwertüberschreitungen, Vorkommnisse und deren Risikopotenzial analysieren, Ergebnisse hinsichtlich ihrer Relevanz auswerten“ (43363-100)

Im Beispiel 1 wird nicht klar, welche Aufgaben sich einerseits hinter „betreuen“ verbergen. Andererseits wird ein Objekt zwar angegeben, das mit „EDV (Hard- und Software)“ jedoch für jegliches IT-System steht. Die Beschreibung aus Beispiel 2 konkretisiert dagegen den spezifischen Aufgabenbereich „4.3 Leistungsfähigkeit von IT-Systemen überwachen“. Die Codierung dieser Beschreibungen in einer gemeinsamen Kategorie hätte einen Informationsverlust zur Folge. Um diesen zu vermeiden und um differenziertere Aussagen über die Betreuung von IT-Systemen zu erhalten, wurde die Unterkategorie *„4.1 IT-Systeme betreiben und Support leisten allg.“* als Sammelkategorie für alle nicht näher spezifizierten bzw. nicht in den weiteren Kategorien aufgeführten Betriebs- und Supportaufgaben eingeführt.

Das Datenmaterial weist weitere semantische Schwächen auf, wodurch die Vergleichbarkeit leiden kann. Insbesondere sind mehrdeutige Begriffsverwendungen sowie ein uneinheitlicher Sprachgebrauch feststellbar, was zur Beeinträchtigung der Inhaltsvalidität führen kann. Diese Schwächen in den Daten decken sich mit den Erfahrungen, die bereits SCHMIEL in den 1970er-Jahren in seiner Deckungsanalyse der Ausbildungsordnungen gemacht hat (vgl. Schmiel 1971, S. 262 f.). Hier wird deutlich, dass sich das konkretisierte Aufgabengerüst als Basis eignet, das ggf. in empirischen Studien noch bestätigt und mit fehlenden Informationen erweitert werden muss.

Gegenstandsbereich

Berufliche Aufgaben stehen gewöhnlich in einem Kontext. In der Überblicksdarstellung wird jedoch darauf verzichtet, den spezifischen Kontext aufzuführen (vgl. Abbildung 5–16). Stattdessen werden Aufgabenfelder kontextfrei bzw. stellvertretend für IT-Systeme formuliert. Dies trägt zu einer höheren Übersichtlichkeit bei.

Die Vielfalt der IT-Systeme bzw. übergeordnet IT-Lösungen kann durch die dargestellten Kategorien modelliert werden (vgl. Abbildung 5–21). Die Gruppierung erlaubt es, auch zukünftige Ausprägungen zu verorten.

Die BA-Kompetenzliste (BA 2018i) erweist sich als zusätzliche Datenquelle, in der IT-Lösungen bereits gruppiert zur Verfügung stehen. Aufgrund der täglichen Aktualisierung kann die Auswertung der BA-Kompetenzliste dazu beitragen, neben der Vielfalt auch aktuelle Lösungen forschungsökonomisch zu identifizieren.

Die hier dargestellten Ergebnisse bilden den Umfang von IT-Lösungen überwiegend qualitativ ab. Die Daten ermöglichen weitere quantitative Auswertungen, um weitere Erkenntnisse hervorzubringen. So wäre es z. B. denkbar, aus Längsschnittanalysen Entwicklungstendenzen der IT-Lösungen abzuleiten.

Identifizierung einer Handlungsstruktur

Die in Abschnitt 5.3.3 dargestellte Vorgehensweise zeigt, wie die Frage nach einer gemeinsamen Handlungslogik der Aufgabenfelder (Forschungsfrage 3.2) beantwortet werden kann. Ein bestehendes Modell zur Arbeits- und Geschäftsprozessmodellierung wird in seiner Anwendbarkeit überprüft und ermöglicht Aussagen über eine Handlungslogik der Aufgabenfelder zu treffen. In diesem exemplarischen Fall erfolgt die Verortung der Aufgabenfelder in den Dimensionen des generischen IKT-Geschäftsprozesses in Anlehnung an die „Deliverable Descriptions“ des European e-Competence Framework (vgl. CEN 2018d, Annex B). Die Ergebnisse zeigen, dass sich das Modell eignet und veranschaulichen eine Handlungslogik der beruflichen IKT-Arbeit.

Im Rahmen einer möglichen Evaluierung der in dieser Arbeit entwickelten Aufgabenfelder, kann das Modell u. a. als Diskussionsgrundlage für diverse Beteiligte (Fachexperten, Personalmanager, Bildungspersonal etc.) dienen. Verschiedene Perspektiven sind möglich, z. B. lassen sich die Aufgabenfelder aus der individuellen Team- oder auch Unternehmensperspektive beleuchten (vgl. CEN 2014a, S. 8). Ebenso ist das Modell offen für sämtliche Branchen und die Bandbreite der aufgeführten IT-Lösungen (vgl. Abschnitt 5.3.2).

Überprüfung durch den e-CF

Die in Abschnitt 5.3.4 dargestellte Vorgehensweise zeigt, wie eine Überprüfung im Rahmen der beruflichen Aufgabenanalyse erfolgen kann (vgl. Abbildung 4–1). In diesem exemplarischen Fall der IKT-Arbeit geschieht dies mithilfe der Erkenntnisse aus dem e-Competence Framework. Die Ergebnisse aus dem Vergleich der beruflichen Aufgabenfelder mit dem e-Competence Framework zeigen eine hohe inhaltliche Übereinstimmung und bestätigen in einem ersten Ansatz das entwickelte Verfahren. Hierbei ist anzumerken, dass sich die Vorgehensweise der e-CF-Entwicklung von der hier angewendeten Methode unterscheidet. Während sich die europäische Entwicklung der e-Kompetenzen deduktiv, ausgehend von dem IKT-Geschäftsprozessmodell (PLAN-BUILD-RUN-ENABLE-MANAGE), den e-Kompetenzen näherte, wurden die beruflichen Aufgabenfelder im vornehmlich induktiv im Rahmen der qualitativen Inhaltsanalyse ermittelt (vgl. CEN 2014a; Abschnitt 4.4).

Die durchgeführte Überprüfung verdeutlicht ferner den Vorteil der outcome-orientierten Darstellung beruflicher Arbeitsaufgaben. Sie ermöglicht einen Vergleich mit dem ebenfalls outcome-orientierten Ansatz des e-CF. Die tiefergehenden Kompetenzbeschreibungen im e-CF wurden im durchgeführten Vergleich noch nicht berücksichtigt. Die vorhandenen Daten bieten Potential für weitere Analysen.

Die unterschiedliche Anzahl von e-CF Kompetenzen im Vergleich zu den beruflichen Aufgabenfeldern verdeutlicht die Schwierigkeit, Kategorien mit einem gleichartigen Aggregationsgrad zu bestimmen (vgl. Abschnitt 6.2).

Gemeinsamkeiten in den Berufen

Insgesamt zeigt sich, dass sich mithilfe des hier vorgestellten Verfahrens grundsätzlich Gemeinsamkeiten in einer Gruppe von Berufen identifizieren lassen. Die Ergebnisse geben Antwort auf die Forschungsfrage 3.3. Das dargestellte Verfahren liefert gleichzeitig einen Beitrag zur übergeordneten methodischen Fragestellung, wie Arbeitsmarkt- und Berufsinformationen im Rahmen der Curriculumentwicklung genutzt werden können.

Die Identifizierung gemeinsamer Aufgaben in einer Gruppe von Berufen folgt aus einer quantitativen Auswertung der vorausgegangenen qualitativen Inhaltsanalyse von beruflichen Datensätzen. Die berechneten Häufigkeiten beschreiben den Grad der Gemeinsamkeit bezogen auf die Grundgesamtheit der untersuchten Datensätze. Diese schließen alle Berufe und Anforderungsniveaus ein. Die Curriculumentwicklung beruflicher Bildungsgänge kann einerseits von dieser übergeordneten Sicht profitieren, die weder eine horizontale noch vertikale Verkürzung beinhaltet. Andererseits kann eine differenzierte Betrachtung z. B. auf einem bestimmten Anforderungsniveau oder einer beruflichen Untergruppe von Interesse sein. Im Hinblick auf die Gestaltung eines Weiterbildungsprogramms wären beispielsweise gemeinsame Aufgabenfelder auf dem Spezialistenniveau von Bedeutung, die sich möglicherweise von Fachkräften abgrenzen. Dies wäre die intendierte Anforderungsebene der Fachschulabsolventen. Das entwickelte Verfahren ermöglicht diese differenzierten Auswertungsszenarien. Die Kreuztabellenfunktion innerhalb der Analysesoftware MAXQDA lässt sich variabel auf ausgewählte Datensätze und Kategorien anwenden (vgl. Abschnitt 4.4). Dies setzt allerdings eine valide Datenbasis voraus. Da im Rahmen dieser exemplarischen Untersuchung die Niveaustufenzuordnung der Berufsprofile mit Unsicherheiten behaftet ist, wurde einer weiteren, spezifische Ermittlung gemeinsamer IT-Aufgaben abgesehen (vgl. Abschnitt 5.1.4). Dies schließt jedoch nicht aus, dass für andere berufliche Bereiche diese Analysen möglich sind.

Die Analyse der „BA-Kompetenzen" weist eine hohe Objektivität auf. Dies betrifft die Durchführungs- und Auswertungsobjektivität (vgl. Rammstedt 2010, S. 240 ff.). Die feststehenden Kompetenzbegriffe können eindeutig und ohne subjektiven Einfluss der auswertenden Person in das computergestützte Auswertungsprogramm MAXQDA überführt und quantitativ ausgewertet werden. Diese Analyseeinheit besticht im Vergleich zur inhaltlichen Analyse der Beschreibungstexte durch die forschungsökonomische Auswertung. Nachteilig erweist sich der meist hohe Abstraktionsgrad sowie der fehlende Kontext der BA-Kompetenzbegriffe (vgl. Abschnitt 3.3.5). Hierzu ist es nötig, die berufsspezifischen Gegebenheiten z. B. aus den BERUFENET-Datensätzen miteinzubeziehen.

„Outcomes" und Kompetenzdimensionen in der Struktur der beruflichen Arbeit

Die dargestellten Ergebnisse dieses Abschnitts zeigen konkretisierte berufliche Aufgabenbeschreibungen in Aufgabenfeldern der IKT-Arbeit, die auf Basis von Arbeitsmarkt- und Berufsinformationen der Bundesagentur für Arbeit identifiziert wurden. Die Ergebnisse beziehen sich auf die Forschungsfrage 3.4, die exemplarisch für die Aufgabenbereiche „4.4 Fehler in IT-Systemen analysieren und beheben" sowie „5. Daten erfassen und analysieren" betrachtet wurden. Die gewählte Darstellungsform sowie die inhaltliche Analyse orientieren sich dabei an beruflichen Standards aus dem angelsächsischen Raum (vgl. Abschnitt 2.4.5 sowie Abschnitt 4.5). Aus der Anwendung dieses Ansatzes mit den hier vorliegenden Daten ergeben sich folgende Schlussfolgerungen:

1. Grundsätzlich eignen sich die Berufs- und Arbeitsmarktinformation der Bundesagentur für Arbeit, um daraus Arbeitsergebnisse – in Anlehnung an die Struktur beruflicher Standards aus dem angelsächsischen Raum – abzuleiten.
2. Durch die Anordnung der einzelnen Arbeitsaufgaben auf einer Makroebene lassen sich mögliche Arbeitsprozesse identifizieren. Aus den aufgeführten Beispielen geht dies unmittelbar hervor. Sowohl das Aufgabenfeld „4.4 Fehler in IT-Systemen analysieren und beheben" als auch der Aufgabenbereich „5. Daten erfassen und analysieren" repräsentieren einen zusammenhängenden Prozess, angefangen von der Problemfeststellung über die Problemlösung bis hin zur Dokumentation. Im Hinblick auf eine

mögliche Curriculumentwicklung können diese Prozesse als Basis dienen bzw. Impulse liefern (vgl. KMK 2018, S. 29).

3. Die gewählte Struktur kann dazu beitragen, unterschiedliche Anforderungsebenen der Arbeitsaufgaben zu identifizieren. Hierzu kann einerseits die Auflistung der verschiedenen Operatoren für einzelne Aufgaben sowie andererseits die Kombination mit dem Objekt sowie dem Kontext, in dem die Aufgabe erfolgt, dienen. Im Hinblick auf die Curriculumentwicklung eines beruflichen Bildungsprogramms können darüber hinaus die Bereichsindikatoren Hinweise auf eine mögliche didaktische Struktur liefern. So wird z. B. die Überprüfung und Störungsdiagnose eines komplexen ERP-Systems eine höhere Anforderungsebene implizieren als die Überprüfung einfacher PC-Systeme. Diese Erkenntnisse können z. B. in eine spiralförmige Curriculumstruktur einfließen bzw. auch Impulse für die Ausgestaltung von konkreten Lernaufgaben auf entsprechenden Taxonomiestufen (vgl. Anderson et al. 2014) liefern.
4. Aus den Ergebnissen geht hervor, dass die untersuchten Berufsbeschreibungen teilweise „evaluierende Angaben" beinhalten. Dadurch lässt sich die erwartete Anforderung bzw. Qualität einer Aufgabe klar beschreiben. Im Rahmen einer Curriculumentwicklung sind diese Operationalisierungen insbesondere im Hinblick auf die Gestaltung von Prüfungen nutzbar, um z. B. einen möglichen Erwartungshorizont aufzuzeigen.

Outcomes oder Tätigkeiten?

Gegen die dargestellte Form der Aufgabenbeschreibungen lässt sich einwenden, dass die Elemente Tätigkeiten anstelle von Ergebnissen verkörpern. Dies widerspricht der ursprünglichen Forderung, lernergebnisorientierte Curricula zu formulieren (vgl. B-L-KS DQR 2013, S. 27). Zwar werden an dieser Stelle noch keine Lernergebnisse formuliert, dennoch besteht dieser Einwand gleichfalls für Arbeitsergebnisse. Aus diesem Grund wurden in den angelsächsischen Ansätzen Spezifikationen über zu erwartende, demonstrierbare Leistungen in passiver Form formuliert (vgl. Mansfield & Mitchell 1996, S. 169 ff.) Diese Darstellungsmöglichkeit lässt sich unmittelbar durch eine entsprechende Umformulierung bewerkstelligen. Im Rahmen der Fehleranalyse von IT-Systemen könnte demnach ein zu erwartendes Arbeitsergebnis lauten: „Probleme sind sachgerecht und wirtschaftlich vertretbar, auch in schwierigen Gesprächssituationen aufgenommen und abgeklärt" (vgl. Abbildung 5–26). In der Praxis hat sich diese Formulierung im Passiv allerdings nicht durchgesetzt. Die Kritik liegt vor allem in der sprachlichen Gestaltung, die zu teils sperrigen Formulierungen führt (vgl. Beaumont 1995, S. 36 f.; Mansfield & Mitchell 1996, S. 170).

Berufliche Kompetenzdimensionen in der Arbeit

In der hier vorgenommenen Auswertung erfolgte die exemplarische Zuordnung von beruflichen IKT-Arbeitsaufgaben zu den Dimensionen des „Job Competence Models“ (vgl. Abschnitt 4.5). Aus der Durchführung lässt sich Folgendes resümieren:

1. Der Modellierungsansatz mithilfe des „Job Competence Models“ ist praktikabel und zeigt, wie kompetente berufliche Arbeit durch vier Dimensionen charakterisiert werden kann. Die Aufgaben in „4.4 Fehler in IT-Systemen analysieren und beheben“ operationalisieren im Wesentlichen das Störfallmanagement, zeigen aber ebenso die Einflüsse des Arbeitsumfeldes auf. Durch die Analyse weiterer Aufgabenfelder lassen sich auf diese Weise u. a. ganze Berufe hinsichtlich bestimmter Performanz-Typen charakterisieren (vgl. Abschnitt 2.4.5).
2. Der dargestellte Ansatz der ergebnisorientierten, holistischen Beschreibung beruflicher Kompetenzen kann eine Alternative bzw. Erweiterung zu dem berufsdidaktischen Strukturmodell der „Drei Arbeits- und Lerndimensionen“ darstellen (vgl. Petersen 2018b, S. 265).
3. Der erprobte Ansatz kann dazu beitragen, kompetenzbasierte Bildungsprogramme zu entwickeln. Die nach dem angelsächsischen Ansatz typisierten Lernergebnisse lassen sich in die Kompetenzdimensionen des DQR/EQF überführen (vgl. hierzu die Diskussionen im Rahmen der Einführung des DQR in Deutschland z. B. Hensge et al. 2009). Der Ansatz kann eine Möglichkeit aufzeigen, über die Dimension „Eventualitäten/Unvorhergesehenes“ einen Zugang zur Identifizierung des beruflichen Arbeitsprozesswissens zu erhalten (vgl. Abschnitt 2.1.4). Neben der Einordnung in horizontale Kompetenzdimensionen können die Beispiele ebenso Impulse für vertikale Beschreibungen (Kompetenzentwicklungsmodelle) liefern. Insgesamt kann das Modell daher einen Beitrag zu dem von Baethge beklagten Operationalisierungsproblem der beruflichen Handlungskompetenz leisten (vgl. Baethge 2010, S. 25).

Limitierungen

Die dargestellten exemplarischen Befunde weisen jedoch ebenso Limitierungen auf, die aus der Datenbasis resultieren. So mangelt es an evaluierenden Beschreibungen innerhalb der Aufgabenbeschreibungen. Dies hat zur Folge, dass der Grad einer Aufgabenerfüllung unbestimmt bleibt. Darüber hinaus sind Objekte – sofern beschrieben – auf unterschiedlichen Abstraktionsniveaus und teilweise ohne Kontext formuliert. Ferner beinhalten die Berufsbeschreibungen unterschiedlich bezeichnete Verben, die aber die gleiche Aktivität beschreiben. Als Folge können diese Limitierungen des Materials zu Unschärfen insbesondere bei der Unterscheidung verschiedener Anforderungsebenen führen. Im Fazit kann daraus die Forderung erwachsen, weitere empirische Untersuchungen durchzuführen, um elaboriertere Informationen zu erhalten bzw. Unsicherheiten auszuräumen.

Wissensdimension

In den Aufgabenbeschreibungen beruflicher IKT-Arbeit werden explizit keine Wissensdimensionen dargestellt. Stattdessen werden die Ergebnisse der Berufsarbeit beschrieben, die unter Anwendung von Wissen hervorgehen. Welche Wissensdimensionen hierbei vonnöten sind, ist zu diesem Zeitpunkt noch nicht geklärt. Aus diesem Grunde argumentieren Mansfield und Mitchel, in den Beschreibungen beruflicher Standards auf Wissensdimensionen zu verzichten (vgl. Mansfield & Mitchell 1996, S. 164 f.). Maßgebliche Wissensanforderungen sind Teil von „evidence specifications“ bzw. Lernrichtlinien, die erst später definiert werden (vgl. ebd., S. 165). Ähnlich argumentiert Petersen. Für ihn gehört es zur „schwierigen“ Aufgabe einer Berufsqualifikationsanalyse, relevante Wissens-, Fertigkeits- und Fähigkeitselemente für ein Curriculum zu beschreiben, die sich auf die zuvor ermittelten Arbeitsaufgaben beziehen (vgl. Petersen 2018b, S. 284). In der internationalen Praxis hat sich hingegen etabliert, dass Berufsstandards Wissenselemente enthalten (vgl. ITAC 2016, S. 11 ff.; UKCES & Alliance 2011, S. 15).

6 Interpretation der Ergebnisse sowie didaktische Empfehlung zur Curriculumentwicklung im IKT-Bereich

6.1 Wachsender Qualifikationsbedarf und möglicher Mismatch im IKT-Bereich

Möglicher Mismatch zwischen IKT- Beschäftigung und Bildungsangeboten

Die Ergebnisse aus der Strukturanalyse der IKT-Berufe legen den Schluss nahe, dass zwischen den Qualifikationsangeboten des Bildungssystems und den Erwerbsberufen auf dem Arbeitsmarkt ein Mismatch besteht. Die identifizierte Schieflage äußert sich in einer Überqualifizierung. Am deutlichsten wird dies auf dem Fachkräfteniveau. Auf Basis der Daten verweisen nur 3 % der Bildungsangebote auf dieses Anforderungsniveau (vgl. Abbildung 5–4). Dem gegenüber stehen 14 % der Erwerbsberufe (vgl. Abbildung 5–2).

Die hohe Anzahl von akademischen Qualifikationsangeboten im Vergleich zu den nicht akademischen Angeboten überrascht. Die hohe Anzahl spiegelt offenbar den Akademisierungstrend der letzten Jahre wider. Es zeigt sich dabei, dass im Gegensatz zu den nicht akademischen Bildungsgängen, ein hohes Wachstum (+15 % in fünf Jahren) an Studienangeboten besteht (vgl. Abschnitt 5.1.3). Hierbei wird eine steigende Spezialisierung deutlich. Die BA ermittelt alle namentlich unterscheidbaren Studiengänge an deutschen Hochschulen. Dies führt dazu, dass beispielsweise

- Bachelor of Science – Wirtschaftsinformatik (Wirtschaft),
- Bachelor of Science – Wirtschaftsinformatik (Gesundheitswesen),
- Bachelor of Science – Wirtschaftsinformatik (Informationssysteme),
- Bachelor of Science – Wirtschaftsinformatik (öffentliche Verwaltung),

jeweils einzeln aufgeführt und gezählt werden (vgl. Anhang A 2). Der Frage, inwieweit die inhaltliche Unterscheidung tatsächlich ausfällt, wird an dieser Stelle nicht weiter nachgegangen.

Gleichzeitig deuten die Ergebnisse darauf hin, dass die Angaben über das Anspruchsniveau der beruflichen IKT-Aufgaben fraglich sind bzw. Unsicherheiten aufweisen. Dies wird an dem Qualifikationsniveau der Beschäftigten im Vergleich zum Anspruchsniveau der beruflichen Aufgaben deutlich. Insgesamt zeigen die Befunde eine höhere Niveauzuordnung der beruflichen Aufgaben im Vergleich zum Niveau der Ausbildungsabschlüsse (vgl. Abschnitt 5.2.2, Abschnitt 5.2.3). Die IKT-Beschäftigten verfügen in nahezu allen beruflichen Bereichen über Facharbeiterqualifikationen, obgleich nur vier Berufsuntergruppen Tätigkeiten mit Fachkraftniveau aufweisen, 83 % entfallen hingegen auf höhere Spezialisten- und Expertenniveaus (vgl. Abbildung 5–11 und Abbildung 5–9). Zugleich existieren nur wenige berufliche Erstausbildungsangebote (vgl. Abbildung 5–3). Dies könnte einerseits eine große horizontale Flexibilität der Erstausbildungsqualifikationen widerspiegeln. Andererseits bestünde ein qualifikatorischer Mismatch, in dem berufliche IT-Erstausbildungsgänge bereits durchweg den Arbeitsmarktanforderungen auf der Spezialisten-Ebene genügen. Dieses Phänomen wird gleichfalls als überwertige Erwerbstätigkeit bezeichnet und kann im Sinne eines beruflichen Aufstiegs interpretiert werden (vgl. Hall & Santiago Vela 2019). Die Ergebnisse der vorliegenden Arbeit werden durch die empirische Studie der Bertelsmann Stiftung (2018) zur Fehlqualifizierung der Arbeitnehmer in Deutschland bestätigt bzw. übertroffen. Danach üben rund 18 % der Erwerbstätigen mit Berufsausbildung eine Tätigkeit aus, für die in der Regel ein höherer Abschluss notwendig ist (vgl. Bauer et al. 2018, S. 17). Für Beschäftigte in IKT-Berufen fällt dies weit höher aus. Zu dieser IT-spezifischen Ausprägung gelangen ebenfalls Hall und Santiago Vela auf Basis der BIBB/BAuA-Erwerbstätigenbefragung, wonach besonders Beschäftigte mit erlernten IT- und naturwissenschaftlichen Dienstleistungsberufen am häufigsten einer überwertigen Erwerbstätigkeit nachgehen (vgl. Hall & Santiago Vela 2019, S. 11).

Dies wirft Fragen zur grundsätzlichen Relevanz von klassischen Aufstiegsfortbildungsgängen im IKT-Bereich auf. Es ist z. B. ungeklärt, ob und inwieweit alternative Formen der Weiterbildung diesen beruflichen Aufstieg ermöglichen.

Im Hinblick auf die Identifizierung eines möglichen Qualifikationsbedarfs (zweites Kernelement) werden nachfolgend Schlussfolgerungen dargestellt, die Antworten auf die Forschungsfragen 2.1 bis 2.4 geben (vgl. Abschnitt 4.1).

Aus der dargestellten Verteilung der Qualifikationsangebote ergibt sich, dass vielen Berufsgruppen überhaupt keine Qualifikationsangebote gegenüberstehen und daher die Entwicklung bzw. Erweiterung von Bildungsgängen sinnvoll erscheint (vgl. Abbildung 5–5). Das hohe Wachstum an akademischen Bildungsangeboten bestätigt, dass insbesondere das berufliche Berufsbildungssystem mit seinen Angeboten unterrepräsentiert ist und dadurch möglicherweise Potentiale nicht akademisch ausgebildeter Beschäftigter ungenutzt bleiben (vgl. BIBB 2003, S. 27). Dies ist z. B. im Bereich der IT-Security zu erkennen, in dem zwei nicht akademische Qualifikationsangebote 22 Studiengängen gegenüberstehen (vgl. Anhang A 2). Dies wirft weitere Fragen nach möglichen Gründen auf.

Generell ist bei dieser Einschätzung zu beachten, dass vorerst nur die in der KldB definierten Berufsaggregate mit den formal zugeordneten Bildungsgängen verglichen wurden. Das heißt diese Zahlen spiegeln noch nicht das tatsächliche Kräfteverhältnis zwischen Absolventenzahlen und Beschäftigtenanzahlen im Arbeitsmarkt wider. Zudem bestehen Hinweise, dass die Niveauzuordnungen der Berufsdatensätze fehlerbehaftet sind und daher die Ergebnisse Unsicherheiten aufweisen (vgl. Abschnitt 5.1.4). Für eine abschließende Beurteilung sind weitere Analysen notwendig.

Steigender Bedarf an Fachkräften in der IKT-Arbeit

Aus den quantitativen Analysen zur Beschäftigungssituation in der IKT-Arbeit geht hervor, dass mit einem wachsenden Qualifikationsbedarf in diesem beruflichen Bereich zu rechnen ist. Dies lässt sich aus den folgenden Befunden schließen:

Die Beschäftigungsentwicklung der IKT-Berufe spiegelt den globalen Trend der 2010er-Jahre in Deutschland wider, verläuft aber überdurchschnittlich. Während die Anzahl aller sozialversicherungspflichtig Beschäftigen in Deutschland zwischen den Jahren 2012 und 2018 um +10 % anstieg, erfolgte bei den IKT-Beschäftigten ein Zuwachs um +26,5 % (vgl. Tabelle 5–2). Die Daten ermöglichen differenziertere Aussagen für diesen betrachteten Berufsbereich und beantworten die Forschungsfrage 2.1. Demnach bilden Berufe in der

- Softwareentwicklung,
- Informatik ohne Spezialisierung,
- IT-Anwendungsberatung sowie
- IT-Systemadministration

die am stärksten besetzten Berufsuntergruppen und weisen zugleich Beschäftigungszuwächse im zweistelligen Bereich auf (vgl. Abbildung 5–6). Die Beschäftigungsentwicklung in der Berufsuntergruppe „4338 IT-Netzwerktechnik, IT-Koordination, IT-Administration und IT-Organisation (sonstige spezifische Tätigkeitsangabe)“ legt den Schluss nahe, dass sich hier ein (wahrscheinlich) eigenständiger beruflicher Bereich in der IT-Sicherheit herausbildet und einen entsprechenden Bedarf nach sich zieht.

Insgesamt ist die Anzahl von akademisch und nicht akademisch ausgebildeten Beschäftigten aller IKT-Berufe nahezu ausgeglichen (vgl. Abschnitt 5.2.3). Aus den Daten geht ferner hervor, dass Beschäftigte mit nicht akademischen

Ausbildungsabschlüssen in nahezu allen IKT-Berufsuntergruppen arbeiten und gleichermaßen Aufgaben wahrnehmen (vgl. Abbildung 5–11). Dies lässt den Schluss zu, dass für IKT-Berufe grundsätzlich keine berufsfachlichen Arbeitsbereiche existieren, die rein akademisch ausgebildeten Beschäftigten vorbehalten sind. Ferner lässt die hohe Beschäftigtenrate mit beruflichen Ausbildungsabschlüssen eine zukünftige Nachfrage an Weiterbildungsangeboten erwarten (Forschungsfrage 2.2). Im Zusammenhang mit den Analyseergebnissen über das vorhandene Qualifikationsangebot (siehe in diesem Abschnitt oben) kann ein Bedarf besonders an nicht akademischen Weiterbildungsangeboten gefolgert werden (vgl. Abschnitt 5.1.3). Dies beantwortet die Forschungsfrage 2.3.

Hohe Branchendurchdringung von IKT-Arbeit

Die Analysen der Wirtschaftszweige beantworten die Forschungsfrage 2.4 wie folgt: Die Befunde unterstützen die Prognosen über den möglichen IT-Qualifikationsbedarf (vgl. Abschnitt 5.2.4). Der überwiegende Anteil von beruflichen Arbeitsaufgaben liegt in der Erbringung von Dienstleistungen, die sich hauptsächlich aus Softwareentwicklung, Beratung und Betrieb zusammensetzen. Diese Aufgaben dominieren zwar im Wirtschaftssektor „J Information und Kommunikation“, fallen aber ebenso branchenübergreifend an. Aus den Längsschnittdaten können derzeit keine Tendenzen bzgl. weiterer Branchen generiert werden, was möglicherweise am kurzen Betrachtungszeitraum liegt. Die zunehmende Digitalisierung lässt allerdings eine steigende, branchenübergreifende Nachfrage erwarten (vgl. BMWi 2018).

Die Herstellung von Geräten der Informations- und Telekommunikationstechnologie spielt dagegen mit rund 3 % – bei gleichzeitig abnehmender Tendenz – nur eine untergeordnete Rolle.

Diese Ergebnisse werden aus den Untersuchungen zur Branchenzugehörigkeit der IKT-Berufe gestützt. Diese ergibt, dass hauptsächlich die Berufsuntergruppen

- 4334 Berufe in der IT-Systemadministration und
- 4339 Führungskräfte in IT-Netzwerktechnik, IT-Koordination, IT-Administration, IT-Organisation

über den höchsten Branchen-Berufsindex (BiWa) verfügen und in den meisten Branchen tätig sind (vgl. Abschnitt 5.2.4). Systemadministration und Führungsaufgaben sind die am häufigsten nachgefragten Dienstleistungen über alle Branchen hinweg. Für Menschen mit diesen Qualifikationen kann sich daher ein entsprechend großes Arbeitsangebot eröffnen. Diese Befunde können insofern Hinweise zur Definition von Qualifikationen liefern, um ein möglichst breites und betriebsunabhängig ausgerichtetes Bildungsangebot anzulegen.

Bildungsgänge zur Softwareentwicklung

Aus der beruflichen Strukturanalyse geht hervor, dass sich die Systematik der Berufsklassifikation nicht unreflektiert eignet, um Bildungsgänge abzugrenzen. Dies wird am Beispiel der Berufsgruppe „434 Softwareentwicklung und Programmierung" ersichtlich. Die darin aufgeführten Berufsuntergruppen „4341 Softwareentwicklung" und „4342 Programmierung" werfen Fragen im Hinblick auf ihre Abgrenzung auf. Ist Programmieren keine Softwareentwicklung? Aus der Beschreibung der Berufsuntergruppe „4342 Programmierung" geht hervor, dass hier Berufe gemeint sind, in denen nur Programmiertätigkeiten z. B. nach festen Vorgaben erfolgen (vgl. BA 2011b, S. 807 f.). Die Nachfrage dieser Tätigkeiten auf dem Arbeitsmarkt ist nachvollziehbar und wird in Form von spezifischen Erwerbsberufen untermauert wie z. B. „Programmierer/in" und „Coder/in (EDV)" (vgl. Anhang A 1). In der Berufsuntergruppe der Softwareentwicklung sind die Aufgaben ganzheitlicher formuliert und bestehen darin, Softwarelösungen zu realisieren (vgl. ebd., S. 804 f.). Aus der Sicht einer möglichen Curriculumentwicklung beruflicher Bildungsgänge erscheint diese horizontale Abgrenzung nur bedingt geeignet. Auch wenn im Arbeitsmarkt Softwareentwicklung und Programmierung möglicherweise durch separate Berufe charakterisiert werden, ist eine Differenzierung aus didaktischer Sicht nicht zu empfehlen. Einem ganzheitlichen Ansatz würde entgegenstehen, Softwareentwicklung – im Sinne eines Softwaredesigns –, ohne Programmierung – im Sinne einer Umsetzung – zu erlernen. Gleichzeitig besteht ein Anspruch, Programmieraufgaben in einem breiteren Kontext zu erlernen, in dem u. a. Anforderungsanalysen und konzeptionelle Planungsphasen zur Softwareentwicklung enthalten sind.

6.2 Aufgabenfelder und ihre Relevanz in der IKT-Arbeit

Breites Spektrum und „neue" Inhalte der IKT-Arbeit

Aus der qualitativen Inhaltsanalyse gehen insgesamt 30 berufliche Aufgabenfelder der IKT-Arbeit hervor und repräsentieren die Antwort auf die Forschungsfrage 3.1 (vgl. Abbildung 5–16). Diese lassen sich in der Handlungslogik des europäischen IKT-Geschäftsprozesses verorten (vgl. CEN 2010, S. 16). Darin beschreiben sie einen Kernprozess „PLAN–BUILD–RUN" sowie die Querschnittsprozesse „MANAGE“ und „ENABLE“. Die Darstellung trägt zur Transparenz und Übersichtlichkeit der identifizierten Aufgabenfelder bei und ermöglicht die Anschlussfähigkeit an den europäischen Referenzrahmen. Mit dem europäischen Modell ist es daher möglich, die Forschungsfrage 3.2 zu beantworten.

Im Hinblick auf die Entwicklung beruflicher Curricula lassen sich mögliche Schwerpunktsetzungen sowie der horizontale Umfang für bestehende und neue berufliche Bildungsgänge darstellen. Aus den Gemeinsamkeitsanalysen geht beispielsweise hervor, dass die Aufgaben des IT-Kernprozesses von der überwiegenden Anzahl der Berufsinhaber ausgeführt werden und daher für eine Curriculumgestaltung besonders relevant sind.

Das Modell erweist sich ferner für die spezifischen Entwicklungen in der IKT-Arbeit als geeignet. Die CEN-Arbeitsgruppe hat in der Weiterentwicklung des e-Competence Framework die fünf generischen IKT-Geschäftsprozessdimensionen aus der linearen Darstellung in eine „Agile/DevOps“-Form übertragen (vgl. CEN 2018d, S. 18). Diese iterative Handlungslogik kann Impulse für die curriculare Ausgestaltung sowie schulische Umsetzung agiler Lernprozesse liefern (vgl. Wijnands 2020).

Die Gegenüberstellung der Aufgabenfelder mit den Kompetenzen des e-Competence Framework ergibt eine große inhaltliche Übereinstimmung. Demnach unterscheidet sich die IKT-Arbeit in Deutschland nicht wesentlich von anderen europäischen Ländern. Abweichungen bestehen für die e-Kompetenz „D.10. Information and Knowledge Management“, für die kein vergleichbares berufliches Aufgabenfeld ermittelt werden konnte (vgl. Abbildung 5–23). Die nicht zugeordneten e-Kompetenzen „A.8. Sustainable Development“, „A.9. Innovating“ und „A.10. User Experience“ werfen hingegen Fragen auf. Verglichen mit den übrigen Kompetenzkategorien formulieren diese drei Elemente Anforderungen im Kontext der Planung und Entwicklung von IT-Lösungen. Diese zeichnen sich durch Nachhaltigkeit und Kreativität in der Lösungsentwicklung für intuitiv zu bedienende und barrierefreie Produkte aus (vgl. CEN 2018b, S. 8). Die übrigen e-Kompetenzen integrieren hingegen Anforderungen innerhalb der Aufgabenformulierungen. Daraus kann geschlossen werden, dass die hervorgehobenen Anforderungen als bedeutend in der IKT-Arbeit erachtet werden.

Die identifizierten Aufgabenfelder werden zunehmend als Dienstleistungen aufgefasst. Dies wird in der Praxis besonders deutlich, wenn Aufgaben durch externe Dienstleister übernommen werden wie z. B. in der Technologieberatung oder bei der Umsetzung von IT-Sicherheitsaspekten. Der aufgezeigte Gegenstandsbereich von IT-Lösungen gliedert sich in IT-Dienstleistungen und

IT-Systeme (vgl. Abschnitt 5.3.2). Diese lassen sich im Zusammenhang mit den beruflichen Aufgabenfeldern (vgl. Abbildung 5–16) dem Modell von ZARNEKOW zuordnen, der IT-Dienstleistungen[83] allgemein unterscheidet in: „

- Infrastrukturdienstleistungen (z. B. Bereitstellung von Rechen-, Kommunikations- oder Netzwerkressourcen),
- IT-Arbeitsplatzdienstleistungen (z. B. E-Mail-Leistungen, Druckdienstleistungen),
- Unterstützungs- und Wartungsdienstleistungen (z. B. Help-Desk-Dienstleistungen)“ (Zarnekow 2007, S. 11).

Die bereitgestellten Ressourcen im Rahmen von Infrastrukturdienstleistungen lassen sich durch die ermittelten IT-Systeme[84] konkretisieren (vgl. Abbildung 5–21).

In den letzten Jahren haben Cloud-Dienstleistungen – eine Form von Infrastrukturdienstleistung – besonders an Bedeutung gewonnen. Die in den BERUFENET-Datensätzen enthaltenen Begriffe für Cloud-Dienstleistungen lassen sich den weit verbreiteten Definitionen des National Institute of Standards and Technology (NIST) zuordnen. Das NIST unterscheidet die folgenden Cloud-Servicemodelle:

Infrastructure as a Service (IaaS)
Sämtliche grundlegenden Computerressourcen wie Rechenleistung, Speicher und Netzwerk werden den Nutzenden zur Verfügung gestellt. Dieser installiert selbst Betriebssystem und Anwendungen.
Platform as a Service (PaaS)
Den Nutzenden steht eine komplette Infrastruktur mit bestimmten Anwendungen zur Verfügung, die konfiguriert und mit eigenen Daten versehen werden kann.
Software as a Service (SaaS)

83 ZARNEKOW vergleicht IT-Dienstleister mit industriellen Unternehmen, die Sachgüter produzieren. Deren Merkmale (u. a. hohe Automatisierung und Standardisierung) lassen sich ebenfalls bei der Produktion von IT-Dienstleistungen identifizieren (vgl. Zarnekow 2007, S. 11).

84 In der Praxis wird häufig nur der Begriff IT-System verwendet, den TIEMEYER und BEIMS wie folgt definieren: „Als IT-Systeme werden die informationstechnischen Systeme verstanden, die eine Verarbeitung, Speicherung und Wiedergabe von Daten/Informationen unterschiedlicher Art (strukturierte Daten, Dokumente, Social-Media-Daten, Tabellen/Reports, Management-Cockpits etc.) ermöglichen“ (Tiemeyer & Beims 2016, S. 2).

Sämtliche Anwendungen können den Nutzenden zur Verfügung stehen. Sie werden meist über standardisierte Schnittstellen, wie z. B. mit dem Browser genutzt (Web-Mail). Die Nutzenden haben nur limitierte Anpassungsmöglichkeiten und keinen Zugriff auf darunterliegende Ressourcen (vgl. NIST 2011, S. 2 f.).

Relevante Aufgaben für alle IKT-Berufe

Die Auswertung der BA-Kompetenzbegriffe führt zu den Schwerpunktthemen Softwareentwicklung, Netzwerktechnologie und IT-Sicherheit, die für alle Berufsprofile von Bedeutung sind. Durchaus unerwartet steht der Kompetenzbereich „Betriebssysteme" an der Spitze der Durchdringungsskala (vgl. Abbildung 5–25). Betriebssysteme stellen nach wie vor die Basis eines jeden IT-Systems dar, werden ständig weiterentwickelt und bieten die unterschiedlichsten Berührungspunkte mit IKT-Berufen. Der Kompetenzbereich Betriebssysteme listet insgesamt 54 Einzeleinträge auf, die vom Smartphone-Betriebssystem bis zum Großrechner und zur Virtualisierung reichen (vgl. BA 2018i). Aus den zunächst für sich stehenden Betriebssystembezeichnungen lassen sich in Verbindung mit den identifizierten Aufgabenfeldern vielfältige Bezüge zur beruflichen Arbeit herstellen. Die beruflichen Aufgaben können z. B. beinhalten, Betriebssysteme zu bedienen, zu programmieren, zu installieren und zu aktualisieren. Hieraus können – je nach Bildungsgang – curriculare Entscheidungen abgeleitet werden. Die Installation, Konfiguration und Wartung von Betriebssystemen stellt daher ein relevantes berufliches Handlungsfeld bzw. Lernfeld in einer beruflichen Erstausbildung dar.

In den Ergebnissen überrascht die große Bedeutung des Aufgabenfeldes „Schulungen durchführen". Diese gehören für zwei Drittel der IKT-Berufe zum wiederkehrenden Aufgabenbereich (vgl. Abbildung 5–23). Hinzu kommen Anwenderunterstützungsaufgaben im Rahmen des Supports sowie Kundenberatung und Kundenbetreuung. Der Umgang mit Menschen bildet demnach einen beachtlichen Anteil in der IKT-Arbeit. Dies führt zur Empfehlung, in IKT-spezifischen Bildungsgängen curriculare Elemente zu entwickeln, um Lernende auf die Planung und Durchführung von Schulungen vorzubereiten sowie ihre Kommunikationsfähigkeiten weiterzuentwickeln.

Relevanz von Datenanalysen

Das Aufgabenfeld „5. Daten erfassen und analysieren" ist mit rund 20 % verglichen mit den anderen Feldern relativ wenig verbreitet. Es ist jedoch erstaunlich, dass diese Kategorie in der IKT-Arbeit überhaupt schon sichtbar wird. Die Ergebnisse zeigen, dass die IKT-Berufe diesen an Bedeutung gewinnenden Aufgabenbereich (Gartner 2018; GI 2018) bereits ausfüllen. Die konkretisierten Aufgabenbeschreibungen verdeutlichen einen Prozess, der sich von der Erfassung, über die Aufbereitung, die Analyse und die Darstellung von Daten erstreckt (vgl. Abbildung 5–27). Die identifizierten Elemente lassen sich dem PPDAC-Zyklus (Problem, Plan, Data, Analysis, Conclusion) zuordnen (siehe Abbildung 6–1). Das Modell abstrahiert einen statistischen Analysezyklus und verdeutlicht das grundsätzliche Ziel statistischer Analysen, ausgehend von Problemen etwas zu verbessern (vgl. Wild & Pfannkuch 1999, S. 225 f.).

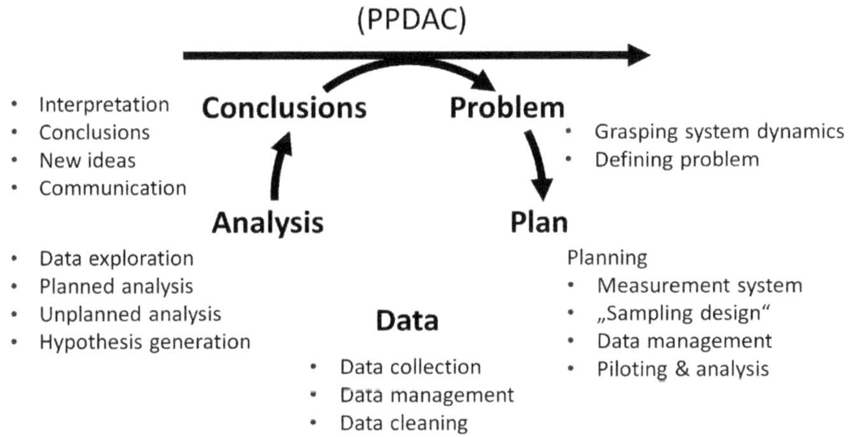

Abbildung 6–1: Der statistische Analysezyklus PPDAC (Wild & Pfannkuch 1999, S. 226)

Biehler und Schulte überführen den – aus der traditionellen Statistik-Lehre stammenden – PPDAC-Zyklus in ein „Data Science Curriculum" (vgl. Biehler & Schulte 2018, S. 4 ff.). So kann z. B. die Datenerhebung entfallen, wenn bereits vorhandene Daten genutzt werden. Die Datenaufbereitung wird zudem als relevanter eingeschätzt als in der Statistik. Einen weiteren Unterschied sehen Biehler und Schulte darin, dass aus Datenanalysen Modelle hervorgebracht werden, die in späteren Prozessen angewendet werden. Dieses impliziert eine soziale Verantwortung und bedarf einer entsprechenden Berücksichtigung in Bildungsgängen zur Datenanalyse (vgl. ebd., S. 6). Das ermittelte Aufgabenfeld

„5. Daten erfassen und analysieren" kann diese Einschätzung durch konkretisierte Aufgabenbeschreibungen bestätigen (vgl. Abbildung 5–27).

Aus den identifizierten Datentypen im Rahmen der beruflichen Aufgabenanalyse geht hervor, dass die Datenanalyse in den unterschiedlichsten Wirtschaftsbereichen erfolgt. Es sind IT-Arbeitskräfte, die sich mit Geodaten, Radarbildern, biologischen Prozessdaten, Monitoring-Daten aus IT-Systemen, E-Logistik-Daten etc. beschäftigen (vgl. Abbildung 5–27). Daraus lässt sich schließen, dass neben den IT-spezifischen Anforderungen in den Aufgaben grundsätzliche Datenkompetenz (Data Literacy[85]) sowie Kompetenzen aus dem jeweiligen Kontext der Daten benötigt werden. Es ist wahrscheinlich, dass Datenanalysen eine interdisziplinäre Zusammenarbeit bedingen und entsprechende Kompetenzen erfordern, die Arbeitsbeziehungen auszugestalten (vgl. Abbildung 2–18). Zur weiteren Erschließung dieses Aufgabenfeldes können gezielte berufswissenschaftliche Studien in den jetzt schon praktizierten Fachbereichen dienen. Die Ergebnisse können dazu beitragen, eine „Data Literacy"-Bildung auszugestalten. Neben den fachlichen Anforderungen ist es notwendig, in einem beruflichen Handlungsfeld auch ethische und gesellschaftliche Aspekte zu berücksichtigt (vgl. Swarat 2018, S. 15).

Schüller konkretisiert bereits einen arbeitsorientierten Bildungsansatz im Bereich der Datenanalyse (vgl. Schüller 2018). Sie schlägt vor, die Vorgehensweise des „Smart Data Labs[86]" der Fraport AG am Frankfurter Flughafen auf die Bildung zu übertragen. In dem Konzept „Smart Data labs at school" werden Elemente der datenbasierten Entscheidungsfindung in einer schulischen Umsetzung beschrieben, die agile Methoden und eine neue Rolle der Lehrkräfte als Coach beinhalten (vgl. ebd., S. 48 ff.).

6.3 Curriculumentwicklung an Fachschulen für Technik im IT-Bereich in Schleswig-Holstein

Die Curriculumentwicklung eines IT-Bildungsganges an Fachschulen für Technik war das handlungsleitende Ziel aus der beruflichen Praxis im Rahmen des entwickelten Verfahrens in dieser Untersuchung (vgl. Abschnitt 1.4). Die

85 Der Begriff „Data Literacy" bezeichnet „die Fähigkeit, Daten auf kritische Art und Weise zu sammeln, zu managen, zu bewerten und anzuwenden" (Ridsdale et al. 2015, S. 8, übersetzt durch Heidreich et al. 2018, S. 22).

86 Das „Smart Data Lab" bezeichnet eine Initiative der Fraport AG aus dem Jahre 2015, in der BIG-Data und Datenanalysen Problemstellungen im Flughafengeschäft begegnen (vgl. Wrobel & Steinmann 2018).

Ergebnisse der beruflichen Aufgabenanalyse beziehen sich jedoch auf sämtliche Anforderungsniveaus (vgl. Abschnitt 4.2). In diesem Abschnitt wird die ursprünglich angedachte Zielgruppe der Fachschule aufgegriffen und deren Curriculumentwicklung diskutiert.

Bedarf an staatlich geprüften Technikern

Die Ergebnisse der Qualifikationsbedarfsanalyse werfen die Frage nach der zukünftigen Bedeutung von Fachschulen im Zusammenhang mit Bachelor-Studiengängen auf. Die Daten belegen, dass der Anteil von Bachelorabschlüssen in der IKT-Beschäftigung zwischen den Jahren 2012 und 2018 um 5,4 Prozentpunkte angestiegen ist (vgl. Abbildung 5–10). Der Anteil von Meistern und Technikern blieb in dem Zeitraum dagegen nahezu konstant. Der vergleichsweise höhere Anstieg von Bachelorabschlüssen kann jedoch auf eine Verdrängung von Absolventen der beruflichen Aufstiegsfortbildung hinweisen und somit die These der „Erosion der mittleren Qualifikationsebene“ untermauern (vgl. Dietzen & Wünsche 2012, S. 2).

Dagegen zeigen die qualitativen Ergebnisse der beruflichen Aufgabenanalyse, dass IKT-Arbeitsaufgaben nicht durchweg akademisch geprägt sind. Zudem verteilen sich die Qualifikationen der Beschäftigten insgesamt nahezu gleich auf akademische und nicht akademische Ausbildungen (vgl. Abbildung 5–10). Diese hohe Anzahl beruflich ausgebildeter Fachkräfte belegt, dass die IKT-Arbeit keine Domäne darstellt, die Akademikern vorbehalten ist. Daher liegt es zumindest nahe, nicht akademische Aufstiegsfortbildungsangebote im IKT-Bereich anzubieten, zumal deren Anteil verglichen mit den existierenden Studiengängen gering ausfällt (vgl. Abschnitt 5.1.3). Schenk et al. bestätigen zudem eine grundsätzliche Motivation zur Teilnahme an einer IT-Aufstiegsweiterbildung im Rahmen der Evaluierung des IT-Weiterbildungssystems (vgl. Schenk et al. 2012, S. 32 ff.).

Die regionale Betrachtung untermauert die Einschätzung des Bedarfs. In Schleswig-Holstein verfügen rund 45 % der beschäftigten IKT-Arbeitskräfte über einen anerkannten Berufsabschluss, während 36 % der Arbeitskräfte ein Studium abgeschlossen haben (vgl. Abbildung 5–14). Im Bundesdurchschnitt ist dieses Verhältnis umgekehrt. Die Zuwächse bei den Beschäftigungszahlen zwischen 2012 und 2018 verlaufen in Schleswig-Holstein mit +26 % auf einem ähnlich hohen Niveau wie im Bundesdurchschnitt. In Flensburg ist der Anstieg in diesem Zeitraum mit +30 % noch größer (vgl. Tabelle 5–5). Die vergleichsweise höhere IKT-Auszubildendenquote von 7 % (siehe Tabelle 5–5) unterstreicht einen gesteigerten Bedarf auf der Fachkräfte-Ebene.

Die hohe Branchendurchdringung von Führungskräften in der IKT-Arbeit – besonders in der IT-Netzwerktechnik, IT-Koordination, IT-Administration und IT-Organisation – kann einen möglichen Bedarf aufzeigen, der sich unmittelbar auf die Absolventen von Fachschulen bezieht (vgl. Tabelle 5–4). Die Übernahme von Führungsaufgaben gehört zu einem übergeordneten Bildungsziel für Absolventen dieser beruflichen Aufstiegsfortbildung (vgl. KMK 2017b, S. 2).

Überarbeitung der IT- Fachschulcurricula ist überfällig

Die derzeit gültige curriculare Vorgabe für die IT-Weiterbildung an Fachschulen in der Fachrichtung Informatik wurde im Jahr 1996 veröffentlicht (vgl. MFBWS 1996). Sie liegt somit noch vor der Einführung der IT-Ausbildungsberufe im Jahre 1997. Das als „Stoffplan" bezeichnete Curriculum mit dem Schwerpunkt „Technische Informatik" verweist auf Inhalte, die vorwiegend fachsystematisch gegliedert sind. Fächer wie z. B. „Chemie und Werkstoffkunde" thematisieren u. a. den Aufbau der Materie, Grundlagen der Metallkunde sowie die Herstellung von Silizium-Einkristallen (vgl. ebd., S. 6 ff.). Im Fach „Digitaltechnik" beinhalten die Lerninhalte u. a. die technische Realisierung von Grundgattern in TTL-Schaltkreisfamilien und den Aufbau vielfältiger Flip-Flop-Arten (vgl. ebd., S. 16 ff.). Es ist naheliegend, dass dieser Bildungsplan nach rund 25 Jahren veraltet ist und eine Überarbeitung aussteht.

Die Ergebnisse der beruflichen Aufgabenanalyse können zu einer Revision des IT-Curriculums an Fachschulen für Technik in Schleswig-Holstein beitragen. Abgesehen von den fachsystematischen Technologieinhalten des rund 25 Jahre alten Curriculums existieren Inhalte, die mit den ermittelten IKT-Aufgabenfeldern übereinstimmen. So besteht z. B. ein Fachziel im Bereich Softwareengineering darin, dass die Techniker „…Projekte in der Datenverarbeitung fachgerecht abwickeln können" (MFBWS 1996, S. 29). Die sich daran anschließenden detaillierten Stofflisten weisen allerdings gänzlich fachwissenschaftliche Technologieinhalte auf. Der Bezug zu den formulierten Arbeitsaufgaben erfolgt in dieser Weise verkürzt und orientiert an Technologien. Betriebssysteme und Netzwerke sind bereits aufgeführt und gehören zu den nach wie vor relevanten Gegenständen. Es überrascht die Formulierung der Fachziele in Form von Lernergebnissen. „Der Techniker soll Rechnersysteme und Netzwerke auf der Systemebene selbständig betreuen können, d. h. die Einrichtung, Wartung und den täglichen Betrieb von Rechnern und Netzwerken organisieren und gestalten." (ebd., S. 33) Diese Formulierungen können auch zukünftig genutzt werden. Die dargestellten internationalen Ansätze zur Outcome-Orientierung können an dieser Stelle einfließen (vgl. Abschnitt 5.3.6).

Die besonders nachgefragten Aufgabenbereiche IT-Softwareentwicklung, IT-Anwendungsberatung und IT-Systemadministration (vgl. Abschnitt 5.2.6.) können zur Bildung von möglichen Schwerpunkten herangezogen werden. Zur Bestimmung des Umfangs können die identifizierten beruflichen Aufgabenfelder beitragen. Die Ergebnisse zeigen einerseits, dass die dem IT-Kernprozess „PLAN-BUILD-RUN" zugeordneten Aufgaben zum Gegenstandsbereich vieler Berufe gehören und daher eine besondere Relevanz aufweisen. Andererseits sind Aufgabenfelder bedeutsam, die sich auf das übergeordnete Ziel der Fachschulausbildung – die Übernahme von Führungsaufgaben – richten. Hierzu zählen die Aufgabenfelder im Bereich „MANAGE" sowie aus dem Bereich „ENABLE" insbesondere „Leitungsfunktionen/Leadership übernehmen" (vgl. Abschnitt 5.3.3).

Aus der beruflichen Aufgabenanalyse geht hervor, dass codierte Textstellen existieren, die neben Leitungsfunktionen gleichzeitig qualifizierte Fachaufgaben darlegen. So sind z. B. neben Führungsaufgaben in der Netzwerkadministration ebenso die Übernahme von qualifizierten Fachaufgaben in diesem Bereich erforderlich (43123-101: 256–256)[78]. Inhaltlich kann dieser Befund im Hinblick auf die Professionalisierung von Führungskräften bedeutend sein. Es ist offenbar nicht ausreichend, dass Führungskräfte ausschließlich mit Führungsaufgaben betraut werden. Vielmehr legen die Daten den Schluss nahe, dass für IT-Führungskräfte die Notwendigkeit bestehen kann, ihre fachlichen Kompetenzen – zumindest in einem Gebiet – aufrechtzuerhalten bzw. diese weiter auszubauen.

Eine weitere, wiederholt genannte Textpassage untermauert die Bedeutung des Projektmanagements im Rahmen der Fachschulweiterbildung. „IT-Projekte (mit entsprechender Erfahrung auch IT-Abteilungen) leiten" (43114-112: 60-60)[78] verdeutlicht, dass über Projektmanagementaufgaben der Weg in eine Führungsposition gezeichnet werden kann.

In dem weiteren Curriculumentwicklungsprozess besteht die Aufgabe, diese Aufgabenfelder zu reflektieren und mit gesellschaftlichen sowie individuellen Anforderungen zu sinnstiftenden beruflichen Handlungsfeldern zu ergänzen (vgl. KMK 2017a, S. 30). Hierzu gehört, die Dauerhaftigkeit der Aufgabenfelder zu bewerten und insbesondere prospektive Elemente zu berücksichtigen (vgl. Ferner 1973, S. 6; HA 2016). Solche Trends werden z. B. im Aufgabenfeld „5. Daten erfassen und analysieren" erkennbar. Die zunehmende Bedeutung von Datenanalysen (vgl. Abschnitt 6.2) erfordert es, diesen Bereich im Rahmen einer Techniker- Weiterbildung zu berücksichtigen.

Für die weitere Überführung der Handlungsfelder in Lernfelder geht es u. a. darum, eine Lernentwicklung zu ermöglichen. Zudem ist die Abstimmung mit den Lehrplänen der beruflichen Erstausbildung im IT-Bereich notwendig und ggf. eine Verzahnung zu ermöglichen (vgl. Sauter 2006, S. 62). Die in der beruflichen Aufgabenanalyse identifizierten Aufgabenbeschreibungen können gemeinsam mit den internationalen Ansätzen zur Outcome-Orientierung als Impulsgeber zur Formulierung entsprechender Lernergebnisse dienen.

7 Nutzen von Arbeitsmarktinformationen zur Entwicklung beruflicher Curricula – Chancen und Vorbehalte

7.1 Zusammenfassung der Ergebnisse

Die Reduzierung des Mismatch zwischen Bildungs- und Beschäftigungssystem gilt als eine Daueraufgabe eines jeden Landes, um seine wirtschaftliche Entwicklung sowie Wohlstand nachhaltig zu sichern. Der beruflichen Bildung wird in diesem Zusammenhang eine Schlüsselrolle zuerkannt. Von je her besteht eine enge Kopplung zwischen beruflichen Bildungsgängen und dem Arbeitsmarkt. Dies äußert sich insbesondere in der arbeitsorientierten Curriculumgestaltung, die seit den 1990er-Jahren zum Paradigma für berufliche Bildung wurde. Mit der Einführung europäischer und nationaler Qualifikationsrahmen in den 2000er-Jahren erfolgte eine Hinwendung zur Kompetenz- und Lernergebnisorientierung. Ein Ziel besteht darin, die Curricula von beruflichen Bildungsgängen lernergebnisorientiert zu gestalten, um u. a. zu einer verbesserten Vergleichbarkeit und Transparenz sowie zur Förderung von internationaler Mobilität zu kommen. Aus diesen Rahmenbedingungen erwächst eine dauerhafte Herausforderung für Lehrplanentwickler, u. a. relevante berufliche Arbeitsaufgaben zu identifizieren und diese in den didaktischen Entscheidungen zu berücksichtigen.

Das in dieser Untersuchung entwickelte Verfahren setzt an diesem Problem an. Dabei folgt es der Forderung, aus der „Berufswirklichkeit" Merkmale für die didaktische Gestaltung beruflicher Bildungsgänge zu bestimmen (vgl. Benner 1982, S. 73; Dedering & Schimming 1984, S. 92; Petersen 1996a, S. 214).

Die Erschließung des Feldes erfolgt mithilfe existierender Arbeitsmarkt- und Berufsinformationen der Bundesagentur für Arbeit. Diese Datenbasis wurde bisher – in dieser Form – noch nicht im Rahmen der Curriculumentwicklung beruflicher Bildungsgänge berücksichtigt. Die Methodenentwicklung zur Erschließung dieser Datenquelle bildet daher das übergeordnete Erkenntnisinteresse und einen Schwerpunkt dieser Arbeit.

Im Ergebnis wird ein Verfahren vorgestellt, das bisherige berufswissenschaftliche Ansätze ergänzt, um zentrale Fragen im Prozess der Curriculumentwicklung beruflicher Bildungsgänge zu klären. Die Anwendung des Verfahrens erfolgt exemplarisch für die Gruppe von IKT-Berufen.

Das Verfahren gliedert sich in drei Kernelemente. Es beginnt mit einer beruflichen Strukturanalyse für den zu untersuchenden Berufsbereich. Dieses Kernelement verdeutlicht den Zusammenhang der erwerbsberuflichen Struktur im Beschäftigungssystem und den sich darauf beziehenden beruflichen Qualifikationen des Bildungssystems. Im Ergebnis stehen die auf dem Arbeitsmarkt existierenden Erwerbsberufe in Relation zu den vorhandenen beruflichen Bildungsabschlüssen. Diese Gegenüberstellung erfolgt auf verschiedenen Anforderungsstufen und beruflichen Zusammenfassungen. Sie dient der Orientierung, führt zu Transparenz und ermöglicht, ein ggf. neu zu entwickelndes Bildungsangebot zu verorten.

Das zweite Kernelement widmet sich der Aufgabe, den zukünftigen Qualifikationsbedarf eines beruflichen Bereichs abzuschätzen. Die Ergebnisse präsentieren u. a. die Entwicklung der Beschäftigungszahlen, betrachten regionale Einflüsse sowie die berufliche Durchdringung in verschiedenen Branchen. Die Zusammenführung der verschiedenen Untersuchungsindikatoren kann einen zukünftigen Arbeitskräftebedarf aufzeigen und die Notwendigkeit für entsprechende Bildungsgänge begründen.

Das dritte Kernelement thematisiert die Herausforderung, relevante berufliche Aufgabenfelder und die darin enthaltenen Anforderungen auf dem Arbeitsmarkt als Basis für eine Curriculumgestaltung zu identifizieren. Das entwickelte Verfahren beinhaltet einen qualitativen Analyseansatz, um die zur Verfügung stehenden Berufsdatensätze zu erschließen. Für die exemplarisch untersuchte Gruppe von IKT-Berufen wird zudem eine übergeordnete Handlungslogik ersichtlich, in der sich die Aufgabenfelder verorten lassen. Die darauf aufbauenden quantitativen Auswertungen zeigen, wie der Verbreitungsgrad von Aufgaben in den betrachteten Berufen festgestellt werden kann. Ferner wird ein Ansatz dargestellt, Arbeitsaufgaben ergebnisorientiert zu formulieren und in einem Kompetenzmodell für berufliche Arbeit zu verorten. Die Arbeit mündet in einem Ansatz zur Beschreibung verschiedener Anforderungsebenen innerhalb der identifizierten Arbeitsaufgaben.

7.2 Schlussfolgerungen und Handlungsempfehlungen für die Praxis

Das in dieser Arbeit entwickelte Verfahren lässt sich prinzipiell auf alle in Deutschland bekannten beruflichen Bereiche übertragen. Die Bundesagentur für Arbeit erhebt den Anspruch, für sämtliche in Deutschland relevanten Berufe Strukturdaten bereitzustellen und regelmäßig zu aktualisieren (vgl. Abschnitt 3.3.6). Die Grundlage zur Auswahl und Festlegung eines zu analysierenden

Berufsbereichs erfolgt auf Basis der Berufsklassifikation KldB 2010. Ausgehend von dieser Systematik können die relevanten Berufsdaten aus der öffentlich zugänglichen Datenbank der Bundesagentur für Arbeit extrahiert und der Analyse zugeführt werden (vgl. Abschnitt 4.2). Es können Einschränkungen hinsichtlich der Überprüfung der Ergebnisse bestehen, falls keine alternativen Ergebnisse für den zu untersuchenden Berufsbereich in der Literatur existieren (vgl. Abschnitt 4.1).

Die Kernelemente des Verfahrens bieten auf verschiedenen Ebenen Anknüpfungspunkte zur Verbesserung der Curriculumentwicklung beruflicher Bildungsgänge (vgl. Tabelle 2–1). Die Erkenntnisse können unterschiedliche Akteure in der Berufsbildungspraxis bei ihrer Arbeit unterstützen. Auf der Makroebene können z. B. verantwortliche Institutionen zur Bildungsplanung von dieser Arbeit profitieren.

In Schleswig-Holstein bestehen diesbezüglich Anknüpfungspunkte zum Aufgabenbereich „Fachkräftesicherung auf allen Qualifikationsebenen“ des neu gegründeten Instituts für berufliche Bildung (SHIBB) (vgl. Prognos AG 2017, S. 17). Die berufliche Strukturanalyse kann zur Bewältigung dieser Aufgabe beitragen. Mit ihr steht ein Instrument zur Verfügung, mit dem sich strukturelle Abstimmungsprobleme zwischen der beruflichen Bildung und dem Beschäftigungssystem auf verschiedenen Anforderungsebenen identifizieren lassen. Diese Erkenntnisse können in die Planung neuer Bildungsgänge bzw. in die Revision bestehender Angebote einbezogen werden. Ferner lautet die Empfehlung, für berufliche Bildungsgänge deutlicher die erwerbsberuflichen Beschäftigungsmöglichkeiten aufzuzeigen. Diese Sichtweise auf die Perspektiven nach Absolvierung einer Aus- oder Weiterbildung sollte vor allem den Teilnehmern transparent dargestellt werden.

Mithilfe der Qualifikationsbedarfsanalysen besteht zudem die Möglichkeit die quantitative Entwicklung auf dem Arbeitsmarkt berufsspezifisch auch regional abzubilden. Die Empfehlung besteht darin, ein kontinuierliches Monitoring zu etablieren, um Veränderungen rechtzeitig wahrzunehmen und prospektiv zu begegnen. Die beruflichen Schulen in der Rechtsform „Regionaler Berufsbildungszentren (RBZ)“ sind in diese Planungen mit einzubeziehen. Diesen Schulen wurde seit Mitte der 2000er-Jahre ein hohes Maß an Eigenverantwortung übertragen, um Berufsbildungsnetzwerke vor Ort zu gestalten und innovative, bedarfsgerechte berufliche Bildungsangebote zu schaffen (vgl. SchulG SH 2007, § 101; Marwede 2013, S. 16 f.). Zur nachhaltigen Bewältigung dieser Aufgaben sind die Schulen auf wissenschaftlich aufbereitete Arbeitsmarkt- und Berufsinformationen angewiesen, um regionale Bedürfnisse zu bewerten und in zukunftsfähige Bildungsangebote zu transformieren.

Es wird vorgeschlagen – in Anlehnung an internationale Beispiele – berufliche Bildungsgänge kontinuierlich mithilfe aufbereiteter Arbeitsmarkt- und Berufsinformationen zu reflektieren (vgl. AOC & UKCES 2015; DDOE 2017). Dadurch ließe sich die Gefahr des „Producer Captures“ (Allais et al. 2009, S. 9) entgegenwirken.

Auf nationaler Ebene bestehen weitere Anknüpfungspunkte zu dem sogenannten „Agilen Verfahren“ – einer Handlungsempfehlung der Sozialpartner aus dem Jahre 2017 zur Ausbildung im Kontext Industrie 4.0 (vgl. IGM et al. 2017). Es besteht die Möglichkeit, die Erkenntnisse aus der beruflichen Strukturanalyse sowie der Qualifikationsbedarfsanalyse der ersten Stufe dieses Verfahrens zuzuführen. Von ebenfalls nationaler Relevanz können die IT-spezifischen Ergebnisse für Akteure des IT-Weiterbildungssystems (vgl. IT-FortbV 2014) sein.

Didaktische Arbeit rückt ins Zentrum der Curriculumentwicklung

Einen besonderen Mehrwert erfährt die Curriculumentwicklungsarbeit für berufliche Bildungsgänge an Schulen auf der Makroebene. Gegenwärtig stehen den zumeist aus Lehrkräften bestehenden Lehrplankommissionen in der Regel keine fundierten Informationen über berufliche Aufgabenfelder und den damit verbundenen Anforderungen zur Verfügung. Die beteiligten Lehrkräfte müssen sich auf ihre eigene Expertise beschränken. Dies birgt die Gefahr, dass Entscheidungen nicht frei von Eigeninteressen sind und auf Einzelmeinungen beruhen (vgl. Jepsen 2021). Die entwickelte berufliche Aufgabenanalyse setzt an dieser Problematik an. Sie zeigt, wie sich aus bereitgestellten beruflichen Aufgabenbeschreibungen forschungsökonomisch berufliche Aufgabenfelder identifizieren lassen. Es lautet daher die Empfehlung, derart aufbereitete Daten für die curriculare Entwicklungsarbeit obligatorisch bereitzustellen. Hierauf aufbauend können die Erfahrungen der Lehrkräfte, regionale Besonderheiten, schulische Voraussetzungen etc. einfließen.

Die eigentliche didaktische Arbeit kann dadurch ins Zentrum der Lehrplanentwicklung gerückt werden. Hierzu gehört es, den Bildungsgehalt der Arbeitsaufgaben zu bewerten, wie z. B. Dispositionsspielräume von Aufgaben zu ermitteln und jene hervorzuheben, die es erlauben, subjektive Ansprüche einzubringen (vgl. Dedering & Schimming 1984). Die Bewertung auch in Zukunft zu erwartender Kompetenzanforderungen, die Integration von gesellschaftlichen und weiteren Bildungszielen und die lernförderliche, entwicklungslogische Gestaltung der Curricula kann auf Basis der Ergebnisse der beruflichen Aufgabenanalyse erfolgen.

Elemente der beruflichen Aufgabenanalyse können schließlich die Meso- und Mikroebene der Lehrplangestaltung unterstützen. Die schulinterne Curriculumarbeit ist z. B. damit konfrontiert, eine spiralförmige Umsetzung zu gestalten. Hierbei können die identifizierten Komplexitätsstufen in den konkretisierten Aufgabenbeschreibungen Impulse liefern. Aus der Liste der Bereichsindikatoren können abgestimmte und im Rahmen der schulischen Umsetzung verbindliche Inhalte festgelegt werden. Zum Beispiel können die verschiedensten Aufgaben des Projektmanagements in einer entwicklungslogischen Struktur unterrichtlich umgesetzt werden. Die Ausgestaltung von Lernaufgaben knüpft daran an. Das erfordert Kenntnisse über relevante Inhalte, die in den Lernfeldlehrplänen z. T. nicht enthalten sind. Aus den Datensätzen lassen sich diese bestimmen, bewerten und in den Lernprozess integrieren. Die exemplarisch ermittelten Ergebnisse aus den IKT-Berufen können unmittelbar dazu beitragen, die Lernfeldumsetzung der im Jahre 2020 neu geordneten IT-Ausbildungsberufe zu unterstützen.

7.3 Grenzen des Verfahrens

Die Grenzen des Verfahrens können anhand verschiedener Aspekte aufgezeigt werden. Die zugrunde liegende Datenqualität ist besonders relevant und wirkt sich auf die Güte der Ergebnisse aus. Im Folgenden werden Unsicherheiten in den Daten betrachtet, die sich einerseits auf die Systematiken und Abläufe der Bundesagentur für Arbeit beziehen und zum anderen in der spezifisch betrachteten Gruppe von IKT-Berufen sichtbar werden. Darüber hinaus werden methodische Grenzen des Verfahrens aufgezeigt.

Unsicherheiten aufgrund der Datenqualität

Die Bundesagentur für Arbeit erhebt keinen Anspruch darauf, dass die von ihr zur Verfügung gestellten berufskundlichen Informationen exakte und definierte Angaben über Anforderungen in der Arbeit festlegen, die wissenschaftlichen Ansprüchen genügen (vgl. Paulus & Matthes 2013, S. 8). Beispielsweise dienen die Beschreibungskategorien der KldB 2010 vor allem dazu, die Berufe besser zu unterscheiden, um die auf der Berufsklassifikation basierenden Statistiken zu interpretieren[87]. Gleichwohl besteht in der BA ein immanentes Interesse an hoher Datenqualität, um die Erfüllung ihrer gesetzlichen Aufgaben

87 Diese Limitierung von Berufsklassifikationen ist im internationen Vergleich nicht unüblich (vgl. Trewin & Pink 2006, S. 68; onetcenter 2010).

zu gewährleisten (vgl. Stooß & Stothfang 1985, S. 15). Dieser Anspruch wird bereits in den historischen Methodenberichten aus den Anfängen der Berufsforschung beim IAB deutlich, in denen z. B. auf Arbeitsplatzanalysen und Erkundungen durch Experten verwiesen wird, um Berufsinformationen zu identifizieren (vgl. Henninges et al. 1976, S. 2; Stooß & Stothfang 1985, S. 55 ff.). Ende der 1990er-Jahre wird jedoch beklagt, dass nur noch eine kleine Gruppe von berufskundlichen Experten diese Aufgaben wahrnehmen (vgl. Dostal et al. 1999). Die Entwicklung der KldB 2010 wird hingegen durch diverse Qualitätssicherungselemente begleitet (vgl. BA 2011a, S. 54 f.). Gegenwärtig übernehmen externe Dienstleister die berufskundlichen Arbeiten im Auftrag der BA, von denen kaum Informationen über verwendete Methoden verfügbar sind (vgl. Abschnitt 3.3.6). Die Validität der Berufsinformationen kann daher nicht abschließend beurteilt werden. Es besteht Aufklärungsbedarf über tatsächlich angewandte Erhebungs- und Strukturierungsmethoden, beteiligte Personen/ Institutionen, Qualitätssicherung, Verantwortung etc.

Aus den durchgeführten Analysen in der Gruppe von IKT-Berufen geht hervor, dass die exemplarisch betrachteten Daten Mängel aufweisen und unvollständig sind. So identifizieren Hofmann et al. zehn weitere IKT-Berufe in der KldB 2010 außerhalb der analysierten Berufshauptgruppe „43 Informatik- und andere IKT-Berufe" wie z. B. Interfacedesigner und Informationselektroniker (vgl. Hofmann et al. 2017, S. 11). Ferner bestehen Zweifel, dass die derzeitige Struktur der IKT-Berufe die Arbeitsmarktrealität adäquat abbildet (vgl. 5.1.4). Zudem wurden Fehlzuordnungen von Berufen bzgl. der Anforderungsebene festgestellt (vgl. ebd.). In diesem Zusammenhang können sich die durch Rohde (2012) aufgedeckten Mängel im Meldeprozess zur Sozialversicherung zusätzlich negativ auswirken (vgl. Abschnitt 5.2.6). Das kann insgesamt zu einer geringeren Aussagekraft über die Verteilung der Beschäftigungszahlen nach Berufen führen (vgl. Abschnitt 5.2.1). Es lautet die Empfehlung, die inhomogene Systematik der beruflichen Aggregate innerhalb der IKT-Berufe-Hauptgruppe zu überarbeiten, nach einheitlichen Kriterien zu strukturieren und eine erneute Zuordnung der Einzelberufe vorzunehmen (vgl. Abschnitt 5.1.4). Zudem resultiert aus dieser Arbeit der Vorschlag, die Anforderungsebene im Meldeverfahren vom Einzelberuf zu entkoppeln und stattdessen frei wählbar im Kontext einer Berufsfachlichkeit zu erheben (vgl. Abschnitt 5.2.6). Ferner ist in diesem Zusammenhang die Anregung von Dostal für Mehrfachzuordnungen zu diskutieren (vgl. Dostal 2005a, S. 180).

Die Problematik einer jeden Berufsklassifikation liegt darin, einerseits dauerhafte Aggregate anzulegen, um statistischen Entwicklungen folgen zu können und andererseits, die Veränderungen in der beruflichen Arbeitsmarktrealität abzubilden. Der Konflikt kann möglicherweise durch die Einführung von reservierten Kategorien in der KldB entschärft werden, so wie es z. B in der australisch/neuseeländischen Berufsklassifikation ANZSCO praktiziert wird (vgl. Trewin & Pink 2006, S. 18 ff.).

Eine weitere strukturelle Problematik liegt in der Zuordnungspraxis von Bildungsgängen in die Klassifikationssystematik, die zu einer begrenzten Aussagekraft von Mismatch-Analysen führen kann (vgl. Abschnitt 5.1.4). Gegenwärtig wird systematisch unterstellt, dass ein Bildungsangebot genau in ein festgelegtes Erwerbsberufsprofil mündet. Die Mobilität eines Bildungsganges bleibt dabei verborgen. Die Praxis und grundsätzliche Intention von beruflichen Bildungsgängen widersprechen dieser Zuordnungspraxis (vgl. Abschnitt 2.2.5; Abschnitt 3.3.4). Bildungsangebote sollten variabel, z. B. durch Mehrfachzuordnung auf unterer Ebene oder größeren Aggregaten (Berufsuntergruppen oder Berufsgruppen), klassifikatorisch zugeordnet werden[88]. Der Zusammenhang zwischen Bildungsgängen und möglichen Erwerbsberufen sollte ebenfalls im Berufsinformationssystem klarer sichtbar werden[89]. Dadurch ließen sich begriffliche Missverständnisse vermeiden und bereits bei der Berufswahl den Blick auf die späteren Erwerbstätigkeiten richten.

Grenzen der qualitativen Analysen

Im Zentrum des Verfahrens liegt die synthetische Kategorienbildung beruflicher Aufgabenfelder. Die Konstruktion der Kategorien erfolgte rein subjektiv,

88 Praktisch erfolgt dies bereits durch die „Zusammenstellung bundesrechtlich geordneter Fortbildungsabschlüsse und landesrechtlich geregelter Weiterbildungsabschlüsse zur Auffindung des Referenzberufes" im Rahmen der Gleichwertigkeitsprüfung nach dem Berufsqualifikationsfeststellungsgesetz (vgl. BMBF & KMK 2014). In dem gemeinsamen Ansatz von BMBF und KMK werden Bildungsabschlüsse einem „Referenzberuf" zugeordnet, der eine KldB 2010-Berufsgruppe (3-Steller) repräsentiert.

89 Ggf. können internationale Beispiele hierzu Impulse liefern. Das US-amerikanische Berufsinformationssystem o*NET OnLine (https://www.onetonline.org/) beschränkt sich z. B. auf Erwerbsberufe, ermöglicht aber durch sogenannte „Crosswalks" flexible Verbindungen zu weiteren Klassifikationen wie Classification of Instructional Programs (CIP), Standard Occupational Classification (SOC), Occupational Outlook Handbook (OOH), Military Occupational Classification (MOC) etc. Die Berufsklassifikation (SOC) übernimmt eine Referenzfunktion. Berufliche Bildungsprogramme werden kontinuierlich durch Mehrfachzuordnungen (1: n) den Erwerbsberufen zugeordnet (vgl. NCES 2010).

Die Erfahrung hieraus kann die These von Kuckartz bestätigen, dass die Konstruktion der Kategorien erheblich von dem Vorwissen und der Erfahrungsbasis des Analysierenden abhängig ist (vgl. Kuckartz 2016, S. 206). Die Güte der Codierungen kann zudem Unschärfen aufweisen, die auf den semantischen Schwächen des Datenmaterials beruhen und tatsächliche Arbeitszusammenhänge im Unklaren lassen (vgl. Abschnitt 5.3.7). Für eine zukünftige Anwendung des Verfahrens besteht die Empfehlung, den Prozess der Kategorienbildung und Codierungen in der Pilotphase in einem Expertenteam durchzuführen. Dadurch ließen sich subjektive Bewertungseinflüsse reduzieren, was insgesamt zu einer höheren Güte der Ergebnisse führen kann.

Ferner wird die Empfehlung von Mayring geteilt, dass die Ergebnisse qualitativer Analysen inhaltlich zu validieren sind (vgl. Mayring 2010, S. 119). Dies kann z. B. mit Ergebnissen aus anderen Studien – wie für die IKT-Aufgabenfelder mithilfe des europäischen e-skills Framework bereits im Ansatz dargestellt – oder mithilfe weiterer berufswissenschaftlicher Analysen geschehen (vgl. Abschnitt 2.3.2). Dadurch könnten neben der Validierung der Aufgabenfelder, fehlende sowie unzureichend dargestellte Elemente beruflicher Arbeit erfasst werden.

7.4 Implikationen für die berufswissenschaftliche Forschung

Interdisziplinärer Ansatz

Der in dieser Arbeit entwickelte Ansatz verdeutlicht den Mehrwert eines interdisziplinär angelegten Forschungsweges. Der Beruf verbindet die Berufs- und Berufsbildungsforschung, obgleich die Erkenntnisinteressen beider Forschungsbereiche Unterschiede aufweisen. Die Ergebnisse verdeutlichen, dass der Beruf als Strukturierungselement für Arbeit nicht an Bedeutung verloren hat. Die Berufsbildungsforschung sollte die Schnittstelle nicht ignorieren. Die Analysen zeigen, wie die Erkenntnisse aus der Berufsforschung dazu beitragen können, eine arbeitsorientierte Curriculumentwicklung in der Berufsbildung zu gestalten. Der Ansatz zeigt damit ein Beispiel synergetischer Ergänzung beider Forschungsbereiche, die in der Literatur wiederholt empfohlen bzw. gefordert wird (vgl. Bullinger & Tombeil 2000, S. 17; DFG 1990, S. 19; Molle 1968b, S. 301; Petersen 2018a, S. 106; Rauner 2013).

Die Arbeit greift eine wiederholte Forderung auf, die von Arbeitsagenturen erstellten Berufs- und Arbeitsmarktdaten wahrzunehmen und zu berücksichtigen (vgl. Andersen et al. 2015, S. 27; Pahl 2017, S. 682 ff.; Petersen 2018a, S. 46). Das entwickelte Verfahren repräsentiert die Antwort der eingangs aufgeworfenen, übergeordneten Forschungsfrage (siehe Abschnitt 1.2). Es trägt dazu bei, das methodische Desiderat zur Nutzung der Daten (vgl. Abschnitt 2.3.4) zu verringern.

Aus der exemplarisch durchgeführten Umsetzung werden folgende Vorzüge im Vergleich zu den Herausforderungen gegenwärtiger Forschungspraxis deutlich (vgl. Abschnitt 2.3.3):

- Es steht eine systematisierte, kontinuierlich gepflegte, umfassende Datenbasis über Erwerbsberufe zur Verfügung, die langfristig angelegte Forschungsvorhaben ermöglicht.
- Die frei zur Verfügung gestellten Arbeitsmarkt- und Berufsinformationen führen unmittelbar zu einer Entlastung im Forschungsprozess. Der gewöhnlich hohe empirische Aufwand zur Datenerhebung kann auf Stichproben reduziert werden, um ggf. Ergebnisse abzusichern.
- Die bereitgestellten Arbeitsmarkt- und Berufsinformationen tragen zur Objektivierung bisheriger Forschungsansätze bei.

Mehr Transparenz zwischen Beschäftigung und Bildung

Die deskriptive Darstellung der beruflichen Datenbasis hilft, über diese aufzuklären. Darin wird die grundlegende Notwendigkeit deutlich, zwischen Erwerbs- und Bildungsberufen zu differenzieren. Dadurch lassen sich bildungspolitische sowie didaktische Missverständnisse vermeiden (vgl. Petersen 2018a, S. 37). Das Verfahren ermöglicht, einen gewünschten berufsdidaktischen Zusammenhang zwischen Erwerbs- und Bildungsberufen bei der Curriculumgestaltung neuer beruflicher Bildungsgänge zu berücksichtigen (vgl. ebd., S. 36). Daher bildet es einen Beitrag zur wiederholt erhobenen Forderung, den Zusammenhang zwischen Bildung und Beschäftigung transparenter darzustellen (vgl. Benner 1977, S. 87; Kosta et al. 1970, S. 3; Mertens 1973, S. 322; Petersen 2015, S. 137).

Der Vorschlag von Petersen, ausschließlich die KldB 2010 als Gruppierungsgrundlage für sämtliche Bildungsaggregationen zu nutzen (vgl. Petersen 2018a), wird für die exemplarisch analysierte Gruppe von Berufen kritisch beurteilt. Neben Unschärfen der Profilabgrenzungen in der Klassifikationssystematik widerspricht die derzeitige Zuordnungspraxis der Logik beruflicher Bildungsgänge (vgl. Kap 5.1.4). Es ist jedoch möglich, für die aufgeführten Problemstellungen Lösungen zu entwickeln (vgl. ebd.). Danach bestünde die Chance für einen gemeinsamen Rahmen, um den Zusammenhang zwischen Bildung und Beschäftigung aufzuzeigen und besser aufeinander abzustimmen.

Die bisherigen Vorschläge zur Bildung von Berufsgruppen bzw. Berufsfamilien anhand von Ausbildungsberufen ließen sich dadurch sinnvoll ergänzen (vgl. BMBF 2016, S. 31 ff.; Bretschneider et al. 2010; Brötz & Kock 2013).

Erweiterung berufswissenschaftlicher Methoden

Das entwickelte Verfahren beinhaltet Anknüpfungspunkte an sogenannte „Sektoranalysen“, um hauptsächlich strukturelle Elemente wie Organisationsstruktur, wirtschaftliche Bedeutung, Fachkräftestruktur, Beschäftigung etc. eines Sektors u. a. auf Basis von Arbeitsmarkt- und Berufsinformationen zu ermitteln (vgl. Becker & Spöttl 2006, S. 10). Sektoranalysen dienen primär zur Identifizierung einer Fallauswahl für tiefer gehende empirische Untersuchungen mit direktem Zugang zu betrieblichen Arbeitsprozessen (vgl. ebd., S. 10). Abweichend stellt das hier entwickelte Verfahren jedoch nicht den Sektor, sondern Berufe in das Zentrum und lässt offen bzw. analysiert in welchen Sektoren – im Sinne von Wirtschaftszweigen – Berufe ausgeübt werden (vgl. Abschnitt 4.3). Das wird speziell bei der untersuchten Gruppe von IKT-Berufen deutlich, die nahezu sämtliche Sektoren durchdringen (vgl. Abschnitt 5.2.4). Der Begriff der Sektoranalyse kann daher zu falschen Assoziationen führen und wäre hier durch eine „Berufeanalyse“ treffender zu bezeichnen. Sie greift bisherige Methoden und Gedankenansätze (Petersen 2014) auf und erweitert sie (vgl. Abschnitt 5.2.4). Das führt zu einer erweiterten Interpretation von „Sektoranalysen“, um eine mögliche, zukünftige Nachfrage bestimmter Qualifikationen auf dem Arbeitsmarkt abzuschätzen (vgl. Abschnitt 5.2).

Des Weiteren wird gezeigt, wie sich mithilfe der kriteriengeleiteten Inhaltsanalyse auf Basis von beruflichen Beschreibungen berufliche Aufgabenfelder nachvollziehbar identifizieren lassen. Der neue Ansatz lehnt sich an qualitative Inhaltsanalyseverfahren an, ermöglicht auch große Materialmengen zu verarbeiten und weist dabei eine hohe Verfahrensvalidität auf (vgl. Abschnitt 4.4). Die vorgenommene Fallauswahl ermöglicht es, die dargestellten strukturellen Defizite der klassifikatorischen Zuordnungen (vgl. Abschnitt 4.2) zu überwinden. Die Datensätze werden so unabhängig von möglichen Fehlzuweisungen – weder horizontal noch vertikal – rein inhaltlich betrachtet.

Mithilfe der Analysesoftware sind weitere Auswertungen möglich. So können z. B. die Bedeutung einzelner Kategorien im Codebaum in Bezug auf alle Berufe oder auch auf eine berufliche Auswahl untersucht werden. Die gezielte Aktivierung der Rohdatensätze ermöglicht zukünftig, weitere Datensätze hinzuzufügen und mithilfe des entwickelten Kategoriensystems zu codieren. Die Datensätze können aus verschiedenen Quellen stammen wie z. B.:

- bestehende, aktualisierte oder neue BERUFENET-Datensätze,
- Berufsbeschreibungen weiterer Klassifikationen (z. B. ISCO),
- Arbeitsplatzbeschreibungen,
- Beschreibungen aus Fallstudien, Befragungen, Arbeitsprozessanalysen,
- Daten aus Jobportalen wie XING, LinkedIn etc.

Hierdurch ließe sich das Kategoriensystem festigen und dem Wandel der beruflichen Arbeitsmarktrealität folgen. Fehlende bzw. nur unzureichend in den Daten vorhandene Kompetenzanforderungen, Arbeitsmittel, Werkzeuge usw. ließen sich auf diese Weise ergänzen.

Mögliche Übertragung IT-spezifischer Erkenntnisse auf weitere Fachbereiche

Es ist denkbar, dass einige der identifizierten IKT-Aufgabenfelder auch in anderen berufsfachlichen Bereichen relevant sind. Hierzu gehören vor allem die Aufgabenfelder aus den Unterstützungsprozessen „Manage“ und „Enable“, wie z. B. „Verhandlungen durchführen, Verträge abschließen, verkaufen“, „Schulungen durchführen“, „Leitungsfunktionen übernehmen“ und „Aufgaben koordinieren, Projekte managen“ (vgl. Abbildung 5–22). Ebenfalls ist es denkbar, dass sich Aufgabenfelder aus dem IT-Kernprozess auf weitere berufliche Bereiche übertragen lassen. Der Gegenstandsbereich „IT-Systeme“ könnte z. B. durch „mechanische/mechatronische Systeme“ für eine Übertragung in die Metalltechnik ersetzt werden. Die Überprüfung der Hypothesen könnte Gegenstand zukünftiger Forschungsvorhaben sein.

Gleiches gilt für das europäische IKT-Geschäftsprozessmodell (vgl. Abbildung 5–22). Die Struktur der Aufgabenfelder in den Kategorien „PLAN – BUILD – RUN – ENABLE – MANAGE“ kann ein übertragbares Modell für Arbeits- und Geschäftsprozesse besonders für Dienstleistungsberufe sein.

Mögliches Potential der „BA-Berufsstandards“

Internationale Konzepte zur Curriculumentwicklung basieren auf sogenannten Berufsstandards (Occupational Standards). Sie definieren Arbeitsaufgaben und Anforderungen von Berufen im Beschäftigungssystem unabhängig von beruflichen Bildungsgängen (vgl. Abschnitt 2.4). Die von der Bundesagentur für Arbeit beschriebenen Berufe folgen dem Ansatz in einem gewissen Umfang. Im Vergleich zur angelsächsischen Praxis verkörpern die Datensätze allerdings keine verbindlichen, abgestimmten Standards, um z. B. eine Referenzfunktion zu übernehmen (vgl. Abschnitt 2.4.2). Einerseits besteht Bedarf an derartigen

Referenzberufen, um z. B. Anerkennungsfragen oder die Definition von reglementierten Tätigkeiten im Zusammenhang mit nationalen Qualifikationen zu klären (vgl. EP & Rat 2005; Petersen 2011). Andererseits zeigt die gegenwärtige Praxis, dass die beruflichen Beschreibungen der BA zur Darstellung von Referenzberufen bereits genutzt werden (vgl. BMBF 2020). Referenzberufe – auf Basis von Berufsgruppen in der KldB 2010-Systematik – werden bestimmten Fort- und Weiterbildungsabschlüssen zugeordnet (vgl. BMBF & KMK 2014). Dies zeigt das Potential, die erwerbsberuflichen Profile der BA auf die Ebene von (Erwerbs)-Berufsstandards zu heben.

Ansatz zur Modellierung „kompetenter" Arbeit

Ein Ergebnis der beruflichen Aufgabenanalyse zeigt, dass sich die identifizierten Arbeitsaufgaben mithilfe des „Job Competence Models" typisieren lassen (vgl. Abschnitt 5.3.6). In der deutschen wissenschaftlichen Community ist das von Mansfield und Mitchell (1996) entwickelte Modell zur Beschreibung von kompetenter Berufsarbeit bisher nur wenig bekannt. Dem Modell liegt ein ganzheitliches Berufsverständnis zugrunde und kann den Ansatz der drei Arbeits- und Lerndimensionen (Petersen & Rauner 1996, S. 133) sinnvoll ergänzen. Vor dem Hintergrund einer Berufsqualifikationsanalyse (vgl. Petersen 2018b, S. 284) kann diese Form der Modellierung dazu beitragen, kompetenzbasierte berufliche Bildungsgänge zu entwickeln und mit den Dimensionen des Europäischen Qualifikationsrahmens (EQF) zu verknüpfen. Die strukturellen Elemente (Performanzindikatoren, Bereichsindikatoren, evaluierende Beschreibungen) können zudem Ansätze für eine mögliche Standardisierung von Aufgabenbeschreibungen liefern und – entsprechend angepasst – auch zur Beschreibung von Lernergebnissen dienen. Ferner kann der Ansatz dazu beitragen, die schwierige Abgrenzung von Taxonomiestufen zu operationalisieren. Hierzu können die identifizierten Verben mit bestehenden Operatorenlisten abgeglichen werden (vgl. Anderson et al. 2014; Koch-Rogge 2018; Prakopchyk et al. 2015) und als Referenz und Formulierungshilfe für Lernergebnisbeschreibungen dienen.

Chance für eine ganzheitliche Interpretation von Learning Outcomes in der Berufsbildung

Die Ansätze von Mansfield und Mitchell (1996) zur Beschreibung „beruflicher Outcomes" können dazu beitragen, Outcome-orientierte berufliche Curricula zu gestalten. Das bedeutet keineswegs, der kritisierten utilitaristischen Zergliederung von Bildungsgängen nach dem NVQ-Modell zu folgen (vgl.

Allais et al. 2009; Brockmann et al. 2008). Es besteht keine Notwendigkeit von einer ganzheitlichen Gestaltung beruflicher Bildung abzuweichen. Vielmehr besteht die Chance, mithilfe aufbereiteter beruflicher Arbeitsaufgaben, Curricula arbeitsorientiert zu gestalten und die Vorzüge der Lernergebnisorientierung (vgl. Baethge 2010, S. 21; Reinisch 2011, S. 34) im Rahmen ganzheitlicher und gestaltungsoffener Lernwege zu nutzen.

Literaturverzeichnis

Abicht, Lothar; Bärald, Horst (2000): Scouting als innovative Methode zur Untersuchung nichtlinearer Trends in der Qualifikationsentwicklung. In: Hans-Jörg Bullinger (Hrsg.): *Qualifikationen erkennen – Berufe gestalten.* Bielefeld: W. Bertelsmann Verlag, S. 45–69.

Abicht, Lothar; Bott, Peter et al. (Hrsg.) (2007a): *Auf der Suche nach neuen Qualifikationen.* Methoden der Früherkennung von Qualifikationsentwicklungen. Bielefeld: W. Bertelsmann Verlag (Qualifikationen erkennen – Berufe gestalten, Bd. 13).

Abicht, Lothar; Bott, Peter; Buck, Susanne Liane; Galiläer, Lutz (2007b): Methoden der Früherkennung von Qualifikationsentwicklungen – Eine Einführung. In: Lothar Abicht, Peter Bott, Bernd Dworschak & Lutz Galiläer (Hrsg.): *Auf der Suche nach neuen Qualifikationen. Methoden der Früherkennung von Qualifikationsentwicklungen.* Bielefeld: W. Bertelsmann Verlag (Qualifikationen erkennen – Berufe gestalten, Bd. 13), S. 7–18.

AK DQR (2011) – Arbeitskreis Deutscher Qualifikationsrahmen: *Deutscher Qualifikationsrahmen für lebenslanges Lernen verabschiedet vom Arbeitskreis Deutscher Qualifikationsrahmen (AK DQR) am 22. März 2011.*

AK DQR (2013) – Arbeitskreis Deutscher Qualifikationsrahmen: *Deutscher EQR-Referenzierungsbericht.* Online verfügbar unter http://www.dqr.de/media/content/Deutscher_EQR_Referenzierungsbericht.pdf, zuletzt geprüft am 01.01.2021.

Allais, Stephanie et al. (2009): *Learning from the first qualifications frameworks.* International Labour Organization (ILO). Geneva: International Labour Office; Skills and Employability Dept (Employment Sector Employment Working Paper, No. 45). Online verfügbar unter http://www.ilo.org, zuletzt geprüft am 01.01.2021.

AMS (2017) – Arbeitsmarktservice Österreich: *AMS-Berufsinformationssystem.* Online verfügbar unter http://www.ams.at/bis/bis/index.php, zuletzt geprüft am 01.01.2021.

Andersen, Tine; Feiler, Lizzi; Schulz, Gregor (2015): *The role of employment service providers.* European Training Foundation (ETF); European Centre for the Development of Vocational Training (Cedefop); International Labour Office (ILO). Luxembourg: Publications Office of the European Union (Guide to anticipating and matching skills and jobs, Volume 4). Online verfügbar unter http://www.cedefop.europa.eu/files/2214_en.pdf, zuletzt geprüft am 01.01.2021.

Anderson, Lorin W. et al. (2014): *A Taxonomy for Learning, Teaching, and Assessing: A Revision of Bloom's.* Pearson New International Edition. England: Pearson.

AOC; UKCES (2015) – Association of Colleges; UK Commission for Employment and Skills: *Using Labour Market Intelligence in a College Contex.* A guide for leaders of further education colleges. Online verfügbar unter https://www.aoc.co.uk, zuletzt geprüft am 26.03.2018.

Avenarius, Hermann; Baethge, Martin et al. (Hrsg.) (2006): *Bildung in Deutschland.* Ein indikatorengestützter Bericht mit einer Analyse zu Bildung und Migration: Konsortium Bildungsberichterstattung. Gütersloh: W. Bertelsmann Verlag.

BA (1988) – Bundesanstalt für Arbeit: *Klassifizierung der Berufe Ausgabe 1988.* Systematisches und alphabetisches Verzeichnis der Berufsbenennungen. Nach dem Stand vom 1. September 1988. Nürnberg.

BA (2011a) – Bundesagentur für Arbeit: *Klassifikation der Berufe 2010.* Band 1: Systematischer und alphabetischer Teil mit Erläuterungen. Nürnberg. Online verfügbar unter http://statistik.arbeitsagentur.de, zuletzt geprüft am 27.04.2013.

BA (2011b) – Bundesagentur für Arbeit: *Klassifikation der Berufe 2010.* Band 2: Definitorischer und beschreibender Teil. Nürnberg. Online verfügbar unter http://statistik.arbeitsagentur.de, zuletzt geprüft am 27.04.2013.

BA (2011c) – Bundesagentur für Arbeit (Statistik): *Meldeverfahren zur Sozialversicherung.* Informationen zur Änderung des Schlüssels für die Angaben zur Tätigkeit für Software-Hersteller. Version 1.42. Online verfügbar unter http://www.pub.arbeitsagentur.de/hst/services/statistik/000200/html/bns/infopaket.zip, zuletzt geprüft am 01.01.2021.

BA (2013a) – Bundesagentur für Arbeit (Statistik): *Arbeitsmarkt nach Berufen.* Deutschland, Juni 2013. Nürnberg (Arbeitsmarkt in Zahlen – Arbeitsmarktstatistik). Online verfügbar unter http://statistik.arbeitsagentur.de/Statistikdaten/Detail/201306/iiia4/berufe-heft-kldb2010/berufe-heft-kldb2010-d-0-xls.xls, zuletzt geprüft am 01.01.2021.

BA (2013b) – Bundesagentur für Arbeit (Statistik): *DKZ_alle_Berufe_gueltig_ungueltig.xml.* Stand 26.02.2013. ID=794. Online verfügbar unter http://download-portal.arbeitsagentur.de, zuletzt geprüft am 14.12.2018.

BA (2013c) – Bundesagentur für Arbeit: *DKZ-Änderungsdokumentation.* Online verfügbar unter http://download-portal.arbeitsagentur.de, zuletzt geprüft am 27.12.2013.

BA (2013d) – Bundesagentur für Arbeit (Statistik): *IKT-Berufe.* Auf Basis der Klassifikation der Berufe von 2010 (KldB 2010). Aggregatbeschreibung.

Online verfügbar unter https://statistik.arbeitsagentur.de/, zuletzt geprüft am 04.01.2021.

BA (2014a) – Bundesagentur für Arbeit (Statistik): *Aktualisierung der Einzelberufe sowie der KldB 2010-Systematik.* Online verfügbar unter http://statistik.arbeitsagentur.de/Statischer-Content/Grundlagen/Klassifikation-der-Berufe/KldB2010/Arbeitshilfen/Aenderungen-Berufe/Generische-Publikationen/Aktualisierung-KldB.pdf, zuletzt geprüft am 30.05.2015.

BA (2014b) – Bundesagentur für Arbeit (Statistik): *Beschäftigung am Arbeitsort.* Region: Schleswig-Flensburg (01059). Stichtag: 31. Dezember 2013 (Arbeitsmarkt in Zahlen – Beschäftigungsstatistik).

BA (2014c) – Bundesagentur für Arbeit: *Die HR-BA-XML-Schnittstelle der Bundesagentur für Arbeit.* Übermittlung von Stellenangeboten über die HR-BA-XML-Schnittstelle. White Paper. Online verfügbar unter http://www.arbeitsagentur.de, zuletzt geprüft am 19.05.2015.

BA (2015) – Bundesagentur für Arbeit (Statistik): *Sozialversicherungspflichtig und geringfügig Beschäftigte nach Wirtschaftszweigen der WZ 2008 und ausgewählten Merkmalen Deutschland.* Stichtag: 31. Dezember 2014. Nürnberg (Arbeitsmarkt in Zahlen – Beschäftigungsstatistik). Online verfügbar unter https://statistik.arbeitsagentur.de/Statistikdaten/Detail/201412/iiia6/beschaeftigung-sozbe-wz-heft/wz-heft-d-0-201412-xls.xlsx, zuletzt geprüft am 08.09.2015.

BA (2016a) – Bundesagentur für Arbeit (Statistik): *Beschäftigungsstatistik.* Produktkatalog. Online verfügbar unter https://statistik.arbeitsagentur.de/Statischer-Content/Statistik-nach-Themen/Beschaeftigung/Generische-Publikationen/Produktkatalog-BST.pdf, zuletzt geprüft am 20.08.2018.

BA (2016b) – Bundesagentur für Arbeit (Statistik): *Der Arbeitsmarkt für IT-Fachleute in Deutschland.* Statistik/Arbeitsmarktberichterstattung, 2016. Nürnberg. Online verfügbar unter http://statistik.arbeitsagentur.de, zuletzt geprüft am 28.11.2016.

BA (2018a) – Bundesagentur für Arbeit (Statistik): *Berufe aus der DKZ (Ausbildungen und Tätigkeiten) mit zugeordneten Berufsgattungen der KldB 2010.* Stand: 14.08.2018. Online verfügbar unter http://download-portal.arbeitsagentur.de, zuletzt geprüft am 15.08.2018.

BA (2018b) – Bundesagentur für Arbeit: *BERUFENET.* Berufsinformationen einfach finden. Online verfügbar unter http://berufenet.arbeitsagentur.de/berufe/, zuletzt aktualisiert am 15.08.2018.

BA (2018c) – Bundesagentur für Arbeit: *BERUFENET.* ERP-Systembetreuer/in. Online verfügbar unter https://berufenet.arbeitsagentur.de, zuletzt aktualisiert am 05.08.2018.

BA (2018d) – Bundesagentur für Arbeit: *BERUFENET.* Fachinformatiker/in – Systemintegration. Online verfügbar unter https://berufenet.arbeitsagentur.de, zuletzt aktualisiert am 05.08.2018.

BA (2018e) – Bundesagentur für Arbeit (Statistik): *Beschäftigte nach Berufen (KldB 2010) (Quartalszahlen).* Deutschland Stichtag: 31. März 2018 (Tabellen). Online verfügbar unter https://statistik.arbeitsagentur.de, zuletzt geprüft am 19.10.2018.

BA (2018f) – Bundesagentur für Arbeit (Statistik): *Beschäftigte nach Berufen (KldB 2010) (Quartalszahlen).* Schleswig-Holstein. Stichtag: 31. März 2018 (Tabellen). Online verfügbar unter https://statistik.arbeitsagentur.de, zuletzt geprüft am 12.11.2018.

BA (2018g) – Bundesagentur für Arbeit (Statistik): *Beschäftigte nach Berufen (KldB 2010) (Zeitreihe Quartalszahlen).* Deutschland ab Stichtag 31.12.2012 (Tabellen). Online verfügbar unter https://statistik.arbeitsagentur.de, zuletzt geprüft am 12.05.2015.

BA (2018h) – Bundesagentur für Arbeit (Statistik): *Beschäftigte nach Berufen (KldB 2010) (Zeitreihe Quartalszahlen).* Region: Schleswig-Holstein, Stichtag: 31.März 2018. Zeitreihe: ab Stichtag 31.12.2012 (Tabellen). Online verfügbar unter https://statistik.arbeitsagentur.de, zuletzt geprüft am 12.11.2018.

BA (2018i) – Bundesagentur für Arbeit (Statistik): *DKZ_Kompetenzen_gueltig.xml.* Stand 14.08.2018. Online verfügbar unter http://download-portal.arbeitsagentur.de/, zuletzt aktualisiert am 15.08.2018.

BA (2018j) – Bundesagentur für Arbeit: *Fachkräfteengpassanalyse.* Juni 2018 (Berichte: Blickpunkt Arbeitsmarkt). Online verfügbar unter http://m.vpt.de/fileadmin/user_upload/news/pdf/BA-FK-Engpassanalyse-2018-06.pdf, zuletzt geprüft am 01.01.2021.

BA (2018k) – Bundesagentur für Arbeit: *Gesamtberufsliste der Bundesagentur für Arbeit.* Stand: 14.08.2018. Online verfügbar unter http://download-portal.arbeitsagentur.de/, zuletzt aktualisiert am 15.08.2018.

BA (2018l) – Bundesagentur für Arbeit: *Neues in BERUFENET.* Neuerungen in der Version 4.52. Stand 14.08.2018 | Version 4.64.22044. Online verfügbar unter https://berufenet.arbeitsagentur.de, zuletzt geprüft am 15.08.2018.

BA (2018m) – Bundesagentur für Arbeit (Statistik): *Regionalreport über Beschäftigte (Quartalszahlen).* Schleswig-Flensburg (01059). Stichtag: 31. März 2018 (Tabellen). Online verfügbar unter https://statistik.arbeitsagentur.de, zuletzt geprüft am 12.11.2018.

BA (2018n) – Bundesagentur für Arbeit: *Schlüsselverzeichnis für die Angaben zur Tätigkeit in den Meldungen zur Sozialversicherung – Ausgabe 2010.*

Ausgabe 2010. Stand: April 2018. Online verfügbar unter https://www.arbeitsagentur.de/, zuletzt geprüft am 01.08.2018.

BA (2018o) – Bundesagentur für Arbeit (Statistik): *Sozialversicherungspflichtig Beschäftigte in ausgewählten Berufsuntergruppen der KldB 2010 nach Anforderungsniveau bzw. Berufsabschluss.* Deutschland. Zeitreihe vom 31. Dezember 2012 bis 31. März 2018, erstellt für Maik Jepsen am 17.10.2018 (Arbeitsmarkt in Zahlen – Beschäftigungsstatistik).

BA (2018p) – Bundesagentur für Arbeit (Statistik): *Sozialversicherungspflichtig Beschäftigte nach Wirtschaftsabteilungen der WZ 2008 und ausgewählten Berufen der KldB 2010.* Deutschland. Zeitreihe vom 31.12.2012 bis 31.03.2018, erstellt für Maik Jepsen am 19.11.2018.

BA (2018q) – Bundesagentur für Arbeit (Statistik): *Tätigkeitsschlüssel-Online.* Nürnberg. Online verfügbar unter https://bns-ts.arbeitsagentur.de, zuletzt aktualisiert am 21.10.2018.

BA (2020a) – Bundesagentur für Arbeit (Statistik): *Berufe aus der DKZ (Ausbildungen und Tätigkeiten) mit zugeordneten Berufsgattungen der KldB 2010.* Stand 20.08.2020. Nürnberg. Online verfügbar unter http://download-portal.arbeitsagentur.de, zuletzt geprüft am 20.08.2020.

BA (2020b) – Bundesagentur für Arbeit (Statistik): *DKZ_berufskundliche_Gruppen.* Stand 25.03.2020. ID: 796. Nürnberg. Online verfügbar unter http://download-portal.arbeitsagentur.de, zuletzt geprüft am 27.03.2020.

BA (2020c) – Bundesagentur für Arbeit (Statistik): *Klassifikation der Berufe 2010 – alphabetisches Verzeichnis der Berufsbenennungen.* Stand 01.01.2020. Nürnberg. Online verfügbar unter https://statistik.arbeitsagentur.de, zuletzt geprüft am 20.08.2020.

Baethge, Martin (1999): Qualitative Sozialforschung und Früherkennung von Qualifikationsentwicklungen – kritische Anmerkungen zur Analyse der Qualifikationsentwicklung aus soziologischer Sicht. In: Laszlo Alex & Henning Bau (Hrsg.): *Wandel beruflicher Anforderungen. Der Beitrag des BIBB zum Aufbau eines Früherkennungssystems Qualifikationsentwicklung.* Bielefeld: W. Bertelsmann Verlag (Qualifikationsreport, Bd. 1), S. 255–269.

Baethge, Martin (2010): Ein europäisches Berufsbildungs-PISA als politisches und methodisches Projekt. In: Dieter Münk & Andreas Schelten (Hrsg.): *Kompetenzermittlung für die Berufsbildung. Verfahren, Probleme und Perspektiven im nationalen, europäischen und internationalen Raum.* Bielefeld: W. Bertelsmann Verlag (Berichte zur beruflichen Bildung), S. 19–36.

Baethge, Martin (2014): Qualitätsprobleme des deutschen Berufsbildungssystems. In: Martin Fischer (Hrsg.): *Qualität in der Berufsausbildung. Anspruch* *und Wirklichkeit*. Bielefeld: W. Bertelsmann Verlag (Berichte zur beruflichen Bildung), S. 39–62.

Baethge, Martin; **Baethge-Kinsky, Volker** (1998): Jenseits von Beruf und Beruflichkeit? – Neue Formen von Arbeitsorganisation und Beschäftigung und ihre Bedeutung für eine zentrale Kategorie gesellschaftlicher Integration. In: Jutta Allmendinger (Hrsg.): *Sonderdruck aus: Mitteilungen aus der Arbeitsmarkt- und Berufsforschung*, Jg. 31, H. 3. Stuttgart: W. Kohlhammer (MittAB), S. 461–472. Online verfügbar unter https://core.ac.uk/download/files/153/6765553.pdf, zuletzt geprüft am 14.06.2016.

Baethge, Martin; **Teichler, Ulrich** (1995): Bildungssystem und Beschäftigungssystem. In: Martin Baethge & Knut Nevermann (Hrsg.): *Organisation, Recht und Ökonomie des Bildungswesens*. Stuttgart: Ernst Klett Verlag (Enzyklopädie Erziehungswissenschaft, Band 5), S. 206–225.

Bauer, Thomas; **Rulff, Christian**; **Tamminga, Michael** (2018): Formale Unterqualifikation in Deutschland – Empirie und wirtschaftswissenschaftliche Perspektive. In: *Formale Unterqualifikation auf dem deutschen Arbeitsmarkt. Neue Forschungsergebnisse und interdisziplinäre Einordnung*. Gütersloh, S. 4–35.

bayme; VBM (2016) – Bayerischer Unternehmensverband Metall und Elektro e. V.; Verband der Bayerischen Metall- und Elektro- Industrie e.V.: *Industrie 4.0 – Auswirkungen auf Aus- und Weiterbildung in der M+E Industrie*. Studie. Unter Mitarbeit von Georg Spöttl. Online verfügbar unter https://www.baymevbm.de/Redaktion/Frei-zugaengliche-Medien/Abteilungen-GS/Bildung/2016/Downloads/baymevbm_Studie_Industrie-4-0.pdf, zuletzt geprüft am 01.01.2021.

Beaumont, Gordon (1995): *Review of 100 NVQs and SVQs*. A report submitted to the Department for Education and Employment. Chesterfield, England. Online verfügbar unter http://hdl.voced.edu.au/10707/154255, zuletzt geprüft am 01.01.2021.

Beck, Ulrich; Brater, Michael; Daheim, Hansjürgen (1980): *Soziologie der Arbeit und der Berufe*. Grundlagen, Problemfelder, Forschungsergebnisse. Reinbek bei Hamburg: Rowohlt (Rowohlts deutsche Enzyklopädie, Bd. 395).

Becker, Matthias (2013): Forschung zu den nicht akademischen Berufen der Fahrzeugtechnik. In: Jörg-Peter Pahl & Volkmar Herkner (Hrsg.): *Handbuch Berufsforschung*. 1. Aufl. Bielefeld: W. Bertelsmann Verlag, S. 616–636.

Becker, Matthias; **Spöttl, Georg** (2006): Berufswissenschaftliche Forschung und deren empirische Relevanz für die Curriculumentwicklung. In: *bwp@* (Ausgabe Nr. 11). Online verfügbar unter http://www.bwpat.de/ausgabe11/becker_spoettl_bwpat11.pdf, zuletzt geprüft am 31.07.2015.

Becker, Matthias; Spöttl, Georg (2008): *Berufswissenschaftliche Forschung.* Ein Arbeitsbuch für Studium und Praxis. Frankfurt am Main, Berlin, Bern, Bruxelles, New York, Oxford, Wien: Peter Lang (Berufliche Bildung in Forschung, Schule und Arbeitswelt, Band 2).

Becker, Matthias; Spöttl, Georg (2013): Ausbildung von Berufsschullehrkräften – Anforderungen, Konzepte und Standards. In: *BWP*, 42. Jahrgang (Heft 2), S. 15–19.

Benner, Hermann (1977): *Der Ausbildungsberuf als berufspädagogisches und bildungsökonomisches Problem.* Hannover: Schroedel (Schriften zur Berufsbildungsforschung, Band 44).

Benner, Hermann (1982): *Abgrenzung von Berufsgruppen bzw. Berufsfeldern im Hinblick auf die Berufsausbildung auf Facharbeiter-/Fachangestelltenebene in der EG.* Studie. Europäisches Zentrum für die Förderung der Berufsbildung (Cedefop). Luxembourg: Amt für amtliche Veröffentlichungen der Europäischen Gemeinschaften.

Benner, Hermann (1996): *Ordnung der staatlich anerkannten Ausbildungsberufe.* 2. erweiterte Aufl. Berlin, Bonn: Bundesinstitut für Berufsbildung (BIBB).

Bertelsmann Stiftung (2018) – Bertelsmann Stiftung: *Formale Unterqualifikation auf dem deutschen Arbeitsmarkt.* Neue Forschungsergebnisse und interdisziplinäre Einordnung. Gütersloh. Online verfügbar unter https://www.bertelsmann-stiftung.de/fileadmin/files/BSt/Publikationen/GrauePublikationen/LL_Formale_Unterqualifikation_Langfassung.pdf, zuletzt geprüft am 08.06.2020.

Bertrand, Olivier; Maréchal, Pierre (1981): *Facharbeiter im Lichte unterschiedlicher Klassifikationssysteme in den Staaten der Europaeischen Gemeinschaft.* Unter Mitarbeit von Françoise Meunier. Europäisches Zentrum für die Förderung der Berufsbildung (Cedefop). Luxemburg: Amt für amtliche Veröffentlichungen der Europäischen Gemeinschaften.

BBiG (2019): *Berufsbildungsgesetz,* vom 23.03.2005 (BGBL. I S. 931), zuletzt geändert durch Artikel 1 des Gesetzes vom 12.12.2019 (BGBL. I S. 2522).

BIBB (1974) – Bundesinstitut für Berufsbildung: *Empfehlung betr. Kriterien und Verfahren für die Anerkennung und Aufhebung von Ausbildungsberufen.* Bundesausschuss für Berufsbildung (Nr.: BIBV000000034, BWP 5/1974). Online verfügbar unter http://www.bibb.de/dokumente/pdf/empfehlung_028-kriterien-verfahren_anerkennung_aufhebung_ausb.berufen_203.pdf, zuletzt geprüft am 08.12.2014.

BIBB (1976) – Bundesinstitut für Berufsbildung: *Empfehlung über Kriterien und Verfahren für den Erlaß von Fortbildungsordnungen und deren Gliederung.* Bundesausschuss für Berufsbildung (Nr. 36, BWP 2/1976). Online verfügbar unter https://www.bibb.de/dokumente/pdf/HA036.pdf, zuletzt geprüft am 05.02.2018.

BIBB (2003) – Bundesinstitut für Berufsbildung: *Das neue mittelfristige Forschungsprogramm des Bundesinstituts für Berufsbildung.* – Vorabexemplar – (Wissenschaftliche Diskussionspapiere / Bundesinstitut für Berufsbildung, Der Generalsekretär, Heft 66). Online verfügbar unter https://www.bibb.de/dokumente/pdf/a12voe_forschungsprogramm_vorabexemplar.pdf, zuletzt geprüft am 20.03.2017.

BIBB (2014) – Bundesinstitut für Berufsbildung: *Empfehlung des Hauptausschusses des Bundesinstituts für Berufsbildung (BiBB) vom 26. Juni 2014 zur Struktur und Gestaltung von Ausbildungsordnungen – Ausbildungsberufsbild, Ausbildungsrahmenplan.* Online verfügbar unter http://www.bibb.de/dokumente/pdf/HA160.pdf, zuletzt geprüft am 01.02.2015.

BIBB (2015) – Bundesinstitut für Berufsbildung: *Voruntersuchung IT-Berufe (4.2.497).* Workshop am 11. November 2015 Bericht und Dokumentation. Bonn.

BIBB (2017) – Bundesinstitut für Berufsbildung: *Bekanntmachung des Verzeichnisses der anerkannten Ausbildungsberufe und das Verzeichnis der zuständigen Stellen.* Vom 22. Mai 2013. Online verfügbar unter http://www.bibb.de/dokumente/pdf/verzeichnis_anerk_ausbildungsberufe_2013.pdf, zuletzt geprüft am 18.11.2013.

BIBB (2020) – Bundesinstitut für Berufsbildung: *Jährliches Forschungsprogramm des Bundesinstituts für Berufsbildung 2020.* Bonn.

BIBB; BAuA (2012) – Bundesinstitut für Berufsbildung; Bundesanstalt für Arbeitsschutz und Arbeitsmedizin: *BIBB/BAuA – Erwerbstätigenbefragung 2012.* Arbeit und Beruf im Wandel – Erwerb und Verwertung beruflicher Qualifikationen. Online verfügbar unter https://www.bibb.de/dokumente/pdf/a22_poster_etb_2012.pdf, zuletzt aktualisiert am 14.02.2018.

BIBB; BAuA (2020) – Bundesinstitut für Berufsbildung; Bundesanstalt für Arbeitsschutz und Arbeitsmedizin: *BIBB/BAuA-Erwerbstätigenbefragung 2018.* Arbeit und Beruf im Wandel, Erwerb und Verwertung beruflicher Qualifikationen Haupterhebung. Erhebungsinstrument Fragebogenmaster für die CATI-Programmierung inkl. Variablenkennung. 1. Aufl. Bonn. Online verfügbar unter https://www.bibb.de/dokumente/pdf/a12_Fragebogen_ETB2018_Endfassung.pdf, zuletzt geprüft am 01.01.2021.

Biehler, Rolf; Schulte, Carsten (2018): Perspectives for an interdisciplinary data science curriculum at German secondary schools. In: Rolf Biehler, Lea Budde, Daniel Frischmeier, Birte Heinemann, Susanne Podworny, Carsten Schulte & Thomas Wassong (Hrsg.): *Paderborn Symposium on Data Science*

Education at School Level 2017: The Collected Extended Abstracts. Paderborn, S. 2–14.

Biersack, Wolfgang; Parmentier, Klaus (2002): Konzepte der quantitativen Berufsforschung im IAB*. Gekürzte und überarbeitete Fassung des Beitrags: Dostal, W./Parmentier, K./Schade, H.-J. (1999): Möglichkeiten und Grenzen der quantitativen Berufsforschung im IAB – Eine Bestandsaufnahme, in: MittAB 1/1999, S. 41 ff. In: Gerhard Kleinhenz (Hrsg.): *IAB-Kompendium Arbeitsmarkt- und Berufsforschung.* (Beiträge zur Arbeitsmarkt- und Berufsforschung (BeitrAB), 250), S. 475–489. Online verfügbar unter http://doku.iab.de/beitrab/2002/beitr250_802.pdf, zuletzt geprüft am 07.11.2014.

BITKOM (2014) – Bundesverband Informationswirtschaft, Telekommunikation und neue Medien e.V.: *IT-Strategie – Digitale Agenda für Deutschland.* Deutschland zum Digitalen Wachstumsland entwickeln. Berlin. Online verfügbar unter https://www.bitkom.org/Publikationen/2014/Positionen/BITKOM-legt-IT-Strategie-vor/BITKOM-IT-Strategie.pdf, zuletzt geprüft am 28.06.2016.

Blankertz, Herwig (1977): *Theorien und Modelle der Didaktik.* 10. Aufl., (unveränd. Nachdr. der neubearb. und erw. 9. Aufl. 1975). München: Juventa-Verlag (Grundlagen der Erziehungswissenschaft, Band 6).

Blankertz, Herwig; Claessens, Dieter; Edding, Friedrich (1966): *Gutachten zur Frage der Gründung eines Forschungsinstituts für Berufsbildung.* Berlin: Senator für Arbeit und Soziale Angelegenheiten des Landes Berlin.

Blaschke, Dieter; Buttler, Friedrich; Möller, Joachim; Schulze, Hermann Joachim (1994): Die Arbeitsmarkt- und Berufsforschung in der Bundesanstalt für Arbeit im Überblick. In: Friedrich Buttler (Hrsg.): *Arbeitsmarkt- und Berufsforschung.* 2., neubearb. Aufl. Stuttgart/Berlin/Köln: W. Kohlhammer (Aufgaben und Praxis der Bundesanstalt für Arbeit, Bd. 4), S. 15–34.

B-L-KS DQR (2013) – Bund-Länder-Koordinierungsstelle für den Deutschen Qualifikationsrahmen für lebenslanges Lernen: *Handbuch zum Deutschen Qualifikationsrahmen Struktur – Zuordnungen – Verfahren – Zuständigkeiten.* Stand: 01.08.2013. Berlin.

Bloom, Benjamin Samuel (Hrsg.) (1956): *Taxonomy of educational objectives.* The Classification of Educational Goals. London: Longmans, Green and Co.

BMA; BAfAA; StBa (1966) – Bundesminister für Arbeit und Sozialordnung; Bundesanstalt für Arbeitsvermittlung und Arbeitslosenversicherung; Statistisches Bundesamt: *Klassifizierung der Berufe.* Berufstätigkeiten in der Bundesrepublik Deutschland beschrieben in der Zusammenfassung nach berufssystematischen Einheiten.

BMBF (2016) – Bundesministerium für Bildung und Forschung: *Evaluation des Berufsbildungsgesetzes (BBiG).* Evaluierungsbericht. Online verfügbar unter https://www.bmbf.de/files/2016-03-23_Evaluationsbericht_BBiG.pdf, zuletzt geprüft am 14.06.2016.

BMBF (2020) – Bundesministerium für Bildung und Forschung: *Anerkennung in Deutschland.* Das Informationsportal der Bundesregierung zur Anerkennung ausländischer Berufsqualifikationen. Online verfügbar unter https://www.anerkennung-in-deutschland.de/tools/berater/de/berater/profile/1474, zuletzt geprüft am 07.04.2020.

BMBF; KMK (2014) – Bundesministerium für Bildung und Forschung; Sekretariat der Ständigen Konferenz der Kultusminister der Länder in der Bundesrepublik Deutschland: *Zusammenstellung bundesrechtlich geordneter Fortbildungsabschlüsse und landesrechtlich geregelter Weiterbildungsabschlüsse zur Auffindung des Referenzberufes.* Berlin.

BMWi (2018) – Bundesministerium für Wirtschaft und Energie: *Monitoring-Report Wirtschaft DIGITAL 2018.* Online verfügbar unter https://www.bmwi.de, zuletzt geprüft am 01.01.2021.

BMWi (2020) – Der Bundesminister für Wirtschaft und Energie: *Verordnung über die Berufsausbildung zum Fachinformatiker und zur Fachinformatikerin (Fachinformatikerausbildungsverordnung – FIAusbV).* Fundstelle: Bundesgesetzblatt Jahrgang 2020 Teil I Nr. 9, S. 250.

Boehm, Laetitia (1978): Wissenschaft – Wissenschaften – Universitätsreform Historische und theoretische Aspekte zur Verwissenschaftlichung von Wissen und zur Wissenschaftsorganisation in der frühen Neuzeit. In: Fritz Krafft, August Buck, Rudolf Schmitz & Richard Toellner (Hrsg.): *Berichte zur Wissenschaftsgeschichte. Organ der Gesellschaft für Wissenschaftsgeschichte e. V.* Heft ½. Athenaion, Wiesbaden: Akademische Verlagsgesellschaft (Band 1), S. 7–36.

Böhle, Fritz; Rose, Helmuth (1992): *Technik und Erfahrung.* Arbeit in hochautomatisierten Systemen. Frankfurt/Main: Campus Verlag (Veröffentlichungen aus dem Institut für Sozialwissenschaftliche Forschung e.V., ISF München).

Böhret, Carl; Eynern, Gert von (1973): *Wörterbuch zur politischen Ökonomie.* Opladen: Westdeutscher Verlag (Studienbücher zur Sozialwissenschaft, Bd. 11).

Bortz, Jürgen; Döring, Nicola (2006): *Forschungsmethoden und Evaluation.* Für Human- und Sozialwissenschaftler. 4., überarbeitete Auflage. Berlin, Heidelberg: Springer Verlag.

BPA (2000) – Presse- und Informationsamt der Bundesregierung: *Bündnis für Arbeit, Ausbildung und Wettbewerbsfähigkeit.* Ergebnisse der Arbeitsgruppe

„Aus- und Weiterbildung". Berlin: Köllen Druck und Verlag GmbH (Schriftenreihe Berichte und Dokumentationen).

Brandt, Michael K.; **Pahl, Jörg-Peter** (2005): Arbeits- und Geschäftsprozessorientierung Definitorische und didaktische Unsicherheiten an gewerblich-technischen Berufsschulen. In: Gottfried Adolph, Klaus Jenewein, Jörg-Peter Pahl & Felix Rauner (Hrsg.): *„lernen & lehren" Elektrotechnik-Informatik und Metalltechnik. Schwerpunktthema Geschäftsprozessorientierung.* Wolfenbüttel: Heckner Druck- und Verlagsgesellschaft (20. Jahrgang, Heft 80), S. 157–163.

Brater, Michael (2010): Berufliche Bildung. In: Fritz Böhle, G. Günter Voß & Günther Wachtler (Hrsg.): *Handbuch Arbeitssoziologie.* 1. Aufl. Wiesbaden: VS Verlag für Sozialwissenschaften, S. 805–840.

Bretschneider, Markus; **Grunwald, Jörg-Günther**; **Zinke, Gert** (2010): *Entwicklung eines möglichen Strukturkonzepts für die Bildung von Berufsgruppen.* Abschlussbericht des Entwicklungsprojektes 4.0.895: Bundesinstitut für Berufsbildung (BIBB). Bonn (Wissenschaftliche Diskussionspapiere, Heft 113).

Brockmann, Michaela; **Clarke, Linda**; **Winch, Christopher** (2008): Can performance-related learning outcomes have standards? In: *Journal of European Industrial Training,* 32 (2/3), S. 99–113.

Brötz, Rainer; **Jacob, Anette**; **Hagenhofer, Thomas** (2015): Mit Berufsfachgruppen den Branchendialog fördern. Warum sich eine Neubetrachtung der DDR-Berufsfachkommissionen lohnt. In: *BWP,* 44. Jahrgang (Heft 5), S. 34–37.

Brötz, Rainer; **Kock, Anke** (2013): Methode zur Konstruktion von kaufmännischen Berufsgruppen. In: *BWP,* 42. Jahrgang (Heft 5), S. 48–52.

Brötz, Rainer; **Schapfel-Kaiser, Franz**; **Schwarz, Henrik** (2008): Berufsfamilien als Beitrag zur Stärkung des Berufsprinzips. In: *BWP,* 37. Jahrgang (Heft 4), S. 23–26.

Büchter, Karin (2010): Qualifikationsforschung als Schwerpunkt der Berufs- und Wirtschaftspädagogik. In: Matthias Becker, Martin Fischer & Georg Spöttl (Hrsg.): *Von der Arbeitsanalyse zur Diagnose beruflicher Kompetenzen. Methoden und methodologische Beiträge aus der Berufsbildungsforschung.* Frankfurt am Main, Berlin, Bern, Bruxelles, New York, Oxford, Wien: Peter Lang (Berufliche Bildung in Forschung, Schule und Arbeitswelt, Band 5), S. 15–30.

Bullinger, Hans-Jörg; **Tombeil, Anne-Sophie** (2000): FreQueNz – ein Informationsnetz zur Früherkennung von Qualifikationserfordernissen. In: Hans-Jörg Bullinger (Hrsg.): *Qualifikationen erkennen – Berufe gestalten.* Bielefeld: W. Bertelsmann Verlag, S. 15–43.

BW Verlag (2020) – BW Bildung und Wissen Verlag und Software GmbH: *Webseite BW Verlag. Leistungen, aktuelle Aufträge.* Nürnberg. Online verfügbar unter https://bwverlag.de/leistungen/, zuletzt aktualisiert am 27.03.2020.

Caple Melbourne Limited (2001) – Caple Melbourne Limited: *115 uses of national occupational standards.* Online verfügbar unter http://clients.square eye.net/uploads/dea/documents/uses_of_standard.pdf, zuletzt geprüft am 13.12.2015.

Carroll, Geoff; Boutall, Trevor (2011): *Guide to Developing National Occupational Standards.* Online verfügbar unter https://www.gov.uk, zuletzt geprüft am 18.04.2015.

CDI (2015) – Career Development Institute: *Resource Guide for Employers National Occupational Standards: Career Development.* Online verfügbar unter https://www.thecdi.net/write/Register/BP310-National_Occupationa l_Standards-v7.pdf, zuletzt geprüft am 16.10.2020.

Cedefop (2008) – European Centre for the Development of Vocational Training: *The shift to learning outcomes.* Conceptual, political and practical developments in Europe. Luxembourg: Office for Official Publications of the European Communities.

Cedefop (2009a) – European Centre for the Development of Vocational Training: *The dynamics of qualifications: defining and renewing occupational and educational standards.* Luxembourg: Office for Official Publications of the European Communities (Cedefop panorama series).

Cedefop (2009b) – European Centre for the Development of Vocational Training: *The shift to learning outcomes.* Policies and Practices in Europe. Luxembourg: Office for Official Publications of the European Communities (Cedefop Reference series, Bd. 72).

Cedefop (2010a) – Europäisches Zentrum für die Förderung der Berufsbildung: *Die richtige Qualifikation? Qualifikationsungleichgewichte in Europa* (Kurzbericht, 9023 DE). Online verfügbar unter https://www.cedefop.eur opa.eu/files/9023_de.pdf, zuletzt geprüft am 16.09.2017.

Cedefop (2010b) – European Centre for the Development of Vocational Training: *Learning outcomes approaches in VET curricula.* A comparative analysis of nine European countries. Luxembourg: Publications Office of the European Union (Research Paper, No 6).

Cedefop (2010c) – European Centre for the Development of Vocational Training: *Skill mismatch in Europe.* Briefing Note. Thessaloniki. Online verfügbar unter http://www.cedefop.europa.eu/EN/Files/9023_en.pdf, zuletzt geprüft am 30.10.2014.

Cedefop (2010d) – European Centre for the Development of Vocational Training: *The skill matching challenge.* Analysing skill mismatch and policy implications. Luxembourg: Publications Office of the European Union.

Cedefop (2011) – European Centre for the Development of Vocational Training: *Using Learning Outcomes.* Luxembourg: Publications Office of the European Union (European Qualifications Framework Series, Note 4).

Cedefop (2012) – European Centre for the Development of Vocational Training: *Curriculum reform in Europe.* The impact of learning outcomes. Luxembourg: Publications Office of the European Union (Research paper / European Centre for the Development of Vocational Training, Bd. 29).

Cedefop (2013) – European Centre for the Development of Vocational Training: *Renewing VET provision.* Understanding feedback mechanisms between initial VET and the labour market. Luxembourg: Publications Office of the European Union (Research Paper, No 37).

Cedefop (2014) – European Centre for the Development of Vocational Training: *Terminology of European education and training policy.* Second Edition A selection of 130 key terms. Luxembourg: Publications Office of the European Union.

Cedefop (2015) – European Centre for the Development of Vocational Training: *Skills, qualifications and jobs in the EU: the making of a perfect match?* Evidence from Cedefop's European skills and jobs survey. Luxembourg (Cedefop Reference series, No 103).

Cedefop (2017) – European Centre for the Development of Vocational Training: *Defining writing and applying learning outcomes.* A European handbook. Luxembourg: Publications Office of the European Union.

Cedefop (2018) – European Centre for the Development of Vocational Training: *Skillsnet Cedefop's network of experts on skills analysis and forecasting.* Online verfügbar unter http://www.cedefop.europa.eu/de/events-and-proje cts/networks/skillsnet, zuletzt aktualisiert am 24.01.2018.

CEN (2010) – European Committee for Standardization: *Europearn e-Competence Framework Anwender-Leitfaden für den European e-Competence Framework 2.0.* CWA Teil II. Online verfügbar unter http://www.kompeten zrahmen.de/files/6064_euecf2.0userguidecwapartiide.pdf, zuletzt geprüft am 03.12.2019.

CEN (2014a) – European Committee for Standardization: *Building the e-CF – a combination of sound methodology and expert contribution.* Methodology documentation of the European e-Competence Framework (CEN Workshop Agreement, CWA 16234:2014 Part 3). Online verfügbar unter http://www. ecompetences.eu/wp-content/uploads/2014/02/Methodology_documentatio n_e-CF_3.0_CEN_CWA_16234-3_2014.pdf, zuletzt geprüft am 06.12.2019.

CEN (2014b) – European Committee for Standardization: *Die Anwendung des European e-Competence Framework 3.0 – User Guide.* Ein gemeinsamer europäischer Rahmen für ITK- Fach- und Führungskräfte in allen Branchen. CWA 16234:2014 Part 2. Online verfügbar unter http://www.ecompetences.eu/wp-content/uploads/2014/02/User-guide-for-the-application-of-the-e-CF-3.0_CEN_CWA_16234-2_2014.pdf, zuletzt geprüft am 11.04.2017.

CEN (2014c) – European Committee for Standardization: *European e-Competence Framework 3.0.* Ein gemeinsamer europäischer Rahmen für ITK- Fach- und Führungskräfte in allen Branchen. CWA 16234:2014 Part 1. Online verfügbar unter http://www.ecompetences.eu/wp-content/uploads/2014/02/European-e-Competence-Framework-3.0_CEN_CWA_16234-1_2014.pdf, zuletzt geprüft am 11.04.2017.

CEN (2018a) – European Committee for Standardization: *Business Plan 2018 CEN/TC 428 ICT Professionalism and Digital Competences.*

CEN (2018b) – European Committee for Standardization: *e-Competence Framework (e-CF) – A common European Framework for ICT Professionals in all sectors – Part 1: Framework* (prEN 16234-1:2018 DRAFT).

CEN (2018c) – European Committee for Standardization: *European ICT Professional Role Profiles Version 2.* Part 3 Methodology Documentation. DRAFT CEN Workshop Agreement (CWA). Online verfügbar unter http://www.ecompetences.eu/wp-content/uploads/2018/01/CWA_Part_3_EU_ICT_PROFILES_METHODOLOGY_DRAFT.pdf, zuletzt geprüft am 05.03.2018.

CEN (2018d) – European Committee for Standardization: *European ICT professionals role profiles – Part 2: User guides* (CEN Workshop Agreement, CWA 16458-2). Online verfügbar unter ftp://ftp.cencenelec.eu/CEN/WhatWeDo/Fields/ICT/eEducation/WS/eSkills/ICTSkills/CWA%2016458-2_2018.pdf, zuletzt geprüft am 05.02.2019.

Chaberny, Annelore; **Fenger, Herbert**; **Reiter, Annefried** (1972): „Tätigkeitsschwerpunkt" als Strukturmerkmal in der Erwerbsstatistik. In: Jutta Allmendinger (Hrsg.): *Sonderdruck aus: Mitteilungen aus der Arbeitsmarkt- und Berufsforschung,* 5. Jg. Heft 3. Stuttgart: W. Kohlhammer (MittAB), S. 230–257. Online verfügbar unter http://doku.iab.de/mittab/1972/1972_3_MittAB_Chaberny_Fenger_Reiter.pdf, zuletzt geprüft am 16.06.2017.

Clement, Ute (2001): *Systematische Erkenntnis und praktische Erfahrung als curriculare Prinzipien beruflicher Bildung.* Vom Beharrungsvermögen des fächerstrukturierten Unterrichts an beruflichen Schulen und der curricularen Vermittlung von Fächer- und Situationsprinzip. Habilitation: **Universität Karlsruhe**.

Czycholl, Reinhard (1993): Grundinformationen über die Arbeitsgemeinschaft Berufsbildungsforschungsnetz. In: Friedrich Buttler, Reinhard

Czycholl & Helmut Pütz (Hrsg.): *Modernisierung beruflicher Bildung vor den Ansprüchen von Vereinheitlichung und Differenzierung. Dokumentation des I. Forums Berufsbildungsforschung 1993 an der Universität Oldenburg.* (Beiträge zur Arbeitsmarkt- und Berufsforschung (BeitrAB), Bd. 177), S. 244–251.

DBR (1973) – Deutscher Bildungsrat: *Strukturplan für das Bildungswesen.* Empfehlungen der Bildungskommission. Stuttgart: Ernst Klett Verlag.

DBR (1974) – Deutscher Bildungsrat: *Zur Förderung praxisnaher Curriculum-Entwicklung.* Verabschiedet auf der 35. Sitzung der Bildungskommission am 15./16. November 1973 in Saarbrücken. 1. Aufl. (Empfehlungen der Bildungskommission).

DDOE (2017) – Delaware Department of Education: *Labor Market Information (LMI) Instructions & Guidance.* Online verfügbar unter https://www.doe.k12.de.us, zuletzt geprüft am 19.03.2018.

DE (1981) – Department of Employment: *A New Training Initiative: A programme for action.* White Paper. London. Online verfügbar unter http://www.educationengland.org.uk, zuletzt geprüft am 05.10.2020.

Dedering, Heinz; Schimming, Peter (1984): *Qualifikationsforschung und arbeitsorientierte Bildung.* Eine Analyse von Konzepten zur Arbeitsqualifikation aus pädagogischer Sicht (Beiträge zur sozialwissenschaftlichen Forschung, Band 69).

Dehnbostel, Peter; **Lindemann, Hans-Jürgen** (2007): Kompetenzen und Bildungsstandards in der schulischen und betrieblichen Berufsbildung. In: Peter Dehnbostel, Hans-Jürgen Lindemann & Christoph Ludwig (Hrsg.): *Lernen im Prozess der Arbeit in Schule und Betrieb.* Münster, New York, München, Berlin: Waxmann, S. 179–198.

Deißinger, Thomas (1998): *Beruflichkeit als „organisierendes Prinzip" der deutschen Berufsausbildung.* Zugl.: Mannheim, Univ., Habil-Schr., 1997. Markt Schwaben: Eusl-Verlagsgesellschaft (Wirtschaftspädagogisches Forum, Bd. 4).

Deitmer, Ludger (Hrsg.) (1987): *Arbeit und Technik: 2. Bremer Symposium „Arbeit und Technik" vom 10. bis 13. Juni 1987.* Tagungsband. Bremen: Univ.

Demszky von der Hagen, Alma; **Voß, G. Günter** (2010): Beruf und Profession. In: Fritz Böhle, G. Günter Voß & Günther Wachtler (Hrsg.): *Handbuch Arbeitssoziologie.* 1. Aufl. Wiesbaden: VS Verlag für Sozialwissenschaften, S. 751–804.

Dengler, Katharina; **Matthes, Britta** (2015): *Folgen der Digitalisierung für die Arbeitswelt.* Substituierbarkeitspotenziale von Berufen in

Deutschland: Institut für Arbeitsmarkt- und Berufsforschung (IAB). Nürnberg (IAB-Forschungsbericht, 11/2015). Online verfügbar unter http://doku.iab.de/forschungsbericht/2015/fb1115.pdf, zuletzt geprüft am 06.03.2020.

Dengler, Katharina; **Matthes, Britta**; **Paulus, Wiebke** (2014): *Berufliche Tasks auf dem deutschen Arbeitsmarkt.* Eine alternative Messung auf Basis einer Expertendatenbank: Forschungsdatenzentrum der Bundesagentur für Arbeit im Institut für Arbeitsmarkt und Berufsforschung (FDZ). Nürnberg (FDZ-Methodenreport, 12/2014). Online verfügbar unter http://doku.iab.de/fdz/reporte/2014/MR_12-14.pdf, zuletzt geprüft am 12.03.2015.

DFG (1990) – Deutsche Forschungsgemeinschaft: *Berufsbildungsforschung an den Hochschulen der Bundesrepublik Deutschland.* Situation, Hauptaufgaben, Förderungsbedarf. Denkschrift. Weinheim: VCH, Acta Humaniora.

Dietzen, Agnes; **Wünsche, Tom** (2012): Die Bedeutung der Aufstiegsfortbildung als Schnittstelle zur Hochschule – eine Untersuchung in Betrieben wachsender Beschäftigungsfelder. In: *bwp@* (Ausgabe Nr. 23). Online verfügbar unter http://www.bwpat.de/ausgabe23/dietzen_wuensche_bwpat23.pdf, zuletzt geprüft am 22.11.2020.

Dostal, Werner (1995): Die Informatisierung der Arbeitswelt – Multimedia, offene Arbeitsformen und Telearbeit. In: Jutta Allmendinger (Hrsg.): *Sonderdruck aus: Mitteilungen aus der Arbeitsmarkt- und Berufsforschung,* 28. Jg. Stuttgart: W. Kohlhammer (MittAB), S. 527–543. Online verfügbar unter http://doku.iab.de/mittab/1995/1995_4_mittab_dostal.pdf, zuletzt geprüft am 27.06.2016.

Dostal, Werner (2002): Der Berufsbegriff in der Berufsforschung des IAB. In: Gerhard Kleinhenz (Hrsg.): *IAB-Kompendium Arbeitsmarkt- und Berufsforschung (*Beiträge zur Arbeitsmarkt- und Berufsforschung (BeitrAB), 250), S. 463–474. Online verfügbar unter http://doku.iab.de/beitrab/2002/beitr250_801.pdf, zuletzt geprüft am 07.11.2014.

Dostal, Werner (2004): Stand und Perspektiven der Berufsbildungsforschung unter dem besonderen Aspekt der Übergangsforschung in der Arbeitsmarkt- und Berufsforschung. In: Reinhard Czycholl & Reinhard Zedler (Hrsg.): *Stand und Perspektiven der Berufsbildungsforschung.* Nürnberg (Beiträge zur Arbeitsmarkt- und Berufsforschung (BeitrAB), Bd. 280), S. 123–144. Online verfügbar unter http://doku.iab.de/beitrab/2004/beitr280_123.pdf, zuletzt geprüft am 01.01.2021.

Dostal, Werner (2005a): *Berufsforschung.* Beruf als Forschungsgebiet des Instituts für Arbeitsmarkt- und Berufsforschung (lAB) von 1967 bis 2003. Institut für Arbeitsmarkt- und Berufsforschung (IAB). Nürnberg (Beiträge zur Arbeitsmarkt- und Berufsforschung (BeitrAB), Bd. 296).

Dostal, Werner (2005b): *Berufsgeneseforschung.* Vortrag auf dem Kontaktseminar deutschsprachiger Institute für Berufsbildungsforschung am 10. März in Nürnberg: **IAB**, 2005. Online verfügbar unter http://doku.iab.de/veranstaltungen/2005/ks_berufe_2005_wernerdostal_folien.pdf, zuletzt geprüft am 13.04.2016.

Dostal, Werner (2005c): Facetten des Berufsbegriffs. Vielfalt von Berufsbezeichnungen erschwert die Orientierung. In: *BWP*, 34. Jahrgang (Heft 4), S. 15–18.

Dostal, Werner (2006): *Berufsgenese Ein Forschungsfeld der Berufsforschung, erläutert am Beispiel der Computerberufe.* Hg. v. Institut für Arbeitsmarkt- und Berufsforschung (IAB). Nürnberg (Beiträge zur Arbeitsmarkt- und Berufsforschung (BeitrAB), 302).

Dostal, Werner (2013): Berufsforschung und Berufsbildungsforschung – eine komplexe Beziehung. In: Matthias Becker, Axel Grimm, A. Willi Petersen & Reiner Schlausch (Hrsg.): *Kompetenzorientierung und Strukturen gewerblich-technischer Berufsbildung. Berufsbildungsbiografien, Fachkräftemangel, Lehrerbildung.* Münster: LIT-Verlag (Bildung und Arbeitswelt, Bd. 26), S. 13–27.

Dostal, Werner; **Schade, Hans-Joachim**; **Parmentier, Klaus** (1999): Möglichkeiten und Grenzen der quantitativen Berufsforschung im IAB – Eine Bestandsaufnahme. In: *IAB* (Institut für Arbeitsmarkt- und Berufsforschung) (Hrsg.): *Sonderdruck aus: Mitteilungen aus der Arbeitsmarkt- und Berufsforschung*, 32. Jg. Stuttgart: W. Kohlhammer (MittAB), S. 41–60. Online verfügbar unter http://doku.iab.de/mittab/1999/1999_1_MittAB_Dostal_Parmentier_Schade.pdf, zuletzt geprüft am 07.11.2014.

Dostal, Werner; **Stooß, Friedemann**; **Troll, Lothar** (1998): Beruf – Auflösungstendenzen und erneute Konsolidierung. In: Jutta Allmendinger (Hrsg.): *Sonderdruck aus: Mitteilungen aus der Arbeitsmarkt- und Berufsforschung*, 31. Jg. Heft 3. Stuttgart: W. Kohlhammer (MittAB), S. 438–460.

Dybowski, Gisela (1998): Qualitative information for curriculum development. In: *Linking Labour Analysis and Vocational Training. Skill needs – Report.* Turin: Office for Official Publications of the European Communities, S. 107–116.

EC (2008) – Commission of the European Communities: *New Skills for New Jobs Anticipating and matching labour market and skills needs.* Brussels (Communication from the Commission to the European Parliament, the Council, the European Economic and Social Committee and the Committee of the regions, COM(2008) 868/3).

EC (2013) – European Commission: *ESCO – European Classification of Skills/ Competences, Qualifications and Occupations.* The first public release A Europe 2020 initiative. Luxembourg: Publications Office of the European Union.

Edding, Friedrich (1995): Bildungsökonomie. In: Martin Baethge & Knut Nevermann (Hrsg.): *Organisation, Recht und Ökonomie des Bildungswesens.* Stuttgart: Ernst Klett Verlag (Enzyklopädie Erziehungswissenschaft, Band 5), S. 439–445.

Ehrke, Michael (2010a): *Die deutschen IT Aus- und Weiterbildungsberufe im europäischen e-Competence Framework.* ITK Fachkräfte ausbilden, Personal planen, die eigene Karriere entwickeln in Deutschland und in Europa: Industriegewerkschaft Metall (IGM). Online verfügbar unter http://www.ecompetences.eu/site/objects/download/5190_BroschreeCFITAusundWeiterbildungD.pdf, zuletzt geprüft am 05.03.2018.

Ehrke, Michael (2010b): *European e-Competence Framework ein europäischer Kompetenzrahmen für ITK Fach- und Führungskräfte.* ITK Fachkräfte ausbilden, Personal planen, die eigene Karriere entwickeln in Deutschland und in Europa: Industriegewerkschaft Metall (IGM). Online verfügbar unter http://www.globe-pro.de/cms/upload/PDFs/Broschuere_e-CF_d-GP.pdf, zuletzt geprüft am 15.10.2014.

EK (1999) – Europäische Kommission: *Der Europäische Hochschulraum. Gemeinsame Erklärung der Europäischen Bildungsminister.* Bologna. Online verfügbar unter http://www.magna-charta.org/resources/files/BOLOGNA_DECLARATION.pdf, zuletzt geprüft am 16.07.2017.

EK (2004) – Europäische Kommission: *„Allgemeine und berufliche Bildung 2010" Die Dringlichkeit von Reformen für den Erfolg der Lissabon-Strategie.* Gemeinsamer Zwischenbericht des Rates und der Kommission über die Maßnahmen im Rahmen des detaillierten Arbeitsprogramms zur Umsetzung der Ziele der Systeme der allgemeinen und beruflichen Bildung in Europa. (2004/C 104/01) (Amtsblatt der Europäischen Union).

EK (2007) – Europäische Kommission: *Mitteilung der Kommission an den Rat, das Europäische Parlament, den Europäischen Wirtschafts- und Sozialausschuss und den Ausschuss der Regionen – IKT Kompetenzen für das 21. Jahrhundert: Wettbewerbsfähigkeit, Wachstum und Beschäftigung fördern* (KOM/2007/0496 endg.).

EK (2009) – Europäische Kommission: *Empfehlung des Europäischen Parlaments und des Rates vom 18. Juni 2009 zur Einrichtung eines europäischen Bezugsrahmens für die Qualitätssicherung in der beruflichen Aus- und Weiterbildung.* (2009/C 155/01) (Amtsblatt der Europäischen Union).

EK (2017) – Europäische Kommission: *ESCO Strategic framework*. European Skills, Competences, Qualifications and Occupations. Online verfügbar unter https://ec.europa.eu/esco/portal/documents, zuletzt geprüft am 20.12.2017.

EP (2008) – European Parliament: *Recommendation of the European Parliament and of the Council of 23 April 2008 on the establishment of the European Qualification Framework for lifelong learning*. (2008/C 111/01).

EP; Rat (2005) – Europäisches Parlament; Rat der Europäischen Union: *Richtlinie 2005/36/EG des Europäischen Parlaments und des Rates vom 7. September 2005 über die Anerkennung von Berufsqualifikationen*. (ABl. L 255 vom 30.9.2005, S. 22).

EP; Rat (2008) – Europäisches Parlament; Rat der Europäischen Union: *Empfehlung des Europäischen Parlaments und des Rates vom 23. April 2008 zur Einrichtung des Europäischen Qualifikationsrahmens für lebenslanges Lernen*. (2008/C 111/01) (Amtsblatt der Europäischen Union).

Erpenbeck, John; Rosenstiel, Lutz von (Hrsg.) (2007): *Handbuch Kompetenzmessung*. Erkennen, verstehen und bewerten von Kompetenzen in der betrieblichen, pädagogischen und psychologischen Praxis. 2. Auflage. Stuttgart: Schäffer-Poeschel Verlag.

ETF (1998) – European Training Foundation: *Linking Labour Analysis and Vocational Training*. Skill needs – Report. Turin: Office for Official Publications of the European Communities. Online verfügbar unter http://files.eric.ed.gov/fulltext/ED432665.pdf, zuletzt geprüft am 26.05.2015.

ETF (2000) – European Training Foundation: *Development of vocational education and training standards – the impact of labour market information*. Manual. Luxembourg: Office for Official Publications of the European Communities (Qualifications and training methods, Volume 3).

ETF (2014) – European Training Foundation: *Making Better Vocational Qualifications*. Vocational Qualifications System Reforms In ETF Partner Countries. Online verfügbar unter http://www.etf.europa.eu/, zuletzt geprüft am 12.04.2018.

Euler, Dieter (2013): Ist das Berufsprinzip noch zeitgemäß? In: Jörg-Peter Pahl & Volkmar Herkner (Hrsg.): *Handbuch Berufsforschung*. 1. Aufl. Bielefeld: W. Bertelsmann Verlag, S. 264–273.

Euler, Dieter; **Severing, Eckart** (2020): *Nach der Pandemie: für eine gestaltungsorientierte Berufsbildung in der digitalen Arbeitswelt – Bertelsmann Stiftung*. Hg. v. Bertelsmann Stiftung. Gütersloh. Online verfügbar unter https://www.bertelsmann-stiftung.de/fileadmin/files/BSt/Publikationen/GrauePublikationen/2020_Digitalisierung_Denkschrift.pdf, zuletzt geprüft am 26.10.2020.

Fenger, Herbert (1968): Arbeitsmarktforschung – Berufsforschung – Bildungsforschung. Versuch zur Bestimmung von Schwerpunkten, Abgrenzungen und Überschneidungsbereichen. In: Jutta Allmendinger (Hrsg.): *Sonderdruck aus: Mitteilungen aus der Arbeitsmarkt- und Berufsforschung*, Bd. 5. Stuttgart: W. Kohlhammer (MittAB), S. 325–335.

Ferner, Walter (1973): *Die Analysentopologie.* Eine Arbeitsmethode zur Festlegung von Ausbildungselementen und deren Verknüpfung zu Ausbildungseinheiten. Hannover: Jänecke (Schriften zur Berufsbildungsforschung, Bd. 4).

Fischer, Martin (2014): Arbeitsprozesswissen als Bezugspunkt für die Planung und Evaluation lernfeldorientierten Unterrichts. In: Nicole Naeve-Stoß, Susan Seeber & Willi Brand (Hrsg.): *Lehrerbildung und Unterrichtsentwicklung aus der Perspektive des lernenden Subjekts* (bwp@ Pofil 3, Mai 2014), S. 1–25.

Fischer, Martin; **Gerds, Peter** (2000): Lernfeldorientierung in der aktuellen Modellversuchsforschung und ihre historischen Wurzeln in curricularen Ansätzen der gewerblich-technischen Berufsausbildung. In: Antonius Lipsmeier & Günter Pätzold (Hrsg.): *Lernfeldorientierung in Theorie und Praxis:* Steiner (ZBW- Zeitschrift für Berufs- und Wirtschaftspädagogik, Beiheft 15), S. 87–100.

Frank, Irmgard; **Kremer, Manfred**; **Paulini-Schlottau, Hannelore** (2010): Berufsprinzip und Konsensprinzip: Noch zeitgemäß? – oder „Totgesagte leben länger.“. In: *BIBB* (Bundesinstitut für Berufsbildung) (Hrsg.): *40 Jahre Bundesinstitut für Berufsbildung: 40 Jahre Forschen – Beraten – Zukunft gestalten.* Bonn: Bundesinstitut für Berufsbildung (BIBB), S. 119–129.

Fretwell, David; **Lewis, Morgan**; **Dej, Arjen** (2001): *A Framework for Defining and Assessing Occupational and Training Standards in Developing Countries.* Hg. v. European Training Foundation (ETF). Turin (Information Series, No. 386). Online verfügbar unter http://www.unevoc.unesco.org/e-forum/A_Framework_for_Defining_Training_Standards.pdf, zuletzt geprüft am 20.04.2015.

Frey, Thomas (2014): *162 Future Jobs: Preparing for Jobs that Don't Yet Exist.* Online verfügbar unter http://www.futuristspeaker.com/business-trends/162-future-jobs-preparing-for-jobs-that-dont-yet-exist/, zuletzt geprüft am 17.09.2017.

FSTuG (2017) – Fachschule für Technik und Gestaltung: *Pädagogisches Teamkonzept (PTK) 2017 – 2019 für FR Mechatronik, SP Betriebstechnik, für Mech-17.* Unter Mitarbeit von Karsten Hinz und Dietmar Post. Flensburg.

Galiäer, Lutz (2007): Das Kooperative Analaseverfahren – ein feldnahes Verfahren der Früherkennung von Qualifikationsentwicklungen. In: Lothar

Abicht, Peter Bott, Bernd Dworschak & Lutz Galiläer (Hrsg.): *Auf der Suche nach neuen Qualifikationen. Methoden der Früherkennung von Qualifikationsentwicklungen.* Bielefeld: W. Bertelsmann Verlag (Qualifikationen erkennen – Berufe gestalten, Bd. 13), S. 49–62.

Gartner (2018) – Gartner Industry Research: *Hype Cycle for Emerging Technologies, 2018.* Online verfügbar unter https://blogs.gartner.com, zuletzt geprüft am 11.06.2019.

Gebhardt, Jonas; **Grimm, Axel** (2016): Schwerpunkt High-Tech-Strategie und Industrie 4.0 – Auswirkungen auf Technik, Arbeit und Berufsbildung Jonas Gebhardt/Axel Grimm. In: *lernen & lehren Elektrotechnik-Informationstechnik-Metalltechnik-Fahrzeugtechnik,* 31. Jahrgang (Heft 121), S. 4–9.

Gensicke, Miriam; **Gidion, Gerd**; **Kuwan, Helmut** (2004): Soft Skills – Hart zu erarbeiten und schwer zu fassen. In: Hans-Jörg Bullinger, Ralf Mytzek & Beate Zeller (Hrsg.): *Soft skills. Überfachliche Qualifikationen für betriebliche Arbeitsprozesse.* Bielefeld: W. Bertelsmann Verlag (Qualifikationen erkennen, Berufe gestalten, Bd. 11), S. 91–94.

Gensicke, Miriam; **Kuwan, Helmut**; **Martinetz, Simone** (2007): Früherkennung von Qualifikationsentwicklung durch Fallstudien und quantifizierende Befragung- Das integrierte Forschungsprojekt des ADeBar-Verfahrens. In: Lothar Abicht, Peter Bott, Bernd Dworschak & Lutz Galiläer (Hrsg.): *Auf der Suche nach neuen Qualifikationen. Methoden der Früherkennung von Qualifikationsentwicklungen.* Bielefeld: W. Bertelsmann Verlag (Qualifikationen erkennen – Berufe gestalten, Bd. 13), S. 63–78.

Georg, Walter (2001): Wertigkeit von beruflicher Bildung und Beruf. In: Ute Lange, Klaus Harney, Sylvia Rahn & Heidrun Stachowski (Hrsg.): *Studienbuch Theorien der beruflichen Bildung. Grundzüge der Diskussion im 20. Jahrhundert.* 1. Aufl. Bad Heilbrunn/Obb.: Klinkhardt (Studienbücher Berufs- und Wirtschaftspädagogik, Bd. 1), S. 199–211.

Georg, Walter; **Sattel, Ulrike** (1995): Arbeitsmarkt, Beschäftigungssystem und Berufsbildung. In: Rolf Arnold & Antonius Lipsmeier (Hrsg.): *Handbuch der Berufsbildung.* Opladen: Leske + Budrich, S. 123–141.

Gericke, Werner (1935): Das Berufsbild. In: *Technische Erziehung,* 10. Jahrgang (Heft 2), S. 13–14.

Gewerbliche Fortbildungsschule Köln (1912) – Gewerbliche Fortbildungsschule Köln: *Jahresbericht über die Schuljahre 1910 und 1911 erstattet von Direktor Uhrmann.* Köln.

Gewerbliche Fortbildungsschule Köln (1914) – Gewerbliche Fortbildungsschule Köln: *Bericht über die Gewerbliche Fortbildungsschule der Stadt Köln.* Sommer 1914. Köln.

GI (2018) – Gesellschaft für Informatik e.V.: *Data Literacy und Data Science Education: Digitale Kompetenzen in der Hochschulausbildung.* Policy Paper der Präsidiums-Task-Force „Data Science“ der Gesellschaft für Informatik e.V. in Zusammenarbeit mit Vertretern der Deutschen Mathematiker-Vereinigung e.V., der Deutschen Physikalischen Gesellschaft e.V. und der Gesellschaft Deutscher Chemiker e.V. Berlin.

Gidion, Gerd; Kuwan, Helmut et al. (Hrsg.) (2000): *Spurensuche in der Arbeit.* Ein Verfahren zur Erkundung künftiger Qualifikationserfordernisse. Bielefeld: W. Bertelsmann Verlag (Qualifikationen erkennen – Berufe gestalten, Bd. 2).

Gillen, Julia (2013): Kompetenzorientierung als didaktische Leitkategorie in der beruflichen Bildung – Ansatzpunkte für eine Systematik zur Verknüpfung curricularer und methodischer Aspekte. In: *bwp@* (Ausgabe Nr. 24).

GIZ (2012) – Deutsche Gesellschaft für Internationale Zusammenarbeit (GIZ) GmbH: *The Labor Market Information System as an Instrument of Active Labor Market Policies.* Mannheim (Beiträge aus der Praxis der beruflichen Bildung, Nr. 11).

GIZ (2013) – Deutsche Gesellschaft für Internationale Zusammenarbeit (GIZ) GmbH: *Through Competence-Based to Employment-Oriented Education and Training.* A Guide for TVET Practitioners. Mannheim. Online verfügbar unter https://www.giz.de/akademie/de/downloads/Employment-Oriented_Education_and_Training.pdf, zuletzt geprüft am 08.05.2017.

Grant, Gerald (1979): Implications of Competence-Based Education. In: Gerald Grant, Peter Elbow, Thomas Ewens, Zelda Gamson, Wendy Kohli, William Neumann *et al. (Hrsg.): On competence: A critical analysis of competence based reforms in higher education.* San Francisco, Washington, London: Jossey-Bass, S. 1–17.

Grant, Gerald; Elbow, Peter et al. (Hrsg.) (1979): *On competence: A critical analysis of competence based reforms in higher education.* San Francisco, Washington, London: Jossey-Bass.

Greinert, Wolf-Dietrich (2005): *Berufliche Breitenausbildung in Europa.* Luxemburg: Amt für amtliche Veröffentlichungen der Europäischen Gemeinschaften (Cedefop panorama series, Bd. 114). Online verfügbar unter http://www.cedefop.europa.eu/files/5157_de.pdf, zuletzt geprüft am 09.03.2016.

Grimm, Axel (2011): *Planungsmerkmale von kompetenzorientiertem Berufsschulunterricht.* In: Friedhelm Schütte: *Lernen und Lehren in der beruflichen Bildung. Professionalisierung im Spannungsfeld von Hochschule und Schule.* Hg. v. Nina Fischer und Axel Grimm. Frankfurt am Main: Peter Lang.

Grimm, Axel (2016): Auf dem Weg zur Industrie 4.0. In: *lernen & lehren Elektrotechnik-Informationstechnik-Metalltechnik-Fahrzeugtechnik,* 31. Jahrgang (Heft 121), S. 2–3.

Grimm, Axel (2019): Vernetzung von Wissensräumen und Lernlandschaften. In: *lernen & lehren Elektrotechnik-Informationstechnik-Metalltechnik-Fahrzeugtechnik,* 34. Jahrgang (Heft 135), S. 92–97.

Grottker, Dieter (2013): „… Ein aufgeschlagenes Buch menschlicher Wesenskräfte“-Handwerksrationalität der Antike als Gegenstand historischer Berufsforschung. In: Jörg-Peter Pahl & Volkmar Herkner (Hrsg.): *Handbuch Berufsforschung.* 1. Aufl. Bielefeld: W. Bertelsmann Verlag, S. 49–60.

Grüner, Gustav (1975): Das Problem der Modernität der Lehrinhalte beruflicher Schulen (1967). In: Gustav Grüner (Hrsg.): *Curriculumproblematik der Berufsschule. Zur Entwicklungsgeschichte der Lehrpläne gewerblicher Berufsschulen.* Texte zur Berufsschulpädagogik. Stuttgart: Holland & Josenhans (Beiträge zur Pädagogik für Schule und Betrieb, Bd. 6), S. 142–146.

Grüner, Gustav (1978): *Bausteine zur Berufsschuldidaktik.* Trier: Spee-Verlag.

HA (2014) – Hauptausschuss des Bundesinstituts für Berufsbildung: *Arbeitshilfe zur Umsetzung der HA-Empfehlung Nr. 160 zur Struktur und Gestaltung von Ausbildungsordnungen – Ausbildungsberufsbild, Ausbildungsrahmenplan.* Stand: 13. Mai 2014. Online verfügbar unter https://www.bibb.de/dokumente/pdf/HA160_Arbeitshilfe.pdf, zuletzt geprüft am 01.01.2021.

HA (2016) – Hauptausschuss des Bundesinstituts für Berufsbildung: *Arbeitshilfe zur Umsetzung der HA-Empfehlung Nr. 160 zur Struktur und Gestaltung von Ausbildungsordnungen – Ausbildungsberufsbild, Ausbildungsrahmenplan.* Stand: 25. April 2016. Online verfügbar unter https://www.bibb.de/dokumente/pdf/HA160_Arbeitshilfe.pdf, zuletzt geprüft am 01.02.2015.

Haase, Peter; **Lacher, Michael** (1993): Die Herausforderung der Berufsbildung durch den internationalen Qualitätswettbewerb aus der Sicht der Organisationsentwicklung. In: G. Dybowski-Johannson, Peter Haase & Felix Rauner (Hrsg.): *Berufliche Bildung und betriebliche Organisationsentwicklung. Anregungen für die Berufsbildungsforschung: Dokumentation einer gemeinsamen Expertentagung des Bundesinstituts für Berufsbildung (Berlin), des Instituts Technik & Bildung (Bremen) und der Volkswagen AG (Wolfsburg).* Bremen: Donat Verlag (Reihe Berufliche Bildung, Bd. 15), S. 97–109.

Hackel, Monika; **Bertram, Bärbel**; **Blötz, Ulrich**; **Reymers, Magret**; **Tutschner, Herbert**; **Wasiljew, Elke** (2014): *Diffusion neuer Technologien. Veränderungen von Arbeitsaufgaben und Qualifikationsanforderungen im produzierenden Gewerbe (DifTech).* Abschlussbericht. Forschungsprojekt 4.1.301 (JFP2011): Bundesinstitut für Berufsbildung (BIBB). Bonn.

Hägele, Thomas; **Knutzen, Sönke** (2001): *Forschungsauftrag 3 / 2000 im BLK – Programm Neue Lernkonzepte in der dualen Berufsausbildung Analyse und Bewertung von Methoden zur Arbeitsprozessevaluierung als Grundlage lernfeldorientierter Curricula.* – Arbeitsprozesswissen und lernfeldorientierte Curricula -: Technische Universität Hamburg (TUHH). Online verfügbar unter http://www.forschungsnetzwerk.at, zuletzt geprüft am 29.10.2016.

Hagen, Joachim von (2018): *Verzeichnis anerkannter Ausbildungsberufe.* Bonn, 06.08.2018. E-Mail an Maik Jepsen.

Hall, Anja; **Santiago Vela, Ana** (2019): *Beruflicher Aufstieg durch überwertige Qualifikations und Erwerbstätigkeit – Männer und Frauen im Vergleich* (BIBB Report, Heft 1, Januar 2019).

HwO (2015): *Handwerksordnung,* vom 24.09.1998 I 3074; 2006, 2095; zuletzt geändert durch Art. 283 V v. 31.08.2015 I 1474.

Hartmann, Martin (2009): *„Analyse und Beschreibung von Berufsbildern als Grundlage für die Entwicklung von lernfeldbezogenen Lehrplänen für die Ausbildung zum/zur Staatlich geprüften Techniker/in in den Fachrichtungen Maschinentechnik sowie Sanitärtechnik, Heizungs- Lüftungs-, Klimatechnik und Kältetechnik“.* im Auftrag des Sächsischen Ministeriums für Kultus und des Sächsischen Bildungsinstituts: Technische Universität Dresden.

Hartmann, Michael; **Reimer, Kim** (2011): *Möglichkeiten und Grenzen einer statistischen Engpassanalyse nach Berufen.* Statistik/Arbeitsmarktberichterstattung. Hg. v. Bundesagentur für Arbeit (Statistik) (BA). Nürnberg. Online verfügbar unter https://statistik.arbeitsagentur.de, zuletzt geprüft am 07.12.2018.

Hauptmeier, Gerhard; **Kell, Adolf**; **Lipsmeier, Antonius** (1975): Zur Auswahlproblematik von Lehrinhalten und zur didaktischen Reduktion. In: Rolf Berke, Helmut Heid, Horst Laube, Antonius Lipsmeier & Karlwilhelm Stratmann (Hrsg.): *Die Deutsche Berufs- und Fachschule. Zeitschrift für Berufs- und Wirtschaftspädagogik.* Stuttgart (71. Jahrgang, Heft 12), S. 897–922.

HdBA (2020) – Hochschule der Bundesagentur für Arbeit: *Kommentiertes Vorlesungsverzeichnis.* Präsenztrimester 3, Jahrgang 2018, Januar – April 2020. Mannheim.

Hegelheimer, Armin; Alt, Christel; Foster-Dangers, Helga (1975): *Qualifikationsforschung.* Eine Literaturexpertise über ihre Bedeutung für die Berufsbildungsforschung (Schriften zur Berufsbildungsforschung, Bd. 33).

Heidemann, Winfried (2012): *Zukünftiger Qualifikations- und Fachkräftebedarf Handlungsfelder und Handlungsmöglichkeiten.* Ein Überblick. Hg. v. Hans Böckler Stiftung (HBS). Online verfügbar unter http://www.boeckler.de, zuletzt geprüft am 20.06.2016.

Heidreich, Jens; Bauer, Pascal; Krupka, Daniel (2018): *Future Skills: Ansätze zur Vermittlung von Data Literacy in der Hochschulbildung* (hochschulforum digitalisierung, Arbeitspapier Nr. 37).

Heilandt, Adolf (1926): Berufsabgrenzung in Metallindustrie, Schiffbau und Chemischer Industrie. In: *Technische Erziehung*, Jg. 1 (Heft 1), S. 4–7.

Heilandt, Adolf (1936): Industrielle Erwachsenenberufe und Lehrberufe. In: *Technische Erziehung*, Jg. 11 (Heft 11/12), S. 130–134.

Helmrich, Robert; **Tiemann, Michael** (2015): Ein Modell zur Beschreibung beruflicher Inhalte. In: *bwp@* (Ausgabe Nr. 29). Online verfügbar unter http://www.bwpat.de/ausgabe29/helmrich_tiemann_bwpat29.pdf, zuletzt geprüft am 05.04.2016.

Henninges, Hasso von; **Stooß, Friedemann**; **Troll, Lothar** (1976): Berufsforschung im IAB – Versuch einer Standortbestimmung. In: *Mitteilungen aus der Arbeitsmarkt- und Berufsforschung (MittAB)*, 9. Jg. Heft 1. Nürnberg, S. 1–18.

Hensge, Kathrin; **Lorig, Barbara**; **Schreiber, Daniel** (2009): *Kompetenzstandards in der Berufsausbildung.* Abschlussbericht. Forschungsprojekt 4.3.201 (JFP 2006). Hg. v. BIBB. Bonn.

Herkner, Volkmar (2003): *Deutscher Ausschuß für das Technische Schulwesen.* Untersuchungen unter besonderer Berücksichtigung metalltechnischer Berufe. Dissertation TU Dresden 2003. Hamburg: Dr. Kovac.

Hilbert, Christoph (2007): Systems of identification of skill needs in OECD countries. In: Olga Strietska-Ilina & Manfred Tessaring (Hrsg.): *Systems, institutional frameworks and processes for early identification of skill needs.* Luxembourg: Office for Official Publications of the European Communities (Cedefop panorama series, Bd. 135), S. 204–213.

Hilbert, Christoph; **Mytzek, Ralf** (2002): *Strategische und methodische Ansatzpunkte zur Ermittlung des regionalen Qualifikationsbedarfs*: Wissenschaftszentrum Berlin für Sozialforschung GmbH. Berlin (Discussion Papers, FS I 02 – 211). Online verfügbar unter https://nbn-resolving.org/urn:nbn:de:0168-ssoar-113251, zuletzt geprüft am 30.10.2018.

HKM (2011) – Hessisches Kultusministerium: *Lehrpläne für Berufliche Schulen Zweijährige Fachschulen Fachbereich Technik Fachrichtung Informationstechnik Fachrichtungsbezogener Bereich.* Wiesbaden.

Hobbensiefken, G. (1980): *Berufsforschung.* Einführung in traditionelle und moderne Theorien. Opladen: Leske + Budrich (Uni-Taschenbücher, Bd. 985).

Hoeckel, Kathrin; **Schwartz, Robert** (2010): *Lernen für die Arbeitswelt OECD-Studien zur Berufsbildung Deutschland.* Hg. v. Organisation für wirtschaftliche Zusammenarbeit und Entwicklung (OECD).

Hoffmann, Ernst (1962): *Zur Geschichte der Berufsausbildung in Deutschland.* Bielefeld: W. Bertelsmann Verlag.

Hofmann, Peter (1750): *Gesellenbescheinigung der geschworenen Meister des Handwerks der Drechsler.* Urkunde aus dem Jahr 1750 ist für den Gesellen Carl Ludwig Wohlfahrt. Online verfügbar unter http://www.schweinfurtfuehrer.de/geschichte/1700-1800/schweinfurter-gesellenbriefe/, zuletzt geprüft am 25.01.2016.

Hofmann, Sandra; **Laukhuf, Andrea**; **Spies, Sabrina**; **Hans, Jan Philipp** (2017): *Fachkräfte in den IT-Berufen zur Umsetzung der Digitalisierung in Baden-Württemberg.* Studie im Auftrag des Ministeriums für Wirtschaft, Arbeit und Wohnungsbau Baden-Württemberg: WifOR GmbH.

IGM; **Gesamtmetall**; **VDMA**; **ZVEI** (2017) – Industriegewerkschaft Metall; Arbeitgeberverband Gesamtmetall; Verband Deutscher Maschinen- und Anlagenbau e. V.; Zentralverband der Elektrotechnik- und Elektronikindustrie: *Ausbildung und Qualifizierung für Industrie 4.0 – Den Wandel erfolgreich gestalten – Agiles Verfahren.* Handlungsempfehlungen der Sozialpartner.

ILO (1923) – International Labour Office: *Systems of classification of industries and occupations.* Report prepared for the International Conference of Labour Statisticians (29 October to 2 November 1923). Geneva (Studies and Reports, Series N (Statistics), No. 1).

ILO (1948a) – International Labour Organization: *Co88 – Employment Service Convention, 1948 (No. 88).* Convention concerning the Organization of the Employment Service. 31st session of the ILC. Online verfügbar unter https://www.ilo.org, zuletzt geprüft am 01.06.2020.

ILO (1948b) – Internationale Arbeitsorganisation: *Übereinkommen 88.* Übereinkommen über die Organisation der Arbeitsmarktverwaltung, 1948. Online verfügbar unter https://www.ilo.org, zuletzt geprüft am 19.11.2020.

ILO (2012) – International Labour Office: *International Standard Classification of Occupations ISCO-08.* Structure, group definitions and correspondence tables. Volume 1. Geneva.

ILO (2014) – International Labour Office, Department of Statistics: *Skills mismatch in Europe.* Statistics Brief. Geneva: International Labor Office.

ILO (2015) – International Labour Office: *Anticipating and matching skills and jobs* (Guidance Note). Online verfügbar unter http://www.skillsforemployment.org, zuletzt geprüft am 02.07.2018.

ILO (2020) – International Labour Organization: *About the ILO.* Online verfügbar unter https://www.ilo.org, zuletzt geprüft am 31.12.2020.

Infratest (2001) – Infratest Sozialforschung GmbH: *Arbeitsnahe Dauerbeobachtung der Qualifikationsentwicklung mit dem Ziel der Früherkennung von Veränderungen in der Arbeit und in den Betrieben (AdeBar).* – Ergebnisbericht der ersten Erhebung-. Unter Mitarbeit von Helmut Kuwan und Miriam Thum. München.

Infratest (2002) – Infratest Sozialforschung GmbH: *Qualifikationsentwicklung im Bereich „Logistik.* – Ergebnisse der Betriebsbefragung im Rahmen der AdeBar-Studie -. Unter Mitarbeit von Helmut Kuwan und Miriam Thum. München.

ITAC (2016) – Information Technology Association of Canada: *Business Technology Management National Ocupational Standards.* Online verfügbar unter https://itactalent.ca, zuletzt geprüft am 05.09.2018.

Jacob, Marita; Kupka, Peter (Hrsg.) (2005): *Perspektiven des Berufskonzepts – die Bedeutung des Berufs für Ausbildung und Arbeitsmarkt.* Nürnberg (Beiträge zur Arbeitsmarkt- und Berufsforschung (BeitrAB), Bd. 297).

Jepsen, Maik (2017): Strukturkonzepte der Metall-, Elektro-, Fahrzeug-, und IT-Ausbildungsberufe – Auswirkungen auf die Beschulung am Beispiel der IT-Berufe. In: *lernen & lehren Elektrotechnik-Informationstechnik-Metalltechnik-Fahrzeugtechnik,* 32. Jahrgang (Heft 128), S. 144–149.

Jepsen, Maik (2021): Lehrplanentwicklung an Fachschulen. In: Axel Grimm (Hrsg.): *Didaktik der beruflichen Fachrichtung Informationstechnik/Informatik.* Band 1: Theoriebildung. Berlin: Peter Lang (Perspektiven auf Berufsbildung, Arbeit und Technik, Bd. 1), S. 365–381.

Jones, P. D. (1979): Labour Market Information Programmes – priority needs, constraints and opportunities in the Asian region. In: *ILO* (International Labour Office) (Hrsg.): *Labour market information in Asia. Present issues and taskes for the future.* Report on two workshops conducted with the support of the Federal Republik of Germany. Geneva, S. 35–62.

Kaiser, Franz (2015): Auf der Suche nach dem „Kaufmännischen" mit Mitteln der Berufsforschung – Ziele und Methoden bei der Erforschung der kaufmännischen Aus- und Fortbildungsberufe unter besonderer Berücksichtigung der Ordnungsmittelanalyse. In: Rainer Brötz & Franz Kaiser (Hrsg.): *Kaufmännische Berufe – Charakteristik, Vielfalt und Perspektiven.* Bonn (Berichte zur beruflichen Bildung), S. 15–47.

Kaiser, Franz; **Brötz, Rainer** (2015): Vom Monoberuf über Flexibilisierungskonzepte zum Individualberuf? Wenn Berufsbildungsforschung ihren Gegenstand zu verlieren droht. In: Rainer Brötz & Franz Kaiser (Hrsg.): *Kaufmännische Berufe – Charakteristik, Vielfalt und Perspektiven.* Bonn (Berichte zur beruflichen Bildung), S. 223–244.

Kallis, Hanno; Hägele, Thomas; Zinke, Gert (2014): *Betriebsuntersuchungen zur Analyse betrieblicher Tätigkeiten von Mechatronikern und Mechatronikerinnen sowie Elektronikern und Elektronikerinnen für Automatisierungstechnik.* Abschlussdokumentation. Hg. v. Bundesinstitut für Berufsbildung (BIBB).

Kennedy, Declan; Hyland, Áine; Ryan, Norma (2007): Writing and Using Learning Outcomes: A Practical Guide. In: Eric Froment, Jürgen Kohler, Lewis Purser & Lesley Wilson (Hrsg.): *EUA Bologna Handbook. Making Bologna Wor.* Berlin: Dr. Josef Raabe Verlag, C 3.4-1.

Kirdemier, Can (2014): Stationen in der Entwicklung der Berufskunde zur Berufswissenschaft am Beispiel von Fritz Molle. In: *dvb forum – Zeitschrift des Deutschen Verbandes für Bildungs- und Berufsberatung e.V.* (1), S. 38–43.

Klaffke, Henning (2015): *Qualität beruflicher Standards.* Dissertation. Institut für Technische Bildung & Hochschuldidaktik (ITBH). Berlin: epubli GmbH.

Klebl, Michael; Popescu-Willigmann, Silvester (2015): Bildungsplanung: Ziele und Inhalte der beruflichen Bildung gestalten. In: Michael Klebl & Silvester Popescu-Willigmann (Hrsg.): *Handbuch Bildungsplanung. Ziele und Inhalte beruflicher Bildung auf unterrichtlicher, organisationaler und politischer Ebene.* Bielefeld: W. Bertelsmann Verlag, S. 9–16.

Kleiner, Fritz (2013): *IT Service Management.* Aus der Praxis für die Praxis. Wiesbaden: Springer Vieweg.

Klieme, Eckhard (2004): Begründung, Implementation und Wirkung von Bildungsstandards: Aktuelle Diskussionslinien und empirische Befunde. Einführung in den Thementeil. Eine Expertise. In: *Zeitschrift für Pädagogik,* 50. Jahrgang (Heft 5), S. 625-634.

KMK (1973) – Sekretariat der Ständigen Konferenz der Kultusminister der Länder in der Bundesrepublik Deutschland: *Rahmenvereinbarung der Kultusministerkonferenz zur Ausbildung der Lehrer für das berufliche Schulwesen vom 5. Oktober 1973.*

KMK (1996) – Sekretariat der Ständigen Konferenz der Kultusminister der Länder in der Bundesrepublik Deutschland: *Handreichungen für die Erarbeitung von Rahmenlehrplänen der Kultusministerkonferenz für den berufsbezogenen Unterricht in der Berufsschule und ihre Abstimmung mit Ausbildungsordnungen des Bundes für anerkannte Ausbildungsberufe.* Stand 09.05.1996. Bonn.

KMK (1997) – Sekretariat der Ständigen Konferenz der Kultusminister der Länder in der Bundesrepublik Deutschland: *Rahmenlehrplan für den Ausbildungsberuf Fachinformatiker/Fachinformatikerin,* vom Beschluß der Kultusministerkonferenz vom 25.04.1997. Fundstelle: Beilage zum Bundesanzeiger Nr. 68 vom 8. April 1998.

KMK (2004) – Sekretariat der Ständigen Konferenz der Kultusminister der Länder in der Bundesrepublik Deutschland: *Bildungsstandards der Kultusministerkonferenz.* Erläuterungen zur Konzeption und Entwicklung. Veröffentlichungen der Kultusministerkonferenz. München, Neuwied: Luchterhand-Verlag.

KMK (2010) – Sekretariat der Ständigen Konferenz der Kultusminister der Länder in der Bundesrepublik Deutschland: *Erklärung der Kultusministerkonferenz für eine zukunftsorientierte Gestaltung der dualen Berufsausbildung.* (Beschluss der Kultusministerkonferenz vom 09.12.2010).

KMK (2017a) – Sekretariat der Kultusministerkonferenz Referat Berufliche Bildung, Weiterbildung und Sport: *Handreichung für die Erarbeitung von Rahmenlehrplänen der Kultusministerkonferenz für den berufsbezogenen Unterricht in der Berufsschule und ihre Abstimmung mit Ausbildungsordnungen des Bundes für anerkannte Ausbildungsberufe.* Berlin.

KMK (2017b) – Sekretariat der Ständigen Konferenz der Kultusminister der Länder in der Bundesrepublik Deutschland: *Rahmenvereinbarung über Fachschulen.* (Beschluss der Kultusministerkonferenz vom 07.11.2002 i.d.F. vom 19.05.2017).

KMK (2018) – Sekretariat der Ständigen Konferenz der Kultusminister der Länder in der Bundesrepublik Deutschland: *Handreichung für die Erarbeitung von Rahmenlehrplänen der Kultusministerkonferenz für den berufsbezogenen Unterricht in der Berufsschule und ihre Abstimmung mit Ausbildungsordnungen des Bundes für anerkannte Ausbildungsberufe.* Berlin.

Koch-Rogge, Manuela (2018): *Arbeitshilfe zur Niveaueinschätzung.* HRK nexus Tagung „Kompetenzen im Fokus: Instrumente für gute Anerkennung und Anrechnung". Online verfügbar unter https://www.hrk-nexus.de, zuletzt geprüft am 22.03.2019.

Kosta, Jiri; **Krings, Inge**; **Lutz, Burkart** (1970): *Probleme der Klassifikation von Erwerbstätigen und Tätigkeiten.* Ein Gutachten über die notwendigen Grundlagenforschungen und Möglilchkeiten für pragmatische Verbesserungen der „Berufs"-Klassifikation: Institut für sozialwissenschaftliche Forschung e.v. München (ISF). München. Online verfügbar unter http://www.isf-muenchen.de, zuletzt geprüft am 25.06.2014.

Kraus, Katrin (2007): *Vom Beruf zur Employability?* Zur Theorie einer Pädagogik des Erwerbs. Unveränd. Nachdr. der 1. Aufl. Wiesbaden: VS Verlag für Sozialwissenschaften.

Kruse, Wilfried (1986): Von der Notwendigkeit des Arbeitsprozesswissens. In: Jochen Schweitzer (Hrsg.): *Bildung für eine menschliche Zukunft.* Weinheim, Basel: Juventa-Verlag, S. 188–193.

Kuckartz, Udo (2016): *Qualitative Inhaltsanalyse. Methoden, Praxis, Computerunterstützung.* 3., überarbeitete Auflage. Weinheim, Basel: Beltz Verlag.

Kunzmann, Margret et al. (1999): *Development of standards in vocational education and training.* July 1998 (reprinted with updates 1999). Manual. European Training Foundation (ETF). Luxembourg: Office for Official Publications of the European Communities (Qualifications and training methods, Volume 1).

Kupka, Peter; Biersack, Wolfgang (2006): Berufsstruktur und Beschäftigung im Wandel – Entwicklungen von 1994 bis 2004. In: Manfred Eckert & Arnuf Zöllner (Hrsg.): *Der europäische Berufsbildungsraum – Beiträge der Berufsbildungsforschung. 6. Forum der Arbeitsgemeinschaft Berufsbildungsforschungsnetz (AG BFN) vom 19. – 20. September 2005 an der Universität Erfurt.* Bielefeld: W. Bertelsmann Verlag (Berichte zur beruflichen Bildung, Bd. 3), S. 139–149.

Kutscha, Günter (1992): ‚Entberuflichung' und ‚Neue Beruflichkeit'. Thesen und Aspekte zur Modernisierung der Berufsbildung und ihrer Theorie. In: *ZBW,* 88. Jahrgang (Heft 7), S. 535–548.

Kutscha, Günter (2008): Beruflichkeit als regulatives Prinzip flexibler Kompetenzentwicklung – berufsbildungstheoretischer Sicht. In: *bwp@* (Ausgabe Nr. 14).

LAAST (1927) – Landesarbeitsamt Sachsen-Anhalt: *Handbuch der Berufe.* Teil II Akademische Berufe. Magdeburg: Selbstverlag des Ladesarbeitsamtes Sachsen-Anhalt.

Lankard Brown, Bettina (2003): *Connecting CTE to Labor Market Information*: Educational Resources Information Center. Online verfügbar unter http://calpro-online.org/eric/docs/pab00037.pdf, zuletzt geprüft am 05.02.2017.

Laur-Ernst, Ute; Kunzmann, Margret; Hoene, Bernd (2000): *Development of Standards in Vocational Education and Training – Specification, Experience, Examples.* July 1999 (reprinted with updates 2000). Manual. European Training Foundation (ETF). Luxembourg: Office for Official Publications of the European Communities (Qualifications and training methods, Volume 2). Online verfügbar unter http://www.etf.europa.eu/, zuletzt geprüft am 15.04.2015.

Le Deist, Francoise Delamare; Winterton, Jonathan (2005): What Is Competence? In: *Human Resource Development International,* 8 (1), S. 27–46. Online verfügbar unter https://pdfs.semanticscholar.org/4935/1fda77b8c 3ac6e376b3ea9299f926628a4d9.pdf.

Lester, Stan (2014): Professional competence standards and frameworks in the United Kingdom. Draft March 2013. In: *Assessment and Evaluation in*

Higher Education, 39 (1), S. 38–52. Online verfügbar unter http://devmts.org.uk/compstds.pdf, zuletzt geprüft am 03.09.2018.

Lienert, Gustav A.; Raatz, Ulrich (1998): *Testaufbau und Testanalyse.* 6. Aufl.: Beltz Verlag.

Lipsmeier, Antonius (1978): *Didaktik der Berufsausbildung Analyse und Kritik didaktischer Strukturen der schulischen und betrieblichen Berufsausbildung.* München: Juventa Verlag (Studientexte Fernuniversität).

Lipsmeier, Antonius (1994): Die Berufsschullehrerausbildung im Kontext der Reformierbarkeit von Hochschulen und Berufsschulen. In: Meinhard Stach & Gabriele Wiechmann-Schröder (Hrsg.): *20 Jahre Berufspädagogik an der Gesamthochschule Kassel. Studien und Forschungsschwerpunkte, Rückblick und Perspektiven.* Kassel: Gesamthochschulbibliothek (Berufs- und Wirtschaftspädagogik, Band 17), S. 91–105.

Lipsmeier, Antonius (2000): Systematisierungsprinzipien für berufliche Curricula. In: Antonius Lipsmeier & Günter Pätzold (Hrsg.): *Lernfeldorientierung in Theorie und Praxis,* Beiheft 15: Steiner (ZBW- Zeitschrift für Berufs- und Wirtschaftspädagogik, Beiheft 15), S. 54–71.

Lipsmeier, Antonius (2014): Berufliche Fachrichtung als Wissenschaft (Berufswissenschaft) – Über den Export eines fragwürdigen deutschen Konstrukts in asiatische Länder. In: *ZBW,* 110 (3), S. 449–461.

Lipsmeier, Antonius (2015): Curriculumentwicklung: Verfahren und Prinzipien. In: Michael Klebl & Silvester Popescu-Willigmann (Hrsg.): *Handbuch Bildungsplanung. Ziele und Inhalte beruflicher Bildung auf unterrichtlicher, organisationaler und politischer Ebene.* Bielefeld: W. Bertelsmann Verlag, S. 277–308.

Löns, Rolf; Ott, Jutta; Paulsen, Bent; Pomschlegel, Hans; Rüger, Sigrid; Tillmann, Heinrich et al. (1974): Qualifikations- und Arbeitsanalyse. In: Jutta Allmendinger (Hrsg.): *Sonderdruck aus: Mitteilungen aus der Arbeitsmarkt- und Berufsforschung,* Jg. 7, H. 2. Stuttgart: W. Kohlhammer (MittAB), S. 164–189.

Luxem, Elmar (1972): Die funktionsorientierte Bestimmung vonTätigkeitsinhalten. In: Jutta Allmendinger (Hrsg.): *Sonderdruck aus: Mitteilungen aus der Arbeitsmarkt- und Berufsforschung,* 5. Jg. Heft 3. Stuttgart: W. Kohlhammer (MittAB), S. 226–229. Online verfügbar unter http://doku.iab.de/mittab/1972/, zuletzt geprüft am 27.08.2018.

Maier, Tobias; Zika, Gerd; Wolter, Marc Ingo; Kalinowski, Michael; Mönnig, Anke; Schneemann, Christian (2018): Zusatzmaterial zum BIBB REPORT 7/2018. Methodenkasten: QuBe-Projekt. In: *BIBB Report,* 12. Jahrgang (7).

Maier, Tobias; Zika, Gerd; Wolter, Marc Ingo; Kalinowski, Michael; Neuber-Pol, Caroline (2016): Die Bevölkerung wächst – Engpässe bei fachlichen Tätigkeiten bleiben aber dennoch bestehen. In: *BIBB Report,* 10. Jahrgang (3), S. 1–20.

Mangozho, Nicholas (2003): *Current Practices in Labour Market Information Systems Development For Human Resources Development Planning in Developed, Developing and Transition Economies.* Hg. v. International Labour Office (ILO). Genf (Skills working paper, No. 13). Online verfügbar unter http://www.ilo.org/wcmsp5/groups/public/---ed_emp/---ifp_skills/documents/publication/wcms_103881.pdf, zuletzt geprüft am 02.01.2021.

Mansfield, Bob (2003): *Core and entrepreneurial skills in vocational education and training.* From concept and theory to practical application. European Training Foundation (ETF). Luxembourg: Office for Official Publications of the European Communities.

Mansfield, Bob (2004): Competence in transition. In: *Journal of European Industrial Training* (Volume 28, Issue 2/3/4), S. 296–309. Online verfügbar unter http://www.ufhrd.co.uk/wordpress/wp-content/uploads/2008/06/competence-in-transition.doc, zuletzt geprüft am 30.05.2015.

Mansfield, Bob; Mitchell, Lindsay (1996): *Towards a competent workforce.* Aldershot, Hampshire, England, Brookfield, Vermont, USA: Gower.

Mansfield, Bob; Schmidt, Hermann (2001): *Linking Vocational Education and Training Standards and Employment Requirements.* An International Manual. Prepared for the European Training Foundation (as part of their series of manuals on the development of vocational education and training standards). Hg. v. PRIME Research and Development Ltd (PRIME) und European Training Foundation (ETF). Online verfügbar unter http://www.etf.europa.eu/pubmgmt.nsf/%28getAttachment%29/1B0D23E77876D6F7C12571FE00473D6B/.

Markowitsch, Jörg; Plaimauer, Claudia (2009): Descriptors for competence: towards an international standard classification for skills and competences. In: *Journal of European Industrial Training,* 33 (Vol. 33 Iss 8/9), S. 817–837. DOI: 10.1108/03090590910993652.

Markowitsch, Jörg; Plaimauer, Claudia; Gaubitsch, Reinhold (2007): New developments in the early identification of skill needs in Austria: the AMS skills barometer. In: Olga Strietska-Ilina & Manfred Tessaring (Hrsg.): *Systems, institutional frameworks and processes for early identification of skill needs.* Luxembourg: Office for Official Publications of the European Communities (Cedefop panorama series, Bd. 135), S. 191–200.

Marwede, Manfred (2013): Vom Wesen einer rechtsfähigen Schule am Beispiel der Regionalen Berufsbildungszentren in Schleswig-Holstein – Ein anspruchsvoller Weg. In: *Zeitschrift für Bildungsverwaltung (ZBV)*, 29 (2), S. 3–31.

Matthes, Britta; **Burkert, Carola**; **Biersack, Wolfgang** (2008): *Berufssegmente Eine empirisch fundierte Neuabgrenzung vergleichbarer beruflicher Einheiten*. Hg. v. Institut für Arbeitsmarkt- und Berufsforschung (IAB) (IAB-Discussionspaper, 35/2008). Online verfügbar unter http://doku.iab.de/discussionpapers/2008/dp3508.pdf, zuletzt geprüft am 02.01.2021.

Mayring, Philipp (2010): *Qualitative Inhaltsanalyse*. Grundlagen und Techniken. 11., aktualisierte und überarb. Aufl. Weinheim, Basel: Beltz Verlag.

MBF (2007) – Ministerium für Bildung und Frauen Schleswig-Holstein: *Errichtung von Regionalen Berufsbildungszentren – Handreichung für Berufliche Schulen*. Kiel.

MBWK (2017) – Ministerium für Bildung, Wissenschaft und Kultur des Landes Schleswig-Holstein: *Lehrplan für die Fachschule Technik Fachrichtung Mechatronik*. Schwerpunkte Automatisierungstechnik Betriebstechnik Mikrotechnologien.

McLaughlin, Stephen; **Sherry, Martin**; **Carcary, Marian**; **O'Brien, Conor**; **Fanning, Fiona**; **Theodorakis, Dimitris et al.** (2012): *e-Skills and ICT Professionalism Fostering the ICT Profession in Europe*. Final Report: Innovation Value Institute (IVI); Council of European Professional Informatics Societies (CEPIS). Online verfügbar unter http://ec.europa.eu/enterprise/sectors/ict/files/eskills/ict_professionalism_report_en.pdf, zuletzt geprüft am 15.10.2014.

Mertens, Dieter (1968a): Empirische Grundlagen für die Analyse der beruflichen Flexibilität. In: Jutta Allmendinger (Hrsg.): *Sonderdruck aus: Mitteilungen aus der Arbeitsmarkt- und Berufsforschung*, Bd. 5. Stuttgart: W. Kohlhammer (MittAB), S. 336–344. Online verfügbar unter http://doku.iab.de/mittab/1968/1968_05_MittAB_Mertens.pdf, zuletzt geprüft am 18.07.2017.

Mertens, Dieter (1968b): Rahmenvorstellungen für die Aufgaben des Instituts für Arbeitsmarkt-und Berufsforschung. In: Jutta Allmendinger (Hrsg.): *Sonderdruck aus: Mitteilungen aus der Arbeitsmarkt- und Berufsforschung*, Bd. 1. Stuttgart: W. Kohlhammer (MittAB), S. 5–17.

Mertens, Dieter (1973): Der unscharfe Arbeitsmarkt. In: Jutta Allmendinger (Hrsg.): *Sonderdruck aus: Mitteilungen aus der Arbeitsmarkt- und Berufsforschung*, 6. Jg. Heft 4. Stuttgart: W. Kohlhammer (MittAB), S. 314–325. Online verfügbar unter http://doku.iab.de/mittab/1973/1973_4_MittAB_Mertens.pdf, zuletzt geprüft am 21.04.2016.

Mertens, Dieter (1974): Schlüsselqualifikationen. Thesen zur Schulung für eine moderne Gesellschaft. In: Jutta Allmendinger (Hrsg.): *Sonderdruck* *aus: Mitteilungen aus der Arbeitsmarkt- und Berufsforschung*, 7. Jg. Heft 1. Stuttgart: W. Kohlhammer (MittAB), S. 36–43. Online verfügbar unter http://doku.iab.de/mittab/1974/1974_1_MittAB_Mertens.pdf, zuletzt geprüft am 06.10.2017.

MFBWS (1996) – Ministerium für Frauen, Bildung, Weiterbildung und Sport des Landes Schleswig-Holstein: *Stoffpläne Fachschule Fachschule für Technik Fachrichtung Informatik*. Schwerpunkt Technische Informatik.

Moll, Karl-Rudolf (1994): *Informatik-Management*. Aufgabengebiete; Lösungswege; Controlling. Berlin: Springer.

Molle, Fritz (1965): *Leitfaden der Berufsanalyse*. Anleitung zur Bearbeitung und Verwertung berufskundlicher Grundunterlagen. Köln: Westdeutscher Verlag.

Molle, Fritz (1967): Berufsanalyse und Berufsprognostik in der Berufsberatung. In: Westdeutscher Verlag (Hrsg.): *Wissenschaft und Praxis: Festschrift zum zwanzigjährigen Bestehen des Westdeutschen Verlages 1967*. Wiesbaden: Springer, S. 149–163.

Molle, Fritz (1968a): Definitionsfragen in der Berufsforschung dargestellt am Beispiel der Begriffe Beruf und Berufswechsel. In: Jutta Allmendinger (Hrsg.): *Sonderdruck aus: Mitteilungen aus der Arbeitsmarkt- und Berufsforschung*. Stuttgart: W. Kohlhammer (MittAB), S. 148–159. Online verfügbar unter http://doku.iab.de/mittab/1968/1968_03_MittAB_Molle.pdf, zuletzt geprüft am 11.01.2016.

Molle, Fritz (1968b): *Handbuch der Berufskunde*. Köln: Carl Heymanns Verlag KG.

Mulder, Martin (2006): Kompetenz – Bedeutung und Verwendung des Begriffs in der beruflichen Erstausbildung und Weiterbildung. In: *Cedefop* (European Centre for the Development of Vocational Training) (Hrsg.): *Europäische Zeitschrift für Berufsbildung* (Nr. 40 – 2007/1), S. 5–26.

NCES (2010) – U.S. Department of Education's National Center for Education Statistics: *Classification of Instructional Programs (CIP) – 2010 Mapped to Standard Occupational Classification (SOC) – 2010*. Online verfügbar unter https://nces.ed.gov, zuletzt aktualisiert am 29.03.2020.

Neuweg, Geog Hans; **Putz, Peter** (2018): Methodologische Grundprobleme der Berufsbildungsforschung – Einführung. In: Felix Rauner & Philipp Grollmann (Hrsg.): *Handbuch Berufsbildungsforschung*. 3. Auflage. Bielefeld: W. Bertelsmann Verlag, S. 681–685.

Nisic, Natascha; **Trübswetter, Parvati** (2012): *Berufswechsler in Deutschland und Großbritannien*. Hg. v. Institut für Arbeitsmarkt- und Berufsforschung

(IAB) (IAB-Kurzbericht, 1). Online verfügbar unter http://doku.iab.de/kurzber/2012/kb0112.pdf, zuletzt geprüft am 08.11.2017.

NIST (2011) – National Institute of Standards and Technology: *The NIST Definition of Cloud Computing.* Unter Mitarbeit von Peter Mell und Timothy Grance (NIST Special Publication, 800-145). Online verfügbar unter https://nvlpubs.nist.gov/nistpubs/Legacy/SP/nistspecialpublication800-145.pdf, zuletzt geprüft am 29.11.2019.

o. V. (1937): Leitsätze für die Anerkennung von gelernten Facharbeiterberufen (Industriehandwerker) und Lehrberufen. In: *Technische Erziehung,* 12. Jahrgang (Heft 1), S. 15.

OECD (2007) – Organisation for Economic Co-operation and Development: *Revised Field of science and technologiy (FOS) classification in the Frascati manual.* Online verfügbar unter http://www.oecd.org/science/inno/38235147.pdf, zuletzt geprüft am 16.11.2016.

OECD (2017) – Organisation für wirtschaftliche Zusammenarbeit und Entwicklung: *Bildung auf einen Blick 2017.* OECD-Indikatoren. Bielefeld: W. Bertelsmann Verlag.

onetcenter (2010) – National Center for O*NET Development: *Updating the O*NET®-SOC Taxonomy: Incorporating the 2010 SOC Structure.* Summary and Implementation. Raleigh. Online verfügbar unter https://www.onetcenter.org, zuletzt aktualisiert am 27.05.2015.

Ott, Mariska (2015): *Lernwegoffenheit in der französischen Berufsbildung.* Zum Potenzial von Outcome-Orientierung. Dissertation. Wiesbaden: Springer VS.

Pahl, Jörg-Peter (2017): *Berufe, Berufswissenschaft und Berufsbildungswissenschaft.* Bielefeld: W. Bertelsmann Verlag.

Pahl, Jörg-Peter (2018): Berufsforschung und Berufsbildungsforschung – Einführung. In: Felix Rauner & Philipp Grollmann (Hrsg.): *Handbuch Berufsbildungsforschung.* 3. Auflage. Bielefeld: W. Bertelsmann Verlag, S. 127–129.

Pappi, Franz Urban (1979): Der Beitrag der Umfrageforschung zur Sozialstrukturanalyse. In: Franz Urban Pappi (Hrsg.): *Sozialstrukturanalysen mit Umfragedaten. Probleme der standardisierten Erfassung von Hintergrundsmerkmalen in allgemeinen Bevölkerungsumfragen.* Königstein/Ts: Athenäum Verlag (Monographien sozialwissenschaftliche Methoden, Band 2), S. 9–40.

Parmentier, Klaus; **Dostal, Werner** (2002): Qualifikation und Erwerbssituation in Deutschland – Konzeption und inhaltliche Schwerpunkte der BIBB/IAB-Erhebungen. In: Gerhard Kleinhenz (Hrsg.): *IAB-Kompendium Arbeitsmarkt- und Berufsforschung.* (Beiträge zur Arbeitsmarkt- und

Berufsforschung (BeitrAB), 250), S. 31–44. Online verfügbar unter http://doku.iab.de/beitrab/2002/beitr250_104.pdf, zuletzt geprüft am 02.01.2021.

Parmentier, Klaus; **Stooß, Friedemann**; **Tessaring, Manfred** (1994): Berufs- und Qualifikationsforschung. In: Friedrich Buttler (Hrsg.): *Arbeitsmarkt- und Berufsforschung.* 2., neubearb. Aufl. Stuttgart/Berlin/Köln: W. Kohlhammer (Aufgaben und Praxis der Bundesanstalt für Arbeit, Bd. 4), S. 131–171.

Pätzold, Günter; **Rauner, Felix** (2006a): Die empirische Fundierung der Curriculumentwicklung – Annäherungen an einen vernachlässigten Forschungszusammenhang. In: Günter Pätzold & Felix Rauner (Hrsg.): *Qualifikationsforschung und Curriculumentwicklung.* Stuttgart: Franz Steiner Verlag (ZBW- Zeitschrift für Berufs- und Wirtschaftspädagogik, Beiheft 19), S. 7–28.

Pätzold, Günter; Rauner, Felix (Hrsg.) (2006b): *Qualifikationsforschung und Curriculumentwicklung.* Stuttgart: Franz Steiner Verlag (ZBW- Zeitschrift für Berufs- und Wirtschaftspädagogik, Beiheft 19).

Paulus, Wiebke; **Matthes, Britta** (2013): *Klassifikation der Berufe Methodische Aspekte zu Arbeitsmarktdaten.* Struktur, Codierung und Umsteigeschlüssel: Forschungsdatenzentrum der Bundesagentur für Arbeit im Institut für Arbeitsmarkt und Berufsforschung (FDZ) (FDZ Methodenreport, 08/2013). Online verfügbar unter http://doku.iab.de/fdz/reporte/2013/MR_08-13.pdf, zuletzt geprüft am 26.10.2014.

Paulus, Wiebke; **Schweitzer, Ruth**; **Wiemer, Silke** (2010): *Klassifikation der Berufe 2010 – Entwicklung und Ergebnis.* Methodenbericht: Bundesagentur für Arbeit (Statistik) (BA). Nürnberg. Online verfügbar unter http://statistik.arbeitsagentur.de/Statischer-Content/Grundlagen/Methodenberichte/Generische-Publikationen/Methodenbericht-Klassifikation-Berufe-2010.pdf, zuletzt geprüft am 18.11.2013.

Petersen, A. Willi (1994a): Didaktik der Elektrotechnik. Ein Neuansatz zur Rahmenlehrplangestaltung für den berufsbezogenen Unterricht. In: Martin Kipp, Gerd Neumann & Günter Spreth (Hrsg.): *Kasseler berufspädagogische Impulse. Festschrift für Helmut Nölker.* Frankfurt a. M.: Gesellschaft zur Förderung arbeitsorientierter Forschung und Bildung, S. 251–278.

Petersen, A. Willi (1994b): *Evaluation und Revision der hessischen Rahmenlehrpläne Berufsfelder Metall- und Elektrotechnik.* Abschlussbericht 1994: Universität Bremen, Institut Technik und Bildung. Bremen.

Petersen, A. Willi (1996a): Berufs- und fachdidaktische Aspekte einer arbeitsorientierten Erstausbildung im Berufsfeld ‚Elektrotechnik'. In: Jörg-Peter Pahl (Hrsg.): *Perspektiven gewerblich technischer Erstausbildung*

Ansichten – Bedingungen – Probleme. Seelze-Velber: Kallmeyer'sche Verlagsbuchhandlung, S. 199–223.

Petersen, A. Willi (1996b): Das Studium der Berufs- und Fachdidaktik zur beruflichen Fachrichtung Elektrotechnik im Diplomstudiengang Berufspädagogik. In: Antonius Lipsmeier & Felix Rauner (Hrsg.): *Beiträge zur Fachdidaktik Elektrotechnik.* Stuttgart: Holland & Josenhans (Beiträge zur Pädagogik für Schule und Betrieb, Band 16).

Petersen, A. Willi (2002): Curriculumforschung im Kontext der industriellen und handwerklichen Elektroberufe. In: Peter Gerds, Martin Fischer & Ludger Deitmer (Hrsg.): *Was leistet die Berufsbildungsforschung für die Entwicklung neuer Lernkonzepte?* Bielefeld: W. Bertelsmann Verlag (Berufsbildung, Arbeit und Innovation, Band 13), S. 140–184.

Petersen, A. Willi (2005): Geschäfts- und Arbeitsprozesse als Grundlage beruflicher Ausbildungs- und Lernprozesse. In: *lernen & lehren Elektrotechnik-Informationstechnik-Metalltechnik-Fahrzeugtechnik,* 20. Jahrgang (Heft 80), S. 163–174.

Petersen, A. Willi (2011): Qualifikationen und Kompetenzen von Fachkräften – Europäische Arbeitsmarktprobleme im Kontext transnationaler Bewertungen und Anerkennungen von Berufsqualifikationen. In: *bwp@* (Spezial 5 FT 08 0.1), S. 1–25. Online verfügbar unter http://www.bwpat.de/ht2011/ft08/petersen_ft08-ht2011.pdf, zuletzt geprüft am 26.12.2015.

Petersen, A. Willi (2013): Ansatz und Beitrag der Didaktik zur Qualität der Berufsausbildung. In: *lernen & lehren Elektrotechnik-Informationstechnik-Metalltechnik-Fahrzeugtechnik,* 28. Jahrgang (Heft 109), S. 4–12.

Petersen, A. Willi (2014): Struktur- und Profilwandel der Elektro- und IT-Ausbildungsberufe als systemischer Gegenstand der Berufs- und Berufsbildungsforschung. In: Eckart Severing & Reinhold Weiß (Hrsg.): *Weiterentwicklung von Berufen. Herausforderungen für die Berufsbildungsforschung.* 1. Aufl: W. Bertelsmann Verlag (Berichte zur beruflichen Bildung), S. 79–97.

Petersen, A. Willi (2015): Berufsgruppen und Berufsfelder als Konstrukte beruflicher Systematisierungen zum Beschäftigungs- und Bildungssystem. In: *lernen & lehren Elektrotechnik-Informationstechnik-Metalltechnik-Fahrzeugtechnik,* 30. Jahrgang (Heft 120), S. 136–142.

Petersen, A. Willi (2018a): Berufe, Berufsgruppen und Berufsfelder: Systematisierungen aus internationaler und nationaler Sicht. In: Felix Rauner & Philipp Grollmann (Hrsg.): *Handbuch Berufsbildungsforschung.* 3. Auflage. Bielefeld: W. Bertelsmann Verlag, S. 96–106.

Petersen, A. Willi (2018b): Berufswissenschaften als Ansatz und Inhalt beruflicher Fachrichtungen. In: Matthias Becker, Axel Grimm, Volkmar Herkner

& Reiner Schlausch (Hrsg.): *Flensburger Perspektiven zur Lehre und Forschung für die Berufsbildung. 20 Jahre biat.* Berlin: Peter Lang, S. 255–292.

Petersen, A. Willi; Bauer, Christian; Büßen, Eckhard; Elsborg, Leif; Jensen, Michael; Jung, Stephan et al. (2008): *IMWatT „Internationalisierte Mechatronik für Windkraft-Technologie"*. Bedarfsanalysen und Qualifizierungsangebote für eine prospektive wirtschaftliche Entwicklung im Sektor erneuerbarer Energie in der Region Sønderjylland / Schleswig". Abschlussbericht 2008.

Petersen, A. Willi; Rauner, Felix (1996): *Evaluation und Weiterentwicklung der Rahmenlehrpläne des Landes Hessen Berufsfelder Metall- und Elektrotechnik.* Gutachten im Auftrag des Hessischen Kultusministeriums Universität Bremen, Institut Technik und Bildung: Universität Bremen – Institut Technik & Bildung. Bremen.

Petersen, A. Willi; Wehmeyer, Carsten (2003): *Evaluation der neuen IT-Berufe. Aufgedeckt: IT-Arbeitsprozesse und Ausbildung in der Betriebspraxis.* Eine bundesweite Studie im Auftrag des Bundesinstituts für Berufsbildung BiBB. Teilprojekt 2. Betriebliche Fallstudien: Berufsbildungsinstitut Arbeit und Technik, Universität Flensburg (biat). Flensburg.

Petersen, A. Willi; Wehmeyer, Carsten (2004): *EUQuaSIT European Qualification Strategies in Information and Communications Technology (ICT) Recommendations on European ICT Qualifications.* (Final Project Report 2004): Berufsbildungsinstitut Arbeit und Technik, Universität Flensburg (biat). Flensburg.

Phan, Thuy; Hansen, Ellen; Price, David (2001): *The public employment service in a changing labour market.* International Labour Office (ILO). Geneva: International Labor Office. Online verfügbar unter http://www.bollettinoadapt.it/old/files/document/15574THUY_HANSEN_PRIC.pdf, zuletzt geprüft am 18.03.2018.

Pôle emploi (2019) – Pôle emploi: *Mise à disposition du Répertoire Opérationneldes Métier et des Emplois (ROME).* Online verfügbar unter https://www.pole-emploi.org/files/live/sites/peorg/files/documents/Statistiques-et-analyses/Open-data/ROME/engagements_pe_rome.pdf, zuletzt geprüft am 20.09.2020.

Prakopchyk, Yuliya; Lorig, Barbara; Mettin, Gisela; Milolaza, Anita; Padur, Torben (2015): *Taxonomie in Fortbildungsordnungen.* Abschlussbericht. Entwicklungsprojekt 4.2454: Bundesinstitut für Berufsbildung (BIBB). Bonn.

Prognos AG (2017) – Prognos AG: *Errichtung eines Instituts für Berufliche Bildung in Schleswig-Holstein (SHIBB).* Empfehlungen für eine Rechts- und Organisationsform und den Errichtungsprozess. Gutachten.

Pukas, Dietrich (1988): *Die gewerbliche Berufsschule der Fachrichtung Metalltechnik: ihre Entstehung um die Jahrhundertwende und ihre Entwicklung bis zur Gegenwart.* Zugl.: Hannover, Univ., Diss., 1987. Alsbach: Leuchtturm-Verlag (Darmstädter Beiträge zur Berufspädagogik, Band 10).

Pütz, Helmut (2000): Beschluss des Bündnisses für Arbeit wird missachtet. In: *BWP*, 29. Jahrgang (Heft 6), S. 3–4.

Rädiker, Stefan; Kuckartz, Udo (2019): *Analyse qualitativer Daten mit MAXQDA.* Text, Audio und Video. Wiesbaden: Springer Fachmedien Wiesbaden GmbH; Springer VS.

Rammstedt, Beatrice (2010): Reliabilität, Validität, Objektivität. In: Christof Wolf & Henning Best (Hrsg.): *Handbuch der Sozialwissenschaftlichen Datenanalyse.* Wiesbaden: VS Verlag für Sozialwissenschaften, S. 241–260.

Rauner, Felix (1993): Zur Begründung und Struktur Gewerblich-Technischer Fachrichtungen als universitäre Fächer. In: Alfred Bannwitz & Felix Rauner (Hrsg.): *Wissenschaft und Beruf. Berufliche Fachrichtungen im Studium von Berufspädagogen des gewerblich-technischen Bereiches.* Bremen: Donat Verlag (Berufliche Bildung, Band 17), S. 10–37.

Rauner, Felix (2002): Qualifikationsforschung und Curriculum – ein aufzuklärender Zusammenhang. In: Rolf Dubs, Helmut Heid, Antonius Lipsmeier & Günter Pätzold (Hrsg.): *ZBW*, Bd. 98: Franz Steiner Verlag (ZBW- Zeitschrift für Berufs- und Wirtschaftspädagogik, Heft 4), S. 530–554.

Rauner, Felix (2004a): Qualifikationsforschung und Curriculum- ein aufzuklärender Zusammenhang. In: Felix Rauner (Hrsg.): *Qualifikationsforschung und Curriculum. Analysieren und Gestalten beruflicher Arbeit und Bildung.* Bielefeld: W. Bertelsmann Verlag (Berufsbildung, Arbeit und Innovation Forschungsberichte, Bd. 25), S. 9–43.

Rauner, Felix (2004b): Reformbedarf in der beruflichen Bildung aus internationaler Perspektive -Teil II. In: *lernen & lehren Elektrotechnik-Informationstechnik-Metalltechnik-Fahrzeugtechnik,* 19. Jahrgang (Heft 76), S. 182–185.

Rauner, Felix (2006): Praktisches Wissen und berufliche Handlungskompetenz. In: *Cedefop* (European Centre for the Development of Vocational Training) (Hrsg.): *Europäische Zeitschrift für Berufsbildung* (Nr. 40 – 2007/1), S. 57–72.

Rauner, Felix (2008): Methoden der Berufsbildungsforschung. In: Martin Fischer & Georg Spöttl (Hrsg.): *Forschungsperspektiven in Facharbeit und Berufsbildung. Strategien und Methoden der Berufsbildungsforschung.* Frankfurt am Main: Peter Lang (Berufliche Bildung in Forschung, Schule und Arbeitswelt, Band 3), S. 116–138.

Rauner, Felix (2013): Von einer fragmentierten zu einer interdisziplinären Berufsforschung. In: Jörg-Peter Pahl & Volkmar Herkner (Hrsg.): *Handbuch Berufsforschung.* 1. Aufl. Bielefeld: W. Bertelsmann Verlag, S. 132–145.

Rauner, Felix; Bremer, Rainer; Bretschneider, Markus; Haasler, Bernd; Heise, Wulf; Herms, Olav et al. (2001): *Modellversuch GAB. Gemeinsamer Zwischenbericht und 1.* Sachbericht. Bremen: Institut Technik und Bildung, Universität Bremen (ITB)..

Rauner, Felix; Grollmann, Philipp (Hrsg.) (2018): *Handbuch Berufsbildungsforschung.* 3. Auflage. Bielefeld: W. Bertelsmann Verlag.

Rauner, Felix; Heidegger, Gerald (1997): *Reformbedarf in der beruflichen Bildung: Gutachten im Auftrag des Landes Nordrhein-Westfalen.* Hg. v. Ministerium für Wirtschaft und Mittelstand, Technologie und Verkehr des Landes Nordrhein-Westfalen (MWMTV): Geschäftsstelle Ausbildungskonsens NRW. Düsseldorf.

Reetz, Lothar; Seyd, Wolfgang (1995): Curriculare Strukturen beruflicher Bildung. In: Rolf Arnold & Antonius Lipsmeier (Hrsg.): *Handbuch der Berufsbildung.* Opladen: Leske + Budrich, S. 203–219.

Reinisch, Holger (2011): *Lernergbnisse-/Outcome-Orientierung – Was soll das eigentlich?* DECVET-Fachtagung in Dresden 23. Juni 2011. Online verfügbar unter http://www.ausbildung-und-studium.de/projekte/decvet/Praesentation_Reinisch.pdf, zuletzt aktualisiert am 10.01.2017.

Resch, Olav (2019): *IT-Management.* Hg. v. Gabler-Wirtschaftslexikon. Online verfügbar unter https://wirtschaftslexikon.gabler.de/definition/it-management-52753/version-275868, zuletzt aktualisiert am 16.11.2019.

Richter, Lothar (1989): *Upgrading labour market information in developing countries.* Problems, progress, and prospects. A synthesis o f the results of an ILO/DANIDA inter-regional seminar. Geneva: International Labour Office.

Ridsdale, Chantel; Rothwell, James; Smit, Mike; Bliemel, Michael; Irvine, Dean; Kelley, Dan et al. (2015): *Strategies and Best Practices for Data Literacy Education.* Knowledge Synthesis Report: Dalhousie University.

Riedl, Alfred (2011): *Didaktik der beruflicher Bildung.* 2. Aufl. Stuttgart: Franz Steiner Verlag.

Řihová, Hana (2016): *Using labour market information.* European Training Foundation (ETF); European Centre for the Development of Vocational Training (Cedefop); International Labour Office (ILO). Luxembourg: Publications Office of the European Union (Guide to anticipating and matching skills and jobs, Volume 1). Online verfügbar unter http://www.cedefop.europa.eu/files/2215_en.pdf, zuletzt geprüft am 02.01.2021.

Röben, Peter; **Stuber, Franz** (2005): Geschäftsprozessorientierung. Vom (begrenzten) Nutzen eines Leitbilds in der Berufsbildung. In: *lernen & lehren Elektrotechnik-Informationstechnik-Metalltechnik-Fahrzeugtechnik,* 20. Jahrgang (Heft 80), S. 148–153.

Robinsohn, Saul B. (1967): *Bildungsreform als Revision des Curriculum und Ein Strukturkonzept für Curriculumentwicklung.* Neuwied am Rhein und Berlin: Luchterhand-Verlag.

Rohde, Urs (2012): *Die betrieblilche Klassifikation der Erwerbstätigen im Bereich der Elektroberufe auf der Grundlage der „Klassifikation der Berufe 2010".* Masterarbeit an der Europa-Universität Flensburg, unveröffentlicht.

Rohrbach-Schmidt, Daniela; **Hall, Anja** (2020): *BIBB/BAuA-Erwerbstätigenbefragung 2018.* BIBB-FDZ Daten- und Methodenbericht. 1. Aufl.: Bundesinstitut für Berufsbildung (BIBB). Bonn.

Rosendahl, Anna; **Wahle, Manfred** (2015): Debatten zur Krise von Beruf und Beruflichkeit: A Never Ending Story? In: Martin Fischer, Karin Büchter & Tim Unger (Hrsg.): *Beruf,* Ausgabe 29, Update März 2016 (bwp@, Bd. 29).

Saat, Jan; **Behrmann, Wolf**; **Vages, Peter** (2019): *IT-Organisation.* Hg. v. Gabler-Banklexikon. Online verfügbar unter https://www.gabler-banklexikon.de/definition/it-organisation-70702/version-337312, zuletzt aktualisiert am 16.11.2019.

Sauter, Edgar (2006): Berufsbildungsforschung und Berufsbildungsdialog. In: Felix Rauner (Hrsg.): *Handbuch Berufsbildungsforschung.* 2. Aufl. Bielefeld: W. Bertelsmann Verlag, S. 61–67.

Schapfel-Kaiser, Franz (2010): Entwicklung der Klassifizierung der Berufe 2010 (KLdB 2010) abgeschlossen. In: *BWP,* 39. Jahrgang (BWPplus Heft 4), S. 2.

Schapfel-Kaiser, Franz; **Brötz, Rainer**; **Grunwald, Jörg-Günther**; **Nies, Nicole**; **Tutschner, Herbert** (2010): *Berufsfachkundliche Prüfung des Entwicklungsstandes der KldB 2010.* Abschlussbericht: Bundesinstitut für Berufsbildung (BIBB). Bonn.

Schenk, Harald; **Schneider, Verena**; **Tutschner, Herbert**; **Wasiljew, Elke** (2012): *Evaluierung des IT-Weiterbildungssystems: Untersuchung des Nutzens der IT- Weiterbildung und des Verbleibs von Operativen und Strategischen Professionals.* Abschlussbericht: Bundesinstitut für Berufsbildung (BIBB). Bonn.

Schernus, Wolfgang; **Meier, Martin**; **Hägele, Thomas** (2015): Entwicklung von fachschulischen Bildungsplänen als strukturierte arbeitsprozessorientierte Bildungsplanerstellung. In: BAG Elektrotechnik, Informationstechnik, Metalltechnik und Fahrzeugtechnik e. V. (Hrsg.): *Bedeutungsverlust* *oder Imagegewinn? Wandel der elektro- und metalltechnischen Aus- und Weiterbildung. Tagungsband 25. BAG-Fachtagung 2015 18. Hochschultage Berufliche Bildung an der Technischen Universität Dresden.* Bremen, S. 77–93.

Schierholz, Malte; **Brenner, Lorraine**; **Cohausz, Lea**; **Damminger, Lisa**; **Fast, Lisa**; **Hörig, Ann-Kathrin et al.** (2018): *Eine Hilfsklassifikation mit Tätigkeitsbeschreibungen für Zwecke der Berufskodierung.* Leitgedanken und Dokumentation: Institut für Arbeitsmarkt- und Berufsforschung (IAB). Nürnberg (IAB-Discussion Paper, 13/2018). Online verfügbar unter http://doku.iab.de/discussionpapers/2018/dp1318.pdf, zuletzt geprüft am 18.05.2018.

SchulG SH (2007): *Schleswig-Holsteinisches Schulgesetz.* Fundstelle: Ges. v. 14.12.2017, GVOBl. S. 514.

Schmidt, Herrad (2003): *Wege zum erfolgreichen Kundenbeziehungsmanagement.* Arbeitsbericht Nr. 43: Institut für Wirtschaftsinformatik Siegen.

Schmidt, Susanne Liane; **Steeger, Gudrun** (2005): Die FreQueNz-Initiative als Beispiel eines nationalen Netzwerkes zur Früherkennung von Qualifikationserfordernissen. In: Susanne Liane Schmidt, Olga Strietska-Ilina, Manfred Tessaring & Bernd Dworschak (Hrsg.): *Ermittlung künftiger Qualifikationserfordernisse Forschungstransfer in Politik und Praxis* (Cedefop Reference series, Bd. 59).

Schmiel, Martin (1971): Deckungsanalysen der Ausbildungsordnungen von Ausbildungsberufen. In: Jutta Allmendinger (Hrsg.): *Sonderdruck aus: Mitteilungen aus der Arbeitsmarkt und Berufsforschung,* 4. Jg./1971. Stuttgart: W. Kohlhammer (MittAB), S. 253–331. Online verfügbar unter http://doku.iab.de/mittab/1971/1971_3_MittAB_Schmiel.pdf, zuletzt geprüft am 07.03.2018.

Schubarth, Wilfried; **Speck, Karsten** (2014): *Employability und Praxisbezüge im wissenschaftlichen Studium.* Fachgutachten. Hg. v. Hochschulrektorenkonferenz (HRK). Online verfügbar unter http://www.hrk-nexus.de/fileadmin/redaktion/hrk-nexus/07-Downloads/07-02-Publikationen/Fachgutachten_Employability.pdf, zuletzt geprüft am 10.02.2016.

Schüller, Katharina (2018): Data Labs: New knowledge for schools? In: Rolf Biehler, Lea Budde, Daniel Frischmeier, Birte Heinemann, Susanne Podworny, Carsten Schulte & Thomas Wassong (Hrsg.): *Paderborn Symposium on Data Science Education at School Level 2017: The Collected Extended Abstracts.* Paderborn, S. 46–50.

Schwarz, Henrik; **Conein, Stephanie**; **Tutschner, Herbert**; **Isenmann, Martin**; **Schmickler, Anja** (2016): *Voruntersuchung IT-Berufe.* Abschlussbericht – Teil A. Projekt 4.2.497: Bundesinstitut für Berufsbildung (BIBB). Bonn.

Schwarz, Henrik; **Tutschner, Herbert**; **Zinke, Gert**; **Conein, Stephanie** (2015): *Leistungsbeschreibung zur Vergabe eines Auftrages im Rahmen* *des Projektes Nr. 4.2.497 „Voruntersuchung IT-Berufe“*: Bundesinstitut für Berufsbildung (BIBB). Bonn.

SDS (2009) – The Skills Development Scotland Co Limited: *ESKITP6032 IT Disaster Recovery Level 2 Role*. Online verfügbar unter https://www.ukstandards.org.uk, zuletzt geprüft am 13.10.2020.

Seibert, Holger (2007): *Berufswechsel in Deutschland*. Wenn der Schuster nicht bei seinem Leisten bleibt …: Institut für Arbeitsmarkt- und Berufsforschung (IAB) (IAB-Kurzbericht, 1). Online verfügbar unter http://doku.iab.de/kurzber/2007/kb0107.pdf, zuletzt geprüft am 08.11.2017.

Severing, Eckart; **Stahl, Thomas** (2002): Qualitätssicherung in der Beruflichen Bildung – Europäische Konzepte und Erfahrungen. In: Rolf Arnold (Hrsg.): *Qualitätssicherung in der Berufsbildungszusammenarbeit*. Baden-Baden: Nomos (gtz: Studien zur vergleichenden Berufspädagogik, Bd. 17), S. 33–51.

Seyd, Wolfgang (1980): Die Abnehmerbefragung als Instrument zur Situationsanalyse im Rahmen der Curriculumentwicklung. In: Rolf Berke, Helmut Heid, Horst Laube, Antonius Lipsmeier & Karlwilhelm Stratmann (Hrsg.): *Zeitschrift für Berufs- und Wirtschaftspädagogik*, 76. Band, Heft 2. Wiesbaden: Steiner Verlag, S. 91–104.

Söllner, Dierk (2018): *Die DASA DevOps-Prinzipien als Basis für ein modernes IT-Kompetenz- und Skillframework*. Hg. v. Online-Magazin Informatik Aktuell. Online verfügbar unter https://www.informatik-aktuell.de/entwicklung/methoden/das-dasa-devops-kompetenzmodell-und-die-6-devops-prinzipien.html#c24729, zuletzt aktualisiert am 25.09.2020.

SGB III (1997): *Sozialgesetzbuch (SGB) Drittes Buch*, vom 17.07.2017. Fundstelle: BGBl. I S. 2581.

SGB IV (2017): *Sozialgesetzbuch (SGB) Viertes Buch*, vom 18.07.2017. Fundstelle: BGBl. I S. 2757.

Spranger, Eduard (1965): *Umbildungen im Berufsleben und in der Berufserziehung*. In: Eduard Spranger: *Grundlegende Bildung – Berufsbildung, Allgemeinbildung*. Hg. v. Joachim H. Knoll. Heidelberg: Quelle & Meyer (Grundlagen und Grundfragen der Erziehung Quellentexte für Seminar und Arbeitsgemeinschaft, 9/10), S. 46–57.

SQA (2006) – Scottish Qualifications Authority: *Using National Occupational Standards in the development of SQA Group Awards*. First edition. Glasgow (Publication code: DA3337).

SQA (2017) – Scottish Qualifications Authority: *Group Award Specification for: HND Computing: Technical Support*. Group Award Code: GM9D 16.

STAT (2012) – Statistik Austria: *Österreichischen Systematik der Wissenschaftszweige 2012.* Erhebung über Forschung und experimentelle Entwicklung 2013. Wien.

STAT (2015) – Statistik Austria: *Schlagwortverzeichnis (6-Steller-Verzeichnis) zur Österreichischen Systematik der Wissenschaften 2012.* Zuordnung von Arbeitsgebieten (Sechsstellern) Fassung: Juli 2015. Mit englischer Übersetzung. Wien.

StBa (1970) – Statistisches Bundesamt: *Klassifizierung der Berufe.* Systematisches und alphabetisches Verzeichnis der Berufsbenennungen. Ausgabe 1970. Ausg. 1970 (Systematische Verzeichnisse).

StBa (1975) – Statistisches Bundesamt: *Klassifizierung der Berufe.* Systematische und alphabetisches Verzeichnis der Berufsbenennungen. Ausgabe 1975. Stuttgart: W. Kohlhammer.

StBa (1992) – Statistisches Bundesamt: *Klassifizierung der Berufe 1992 (KLDB 92).* – Gliederungstruktur bis zur 4 Steller-Ebene -. Wiesbaden.

StBa (2008) – Statistisches Bundesamt: *Klassifikation der Wirtschaftszweige 2008.* Mit Erläuterungen. Wiesbaden. Online verfügbar unter www.destatis.de, zuletzt geprüft am 08.09.2015.

Steeger, Gudrun (2007): Die Früherkennungsinitiative des Bundesministreriums für Bildung und Forschung – Geleitwort zu dieser Veröffentlichung. In: Lothar Abicht, Peter Bott, Bernd Dworschak & Lutz Galiläer (Hrsg.): *Auf der Suche nach neuen Qualifikationen. Methoden der Früherkennung von Qualifikationsentwicklungen.* Bielefeld: W. Bertelsmann Verlag (Qualifikationen erkennen – Berufe gestalten, Bd. 13), S. 7–8.

Stein, Petra; **Vollnhals, Sven** (2011): *Grundlagen clusteranalytischer Verfahren*: Institut für Soziologie – Universität Duisburg-Essen. Online verfügbar unter https://www.uni-due.de/imperia/md/content/soziologie/stein/skript_clusteranalyse_sose2011.pdf, zuletzt geprüft am 08.08.2018.

Stooß, Friedemann (1977): Die Systematik der Berufe und der beruflichen Tätigkeiten. In: Karl-Heinz Seifert, Hans-Henning Eckhardt & Walter Jaide (Hrsg.): *Handbuch der Berufspsychologie.* Göttingen: Verlag für Psychologie Hogrefe, S. 69–98.

Stooß, Friedemann; **Saterdag, Hermann** (1979): Systematik der Berufe und der beruflichen Tätigkeiten. In: Franz Urban Pappi (Hrsg.): *Sozialstrukturanalysen mit Umfragedaten. Probleme der standardisierten Erfassung von Hintergrundsmerkmalen in allgemeinen Bevölkerungsumfragen.* Königstein/Ts: Athenäum Verlag (Monographien sozialwissenschaftliche Methoden, Band 2), S. 41–57.

Stooß, Friedemann; Stothfang, Eckhard (1985): *Berufskunde.* Stuttgart: W. Kohlhammer (Aufgaben und Praxis der Bundesanstalt für Arbeit, Heft 7).

Stratmann, Karlwilhelm (1975): Curriculum und Curriculumprojekte im Bereich der beruflichen Aus- und Fortbildung. In: Karl Frey (Hrsg.): *Curriculum-Handbuch, Band III.* München: R. Pieper & Co. Verlag, S. 335–349.

Swarat, Gerald (2018): Data Science Experts: Bedarf und Möglichkeiten diesen zu decken. In: *Data Literacy und Data Science Education: Digitale Kompetenzen in der Hochschulausbildung. Policy Paper der Präsidiums-Task-Force „Data Science" der Gesellschaft für Informatik e.V. in Zusammenarbeit mit Vertretern der Deutschen Mathematiker-Vereinigung e.V., der Deutschen Physikalischen Gesellschaft e.V. und der Gesellschaft Deutscher Chemiker e.V.* Berlin, S. 14–18.

Tärre, Michael (2013): Forschung zu berufsförmiger informationstechnischer Arbeit in ausgewählten nicht-akademischen Berufen. In: Jörg-Peter Pahl & Volkmar Herkner (Hrsg.): *Handbuch Berufsforschung.* 1. Aufl. Bielefeld: W. Bertelsmann Verlag, S. 648–659.

Teichler, Ulrich (1995): Qualifikationsforschung. In: Rolf Arnold & Antonius Lipsmeier (Hrsg.): *Handbuch der Berufsbildung.* Opladen: Leske + Budrich, S. 501–508.

Teichler, Ulrich (2013): Hochschule und Arbeitswelt. Theoretische Überlegungen, politische Diskurse und empirische Befunde. In: Gudrun Hessler, M. Oechsle & I. Scharlau (Hrsg.): *Studium und Beruf: Studienstrategien – Praxiskonzepte – Professionsverständnis. Perspektiven von Studierenden und Lehrenden nach der Bologna-Reform.* Bielefeld: transcript Verlag, S. 21–38.

Tiemann, Michael; **Schade, Hans-Joachim**; **Helmrich, Robert**; **Braun, Uta**; **Hall, Anja**; **Bott, Peter** (2008): *Berufsfeld-Definitionen des BIBB.* auf Basis der KldB 1992. Zweite Fassung, Stand: 29. Mai 2008: Bundesinstitut für Berufsbildung (BIBB). Bonn.

Tiemeyer, Ernst; Beims, Martin (2016): *Handbuch IT-Systemmanagement.* Handlungsfelder, Prozesse, Managementinstrumente, Good-Practices. München: Hanser.

Tippins, Nancy T.; Hilton, Margaret L. (Hrsg.) (2010): *A Database for a Changing Economy: Review of the Occupational Information Network (O*NET).* Review of the Occupational Information Network (O*NET): Committee on National Statistics, Division of Behavioral. Washington, DC: The National Academies Press. Online verfügbar unter http://www.nap.edu/catalog/12814/a-database-for-a-changing-economy-review-of-the-occupational, zuletzt geprüft am 30.05.2015.

Tramm, Tade (2003): Prozess, System und Systematik als Schlüsselkategorien lernfeldorientierter Curriculumentwicklung. In: *bwp@* (Ausfgabe Nr. 4). Online verfügbar unter http://www.bwpat.de/ausgabe4/tramm_bwpat4.pdf, zuletzt geprüft am 03.10.2017.

Tramm, Tade; **Eckert, Manfred** (2004): Stand und Perspektiven der Berufsbildungsforschung aus Sicht der Berufs- und Wirtschaftspädagogik. In: Reinhard Czycholl & Reinhard Zedler (Hrsg.): *Stand und Perspektiven der Berufsbildungsforschung.* Nürnberg (Beiträge zur Arbeitsmarkt- und Berufsforschung (BeitrAB), Bd. 280), S. 55–86. Online verfügbar unter http://doku.iab.de/beitrab/2004/beitr280_055.pdf, zuletzt geprüft am 02.01.2021.

Trewin, Dennis; **Pink, Brian** (2006): *ANZSCO – Australian and New Zealand Standard Classification of Occupations.* First Edition: Australian Bureau of Statistics/Statistics New Zealand (ABS) (ABS cat. no. 1220.0). Online verfügbar unter http://www.ausstats.abs.gov.au/ausstats/subscriber.nsf/0/69651C2DD21FE15BCA2575DF001CB1CC/, zuletzt geprüft am 19.05.2015.

UKCES (2011) – UK Commission for Employment and Skills: *NOS Strategy 2010-2020.* Online verfügbar unter https://www.gov.uk/government/uploads/system/uploads/attachment_data/file/304235/nos-strategy-2011.pdf, zuletzt geprüft am 18.04.2015.

UKCES; **Alliance** (2011) – UK Commission for Employment and Skills; Alliance of Sector Skills Councils: *National Occupational Standards Quality Criteria with Explanatory Notes.* Online verfügbar unter https://www.gov.uk/government/uploads/system/uploads/attachment_data/file/304238/nos-quality-criteria-2011.pdf, zuletzt geprüft am 18.04.2015.

Ulrich, Joachim Gerd (2005): Einführung Probleme bei der Bestimmung von Ausbildungsplatznachfrage und Ausbildungsplatzangebot. In: *BIBB* (Bundesinstitut für Berufsbildung) (Hrsg.): *Der Ausbildungsmarkt und seine Einflussfaktoren. Ergebnisse des Experten-Workshops vom 1. und 2. Juli 2004 in Bonn.* Bonn: Bundesinstitut für Berufsbildung (BIBB) (Schriftenreihe des Bundesinstituts für Berufsbildung), S. 5–36.

UNESCO (2012) – United Nations Educational, Scientific and Cultural Organization: *International Standard Classification of Education ISCED 2011.* Montreal: UNESCO Institute for Statistics.

UNESCO; **ILO** (2002) – United Nations Educational, Scientific and Cultural Organization; International Labour Organization: *Technical and Vocational Education and Training for the Twenty-first Century.* UNESCO and ILO Recommendations.

USDOL/ETA (2018) – U.S. Department of Labor/Employment and Training Administration: *Occupational Information Network (O*NET).* Online verfügbar unter https://www.onetonline.org/, zuletzt aktualisiert am 13.08.2018.

Verbi (2007) – Verbi Software. Consult. Sozialforschung. GmbH: *MAXQDA 2007 Einführung.* Marburg.

InformationsTechMstrV (2002): *Verordnung über das Meisterprüfungsberufsbild und über die Prüfungsanforderungen in den Teilen I und II der Meisterprüfung im Informationstechniker-Handwerk,* vom 17.06.2002 (BGBl. I S. 2328), die durch Artikel 11 der Verordnung vom 17.11.2011 (BGBl. I S. 2234) geändert worden ist". Online verfügbar unter http://www.gesetze-im-internet.de/informationstechmstrv/InformationsTechMstrV.pdf, zuletzt geprüft am 01.04.2018.

IT-FortbV (2014): *Verordnung über die berufliche Fortbildung im Bereich der Informations- und Telekommunikationstechnik (IT-Fortbildungsverordnung),* vom 03.05.2002 (BGBl. I S. 1547), die zuletzt durch Artikel 55 der Verordnung vom 26.03.2014 (BGBl. I S. 274) geändert worden ist.

LAP-gehD-BAV (2001): *Verordnung über die Laufbahn, Ausbildung und Prüfung für den gehobenen nichttechnischen Dienst in der Bundesanstalt für Arbeit (LAP-gehD-BAV),* vom 07.08.2001. Fundstelle: BGBl. I S. 2222.

Vicari, Basha (2014): *Grad der standardisierten Zertifizierung des Berufs.* Ein Indikator zur Messung institutioneller Eigenschaften von Berufen (KldB 2010, KldB 1988): Forschungsdatenzentrum der Bundesagentur für Arbeit im Institut für Arbeitsmarkt und Berufsforschung (FDZ) (FDZ-Methodenreport, 04/2014). Online verfügbar unter http://doku.iab.de/fdz/reporte/2014/MR_04-14.pdf, zuletzt geprüft am 03.10.2018.

WB BMWi (2015) – Wissenschaftlicher Beirat beim Bundesministerium für Wirtschaft und Energie: *Regionale Wirtschaftsförderung.* Stand: 25. Juni 2015.

Weber, Enzo (2017): Digitalisierung als Herausforderung für eine Weiterbildungspolitik. In: *Wirtschaftsdienst,* 97 (5), S. 372–374. Online verfügbar unter https://www.econstor.eu/bitstream/10419/172704/1/372-374-Oekonomische-Trends-Weber.pdf, zuletzt geprüft am 09.10.2018.

Weber, Max (1999): *Wirtschaft und Gesellschaft.* Nach der ersten vollst. Ausgabe v. 1922. In: Karsten Worm: *Max Weber im Kontext – Werke auf CD-ROM Abschnitt: Wirtschaft und Gesellschaft (1922*).*

Weigel, Christoph (1698): *Abbildung der gemein-nützlichen Haupt-Stände von denen Regenten und ihren so in Frieden- als Kriegs-Zeiten zugeordneten Bedienten an bisz auf alle Künstler und Handwerker*: **SLUB**. Online verfügbar unter http://digital.slub-dresden.de/werkansicht/dlf/88/1/, zuletzt geprüft am 20.01.2016.

Weinert, Franz E. (2001): Vergleichende Leistungsmessung in Schulen – eine umstrittene Selbstverständlichkeit. In: Franz E. Weinert (Hrsg.): *Leistungsmessungen in Schulen.* Weinheim, Basel: Beltz Verlag, S. 17–31.

Weiß, Reinhold (2014): Berufsbildungsforschung des BIBB: Auftrag, Anspruch, Perspektiven. In: Stefan F. Dietl, Hermann Schmidt, Reinhold Weiß & Wolfgang Wittwer (Hrsg.): *Ausbilder-Handbuch,* Loseblattausgabe, Beitrag veröffentlicht in: 164.-Erg.-Lfg. November 2014. Köln: Deutscher Wirtschaftsdienst. Online verfügbar unter https://www.bibb.de/dokumente/pdf/publikation_berufbildungsforschung-bibb_weiss.pdf.

Wellenreuther, Martin (2000): *Quantitative Forschungsmethoden in der Erziehungswissenschaft.* Eine Einführung. Weinheim, München: Juventa-Verl. (Grundlagentexte Pädagogik).

Weniger, Erich (1975): Theorie der Bildungsinhalte und des Lehrplans (1930/1952). In: Bruno Schonig (Hrsg.): *Ausgewählte Schriften zur geisteswissenschaftlichen Pädagogik. Mit einer Bibliographie.* Weinheim: Beltz Verlag (Beltz-Monographien), S. 199–294.

Wesselink, Renate; Biemans, Harm J. A.; Mulder, Martin; van den Elsen, Elke R. (2006): Kompetenzbasierte Berufsbildung aus der Sicht der niederländischen Wissenschaftler. In: *Cedefop* (European Centre for the Development of Vocational Training) (Hrsg.): *Europäische Zeitschrift für Berufsbildung* (Nr. 40 - 2007/1), S. 41–56.

Westdeutscher Verlag (Hrsg.) (1967): *Wissenschaft und Praxis: Festschrift zum zwanzigjährigen Bestehen des Westdeutschen Verlages 1967.* Wiesbaden: Springer.

Wijnands, Willy (2020): *eduScrum „Die Spielregeln".* Der eduScrum Guide: eduScrum team. Online verfügbar unter https://www.eduscrum.nl/img/The_eduScrum_guide_German_2.pdf, zuletzt geprüft am 14.12.2020.

Wild, C. J.; Pfannkuch, M. (1999): Statistical Thinking in Empirical Enquiry. In: *International Statistical Review,* 67 (3), S. 223–265. Online verfügbar unter https://iase-web.org/documents/intstatreview/99.Wild.Pfannkuch.pdf.

Wilson, Robert A.; Tarjáni, Hajnalka; Řihová, Hana (2016): *Working at sectoral level.* Guide to anticipating and matching skills and jobs. European Training Foundation (ETF); European Centre for the Development of Vocational Training (Cedefop); International Labour Office (ILO). Luxembourg: Publications Office of the European Union (Guide to anticipating and matching skills and jobs, Volume 3). Online verfügbar unter https://www.cedefop.europa.eu/files/2217_en.pdf, zuletzt geprüft am 12.06.2020.

Windelband, Lars (2006): *Früherkennung des Qualifikationsbedarfs in der Berufsbildung.* 1. Aufl. Bielefeld: W. Bertelsmann Verlag.

Wollnik, Thomas (2012): Reglementierte Berufe – Grundlagen, Formen und Bedeutung. In: *BIBB* (Bundesinstitut für Berufsbildung) (Hrsg.): *BWP Berufsbildung in Wissenschaft und Praxis. Zeitschrift des Bundesinstituts für Berufsbildung* (6/2012).

WR (2011) – Wissenschaftsrat: *Umsetzung der Empfehlungen aus der zurückliegenden Evaluation des Instituts für Arbeitsmarkt- und Berufsforschung (IAB), Nürnberg.* Drs. 1626-11 Halle 11 11 2011. Online verfügbar unter http://doku.iab.de/grauepap/2011/Wissenschaftsrat_IAB-Bewertung_2011.pdf, zuletzt geprüft am 02.01.2021.

Wrobel, Christian; **Steinmann, Dieter** (2018): *Experiences and Pitfalls Establishing a Smart Data Lab and Transferring Prototypes into Production.* Paper 1908-2018. Online verfügbar unter https://www.sas.com/content/dam/SAS/support/en/sas-global-forum-proceedings/2018/1908-2018.pdf, zuletzt geprüft am 12.12.2020.

Zarnekow, Rüdiger (2007): *Produktionsmanagement von IT-Dienstleistungen.* Grundlagen, Aufgaben und Prozesse. 1. Aufl. Berlin: Springer (Business Engineering).

Zeller, Beate; **Richter, Lothar**; **Dauser, Dominique** (2004): Kompetent für einfache Tätigkeiten? Der Wandel der Kompetenzanforderungen an „einfache Arbeit". In: Hans-Jörg Bullinger, Ralf Mytzek & Beate Zeller (Hrsg.): *Soft skills. Überfachliche Qualifikationen für betriebliche Arbeitsprozesse.* Bielefeld: W. Bertelsmann Verlag (Qualifikationen erkennen, Berufe gestalten, Bd. 11), S. 43–90.

Zika, Gerd; **Schneemann, Christian**; **Kalinowski, Michael**; **Maier, Tobias**; **Winnige, Stefan**; **Mönnig, Anke**; **Wolter, Marc Ingo** (2019): *Folgen von beruflichen Passungsproblemen und Weiterbildungsbedarfe in einer digitalisierten Arbeitswelt.* Forschungsbericht / Bundesministerium für Arbeit und Soziales, FB126/1W. Online verfügbar unter https://nbn-resolving.org/urn:nbn:de:0168-ssoar-62987-1, zuletzt geprüft am 18.05.2020.

Zinke, Gert; **Schenk, Harald**; **Wasiljew, Elke** (2014): *Berufsfeldanalyse zu industriellen Elektroberufen als Voruntersuchung zur Bildung einer möglichen Berufsgruppe.* Abschlussbericht: Bundesinstitut für Berufsbildung (BIBB) (Wissenschaftliche Diskussionspapiere, Heft 155).

Abbildungsverzeichnis

Tabellenverzeichnis

Abkürzungsverzeichnis

ABB	*Arbeitsstelle für Betriebliche Berufsausbildung*
ADeBar	*Arbeitsnahe Dauerbeobachtung der Qualifikationsentwicklung mit dem Ziel der Früherkennung von Veränderungen in der Arbeit und in den Betrieben*
AG BFN	*Arbeitsgemeinschaft Berufsbildungsforschungsnetz*
AMS	*Arbeitsstätten-Master-Sample*
ANZSCO	*Australian and New Zealand Standard Classification of Occupations*
AVAV	*Arbeitsvermittlung und Arbeitslosenversicherung*
BA	*Bundesagentur für Arbeit*
BAuA	*Bundesanstalt für Arbeitsschutz und Arbeitsmedizin*
BBF	*Bundesinstitut für Berufsbildungsforschung*
BBIG	*Berufsbildungsgesetz*
BERUFENET	*Berufsinformationssystem*
BFS	*Berufsfachschule*
BIBB	*Bundesinstitut für Berufsbildung*
BiWa	*Beruf in Wirtschaftsabteilungen*
BKGR	*Berufskundliche Gruppe*
BMBF	*Bundeministerium für Bildung und Forschung*
BWV	*Berufsbildungswerks der Deutschen Versicherungswirtschaft*
CAD	*Computer Aided Design*
CAM	*Computer-aided manufacturing*
CBET	*Competence Based Vocational Education and Training*
CBT	*Competency Based Training*
CCNA	*Cisco Certified Network Associate*
Cedefop	*Europäisches Zentrum für die Förderung der Berufsbildung*
CEN	*European Committee for Standardization*
CIP	*Classification of Instructional Programs*
CMS	*Content-Management-System*
CNC	*Computerized Numerical Control*
DASA	*DevOps Agile Skills Association*
DATSCH	*Deutscher Ausschuss für technisches Schulwesen*
DFG	*Deutsche Forschungsgemeinschaft*
DKZ	*Dokumentationskennziffern, Dokumentationskennziffern*
DQR	*Deutscher Qualifikationsrahmen*

DTP	*Desktop-Publishing*
DV	*Datenverarbeitung*
e-CF	*e-Competence Framework*
EDV	*elektronische Datenverarbeitung*
EQF	*European Qualification Framework*
EQR	*Europäischer Qualifikationsrahmen*
EQUAVET	*Europäischen Bezugsrahmen zur Qualitätssicherung in der beruflichen Aus- und Weiterbildung*
ERP	*Enterprise-Resource-Planning*
ESCO	*European Classification of Skills, Competences, Qualifications and Occupations*
ESF	*Europäischer Sozialfonds*
ESJS	*European skills and jobs survey*
ETF	*European Training Foundation*
EU	*Europäische Union*
F.M.	*Frankfurter Methodik*
FhIAO	*Frauenhofer-Institut für Arbeitswirtschaft und Organisation*
FreQuenZ	*Früherkennung von Qualifikationen*
FTP	*File Transfer Protocol*
gabi	*Grundwerk ausbildungs- und berufskundlicher Informationen*
GAHPA	*Geschäftsprozesse in der Struktur von Arbeitsprozessen, Handlungsphasen und Arbeitsaufgaben*
GWS	*Gesellschaft für wirtschaftliche Strukturforschung*
HA	*BIBB Hauptausschuss*
HdB	*Handbuch der Berufe*
HGTB	*Hochschulinstitute für gewerblich-technische Berufsbildung*
HND	*Higher National Diploma*
HTML	*Hypertext Markup Language*
HWO	*Handwerksordnung*
IaaS	*Infrastructure as a Service*
IAB	*Institut für Arbeitsmarkt- und Berufsforschung*
ICT	*Information and Communications Technology*
IKT	*Informations- und Kommunikationstechnologie*
IKT-Berufe	*Informatik-, Informations- und Kommunikationstechnologieberufe*
ILO	*International Labour Office, Internationale Labour Organization*
IQSH	*Institut für Qualitätsentwicklung für Schulen in Schleswig-Holstein*
IS	*Information Systems*
ISCED	*The International Standard Classification*

ISCO	*International Standard Classification of Occupations*
IT	*Informationstechnologie*
ITK	*Informations- und Telekommunikationstechnologie*
KldB	*Klassifikation der Berufe*
KMK	*Kultusministerkonferenz*
LMI	*Labour Market Information*
LMIS	*Labour Market Information Systems*
M+E	*Metall und Elektro*
MCSA	*Microsoft Certified Solutions Associate*
MOC	*Military Occupational Classification*
NC	*Numerical Control*
NIST	*National Institute of Standards and Technology*
NOS	*National Occupational Standards*
NTI	*New Training Initiative: A Programe for Action*
NVQ	*National Vovational Qualifications, National Vocational Qualification*
O*NET	*Occupational Information Network*
o. S.	*ohne Spezialisierung*
OECD	*Organisation für wirtschaftliche Zusammenarbeit und Entwicklung*
OOH	*Occupational Outlook Handbook*
PaaS	*Platform as a Service*
PPDAC	*Problem, Plan, Data, Analysis, Conclusion*
QDA-Software	*Qualitative Data Analysis Software*
QuBe	*Qualifikations- und Berufsprojektionen*
RBS	*Referenzbetriebssystem*
RBZ	*Regionales Berufsbildungszentrum*
ROME	*Répertoire Opérationnel des Métiers et des Emplois*
SaaS	*Software as a Service*
SEO	*Suchmaschinenoptmierung*
SGB III	*Drittes Buch Sozialgesetzbuch*
SHIBB	*Schleswig-Holsteinisches Institut für berufliche Bildung*
SOC	*Standard Occupational Classification*
SPS	*speicherprogrammierbare Steuerung*
SSC	*Sector Skill Councils*
SSH	*Secure Shell*
ssT	*sonstige spezifische Tätigkeitsangabe*
SvB	*sozialversicherungspflichtig Beschäftigte*
SVQ	*Scottish Vovcational Qualification*

TS 2010	*Tätigkeitsschlüssel*
TTL	*Transistor-Transistor-Logik*
VET	*Vocational Education and Training*
WLAN	*Wireless Local Area Network*
WZ 2008	*Klassifikation der Wirtschaftszweige 2008*
YTS	*Youth Training Scheme*

Anhang

A 1: Berufsbenennungen der IKT-Berufe

Datei: *„Gesamtberufsliste_der_BA.xlsx“* (BA 2018k)
Die gesamte Liste ergibt sich, wenn folgende Filter gesetzt werden:

- Spalte „Zustand“: E (gültiger Endpunkt für die Vermittlungs- und Informationssysteme der BA),
- Spalte „Zustand“: T (Berufsbezeichnung aus der KldB 2010, die nicht in den Vermittlungs- und Informationssystemen der BA, aber für den TS 2010 zur Verfügung steht),
- Spalte „Codenummer Beruf“: Beginnt mit „B 43“.

Für die grau markierten Berufe existieren berufliche Datensätze im BERUFENET bzw. in der KldB (mit * gekennzeichnete Berufe). Diese wurden im Rahmen der Inhaltsanalyse berücksichtigt.

***Berufsgruppe* 431**	**Informatik**	
4310 Informatik (ohne Spezialisierung)	B 43102-102	Fachinformatiker/in - Systemintegration
	B 43102-107	Fachberater/in - Integrierte Systeme
	B 43102-114	Assistent/in - Informatik (allgemeine Informatik)
	B 43102-115	Assistent/in - Datenverarbeitungstechnik
	B 43102-116	Assistent/in - elektronisches Rechnen
	B 43102-117	Computerfachmann/-frau
	B 43102-118	Computerspezialist/in
	B 43102-119	Datenstationsbediener/in
	B 43102-120	DV-Assistent/in
	B 43102-121	DV-Fachkraft
	B 43102-122	EDV-Assistent/in
	B 43102-123	EDV-Fachmann/-frau
	B 43102-124	Informatikassistent/in
	B 43102-125	Informatikfachmann/-frau
	B 43102-126	IT-Fachkraft
	B 43103-104	Informatiker/in (Weiterbildung)
	B 43103-118	Bachelor of Computer Science
	B 43103-119	Bachelor of Science - Informatik
	B 43103-120	Computertechniker/in
	B 43103-121	DV-Techniker/in
	B 43103-122	EDV-Techniker/in
	B 43103-123	Informatiktechniker/in
	B 43104-121	Informatiker/in (Hochschule)
	B 43104-124	EDV-Ingenieur/in
	B 43104-125	Informatikingenieur/in
	B 43104-126	Master of Science - Angewandte Informatik
	B 43104-127	Master of Science - Computational Logic

Berufsgruppe 431	**Informatik**	
	B 43104-128	Master of Science - Computational Sciences in Engineering
	B 43104-129	Master of Science - Computer Science
	B 43104-130	Master of Science - Datenwissenschaften
	B 43104-131	Master of Science - Informatik
	B 43104-132	Data Scientist
4311 Wirtschaftsinformatik	B 43112-105	Informatikkaufmann/-frau
	B 43112-107	Kfm. Ass./Wirtschaftsassistent/in - Informationsverarbeitung
	B 43112-116	Assistent/in - Informatik (Wirtschaftsinformatik)
	B 43112-120	Kfm. Ass./Wirtschaftsassistent/in - Betriebsinformatik
	B 43112-121	Assistent/in - Wirtschaftsinformatik
	B 43112-122	Computer Management Assistent/in
	B 43112-123	DV-Kaufmann/-frau
	B 43112-124	EDV-Disponent/in
	B 43112-125	Informatikassistent/in - Betriebsinformatik
	B 43112-126	Informatikassistent/in - Wirtschaftsinformatik
	B 43112-127	Kaufm. Assistent/in - EDV
	B 43112-128	Kaufm. Assistent/in - Unternehmenssoftware
	B 43112-129	Kaufmännische EDV-Fachkraft
	B 43112-130	Assistent/in - Informatik (Betriebsinformatik)
	B 43113-101	EDV-Organisator/in
	B 43113-104	Fachwirt/in - Computer-Management
	B 43113-107	Techniker/in - Informatik (Betriebsinformatik)
	B 43113-112	Betriebsinformatiker/in
	B 43113-116	ERP-Organisator/in
	B 43113-122	Wirtschaftsinformatiker/in (Fachschule)
	B 43113-128	Betriebswirt/in (Fachschule) - E-Business
	B 43113-131	Betriebswirt/in (Fachschule) - Informationsverarbeitung
	B 43113-132	Bachelor of Science - Betriebliche Umweltinformatik
	B 43113-133	Bachelor of Science - Informationsmanagement
	B 43113-134	Bachelor of Science - Wirtschaftsinformatik
	B 43113-135	Betriebswirt/in (Weiterbildung) - Datenverarbeitung
	B 43113-136	Betriebswirt/in (Weiterbildung) - E-Business
	B 43113-137	Betriebswirt/in (Weiterbildung) - EDV
	B 43113-138	Betriebswirt/in (Weiterbildung) - Informatik
	B 43113-139	Betriebswirt/in (Weiterbildung) - Informationsverarbeitung
	B 43113-140	Betriebswirt/in (Weiterbildung) - Wirtschaftsinformatik
	B 43113-141	Computer-Management-Fachwirt/in
	B 43113-142	E-Businessbetriebswirt/in (Fachschule)
	B 43113-143	EDV-Betriebswirt/in (Fachschule)
	B 43113-144	EDV-Fachwirt/in
	B 43113-145	Electronic-Businessbetriebswirt/in (Fachschule)

***Berufsgruppe* 431**	**Informatik**	
	B 43113-146	Fachwirt/in - Datenverarbeitung
	B 43113-147	Informatiktechniker/in - Betriebsinformatik
	B 43113-148	Online-Berater/in (E-Business)
	B 43113-149	REFA-Betriebsinformatiker/in
	B 43113-150	E-Government-Betriebswirt/in (Fachschule)
	B 43113-151	Betriebswirt/in (Weiterbildung) - E-Government
	B 43113-152	CIM-Fachwirt/in
	B 43113-153	Betriebswirt/in (Fachschule) - E-Government
	B 43114-110	Wirtschaftsinformatiker/in (Hochschule)
	B 43114-112	Umweltinformatiker/in
	B 43114-113	Verwaltungsinformatiker/in
	B 43114-114	Informationsmanager/in
	B 43114-115	Betriebswirt/in (Hochschule) - Informationsmanagement
	B 43114-116	E-Businessbetriebswirt/in (Hochschule)
	B 43114-117	E-Commerce-Betriebswirt/in (Hochschule)
	B 43114-118	Informatiker/in (Hochschule) - betriebliche Umweltinformatik
	B 43114-119	Informatiker/in (Hochschule) - Umweltinformatik
	B 43114-120	Informatiker/in (Hochschule) - Verwaltungsinformatik
	B 43114-121	Informatiker/in (Hochschule) - Wirtschaftsinformatik
	B 43114-122	Master of Science - Betriebliche Umweltinformatik
	B 43114-123	Master of Science - Informationsmanagement
	B 43114-124	Master of Science - Wirtschaftsinformatik
	B 43114-125	MIS-Manager/in (Management-Informationssystem-Manager/in)
4312 Technischen Informatik	B 43122-100	SPS-Fachkraft
	B 43122-102	Industrietechnologe/-technologin - Datentechnik
	B 43122-103	Assistent/in - Informatik (technische Informatik)
	B 43122-106	CAD-Organisator/in
	B 43122-107	Assistent/in - Datentechnik
	B 43122-108	Fachkraft - speicherprogrammierbare Maschinensteuerung
	B 43122-109	Fachkraft - speicherprogrammierbare Steuerungstechnik
	B 43122-110	Fachkraft - SPS-Anwendung
	B 43122-111	Fachkraft - SPS-Technik
	B 43122-112	Fachkraft - Steuerungtechnik
	B 43122-113	Informatikassistent/in - technische Informatik
	B 43123-101	Techniker/in - Informatik (technische Informatik)
	B 43123-105	Bachelor of Science - Technische Informatik
	B 43123-106	Informatiker/in - Systemtechnik
	B 43123-107	Informatiktechniker/in - technische Informatik

Berufsgruppe 431	**Informatik**	
	B 43123-108	Techniker/in - Informatiktechnik
	B 43123-110	Techniker/in - technische Informatik
	B 43123-111	Industriesystemtechniker/in
	B 43123-112	Informationssystemtechniker/in
	B 43123-113	Datentechniker/in
	B 43123-114	Datenverarbeitungstechniker/in
	B 43123-115	IT-Techniker/in
	B 43123-116	IT-Spezialist/in - Industriesystemtechnik
	B 43123-117	Techniker/in - Informationssystemtechnik
	B 43123-118	Systemintegrator/in
	B 43124-107	Ingenieur/in - technische Informatik
	B 43124-108	Ingenieurinformatiker/in
	B 43124-109	Elektroingenieur/in - technische Informatik
	B 43124-110	Informatiker/in (Hochschule) - Ingenieurinformatik
	B 43124-111	Ingenieur/in - Elektrotechnik (technische Informatik)
	B 43124-113	Master of Engineering - Maschinenbau-Informatik
	B 43124-114	Soft- und Hardware-Designer/in
4313 Bio- und Medizininformatik	B 43134-114	Bioinformatiker/in
	B 43134-115	Medizininformatiker/in
	B 43134-116	Biologe/Biologin - Bioinformatik
	B 43134-117	Informatiker/in (Hochschule) - Bioinformatik
	B 43134-118	Informatiker/in (Hochschule) - Medizininformatik
	B 43134-119	Informatiker/in (Hochschule) - Medizinökonomie
	B 43134-120	Master of Science - Bioinformatik
	B 43134-121	Master of Science - Health and Medical Informatics
	B 43134-122	Master of Science - Informationsmanagement in der Medizin
4314 Geoinformatik	B 43144-106	Geoinformatiker/in
	B 43144-107	Geo-Informationssystem-Entwickler/in
	B 43144-108	GIS-Entwickler/in
	B 43144-109	Informatiker/in (Hochschule) - Geoinformatik
	B 43144-110	Master of Engineering - Geoinformatik
	B 43144-112	Master of Science - Photogrammetry and Geoinformatics
4315 Medieninformatik	B 43154-102	Medieninformatiker/in
	B 43154-103	Informatiker/in (Hochschule) - Medieninformatik
	B 43154-104	Medienberater/in - EDV
	B 43154-105	UX-Designer/in (nicht ausgewertet, fehlt in DKZ_Berufe_ Zuordnung_Berufsgattung)
	B 43152-101	Assistent/in - Informatik (Medieninformatik)
	B 43152-102	Assistent/in - Multimedia
	B 43152-103	Computerfachmann/-frau (Multimedia)
	B 43152-104	Informatikassistent/in - Medieninformatik
	B 43152-105	Multimedia-Assistent/in

Berufsgruppe 431	**Informatik**	
	B 43153-101	Multimediafachmann/-frau
	B 43153-104	E-Marketing-Entwickler/in
	B 43153-105	Multimediaentwickler/in
	B 43153-112	Internettechnologe/-technologin
	B 43153-113	Entwickler/in Digitale Medien
	B 43153-114	Bachelor of Science - Digitale Medien
	B 43153-115	Bachelor of Science - Internet Science and Technology
	B 43153-116	Bachelor of Science - Medieninformatik
	B 43153-119	Entwickler/in - digitale Wirtschaft
	B 43153-120	Entwickler/in - Multimedia
	B 43153-121	Fachmann/-frau - digitale Wirtschaft
	B 43153-122	Fachmann/-frau - Multimedia
	B 43153-123	Internet-Fachmann/-frau
	B 43153-124	IT-Multimediaentwickler/in
	B 43153-125	IT-Spezialist/in - digitale Wirtschaft
	B 43153-126	IT-Spezialist/in - Multimediaentwicklung
	B 43153-128	Mediafachmann/-frau
	B 43153-129	Multimedia Developer (Multimediaentwickler/in)
	B 43153-131	Multimedia-Produktionsspezialist/in
	B 43153-132	Multimediaprogrammierer/in
	B 43153-133	Multimediaspezialist/in
	B 43153-134	Offline-Medienentwickler/in
	B 43153-135	Online-Medienentwickler/in
	B 43153-136	Producer/in (Multimedia)
	B 43153-140	Web-Entwickler/in
	B 43153-141	Techniker/in - Medien- und Informationssysteme
	B 43153-142	Entwickler/in - interaktive Lernmedien
	B 43153-143	Mediensystemtechniker/in
	B 43153-144	Techniker/in - Mediensystemtechnik
	B 43153-145	Medien- und Informationssystemtechniker/in
4319 Führungskräfte – Informatik	B 43194-100	Leiter/in - Informatik
	B 43194-102	Leiter/in – Informationsmanagement*
Berufsgruppe 432	IT-Systemanalyse, IT-Anwendungsberatung und IT-Vertrieb	
4321 IT-Systemanalyse	B 43214-100	IT-Systemanalytiker/in
	B 43214-101	IT-Systemplaner/in
	B 43214-103	Anwendungsanalytiker/in (EDV)
	B 43214-104	EDV-Analytiker/in
	B 43214-105	IT-Architekt/in
	B 43214-106	Master of Science - System Design
	B 43214-109	Systemanalytiker/in
	B 43214-110	Systemarchitekt/in
	B 43214-112	Systemplaner/in (EDV)
	B 43214-113	Lernsystemanalytiker/in
	B 43214-114	IT-Produktkoordinator/in

Berufsgruppe 432	IT-Systemanalyse, IT-Anwendungsberatung und IT-Vertrieb	
4322 IT-Anwendungsberatung	B 43223-102	IT-Kundenbetreuer/in
	B 43223-105	Computerservicetechniker/in
	B 43223-106	EDV-Support-Spezialist/in
	B 43223-109	PC-Berater/in
	B 43223-110	Systemservicespezialist/in
	B 43223-111	Systemspezialist/in (EDV)
	B 43223-114	Helpdesk-Administrator/in
	B 43224-100	Anwendungsberater/in
	B 43224-101	IT-Berater/in
	B 43224-102	Anwendungssystemberater/in
	B 43224-104	ERP-Berater/in - ERP-Consultant
	B 43224-105	ERP-Systembetreuer/in
	B 43224-106	Anwendersoftwareberater/in
	B 43224-107	Anwendungssoftwareberater/in
	B 43224-108	CAD-Berater/in
	B 43224-110	DV-Berater/in
	B 43224-111	EDV-Anwendungsberater/in
	B 43224-112	EDV-Berater/in
	B 43224-113	Hardware-Berater/in
	B 43224-114	IT-Berater/in (geprüft)
	B 43224-115	IT-Referent/in
	B 43224-118	Softwareberater/in
	B 43224-120	Systemberater/in (EDV)
	B 43224-123	Master of Science - Computer Science - Business Consulting
	B 43224-124	CIM-Berater/in
	B 43224-125	DV-Produktbetreuer/in
4323 im IT-Vertrieb	B 43233-102	IT-System-Kaufmann/-frau
	B 43233-103	Wirtschaftsinformatiker/in - IT-Systeme
	B 43233-104	IT-Vertriebsbeauftragte/r
	B 43233-105	IT-Ökonom/in
	B 43233-108	Kaufmann/-frau - EDV-Systemtechnik
	B 43233-109	Kaufmann/-frau - Informations- und Telekommunikationssysteme
	B 43233-110	Kaufmann/-frau - Informationssysteme
	B 43233-111	Planungsspezialist/in (EDV-Vertrieb)
	B 43233-112	Fachberater/in - Vertrieb (Ausbildung)
4329 Führungskräfte – IT-Systemanalyse, IT-Anwendungsberatung und IT-Vertrieb	B 43294-100	Leiter/in - Benutzerunterstützung (EDV)
	B 43294-101	Leiter/in - Benutzerservicezentrum (EDV) *

Berufsgruppe 433	IT-Netzwerktechnik, IT-Koordination, IT-Administration und IT-Organisation	
4331 IT-Netzwerktechnik	B 43313-100	PC- und Netzwerkfachkraft
	B 43313-103	Techniker/in - Informatik (Netzwerktechnologie)
	B 43313-104	Computernetztechniker/in
	B 43313-105	Informatiktechniker/in - Netzwerktechnologie
	B 43313-107	LAN-Spezialist/in
	B 43313-108	Network Control Operator/in
	B 43313-109	Netztechniker/in
	B 43313-110	Netzwerksachbearbeiter/in (NSB)
	B 43313-111	Netzwerkservicetechniker/in
	B 43313-112	Netzwerkspezialist/in
	B 43313-113	Netzwerktechniker/in
	B 43314-101	Netzplaner/in
	B 43314-102	Netzwerkkoordinator/in (EDV)
	B 43314-103	Netzwerkplaner/in (EDV)
	B 43314-104	Netzwerkberater/in (EDV)
4332 IT-Koordination	B 43323-103	IT-Konfigurationskoordinator/in
	B 43323-104	IT-Qualitätssicherungskoordinator/in
	B 43323-105	IT-Projektkoordinator/in
	B 43323-106	IT-Testkoordinator/in
	B 43323-107	IT-Entwickler/in
	B 43323-108	IT-Tester/in
	B 43323-109	DV-Anwendungskoordinator/in
	B 43323-111	EDV-Koordinator/in
	B 43323-112	Informations-Koordinator/in
	B 43323-113	IT-Entwickler/in (geprüft)
	B 43323-114	Koordinator/in - EDV
	B 43323-115	Sachbearbeiter/in - Projektsteuerung (EDV)
	B 43323-116	Systemkoordinator/in (EDV)
	B 43323-117	Systemtester/in - EDV
	B 43323-118	Systemtester/in - IT
	B 43323-119	Testoperator/in (EDV)
4333 IT-Organisation	B 43333-100	Operator/in (EDV)
	B 43333-103	EDV-Fachkraft
	B 43333-104	Anwendungsorganisator/in (EDV)
	B 43333-105	Computeroperator/in

Berufsgruppe 433	IT-Netzwerktechnik, IT-Koordination, IT-Administration und IT-Organisation	
	B 43333-106	DV-Organisator/in
	B 43333-107	EDV-Operator/in
	B 43333-108	EDV-Systemorganisator/in
	B 43333-109	Konsoloperator/in
	B 43333-110	Mikrooperator/in
	B 43333-112	PC-Organisator/in
	B 43333-113	Peripherieoperator/in
	B 43333-114	Rechenzentrumsorganisator/in
	B 43333-115	Systembediener/in (Konsoloperator/in)
	B 43333-116	Systemoperator/in
	B 43333-117	Systemorganisator/in (EDV)
	B 43333-118	Computereinsteller/in
4334 IT-Systemadministration	B 43343-102	Anwendungssystemadministrator/in
	B 43343-103	IT-Systemadministrator/in
	B 43343-104	Netzwerkadministrator/in
	B 43343-106	IT-Administrator/in
	B 43343-107	CAD-Systembetreuer/in
	B 43343-108	CAD-System-Manager/in
	B 43343-110	Datennetzbetreuer/in
	B 43343-111	Datenverarbeitungssystemtechniker/in
	B 43343-112	Dispatcher/in - Rechenzentrum
	B 43343-113	DV-Betreuer/in
	B 43343-114	EDV-Betreuer/in
	B 43343-115	EDV-Netzadministrator/in
	B 43343-116	EDV-Systemmanager/in
	B 43343-117	EDV-Verwalter/in
	B 43343-118	LAN-Administrator/in
	B 43343-119	Network Administrator/in
	B 43343-120	Netzadministrator/in (EDV)
	B 43343-121	Netzbetreuer/in (EDV)
	B 43343-122	Operations Support Assistent/in
	B 43343-123	PC-Betreuer/in
	B 43343-124	Rechenzentrumsfachmann/-frau
	B 43343-125	Rechenzentrumssachbearbeiter/in
	B 43343-126	Systemadministrator/in - EDV
	B 43343-127	Systemassistent/in (EDV)
	B 43343-128	Systembetreuer/in (EDV)
	B 43343-130	Systemkontrolleur/in (EDV)
	B 43343-131	Systemmanager/in
	B 43343-132	Systemtechniker/in - IT
	B 43343-134	Operations Analyst/in – EDV

Berufsgruppe 433	IT-Netzwerktechnik, IT-Koordination, IT-Administration und IT-Organisation	
4335 Datenbankentwicklung und -administration	B 43353-101	Data-Warehouse-Analyst/in
	B 43353-102	Wissensmanagementsystementwickler/in
	B 43353-103	Datenbankadministrator/in
	B 43353-104	Datenbankentwickler/in
	B 43353-106	Datenbankdesigner/in
	B 43353-107	Datenbankorganisator/in
	B 43353-108	Datenbankspezialist/in
	B 43353-109	Datenbankverwalter/in
	B 43353-110	Executive Master of Knowledge Management - Wissensmanagement
	B 43353-111	Verwalter/in - Datenbanken
4336 Webadministration	B 43363-100	Webadministrator/in
	B 43363-101	Web-Master/in
4338 IT-Netzwerktechnik, IT-Koordination, IT-Administration und IT-Organisation (sonstige spezifische Tätigkeitsangabe)	B 43383-101	Sicherheitstechniker/in (IT)
	B 43383-102	IT-Sicherheitstechniker/in
	B 43383-103	IT-Spezialist/in - IT-Sicherheitstechnik
	B 43383-104	Security Technician
	B 43384-100	Fraud-Analyst/in
	B 43384-101	IT-Sicherheitskoordinator/in
	B 43384-102	Computerdetektiv/in
	B 43384-103	DV-Revisor/in
	B 43384-104	EDV-Auditor/in
	B 43384-105	EDV-Revisor/in
	B 43384-106	Fehleranalyst/in (EDV)
	B 43384-107	Forensiker/in - IT
	B 43384-108	Programm-Revisor/in (EDV)
	B 43384-109	System-Revisor/in (EDV)
4339 Führungskräfte – IT-Netzwerktechnik, IT-Koordination, IT-Administration und IT-Organisation	B 43394-102	IT-Projektleiter/in
	B 43394-103	Leiter/in - IT
	B 43394-105	IT-Manager/in
	B 43394-106	DV-Leiter/in
	B 43394-107	DV-Produktionsleiter/in
	B 43394-108	DV-Projektleiter/in
	B 43394-109	EDV-Leiter/in
	B 43394-110	EDV-Projektleiter/in
	B 43394-111	IT-Leiter/in
	B 43394-112	Leiter/in - Informations-/Cybersicherheit (nicht analysiert, neu in 2019)
	B 43394-113	IT-Projektleiter/in (geprüft)
	B 43394-114	Leiter/in - Arbeitsvorbereitung (EDV)
	B 43394-115	Leiter/in - Datenbankmanagement

Berufsgruppe 433	IT-Netzwerktechnik, IT-Koordination, IT-Administration und IT-Organisation	
	B 43394-116	Leiter/in - DV-Abteilung
	B 43394-117	Leiter/in - EDV
	B 43394-118	Leiter/in - Rechenzentrum
	B 43394-119	Leiter/in - Systemtechnik (Rechenzentrum)
	B 43394-120	Rechenzentrumsleiter/in
Berufsgruppe 434	Softwareentwicklung und Programmierung	
4341 Softwareentwicklung	B 43412-100	Mathematisch-technische/r Assistent/in (ehem. duale Ausb.)
	B 43412-102	Assistent/in - Informatik (Softwaretechnik)
	B 43412-103	Fachinformatiker/in - Anwendungsentwicklung
	B 43412-104	Mathematisch-technische/r Assistent/in
	B 43412-106	Fachberater/in - Softwaretechniken
	B 43412-107	Mathematisch-technische/r Softwareentwickler/in
	B 43412-108	Informatikassistent/in - Softwaretechnik
	B 43412-109	MATA (Mathematisch-technische/r Assistent/in)
	B 43412-110	Mathematisch-technische/r Informatiker/in
	B 43412-111	Software-Assistent/in
	B 43413-100	Systemprogrammierer/in
	B 43413-101	Nutzerschnittstellenentwickler/in
	B 43413-102	ERP-Anwendungsentwickler/in
	B 43413-103	IT-Lösungsentwickler/in
	B 43413-104	Anwendungsentwickler/in
	B 43413-105	Betriebssystemspezialist/in
	B 43413-106	Programmgestalter/in (EDV)
	B 43413-107	Softwarespezialist/in
	B 43413-108	Softwaretechniker/in
	B 43413-109	Softwaretester/in
	B 43413-110	Teilsystementwickler/in
	B 43413-111	Applications Engineer (EDV)
	B 43414-102	Softwareentwickler/in
	B 43414-103	E-Logistik-Entwickler/in
	B 43414-108	Anwendersoftwareentwickler/in
	B 43414-109	Courseware-Designer/in
	B 43414-110	EDV-Methodiker/in
	B 43414-111	Master of Engineering - Software/Informationstechnik
	B 43414-112	Master of Science - Computer Science - Software Technology
	B 43414-113	Methodenberater/in (EDV)
	B 43414-114	Software Engineer
	B 43414-115	Softwarearchitekt/in
	B 43414-116	Software-Ingenieur/in

Berufsgruppe 434	Softwareentwicklung und Programmierung	
	B 43414-117	Softwareplaner/in
	B 43414-118	Software-Projekteur/in
	B 43414-119	Systementwickler/in
	B 43414-120	Systemsoftwareentwickler/in
	B 43414-121	Software-Analytiker/in
	B 43414-122	System Engineer (IT)
	B 43414-123	Systemingenieur/in (EDV)
	B 43414-124	Software-Architect
	B 43414-125	Blockchain-Entwickler/in (neu in 2019 mit aufgenommen)
4342 Programmierung	B 43423-100	Organisationsprogrammierer/in
	B 43423-101	Programmierer/in
	B 43423-102	Anwendungsprogrammierer/in
	B 43423-103	Applikationsprogrammierer/in
	B 43423-104	Assistent/in - Programmierung
	B 43423-105	Coder/in (EDV)
	B 43423-106	Codierer/in (EDV)
	B 43423-107	Datenbank-Anwendungsprogrammierer/in
	B 43423-108	Kommunikationsprogrammierer/in
	B 43423-109	Maintenance-Programmierer/in
	B 43423-110	Teileprogrammierer/in
	B 43423-111	Game Programmer
4349 Führungskräfte – Softwareentwicklung und Programmierung	B 43494-100	Leiter/in - Softwareentwicklung
	B 43494-101	Leiter/in – Programmierung (keine Daten im BERUFENET)
	B 43494-102	Leiter/in - Anwendungsprogrammierung
	B 43494-103	Software-Projektleiter/in
	B 43494-104	Leiter/in - Anwendungsentwicklung (EDV) (keine Daten im BERUFENET)

A 2: Qualifikationsangebote für IKT-Berufe

Datei: *DKZ_Berufe_Zuordnung_Berufsgattung.xlsx* (BA 2018a)
Die gesamte Liste ergibt sich, wenn folgende Filter gesetzt werden:

- Spalte „Zustand" die Filter: E (gültiger Endpunkt für die Vermittlungs- und Informationssysteme der BA)
- Spalte „Codenummer Beruf" beginnt mit „B 43"
- Spalte berufskundlicher Typ: a (Ausbildung)

***Berufsgruppe* 431**	**Informatik**	
4310 Informatik (ohne Spezialisierung)	B 43102-912	Assistent/in - Informatik (allgemeine Informatik)
	B 43102-906	Fachinformatiker/in - Systemintegration
	B 43102-907	Fachberater/in - Integrierte Systeme
	B 43103-900	Dipl.-Ing. (BA) - Informatik
	B 43103-917	Bachelor of Science (DH) - Angewandte Informatik
	B 43103-903	Informatiker/in (Weiterbildung)
	B 43103-904	Fachinformatiker/in + duales Studium
	B 43103-905	Dipl.-Informatiker/in (BA) - Angewandte Informatik
	B 43103-910	Bachelor of Science (BA) - Informatik
	B 43103-911	Dipl.-Informatiker/in (BA)
	B 43103-915	Bachelor of Science (BA) - Angewandte Informatik
	B 43103-918	Informatik (grundständig)
	B 43103-919	Rechnergest. Naturwissens., Computational Science (grundst.)
	B 43103-931	Bachelor of Engineering - Informatik
	B 43103-939	Bachelor of Science - Angewandte Systemwissenschaft
	B 43103-936	Bachelor of Science - Angew. Inform. (Ing.-/Medieninf.)
	B 43103-947	Bachelor of Science - European Computer Science
	B 43103-933	Bachelor of Science - Allgemeine Informatik
	B 43103-930	Bachelor of Engineering - Angewandte Informatik (Infotronik)
	B 43103-943	Bachelor of Science - Computational Science
	B 43103-928	Bachelor of Arts - Informatik
	B 43103-959	Bachelor of Science (FH) - Informatik
	B 43103-944	Bachelor of Science - Computer Science
	B 43103-953	Bachelor of Science - Scientific Computing
	B 43103-952	Bachelor of Science - Naturwissenschaftliche Informatik
	B 43103-945	Bachelor of Science - Computing in Science
	B 43103-934	Bachelor of Science - Angewandte Informatik
	B 43103-938	Bachelor of Science - Angew. Inform. (Systems Engineering)
	B 43103-948	Bachelor of Science - Informatik
	B 43103-954	Bachelor of Science - Scientific Programming

Berufsgruppe **431**	**Informatik**	
	B 43103-940	Bachelor of Science - Applied Computer Science
	B 43103-951	Bachelor of Science - Kognitive Informatik
	B 43103-960	Bachelor of Science - Allgemeine und Digitale Forensik
	B 43103-961	Bachelor of Science - Informatik plus Computerlinguistik
	B 43103-962	Bachelor of Science - Informatik plus Mathematik
	B 43103-963	Bachelor of Science - Informatik plus Statistik
	B 43103-971	Bachelor of Engineering - Praktische Informatik
	B 43103-968	Bachelor of Science - Data Science
	B 43103-969	Datenwissenschaft, Data Science (grundständig)
	B 43103-970	Bachelor of Arts - Informations- und Datenmanagement
	B 43103-965	Bachelor of Engineering - Informatik (Angewandte Informatik)
	B 43103-966	Bachelor of Science - Informatik (Life Science Informatik)
	B 43103-972	Bachelor of Science - Angewandte Data Science
	B 43103-973	Bachelor of Science - Data and Information Science
	B 43103-974	Bachelor of Science - Digital Business and Data Science
	B 43103-975	Bachelor of Science - Informatik und Web-Engineering
	B 43103-976	Bachelor of Science - Mathematical Data Science
	B 43104-914	Master of Science - Datenwissenschaft/Data Science
	B 43104-901	Diplom-Informatiker/in
	B 43104-907	Master of Science - Informatik
	B 43104-909	Master of Science - Computational Logic
	B 43104-910	Master of Science - Computational Science in Engineering
	B 43104-911	Master of Science - Computer Science
	B 43104-913	Master of Science - Angewandte Informatik
	B 43104-925	Rechnergest. Naturwissens., Computational Science (weiterf.)
	B 43104-932	Master of Science - Computational Science
	B 43104-933	Master of Science - Comput. Science/Rechnergest.Naturwiss.
	B 43104-924	Informatik (weiterführend)
	B 43104-927	Master of Science - Advanced Computer Science
	B 43104-942	Master of Science - Naturwissenschaftliche Informatik
	B 43104-941	Master of Science - Intelligente Systeme
	B 43104-943	Master of Science - Scientific Computing
	B 43104-944	Master of Science - Informatik für Geistes-/Sozialwissensch.
	B 43104-935	Master of Science - Computing in the Humanities
	B 43104-929	Master of Science - Angew. Informatik (Systems Engineering)
	B 43104-926	Master of Arts - Informatik
	B 43104-934	Master of Science - Computer Simulation in Science
	B 43104-945	Master of Science - Applied Computer Science
	B 43104-946	Master of Science - Information Engineer. a. Computer Scien.
	B 43104-953	Master of Science - Cybercrime/Cybersecurity
	B 43104-954	Master of Science - Data Analytics
	B 43104-955	Master of Science - Data Engineering and Analytics

Berufsgruppe 431	**Informatik**	
	B 43104-956	Master of Science - D.manag. in Produktentwickl.u.Produktion
	B 43104-950	Master of Science - Computational and Data Science
	B 43104-957	Master of Science - Informatik - Sm.Sys. f. Mensch u. Techn.
	B 43104-958	Master of Science - Project Management and Data Science
	B 43104-959	Master of Science - Visual Computing and Games Technology
	B 43104-951	Datenwissenschaft, Data Science (weiterführend)
	B 43104-952	Master of Science - Data Science and Business Analytics
	B 43104-947	Master of Computer Science - Informatik
	B 43104-948	Master of Science - Data Engineering
	B 43104-949	Master of Science - Computer and Information Science
	B 43104-960	Master of Arts - Big Data Management
	B 43104-961	Master of Science - Big Data und Business Analytics
	B 43104-962	Master of Science - Data Science
	B 43104-963	Master of Science - Manag./Eng. in Data and Decision Science
4311 Wirtschaftsinformatik	B 43112-902	Kfm. Ass./Wirtschaftsassistent/in - Informationsverarbeitung
	B 43112-908	Informatikkaufmann/-frau
	B 43112-910	Assistent/in - Informatik (Wirtschaftsinformatik)
	B 43112-914	Kfm. Ass./Wirtschaftsassistent/in - Betriebsinformatik
	B 43113-933	Bachelor of Science (FH) - Wirtschaftsinformatik
	B 43113-930	Bachel. of Arts-Business Admin.+Fachberater/in integr.System
	B 43113-931	Bachel. of Arts-Business Admin.+Fachberater/in Softwaretech.
	B 43113-934	Bachelor of Science (DH) - Wirtschaftsinformatik
	B 43113-932	Betriebswirt/in (Fachschule) - Informationsverarbeitung
	B 43113-920	Bachelor of Computer Science (FH) - Banking and Finance
	B 43113-904	Fachwirt/in - Computer-Management
	B 43113-911	Wirtschaftsinformatiker/in (BA)
	B 43113-915	Informatikkaufmann/-frau + duales Studium
	B 43113-905	Dipl.-Wirtschaftsinformatiker/in (BA)
	B 43113-906	Techniker/in - Informatik (Betriebsinformatik)
	B 43113-912	Betriebsinformatiker/in
	B 43113-923	Wirtschaftsinformatiker/in (Fachschule)
	B 43113-925	Bachelor of Science (BA) - Wirtschaftsinformatik
	B 43113-929	Bachelor of Arts (BA) - Wirtschaftsinformatik
	B 43113-909	Dipl.-Betriebswirt/in (BA) - Wirtschaftsinformatik
	B 43113-918	Bachelor of Science - Informationsmanagement
	B 43113-939	Verwaltungsinformatik (grundständig)
	B 43113-935	Informationsmanagement (grundständig)
	B 43113-937	Umweltinformatik (grundständig)
	B 43113-938	Wirtschaftsinformatik (grundständig)
	B 43113-954	Bachelor of Arts - Internationales Informationsmanagement

Berufsgruppe **431**	**Informatik**	
	B 43113-966	Bachelor of Science - Business Informat. Manag. (Wirt.inf.)
	B 43113-990	Bachelor of Science - Wirtschaftsinformatik
	B 43113-987	Bachelor of Science - Umweltinformatik
	B 43113-959	Bachelor of Arts - Wirtschaftsinformatik
	B 43113-986	Bachelor of Science - Sozialinformatik
	B 43113-953	Bachelor of Arts - Informationsmanagem. u. Unternehmenskomm.
	B 43113-969	Bachelor of Science - E-Government
	B 43113-978	Bachelor of Science - Informationslogistik
	B 43113-952	Bachelor of Arts - Informationsmanagement
	B 43113-964	Bachelor of Science - Betriebliches Informationsmanagement
	B 43113-979	Bachelor of Science - Informationsmanagement - Gesundh. wesen
	B 43113-958	Bachelor of Arts - Verwaltungsinformatik
	B 43113-980	Bachelor of Science - Informationsmanagement u. Inform.tech.
	B 43113-996	Bachelor of Science - WirtschaftsNetze (eBusiness)
	B 43113-936	Internetbasierte Systeme, E-Services (grundständig)
	B 43113-967	Bachelor of Science - Business Informat. Syst. (Wirt.inf.)
	B 43113-968	Bachelor of Science - E-Business
	B 43113-981	Bachelor of Science - Informationswirtschaft
	B 43113-983	Bachelor of Science - Internet Computing
	B 43113-955	Bachelor of Arts - Medien und Information
	B 43113-809	Bachelor of Science - Wirtschaftsinformatik u. digit. Medien
	B 43113-806	Bachelor of Science - Wirtschaftsinformatik (Intern. Manag.)
	B 43113-804	Bachelor of Science - Wirtschaftsinformatik (Applic. Manag.)
	B 43113-992	Bachelor of Science - Wirtschaftsinformatik (Inform. Syst.)
	B 43113-807	Bachelor of Science - Wirtschaftsinformatik (Sales/Consult.)
	B 43113-803	Bachelor of Science - Informations- und Wissensmanagement
	B 43113-805	Bachelor of Science - Wirtschaftsinformatik (Business Eng.)
	B 43113-988	Bachelor of Science - Unternehmens- u. Wirtschaftsinformatik
	B 43113-808	Bachelor of Science - Wirtschaftsinformatik (Software Eng.)
	B 43113-974	Bachelor of Science - Informatik (Wirtschaftsinformatik)
	B 43113-985	Bachelor of Science - Multimedia-Marketing
	B 43113-962	Bachelor of Engineering - Wirtschaftsinformatik
	B 43113-975	Bachelor of Science - Informatik und Wirtschaft
	B 43113-977	Bachelor of Science - Informations- u. Kommunikationsmanag.
	B 43113-956	Bachelor of Arts - Medizinisches Informationsmanagement

Berufsgruppe **431**	**Informatik**	
	B 43113-801	Bachelor of Science - E-Commerce
	B 43113-810	Bachelor of Science - Int. Business Admin. and Inform. Tech.
	B 43113-811	Bachelor of Science - Mobile Computing
	B 43113-812	Bachelor of Science - Wirtschaftsinformatik (Wirtschaft)
	B 43113-813	Bachelor of Science - Wirtschaftsinformatik (Gesundheitsw.)
	B 43113-814	Bachelor of Science - Wirtschaftsinformatik (Med. Inf.-man.)
	B 43113-815	Bachelor of Science - Wirtschaftsinformatik (Öfftl. Verw.)
	B 43113-816	Bachelor of Science - Sozioinformatik
	B 43113-817	Bachelor of Engineering - Internet-Technol. and Applications
	B 43113-818	Bachelor of Science - Betriebswirt. (Wirts.inf. - Man. u.IT)
	B 43113-819	Bachelor of Science - Business Informatics
	B 43113-820	Bachelor of Science - Information Management
	B 43113-822	Bachelor of Science - Soziale Medien und Kommunikationsinf.
	B 43113-823	Bachelor of Science - Wirtschaft und Informatik
	B 43113-824	Bachelor of Science - Wirtschaftsinform. für Finanzdienstl.
	B 43113-834	Bachelor of Arts - BWL (Informationsmanagement)
	B 43113-836	Bachelor of Science - Informatik (E-Administration)
	B 43113-838	Bachelor of Science - Internationales IT-Business
	B 43113-839	Bachelor of Science - Multimed. Kommunikation/ Dokumentation
	B 43113-841	Bachelor of Science - Engineering Business Information Syst.
	B 43113-842	Bachelor of Science - Verwaltungsinformatik
	B 43113-825	Bachelor of Arts - Business Information Systems
	B 43113-826	Bachelor of Arts - Informationsmanag. u. Informationstechn.
	B 43113-828	Bachelor of Science - Umwelt- und Wirtschaftsinformatik
	B 43113-829	Bachelor of Science - Wirtschaftsinform. (Busin. Inf. Sys.)
	B 43113-830	Bachelor of Science - Wirtschaftsinform. (Data Center Mana.)
	B 43113-831	Bachelor of Science - Wirtschaftsinform. (IT-Consulting)
	B 43113-832	Bachelor of Science - Wirtschaftsinform. (Softwaremanagem.)
	B 43113-833	Bachelor of Science - Wirtschaftsinform. (Wirtsch./ERP-Sys.)
	B 43113-843	Bachelor of Engineering - Internet der Dinge
	B 43113-844	Bachelor of Science - Digital Innovation and Fintech
	B 43113-845	Bachelor of Science - Informatik und Management
	B 43113-846	Bachelor of Science - Wirtschaftsinformatik (E- Government)
	B 43113-847	Bachelor of Science - Wirtschaftsinformatik (E- Health)
	B 43114-900	Diplom-Verwaltungsinformatiker/in
	B 43114-905	Master of Science - Wirtschaftsinformatik
	B 43114-906	Master of Science - Betriebliche Umweltinformatik
	B 43114-904	Master of Science - Informationsmanagement
	B 43114-980	Master of Arts - Digital Business Management
	B 43114-917	Umweltinformatik (weiterführend)
	B 43114-919	Wirtschaftsinformatik (weiterführend)
	B 43114-915	Informationsmanagement (weiterführend)
	B 43114-916	Internetbasierte Systeme, E-Services (weiterführend)
	B 43114-929	Master of Arts - Sozialinformatik

Berufsgruppe 431	Informatik	
	B 43114-926	Master of Arts - Internat. Inf.manag./Informationswiss.
	B 43114-953	Master of Science - Wirtschaftsinform. (Informationsmanag.)
	B 43114-936	Master of Science - Business Information Technology
	B 43114-938	Master of Science - E-Business
	B 43114-950	Master of Science - Web Science
	B 43114-959	Master of Science - E-Commerce
	B 43114-927	Master of Arts - Leadership in Digitaler Kommunikation
	B 43114-935	Master of Science - Business Information Systems
	B 43114-954	Master of Science - Internet Technologies a. Inform. Systems
	B 43114-946	Master of Science - Management Information Systems
	B 43114-945	Master of Science - International Information Systems
	B 43114-940	Master of Science - Information Management
	B 43114-960	Master of Science - Internet Web Science
	B 43114-957	Master of Business Systems
	B 43114-942	Master of Science - Informationsmanag. u. Informationstechn.
	B 43114-947	Master of Science - Strategisches Informationsmanagement
	B 43114-948	Master of Science - Umweltmodellierung
	B 43114-937	Master of Science - Data and Knowl. Eng. (Dat.,Wissensverw.)
	B 43114-925	Master of Arts - Informations- und Wissensmanagement
	B 43114-944	Master of Science - Informationswirtschaft
	B 43114-924	Master of Arts - E-Health
	B 43114-955	Diplom-Wirtschaftsinformatiker/in (postgradual)
	B 43114-964	Master of Arts - Information, Medien, Bibliothek
	B 43114-965	Master of Science - Wirtschaftsinf.u.Digitale Transformation
	B 43114-966	Master of Science - Business Application Architectures
	B 43114-970	Master of Science - E-Government
	B 43114-971	Master of Science - Wirtschaftsinf., Data Sc. and Consult.
	B 43114-962	Beamt(er/in) - Verwaltungsinformatikdienst (geh. Dienst)
	B 43114-972	Master of Science - Sozioinformatik
	B 43114-973	Master of Science - Services Computing
	B 43114-975	Master of Science - Business Intellig. and Process Managem.
	B 43114-976	Master of Arts - Intern. Management and Information Systems
	B 43114-978	Master of Science - Wirtschaftsinformatik/Inform. Sy. Manag.
	B 43114-979	Master of Science - Business Analytics
	B 43114-974	Diplom-Wirtschaftsinformatiker/in
	B 43114-992	Master of Science - Int. Enterprise Information Management
	B 43114-993	Master of Science - Professional IT-Business
	B 43114-982	Master of Arts - Digital Pioneering
	B 43114-983	Master of Science - Business Intelligence and Analytics
	B 43114-986	Master of Science - Web Engineering
	B 43114-987	Master of Science - Wirtschaftsinformatik (Busin. Inf. Sys.)
	B 43114-988	Master of Science - Wirtschaftswissenschaftliche Informatik
	B 43114-989	Diplom-Verwaltungswirt/in - BND (Verwaltungsinformatik)

Berufsgruppe **431**	**Informatik**	
	B 43114-990	Diplom-Verwaltungswirt/in - Verwaltungsinformatik
	B 43114-800	Master of Science - Digital., Innovat., Informationsmanag.
	B 43114-801	Master of Science - Operations Research and Bus. Analytics
	B 43114-994	Master of Arts - Digital Transformation Management
	B 43114-995	Master of Arts - Digital., Innovation und Informationsmanag.
	B 43114-996	Master of Business Administration - Digital Business Manag.
	B 43114-997	Master of Science - Digital Business Management
	B 43114-998	Master of Science - Digital Transformation
	B 43114-999	Master of Science - Digitale Transformation
4312 Technischen Informatik	B 43122-904	SPS-Fachkraft
	B 43122-901	Assistent/in - Informatik (technische Informatik)
	B 43122-907	Associate Engineer - Informationtechnology
	B 43123-903	Dipl.-Fertigungsprozessinformatiker/in (BA)
	B 43123-900	Dipl.-Ing. (BA) - Ingenieurinformat. (Netzw./Medient./Proj.)
	B 43123-956	Industriesystemtechniker/in
	B 43123-901	Techniker/in - Informatik (techn. Informatik)
	B 43123-904	Bachelor of Science - Technische Informatik
	B 43123-905	Bachelor of Science - Flug- und Fahrzeuginformatik
	B 43123-907	Technische Informatik (grundständig)
	B 43123-936	Bachelor of Science - Ingenieurinformatik
	B 43123-929	Bachelor of Science - Embedded Systems Engineering
	B 43123-937	Bachelor of Science - Ingenieurinformatik (Maschinenbau)
	B 43123-906	Ingenieurinformatik, Computational Engineering (grundst.)
	B 43123-932	Bachelor of Science - Informatik (Ingenieurwesen)
	B 43123-919	Bachelor of Engineering - Ingenieurinformatik
	B 43123-944	Bachelor of Engineering - Maschinenbau (Virtual Engineering)
	B 43123-921	Bachelor of Engineering - Maschinenbauinformatik
	B 43123-935	Bachelor of Science - Informationstechnik im Maschinenwesen
	B 43123-925	Bachelor of Engineering - Techn. Inform. u. Kommunik.tech.
	B 43123-931	Bachelor of Science - Industrial Virtual Engineering
	B 43123-945	Bachelor of Science - Computational Science and Engineering
	B 43123-946	Bachelor of Science - Ingenieurinformatik (Elektrotechnik)
	B 43123-927	Bachelor of Science - Computergestützte Ingenieurwiss.
	B 43123-926	Bachelor of Science - Computational Engineering Science
	B 43123-939	Bachelor of Science - Simulation Technology
	B 43123-933	Bachelor of Science - Informatik (Technische Informatik)
	B 43123-934	Bachelor of Science - Information Engineering (Informatik)
	B 43123-924	Bachelor of Engineering - Technische Informatik
	B 43123-947	Bachelor of Science - Mobile und eingebettete Systeme
	B 43123-948	Bachelor of Engineering - Intelligent Systems Design

Berufsgruppe **431**	**Informatik**	
	B 43123-949	Bachelor of Science - Informatik (mobile Anwendungen)
	B 43123-952	Bachelor of Engineering - Techn. Informatik - Embedd. System
	B 43123-957	Bachelor of Science - Informatik (Technische Systeme)
	B 43123-958	Bachelor of Engineering - Digital Engineering u. Angew. Inf.
	B 43123-954	Bachelor of Engineering - BND (Techn. Inform. u. Komm.tech.)
	B 43123-955	Bachelor of Science - IT-Engineering
	B 43123-960	Bachelor of Engineering - Industrie-4.0-Informatik
	B 43123-961	Bachelor of Engineering - Interaktive Systeme/IoT
	B 43123-962	Bachelor of Science - Embedded Automation Design
	B 43123-959	Dipl.-Ing. - Technische Informatik
	B 43124-951	Master of Science - Simulations- und Experimentaltechnik
	B 43124-907	Ingenieurinformatik, Computational Engineering (weiterf.)
	B 43124-921	Master of Science - Angew. Informatik (Ing.- o. Medieninf.)
	B 43124-940	Master of Science - Technische Informatik
	B 43124-914	Master of Engineering - Computer Aided Engineering
	B 43124-937	Master of Science - Intelligente Eingebettete Mikrosysteme
	B 43124-938	Master of Science - Mathematik (Computational Engineering)
	B 43124-931	Master of Science - Entw.- und Simulationsmeth. im Masch.bau
	B 43124-912	Master of Engineering - Applied Computational Mechanics
	B 43124-920	Master of Science - Adv. Comput. and Civ. Eng. Struct. Stud.
	B 43124-908	Technische Informatik (weiterführend)
	B 43124-929	Master of Science - Embedded Systems Design
	B 43124-939	Master of Science - Research in Comput. and Systems Eng.
	B 43124-948	Master of Science - Simulation Sciences
	B 43124-945	Master of Science - Embedded Systems Engineering
	B 43124-935	Master of Science - Ingenieurinformatik
	B 43124-918	Master of Engineering - Leichtbau und Simulation
	B 43124-924	Master of Science - Computational Mechanics
	B 43124-919	Master of Engineering - Maschinenbau (Rechnerunterst. Prod.)
	B 43124-928	Master of Science - Embedded Systems
	B 43124-932	Master of Science - Informatik (Ingenieurwesen)
	B 43124-925	Master of Science - Computergestützte Ingenieurwiss.
	B 43124-916	Master of Engineering - Digitale Produktentw. (Maschinenbau)
	B 43124-934	Master of Science - Informationstechnik im Maschinenwesen
	B 43124-943	Master of Science - Digital Engineering
	B 43124-944	Master of Science - Embedded Computing Systems
	B 43124-949	Master of Science - Simulation Technology
	B 43124-952	Master of Engineering - Simulation und Test
	B 43124-953	Master of Science - Mobile Systeme

Berufsgruppe **431**	**Informatik**	
	B 43124-954	Master of Science - Technische Berechnung und Simulation
	B 43124-955	Master of Engineering - IT und Automation
	B 43124-956	Master of Science - Com. Aid. Concep. a. Prod. in Mech. Eng.
	B 43124-957	Master of Engineering - Techn. Informatik-Embedded Systems
	B 43124-958	Master of Science - Embedded Systems for Mechatronics
	B 43124-959	Master of Science - Computational Science and Engineering
	B 43124-966	Master of Engineering - Eingebettete Systeme
	B 43124-967	Master of Science - Mobile and Embedded Systems
	B 43124-961	Master of Engineering - Computational Engineering
	B 43124-962	Master of Science - Angewandte Informatik/Infotronik
	B 43124-963	Master of Science - Berechnung u. Simulation im Maschinenbau
	B 43124-964	Master of Science - Computational Engineering Science
	B 43124-965	Master of Science - IT-Engineering
	B 43124-968	Master of Science - Computational Modeling and Simulation
	B 43124-969	Master of Science - Manag./Eng.in Computer Aided Mech. Eng.
4313 Bio- und Medizininformatik	B 43134-905	Dipl.-Informatiker/in (BA) - Medizinische Informatik
	B 43134-906	Master of Science – Bioinformatik
	B 43134-910	Dipl.-Informatiker/in (BA) - Bioinformatik
	B 43134-948	Master of Arts - Medizinisches Informationsmanagement
	B 43134-915	Bioinformatik (grundständig)
	B 43134-916	Bioinformatik (weiterführend)
	B 43134-917	Medizinische Informatik (grundständig)
	B 43134-923	Bachelor of Science - Biotechnologie (Bioinformatik)
	B 43134-934	Master of Science - Biosystemtechnik (Bioinformatik)
	B 43134-920	Bachelor of Science - Bioinformatik und Genomforschung
	B 43134-935	Master of Science - Genome Based Systems Biology
	B 43134-936	Master of Science - Life Science Informatics
	B 43134-919	Bachelor of Science - Bioinformatik
	B 43134-921	Bachelor of Science - Bioprozessinformatik
	B 43134-918	Medizinische Informatik (weiterführend)
	B 43134-931	Master of Science - Bioinformatik und Genomforschung
	B 43134-925	Bachelor of Science - Medizininformatik
	B 43134-928	Bachelor of Science - Medizinische Informatik
	B 43134-938	Master of Science - Medizinische Informatik
	B 43134-929	Bachelor of Science - Medizinisch-technische Informatik
	B 43134-937	Master of Science - Medizininformatik
	B 43134-932	Master of Science - Bioinformatik und Systembiologie
	B 43134-933	Master of Science - Biomedical Computing
	B 43134-922	Bachelor of Science - Biosystemtechnik/Bioinformatik
	B 43134-942	Bachelor of Science - Gesundheitsinformatik

Berufsgruppe **431**	**Informatik**	
	B 43134-939	Master of Science - Molekularbiologie/Bioinformatik
	B 43134-943	Master of Science - Angewandte Bioinformatik
	B 43134-944	Bachelor of Science - Angewandte Bioinformatik
	B 43134-952	Bachelor of Engineering - Medizintechnische Informatik
	B 43134-953	Bachelor of Science - Data Science in der Medizin
	B 43134-954	Master of Science - Medical Informatics
	B 43134-950	Bachelor of Science - Informatik (Medizinische Informatik)
	B 43134-951	Bachelor of Science - Medizin. Informationsmanag./eHealth
	B 43134-955	Bachelor of Science - Digital Health
	B 43134-956	Bachelor of Science - Health Informatics
	B 43134-957	Bachelor of Science - Labor-/Verfahrenstechn. (Life Sc. In.)
	B 43134-958	Master of Science - Digital Health
4314 Geoinformatik	B 43144-903	Master of Engineering - Geoinformatik
	B 43144-904	Master of Science - Geomatics
	B 43144-902	Master of Science - Photogrammetry and Geoinformatics
	B 43144-907	Master of Science - Geoinformationswissenschaften
4315 Medieninformatik	B 43152-901	Assistent/in - Informatik (Medieninformatik)
	B 43153-943	Techniker/in - Medien- und Informationssysteme
	B 43153-904	Dipl.-Informatiker/in (BA) - Medienproduktion
	B 43153-906	Dipl.-Medieninformatiker/in (BA) - Digitale Medien
	B 43153-908	Bachelor of Science - Medieninformatik
	B 43153-910	Bachelor of Arts (DH) - Digitale Medien
	B 43153-912	Entwickler/in Digitale Medien
	B 43153-913	Medieninformatik (grundständig)
	B 43153-927	Bachelor of Science - Mobile Medien
	B 43153-916	Bachelor of Arts - Interaktive Medien
	B 43153-917	Bachelor of Arts - Medieninformatik
	B 43153-920	Bachelor of Science - Informatik (Medieninformatik)
	B 43153-919	Bachelor of Science - Digitale Medien
	B 43153-928	Bachelor of Science - Web- und Medieninformatik
	B 43153-932	Bachelor of Science - Informatik (Digitale Medien u. Spiele)
	B 43153-929	Bachelor of Arts (DH) - Onlinemedien
	B 43153-933	Bachelor of Science - Medieninformatik/Interakt. Entertainm.
	B 43153-921	Bachelor of Science - Informatik und Multimedia
	B 43153-922	Bachelor of Science - Media Systems
	B 43153-918	Bachelor of Arts - Medieninformatik und Gestaltung
	B 43153-923	Bachelor of Science - Medien- und Kommunikationsinformatik
	B 43153-930	Bachelor of Engineering - Kommunikations- und Medieninform.

Berufsgruppe 431	**Informatik**	
	B 43153-934	Bachelor of Science - Angew. Inform. - Dig. Med./Spieleent.
	B 43153-936	Bachelor of Science - Informatik (Kommunik. und Medien)
	B 43153-944	Bachelor of Arts - Informatik für audiovisuelle Medien
	B 43153-945	Bachelor of Arts - Medieninformatik/Mediendesign
	B 43153-946	Bachelor of Science - Social Media Systems
	B 43153-939	Bachelor of Arts - Web Development
	B 43153-940	Bachelor of Science - Informatik u. Kommunikationswiss.
	B 43153-941	Bachelor of Science - Media a. Communicat. - Digit. Business
	B 43153-942	Bachelor of Science - Mediendesigninformatik
	B 43153-947	Bachelor of Engineering - Medieninformatik
	B 43154-907	Master of Science - Computer Science and Media
	B 43154-904	Medieninformatik (weiterführend)
	B 43154-912	Master of Science - Media Informatics
	B 43154-916	Master of Science - Angewandte Medieninformatik
	B 43154-917	Master of Science - Digitale Medien
	B 43154-906	Master of Arts - Interaktive Mediensysteme
	B 43154-908	Master of Science - Informatik und Multimedia
	B 43154-915	Master of Science - Medieninformatik
	B 43154-919	Master of Science - Medieninformatik (Kommunikationsw.)
	B 43154-920	Master of Science - Medieninformatik (Medienwirtschaft)
	B 43154-921	Master of Arts - Next Media
	B 43154-922	Master of Science - Medieninformatik (Mediengestaltung)
	B 43154-918	Diplom-Informatiker/in - Medieninformatik
	B 43154-923	Master of Science - Computer Science for Digital Media
	B 43154-924	Master of Science - Interaktive Medien
	B 43154-925	Master of Science - Media, Manag. and Digital Technologies
	B 43154-926	Master of Science - Digital Reality
4319 Führungskräfte – Informatik		
Berufsgruppe 432	IT-Systemanalyse, IT-Anwendungsberatung und IT-Vertrieb	
4321 IT-Systemanalyse		
4322 IT-Anwendungsberatung	B 43223-901	IT-Kundenbetreuer/in
	B 43224-900	IT-Berater/in
4323 im IT-Vertrieb	B 43233-900	IT-System-Kaufmann/-frau
	B 43233-902	IT-Vertriebsbeauftragte/r
	B 43233-903	IT-Ökonom/in
	B 43233-904	IT-System-Kaufmann/-frau + duales Studium
	B 43233-901	Wirtschaftsinformatiker/in - IT-Systeme
	B 43233-905	Fachberater/in - Vertrieb (Ausbildung)

Berufsgruppe 432	IT-Systemanalyse, IT-Anwendungsberatung und IT-Vertrieb	
4329 Führungskräfte – IT-Systemanalyse, IT-Anwendungsberatung und IT-Vertrieb		
Berufsgruppe 433	IT-Netzwerktechnik, IT-Koordination, IT-Administration und IT-Organisation	
4331 IT-Netzwerktechnik	B 43313-903 B 43313-900	Techniker/in - Informatik (Netzwerktechnologie) PC- und Netzwerkfachkraft
4332 IT-Koordination	B 43323-905 B 43323-902 B 43323-903 B 43323-906	IT-Entwickler/in IT-Qualitätssicherungskoordinator/in IT-Projektkoordinator/in IT-Tester/in
4333 IT-Organisation	B 43333-902	EDV-Fachkraft
4334 IT-Systemadministration	B 43343-905	IT-Administrator/in
4335 Datenbankentwicklung und -administration		
4336 Webadministration		
4338 IT-Netzwerktechnik, IT-Koordination, IT-Administration und IT-Organisation (sonstige spezifische Tätigkeitsangabe)	B 43383-900 B 43383-904 B 43383-901 B 43383-902 B 43383-903 B 43383-905 B 43383-906 B 43383-909 B 43383-910 B 43383-907 B 43383-908 B 43383-911	Sicherheitstechniker/in (IT) Bachelor of Science - Unternehmens- und IT-Sicherheit IT-Sicherheit (grundständig) Bachelor of Science - IT-Sicherheit Bachelor of Science - IT-Sicherheit/Informationstechnik Bachelor of Science - Informatik (Sichere u. mobile Systeme) Bachelor of Science - IT Security Bachelor of Science - IT-Forensik/Cybercrime Bachelor of Science - IT-Sicherheit und Mobile Systeme Bachelor of Science - Cybersicherheit Bachelor of Science - Informatik (IT-Sicherheit) Bachelor of Engineering - IT-Forensik
	B 43384-900 B 43384-901 B 43384-905 B 43384-906 B 43384-904 B 43384-903	IT-Sicherheitskoordinator/in IT-Sicherheit (weiterführend) Master of Science - IT-Sicherheit/Informationstechnik Master of Science - IT-Sicherheit/Netze und Systeme Master of Science - IT-Sicherheit Master of Science - Internet-Sicherheit

Berufsgruppe 433	IT-Netzwerktechnik, IT-Koordination, IT-Administration und IT-Organisation	
	B 43384-902	Master of Science - Applied IT-Security
	B 43384-907	Master of Science - Digitale Forensik
	B 43384-911	Master of Science - IT-Sicherheitsmanagement
	B 43384-912	Master of Engineering - Cybersecurity
	B 43384-913	Master of Engineering - Entrepreneurial Cybersecurity
	B 43384-914	Master of Science - Computer Science (Cyber Security)
4339 Führungskräfte – IT-Netzwerktechnik, IT-Koordination, IT-Administration und IT-Organisation	B 43394-900	IT-Projektleiter/in
	B 43394-902	IT-Management (weiterführend)
	B 43394-914	IT-Management (grundständig)
	B 43394-915	Bachelor of Arts - IT-Management
	B 43394-904	Master of Business Admin. - IT-Management
	B 43394-903	Master of Arts - IT-Management
	B 43394-917	Bachelor of Science - IT-Servicemanagement
	B 43394-916	Bachelor of Science - International Information Systems Man.
	B 43394-905	Master of Science - IT-Management
	B 43394-907	Master of Science - IT-Management und -Consulting
	B 43394-906	Master of Science - IT-Management and Information Systems
	B 43394-908	Master of Science - Wirtschaftsinformatik/IT-Management
	B 43394-922	Bachelor of Science - IT-Management, Consulting and Auditing
	B 43394-913	Master of Science - Int. Informations Systems Management
	B 43394-923	Bachelor of Arts - BWL (IT-Management)
	B 43394-919	Bachelor of Science - IT-Management
	B 43394-920	Bachelor of Science - IT-Produktmanagement
	B 43394-910	Master of Science - Informatik und IT-Management
	B 43394-912	Master of Science - IT-Governance, Risk a. Compliance Manag.
	B 43394-924	Master of Business Administration - Dig. Leaders./IT-Manag.
	B 43394-925	Master of Science - IT-Projekt- und Prozessmanagement
Berufsgruppe 434	Softwareentwicklung und Programmierung	
4341 Softwareentwicklung	B 43412-903	Mathematisch-technische/r Assistent/in
	B 43412-906	Mathematisch-technische/r Softwareentwickler/in
	B 43412-901	Assistent/in - Informatik (Softwaretechnik)
	B 43412-902	Fachinformatiker/in - Anwendungsentwicklung
	B 43412-905	Fachberater/in - Softwaretechniken
	B 43413-901	Mathematisch-technische/r Softwareentwickl. + duales Studium
	B 43413-903	IT-Lösungsentwickler/in
	B 43413-918	Bachelor of Science - Software-Engineering
	B 43413-905	Softwaretechnik (grundständig)
	B 43413-913	Bachelor of Science - Informatik (Softwaretechnik)

Berufsgruppe 434	Softwareentwicklung und Programmierung	
	B 43413-920	Bachelor of Science - Software-Produktmanagement
	B 43413-911	Bachelor of Engineering - Softwaretechnik, Medieninformatik
	B 43413-922	Bachelor of Science - Softwaretechnik
	B 43413-924	Bachelor of Science - Mensch-Technik-Interaktion
	B 43413-923	Bachelor of Engineering (BA) - Praktische Informatik
	B 43413-914	Bachelor of Science - IT-Systems Engineering
	B 43413-921	Bachelor of Science - Software-System-Entwicklung
	B 43413-917	Bachelor of Science - Praktische Informatik
	B 43413-926	Bachelor of Science - Fachkommunik. - Softwarelokalisierung
	B 43413-927	Bachelor of Science - Informatik.Softwaresysteme
	B 43413-928	Bachelor of Science - Psychologie in IT
	B 43413-929	Bachelor of Science - Software Systems Science
	B 43413-930	Bachelor of Engineering - Software Engin. im Gesundheitsw.
	B 43413-931	Bachelor of Science - IT-Analyst
	B 43413-933	Bachelor of Science - Softwareentwicklung/Medieninformatik
	B 43413-934	Bachelor of Science - IT- und Software-Systeme
	B 43413-932	Bachelor of Science - Software- und Systemtechnik
	B 43413-935	Bachelor of Science - Softw. Engin.and Information Security
	B 43413-936	Bachelor of Science - Softwaretechnologie
	B 43414-901	Softwareentwickler/in
	B 43414-903	Master of Engineering - Software Eng. u. Informationstech.
	B 43414-908	Softwaretechnik (weiterführend)
	B 43414-915	Master of Science - Praktische Informatik
	B 43414-918	Master of Science - Software Systems Engineering
	B 43414-916	Master of Science - Software Engineering
	B 43414-919	Master of Science - Software Technology
	B 43414-910	Master of Science - Application Architectures
	B 43414-914	Master of Science - IT-Systems Engineering
	B 43414-909	Master of Engineering - Software Eng. for Indust. Applic.
	B 43414-917	Master of Science - Software Engineering and Management
	B 43414-922	Master of Science - Mensch-Computer-Interaktion
	B 43414-923	Master of Science - Softwarelokalisierung
	B 43414-924	Master of Science - Ergonomie - Human Factors Engineering
	B 43414-925	Master of Science - Softwaretechnik
	B 43414-930	Master of Engineering - Software Eng. f. Embedded Systems
	B 43414-927	Master of Science - Europ. Master on Software Engineering
	B 43414-928	Master of Science - Global Software Development
	B 43414-929	Master of Science - International Software Systems Science
4342 Programmierung		
4349 Führungskräfte – Softwareentwicklung und Programmierung		

A 4: Genese der Informatikberufe auf Basis von Berufsklassifikationen

KldB 1961 (BMA et al. 1966)

Berufsordnung 267	Grobmechaniker	
	Berufsklasse 2671	Rechenmaschinenmechaniker Hollerithmaschinenmechaniker
Berufsordnung 412	Ingenieure und Techniker des Maschinen- und Fahrzeugbaues	
	Berufsklasse 4121	Hollerithtechniker
Berufsordnung 413	Ingenieure und Techniker des Elektrofaches	
	4131	Wartungsingenieur (elektronische Rechenanlage)
Berufsordnung 417	Mathematiker, Physiker und Physiko-Techniker	
	Berufsklasse 4171	Diplom-Mathematiker Programmierer (Diplom-Mathematiker) Versicherungsmathematiker
Berufsordnung 421	Physikalisch-, mathematisch-, chemisch- und biologisch-technische Sonderfachkräfte	
	Berufsklasse 4212	Mathematisch-technische Sonderfachkräfte
Berufsordnung 712	Büroberufe	
	Berufsklasse 7127	Lochkartenfachkraft, Bediener von Büromaschinen Hollerithkaufmann Hollerithlocher Hollerithprüfer Hollerithsortierer Hollerithtabellierer

KldB 1961 (BMA et al. 1966, S. 146 f.)

Berufsklasse 7127 Lochkartenfachkraft, Bedienser von Büromaschinen

Aufgabenbereich:

Bedienen von Büromaschinen wie Datenverarbeitungsanlagen, Rechen- und Buchhaltungsmaschinen.

Arbeitsverrichtungen:

Bediener schalttafelgesteuerter Maschinen (Hollerithmaschinen) stellen Programmschemata auf, entwerfen einfache Schaltpläne, stecken Schalttafeln, machen Maschinen arbeitsbereit durch Einsetzen der Schalttafeln, Einlegen von Papier und Lochband; überprüfen die einwandfreie Funktion der Maschinen mit Musterkartensätzen durch Vergleich mit vorgegebenen Ergebnissen; füllen Zuführ- und leeren Ablagemagazine, beseitigen Kartenbruch und melden Maschinenstörungen, überwachen den automatischen Maschinenablauf; bedienen auch Zusatzmaschinen wie Kartendoppler, Rechenlocher, Lochschriftübersetzer, prüfen das Druckbild und stichprobenweise die richtige Rechnung und Stanzung der Ergebnisse, geben Zwischen- und Endergebnisse zur Auswertung weiter.

Bediener elektronischer Datenverarbeitungsanlagen lesen und interpretieren Programme, nehmen Einstellungen am Konsol bzw. am Steuerpult und das Aufsetzen der Programme bei bestimmten Kernspeicherstellen vor; treffen Entscheidungen über den weiteren Programmablauf bei Maschinenstops und Verarbeitungsfehlern, sorgen für das Einlegen von Lochkarten in die Magazine der Abfühl- und Stanzeinheiten und für das Leeren der Ablagefächer, überprüfen gestanzte Karten, beseitigen Abfühl- und Stanzfehler, spannen Magnetbandrollen ein oder entfernen sie, bedienen Tastenfelder; richten Drucker ein, überwachen den Schreibvorgang; stimmen Ergebnisse ab und geben Zwischen- und Endergebnisse zur Auswertung weiter, bedienen weitere Zusatzeinheiten wie Plattenspeicher, Lochkartenleser und -stanzer.

Lochkartenorganisatoren studieren Probleme, die mit der Umstellung auf das Lochkartenverfahren oder mit dessen Organisation zusammenhängen, nehmen Arbeitsuntersuchungen vor, stellen Kostenvergleiche auf; legen Arbeitsabläufe fest, erstellen Lochkartenentwürfe, stellen Arbeitspläne (Organigramme) auf, machen Vorschläge zur Erstellung und Verbesserung von Schaltvorlagen.

Locher übertragen alphabetische und numerische Angaben von Belegen in Lochkarten durch Stanzen, wobei sie eine Maschine mit einer schreibmaschinenähnlichen Tastatur bedienen.

Lochkartenprüfer prüfen die richtige Übernahme der Daten und lassen fehlerhafte Lochkarten berichtigen.

Maschinenbuchhalter und Maschinenrechner sortieren Unterlagen, entnehmen ihnen Daten, bedienen Buchungsmaschinen, die diese Daten auf das Journal oder ein Kontrollblatt schreiben, oder Rechenmaschinen; fertigen mit Buchungsmaschinen Aufstellungen und Rechnungen an; vergleichen Kontrollkarten mit Belegen, prüfen Rechnungen und Aufstellungen.

Die der Berufsklasse zugeordneten Berufstätigen können innerhalb des angegebenen Tätigkeitsbereichs auf bestimmte Lochkarten-, Rechen- oder Buchhaltungsmaschinen spezialisiert sein oder einzelne der beschriebenen Tätigkeiten als Teilarbeit verrichten und entsprechend benannt sein, z. B. Comptometerrechner, Maschinenbuchhalter; Sortierer, Tabellierer.

In der Berufsklasse ist folgender anerkannte Anlernberuf enthalten:

Lochkartentabellierer I/A/2

Hinweis:

Nicht hier eingeordnet ist das technische Personal, das mit der Wartung und Reparatur datenverarbeitender Maschinen beschäftigt ist wie Hollerithmaschinenmechaniker (2671), Wartungsingenieur für elektronische Rechenanlagen (4131), ferner Programmierer (4171, 4212).

KldB 1975 (StBa 1975)

Berufsordnung 774

V. Dienstleistungsberufe

774 Datenverarbeitungsfachleute

7741 Systemanalytiker
7742 Systemprogrammierer
7743 Datenverarbeitungskaufleute
7744 Programmierer
7745 Operatoren (in der Datenverarbeitung)
7746 Lochkartenfachleute, Tabellierer
7749 andere Datenverarbeitungsfachleute

Analysator
Analyst
Analytiker (EDV)
Anfangsprogrammierer
Assistent für elektronisches Rechnen
Assistent für Programmierung

Bediener von Datenverarbeitungsanlagen

Coder
Codierer
Computer-Management-Assistent

Datenverarbeiter
Datenverarbeitungsfachmann
Datenverarbeitungskaufmann
Diplom-Informatiker

EDV-Saalaufseher

Fachschulkaufmann (EDV)

Hollerithkaufmann
Hollerithsortierer
Hollerithtabellierer

Informatikassistent
Informatiker
Informatiker // Diplom-
Ingenieur für Informationsverarbeitung

Jobaufsicht

Kaufmännischer Assistent
Kodierer

Leiter der EDV
Leiter der Lochkartenanlage
Lochkartenanlagenleiter
Lochkartenfachmann
Lochkartenorganisator
Lochkartensortierer
Lochkartentabellierer

Maschinenbediener (EDV)
Maschinensaalleiter (EDV)
Maschinensortierer (Lochkarten)
Maschinentabellierer (Lochkarten)

Operator

Organisationsprogrammierer
Organisator (EDV)
Organisator // Lochkarten-

Programmgestalter (EDV)
Programmierer

Rechenzentrumsleiter

Saalaufseher // EDV-
Schaltspezialist
Schichtführer (EDV)
Software-Analytiker
Sortierer (Lochkarten)
Systemanalytiker
Systemberater
Systemingenieur
Systemplaner (EDV)
Systemprogrammierer
Systemspezialist
Systemtester (EDV)

Tabellierer (Lochkarten)
Teileprogrammierer

Vertriebsberater für die Datenverarbeitung
Vertriebsberater für Lochkartenanlagen

783 Datentypisten

7831 Datentypisten
7832 Datenträgerprüfer

Alphalocherin
Automatenlocher

Comptometerrechner

Datenträgerlocher
Datenträgerprüfer
Datentypist
Datist

Hollerithlocher
Hollerithprüfer

Kartenlocher
Kartenprüfer

Leiterin der Lochabteilung
Leiterin des Lochkartensaals
Locher
Lochkartenfachkraft
Lochkartenlocher
Lochkartenprüfer
Lochkartensaalleiterin
Lochstreifenlocher
Lochstreifenprüferin

Magnetbandschreiberin

Programmlocher
Prüfer (Lochkarten)

Selexschreiber

Stanzer (Lochkarten)

Terminal-Typist

Umlocher

KldB 1988 (BA 1988)

774 Datenverarbeitungsfachleute

7740 Datenverarbeitungsfachleute, o. n. A.
7741 Systemanalytiker, Organisatoren
7742 Anwendungsprogrammierer
7743 Systemprogrammierer
7744 Rechenzentrumsfachleute
7745 Vertriebsfachleute (EDV)
7746 Datenverarbeitungskaufleute
7748 Informatiker (EDV)
7749 andere Datenverarbeitungsfachleute

783 Datentypisten

7831 Datentypisten
7832 Datenträgerprüfer
7833 Lochkartensaalleiterinnen

KldB 1992 (StBa 1992)

774 Datenverarbeitungsfachleute, Informatiker/Informatikerinnen o.n.A.

7741 Datenverarbeitungsfachleute o.n.A.
7742 Informatiker/innen o.n.A.
7743 Mathematisch-technische Assistent(en/innen)
7744 Informatikassistent(en/innen) o.n.A.
7745 DV-Leiter/innen, a.n.g.
7749 andere Datenverarbeitungsfachleute, Informatiker/innen o.n.A.

775 Softwareentwickler/Softwareentwicklerinnen

7750 Softwareentwickler/innen, allgemein
7751 Anwendungssoftwareentwickler/innen
7752 Systemsoftwareentwickler/innen
7753 Leiter/innen Softwareentwicklung

776 DV-Organisatoren/Organisatorinnen und verwandte Berufe

7761 DV-Organisator(en/innen)
7762 Systemanalytiker/innen
7763 DV-Koordinator(en/innen)
7764 Leiter/innen DV-Organisation/Systemanalyse

777 DV-Beratungs- und Vertriebsfachleute

7771 DV-Berater/innen
7772 DV-Vertriebsfachleute

778 Rechenzentrums- und DV-Benutzerservice-Fachleute

7780 Rechenzentrumsfachleute o.n.A.
7781 Operator(en/innen)
7782 Arbeitsvorbereiter/innen und Nachbearbeiter/innen (EDV)
7783 EDV-Administrator(en/innen)
7784 Rechenzentrums-Führungskräfte
7789 andere Rechenzentrumsfachleute

779 Sonstige Datenverarbeitungsfachleute, Informatiker/Informatikerinnen

7791 Datenverarbeitungskaufleute
7792 Wirtschaftsinformatiker/innen
7794 Medizinische Informatiker/innen
7798 DV-Revisor(en/innen), DV-Controller/innen

A 5: IKT-Beschäftigtenanzahlen

A 5.1: IKT-Beschäftigtenanzahlen nach Berufsgruppen der Jahre 2012 und 2018

Datenquelle: (BA 2018o), eigene Berechnung

SVB in Berufsuntergruppen in Deutschland	Jahr 2012	Jahr 2018	Veränderung
Anzahl aller SvB in Deutschland	29.527.929	32.660.492	+10,6 %
Anzahl der IKT SvB in Deutschland	627.285	793.540	+26,5 %
4310 Berufe in der Informatik (o.S.)	157.263	182.315	+15,9 %
4311 Berufe in der Wirtschaftsinformatik	23.619	27.534	+16,6 %
4312 Berufe in der technischen Informatik	8.887	11.441	+28,7 %
4313 Berufe in der Bio- und Medizininformatik	808	1.238	+53,2 %
4314 Berufe in der Geoinformatik	639	1.078	+68,7 %
4315 Berufe in der Medieninformatik	8.288	13.592	+64,0 %
4319 Führung – Informatik	2.174	2.543	+17,0 %
4321 Berufe in der IT-Systemanalyse	23.096	29.533	+27,9 %
4322 Berufe in der IT-Anwendungsberatung	91.955	121.319	+31,9 %
4323 Berufe im IT-Vertrieb	19.470	23.278	+19,6 %
4329 Führung-IT-System,-Anwendung,-Vertrieb	673	576	-14,4 %
4331 Berufe in der IT-Netzwerktechnik	10.258	10.342	+0,8 %
4332 Berufe in der IT-Koordination	13.756	15.600	+13,4 %
4333 Berufe in der IT-Organisation	20.043	21.168	+5,6 %
4334 Berufe in der IT-Systemadministation	63.091	75.492	+19,7 %
4335 Berufe Datenbankentwickl., -administr.	5.927	6.722	+13,1 %
4336 Berufe in der Webadministration	714	881	+23,4 %
4338 IT-Netzwerkt.,-Koord.,-Admin.,-Org.(ssT)	7.125	8.730	+22,5 %
4339 Führung-IT-Netzw.,-Koord.,-Admin.,-Orga.	17.225	19.867	+15,3 %
4341 Berufe in der Softwareentwicklung	118.386	182.446	+54,1 %
4342 Berufe in der Programmierung	30.529	34.307	+12,4 %
4349 Führung-Softwareentwickl.,Programmierung	3.359	3.538	+5,3 %

A 5.2: Sozialversicherungspflichtig Beschäftigte nach Anforderungsniveau

Deutschland, Stichtag: 31.03.2018
Datenquelle: (BA 2018e)

Berufsfachliche Differenzierung nach der Klassifikation der Berufe 2010 (KldB2010); Berufshauptgruppen, -gruppen und -untergruppen	Anforderungsniveau aus der KldB2010			
	Helfer	Fachkraft	Spezialist	Experte
43 Informatik- und andere IKT-Berufe	-	134.789	382.376	276.375
431 Informatik	-	112.772	95.891	31.078
4310 Berufe in der Informatik (o.S.)	-	95.537	69.954	16.824
4311 Berufe in der Wirtschaftsinformatik	-	13.510	9.090	4.934
4312 Berufe in der technischen Informatik	-	2.740	5.079	3.622
4313 Berufe in der Bio- und Medizininformatik	-	-	-	1.238
4314 Berufe in der Geoinformatik	-	-	-	1.078
4315 Berufe in der Medieninformatik	-	985	11.768	839
4319 Führung - Informatik	-	-	-	2.543
432 IT-Systemanalyse, Anwenderber, IT-Vertrieb	-	-	90.017	84.689
4321 Berufe in der IT-Systemanalyse	-	-	-	29.533
4322 Berufe in der IT-Anwendungsberatung	-	-	66.739	54.580
4323 Berufe im IT-Vertrieb	-	-	23.278	-
4329 Führung-IT-System,-Anwendung,-Vertrieb	-	-	-	576
433 IT-Netzwerkt., -Koord., -Administr., -Orga.	-	-	135.033	23.769
4331 Berufe in der IT-Netzwerktechnik	-	-	8.863	1.479
4332 Berufe in der IT-Koordination	-	-	15.600	-
4333 Berufe in der IT-Organisation	-	-	21.168	-
4334 Berufe in der IT-Systemadministation	-	-	75.492	-
4335 Berufe Datenbankentwickl., -administr.	-	-	6.722	-
4336 Berufe in der Webadministration	-	-	881	-
4338 IT-Netzwerkt., -Koord., -Admin., -Org.(ssT)	-	-	6.307	2.423
4339 Führung-IT-Netzw., -Koord., -Admin., -Orga.	-	-	-	19.867
434 Softwareentwicklung und Programmierung	-	22.017	61.435	136.839
4341 Berufe in der Softwareentwicklung	-	22.017	27.128	133.301
4342 Berufe in der Programmierung	-	-	34.307	-
4349 Führung Softwareentwickl.,Programmierung	-	-	-	3.538

A 5.3: Sozialversicherungspflichtig Beschäftigte nach Berufsabschluss

Stichtag: 31.03.2018, Datenquelle: (BA 2018e)

Berufsfachliche Differenzierung nach der Klassifikation der Berufe 2010 (KldB2010); Berufshauptgruppen, -gruppen und -untergruppen	Berufsabschluss													
	Ohne Berufsabschluss		Anerkannte Berufsausbildung		Meister-/Techniker- oder gleichw. Abschl.		Bachelor		Diplom/Magister/Master/Staatsexamen		Promotion		Keine Angabe	
43 Informatik- und andere IKT-Berufe	60.932	7,7%	270.652	34,1%	34.684	4,4%	69.971	8,8%	280.964	35,4%	13.943	1,8%	62.394	7,9%
431 Informatik														
4310 Berufe in der Informatik (o.S.)	21.533	11,8%	772.769	39,9%	6.256	3,4%	11.095	6,1%	53.539	29,4%	2.130	1,2%	14.993	8,2%
4311 Berufe in der Wirtschaftsinformatik	4.507	16,4%	11.119	40,4%	836	3,0%	2.862	10,4%	6.502	23,6%	330	1,2%	1.378	5,0%
4312 Berufe in der technischen Informatik	866	7,6%	4.108	35,9%	712	6,2%	832	7,3%	3.816	33,4%	189	1,7%	918	8,0%
4313 Berufe in der Bio- und Medizininformatik	49	4,0%	114	9,2%	14	1,1%	115	9,3%	572	46,2%	342	27,6%	32	2,6%
4314 Berufe in der Geoinformatik	61	5,7%	62	5,8%	17	1,6%	140	13,0%	734	68,1%	33	3,1%	31	2,9%
4315 Berufe in der Medieninformatik	1.368	10,1%	3.950	29,1%	411	3,0%	2.470	18,2%	3.956	29,1%	119	0,9%	1.318	9,7%
4319 Führung - Informatik	50	2,0%	500	19,7%	68	2,7%	131	5,2%	1.355	53,3%	110	4,3%	329	12,9%
432 IT-Systemanalyse, Anwenderber, IT-Vertrieb														
4321 Berufe in der IT-Systemanalyse	1.307	4,4%	8.552	29,0%	1.445	4,9%	2.088	7,1%	13.732	46,5%	699	2,4%	1.710	5,8%
4322 Berufe in der IT-Anwendungsberatung	4.773	3,9%	33.683	27,8%	5.266	4,3%	14.114	11,6%	49.995	41,2%	2.471	2,0%	11.017	9,1%
4323 Berufe im IT-Vertrieb	2.671	11,5%	10.437	44,8%	852	3,7%	1.713	7,4%	5.289	22,7%	176	0,8%	2.140	9,2%
4329 Führung-IT-System,-Anwendung,-Vertrieb	12	2,1%	190	33,0%	31	5,4%	19	3,3%	294	51,0%	12	2,1%	18	3,1%
433 IT-Netzwerkt.,-Koord.,-Administr.,-Orga.														
4331 Berufe in der IT-Netzwerktechnik	344	3,3%	5.972	57,7%	668	6,5%	397	3,8%	2.303	22,3%	75	0,7%	583	5,6%
4332 Berufe in der IT-Koordination	575	3,7%	5.419	34,7%	739	4,7%	1.290	8,3%	6.268	40,2%	200	1,3%	1.109	7,1%
4333 Berufe in der IT-Organisation	910	4,3%	9.672	5,7%	988	4,7%	1.219	5,8%	5.556	26,2%	207	1,0%	2.616	12,4%
4334 Berufe in der IT-Systemadministation	3.353	4,4%	41.264	54,7%	5.824	7,7%	3.818	5,1%	16.903	22,4%	486	0,6%	3.844	5,1%
4335 Berufe Datenbankentwickl., -administr.	278	4,1%	2.079	30,9%	265	3,9%	575	8,6%	2.777	41,3%	226	3,4%	522	7,8%
4336 Berufe in der Webadministration	72	8,2%	282	32,0%	27	3,1%	100	11,4%	320	36,3%	7	0,8%	73	8,3%
4338 IT-Netzwerkt.,-Koord.,-Admin.,-Org.(ssT)	459	2,3%	3.867	19,5%	546	2,7%	471	2,4%	2.703	13,6%	96	0,5%	588	3,0%
4339 Führung-IT-Netzw.,-Koord.,-Admin.,-Orga.	509	0,2%	5.904	2,7%	1.402	0,6%	994	0,5%	9.059	4,1%	547	0,2%	1.452	0,7%
434 Softwareentwicklung und Programmierung														
4341 Berufe in der Softwareentwicklung	14.741	8,1%	37.937	20,8%	5.712	3,1%	22.264	12,2%	82.976	45,5%	4.857	2,7%	13.959	7,7%
4342 Berufe in der Programmierung	2.392	7,0%	12.248	35,7%	2.449	7,1%	3.112	9,1%	10.179	29,7%	407	1,2%	3.520	10,3%
4349 Führung Softwareentwickl.,Programmierung	102	2,9%	524	14,8%	156	4,4%	152	4,3%	2.136	60,4%	224	6,3%	244	6,9%

Anm.: Neben den absoluten Beschäftigtenanzahlen werden jeweils die relativen Anteile in Prozent dargestellt.

A 5.4: Sozialversicherungspflichtig Beschäftigte nach Wirtschaftsabteilungen der WZ 2008 und ausgewählten Berufen der KldB 2010

Deutschland (Arbeitsort), (Auszug aus BA 2018p, eigene Berechnung)

Wirtschaftsabteilungen (WZ 2008)	43 Informatik- und andere IKT-Berufe			
	2012	2018	Veränderung	Anteil in 2018
Insgesamt	627.285	793.540	26,50%	
01 Landwirtschaft, Jagd und damit verbundene Tätigkeiten	166	212	27,71%	0,03%
02 Forstwirtschaft und Holzeinschlag	17	*		
03 Fischerei und Aquakultur	*	*		
A Land- und Forstwirtschaft, Fischerei	183	212	15,85%	0,03%
05 Kohlenbergbau	42	78	85,71%	0,01%
06 Gewinnung von Erdöl und Erdgas	92	90	-2,17%	0,01%
07 Erzbergbau	*	*		
08 Gewinnung von Steinen und Erden, sonstiger Bergbau	95	104	9,47%	0,01%
09 Erbringung von Dienstleistungen für den Bergbau […]	287	115	-59,93%	0,01%
B Bergbau und Gewinnung von Steinen und Erden	516	387	-25,00%	0,05%
10 Herstellung von Nahrungs- und Futtermitteln	2.284	2.844	24,52%	0,36%
11 Getränkeherstellung	509	564	10,81%	0,07%
12 Tabakverarbeitung	84	79	-5,95%	0,01%
13 Herstellung von Textilien	534	625	17,04%	0,08%
14 Herstellung von Bekleidung	862	730	-15,31%	0,09%
15 Herstellung von Leder, Lederwaren und Schuhen	118	190	61,02%	0,02%
16 Herstellung von Holz-, Flecht-, Korb- und Korkwaren (ohne Möbel)	474	589	24,26%	0,07%
17 Herstellung von Papier, Pappe und Waren daraus	1.078	1.126	4,45%	0,14%
18 Herstellung von Druckerzeugnissen; Vervielfältigung von bespielten Ton-, […]	3.246	2.834	-12,69%	0,36%
19 Kokerei und Mineralölverarbeitung	435	405	-6,90%	0,05%
20 Herstellung von chemischen Erzeugnissen	4.079	4.721	15,74%	0,59%

Wirtschaftsabteilungen (WZ 2008)	43 Informatik- und andere IKT-Berufe			
	2012	2018	Veränderung	Anteil in 2018
21 Herstellung von pharmazeutischen Erzeugnissen	3.039	3.028	-0,36%	0,38%
22 Herstellung von Gummi- und Kunststoffwaren	3.237	3.726	15,11%	0,47%
23 Herstellung von Glas und Glaswaren, Keramik, Verarbeitung von Steinen […]	1.407	1.546	9,88%	0,19%
24 Metallerzeugung und -bearbeitung	2.883	2.813	-2,43%	0,35%
25 Herstellung von Metallerzeugnissen	5.568	6.769	21,57%	0,85%
26 Herstellung von Datenverarbeitungsgeräten, elektronischen und optischen […]	23.211	26.362	13,58%	3,32%
27 Herstellung von elektrischen Ausrüstungen	7.948	9.964	25,36%	1,26%
28 Maschinenbau	18.888	23.578	24,83%	2,97%
29 Herstellung von Kraftwagen und Kraftwagenteilen	13.951	19.956	43,04%	2,51%
30 Sonstiger Fahrzeugbau	4.316	5.004	15,94%	0,63%
31 Herstellung von Möbeln	793	903	13,87%	0,11%
32 Herstellung von sonstigen Waren	3.366	5.195	54,34%	0,65%
33 Reparatur und Installation von Maschinen und Ausrüstungen	2.654	4.028	51,77%	0,51%
C Verarbeitendes Gewerbe	104.964	127.579	21,55%	16,08%
35 Energieversorgung	5.336		5,88%	0,71%
D Energieversorgung	5.336	5.650	5,88%	0,71%
36 Wasserversorgung	576	5.650	13,54%	0,08%
37 Abwasserentsorgung	178	654	18,54%	0,03%
38 Sammlung, Behandlung und Beseitigung von Abfällen; Rückgewinnung	598	211	30,60%	0,10%
39 Beseitigung von Umweltverschmutzungen und sonstige Entsorgung	27	24	-11,11%	0,00%
E Wasservers.; Abwasser- und Abfallentsorgung und Bes. v. Umweltv.	1.379	1.670	21,10%	0,21%
41 Hochbau	507	570	12,43%	0,07%
42 Tiefbau	237	359	51,48%	0,05%
43 Vorbereitende Baustellenarbeiten, Bauinstallation und sonstiges […]	1.979	2.743	38,61%	0,35%
F Baugewerbe	2.723	3.672	34,85%	0,46%
45 Handel mit Kraftfahrzeugen; Instandhaltung und Reparatur von Kraftfahrzeugen	2.501	3.045	21,75%	0,38%
46 Großhandel (ohne Handel mit Kraftfahrzeugen)	30.441	33.725	10,79%	4,25%

Wirtschaftsabteilungen (WZ 2008)	43 Informatik- und andere IKT-Berufe			
	2012	**2018**	**Veränderung**	**Anteil in 2018**
47 Einzelhandel (ohne Handel mit Kraftfahrzeugen)	14.603	19.509	33,60%	2,46%
G Handel; Instandhaltung und Reparatur von Kraftfahrzeugen	47.545	56.279	18,37%	7,09%
49 Landverkehr und Transport in Rohrfernleitungen	1.422	1.811	27,36%	0,23%
50 Schifffahrt	566	612	8,13%	0,08%
51 Luftfahrt	742	811	9,30%	0,10%
52 Lagerei sowie Erbringung von sonstigen Dienstleistungen für den Verkehr	6.002	6.702	11,66%	0,84%
53 Post-, Kurier- und Expressdienste	595	464	-22,02%	0,06%
H Verkehr und Lagerei	9.327	10.400	11,50%	1,31%
55 Beherbergung	259	272	5,02%	0,03%
56 Gastronomie	281	387	37,72%	0,05%
I Gastgewerbe	540	659	22,04%	0,08%
58 Verlagswesen	14.436	18.839	30,50%	2,37%
59 Herstellung, Verleih und Vertrieb von Filmen und Fernsehprogrammen […]	1.116	1.485	33,06%	0,19%
60 Rundfunkveranstalter	1.194	1.529	28,06%	0,19%
61 Telekommunikation	10.744	6.086	-43,35%	0,77%
62 Erbringung von Dienstleistungen der Informationstechnologie	255.454	336.565	31,75%	42,41%
63 Informationsdienstleistungen	7.066	11.606	64,25%	1,46%
J Information und Kommunikation	290.010	376.110	29,69%	47,40%
64 Erbringung von Finanzdienstleistungen	11.096	12.116	9,19%	1,53%
65 Versicherungen, Rückversicherungen und Pensionskassen […]	9.551	10.497	9,90%	1,32%
66 Mit Finanz- und Versicherungsdienstleistungen verbundene Tätigkeiten	4.779	5.593	17,03%	0,70%
K Erbringung von Finanz- und Versicherungsdienstleistungen	25.426	28.206	10,93%	3,55%
68 Grundstücks- und Wohnungswesen	1.721	2.178	26,55%	0,27%
L Grundstücks- und Wohnungswesen	1.721	2.178	26,55%	0,27%
69 Rechts- und Steuerberatung, Wirtschaftsprüfung	2.879	3.239	12,50%	0,41%
70 Verwaltung und Führung von Unternehmen und Betrieben […]	39.538	60.003	51,76%	7,56%
71 Architektur- und Ingenieurbüros; technische, physikalische und chemische […]	10.867	16.069	47,87%	2,02%
72 Forschung und Entwicklung	8.306	10.912	31,37%	1,38%

Wirtschaftsabteilungen (WZ 2008)	43 Informatik- und andere IKT-Berufe			
	2012	2018	Veränderung	Anteil in 2018
73 Werbung und Marktforschung	6.603	8.425	27,59%	1,06%
74 Sonstige freiberufliche, wissenschaftliche und technische Tätigkeiten	1.899	2.420	27,44%	0,30%
75 Veterinärwesen	25	34	36,00%	0,00%
M Erbringung von freiber, wissensch. und tech. Dienstleistungen	70.117	101.102	44,19%	12,74%
77 Vermietung von beweglichen Sachen	721	1.219	69,07%	0,15%
78 Vermittlung und Überlassung von Arbeitskräften	6.016	7.519	24,98%	0,95%
79 Reisebüros, Reiseveranstalter und Erbringung sonstiger […]	1.328	1.702	28,16%	0,21%
80 Wach- und Sicherheitsdienste sowie Detekteien	213	249	16,90%	0,03%
81 Gebäudebetreuung; Garten- und Landschaftsbau	601	652	8,49%	0,08%
82 Erbringung von wirtschaftlichen Dienstleistungen für Unternehmen und […]	5.957	9.348	56,92%	1,18%
N Erbringung von sonstigen wirtschaftlichen Dienstleistungen	14.836	20.689	39,45%	2,61%
84 Öffentliche Verwaltung, Verteidigung; Sozialversicherung	22.497	24.292	7,98%	3,06%
O Öffentliche Verwaltung, Verteidigung; Sozialversicherung	22.497	24.292	7,98%	3,06%
85 Erziehung und Unterricht	9.550	10.651	11,53%	1,34%
P Erziehung und Unterricht	9.550	10.651	11,53%	1,34%
86 Gesundheitswesen	8.302	9.972	20,12%	1,26%
87 Heime (ohne Erholungs- und Ferienheime)	659	791	20,03%	0,10%
88 Sozialwesen (ohne Heime)	1.372	2.481	80,83%	0,31%
Q Gesundheits- und Sozialwesen	10.333	13.244	28,17%	1,67%
90 Kreative, künstlerische und unterhaltende Tätigkeiten	194	319	64,43%	0,04%
91 Bibliotheken, Archive, Museen, botanische und zoologische Gärten	460	574	24,78%	0,07%
92 Spiel-, Wett- und Lotteriewesen	361	440	21,88%	0,06%
93 Erbringung von Dienstleistungen des Sports, der Unterhaltung und der Erholung	262	435	66,03%	0,05%
R Kunst, Unterhaltung und Erholung	1.277	1.768	38,45%	0,22%
94 Interessenvertretungen sowie kirchliche und sonstige religiöse […]	4.501	5.087	13,02%	0,64%
95 Reparatur von Datenverarbeitungsgeräten und Gebrauchsgütern	1.927	1.710	-11,26%	0,22%
96 Erbringung von sonstigen überwiegend persönlichen Dienstleistungen	2.350	1.758	-25,19%	0,22%
S Erbringung von sonstigen Dienstleistungen	8.778	8.555	-2,54%	1,08%

Wirtschaftsabteilungen (WZ 2008)	43 Informatik- und andere IKT-Berufe			
	2012	2018	Veränderung	Anteil in 2018
97 Private Haushalte mit Hauspersonal	*	32		0,00%
98 Herstellung von Waren und Erbringung von Dienstleistungen durch private […]	*	-		0,00%
T Private Haushalte	-	32		0,00%
99 Exterritoriale Organisationen und Körperschaften	169	136	-19,53%	0,02%
U Exterritoriale Organisationen und Körperschaften	169	136	-19,53%	0,02%
keine Zuordnung möglich	42	47	11,90%	0,01%

A 5.5: Branchenindikator "Beruf in Wirtschaftsabteilungen (BiWa)" für IKT-Berufe

Die Berechnung des BiWa über erfolgt für den Beschäftigtenanteil n = 80 %.
Datenquelle: BA 2018p, eigene Berechnung

Berufsfachliche Differenzierung nach der Klassifikation der Berufe 2010 (KldB2010); Berufshauptgruppen, -gruppen und -untergruppen	Beruf in Wirtschaftsabteilungen (BiWa)
43 Informatik- und andere IKT-Berufe	15
431 Informatik	15
4310 Berufe in der Informatik (o.S.)	13
4311 Berufe in der Wirtschaftsinformatik	21
4312 Berufe in der technischen Informatik	16
4313 Berufe in der Bio- und Medizininformatik	4
4314 Berufe in der Geoinformatik	3
4315 Berufe in der Medieninformatik	9
4319 Führung - Informatik	10
432 IT-Systemanalyse, Anwenderber, IT-Vertrieb	7
4321 Berufe in der IT-Systemanalyse	8
4322 Berufe in der IT-Anwendungsberatung	6
4323 Berufe im IT-Vertrieb	4
4329 Führung-IT-System,-Anwendung,-Vertrieb	9
433 IT-Netzwerkt., -Koord., -Administr., -Orga.	21
4331 Berufe in der IT-Netzwerktechnik	10
4332 Berufe in der IT-Koordination	15
4333 Berufe in der IT-Organisation	18
4334 Berufe in der IT-Systemadministation	22
4335 Berufe Datenbankentwickl., -administr.	15
4336 Berufe in der Webadministration	14
4338 IT-Netzwerkt., -Koord., -Admin., -Org.(ssT)	12
4339 Führung-IT-Netzw., -Koord., -Admin., -Orga.	24
434 Softwareentwicklung und Programmierung	9
4341 Berufe in der Softwareentwicklung	8
4342 Berufe in der Programmierung	13
4349 Führung Softwareentwickl.,Programmierung	10

A 5.6: Sozialversicherungspflichtig Beschäftigte in der Berufsuntergruppe „4334 Berufe in der IT-Systemadministation“ nach Wirtschaftsabteilungen der WZ 2008, absteigend

Datenquelle: BA 2018p, eigene Berechnung

Wirtschaftsabteilungen der WZ 2008	SvB in 4334 Berufe in der IT-System-administation
62 Erbringung von Dienstleistungen der Informationstechnologie	18.827
84 Öffentliche Verwaltung, Verteidigung; Sozialversicherung	4.748
70 Verwaltung und Führung von Unternehmen und Betrieben; Unternehmensberatung	4.741
46 Großhandel (ohne Handel mit Kraftfahrzeugen)	4.285
28 Maschinenbau	3.604
86 Gesundheitswesen	2.337
47 Einzelhandel (ohne Handel mit Kraftfahrzeugen)	1.823
26 Herstellung von Datenverarbeitungsgeräten, elektronischen und optischen Erzeugnissen	1.787
85 Erziehung und Unterricht	1.759
29 Herstellung von Kraftwagen und Kraftwagenteilen	1.730
64 Erbringung von Finanzdienstleistungen	1.625
65 Versicherungen, Rückversicherungen und Pensionskassen (ohne Sozialversicherung)	1.314
58 Verlagswesen	1.284
71 Architektur- und Ingenieurbüros; technische, physikalische und chemische Untersuchung	1.278
25 Herstellung von Metallerzeugnissen	1.276
82 Erbringung von wirtschaftlichen Dienstleistungen für Unternehmen und Privatpersonen a. n. g.	1.187
63 Informationsdienstleistungen	1.101
35 Energieversorgung	1.041
94 Interessenvertretungen sowie kirchliche und sonstige religiöse Vereinigungen …	1.039
27 Herstellung von elektrischen Ausrüstungen	1.038
72 Forschung und Entwicklung	1.031
52 Lagerei sowie Erbringung von sonstigen Dienstleistungen für den Verkehr	950
61 Telekommunikation	895
69 Rechts- und Steuerberatung, Wirtschaftsprüfung	782
22 Herstellung von Gummi- und Kunststoffwaren	771
78 Vermittlung und Überlassung von Arbeitskräften	734
32 Herstellung von sonstigen Waren	676
20 Herstellung von chemischen Erzeugnissen	645

Wirtschaftsabteilungen der WZ 2008	SvB in 4334 Berufe in der IT-System-administation
45 Handel mit Kraftfahrzeugen; Instandhaltung und Reparatur von Kraftfahrzeugen	604
10 Herstellung von Nahrungs- und Futtermitteln	587
30 Sonstiger Fahrzeugbau	543
88 Sozialwesen (ohne Heime)	517
24 Metallerzeugung und -bearbeitung	514
68 Grundstücks- und Wohnungswesen	512
73 Werbung und Marktforschung	483
18 Herstellung von Druckerzeugnissen; Vervielfältigung von bespielten Ton-, Bild- und Datenträgern	467
49 Landverkehr und Transport in Rohrfernleitungen	404
43 Vorbereitende Baustellenarbeiten, Bauinstallation und sonstiges Ausbaugewerbe	396
66 Mit Finanz- und Versicherungsdienstleistungen verbundene Tätigkeiten	378
21 Herstellung von pharmazeutischen Erzeugnissen	335
33 Reparatur und Installation von Maschinen und Ausrüstungen	323
60 Rundfunkveranstalter	316
74 Sonstige freiberufliche, wissenschaftliche und technische Tätigkeiten	290
23 Herstellung von Glas und Glaswaren, Keramik, Verarbeitung von Steinen und Erden	289
95 Reparatur von Datenverarbeitungsgeräten und Gebrauchsgütern	270
31 Herstellung von Möbeln	265
17 Herstellung von Papier, Pappe und Waren daraus	256
36 Wasserversorgung	250
96 Erbringung von sonstigen überwiegend persönlichen Dienstleistungen	224
38 Sammlung, Behandlung und Beseitigung von Abfällen; Rückgewinnung	223
87 Heime (ohne Erholungs- und Ferienheime)	220
59 Herstellung, Verleih und Vertrieb von Filmen und Fernsehprogrammen; Kinos; Tonstudios …	192
92 Spiel-, Wett- und Lotteriewesen	168
81 Gebäudebetreuung; Garten- und Landschaftsbau	161
79 Reisebüros, Reiseveranstalter und Erbringung sonstiger Reservierungsdienstleistungen	160
77 Vermietung von beweglichen Sachen	152
11 Getränkeherstellung	149
16 Herstellung von Holz-, Flecht-, Korb- und Korkwaren (ohne Möbel)	134
41 Hochbau	130
13 Herstellung von Textilien	128
91 Bibliotheken, Archive, Museen, botanische und zoologische Gärten	118
93 Erbringung von Dienstleistungen des Sports, der Unterhaltung und der Erholung	84

Wirtschaftsabteilungen der WZ 2008	SvB in 4334 Berufe in der IT-System-administation
51 Luftfahrt	81
50 Schifffahrt	80
42 Tiefbau	76
14 Herstellung von Bekleidung	75
56 Gastronomie	73
53 Post-, Kurier- und Expressdienste	67
37 Abwasserentsorgung	66
90 Kreative, künstlerische und unterhaltende Tätigkeiten	57
01 Landwirtschaft, Jagd und damit verbundene Tätigkeiten	49
55 Beherbergung	49
80 Wach- und Sicherheitsdienste sowie Detekteien	47
15 Herstellung von Leder, Lederwaren und Schuhen	43
19 Kokerei und Mineralölverarbeitung	43
06 Gewinnung von Erdöl und Erdgas	35
08 Gewinnung von Steinen und Erden, sonstiger Bergbau	32
09 Erbringung von Dienstleistungen für den Bergbau und für die Gewinnung von Steinen und Erden	15
12 Tabakverarbeitung	11
99 Exterritoriale Organisationen und Körperschaften	10
39 Beseitigung von Umweltverschmutzungen und sonstige Entsorgung	8
97 Private Haushalte mit Hauspersonal	5
02 Forstwirtschaft und Holzeinschlag	-
03 Fischerei und Aquakultur	-
05 Kohlenbergbau	-
07 Erzbergbau	-
75 Veterinärwesen	
98 Herstellung von Waren und Erbringung von Dienstleistungen durch private Haushalte für …	
keine Zuordnung möglich	-

A 6: Codierleitfaden der qualitativen Inhaltsanalyse

Liste der Codes	Zuordnungsvorschriften
1 betriebswirtschaftliche Aufgaben wahrnehmen	
1.1 Unternehmen strategisch am Markt ausrichten	Textstellen werden codiert, sobald Aufgaben wie z. B. Ideen für geschäftliche Unternehmensentwicklung ausarbeiten, strategische Marktausrichtung des technologischen Bereichs, strategische Produktentwicklung etc. genannt werden. Dazu gehört ebenso die Marktbeobachtung mit einer entsprechenden Investitionsplanung. Codiert werden ebenso Textstellen auf höherem Abstraktionsniveau, falls spezifische Aufgaben nicht aufgeführt sind. Die Kategorie spiegelt insbesondere Herstellerunternehmen von IT-Systemen wieder. **Ankerbeispiele:** • Ideen und Strategien für geschäftliche Unternehmensentwicklung ausarbeiten • Marktbeobachtungen und -evaluierungen sowie Wettbewerbs- und Marktpotenzialanalysen durchführen • aktuelle oder prognostizierbare Marktgeschehnisse beobachten und analysieren, Marktlücken und neue innovative Lösungen erkennen • den technologischen Bereich strategisch am Markt positionieren • strategische Partnerschaften mit Unternehmen des Marktes für Technologie- und Entwicklungsprozesse bilden • Unternehmen im Bereich IT strategisch am Markt ausrichten **Abgrenzung:** Marketing, d.h. für bestehende Produkte wird in einer eigenen Kategorie codiert. Die Verbesserung der Marketingstrategien für das eigene Unternehmen aber hier.

1.2 Marketing und Kundenbetreuung	Textstellen werden codiert, sobald Marketingaufgaben wie z. B. Unternehmen auf Messen präsentieren, Werbung, Bedarfsermittlung etc. genannt werden. Hierzu zählen ebenfalls Maßnahmen zur Kundenbindung Customer Relationship Management (CMR). Codiert werden ebenso Textstellen auf höherem Abstraktionsniveau, falls spezifische Aufgaben nicht aufgeführt sind. **Ankerbeispiele:** • Unternehmen im Internet (auch in sozialen Netzwerken), auf Messen, bei Schulungen sowie in Multimediakatalogen und auf digitalen Datenträgern präsentieren • Aufgaben in Marketing und Vertrieb von Informations- und Kommunikationssystemen übernehmen • neue DV-Produkte im Markt platzieren (Produktmanagement) • Kundenbindungen nachhaltig aufbauen, Bestandskunden betreuen • Kunden beraten, Aufträge entgegennehmen **Abgrenzung:** Die ganzheitliche Unternehmensführung im Sinne der strategischen Weiterentwicklung sowie Produktentwicklung wird gesondert codiert. Die Kundenbetreuung/Beratung in dieser Kategorie wird von der Kundenbetreuung unter 2 (Planung und Entwicklung) und 5 (Anwenderunterstützung) wie folgt abgegrenzt: Unter 1 geht es um Kundenbetreuung mit dem Ziel weitere Dienstleistungen / Produkte zu verkaufen. Unter 2 erfolgt eine Kundenberatung eher technisch im Sinne der benötigten IT-Lösung. Dazu abgegrenzt wird Kundenbetreuung im Sinne der Anwenderbetreuung/-beratung in 5 verstanden. D.h. Unterstützung der Anwender (auch Kunden) bei IT-Problemen/Fragen, Schulung der Anwender.
1.3 Kosten kalkulieren, Angebote erstellen, abrechnen, Budget verwalten	Textstellen werden codiert, sobald kaufmännisch, verwaltende Aufgaben wie z. B. Kosten kalkulieren, Angebote erstellen, Leistungen abrechnen aufgeführt werden. Ebenfalls werden Aufgaben bzgl. der Budgetverwaltung codiert. **Ankerbeispiele:** • erbrachte Leistungen dokumentieren und abrechnen • Preise und Kosten kalkulieren • Lösungsvorschläge unter Berücksichtigung der Wettbewerbssituation hinsichtlich Durchführbarkeit und Wirtschaftlichkeit prüfen, Kostenkalkulationen durchführen, Angebote erstellen • Kosten planen und die Einhaltung des Budgets überwachen

1.4 Verhandlungen durchführen, Verträge abschließen, verkaufen	Textstellen werden codiert, sobald Aufgaben zu Verkaufsgesprächen, Vertragsabschlüssen, dem Verkaufen von Produkten und Dienstleistungen aufgeführt werden. **Ankerbeispiele:** • Verkaufsstrategien entwickeln, Verkaufsprozesse steuern • Verhandlungen führen, Verträge aushandeln • Support- und Serviceleistungen vereinbaren • Verträge mit Kooperationspartnern aushandeln
1.5 Produkte und Dienstleistungen beschaffen	Textstellen werden codiert, sobald Aufgaben aufgeführt werden, die im Zusammenhang mit zum Einkauf von externen Leistungen oder Produkten stehen. Dazu gehören Aufgaben, z. B. die Durchführung und Koordination der Beschaffung aber auch die hierzu nötigen Angebotsvergleiche und Prüfung von Lizenzbedingungen. **Ankerbeispiele:** • Einkauf externer Leistungserstellung koordinieren und durchführen • Angebotsvergleiche durchführen, Aufträge zur Beschaffung von IT-Systemen erteilen • Hard – und Software sowie erforderliche Dienstleistungen beschaffen • Vertragsbedingungen und Lizenzen prüfen **Abgrenzung:** Bedarfs- bzw. Anforderungsanalysen werden in einer eigenen Kategorie erfasst.
2 IT-Systeme planen und entwickeln	
2.1 Systeme analysieren und Anforderungen ermitteln	Textstellen werden codiert, sobald verschiedenste Analyseaufgaben aufgeführt werden. Hierzu gehören z. B. die Analyse, Bewertung und Dokumentation der Ist-Zustände von IT-Systemen, deren Konfiguration sowie der Abläufe und Geschäftsprozesse in den Unternehmen, auch Sicherheitskonzepte/Schwachstellen. Die Codierungen unterscheiden sich in der Art des IT-Systems z. B. betriebswirtschaftliche Anwendung (z. B. SAP) oder Webseiten/Shopsysteme. **Ankerbeispiele:** • Problemanalyse in der Informationsverarbeitung, der Kommunikation und Organisation durchführen, Algorithmen, Datenstrukturen, Formen und Modelle auffinden • kundenspezifische Benutzeranforderungen im Hinblick auf die Errichtung eines einfachen oder vernetzten IT-Systems (Hardware und Software) analysieren und definieren

	• Anforderungen an neue Programme feststellen • Schnittstellen und Datenflüsse klären • vorhandene Ressourcen ermitteln, z. B. Hard- und Software, Betriebssystem **Abgrenzung:** Bedarfe werden unter 1.2 (Marketing, Kundenbetreuung), Trendmonitoring in 2.10 Technologie- und Trendentwicklung verfolgen erfasst.
2.2 IT-Systeme (allg.) entwickeln	Textstellen werden codiert, sobald Planungs- und Entwicklungstätigkeiten verschiedenster IT-Lösungen (Produkte, Dienstleistungen, Hardware etc.) beschrieben werden. Dazu gehören einerseits die Entwicklung von "IT-Komponenten" inkl. Spezifikation (Pflichtenheft) aber insbesondere auch Auswahl von IT-Systemen, um andere Produkte/Dienstleistungen zu erstellen (z. B. Vernetzungslösungen). In diese Kategorie fallen auch Entwicklungsaufgaben für IT-Lösungen, die nicht näher spezifiziert sind bzw. die nicht in die bereits spezifischen Kategorien fallen. **Ankerbeispiele:** • wirtschaftliche und bedarfsgerechte EDV-Anwendungen auswählen • kundenspezifische IT-Lösungen planen und realisieren, z. B. Hard- und Softwarekomponenten zu komplexen (vernetzten und unvernetzten) Systemen (z. B. Client-Server-Systemen, Mehrbenutzersystemen, Großrechnersystemen) integrieren • passende Systemauslegung für die Firma ermitteln (Rightsizing) • neue Netzkomponenten konzipieren, planen • Client-Server-Lösungen konzipieren • öffentliche, private und Mobilfunknetze planen **Abgrenzung:** SPS-gesteuerte Prozesse planen und entwickeln werden der Kategorie 2.7 Prozesse mit IT-Systemen steuern und verbessern zugeordnet Sofern Gesamtkonzepte übergeordnet entwickelt werden, fallen diese Textstellen ebenfalls in die Kategorie 2.7. Entwicklungsaufgaben aus dem Bereich Multimedia fallen in die Kategorie 2.5.

2.3 Software entwickeln und programmieren	Textstellen werden codiert, sobald Aufgaben zur Planungs- bzw. Konzepterstellung für Softwarelösungen aufgeführt werden, wie z. B. Programme und Anwendungslösungen entwickeln, erweitern oder an geänderte Hardwarevoraussetzungen anpassen. Objekte stammen aus verschiedensten Anwendungsbereichen z. B. Informationssysteme, Software für Krankenhäuser, Webanwendungen, Wissensmanagementsysteme, Datenbanken. Es werden hier ebenso reine Programmiertätigkeiten codiert. Codiert werden ebenso Textstellen auf höherem Abstraktionsniveau, falls spezifische Aufgaben nicht aufgeführt sind. Codiert werden ebenfalls Textstellen, die Anforderungen im Rahmen der Softwareentwicklung beinhalten wie z. B. "IT- und Datensicherheit berücksichtigen" **Ankerbeispiele:** • Anwendungssoftware individuell für Kunden (Individualsoftware) neu erstellen • Softwareentwicklungstools und -methoden fachgerecht und problemadäquat auswählen und anwenden • bei der Planung und Einführung computergestützter Informationssysteme mitwirken • Software programmieren • die Entwicklung dynamischer Webkomponenten in Kooperation mit anderen IT-Spezialisten leiten • internetbasierte Informationssysteme planen und entwickeln • Wissensmanagement und Wissensmanagementsysteme planen und konzipieren **Abgrenzung:** Anforderungsanalysen, Systemtest, Fehlersuche und Vorstellung/Beratung der Software werden gesondert erfasst.

2.4 IT-Sicherheitsmaßnahmen entwickeln	Textstellen werden codiert, sobald es um Konzepterstellung und Entwicklungsaufgaben für Datenschutz/ Datensicherheitsaspekte geht. **Ankerbeispiele:** • Sicherheitsrichtlinien für die Liegenschaften des Auftraggebers festlegen • Sicherheitsanlagen entsprechend VdS klassifizieren • IT-Sicherheitsmaßnahmen planen • Datensicherungs- und Backup-Konzepte sowie Ausfallszenarien gemäß Sicherheits- und Qualitätsmanagementvorgaben erarbeiten • Richtlinien und Vorschriften zur Informationssicherheit erarbeiten • IT-Gesamtkonzepte einschließlich IT-Sicherheit, Datenschutz und -sicherung entwerfen **Abgrenzung:** Die Implementierung der Sicherheitsmaßnahmen wird in 3.1.5 „IT-Sicherheitsmaßnahmen“ codiert, der Betrieb bzw. die laufenden Durchführung und Überwachung in 5.2 “IT-Sicherheitsmaßnahmen durchführen”
2.5 Multimediale Anwendungen entwickeln	Textstellen werden codiert, sobald es um Konzepterstellung und Entwicklungsaufgaben für Multimedia Anwendungen geht. **Ankerbeispiele:** • Multimediale Anwendungen konzipieren, planen und vorbereiten • am Design-Entwurf mitarbeiten • Medienformate festlegen, z. B. Text, Grafik, Audio, Video, Animation, Virtual Reality • Medien erstellen • Content in die Medien integrieren
2.6 wissenschaftlich forschen und entwickeln	Textstellen werden codiert, sobald wissenschaftliche Tätigkeiten in der Forschung und Entwicklung beschrieben werden wie z. B. Forschungsberichte verfassen etc. **Ankerbeispiele:** • physikalisch-technische Vorgänge in Forschung und Entwicklung simulieren und analysieren • an Forschungsvorhaben mitwirken • Forschungsberichte verfassen **Abgrenzung:** In Abgrenzung werden wissenschaftliche Aufgaben in der Lehre in 7 “wissenschaftliche Lehre übernehmen” codiert.

2.7 Prozesse mit IT-Systemen steuern und verbessern	Textstellen werden codiert, sobald Planungs- und Entwicklungsaufgaben zur Steuerung und Optimierung von Prozessen wie z. B. Geschäfts-, Fertigungs-, Laborprozessen beschrieben werden. Dies beinhaltet gewöhnlich neben der Analyse bestehender Prozesse auch deren Anpassung im Einklang mit neuen IT-Lösungen. **Ankerbeispiele:** • Geschäftsprozesse in der jeweiligen Anwenderbranche analysieren und optimieren (z. B. in der Industrie, bei Banken, Versicherungen, im Handel oder in Krankenhäusern) • neue Prozessmodelle in vorhandene IT-Systeme implementieren • Reifegradanalysen durchführen, Vorgehensmodelle und Verfahrensanweisungen erstellen und aktualisieren • betriebliche Kommunikationsflüsse IT-technisch regulieren und unterstützen (Communication Engineering) • onlinefähige Dienstleistungen der Behörden via Internet planen, z. B. Websites für Bundes- und Landesministerien entwerfen • Datenverarbeitung in Lösungen betrieblicher Aufgaben einbinden • Organisations-Entwicklungs-Projekte (OE-Projekte) im CAD-Bereich bis hin zur Realisierung begleiten • Systemlösungen für betriebliche Organisationsprobleme entwickeln und programmieren (Organisationsprogrammierung • IT-Systeme für die Steuerung und Automatisierung von Prozessen im Labor konstruieren und optimieren • industrielle Automatisierungs- und Prozessleitsysteme konzipieren und implementieren **Abgrenzung:** Einzelne Elemente, die z. B. zur Optimierung von Produktionsprozessen mit CAD-Systemen führen werden, wenn sinnvoll, zusammenhängend codiert. Einzelne Elemente werden, wenn hierfür bereits Kategorien bestehen, zusätzlich in diesen codiert, z. B. Analyseaufgaben unter 2.1. Implementierung und Schulung respektive.

2.8 Kunden beraten, Lösungsansätze präsentieren, abstimmen	Textstellen werden codiert, Beratungs- und Abstimmungsaktivitäten für/mit Kunden erfolgen. **Ankerbeispiele:** • Systemlösungen präsentieren • in der Software- und Systemberatung tätig sein • Geschäftsleitung bei der Einführung und beim Kauf von IT-Systemen und Software beraten • Konzepte mit dem Auftraggeber abstimmen, dabei Anforderungen der Auftraggeber, Anwendungsfunktionalität und Nutzerbedürfnisse sowie IT-Sicherheit berücksichtigen • funktionale Änderungen und Erweiterungen mit Spezialisten aus dem Bereich Entwicklung abstimmen **Abgrenzung:** Die Abgabe von Empfehlungen beruht auf eher technisch/ funktionaler Sichtweise. Kaufmännische Entscheidungen/ Verhandlungen werden unter "1 kaufmännische, betriebswirtschaftliche Aufgaben" zugeordnet.
2.9 Systeme testen, Dokumentation erstellen	Textstellen werden codiert, sofern Testaktivitäten von IT-Systemen sowie die Erstellung von Dokumentationen aufgeführt werden. Dazu gehören u.a. Testentwicklung, Testdurchführung, Dokumentation und Fehlersuche/-beseitigung. Es wird nicht zwischen IT-Systemen differenziert. Die Dokumentationen beziehen sich auf verschiedenste Bereiche wie z. B. Programmdokumentationen. **Ankerbeispiele:** • Softwarekomponenten und IT-Anwendungssysteme testen, z. B. auf Fehleranfälligkeit oder Benutzerfreundlichkeit • Programmtests entwickeln und durchführen • System- und Akzeptanztests sowie die Validierung bei und mit Kunden betreuen und begleiten • Anwendungen dokumentieren • Benutzeranleitungen und Online-Handbücher verfassen **Abgrenzung:** Tests und Dokumentationen beziehen sich auf den Entwicklungsprozess von IT- Systemen in Abgrenzung zu Implementierungstests in Produktivsystemen (3.2). Tests werden ebenfalls im Rahmen des Qualitätsmanagements als Querschnittsaufgabe codiert. Durchführung von Machbarkeitsstudien und Prototypentwicklung fallen unter 2.2

2.10 Technologie- und Trendentwicklung verfolgen	Textstellen werden codiert, sofern Marktbeobachtungen aufgeführt werden, um aktuelle Entwicklungen zu erfahren und zu bewerten. **Ankerbeispiele:** • den Markt für IT-Technologien und -Systeme, Hard- und Softwareprodukte beobachten • sich über die Entwicklungen im IT-Bereich auf dem Laufenden halten
3 IT-Systeme bereitstellen	Diese Oberkategorie umfasst in ihren Unterkategorien Aufgaben, zu denen die Installation/Konfiguration/ Inbetriebnahme von IT-Systemen (auch Services allg.) bzw. auch deren Integration in bestehende Systeme gehören. Die Unterkategorien werden meist aus den verschiedenen Objekten (Hardware, Software, Netzwerk etc.) gebildet.
3.1 IT-Systeme installieren, konfigurieren, integrieren	Diese Kategorie hat die Implementierung/Umsetzung von IT-Systemen zum Gegenstand. Hierzu gehört IT-Systeme unterschiedlichster Art zu installieren, konfigurieren und zu integrieren bzw. auch die Planungsaufgaben hierzu. Neben der Installation von Software erfolgen Anpassungen und Parametrierungen. Textstellen werden in Unterkategorien nach Objekten (wenn vorhanden) codiert.
3.1.1 IKT-Lösungen (allg.)	Allgemeine Kategorie, die allgemein IT-Lösungen auf höherem Abstraktionsniveau beinhaltet bzw. auch spezifische Lösungen, die nicht als gesonderte Kategorie aufgeführt sind. **Ankerbeispiele:** • technische Umsetzung von Systemlösungen begleiten • komplexe IT-Systeme bei internen oder externen Kunden installieren und konfigurieren, einrichten (entsprechend den Kundenanforderungen), in Betrieb nehmen • Hardware konfigurieren • System in die bestehende Infrastruktur integrieren • informations- und telekommunikationstechnische Infrastruktur einrichten oder erweitern • Blockchain-Systemintegration durchführen
3.1.2 IT-Hardware (allg.)	**Ankerbeispiele:** • anforderungsgerechte Rechnersysteme installieren • Hardware konfigurieren • Arbeitsplatzsysteme konfigurieren

3.1.3 IT-Netzwerktechnik	**Ankerbeispiele:** • Netzwerke installieren • neue Netzkomponenten konzipieren, planen, installieren, konfigurieren, testen und betreuen sowie in bestehende Netzumgebungen integrieren • Netze einrichten • beim Aufbau von Rechnervernetzungen in größeren Unternehmen mitwirken
3.1.4 Industrielle IT-Systeme, Steuerungen	**Ankerbeispiele:** • industrielle Automatisierungs- und Prozessleitsysteme konzipieren und implementieren • Automatisierungssysteme und andere Komponenten der Anlagen einrichten und programmieren
3.1.5 IT-Sicherheitsmaßnahmen	**Ankerbeispiele:** • Sicherheitskonzepte umsetzen • Systeme zur IT-Sicherheit, z. B. gegen Viren, Trojaner oder andere Malware, installieren • IT-Sicherheitsmaßnahmen planen und realisieren
3.1.6 Informationssysteme und Datenbanken	ERP, Data-Warehouse, Dokumentationssysteme, Software für Lager- und Materialflussüberwachung (PDM, PLM), Content Management Systeme (CMS) inklusive der Daten integrieren, Datenbanken. **Ankerbeispiele:** • ein Data-Warehouse-System aufbauen • Informationssysteme vor Ort installieren • Implementierung und Tuning von Datenbanken übernehmen • bedarfsgerechte Datenbanken installieren, konfigurieren
3.1.7 Betriebssysteme, Serverdienste, Anwendungssoftware allg.	**Ankerbeispiele:** • Multiuser- und Multitask -Betriebssysteme und -Netzwerke konfigurieren und implementieren • Standardsoftwaresysteme an die betrieblichen Erfordernisse anpassen (Customizing) und integrieren • Standardsoftware implementieren, integrieren • Anwendungsprogramme ggf. installieren und einführen

3.2 Implementierte Systeme testen, dokumentieren und übergeben	Textstellen werden codiert, sofern Testaktivitäten von IT-Systemen sowie der Übergabe/Abnahmeprozess mit dem Kunden aufgeführt werden. Daneben werden Textstellen codiert, in denen Dokumentationen wie z. B. Betriebsanweisungen, Richtlinien etc. angefertigt werden. Sie stehen ebenfalls im Implementierungszusammenhang beim Kunden. **Ankerbeispiele:** • Pilotbetrieb durchführen • Funktionstests durchführen, Fehler beheben, Fachleute des Auftraggebers und der Herstellerfirmen hinzuziehen • Dokumentationen wie Systemdokumentation, Bedienerhandbuch, Onlinehilfen erstellen • Richtlinien und Betriebsanweisungen für die Handhabung der Automatisierungs- und Prozessleitsysteme sowie Sicherheitskonzepte für Störungen und Havariesituationen erstellen • Sicherheitskonzepte sowie technische Lösungen dokumentieren • Übergabe an (interne) Kunden
4 IT-Systeme betreiben und Support leisten	Der Inhalt der Aufgaben besteht im Betrieb von IT-Systemen, sie zu überwachen, zu pflegen, ihre Leistungsfähigkeit zu verbessern, sie zu aktualisieren und ihre Anwender zu unterstützen.
4.1 IT-Systeme betreiben (allg.)	Textstellen werden codiert, sofern Tätigkeiten mit Bezug zur Betriebsführung von IT-Systemen verschiedenster Art auftreten (allgemeine Systemadministration). Ebenso fallen Textstellen in diese Kategorie, deren Aufgaben auf einem höheren Abstraktionsniveau beschrieben sind aber im Kern sich der Betriebsführung zuordnen lassen. Dazu beinhaltet diese Kategorie spezielle Aufgaben zum Betrieb von IT-Systemen, die nicht in die anderen Kategorien dieser Gruppe fallen. Organisationsaufgaben wie z. B. Nutzerrechte verwalten, Nutzer hinzufügen etc. und Verzeichnisdienste betreiben werden ebenso dieser Kategorie zugeordnet. **Ankerbeispiele:** • Pflege von Systemen • Wartung und Service • betriebliche IT-Netzwerke betreuen und warten • Datenbanken konzipieren und pflegen • Wartungsarbeiten vornehmen • Nutzerkonten, Zugriffsrechte und Verzeichnisdienste verwalten **Abgrenzung:** Changemanagement (z. B. Implementierung einer neuen Softwareversion) wird unter 4.5 betrachtet.

4.2 IT-Sicherheitsmaßnahmen durchführen	Textstellen werden auch auf unterschiedlichen Abstraktionsniveaus codiert, sobald sie die Durchführung von IT-Sicherheitsmaßnahmen beschreiben. D.h., die Durchführung von Backups, Wiederherstellung, Virenanalysen, Firewall Log Auswertung etc., um ggf. auch Missbrauch aufzudecken. **Ankerbeispiele:** • Datensicherung durchführen • Komponenten zur Gewährleistung der Sicherheit von Netzwerken installieren und pflegen, z. B. Filter- oder Antivirenprogramme • Systeme zur IT-Sicherheit, z. B. gegen Viren, Trojaner oder andere Malware, installieren und für diese laufend Updates einspielen; betriebliche Anwendungsdaten regelmäßig sichern • Netzwerkdaten in Echtzeit analysieren und auswerten **Abgrenzung:** Andere mit IT-Sicherheit verbundenen Planungs- Entwicklungs- und Implementierungstätigkeiten werden in den bestehenden Kategorien bzw. Subkategorien zur Planung/Entwicklung und Konzeptentwicklung 2.4 bzw. 3.1.5 (Implementierungsaufgaben) codiert.
4.3 Leistungsfähigkeit überwachen und verbessern	Textstellen werden codiert, sobald Monitoring-Aufgaben, Messungen, Kontrollen sowie Veränderungen von Einstellungen im Sinne von Parameteranpassungen zur Leistungsverbesserung (Tuning) aufgeführt werden. **Ankerbeispiele**: • Tuning von Datenbanken übernehmen • IT-Systeme warten und optimieren • Performance steigern • Schwachstellen in Computersystemen erkennen, Entwicklungsabteilung und Vertrieb des betreffenden Unternehmens über Optimierungsmöglichkeiten informieren • Datendurchsatz und Fehlerrate analysieren • Monitoring durchführen • bereits implementierte IT-Systeme optimieren • Störungen wahrnehmen, Schwellwertüberschreitungen, Vorkommnisse und deren Risikopotenzial analysieren

	Abgrenzung: Abgrenzung zum Changemanagement: Diese Kategorie beinhaltet nur Änderungen der Parameter/Konfiguration der bestehenden Systeme d.h. Anpassung von Einstellungen z. B. einer Software. Die Verbesserung der Leistungsfähigkeit erfolgt ebenso im Rahmen der Entwicklung von IT-Systemen. Im Changemanagement (4.5) werden dagegen neue Systeme bzw. neue Versionen (SW/HW) eingeführt, wodurch sich u.a. auch die Leistungsfähigkeit verbessern kann. Abgrenzung zum Fehlermanagement: In 4.4 erfolgt die eigentliche Störungssuche und Störungsbehebung.
4.4 Fehler in Systemen analysieren und beheben	Textstellen werden codiert, sobald Analyseaufgaben im Rahmen der Fehlersuche, die Behebung der Fehler und die damit verbundenen Aufgaben wie z. B. Reporting an Vorgesetzte etc. beschrieben werden. Es werden auch Textstellen aufgenommen, die Anforderungen an das Fehlermanagement aufzeigen z. B. Risikopotential analysieren, Kommunikation im Fehlerfall. **Ankerbeispiele:** • Störungen oder Engpässe lokalisieren • Fehlerart eingrenzen, ggf. Aktivitäten eines Angreifers prüfen und Schädigungen feststellen • ggf. reaktiv Sofortlösungen entwickeln • betroffene Personen und Stellen informieren **Abgrenzung:** Abgrenzung zum Performancemanagement (4.3): Die Wahrnehmung und Risikoanalyse von Störungen aufgrund von z. B. Schwellwertüberschreitungen werden der Kategorie "Leistungsfähigkeit überwachen (Performancemanagement)" zugeordnet.
4.5 IT-Systeme aktualisieren und anpassen	Textstellen beinhalten alle Tätigkeiten, die IT-Systeme aktualisieren, Updates durchführen, Softwarestände auf den neusten Stand bringen usw. Der Begriff Change Management steht im Zusammenhang mit diesen Aufgaben. **Ankerbeispiele:** • Changemanagement von IT-Systemen betreiben • Die Energieeffizienz bestehender Systeme zu bewerten und Kunden bei der Umrüstung zu unterstützen • Datenmigration durchführen, Änderungsbedarf aus technischer Sicht bewerten, feststellen. • bestehende Netzwerke optimieren, einschließlich aktiver Komponenten, Inhouse-Verkabelungen und Weitverkehrsverbindungen

	Abgrenzung: Anforderungsanalysen sowie Konzeptentwicklungen, Beschaffung, Installation etc., sofern im Rahmen des Changemanagements aufgeführt, werden mit codiert. Zusätzlich werden spezifische Teilaufgaben wie z. B. Konzeptentwicklung und Beschaffung in den bereits bestehenden Kategorien 1 und 2 codiert. Changemanagement im Rahmen der Softwareentwicklung wird nicht hier, sondern unter "2.3 Software entwickeln und programmieren" codiert. Wenn der Kontext/Schwerpunkt der Aufgabe dem Changemanagement zugeordnet wird, dann wird die Textstelle auch hier zugeordnet.
4.6 Anwender unterstützen	Textstellen werden codiert, allgemeine Benutzerunterstützung/-betreuung (u.a. Helpdesk) beschrieben werden. **Ankerbeispiele:** • Benutzerservice organisieren • Fachabteilungen bei der Einführung von Systemen beraten und unterstützen • Benutzersupport leisten, Anwender beraten, betreuen **Abgrenzung:** Die Kundenberatung/Kundenbetreuung im Rahmen der Customer Relationship Management (CRM) wird gesondert unter 1.2 codiert. Schulungsaufgaben (Organisation, Planung, Durchführung etc.) werden in 6. codiert.
5 Daten erfassen und analysieren	In den zwei Subkategorien werden Aufgaben aufgeführt, die den Umgang mit Daten mit dem Ziel von Analysen umfassen.
5.1 Daten erfassen und aufbereiten	Textstellen werden codiert, sobald unterschiedliche Aufnahmen bzw. Datenerfassungen beschrieben werden. Dazu gehören deren Speicherung, Ordnung, Strukturierung etc. der Daten. **Ankerbeispiele:** • Informationen aus Datenbanken und IT-Systemen filtern, bewerten und in zentrale Datenlager (Data-Warehouse) importieren • funktionales Datenmanagement konzipieren und durchführen, z. B. Datenflüsse, -speicher, -systeme ordnen, strukturieren, koordinieren, einschließlich Maßnahmen der IT-Sicherheit • kontinuierliche Überwachungen, Messungen und Kontrollen durchführen

	Abgrenzung: Die weitere Auswertung und Analyse der Daten inhaltlicher Art z. B. hinsichtlich einer Fragestellung erfolgt in 5.2. Audio- und Videodaten digitalisieren und zur Einbindung in Webseiten aufbereiten werden der Softwareentwicklung sowie der Bereitstellung von IT-Systemen zugeordnet. Die Aufnahme von Daten im Rahmen des Monitorings von IT-Systemen wird ebenfalls in (5.3 Leistungsfähigkeit überwachen und verbessern) codiert obgleich es hier Überschneidungen gibt.
5.2 Daten analysieren und darstellen	Textstellen werden codiert, sobald Daten analysiert und weiterverarbeitet werden. Hierzu gehören Vorhersagen und Steuerung und Verbesserung von Prozessen aufgrund der Datenanalyse. **Ankerbeispiele:** • betriebliche Datenerfassung und große Informationsmengen organisieren • anhand der verarbeiteten Daten Vorhersagen treffen • Simulation biochemischer Prozesse durchführen • Prozesse steuern
6 Schulungen und wissenschaftliche Lehre durchführen	Die Unterkategorien umfassen Schulungsaufgaben in verschiedenen Reichweiten von der Einweisung bis zur Hochschullehre.
6.1 Schulungen durchführen	Textstellen werden codiert, sobald Schulungsaufgaben beschrieben werden. Hierzu gehören u.a. Einweisungen, Trainings, Weiterbildungen **Ankerbeispiele:** • Schulungskonzepte und -unterlagen erstellen • Anwenderschulungen organisieren und durchführen • Einweisungen und Schulungen in geänderte oder neue Systeme durchführen • Konzepte zur Schulung und Sensibilisierung der Nutzer erstellen, Schulungen und Workshops durchführen **Abgrenzung:** Die Kundenberatung/Kundenbetreuung im Rahmen der Customer Relationship Management (CRM) wird gesondert unter 1.2 codiert. Anwendersupport unter 4.6. Wissenschaftliche Lehre wird in der Unterkategorie 6.2 codiert

6.2 wissenschaftliche Lehre übernehmen	Textstellen werden codiert, sobald wissenschaftliche Tätigkeiten in der Lehre beschrieben werden. **Ankerbeispiele:** • Vorlesungen und Seminare vorbereiten bzw. abhalten, Unterricht nachbereiten, ggf. Prüfungen abnehmen • Lehrveranstaltungen (Vorlesungen, Seminare, Übungen, Praktika) konzipieren, vorbereiten und durchführen • Lehrmaterialien, Skripte, Übungs- und Praktikumsanleitungen erarbeiten **Abgrenzung:** Wissenschaftliche Forschungsaufgaben werden unter 2.6 codiert.
7 Steuern und managen	
7.1 Leitungsfunktionen übernehmen, Mitarbeiter führen	Textstellen werden codiert, sobald Aufgaben mit Verantwortungsübernahme z. B. Abteilungsleitung, Mitarbeiterführung inkl. deren Weiterentwicklung etc. beschreiben werden. **Ankerbeispiele:** • Managementaufgaben im IT-Bereich wahrnehmen, Mitarbeiter/innen führen und anleiten • IT-Abteilungen, Rechenzentren, Softwareabteilungen, IT-Projekte bzw. System- und Softwarehäuser, Unternehmen der DV-Industrie, Beratungs- und Schulungsfirmen u.Ä. leiten • die betriebliche Ausbildung organisieren • Qualifizierungsmaßnahmen einleiten und unterstützen • Kommunikationsprozesse in Beratung, Vertrieb, Projektleitung sowie in Personalangelegenheiten gestalten • Teamstrukturen initiieren und entwickeln • Mitarbeiter/innen gemäß den quantitativen und qualitativen Zielvorgaben führen • gegenüber der Geschäftsleitung Verantwortung für die Einhaltung der Unternehmensrichtlinien und das Erreichen der Umsatzziele übernehmen
7.2 IT-Aufgaben koordinieren, Projekte managen	Textstellen werden codiert, sobald IT-Koordinationsaufgaben beschrieben werden. Diese können in unterschiedlichen Bereichen wie z. B. Entwicklung, Test, IT-Koordination und im Changemanagement stattfinden. Die Aufgaben können dauerhaft in Abgrenzung von projektförmigen Arbeiten sein. Daneben werden Textstellen codiert, in denen Projektmanagementaufgaben wahrgenommen werden. **Ankerbeispiele:** • Projektplanung (Zeit- und Personalplanung) • technische Projektleitung oder Gesamtprojektleitung von interdisziplinären Big-Data-/Business-Analytics-Projekten übernehmen

	• Projektlösungsansätze erstellen und in einer Projektstruktur umsetzen • Projekte zur Planung, Anpassung und Einführung von IT-Systemen in kaufmännischer, technischer und organisatorischer Hinsicht, einschließlich der Qualitätssicherung, leiten • Absprachen und Briefings mit dem Team, Dienstleistern und Kunden organisieren und leiten • zwischen Spezialisten aus den Bereichen Entwicklung und Administration vermitteln **Abgrenzung:** Sofern die Aufgaben näher spezifiziert sind, z. B. im Rahmen der Softwareentwicklung stattfinden, werden sie ebenfalls in der entsprechenden Kategorie codiert.
7.3 Qualitätssicherung/ Qualitätsmanagement betreiben	Textstellen werden codiert, die Aufgaben zum Erhalt bzw. zur Verbesserung von Qualität beschreiben (Qualitätsmanagementaufgaben). **Ankerbeispiele:** • langfristige Qualitätssicherungskonzepte und deren Umsetzung entwickeln • Qualitätssicherungssysteme planen und projektieren • Qualitätsprüfung, Qualitätssicherung • vorhandene Qualitätsmanagementsysteme (QMS) anwenden, weiterentwickeln und ggf. Einführung von neuen QMS begleiten • auf Basis von vorgegebenen Qualitätszielen und -anforderungen ein Konzept erarbeiten, dessen Ergebnis ein Qualitätsmanagement -Handbuch ist • Durchführungspläne erstellen, Verfahren, Methoden, Techniken und Werkzeuge für die Qualitätssicherung von Entwicklungsabläufen festlegen • Audits vorbereiten, insbesondere für externe Zertifizierungen; Audits betreuen **Abgrenzung:** Qualitätsmanagement innerhalb eines Projektes wird hier nicht erhoben, sondern ist Teil des Projektmanagements. Testaktivitäten werden ggf. ebenso in 2.9 codiert.

A 7: Kategoriensysteme der MAXQDA-Analyse

A 7.1: Kategoriensystem zur Ermittlung beruflicher Aufgabenfelder

Codesystem	**5384**
1 betriebswirtschaftliche Aufgaben wahrnehmen	0
1.1 Unternehmen strategisch am Markt ausrichten	32
1.2 Marketing, Kundenbetreuung	60
1.3 Kosten kalkulieren, Angebote erstellen, abrechnen, Budget	48
1.4 Verhandlungen durchführen, Verträge abschließen, verkaufen	19
1.5 Produkte und Dienstleistungen beschaffen	31
2 Informatik/IKT-Lösungen planen und entwickeln	0
2.1 Systeme analysieren und Anforderungen ermitteln	148
2.2 Informatik/IKT-Lösungen (allg.) entwickeln	142
2.3 Software entwickeln und programmieren	273
2.4 IT-Sicherheitsmaßnahmen entwickeln	59
2.5 Multimediale Anwendungen entwickeln	22
2.6 wissenschaftlich forschen und entwickeln	36
2.7 Prozesse mit IT-Lösungen steuern und verbessern	88
2.8 Kunden beraten, Lösungsansätze präsentieren, abstimmen	108
2.9 Lösungen testen, Dokumentation erstellen	72
2.10 Technologie- und Trendentwicklung verfolgen	9
3 Informatik/IKT-Lösungen bereitstellen	0
3.1 IT-Lösungen installieren, konfigurieren, integrieren	0
3.1.1 Informatik/ITK-Lösungen (allg.)	72
3.1.2 IT-Hardware (allg.)	20
3.1.3 IT-Netzwerktechnik	31
3.1.4 Industrielle IT-Systeme, Steuerungen	7
3.1.5 IT-Sicherheitsmaßnahmen	34
3.1.6 Informationssysteme und Datenbanken	44
3.1.7 Betriebssysteme, Serverdienste, Anwendungssoftware allg.	45
3.2 Implementierte Lösungen testen, dokumentieren und übergeben	81
4 Informatik/IKT-Systeme betreiben und Support leisten	0
4.1 Informatik/IKT-Systeme betreiben, Support leisten (allg.)	115
4.2 IT-Sicherheitsmaßnahmen durchführen	136
4.3 Leistungsfähigkeit von IT-Systemen überwachen	122
4.4 Fehler in IT-Systemen analysieren und beheben	149
4.5 IT-Systeme aktualisieren und anpassen	98
4.6 Anwender unterstützen	49
5 Daten erfassen und analysieren	0
5.1 Daten erfassen und aufbereiten	24
5.2 Daten analysieren und darstellen	55
6 Schulungen und wissenschaftliche Lehre durchführen	0
6.1 Schulungen durchführen	95
6.2 wissenschaftliche Lehre übernehmen	16
7 Steuern und managen	0
7.1 Leitungsfunktionen übernehmen, Mitarbeiter führen	76
7.2 IT-Koordination übernhemen, Projekte managen	96
7.3 Qualitätssicherung/Qualitätsmanagement betreiben	42
9 BA- "Kompetenzen"	2741

A 7.2: Kategoriensystem „BA-Kompetenzen“

- 9 BA- "Kompetenzen" 0
  - 1 BA betriebswirtschaftliche Aufgaben wahrnehmen 0
    - 1.1 BA Unternehmen strategisch am Markt ausrichten 0
      - Organisationsberatung 2
      - Operations Research 3
      - E-Commerce, E-Business 15
      - Marktforschung 2
    - 1.2 BA Marketing, Kundenbetreuung 0
      - Marketing 11
      - Konzeption (Werbung, Marketing, PR) 1
      - Akquisition 2
      - Öffentlichkeitsarbeit, Public Relations 1
      - Werbung 1
      - Vertriebsmarketing 1
      - Verkaufsförderung 1
      - Unternehmenskommunikation, Corporate Identity 1
      - Produktmanagemet 1
      - Onlinemarketing 1
      - Kundenberatung, -betreuung 58
      - Customer-Relationship-Management (CRM) 1
      - Suchmaschinenoptimierung (SEO) 18
    - 1.3 BA Kosten kalkulieren, Angebote erstellen, abrechnen, Budge 0
      - Zahlungsverkehr 1
      - Monatsabschluss 1
      - Kompetenzgruppe "Finanz- und Rechnungswesen" 2
      - Kompetenzgruppe "Betriebswirtschafts-, Finanz- und Controllings 2
      - Jahresabschluss 1
      - Kostenstellenrechnung 1
      - Finanzierung 2
      - Controlling 13
      - Buchführung, Buchhaltung 7
      - Abrechnung 1
      - Kundenangebote erstellen 1
      - Kosten- und Leistungsrechnung 27
      - Lohn- und Gehaltsbuchhaltung, -abrechnung 1
      - Kalkulation 52
    - 1.4 BA Verhandlungen durchführen, Verträge abschließen 0
      - Vertrieb 20
      - Pre-Sales-Service 1
      - Verkauf 1
      - Technischer Vertrieb 1
    - 1.5 BA Produkte und Dienstleistungen beschaffen 0
      - Einkauf, Beschaffung 4
    - BA Steuerberatung, Wirtschaftsprüfung 0
      - Krankenhausmanagement, -ökonomie 1
      - Körperschaftsteuer 1
      - Lohn-, Einkommensteuer 1

- 2 BA Informatik/IKT-Lösungen planen und entwickeln — 0
  - 2.2 BA Informatik/IKT-Lösungen (allg.) entwickeln — 0
    - Entwicklung — 31
    - Konstruktion — 2
  - 2.3 BA Software entwickeln und programmieren — 0
    - Anwendersoftwareentwicklung — 1
    - Barrierefreies Webdesign (Accessibility) — 3
    - Benutzerschnittstellen, Benutzeroberflächen — 8
    - CBT, WBT (Computer/Web Based Training) — 3
    - Datenanalyse — 5
    - Datenbankentwicklung — 12
    - Design Patterns — 4
    - Entwurf — 1
    - Grafische Datenverarbeitung — 6
    - Kompetenzgruppe "HTML-Editoren, Webdesign- und Webcontentsoftwa — 4
    - Kompetenzgruppe "Programmiersprachen, Programmbibl., Entwicklun — 74
      - Programmiersprache C# — 1
      - Programmiersprache Java — 1
      - Programmiersprache JavaScript — 1
      - Programmiersprache Python — 1
    - Mediendesign — 4
      - Computer-, Videospiele — 1
      - Medientechnik — 3
      - 3D-Design — 1
      - 3D-Technik (Film/Fernsehen) — 1
      - 3D-Visualisierungsprogramme — 1
      - Autorensysteme (Macromedia Director, Toolbook u.a.) — 1
      - Bildbearbeitung, digital — 4
      - Computeranimation — 5
      - Drehbucharbeit — 1
      - Interaktive Medien — 1
      - Kompetenzgruppe "Grafik-, Bildbearbeitungs-, DTP-, Multimediaso — 1
      - Layout — 3
      - Medienintegration — 6
      - Multimedia-Konzeption — 4
      - Multimedia-Programmierung — 10
      - Multimediasysteme, -technik — 31
      - Screendesign — 3
      - Spiele-Design — 1
      - Storyboarderstellung — 3
      - Trickfilm — 1
      - Videobearbeitung — 4
    - Online-Shop-Systeme — 1
    - Programmieren — 83
    - Software testen — 14
    - Softwarearchitektur — 1
    - Softwareergonomie — 1
    - Softwaretechnik, Software-Engineering — 81
    - Systemsoftware (Entwicklung, Programmierung, Analyse) — 74
    - Touch-Applikationen — 9
    - Treiberprogrammierung — 13
    - Unified Modelling Language (UML) — 1
    - Web-Applikationen (Entwicklung, Programmierung) — 7
    - Web-Server-Software — 5
    - Webdesign — 10

2.4 BA IT-Sicherheitsmaßnahmen entwickeln	0
Gebäudesystemtechnik, Gebäudeleittechnik	1
Melde- und Signalanlagen, -technik	1
Sicherheitstechnik	1
2.6 wissenschaftlich forschen und entwickeln	0
Forschung	7
2.7 BA Prozesse mit IT-Lösungen steuern und verbessern	0
Anwendungstechnik, Anwendungsberatung	3
Ablauforganisation	6
Arbeitsvorbereitung	20
Aufbauorganisation	4
Betriebsmitteleinsatz planen	5
CAD-Organisation	1
Dokumentenmanagementsysteme einsetzen	1
Fertigungs-, Auftragssteuerung	3
3 BA IT-Lösungen bereitstellen	0
3.1.1 BA Informatik/ITK-Lösungen (allg.)	0
GPS Global Positioning System	1
Expertensysteme, Künstliche Intelligenz	2
Augmented Reality	5
Kompetenzgruppe "Informations-, Telekommunikationstechnik"	1
Systemarchitektur	10
Hardwareinstallation, Softwareinstallation	63
Informationstechnik, Computertechnik	74
3.1.2 BA IT-Hardware (allg.)	0
Computer, DV-Produkte	2
Großrechnertechnik (Mainframe, IBM 3090)	4
Mittlere Datentechnik (Workstation, AS 400 u.a.)	1
PC-Technik	1
Mikrocomputer-, Mikroprozessortechnik	18
Rechnersysteme	2
3.1.3 BA IT-Netzwerktechnik	0
Kompetenzgruppe "Netzwerkzertifizierungen"	72
Datenfernübertragung (DFÜ)	3
Datennetzinstallation	2
Internet-, Intranettechnik	73
Kompetenzgruppe "Netzprotokolle"	74
Kompetenzgruppe "Netzwerktechnik"	85
3.1.4 BA Industrielle IT-Systeme, Steuerungen	0
Automatisierungstechnik, Prozessautomatisierung	11
Fertigungstechnik	8
CAM-, CIM-Systeme anwenden	12
Kompetenzgruppe "CNC-, NC-Programme"	3
CNC-Kenntnisse, CNC-Programmieren	8
Produktionsplanungssysteme (PPS)	7
CAD (Computer Aided Design)-Systeme anwenden	3
Kompetenzgruppe "CAD-/CAM-Anwendungen"	4
Hybride Steuerungen	1
Kompetenzgruppe "Speicherprogrammierbare Steuerungen (SPS-Softw	8
Maschinentechnik	1
Mess-, Steuer-, Regeltechnik (MSR)	11
Produktionslogistik	1
Prozessleittechnik	3
Roboter- und Handhabungstechnik	7
SPS-Programmierung, SPS-Technik	11

- 3.1.6 BA Informationssysteme und Datenbanken — 0
  - Krankenhausinformationssysteme — 1
  - GIS (Geo-Info-System) — 1
  - Redaktion — 2
  - Online-Redaktion — 1
  - Wissensmanagementsysteme — 4
  - Data Warehouse — 2
  - Kompetenzgruppe "Geoinformationssysteme, Kartografie-, Vermessu — 1
  - Kompetenzgruppe "Datenbanken, Datenverwaltungssysteme" — 83
    - Datenbank NoSQL — 1
  - Enterprise Resource Planning (ERP) — 5
    - SAP ERP — 2
    - SAP R/2 — 2
    - SAP IS-H*MED — 2
    - SAP BW (Business Information Warehouse — 1
    - mySAP.com — 2
    - Enterprise-Resource-Planning(ERP)-Programm Baan — 3
    - SAP — 2
  - Content-Management-Systeme (CMS) einsetzen — 3
- 3.1.7 BA Betriebssysteme, Serverdienste, Anwendungssoftware — 0
  - Client-Servertechnik — 13
  - Kompetenzgruppe "Grafik-, Bildbearbeitungs-, DTP-, Multimediaso — 2
  - Kompetenzgruppe "Betriebssysteme" — 90
- 3.2 BA Implementierte Lösungen testen, dokumentieren — 0
  - Prüffeld — 1
- Konfigurieren — 4
- Systemintegration — 63

4 BA Informatik/IKT-Systeme betreiben und Support leisten — 0

- 4.1 BA Informatik/IKT-Systeme betreiben (allg.) — 0
  - Systembetreuung, Systemadministration, Systemverwaltung — 51
  - Operating — 2
  - Web-Administration — 5
  - Netzwerkadministration, -management, -organisation — 41
  - Datenbankadministration, -management, -organisation — 69
    - RDBMS (Relational Database Management System) — 2
- 4.2 BA IT-Sicherheitsmaßnahmen durchführen — 0
  - Datenschutz — 81
  - Sicherheitssysteme (IT), Datensicherheit — 46
  - Fraud-Systeme — 1
  - Gefahrenabwehr (Prävention) — 1
  - Firewallsysteme — 1
  - Ermitteln, Recherchieren (Rechtsverstöße) — 1
- 4.4 BA Fehler in Systemen analysieren und beheben — 0
  - First-Level-Support — 4
  - Kundendienst — 14
  - Second-Level-Support — 4
  - Wartung, Reparatur, Instandhaltung — 7
- 4.6 BA Anwender unterstützen — 0
  - Anwenderberatung, Anwender-Support (IT) — 66

5 BA Daten erfassen und analysieren	0
5.1 BA Daten erfassen und aufbereiten	0
Datenübernahme, Datenaufbereitung	48
6 BA Schulungen und wissenschaftliche Lehre durchführen	0
6.1 BA Schulungen durchführen	0
EDV-Anwender-Training	50
Unterricht, Schulung (außerschulischer Bereich)	2
6.2 BA wissenschaftliche Lehre übernehmen	0
Lehrtätigkeit (Hochschule)	12
7 BA-Steuern und managen	0
7.1 BA Leitungsfunktionen übernehmen, Mitarbeiter führen	0
Personalwesen	5
Revision	1
Abteilungs-, Bereichs-, Ressortleitung	1
Aufsicht, Leitung	2
Aus- und Fortbildung (Arbeitsbereich/Funktion)	2
Ausbildereignungsprüfung	2
Gruppen-, Teamleitung	7
Informations- und Kommunikationsmanagement	14
Management	1
Personalentwicklung	2
Personalplanung	4
7.2 BA-IT-Aufgaben koordinieren, Projekte managen	0
IT-Organisation	27
IT-Koordination	44
IT-Architekturmanagement	1
Konfigurationsmanagement (IT)	1
Moderation	1
IT-Service-Management nach ITIL	1
Projektmanagement	37
Risikomanagement, Risikocontrolling	1
Projektierung	1
Projektmanagement- und Entwicklungsmethode Scrum	3
Projektmanagement nach PRINCE2	1
Projektmanagement nach PMI	1
Projektmanagement nach IPMA (GPM)	1
7.3 BA Qualitätssicherung/Qualitätsmanagement betreiben	0
Reklamationsbearbeitung	1
Kompetenzgruppe "Qualitätsmanagement, Qualitätssicherung"	1
Qualitätsmanagement	33
Qualitätsaudit	1
Prüfverfahren	3
8 BA allgemeine Tätigkeiten, Dokumentation, Kommunikation	0
Social-Media-Kommunikation	4
Recherche, Informationsbeschaffung	2
Präsentation	5
Büro- und Verwaltungsarbeiten	3
Kompetenzgruppe "Bürokommunikation, MS-Office"	5
E-Mail-Kommunikation, -Korrespondenz	1
Dokumentation (technisch)	14
Medizinische Dokumentation	1
Dokumentation	16
Visualisieren (EDV)	1
Sachbearbeitung	2

- 9 BA Rechtsgebiete 0
  - IT-Recht 1
  - Verwaltungsrecht 2
  - Internet, Onlinerecht 2
  - Handelsrecht 6
  - Steuerrecht 1
  - Haftungs-, Gewährleistungsrecht 2
  - Medienrecht 4
  - Arbeitsrecht 1
  - Vertragsrecht 2
- 10 BA Wissenschaftsdisziplinen 0
  - Angewandte Informatik 25
  - Betriebswirtschaftslehre 18
    - Finanzwirtschaft 1
  - Biochemie 1
  - Bioinformatik 1
  - Biologie 1
  - Biometrie 1
  - Biotechnologie 1
  - Bioverfahrenstechnik 1
  - Datenverschlüsselung (Kryptografie) 2
  - Elektrotechnik 5
    - Übertragungstechnik 1
    - Sendeanlagen, -technik 1
    - Empfangsanlagen 1
    - Digitaltechnik 2
    - Elektromagnetische Verträglichkeit (EMV) 1
    - Halbleitertechnik 2
    - Elektrische Antriebstechnik 1
    - Elektronik 11
    - Schaltungstechnik 2
  - Geoinformatik 1
  - Geowissenschaften 0
    - Geomonitoring 1
    - Topografie 1
    - Geophysik 1
    - Geologie 1
    - Hydrogeografie 1
    - Hydrologie 1
    - Geografie 1
  - Kriminologie 1
  - Logistik 2
  - Mathematik 15
    - Angewandte Mathematik (Ausbildung) 2
    - Modellbildung, Simulation (IT) 11
    - Computermathematik 3
    - Logik 4
    - Statistik 8

Mechatronik	1
Medieninformatik	5
Medizinische Informatik	1
Medizintechnik, biomedizinische Technik	1
Mikrosystemtechnik	1
Nachrichtentechnik, Kommunikationstechnik	17
Technische Informatik	12
Theoretische Informatik	11
Umweltinformatik	2
Verwaltungsinformatik	1
Wirtschaftsinformatik	24
11 BA Technologien, andere	0
Umweltschutz, Umwelttechnik	1
Vermessung	1
Versorgungstechnik	1

A 8: Durchdringungsgrad der Aufgabenfelder (n =103)

Datei: Kreuztabelle_Handlungsfelder_8-Steller_n103_proDokument.xlsx

1. Betriebswirtschaftliche Aufgaben wahrnehmen	50,5%
1.1 Unternehmen strategisch am Markt ausrichten	7,8%
1.2 Marketing, Kundenbetreuung	19,4%
1.3 Kosten kalkulieren, Angebote erstellen, abrechnen, Budget	35,0%
1.4 Verhandlungen durchführen, Verträge abschließen, verkaufen	11,7%
1.5 Produkte und Dienstleistungen beschaffen	20,4%
2. IT-Systeme planen und entwickeln	97,1%
2.1 Systeme analysieren und Anforderungen ermitteln	61,2%
2.2 IT-Systeme (allg.) entwickeln	54,4%
2.3 Software entwickeln und programmieren	53,4%
2.4 IT-Sicherheitsmaßnahmen entwickeln	33,0%
2.5 Multimediale Anwendungen entwickeln	3,9%
2.6 wissenschaftlich forschen und entwickeln	15,5%
2.7 Prozesse mit IT-Systemen steuern und verbessern	38,8%
2.8 Kunden beraten, Lösungsansätze präsentieren, abstimmen	68,9%
2.9 Lösungen testen, Dokumentation erstellen	38,8%
2.10 Technologie- und Trendentwicklung verfolgen	8,7%
3. IT-Systeme bereitstellen	79,6%
3.1 IT-Systeme installieren, konfigurieren, integrieren	78,6%
3.1.1 IT-Systeme (allg.)	39,8%
3.1.2 IT-Hardware (allg.)	13,6%
3.1.3 IT-Netzwerktechnik	19,4%
3.1.4 Industrielle IT-Systeme, Steuerungen	3,9%
3.1.5 IT-Sicherheitsmaßnahmen	28,2%
3.1.6 Informationssysteme und Datenbanken	23,3%
3.1.7 Betriebssysteme, Serverdienste, Anwendungssoftware allg.	29,1%
3.2 Implementierte Lösungen testen, dokumentieren und übergeben	38,8%
4. IT- Systeme betreiben und Support leisten	68,9%
4.1 IT-Systeme betreiben, Support leisten (allg.)	44,7%
4.2 IT-Sicherheitsmaßnahmen durchführen	34,0%
4.3 Leistungsfähigkeit von IT-Systemen überwachen	20,4%
4.4 Fehler in Informatik-/IKT-Systemen analysieren und beheben	20,4%
4.5 IT-Systeme aktualisieren und anpassen	23,3%
4.6 Anwender unterstützen	37,9%
5. Daten erfassen und analysieren	22,3%
5.1 Daten erfassen und aufbereiten	10,7%
5.2 Daten analysieren und darstellen	19,4%
6. Schulungen und wissenschaftliche Lehre durchführen	68,0%
6.1 Schulungen durchführen	66,0%
6.2 wissenschaftliche Lehre übernehmen	13,6%
7. Steuern und managen	56,3%
7.1 Leitungsfunktionen übernehmen, Mitarbeiter führen	27,2%
7.2 IT-Koordination übernhemen, Projekte managen	41,7%
7.3 Qualitätssicherung/Qualitätsmanagement betreiben	23,3%

Perspektiven auf Berufsbildung, Arbeit und Technik

Herausgegeben von Axel Grimm, Volkmar Herkner und Reiner Schlausch

Band 1 Axel Grimm: Didaktik der beruflichen Fachrichtung Informationstechnik/ Informatik. Band 1: Theoriebildung. 2021

Band 2 Marco Hjelm-Madsen: Raum als berufspädagogische Dimension. Empirische Befunde und theoretische Überlegungen zu Interdependenzen zwischen Orten und Berufsbildungssystemen. 2021

Band 3 Paul Kühl: Konzeption und Evaluation handlungsorientierter Fachschulausbildung im maritimen Notfallmanagement. 2021

Band 4 Alexander Maschmann: Freiheit der Ausübung erwerbsberuflicher Tätigkeiten. Ein emanzipatorischer Ansatz zur Ausgestaltung qualifikationsfordernder Reglementierungen von Berufsausübung im Kontext der europäischen Integration. 2021

Band 5 Fred Rasch: Facharbeit und duale Berufsausbildung unter den Neuerungen von Voice over Internet Protocol. Eine Untersuchung der gewerblich-technischen Facharbeit zum Übergang von der Festnetz-Telefonie zur Inter-net Protocol-Telefonie. 2022

Band 6 Maik Jepsen: Arbeitsmarkt- und Berufsinformationen als Datenbasis für eine verbesserte Abstimmung zwischen Bildung und Beschäftigung. Ein Verfahren zur Entwicklung beruflicher Curricula am Beispiel des Bereichs der Informations- und Kommunikationstechnologien. 2022

www.peterlang.com

www.ingramcontent.com/pod-product-compliance
Ingram Content Group UK Ltd.
Pitfield, Milton Keynes, MK11 3LW, UK
UKHW021821290926
8980IPUK00004B/190

9 783631 876800